Redes de Computadores e Internet

O autor

Dr. Douglas Comer é um internacionalmente reconhecido especialista em redes de computadores, protocolos TCP/IP e Internet. Foi um dos pesquisadores que contribuíram com a formação da Internet no fim dos anos 1970 e nos anos 1980, sendo membro do *Internet Architecture Board*, o grupo responsável por guiar o desenvolvimento da Internet. Também foi presidente do comitê técnico CSNET, membro do comitê executivo CSNET e presidente do Distributed Systems Architecture Board da DARPA (*Defense Advanced Research Projects Agency*). Foi ainda Vice-Presidente de Pesquisa na Cisco Systems.

Comer é consultor de projeto de redes de computadores para empresas e palestrante frequente em ambientes acadêmicos e profissionais ao redor do mundo. Seu sistema operacional, Xinu, e a implementação de protocolos TCP/IP (ambos documentados em seus livros) são utilizados em produtos comerciais. É professor honorário de Ciências da Computação na Purdue University, onde leciona redes de computadores, redes de internet, arquitetura de computadores e sistemas operacionais. Lá desenvolveu laboratórios de informática inovadores que dão aos alunos a oportunidade de ter experiências práticas na operação de sistemas, redes de computadores e protocolos.

Além de escrever livros técnicos *best-sellers*, já traduzidos para 16 idiomas, atuou como editor norte-americano do periódico *Software – Practice and Experience* por 20 anos. Comer é membro da ACM. Informações adicionais podem ser encontradas em: *www.cs.purdue.edu/homes/comer.*

C732r Comer, Douglas E.
    Redes de computadores e internet / Douglas E. Comer ; tradução: José Valdeni de Lima, Valter Roesler. – 6. ed. – Porto Alegre : Bookman, 2016.
    xxv, 557 p. : il. ; 25 cm.

    ISBN 978-85-8260-372-7

    1. Redes de computadores. 2. Internet. I. Título.

CDU 004.7

Catalogação na publicação: Poliana Sanchez de Araujo – CRB 10/2094

Douglas E. Comer
Departamento de Ciência da Computação
Purdue University

Redes de Computadores e Internet

6ª EDIÇÃO

Tradução:

José Valdeni de Lima
Doutor em Informática pela Université Joseph Fourier, Grenoble, França
Professor do Instituto de Informática da UFRGS

Valter Roesler
Doutor em Ciência da Computação pela UFRGS
Professor do Instituto de Informática da UFRGS

2016

Obra originalmente publicada sob o título
Computer Networks and Internets, 6th Edition
ISBN 978-0-13-358793-7 / 0-13-358793-2

Tradução autorizada a partir do original em língua inglesa da obra intitulada COMPUTER NETWORKS AND INTERNETS, 6ª Edição, autoria de DOUGLAS COMER, publicado por Pearson Education, Inc., sob o selo Additon-Wesley, Copyright © 2015. Todos os direitos reservados. Este livro não poderá ser reproduzido nem em parte nem na íntegra, armazenado em qualquer meio, seja mecânico ou eletrônico, inclusive fotocópia, sem permissão da Pearson Education, Inc.

Edição em língua portuguesa desta obra publicada por Bookman Companhia Editora Ltda, uma divisão da Grupo A Educação SA, Copyright © 2016.

Tradução da 4ª edição desta obra: *Álvaro Strube de Lima*

Gerente editorial: *Arysinha Jacques Affonso*

Colaboraram nesta edição:

Editora: *Mariana Belloli*

Leitura final: *Gabriela Dal Bosco Sitta*

Capa: *Maurício Pamplona*

Editoração: *Techbooks*

Reservados todos os direitos de publicação, em língua portuguesa, à
BOOKMAN EDITORA LTDA., uma empresa do GRUPO A EDUCAÇÃO S.A.
Av. Jerônimo de Ornelas, 670 – Santana
90040-340 – Porto Alegre – RS
Fone: (51) 3027-7000   Fax: (51) 3027-7070

Unidade São Paulo
Av. Embaixador Macedo Soares, 10.735 – Pavilhão 5 – Cond. Espace Center
Vila Anastácio – 05095-035 – São Paulo – SP
Fone: (11) 3665-1100   Fax: (11) 3667-1333

É proibida a duplicação ou reprodução deste volume, no todo ou em parte, sob quaisquer formas ou por quaisquer meios (eletrônico, mecânico, gravação, fotocópia, distribuição na Web e outros), sem permissão expressa da Editora.

SAC 0800 703-3444 – www.grupoa.com.br

IMPRESSO NO BRASIL
PRINTED IN BRAZIL

Para os pacotes em todas as redes

Prefácio

Agradeço aos leitores que dispenderam seu tempo para me mandarem comentários sobre as edições anteriores de *Redes de Computadores e Internet*. As avaliações foram incrivelmente positivas, e o público é surpreendentemente grande. Além dos estudantes que utilizam o livro em seus cursos, profissionais de redes também escreveram para elogiar a clareza e para contar como o livro os ajudou a passar nos exames de certificação profissional. Muitos comentários entusiasmados também chegaram de outros países, alguns a respeito da versão em inglês, outros sobre as versões traduzidas. O sucesso é particularmente gratificante em um mercado saturado de livros sobre redes de computadores. Este livro se destaca devido à sua ampla abordagem, organização lógica, esclarecimento de conceitos, foco na Internet e à sua adequação tanto para professores quanto para estudantes.

O que é novo nesta edição

Em resposta às sugestões de leitores e às recentes mudanças nas redes de computadores, a nova edição foi completamente revisada e atualizada. Como sempre, o conteúdo sobre tecnologias mais antigas foi significativamente reduzido e substituído por conteúdo sobre novas tecnologias. As mudanças mais importantes incluem:

- Atualizações em todos os capítulos
- Figuras adicionais para reforçar as explicações
- Inclusão de IPv4 e IPv6 em todos os capítulos
- Abordagem aprimorada da MPLS e do tunelamento (*tunneling*)
- Novo capítulo sobre redes definidas por software (SDN) e o protocolo OpenFlow
- Novo capítulo sobre a Internet das Coisas e a aliança Zigbee

Abordagem adotada

Os cursos deveriam adotar uma abordagem *top-down* ou *bottom-up* sobre o assunto? Em uma abordagem *bottom-up*, o aluno começa estudando a transmissão de bits em um único cabo e depois aprende como sucessivas camadas de protocolos aumentam a funcionalidade. Em uma abordagem *top-down*, começa-se com operações de alto nível, inicialmente aprendendo apenas o suficiente para compreender como essas operações funcionam. Depois, os detalhes subjacentes são estudados.

Este livro combina o melhor das abordagens *top-down* e *bottom-up*. Ele inicia com uma discussão sobre aplicações de rede e os paradigmas de comunicação que a Internet oferece. Isso permite que os alunos entendam os recursos que a Internet fornece às aplicações antes de estudarem as tecnologias que implementam esses recursos. Após a discussão sobre aplicações, o texto apresenta as redes de computadores de uma forma lógica, de modo que o leitor possa compreender como cada nova tecnologia se baseia em tecnologias mais antigas.

Público pretendido

O livro responde a esta questão básica: como as redes de computadores e internets operam? Ele apresenta, de forma abrangente e completa, todo o conteúdo sobre redes que descreve aplicações; protocolos Internet; tecnologias de rede, como as LANs e WANs; e detalhes de nível mais básico, como transmissão de dados e cabeamento. Ele mostra como os protocolos usam hardware e como aplicações usam as pilhas de protocolo para fornecer funcionalidade aos usuários.

Indicado para estudantes de graduação ou pós-graduação que têm pouco ou nenhum conhecimento sobre redes de computadores, este livro não utiliza matemática sofisticada, nem presume um conhecimento detalhado de sistemas operacionais. Ele define os conceitos com clareza, usa exemplos e figuras para ilustrar como a tecnologia funciona e demonstra resultados de análises sem fornecer as provas matemáticas.

Organização do conteúdo

O livro é dividido em cinco partes. A Parte I (Capítulos 1 a 4) foca os usos da Internet e as aplicações de rede. Ela descreve as camadas de protocolo, o modelo de interação cliente-servidor e a API de *sockets*, e dá exemplos de protocolos de camada de aplicação utilizados na Internet.

A Parte II (Capítulos 5 a 12) explica a comunicação de dados e apresenta uma visão geral sobre hardware, vocabulário básico e conceitos fundamentais usados em toda a rede de computadores, como largura de banda, modulação e multiplexação. O último capítulo da Parte II apresenta tecnologias de acesso e interconexão utilizadas na Internet e utiliza conceitos dos capítulos anteriores para explicar cada tecnologia.

A Parte III (Capítulos 13 a 19) é focada em comutação de pacotes e tecnologias de redes de comutação de pacotes. Os capítulos incentivam o uso de pacotes, introduzem o modelo IEEE para protocolos de camada 2 e abordam tecnologias de redes com e sem fio, como Ethernet e Wi-Fi. A Parte III também introduz as quatro categorias básicas de redes de computadores: LAN, MAN, PAN e WAN, e discute o roteamento em WANs. O capítulo final apresenta exemplos de tecnologias de redes de computadores que têm sido utilizadas na Internet.

A Parte IV (Capítulos 20 a 26) é focada nos protocolos Internet. Depois de discutir as motivações para a ligação inter-redes, o texto descreve a arquitetura da Internet, roteadores, endereçamento, associação (*binding*) e a suíte de protocolos TCP/IP. Protocolos como IPv4, IPv6, TCP, UDP, ICMP, ICMPv6 e ARP são revisados detalhadamente, permitindo que os estudantes compreendam como os conceitos se relacionam com a prática. Como o IPv6 está (finalmente) começando a ser implantado, materiais sobre ele foram integrados aos capítulos. Cada capítulo apresenta conceitos gerais e depois explica como os conceitos são implementados no IPv4 e IPv6. O Capítulo 25, sobre TCP, cobre o importante tópico da confiabilidade dos protocolos de transporte.

A Parte V (Capítulos 27 a 33) abrange tópicos que permeiam múltiplas camadas de uma pilha de protocolos, incluindo desempenho, segurança e manutenção da rede de computadores, inicialização (*bootstrapping*), suporte multimídia e a Internet das Coisas. O Capítulo 31 apresenta as redes definidas por software (SDN), um dos mais emocionantes avanços da rede de computadores. Cada capítulo se baseia em tópicos de partes anteriores do livro. O posicionamento desses capítulos ao final do livro segue a abordagem da definição de conceitos antes do uso, e não significa que os tópicos sejam menos importantes.

Uso em cursos

O texto é idealmente estruturado para um curso introdutório de um semestre sobre redes de computadores. Projetado para um curso abrangente, o livro cobre o conteúdo inteiro, do cabeamento às aplicações. Apesar de muitos professores preferirem pular os conteúdos de comunicação de dados, sugiro que eles extraiam conceitos-chave e terminologias que serão importantes nos capítulos posteriores. Independentemente de como os cursos são organizados, estimulo os professores a envolverem seus alunos em tarefas práticas. No curso de graduação da Purdue, por exemplo, os alunos recebem tarefas semanais de laboratório que abrangem uma vasta gama de tópicos: da medição de redes e análise de pilhas à programação de redes. Quando terminam nosso curso, espera-se que todos os alunos saibam como um roteador IP utiliza uma tabela de encaminhamento para escolher um *next-hop* (próximo salto) para um datagrama IP; descrever como um datagrama cruza a Internet; identificar e explicar campos de um quadro Ethernet; como o TCP identifica uma conexão e por que um servidor web concorrente pode lidar com múltiplas conexões na porta 80; calcular o comprimento de um único bit enquanto ele se propaga ao longo de um cabo na velocidade da luz; explicar por que o TCP é classificado como fim-a-fim; saber por que a comunicação máquina a máquina é importante para a Internet das Coisas; e entender a motivação por trás das redes definidas por software.

O objetivo de um curso único é a amplitude, e não a profundidade: para cobrir o conteúdo, não se pode focar somente em algumas tecnologias e alguns conceitos. Assim, a chave para um curso bem-sucedido é manter um ritmo rápido. Para cobrir os tópicos mais importantes em um semestre, o material da camada inferior da Parte II pode ser condensado e as seções sobre redes de computadores e ligações inter-redes podem ser vistas em quatro semanas cada, deixando duas semanas para o material introdutório sobre aplicações e tópicos como manutenção de redes e segurança. Os detalhes da programação em *sockets* podem ser vistos nos exercícios de programação, em laboratórios de informática ou em tarefas para casa.

Os professores devem mostrar aos alunos a importância dos conceitos e princípios: tecnologias específicas podem ficar obsoletas em poucos anos, mas os princípios permanecerão. Além disso, os professores devem passar aos alunos o entusiasmo pelas redes de computadores. A emoção continua porque as redes continuam mudando, como a nova era das redes definidas por software nos mostra.

Apesar de nenhum tópico ser desafiador isoladamente, os estudantes podem achar a quantidade de material assustadora. Mais especificamente, eles são apresentados a uma profusão de novos termos. Acrônimos da rede de computadores e jargões podem ser especialmente confusos; os alunos passam boa parte do tempo se acostumando ao uso dos termos corretos. Nas aulas da Purdue, incentivamos os estudantes a manter uma lista de termos (e percebemos que um teste semanal de vocabulário ajuda a persuadi-los a aprender a terminologia ao longo do semestre, em vez de esperar pelos exames finais).

Como programação e experimentação são cruciais para ajudar os estudantes a aprender sobre redes, tarefas práticas são parte essencial de qualquer curso de redes de computadores. Na Purdue, começamos o semestre com a construção de um software cliente para acessar a Web e extrair dados (p. ex., escrever um código para visitar a rede e gravar a temperatura atual). O Apêndice 1 é extremamente útil para começar: ele apresenta uma API simplificada. A API, que está disponível na página do livro, permite que os estudantes escrevam códigos funcionais antes de aprenderem protocolos, endereços, sockets, ou o (de certa forma tedioso) API socket. Mais tarde no semestre, é claro, os estudantes aprendem a programação em sockets. No final, eles serão capazes de criar um servidor concorrente. O suporte a *serverside scripting* é opcional, mas a maior parte dos estudantes o completa. Além da programação de aplicações, os alunos utilizam nossos laboratórios de informática para capturar pilhas de uma rede ativa, escrever códigos que decodificam a origem de um pacote (p. ex., Ethernet, IP e TCP) e observar conexões TCP. Se laboratórios de informática mais avançados não estiverem disponíveis, os estudantes podem testar softwares gratuitos de análise de pilhas, como o Wireshark.

Além do código para a API simplificada, a página do livro contém materiais extras para estudantes e professores:

www.grupoa.com.br

Acesse o site, cadastre-se gratuitamente, encontre a página do livro por meio do campo de busca e clique no link Conteúdo Online para fazer download dos arquivos (em inglês).

Agradeço a todos que contribuíram para as edições do livro. Muitos estudantes da pós-graduação da Purdue contribuíram com sugestões e críticas. Baijian (Justin) Yang e Bo Sang recomendaram a adição de textos e figuras para ajudar os alunos a entender melhor o material. Fred Baker, Ralph Droms e Dave Oran, da Cisco, contribuíram para as edições anteriores. Lami Kaya deu sugestões na organização dos capítulos de comunicação de dados e deu várias outras ideias valiosas. Um agradecimento especial para a minha esposa e sócia, Christine, cuja cuidadosa edição e úteis sugestões fizeram muitas melhorias ao longo do caminho.

Douglas E. Comer

Sumário

PARTE I Introdução a redes e aplicações da Internet

CAPÍTULO 1 Introdução 3

1.1 Crescimento das redes de computadores 3
1.2 Por que as redes de computadores parecem complexas 4
1.3 Os cinco aspectos-chave de redes de computadores 4
1.4 Partes privadas e públicas da Internet 8
1.5 Redes, interoperabilidade e padrões 9
1.6 Conjuntos de protocolo e modelos em camada 10
1.7 Como os dados atravessam as camadas 12
1.8 Cabeçalhos e camadas 13
1.9 ISO e Modelo de Referência OSI de Sete Camadas 14
1.10 Organização do livro 15
1.11 Resumo 16

CAPÍTULO 2 Tendências da Internet 17

2.1 Introdução 17
2.2 Compartilhamento de recursos 17
2.3 Crescimento da Internet 18
2.4 Do compartilhamento de recursos à comunicação 18
2.5 Do texto à multimídia 20
2.6 Últimas tendências 21
2.7 Dos computadores individuais à computação em nuvem 22
2.8 Resumo 23

CAPÍTULO 3 Programação em redes e aplicações da Internet 25

3.1 Introdução 25
3.2 Dois paradigmas básicos da comunicação via Internet 26
3.3 Comunicação orientada à conexão 27
3.4 O modelo de interação cliente-servidor 28
3.5 Características de clientes e servidores 28
3.6 Programas servidores e computadores servidores 29
3.7 Requisições, respostas e direção do fluxo de dados 29
3.8 Múltiplos clientes e múltiplos servidores 30
3.9 Identificação de servidores e demultiplexação 30
3.10 Servidores concorrentes 31
3.11 Dependências circulares entre servidores 32
3.12 Interações peer-to-peer (par-a-par) 32
3.13 Programação em redes e API de sockets 33
3.14 Sockets, descritores e E/S de rede 33

3.15 Parâmetros e API de sockets 34
3.16 Chamadas de sockets em um cliente e em um servidor 35
3.17 Funções de sockets utilizadas em clientes e em servidores 35
3.18 A função connect utilizada somente pelo cliente 37
3.19 Funções de socket utilizadas somente pelo servidor 37
3.20 Funções de socket utilizadas com o paradigma de mensagem 39
3.21 Outras funções de sockets 41
3.22 Sockets, threads e herança 41
3.23 Resumo 42

CAPÍTULO 4 Aplicações tradicionais da Internet 45

4.1 Introdução 45
4.2 Protocolos da camada de aplicação 46
4.3 Representação e transferência 46
4.4 Protocolos Web 47
4.5 Representação de documento com HTML 47
4.6 Uniform Resource Locators e hiperlinks 49
4.7 A transferência de documento Web com HTTP 50
4.8 Caching nos navegadores 52
4.9 Arquitetura do navegador 54
4.10 File Transfer Protocol (FTP) 54
4.11 O paradigma de comunicação FTP 55
4.12 Mensagem eletrônica 57
4.13 O Simple Mail Transfer Protocol (SMTP) 59
4.14 ISPs, servidores de mensagens e acesso às mensagens 60
4.15 Protocolos de acesso ao e-mail (POP, IMAP) 61
4.16 Padrões de representação de e-mail (RFC2822, MIME) 62
4.17 Domain Name System (DNS) 63
4.18 Nomes de domínios que começam com um nome de serviço 65
4.19 A hierarquia do DNS e o modelo servidor 65
4.20 Resolução de nome 66
4.21 Caching nos servidores de DNS 67
4.22 Tipos de entradas de DNS 69
4.23 Registros dos recursos aliases e CNAME 69
4.24 As abreviaturas e o DNS 70
4.25 Nomes de domínio internacionais 70
4.26 Representações extensíveis (XML) 71
4.27 Resumo 72

PARTE II Comunicação de dados

CAPÍTULO 5 Visão geral da comunicação de dados 77

5.1 Introdução 77
5.2 A essência da comunicação de dados 77
5.3 Fundamentos e abrangência 78
5.4 As peças conceituais de um sistema de comunicação 79
5.5 Os subtópicos da comunicação de dados 81
5.6 Resumo 81

CAPÍTULO 6 Fontes de informação e sinais 83

6.1 Introdução 83
6.2 Fontes de informação 83
6.3 Sinais digitais e analógicos 84
6.4 Sinais periódicos e aperiódicos 84
6.5 Ondas de seno e características de sinal 85
6.6 Sinais compostos 86
6.7 A importância dos sinais compostos e das funções seno 87
6.8 Representações de domínio de tempo e frequência 87
6.9 A largura de banda de um sinal analógico 88
6.10 Sinais digitais e níveis de sinal 89
6.11 Baud e bits por segundo 90
6.12 Convertendo um sinal digital em um analógico 91
6.13 A largura de banda de um sinal digital 91
6.14 Sincronização e acordo sobre sinais 92
6.15 Codificação em linha 93
6.16 Codificação Manchester usada em redes de computadores 95
6.17 Convertendo um sinal analógico em um digital 96
6.18 O Teorema de Nyquist e a taxa de amostragem 97
6.19 O Teorema de Nyquist e a transmissão do sistema de telefone 97
6.20 Codificação não linear 98
6.21 Codificação e compressão de dados 98
6.22 Resumo 99

CAPÍTULO 7 Meios de transmissão 101

7.1 Introdução 101
7.2 Transmissões guiadas e não guiadas 101
7.3 A taxonomia por formas de energia 102
7.4 Radiação de fundo e ruído elétrico 103
7.5 Fiação de cobre par trançado 103
7.6 Blindagem: cabo coaxial e par trançado blindado 104
7.7 Categorias de cabo de par trançado 106
7.8 Meios que usam energia da luz e fibras ópticas 106
7.9 Tipos de fibra e transmissão de luz 108

7.10 Fibra óptica comparada com fiação de cobre 108
7.11 Tecnologias de comunicação por infravermelho 109
7.12 Comunicação a laser ponto-a-ponto 109
7.13 Comunicação eletromagnética (rádio) 110
7.14 Propagação de sinal 111
7.15 Tipos de satélites 112
7.16 Satélites geoestacionários (GEO) 112
7.17 Cobertura GEO da Terra 113
7.18 Satélites de baixa órbita e clusters (agrupamentos) 114
7.19 Balanço entre os tipos de meios 115
7.20 Mensuração dos meios de transmissão 115
7.21 O efeito do ruído na comunicação 115
7.22 O significado da capacidade do canal 117
7.23 Resumo 117

CAPÍTULO 8 Segurança e codificação de canal 119

8.1 Introdução 119
8.2 As três fontes principais de erros de transmissão 119
8.3 Efeito de erros de transmissão nos dados 120
8.4 Duas estratégias para lidar com os erros de canal 121
8.5 Bloco e códigos de erros convolucionais 122
8.6 Um exemplo de código de erro de bloco: verificação de paridade única 122
8.7 A matemática dos códigos de erro de bloco e a notação (n, k) 123
8.8 Distância de Hamming: uma medida de uma força de código 124
8.9 A distância de Hamming entre strings em um codebook 124
8.10 A relação de compromisso (trade-off) entre a detecção de erros e a sobrecarga 125
8.11 Correção de erros com paridade de linha e coluna 126
8.12 Checksum de 16 bits usado na Internet 127
8.13 Códigos de Redundância Cíclica (CRCs) 128
8.14 Uma implementação eficiente de hardware do CRC 130
8.15 Mecanismos de Automatic Repeat Request 131
8.16 Resumo 131

CAPÍTULO 9 Modos de transmissão 133

9.1 Introdução 133
9.2 Uma taxonomia de modos de transmissão 133
9.3 Transmissão paralela 134
9.4 Transmissão serial 135
9.5 Ordem de transmissão: bits e bytes 135
9.6 Temporização em transmissão serial 136
9.7 Transmissão assíncrona 136
9.8 Transmissão de caracteres assíncrona RS-232 137
9.9 Transmissão síncrona 138
9.10 Bytes, blocos e quadros 138

9.11 Transmissão isócrona 139
9.12 Transmissões simplex, half-duplex e full-duplex 140
9.13 Equipamentos DCE e DTE 141
9.14 Resumo 141

CAPÍTULO 10 **Modulação e modems** 143

10.1 Introdução 143
10.2 Portadoras, frequências e propagação 143
10.3 Esquemas de modulação analógica 144
10.4 Modulação em amplitude 144
10.5 Modulação em frequência 145
10.6 Modulação por deslocamento de fase 146
10.7 Modulação em amplitude e Teorema de Shannon 146
10.8 Modulação, entrada digital de sinal e chaveamento por deslocamento 146
10.9 Chaveamento por deslocamento de fase 147
10.10 O deslocamento de fase e um diagrama de constelação 148
10.11 Quadrature Amplitude Modulation (QAM) 150
10.12 Hardware do modem para modulação e demodulação 151
10.13 Modems ópticos e de radiofrequência 151
10.14 Modems de comunicação discada 152
10.15 QAM aplicada à conexão discada 152
10.16 Modems de conexão discada V.32 e V.32bis 153
10.17 Resumo 154

CAPÍTULO 11 **Multiplexação e demultiplexação (canalização)** 156

11.1 Introdução 156
11.2 O conceito de multiplexação 156
11.3 Os tipos básicos de multiplexação 157
11.4 Multiplexação por divisão de frequência 157
11.5 Uma faixa de frequências por canal 160
11.6 FDM hierárquica 161
11.7 Multiplexação por divisão de comprimento de onda (WDM) 162
11.8 Multiplexação por divisão de tempo (TDM) 162
11.9 TDM síncrono 163
11.10 Enquadramento usado na versão do sistema telefônico TDM 163
11.11 TDM hierárquica 164
11.12 O problema com a TDM síncrona: slots não preenchidos 165
11.13 TDM estatística 166
11.14 Multiplexação inversa 166
11.15 Multiplexação por divisão de código 167
11.16 Resumo 169

CAPÍTULO 12 Tecnologias de acesso e de interconexão 171

12.1 Introdução 171
12.2 Tecnologia de acesso à Internet: upstream e downstream 172
12.3 Tecnologias de acesso de banda larga (broadband) e banda estreita (narrowband) 172
12.4 A linha do assinante local (local loop) e a ISDN 174
12.5 Tecnologias Digital Subscriber Line (DSL) 174
12.6 Características da linha do assinante (local loop) e adaptação 175
12.7 A taxa de dados da ADSL 176
12.8 Instalação ADSL e divisores (splitters) 177
12.9 Tecnologias de modem a cabo (cable modem) 177
12.10 A taxa de dados dos cable modems 178
12.11 Instalação do cable modem 179
12.12 Hybrid Fiber Coax 179
12.13 Tecnologias de acesso que utilizam fibra óptica 180
12.14 Terminologias de modems Head-End e Tail-End 180
12.15 Tecnologias de acesso sem fio 181
12.16 Conexões de alta capacidade no núcleo da Internet 181
12.17 Terminação de circuito, DSU / CSU e NIU 182
12.18 Padrões telefônicos para circuitos digitais 183
12.19 Terminologia DS e taxas de dados 184
12.20 Circuitos de alta capacidade (STS Standards) 184
12.21 Padrões de portadoras ópticas 185
12.22 O sufixo C 185
12.23 Rede óptica síncrona (SONET) 186
12.24 Resumo 187

PARTE III Comutação de pacotes e tecnologias de rede

CAPÍTULO 13 Redes de área local: pacotes, quadros e topologias 191

13.1 Introdução 191
13.2 Comutação de circuitos e comunicação analógica 191
13.3 Comutação de pacotes 193
13.4 Redes de pacotes de área local e de longo alcance 194
13.5 Padrões para formato de pacotes e identificação 195
13.6 O modelo IEEE 802 e seus padrões 196
13.7 Redes ponto-a-ponto e acesso múltiplo 197
13.8 Topologias de LAN 198
13.9 Identificação de pacotes, demultiplexação, endereços MAC 200
13.10 Endereços unicast, broadcast e multicast 201
13.11 Broadcast, multicast e entrega eficiente com multi-ponto 201
13.12 Quadros e enquadramento 202
13.13 Byte e bit stuffing 204
13.14 Resumo 205

CAPÍTULO 14 A subcamada MAC do IEEE 207

14.1 Introdução 207
14.2 Uma taxonomia de mecanismos para acesso compartilhado 207
14.3 Alocação estática e dinâmica de canal 207
14.4 Protocolos de canalização 209
14.5 Protocolos de acesso controlado 210
14.6 Protocolos de acesso randômico 212
14.7 Resumo 217

CAPÍTULO 15 Tecnologias de LANs com fio (Ethernet e 802.3) 219

15.1 Introdução 219
15.2 A venerável Ethernet 219
15.3 Formato de quadro Ethernet 220
15.4 Campo tipo do quadro Ethernet e demultiplexação 220
15.5 Versão IEEE da Ethernet (802.3) 221
15.6 Conexões LAN e interface de rede 222
15.7 Evolução da Ethernet e cabos Thicknet 222
15.8 Cabos Ethernet Thinnet 223
15.9 Ethernet de par trançado e hubs 223
15.10 Topologia física e lógica da Ethernet 224
15.11 Cabeamento em um prédio de escritórios 225
15.12 Taxa de transmissão das redes Ethernet e tipo de cabeamento 225
15.13 Conectores e cabos para o par trançado 227
15.14 Resumo 228

CAPÍTULO 16 Tecnologias de redes sem fio 229

16.1 Introdução 229
16.2 A taxonomia das redes sem fio 229
16.3 Redes de área pessoal (PANs) 230
16.4 Bandas sem fio ISM usadas por LANs e PANs 231
16.5 Tecnologias de LAN sem fio e Wi-Fi 231
16.6 Técnicas de espalhamento espectral 232
16.7 Outros padrões de LAN sem fio 232
16.8 Arquitetura de LAN sem fio 233
16.9 Sobreposição, associação e o formato do quadro 802.11 234
16.10 Coordenação entre pontos de acesso 235
16.11 Acesso com contenção e sem contenção 236
16.12 Tecnologia sem fio MAN e WiMax 237
16.13 Tecnologias e padrões PAN 239
16.14 Outras tecnologias de comunicação a curta distância 240
16.15 Tecnologias sem fio para WANs 241
16.16 Microcélulas 242
16.17 Grupos de células e reutilização de frequência 243
16.18 Gerações de tecnologias celulares 244

xviii   Sumário

16.19   Tecnologia de satélite VSAT   246
16.20   Satélites GPS   248
16.21   Rádio definido por software e o futuro da comunicação sem fio   248
16.22   Resumo   249

CAPÍTULO 17   Repetidores, bridges e comutadores   252

17.1   Introdução   252
17.2   Limitação de distância e projeto de LAN   252
17.3   Extensões através de modems de fibra   253
17.4   Repetidores   253
17.5   Bridges e bridging   254
17.6   Bridges que aprendem e filtragem de quadro   255
17.7   Por que uma bridge funciona   256
17.8   Árvore geradora mínima distribuída   257
17.9   Comutação e comutadores de camada 3   258
17.10 Comutadores VLAN   260
17.11 Múltiplos comutadores e VLANs compartilhadas   260
17.12 A importância da bridge   262
17.13 Resumo   262

CAPÍTULO 18   Tecnologias WAN e roteamento dinâmico   265

18.1   Introdução   265
18.2   Redes de longo alcance (WANs)   265
18.3   Arquitetura tradicional de WAN   266
18.4   Formando uma WAN   267
18.5   Paradigma store and forward   268
18.6   Endereçamento em WAN   269
18.7   Encaminhamento de próximo salto (next-hop)   270
18.8   Independência de origem   272
18.9   Atualizações do roteamento dinâmico em uma WAN   272
18.10 Rotas padrão   274
18.11 Cálculo da tabela de encaminhamento   275
18.12 Cálculo distribuído de rotas   275
18.13 Caminhos mais curtos e pesos   278
18.14 Problemas de roteamento   280
18.15 Resumo   281

CAPÍTULO 19   Tecnologias de redes: passado e presente   283

19.1   Introdução   283
19.2   Conexão e tecnologias de acesso   283
19.3   Tecnologias LAN   285
19.4   Tecnologias WAN   286
19.5   Resumo   290

PARTE IV   Ligação inter-redes com TCP/IP

CAPÍTULO 20   Ligação inter-redes: conceitos, arquitetura e protocolos   293

20.1 Introdução   293
20.2 O desenvolvimento da ligação inter-redes   293
20.3 O conceito de serviço universal   294
20.4 Serviço universal em um mundo heterogêneo   294
20.5 Ligação inter-redes   295
20.6 Conexão de rede física com roteadores   295
20.7 Arquitetura da Internet   296
20.8 Intranets e Internets   296
20.9 Em busca do serviço universal   297
20.10 Uma rede virtual   297
20.11 Protocolos para ligação inter-rede   297
20.12 Revisão das camadas do TCP/IP   298
20.13 Computadores hosts (host computers), roteadores e camadas de protocolo   299
20.14 Resumo   300

CAPÍTULO 21   IP: endereçamento da Internet   301

21.1 Introdução   301
21.2 A mudança para o IPv6   302
21.3 O modelo de ampulheta e a dificuldade de mudar   302
21.4 Endereços para a Internet virtual   302
21.5 O esquema de endereçamento IP   304
21.6 A hierarquia do endereço IP   304
21.7 Classes originais de endereços IPv4   304
21.8 Notação decimal pontilhada IPv4   306
21.9 Autoridade para endereços   306
21.10 Sub-rede IPv4 e endereçamento classless   307
21.11 Máscaras de endereço   308
21.12 A notação CIDR usada com o IPv4   309
21.13 Um exemplo CIDR   310
21.14 Endereços nos hosts CIDR   311
21.15 Endereços especiais IPv4   311
21.16 Resumo dos endereços especiais do IPv4   313
21.17 Forma de endereço Berkeley broadcast para o IPv4   314
21.18 Roteadores e princípios de endereçamento IPv4   314
21.19 Multihomed hosts   315
21.20 Multihoming no IPv6 e renumeração   316
21.21 Endereçamento IPv6   316
21.22 Notação hexadecimal com separação através de ":" do IPv6   317
21.23 Resumo   318

CAPÍTULO 22 Redirecionamento de datagramas 321

22.1 Introdução 321
22.2 Serviço sem-conexão 321
22.3 Pacotes virtuais 322
22.4 O datagrama IP 322
22.5 O formato do cabeçalho do datagrama IPv4 323
22.6 O formato do cabeçalho do datagrama IPv6 325
22.7 O formato do cabeçalho de base do IPv6 325
22.8 Reencaminhamento de um datagrama IP 327
22.9 Extração do prefixo da rede e redirecionamento de datagrama 328
22.10 Busca do prefixo mais longo 328
22.11 Endereço de destino e endereço next-hop 329
22.12 Entrega de melhor esforço 330
22.13 Encapsulamento IP 330
22.14 Transmissão através de uma internet 331
22.15 MTU e fragmentação do datagrama 332
22.16 Fragmentação de um datagrama IPv6 334
22.17 Remontagem de um datagrama IP a partir dos fragmentos 335
22.18 Coleta dos fragmentos de um datagrama 336
22.19 A consequência da perda de fragmentos 337
22.20 Fragmentação de um fragmento IPv4 337
22.21 Resumo 338

CAPÍTULO 23 Protocolos e tecnologias de suporte 340

23.1 Introdução 340
23.2 Resolução de endereços 341
23.3 Um exemplo de endereços IPv4 342
23.4 O protocolo ARP para IPv4 342
23.5 Formato de mensagens ARP 343
23.6 Encapsulamento ARP 344
23.7 Cache ARP e processamento de mensagens 345
23.8 A fronteira conceitual para endereços de hardware 347
23.9 O protocolo ICMP 348
23.10 Encapsulamento e cabeçalho do ICMP 349
23.11 Associação de endereço IPv6 com descoberta de vizinhos 349
23.12 Software de protocolos, parâmetros e configuração 350
23.13 O protocolo DHCP 351
23.14 Otimizações e operação do protocolo DHCP 352
23.15 Formato de mensagem DHCP 352
23.16 Acesso indireto ao servidor DHCP por meio de relay 354
23.17 Autoconfiguração IPv6 354
23.18 O protocolo NAT 355
23.19 Operação do NAT e endereços privados IPv4 355
23.20 NAT em nível de transporte (NAPT) 357

23.21 NAT e servidores 358
23.22 NAT e sistemas para uso residencial 358
23.23 Resumo 359

CAPÍTULO 24 UDP: serviço de transporte por datagramas 362

24.1 Introdução 362
24.2 Protocolos de transporte e comunicação fim-a-fim 362
24.3 User datagram protocol 363
24.4 O paradigma sem conexão 363
24.5 Interface orientada à mensagem 364
24.6 A semântica da comunicação UDP 365
24.7 Modos de interação e entrega via multicast 365
24.8 Identificação de aplicação de destino por meio do uso de números de porta 366
24.9 Formato do datagrama UDP 366
24.10 O checksum UDP e o pseudocabeçalho 367
24.11 Encapsulamento UDP 368
24.12 Resumo 368

CAPÍTULO 25 TCP: serviço de transporte confiável 370

25.1 Introdução 370
25.2 O protocolo TCP 370
25.3 O serviço fornecido pelo TCP 371
25.4 Serviço fim-a-fim e conexões virtuais 372
25.5 Técnicas utilizadas pelos protocolos de transporte 372
25.6 Técnicas para evitar congestionamento 377
25.7 A arte do projeto de protocolos 378
25.8 Técnicas utilizadas no TCP para lidar com perda de pacotes 378
25.9 Retransmissão adaptativa 380
25.10 Comparação de timeouts de retransmissão 380
25.11 Buffers, controle de fluxo e janelas 381
25.12 O 3-way handshake do TCP 382
25.13 O controle de congestionamento do TCP 384
25.14 Versões do controle de congestionamento do TCP 385
25.15 Outras variações: SACK e ECN 385
25.16 O formato do segmento do TCP 386
25.17 Resumo 387

CAPÍTULO 26 Roteamento na Internet e protocolos de roteamento 389

26.1 Introdução 389
26.2 Roteamento estático versus roteamento dinâmico 389
26.3 O roteamento estático nos computadores e a rota default 390
26.4 Roteamento dinâmico e roteadores 391
26.5 Roteamento e Internet global 392
26.6 Conceito de sistemas autônomos 392

26.7 Os dois tipos de protocolos de roteamento na Internet 393
26.8 Rotas e tráfego de dados 395
26.9 O protocolo BGP 396
26.10 O protocolo RIP 397
26.11 O formato do pacote RIP 398
26.12 O protocolo OSPF 399
26.13 Um exemplo de grafo OSPF 400
26.14 Áreas OSPF 400
26.15 IS-IS 401
26.16 Roteamento multicast 402
26.17 Resumo 405

PARTE V Outros aspectos das redes de computadores

CAPÍTULO 27 Desempenho de rede (QoS e Diffserv) 411

27.1 Introdução 411
27.2 Medidas de desempenho 411
27.3 Latência ou atraso 412
27.4 Capacidade, taxa de transferência (throughput) e goodput 413
27.5 Entendendo a taxa de transferência e o atraso 414
27.6 Jitter 415
27.7 Relação entre o atraso e a taxa de transferência 416
27.8 Medindo atraso, taxa de transferência e jitter 418
27.9 Medição passiva, pacotes pequenos e NetFlow 419
27.10 Qualidade de Serviço (QoS) 420
27.11 QoS de granularidade fina e grossa 421
27.12 Implementação de QoS 423
27.13 Internet QoS Technologies 425
27.14 Resumo 426

CAPÍTULO 28 Multimídia e telefonia IP (VoIP) 429

28.1 Introdução 429
28.2 Transmissão de dados em tempo real e entrega de melhor esforço 429
28.3 Reprodução retardada e buffers de jitter 430
28.4 Real-Time Transport Protocol (RTP) 431
28.5 Encapsulamento RTP 432
28.6 Telefonia IP 433
28.7 Sinalização e padrões de sinalização para VoIP 433
28.8 Componentes de um sistema de telefonia IP 434
28.9 Resumo dos protocolos e das camadas 438
28.10 Características H.323 438
28.11 Camadas H.323 438

28.12 Características e métodos SIP 439
28.13 Exemplo de sessão SIP 440
28.14 Mapeamento do número de telefone e roteamento 441
28.15 Resumo 442

CAPÍTULO 29   Segurança em redes   444

29.1 Introdução 444
29.2 Exploits criminosos e ataques 444
29.3 Política de segurança 448
29.4 Responsabilidade e controle 449
29.5 Tecnologias de segurança 449
29.6 Hashing: um mecanismo de integridade e autenticação 449
29.7 Controle de acesso e senhas 450
29.8 Criptografia: uma técnica fundamental de segurança 451
29.9 Criptografia de chave privada 452
29.10 Criptografia de chave pública 452
29.11 Autenticação com assinaturas digitais 453
29.12 Autoridades de chaves e certificados digitais 454
29.13 Firewalls 455
29.14 Implementação de firewall com filtro de pacotes 456
29.15 Sistemas de detecção de intrusão 458
29.16 Varredura de conteúdo e inspeção detalhada de pacotes 458
29.17 Redes privadas virtuais (VPNs) 460
29.18 O uso da tecnologia VPN para o teletrabalho 461
29.19 Tunelamento versus criptografia de pacotes 462
29.20 Tecnologias de segurança 464
29.21 Resumo 465

CAPÍTULO 30   Gerenciamento de redes (SNMP)   468

30.1 Introdução 468
30.2 Gerenciando uma intranet 468
30.3 FCAPS: o modelo padrão da indústria 469
30.4 Exemplo de elementos de rede 470
30.5 Ferramentas de gerenciamento de redes 471
30.6 Aplicações de gerenciamento de redes 473
30.7 Simple Network Management Protocol 473
30.8 O paradigma fetch-store do SNMP 474
30.9 A MIB SNMP e os nomes de objetos 475
30.10 A diversidade de variáveis MIB 475
30.11 Variáveis MIB que correspondem a matrizes 476
30.12 Resumo 477

CAPÍTULO 31 Redes definidas por software (SDN) 479

31.1 Introdução 479
31.2 Exageros de marketing e realidade 479
31.3 Motivação para a nova abordagem 480
31.4 Organização conceitual de um dispositivo de rede 482
31.5 Módulos do plano de controle e interface de hardware 483
31.6 Um novo paradigma: redes definidas por software 483
31.7 Questões ainda não respondidas 485
31.8 Controladores compartilhados e conexões de rede 485
31.9 Comunicação SDN 487
31.10 OpenFlow: um protocolo de comunicação controlador-para-dispositivo 488
31.11 Mecanismos de classificação em comutadores 488
31.12 TCAM e classificação em alta velocidade 489
31.13 Classificação através de múltiplas camadas do protocolo 490
31.14 O tamanho da memória TCAM e a necessidade de múltiplos padrões 491
31.15 Itens que o OpenFlow pode especificar 492
31.16 Encaminhamento IP tradicional e estendido 492
31.17 Caminhos fim-a-fim com MPLS usando a camada 2 493
31.18 Criação dinâmica de regras e controle de fluxos 494
31.19 Um modelo pipeline para tabelas de fluxo 495
31.20 Efeito potencial do SDN em fabricantes de equipamentos de rede 496
31.21 Resumo 496

CAPÍTULO 32 A Internet das Coisas 498

32.1 Introdução 498
32.2 Sistemas embarcados 498
32.3 Como escolher uma tecnologia de rede 500
32.4 Coleta de energia 501
32.5 Comunicação sem fio com baixa potência 501
32.6 Topologia em malha (mesh) 502
32.7 A aliança ZigBee 502
32.8 Redes em malha sem fio e rádios 802.15.4 503
32.9 Roteamento em malha e conectividade da Internet 504
32.10 IPv6 e redes em malha ZigBee 505
32.11 O paradigma de encaminhamento de pacotes do ZigBee 505
32.12 Outros protocolos na pilha ZigBee 507
32.13 Resumo 507

CAPÍTULO 33 Tendências em tecnologias e usos das redes 509

33.1 Introdução 509
33.2 A necessidade de serviços de Internet escaláveis 509
33.3 Conteúdo em cache (Akamai) 510
33.4 Balanceadores de carga Web 510
33.5 Virtualização do servidor 511

33.6 Comunicação peer-to-peer 511
33.7 Centros de dados distribuídos e replicação 512
33.8 Representação universal (XML) 512
33.9 Redes sociais 512
33.10 A mobilidade e a rede wireless 513
33.11 Video digital 513
33.12 Acesso de alta velocidade e comutação 513
33.13 Computação em nuvem 514
33.14 Overlay networks 514
33.15 Middleware 516
33.16 Implementação generalizada do IPv6 516
33.17 Resumo 517

APÊNDICE 1 Uma interface simplificada para programas de aplicação 519

Índice 543

PARTE I
Introdução a redes e aplicações da Internet

Uma visão geral das redes e a interface que programas utilizam para comunicar pela Internet

CAPÍTULOS

1   Introdução 3
2   Tendências da Internet 17
3   Programação em redes e aplicações da Internet. 25
4   Aplicações tradicionais da Internet 45

CAPÍTULO 1
Introdução

1.1 Crescimento das redes de computadores, 3
1.2 Por que as redes de computadores parecem complexas, 4
1.3 Os cinco aspectos-chave de redes de computadores, 4
1.4 Partes privadas e públicas da Internet, 8
1.5 Redes, interoperabilidade e padrões, 9
1.6 Conjuntos de protocolo e modelos em camada, 10
1.7 Como os dados atravessam as camadas, 12
1.8 Cabeçalhos e camadas, 13
1.9 ISO e Modelo de Referência OSI de Sete Camadas, 14
1.10 Organização do livro, 15
1.11 Resumo, 16

1.1 Crescimento das redes de computadores

As redes de computadores têm crescido explosivamente. A partir dos anos 1970, a comunicação via computador transformou-se em uma parte essencial de nossa infraestrutura. A ligação de computadores em rede é usada em cada aspecto dos negócios, incluindo propaganda, produção, transporte, planejamento, faturamento e contabilidade. Conseqüentemente, a maioria das corporações tem múltiplas redes. As instituições de ensino, em todos os níveis, do ensino fundamental à pós-graduação, estão utilizando redes de computadores para fornecer a estudantes e professores o acesso instantâneo a informações em bibliotecas online em todo o mundo. Órgãos governamentais em níveis federal, estadual e municipal utilizam redes, assim como as organizações militares. Em resumo, as redes de computadores estão em toda parte.

O crescimento contínuo da Internet global[1] é um dos fenômenos mais interessantes e empolgantes em redes. Em 1980, a Internet era um projeto de pesquisa que envolvia algumas dezenas de sites. Hoje, ela cresceu e se tornou um sistema de comunicação produtivo que alcança milhões de pessoas em todos os países povoados do mundo. Muitos usuários já têm acesso à Internet de alta velocidade por meio das conexões a cabo (cable modem), DSL, fibra óptica e tecnologias sem fio.

O crescimento das redes de computadores também gera um impacto econômico. As redes de dados têm disponibilizado novas formas de comunicação entre os indivíduos e já mudaram a comunicação no mundo dos negócios. Além disso, uma indústria inteira surgiu e desenvolve tecnologias de rede, produtos e serviços. A popularidade e a importância das redes de computadores têm produzido novos empregos para pessoas especializadas em redes. As empresas precisam de colaboradores para planejar, adquirir, instalar, operar e gerenciar os sistemas de hardware e software que compõem as redes de computadores e as inter-redes. A adoção do conceito de *computação em nuvem* demonstra que a computação está mudando das máquinas locais para centros de dados remotos.

---

[1] Neste livro, optamos por escrever Internet com "I" maiúsculo, pois nos referimos à Internet global.

Como resultado, a programação de computadores não está mais restrita a computadores individuais; agora os programadores desenvolvem aplicações que se comunicam por meio da Internet.

1.2 Por que as redes de computadores parecem complexas

Como as redes de computadores são dinâmicas e mudam rapidamente, o assunto parece complexo. Existem muitas tecnologias, e cada uma delas possui características que a distingue das outras. Muitas empresas criaram serviços e produtos que frequentemente usam tecnologias de maneiras não convencionais. Além disso, as redes de computadores parecem complexas porque tecnologias podem ser usadas e combinadas de muitas maneiras diferentes.

As redes de computadores podem ser especialmente confusas para um iniciante, porque não há nenhuma teoria de base que explique o relacionamento entre todas as partes. De fato, várias empresas têm criado padrões de redes, mas alguns padrões são incompatíveis entre si. Diversas empresas e grupos de pesquisa têm tentado definir modelos conceituais capazes de explicar as diferenças e as similaridades entre os sistemas de hardware e software das redes. Infelizmente, o conjunto de tecnologias é diverso e muda tão rapidamente que os modelos ou são tão simplistas que não distinguem os detalhes ou tão complexos que não ajudam a simplificar o assunto.

A falta de coerência no campo produz outro desafio para os iniciantes: não há nenhuma terminologia simples e uniforme para os conceitos relacionados às redes de computadores, então vários grupos tentam criar sua própria terminologia. Os pesquisadores utilizam terminologias cientificamente precisas. Os setores de marketing das empresas frequentemente associam um termo técnico genérico com um produto, ou inventam novos termos meramente para distinguir seus produtos ou serviços de seus concorrentes. Dessa forma, os termos técnicos são facilmente confundidos com os nomes de produtos populares. Para aumentar mais ainda a confusão, profissionais algumas vezes usam termos técnicos de uma tecnologia ao se referirem a uma característica análoga de outra tecnologia. Consequentemente, além de um grande conjunto de termos e de siglas que contêm muitos sinônimos, o jargão das redes de computadores contém termos que são frequentemente abreviados, mal empregados ou associados com produtos.

1.3 Os cinco aspectos-chave de redes de computadores

Para dominar a complexidade das redes de computadores, é preciso olhar além dos detalhes e concentrar-se em entender os cinco aspectos-chave do assunto:

- Aplicações e programação de redes
- Comunicação de dados
- Comutação de pacotes e tecnologias de redes
- Funcionamento de redes com TCP/IP
- Conceitos adicionais de funcionamento das redes e tecnologias

1.3.1 Aplicações e programação de redes

Os serviços e as facilidades das redes são requisitados pelos usuários por meio de aplicações de software – cada aplicação é um programa aplicativo em um computador que se comunica através da rede com outro programa aplicativo que roda em outro computador. Serviços de rede abrangem um conjunto variado de atividades, tais como e-mail, transmissão e recepção de arquivos, navegação na rede, chamadas telefônicas, acessos a bancos de dados distribuídos e videoconferência. Embora cada aplicação ofereça um serviço específico com sua própria interface, todas as aplicações podem se comunicar entre si através de uma rede simples ou de redes compartilhadas. A disponibilidade de uma rede unificada que suporta todas as aplicações facilita o trabalho do programador, porque ele precisa somente aprender a interface de rede e um conjunto básico de funções – esse mesmo conjunto de funções é usado por todos os programas que se comunicam através da rede.

Como veremos, é possível entender as aplicações das redes, e mesmo escrever o código que se comunica através da rede, sem compreender as tecnologias de hardware e software usadas para transferir dados de uma aplicação para outra. Isso sugere que, uma vez que um programador domine a interface, nenhum conhecimento adicional sobre a rede é necessário. Contudo, a programação na rede é análoga à programação convencional. Embora um programador convencional possa desenvolver aplicações sem entender compiladores, sistemas operacionais ou arquiteturas de computadores, conhecer o sistema pode ajudá-lo no desenvolvimento de programas mais confiáveis, sem erros e eficientes. De modo similar, conhecer o sistema de redes permite a um programador escrever um código melhor. Isso pode ser resumido:

> *Um programador que entende de tecnologias e mecanismos da rede pode escrever aplicações de rede mais rápidas, mais confiáveis e menos vulneráveis.*

1.3.2 Comunicação de dados

O termo *comunicação de dados* se refere ao estudo de tecnologias e mecanismos de baixo nível usados para enviar informação através de um meio de comunicação físico, como um fio, uma onda de rádio ou um feixe de luz. Comunicação de dados, que tem como foco as maneiras com que fenômenos físicos transferem informação, é domínio principalmente da engenharia elétrica. Engenheiros projetam e constroem uma grande variedade de sistemas de comunicação. Muitas das ideias básicas que os engenheiros necessitam são derivadas das propriedades da matéria e da energia descobertas pelos físicos. Por exemplo, veremos que as fibras ópticas usadas para transferir dados em alta velocidade confiam nas propriedades da luz e na sua reflexão em um limite entre dois tipos de matéria.

Como lida com conceitos físicos, a comunicação de dados pode parecer irrelevante para a compreensão do trabalho em rede. Em particular, devido ao fato de muitos termos e conceitos estarem relacionados com fenômenos físicos, o assunto pode parecer útil somente para os engenheiros projetistas de facilidades de transmissão de baixo nível. Por exemplo, as técnicas de modulação que usam formas físicas de energia, como radiação eletromagnética, para transportar informações, parecem ser irrelevantes para o projeto e o uso de protocolos. Contudo, veremos que vários conceitos-chave que são a base para a comunicação de dados influenciam o projeto dos protocolos de comunicação. No caso da modulação, o conceito de largura de banda está diretamente relacionado com o de velocidade de rede.

Como um caso específico, a comunicação de dados introduz a noção de multiplexação, que permite que informações de múltiplas fontes sejam combinadas para serem transmitidas através de um meio físico e mais tarde separadas para a entrega a vários destinatários. Veremos que multiplexação não está restrita à transmissão física – a maioria dos protocolos incorporam algumas formas de multiplexação. De modo similar, o conceito de criptografia introduz na comunicação de dados as formas básicas utilizadas na maioria das técnicas de segurança de redes. Essa importância pode ser resumida assim:

> *Embora lide com muitos detalhes de baixo nível, a comunicação de dados fornece uma fundamentação de conceitos com base nos quais o restante do trabalho em rede é construído.*

1.3.3 Comutação de pacotes e tecnologias de redes

Na década de 1960, um novo conceito revolucionou a comunicação de dados: comutação de pacotes. A comunicação de redes tinha evoluído dos sistemas de telégrafo e telefone que conectavam pares de fios entre duas partes para formar um circuito de comunicação. Embora a conexão mecânica de fios estivesse sendo substituída por circuitos eletrônicos, o paradigma continuava o mesmo: é formado um circuito, e então a informação é enviada através dele. A comutação de pacotes mudou as redes de maneira fundamental e forneceu a base da Internet moderna: em vez de formar um circuito dedicado, pacotes e comutação permitem a múltiplos remetentes transmitir dados sobre uma rede compartilhada. A comutação de pacotes é construída com os mesmos mecanismos fundamentais de comunicação de dados utilizados no sistema de telefone, mas usa os mecanismos de uma maneira nova. A comutação de pacotes divide os dados em pequenos blocos, chamados pacotes, e inclui uma identificação do destinatário pretendido em cada pacote. Aparelhos localizados ao longo de cada rede têm informações sobre como alcançar cada possível destino. Quando o pacote chega em um dos aparelhos, este escolhe o caminho por onde enviar o pacote e assim ele eventualmente alcança o destino correto.

Na teoria, a comutação de pacotes é simples. Contudo, muitos projetos são possíveis, dependendo das respostas às questões básicas. Como um destino poderia ser identificado e como um remetente descobre a identificação de um destino? Qual o maior tamanho possível de um pacote? Como uma rede pode descobrir o fim de um pacote e o início de outro pacote? Se muitos computadores estão enviando pacotes para uma rede, como garantir que cada um tenha a mesma possibilidade de enviar? Como a comutação de pacotes pode adaptar-se a uma rede sem fio? Como as tecnologias de comutação de pacotes podem ser projetadas para atender às várias exigências de velocidade, distância e custos econômicos? Muitas respostas têm sido propostas e muitas tecnologias de comutação de pacotes têm sido criadas. De fato, quando alguém estuda redes comutadas de pacotes, chega a uma conclusão fundamental:

> *Como cada tecnologia de rede é criada para atender às várias exigências de velocidade, distância e custo econômico, existem muitas tecnologias de comutação de pacotes. As tecnologias diferem nos detalhes, tais como o tamanho dos pacotes e o método usado para identificar o destino.*

1.3.4 Ligação inter-redes com TCP/IP

Na década de 1970, surgiu outra revolução na rede de computadores: o conceito de Internet. Muitos pesquisadores estudaram a comutação de pacotes em busca de uma tecnologia simples de comutação de pacotes que pudesse atender a todas as necessidades. Em 1973, Vinton Cerf e Robert Kahn concluíram que nenhuma tecnologia de comutação de pacotes simples poderia satisfazer todas as necessidades, especialmente porque, se isso fosse possível, seriam desenvolvidas tecnologias de baixa capacidade para as casas e os escritórios com custo extremamente baixo. A solução foi parar de tentar encontrar uma solução mais simples e, em vez disso, explorar a interconexão entre as muitas tecnologias de comutação de pacotes em busca de um funcionamento global. Eles propuseram o desenvolvimento de um conjunto de padrões para tal interconexão, e o resultado tornou-se conhecido como *família TCP/IP de protocolos da Internet* (usualmente abreviado como *TCP/IP*). O conceito, agora conhecido como *ligação inter-rede (internetworking)*, é extremamente poderoso. Ele fornece a base para a Internet global e é um elemento importante do estudo do funcionamento das redes de computadores.

Uma das principais razões do sucesso dos padrões TCP/IP é a sua tolerância à heterogeneidade. Em vez de tentar definir detalhes sobre as tecnologias de comutação de pacotes, tais como os tamanhos dos pacotes e o método usado para identificar o destino, TCP/IP usa o enfoque de virtualização, que define pacotes independentes de rede e um esquema de identificação também independente de rede, e então especifica como os pacotes virtuais são mapeados dentro de cada rede subjacente.

A habilidade do TCP/IP de tolerar novas redes de comutação de pacotes é a maior razão para a evolução contínua das tecnologias de comutação de pacotes. À medida que a Internet cresce, computadores tornam-se mais poderosos e aplicações enviam mais dados, especialmente fotos e vídeos. Para acomodar o crescimento de uso, os engenheiros inventam novas tecnologias que podem transmitir mais dados e processar mais pacotes em um dado tempo. À medida que são inventadas, as novas tecnologias são incorporadas à Internet e às tecnologias existentes. Isto é, como a Internet tolera heterogeneidade, os engenheiros podem experimentar novas tecnologias de funcionamento de redes sem romper com as redes existentes. Para resumir:

> A Internet é formada pela interconexão de múltiplas redes de comutação de pacotes. O funcionamento da Internet é substancialmente mais poderoso do que o de uma tecnologia simples de rede, porque o enfoque permite que novas tecnologias sejam incorporadas ao mesmo tempo sem exigir a substituição das tecnologias antigas como um todo.

1.3.5 Conceitos adicionais de funcionamento das redes e tecnologias

Além do hardware e dos protocolos usados para construir redes, um conjunto grande de tecnologias adicionais fornece importantes capacidades. Por exemplo, tecnologias de avaliação da performance da rede permitem que telefones IP e dados multimídia circulem na infraestrutura comutada de pacotes mantendo a rede segura. Facilidades de gerenciamento de rede convencional e *Software Defined Networking* (SDN) permitem a gerentes configurar e controlar as redes, e a Internet das Coisas (IoT, *Internet of Things*) torna isso possível através de sistemas instalados na Internet.

A SDN e a IoT se destacam por serem novas e terem recebido considerável atenção rapidamente. A SDN propõe um paradigma completamente novo para controlar e gerenciar os sistemas de rede. O projeto tem consequências econômicas e poderia promover uma mudança significativa na maneira como a rede funciona.

Outra mudança na Internet envolve o deslocamento da comunicação entre um ou mais humanos para a IoT, que permite que aparelhos com autonomia comuniquem-se sem a intervenção do ser humano. Por exemplo, tecnologias de automação das residências farão com que os aparelhos domésticos otimizem os custos de consumo de energia por meio de agendamento, para operar quando as taxas de energia são mais baratas (por exemplo, à noite). Como resultado, o número de aparelhos conectados à Internet crescerá drasticamente.

1.4 Partes privadas e públicas da Internet

Embora a Internet funcione como um sistema de comunicação simples, ela é composta por partes que são de propriedade e operada por indivíduos e organizações. Para ajudar no esclarecimento de propriedade e propósito, a indústria usa os termos *rede pública* e *rede privada*.

1.4.1 Rede pública

A *rede pública* funciona como um serviço que é disponibilizado para seus assinantes. Qualquer indivíduo ou instituição que pague a taxa de assinatura pode usar a rede. A companhia que fornece serviço de comunicação é conhecida como um *provedor de serviço*. O conceito de um provedor de serviço é muito abrangente e vai além dos *provedores de serviços de internet* (ISPs, *Internet Service Providers*). De fato, a terminologia foi criada pelas companhias que ofereciam serviço de telefone de voz analógico. Para resumir:

> Uma rede pública é de propriedade de um provedor de serviço e fornece serviço para qualquer indivíduo ou organização que pague a taxa de assinatura.

É importante compreender que o termo *público* refere-se ao fato de o serviço estar disponível para todos de forma geral; no entanto, os dados que transitam na rede do referido serviço não estão disponíveis. Em particular, muitas redes públicas seguem regras estritas do governo que exigem do provedor a proteção contra a espionagem ocasional. Ou seja:

> O termo *público significa que o serviço está disponível para o púbico em geral; os dados transferidos através da rede pública não são revelados para pessoas não autorizadas.*

1.4.2 Rede privada

A *rede privada* é controlada por um grupo particular. Embora isso possa parecer simples, a distinção entre partes pública e privada da Internet pode ser sutil, pois o controle nem sempre implica propriedade. Por exemplo, se uma empresa aluga um circuito de dados de um provedor que restringe o uso de circuito em termos de tráfego, o circuito torna-se parte da rede privada da empresa. Em síntese:

> *A rede é dita privada se o seu uso é restrito a um grupo. A rede privada pode incuir um circuito alugado de um provedor de serviço.*

Vendedores de equipamentos de rede dividem redes privadas em quatro categorias:

- Consumidor
- Pequenos escritórios/escritórios domésticos
- Pequenos e médios negócios
- Grandes empresas

Como as categorias são relacionadas a vendas e mercado, a terminologia está definida de forma ambígua. Embora seja possível encontrar uma descrição qualitativa de cada tipo, não é possível encontrar uma definição exata. Por isso, os parágrafos abaixo fornecem uma definição ampla de tamanho e propósito, em vez de características detalhadas.

Consumidor. Uma das formas mais baratas de redes privadas é a rede proprietária de um indivíduo – se um indivíduo compra um comutador (*switch*) de rede barato e conecta uma impressora a um PC, ele cria uma rede privada. De modo análogo, um consumidor pode comprar e instalar um roteador wireless para ter em sua casa uma conexão Wi-Fi. Tal instalação é uma rede privada.

Pequenos escritórios/escritórios domésticos. (SOHO, *Smal Office/Home Office*). Uma rede SOHO é ligeiramente maior do que uma rede de um consumidor. Uma rede SOHO típica conecta dois ou mais computadores, uma ou mais impressoras; ou um roteador conecta o escritório à Internet e, possivelmente, a outros aparelhos, tais como uma caixa registradora e uma máquina de verificação de cartão de crédito. A maioria das redes SOHO instaladas tem um sistema de força sobressalente, com baterias e outros mecanismos que permitem o funcionamento da rede sem interrupção.

Pequenos e médios negócios (SMB, *Small-to-Medium Business*). Uma rede SMB pode conectar muitos computadores dentro de vários escritórios em um mesmo edifício e pode incluir computadores para facilitar a produção (por exemplo, o departamento de expedição). Frequentemente, uma rede SMB contém vários circuitos de redes interconectados por roteador, usa uma Internet de banda larga de alta velocidade e pode incluir vários aparelhos wireless que fornecem conexões Wi-Fi.

Grandes empresas. Uma rede de grande empresa fornece a infraestrutura de TI necessária para as grandes organizações. Uma típica rede utilizada por uma grande empresa conecta vários lugares geograficamente distantes com vários prédios em cada lugar, usa muitos comutadores e roteadores e tem duas ou mais conexões de alta velocidade com a Internet global. Redes de grandes empresas normalmente incluem tecnologias de redes cabeadas e wireless.

Para resumir:

> *Uma rede privada pode servir tanto um consumidor individual quanto um pequeno escritório, um pequeno ou médio negócio ou uma grande empresa.*

1.5 Redes, interoperabilidade e padrões

Comunicação sempre envolve pelo menos duas entidades, uma que envia a informação e outra que a recebe. De fato, veremos que a maioria dos sistemas de comunicação de comutação de pacotes contém entidades intermediárias (isto é, aparelhos que passam para frente os pacotes). O ponto importante é que, para a comunicação ser bem sucedida, todas as entidades da rede devem estar de acordo com relação ao modo como a informação será representada e comunicada. Acordos de comunicação envolvem muitos detalhes. Por exemplo, quando duas entidades comunicam-se através de uma rede com fio, ambos os lados devem definir a voltagem a ser usada, a maneira exata com que os sinais elétricos são usados para representar dados, os procedimentos usados para iniciar e conduzir a comunicação e o formato das mensagens.

O termo *interoperabilidade* se refere à habilidade de duas entidades para comunicar-se. Se duas entidades podem se comunicar sem qualquer desentendimento, elas *interoperam* corretamente. Para assegurar que todas as partes da comunicação concordam de forma detalhada e seguem as mesmas regras, um conjunto exato de especificações é escrito abaixo. Para resumir:

> A *comunicação envolve várias entidades que devem concordar em detalhes a respeito da variação da voltagem elétrica usada para o formato e o significado das mensagens. Para assegurar que as entidades possam interoperar corretamente, as regras para todos os aspectos de comunicação são escritas abaixo.*

Seguindo a terminologia diplomática, são usados os termos *protocolo de comunicação*, *protocolo de rede* ou *protocolo* para referenciar a especificação para a comunicação de rede. Um dado protocolo pode especificar detalhes de baixo nível, como o tipo de transmissão de rádio usada em uma rede sem fio, ou descrever mecanismos de alto nível, como a mensagem que dois programas aplicativos trocam. É dito que o protocolo pode definir um procedimento a ser seguido durante uma troca. Um dos mais importantes aspectos de um protocolo está relacionado com as situações nas quais um erro ou condição inesperada ocorre. Dessa forma, um protocolo normalmente explica a ação apropriada a ser realizada em cada possível condição anormal (isto é, a resposta é esperada, mas nenhuma resposta chega). Em síntese:

> *Um protocolo de comunicação especifica os detalhes para um aspecto da comunicação de computadores, incluindo as ações a serem realizadas quando erros ou situações inesperadas ocorrem. Um dado protocolo pode especificar detalhes de baixo nível, como a voltagem e os sinais que devem ser usados, ou os itens de alto nível, como o formato das mensagens que os programas aplicativos trocam.*

1.6 Conjuntos de protocolo e modelos em camada

Um conjunto de protocolos deve ser construído cuidadosamente para assegurar que o sistema de comunicação resultante seja completo e eficiente. Para evitar duplicação de esforço, cada protocolo deve manipular a parte da comunicação que não seja manipulada por outros protocolos. Como é possível garantir que os protocolos trabalharão bem juntos? A resposta está no plano de projeto como um todo: em vez de serem criados de forma isolada, os protocolos são projetados como um todo, formando conjuntos cooperativos chamados de *suítes* ou *famílias*. Cada protocolo de uma suíte manipula um aspecto da comunicação; juntos, os protocolos de uma suíte cobrem todos os aspectos de comunicação, incluindo falhas de hardware e outras condições excepcionais. Além disso, a suíte inteira é projetada para permitir que os protocolos trabalhem juntos eficientemente.

A abstração fundamental usada para coletar protocolos dentro de um todo unificado é conhecida como modelo em camadas. Na essência, um modelo em camadas descreve como todos os aspectos de um problema de comunicação podem ser particionados em peças que trabalham juntas. Cada peça é conhecida como camada; a terminologia se refere à organização dos protocolos na suíte, onde ficam distribuídos em uma sequência linear. Dividir os protocolos em camadas ajuda ambos projetistas e implementadores de protocolos a gerenciarem a complexidade por permitir que eles se concentrem em apenas um aspecto em um dado momento.

A Figura 1.1 ilustra o conceito, mostrando o modelo em camadas usado com os protocolos Internet. A aparência visual das figuras usadas para ilustrar camadas tem levado ao termo coloquial *pilha*. O termo é usado para referenciar o software do protocolo no computador, como na questão: "Em qual computador roda a pilha TCP/IP?".

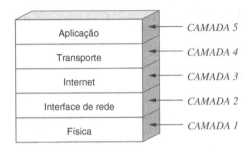

Figura 1.1 O modelo em camadas usado com os protocolos Internet (TCP/IP).

Os últimos capítulos o ajudarão a compreender melhor as camadas, porque explicam os protocolos em detalhe. O que vimos até agora é suficiente para entender o propósito geral de cada camada e como os protocolos são usados para a comunicação. A próxima seção resume o papel das camadas; a última seção examina como os dados passam através das camadas quando os computadores se comunicam.

Camada 1: física

Protocolos na camada *física* especificam detalhes sobre o meio de transmissão e o hardware associado. Todas as especificações relacionadas às propriedades elétricas, às frequências de rádio e aos sinais pertencem à camada 1.

Camada 2: interface de rede[2] ou MAC

Protocolos na camada *MAC* especificam os detalhes relativos à comunicação sobre uma rede simples e a interface entre o hardware da rede e a camada 3, a qual é implementada usualmente por software. Especificações sobre os endereços de rede, o tamanho máximo

---

[2] Embora o projetista do TCP/IP tenha usado o termo *interface de rede* e algumas organizações normatizadoras prefiram o termo *link de dados*, o termo MAC é o mais utilizado na indústria.

do pacote que a rede pode suportar, os protocolos usados para acessar o meio e o endereçamento de hardware pertencem à camada 2.

Camada 3: Internet

Protocolos na camada *Internet* formam a base fundamental para a Internet. Protocolos da camada 3 especificam a comunicação entre dois computadores por meio da Internet (isto é, por meio de várias redes interconectadas). A estrutura de endereçamento da Internet, o formato dos pacotes da Internet, o método para dividir um grande pacote em pacotes menores para a transmissão e os mecanismos para relatar erros pertencem à camada 3.

Camada 4: transporte

Protocolos na camada de *transporte* viabilizam a comunicação de um programa aplicativo de um computador com um programa aplicativo em outro. Especificações que controlam a taxa máxima que um receptor pode aceitar dados, os mecanismos para evitar congestionamento de rede e as técnicas para assegurar que todos os dados são recebidos na ordem correta pertencem à camada 4.

Camada 5: aplicação

Protocolos na camada do topo da pilha TCP/IP especificam como um par de aplicações interage quando eles se comunicam. Os protocolos da camada 5 especificam detalhes sobre o formato e o significado das mensagens que aplicações podem trocar, assim como os procedimentos que devem ser seguidos durante a comunicação. Essencialmente, quando um programador constrói uma aplicação que se comunica através da rede, ele cria um protocolo da camada 5. Especificações para troca de e-mail, transferência de arquivo, navegação na Web, serviço de telefone por voz, aplicações em smartphone e videoconferência pertencem à camada 5.

1.7 Como os dados atravessam as camadas

Uma camada não é um conceito meramente abstrato que pode ajudá-lo a entender o que são protocolos. Implementações de protocolo seguem o modelo de camadas porque passam a saída de um protocolo para a entrada de um protocolo da próxima camada. Além disso, para ser eficiente, em vez de copiar um pacote inteiro, um par de protocolos nas camadas adjacentes passa um apontador para o pacote. Dessa forma, dados atravessam camadas eficientemente.

Para entender como os protocolos operam, considere dois computadores conectados em uma rede. A Figura 1.2 ilustra protocolos em camadas em dois computadores. Como a figura mostra, cada computador contém um conjunto de protocolos em camada.

Quando uma aplicação envia dados, eles são colocados dentro do pacote, e o pacote desce através de cada camada dos protocolos. Uma vez que tenha atravessado todas as camadas dos protocolos no computador que envia dados, o pacote deixa

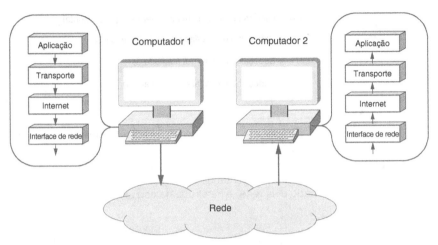

Figura 1.2 Ilustração de como os dados atravessam as camadas do protocolo quando computadores se comunicam através da rede. Cada computador tem um conjunto de protocolos em camada e dados atravessam cada camada.

o computador e é transmitido através da rede física[3]. Quando alcança o computador destinatário, o pacote sobe através das camadas dos protocolos. Se a aplicação no computador destinatário envia uma resposta, o processo é invertido. Isto é, a resposta desce através das camadas na sua forma de saída e sobe através das camadas no computador que recebe a resposta.

1.8 Cabeçalhos e camadas

Cada camada do software do protocolo executa um processamento que assegura que as mensagens cheguem como esperado. Para executar tal processamento, o software do protocolo das duas máquinas troca informação. Para fazer isso, cada camada no computador remetente anexa informação extra dentro do pacote; a camada do protocolo correspondente no computador destinatário remove e usa essa informação.

A informação adicionada ao pacote pelo protocolo é conhecida como *cabeçalho* (*header*). Para compreender como os cabeçalhos aparecem, pense em um pacote viajando através da rede entre os dois computadores da Figura 1.2. Cabeçalhos são adicionados pelo software do protocolo conforme os dados descem através das camadas no computador remetente. Isto é, a camada de transporte anexa um cabeçalho, e então a camada Internet anexa um cabeçalho e assim por diante. Dessa forma, se há um pacote atravessando a rede, os cabeçalhos aparecerão na ordem ilustrada pela Figura 1.3.

Embora a figura mostre os cabeçalhos com o mesmo tamanho, na prática eles não têm um tamanho uniforme, e o cabeçalho da camada física é opcional. Você compreenderá a razão de tamanhos díspares quando examinarmos os conteúdos de cabeçalho. Também veremos que a camada física usualmente especifica como os sinais são usados

---

[3] A Figura 1.2 mostra apenas uma rede. Quando estudarmos arquitetura de Internet, conheceremos dispositivos chamados *roteadores* e aprenderemos como as camadas de protocolos operam na Internet.

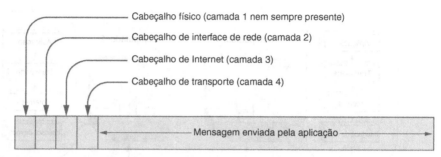

Figura 1.3 Cabeçalhos de protocolo agrupados que aparecem em um pacote quando ele é transferido através de uma rede entre dois computadores. No diagrama, o início do pacote (o primeiro bit enviado pela rede) é mostrado na esquerda.

para transmitir dados, o que significa que o pacote não contém um cabeçalho explícito na camada física.

1.9 ISO e Modelo de Referência OSI de Sete Camadas

Ao mesmo tempo que os protocolos da Internet estavam sendo desenvolvidos, duas grandes corporações de padronização criaram conjuntamente um modelo de referência alternativo. Elas também criaram o conjunto OSI de protocolos inter-rede como competidor dos protocolos Internet. As organizações são:

- International Organization for Standardization (ISO)
- Telecommunication Standardization Sector of the International Telecommunications Union (ITU)[4]

O modelo de camadas ISO é conhecido como *Open Systems Interconnection Seven-Layer Reference Model*. Uma confusão surgiu na terminologia devido ao acrônimo dos protocolos, OSI, e o acrônimo da organização, ISO, que são parecidos. Essa confusão é a provável causa de que sejam encontradas ambas as denominações: *modelo de sete camadas OSI* e *modelo de sete camadas ISO*.

Com o tempo, ficou claro que a tecnologia TCP/IP é tecnicamente superior à OSI e, em poucos anos, os esforços para desenvolver e implantar os protocolos OSI foram interrompidos. As corporações de padronização ficaram com o modelo de sete camadas, que não inclui uma camada Internet. Consequentemente, por vários anos elas têm tentado estender as definições do modelo de sete camadas para igualá-lo ao TCP/IP. Elas argumentam que a camada 3 poderia ser considerada uma camada Internet e que alguns elementos do protocolo de suporte podem ser colocados dentro das camadas 5 e 6. Talvez o mais irônico da história seja que muitos departamentos de marketing e mesmo engenheiros ainda se referem às aplicações como *protocolos de sete camadas*, mesmo sabendo que os protocolos Internet usam somente cinco camadas e que as camadas 5 e 6 dos protocolos ISO são desnecessárias.

---

[4] Quando o padrão foi criado, a ITU era conhecida como *Consultative Commitee for International Telephone and Telegraph* (CCITT).

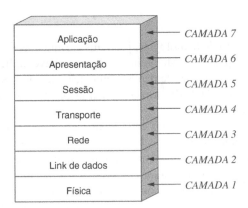

Figura 1.4 O modelo de sete camadas OSI padronizado pela ISO.

1.10 Organização do livro

Este livro está dividido em cinco partes maiores. Depois de uma breve introdução, os capítulos da primeira parte introduzem aplicações em rede e programação em redes. Além de ler os textos, leitores que tenham acesso a computadores são encorajados a construir e usar programas aplicativos que utilizam a Internet. As outras quatro partes explicam como funcionam as tecnologias. A segunda parte descreve a comunicação de dados e a transmissão de informação. Ela explica como energias elétrica e eletromagnética podem ser usadas para transmitir informação através dos fios e através do ar, além de mostrar como os dados são transmitidos.

A terceira parte do texto foca na comutação de pacotes e nas tecnologias de pacotes. Ela explica por que redes de computadores usam pacotes, descreve o formato geral dos pacotes, examina como eles são codificados para transmissão e mostra como cada pacote é enviado através da rede para seu destino. A terceira parte do livro também introduz categorias básicas de redes de computadores, como redes locais (LANs, *Local Area Networks*) e redes de longo alcance (WANs, *Wide Area Networks*). Os capítulos descrevem as propriedades de cada categoria e discutem exemplos de tecnologias.

A quarta parte do texto aborda a ligação inter-redes e o conjunto associado de protocolos da Internet TCP/IP. O texto descreve a estrutura da Internet e dos protocolos TCP/IP. Ele explica o esquema de endereçamento IP e o mapeamento entre endereços Internet e endereços de hardware. Ele também discute o roteamento Internet e os protocolos de roteamento. A quarta parte inclui a descrição de vários conceitos fundamentais, incluindo: encapsulamento, fragmentação, congestionamento e controle de fluxo, conexões virtuais, endereçamentos IPv4 e IPv6, tradução de endereço, *bootstrapping* e vários protocolos de suporte.

A quinta parte do texto discorre sobre uma variedade de tópicos que pertencem à rede como um todo, e não às suas partes individuais. Depois de um capítulo sobre desempenho de rede, outros capítulos abordam tecnologias emergentes, segurança de rede, gerenciamento de rede e as recentes *software defined networking* e Internet das Coisas.

1.11 Resumo

O grande conjunto de tecnologias, produtos e esquemas de interconexão tornam a rede um assunto complexo. Existem cinco aspectos-chave: aplicações em rede e programação em rede, comunicação de dados, comutação de pacotes e tecnologias de rede, ligação inter-redes com TCP/IP e tópicos que transpassam as camadas, tais como segurança e gerenciamento de rede.

Como há várias entidades envolvidas na comunicação, elas devem concordar nos detalhes, incluindo as características elétricas, tal como voltagem, o formato e o significado de todas as mensagens. Para garantir a interoperabilidade, cada entidade é construída para obedecer um conjunto de protocolos de comunicação que especifica todos os detalhes necessários para a comunicação. Para assegurar que os protocolos trabalhem juntos e lidem com todos os aspectos da comunicação, um conjunto inteiro de protocolos é concebido ao mesmo tempo. A abstração principal em torno da qual são construídos os protocolos é conhecida como *modelo em camadas*. Camadas ajudam a reduzir a complexidade por permitir que um engenheiro foque em um aspecto da comunicação em um certo momento, sem se preocupar com outros aspectos. Os protocolos TCP/IP usados na Internet seguem o modelo de referência de cinco camadas; as companhias de telefone e a Internacional Standards Organization (ISO) propuseram um modelo de referência de sete camadas.

Exercícios

1.1 Procure identificar na Web razões para o crescimento da Internet nos últimos anos.

1.2 Liste dez indústrias que dependem de redes de computadores.

1.3 De acordo com o texto, é possível desenvolver aplicações para a Internet sem entender a arquitetura da Internet e das tecnologias? Explique sua resposta.

1.4 A que aspectos das redes de computadores a *comunicação de dados* se relaciona?

1.5 O que é comutação de pacotes e por que ela é relevante para a Internet?

1.6 Forneça um breve histórico da Internet descrevendo quando e como ela iniciou.

1.7 O que é interoperabilidade e por que ela é especialmente importante para a Internet?

1.8 O que é um protocolo de comunicação?

1.9 O que é um conjunto de protocolo e qual é a vantagem dele?

1.10 Descreva o modelo em camadas TCP/IP e explique como foi criado.

1.11 Liste as camadas do modelo TCP/IP e explique resumidamente cada uma delas.

1.12 Explique como os cabeçalhos são adicionados e removidos à medida que os dados passam através das pilhas de protocolos em camadas.

1.13 Liste as maiores organizações de padronização que criam padrões para comunicação de dados e redes de computador.

CAPÍTULO 2
Tendências da Internet

2.1 Introdução, 17
2.2 Compartilhamento de recursos, 17
2.3 Crescimento da Internet, 18
2.4 Do compartilhamento de recursos à comunicação, 18
2.5 Do texto à multimídia, 20
2.6 Últimas tendências, 21
2.7 Dos computadores individuais à computação em nuvem, 22
2.8 Resumo, 23

2.1 Introdução

Este capítulo mostra como os dados da inter-rede e da Internet têm mudado desde o surgimento dessas redes. O capítulo inicia com um breve histórico da Internet, salientando alguns dos motivos da sua criação. Ele também descreve a mudança de ênfase: de compartilhamento de facilidades centralizadas para sistemas de informação completamente distribuídos.

Os últimos capítulos desta parte do livro continuam a discussão sobre o exame de aplicações específicas da Internet. Além disso, para descrever os paradigmas de comunicação disponíveis na Internet, eles explicam a interface de programação que as aplicações Internet usam para se comunicar.

2.2 Compartilhamento de recursos

Algumas das primeiras redes foram projetadas quando os computadores eram grandes e caros e a motivação principal era *compartilhar recursos*. Por exemplo, redes foram projetadas para conectar múltiplos usuários, cada um com uma tela e um teclado, a um computador centralizado de grande porte. Mais tarde, elas permitiram que múltiplos usuários compartilhassem dispositivos periféricos, como uma impressora. Em síntese:

> *As primeiras redes de computadores foram projetadas para permitir o compartilhamento de recursos caros e centralizados.*

Nos anos 1960, a *Agência de Projetos de Pesquisa Avançada* (ARPA, Advanced Research Projects Agency[1]) do Departamento de Defesa dos EUA estava especialmente preocupada com a falta de computadores de alto desempenho. Muitos dos projetos de pesquisa da ARPA necessitavam de acesso a equipamentos de última tecnologia. Cada grupo de pesquisa queria uma unidade de cada modelo novo de computador. No final dos anos 1960, tornou-se óbvio que o orçamento da ARPA não poderia atender a deman-

---
[1] Em diversos momentos, a agência incluiu a palavra *Defense* em seu nome, passando a utilizar a sigla DARPA.

da. Como alternativa, a agência começou a investigar a ligação em redes de dados. Em vez de disponibilizar múltiplos computadores em cada centro de pesquisa, ela decidiu oferecer um computador a cada grupo, interconectar esse computador a uma rede de dados e projetar um software que permitiria a um pesquisador usar o computador mais adequado para execução de uma dada tarefa.

A ARPA contratou alguns dos melhores profissionais disponíveis e focou-os na pesquisa em redes. Ela também contratou empreiteiras para transformar os projetos em um sistema de trabalho chamado *ARPANET*. A pesquisa resultou em algo revolucionário. O grupo de pesquisa decidiu seguir um enfoque conhecido como *comutação de pacotes*, que se tornou a base para a rede de dados e a Internet[2]. A ARPA continuou o projeto quando decidiu financiar o projeto de pesquisa Internet. Durante os anos 1980, a Internet se expandiu devido a um esforço de pesquisa e, durante os anos 1990, se tornou um sucesso comercial.

2.3 Crescimento da Internet

Em menos de 40 anos, a Internet passou de um protótipo de pesquisa que conectava um punhado de sites para um sistema global de comunicação que alcança todos os países do mundo. A taxa de crescimento tem sido fenomenal. A Figura 2.1 ilustra isso por meio de um gráfico do número dos computadores conectados à Internet entre os anos de 1981 e 2012.

O gráfico usa uma escala linear em que o eixo *y* representa valores de zero a nove centenas de milhões. A plotagem linear pode ser enganosa, porque esconde pequenos detalhes. Por exemplo, o gráfico da Figura 2.1 esconde detalhes sobre o crescimento inicial da Internet, fazendo parecer que a Internet não começou a crescer até aproximadamente 1996 e que a maior parte do crescimento ocorreu nos últimos poucos anos. De fato, a taxa média de computadores novos sendo adicionados à Internet alcançou mais de um por segundo em 1998 e tem acelerado. Em 2007, mais de dois computadores eram adicionados a cada segundo. Para entender a taxa de crescimento desde o início, observe a plotagem da Figura 2.2, que usa uma escala logarítmica.

A plotagem da Figura 2.2 revela que a Internet tem experimentado um crescimento exponencial em 25 anos. Isto é, ela tem dobrado de tamanho em um período de 9 a 14 meses. É interessante que, quando medida pelo número de computadores, a taxa exponencial de crescimento tem decrescido suavemente desde os anos 1990. Contudo, usar o número de computadores conectados à Internet como medida de tamanho pode decepcionar, pois muitos usuários no mundo agora acessam a Internet por meio de uma rede de telefones celulares.

2.4 Do compartilhamento de recursos à comunicação

Conforme cresceu, a Internet mudou de duas maneiras significativas. Em primeiro lugar, a velocidade de comunicação aumentou drasticamente – o *backbone* da Internet atual pode realizar quase 200 vezes mais bits por segundo do que o *backbone* da Internet

---

[2] O Capítulo 13 aborda a comutação de pacotes detalhadamente.

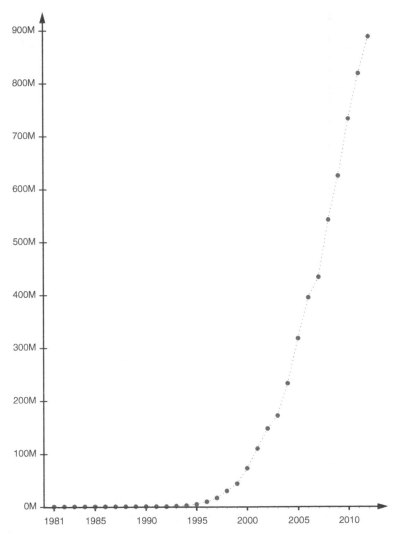

Figura 2.1 Crescimento da Internet de 1981 a 2012 plotado pelo número de computadores conectados a ela.

original. Em segundo lugar, novas aplicações surgiram para atender às demandas de uma grande parte da sociedade. O segundo ponto deixa claro que a Internet não é mais dominada por cientistas e engenheiros, aplicações científicas ou acesso a recursos computacionais.

Duas mudanças tecnológicas intensificaram a mudança na maneira de usar o compartilhamento de recursos para novas aplicações. De um lado, velocidades de comunicação cada vez mais rápidas possibilitaram que aplicações transferissem rapidamente grandes volumes de dados. De outro lado, o acesso a computadores pessoais baratos de alto desempenho forneceu a força computacional necessária para computação complexa e apresentações gráficas, eliminando a maioria das demandas por recursos compartilhados.

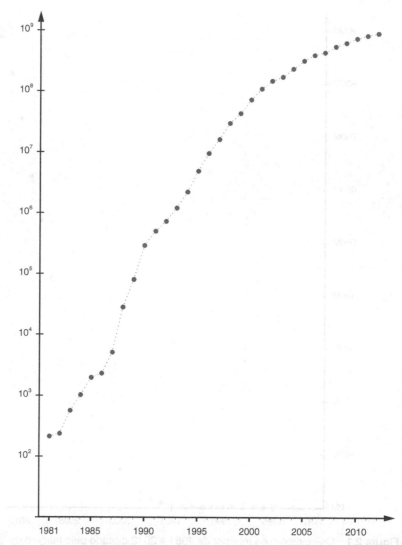

Figura 2.2 O crescimento da Internet plotado em uma escala logarítmica.

Em suma:

> A *disponibilidade de tecnologias de comunicação e computadores de alta velocidade mudou o foco da Internet de compartilhamento de recursos para comunicação de propósito geral.*

2.5 Do texto à multimídia

Uma das mudanças mais perceptíveis ocorreu nos dados enviados através da Internet. A Figura 2.3 ilustra um aspecto dessa mudança.

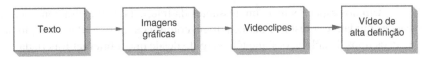

Figura 2.3 Mudança no tipo de dados enviados pelos usuários através da Internet.

Como mostra a figura, inicialmente a comunicação por meio da Internet envolvia dados textuais. Em particular, as mensagens eletrônicas se limitavam a mostrar textos com fonte de tamanho fixo. Nos anos 1990, os computadores ganharam telas em cores e eram capazes de mostrar gráficos. Além disso, surgiram aplicações que permitiam aos usuários transferir imagens facilmente. No final dos anos 1990, os usuários começaram a enviar videoclipes e a baixar vídeos maiores. Nos anos 2000, a velocidade da Internet tornou possível baixar uma sequência de vídeos de alta definição. A Figura 2.4 ilustra que uma transição similar ocorreu com o áudio.

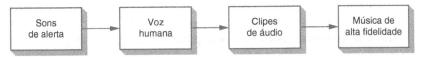

Figura 2.4 Mudança no tipo de áudio enviado pelos usuários por meio da Internet.

O termo *multimídia* foi usado para caracterizar dados que contêm texto, gráficos, áudio e vídeo. Grande parte do conteúdo disponível na Internet atualmente é composto por documentos multimídia. Além disso, tem melhorado muito a largura de banda, o que tem tornado possível o envio de vídeos de alta resolução e som de alta fidelidade. Para resumir:

> O uso da Internet tem mudado e hoje ela não é utilizada apenas para a transferência de documentos textuais estáticos, mas também para a transferência de conteúdo multimídia de alta qualidade.

2.6 Últimas tendências

Surpreendentemente, novas tecnologias de redes e novas aplicações Internet continuam surgindo. Algumas das mudanças mais significativas têm ocorrido nos sistemas de comunicação tradicionais, tais como rede de telefone de voz e televisão a cabo, que estão passando do analógico para o digital e adotando a tecnologia Internet. Além disso, o suporte para os usuários de aparelhos móveis está em aceleração. A Figura 2.5 lista algumas dessas mudanças.

Tópico	Transição
Sistema telefônico	Do analógico para a voz sobre IP (VoIP, *Voice over IP*)
Televisão a cabo	Do analógico para o protocolo Internet (IP, *Internet Protocol*)
Celular	Do analógico para os serviços celulares digitais (4G)
Acesso à Internet	Do acesso cabeado ao sem fio (Wi-Fi)
Acesso aos dados	Do acesso centralizado ao distribuído (P2P)

Figura 2.5 Exemplos de transições na rede e na Internet.

Um dos aspectos mais interessantes da Internet é a maneira com que as suas aplicações mudam e o restante da tecnologia continua a mesma. Por exemplo, a Figura 2.6 lista os tipos de aplicações que têm surgido desde que a Internet foi criada.

Aplicação	Importante para
Rede social	Consumidores e organizações voluntárias
Redes de sensores	Ambiente, segurança e rastreamento de frota
Teleconferência de alta qualidade	Comunicação entre empresas
Banco e pagamentos online	Indivíduos, organizações governamentais e não governamentais

Figura 2.6 Exemplos de aplicações populares.

Aplicações em rede social, tais como Facebook e YouTube, são fascinantes porque criam novas redes sociais – conjuntos de pessoas que se conhecem exclusivamente pela Internet. Sociólogos sugerem que tais aplicações capacitarão mais pessoas a encontrar outras com os mesmos interesses e irão promover a formação de grupos sociais menores.

2.7 Dos computadores individuais à computação em nuvem

A Internet gerou outra mudança no nosso mundo digital: *computação em nuvem*. Em 2005, companhias se deram conta de que as conexões de alta velocidade na Internet poderiam permitir uma economia em grande escala com o oferecimento de processamento e serviços de armazenamento de dados menos caros do que aqueles implementados pelos sistemas onde cada usuário tem seu próprio computador. A ideia é simples: um *fornecedor em nuvem* constrói um grande *centro de dados em nuvem*, com vários computadores e muitos discos conectados pela Internet. Indivíduos ou empresas contratam esse serviço. Em princípio, o consumidor em nuvem necessita somente de um aparelho de acesso (isto é, um smartphone, tablet ou computador de mesa com tela e teclado. Todas as aplicações e arquivos do usuário estão localizados no centro de dados em nuvem. Quando o consumidor necessita rodar uma aplicação, ela roda no computador do centro de dados em nuvem. De forma similar, quando o consumidor salva um arquivo, este é armazenado em em um disco no centro de dados em nuvem. Nesse caso, diz-se que a informação do consumidor é armazenada na nuvem. Uma importante implicação é que o consumidor pode acessar o centro de dados em nuvem de qualquer lugar, o que significa que um viajante não necessita carregar cópias de arquivos com ele – o ambiente de computação está sempre disponível e é sempre o mesmo.

Para usuários individuais, a vantagem principal da computação em nuvem é que o provedor de nuvem cuida de todo o hardware, de todo o software e de detalhes operacionais. O provedor atualiza periodicamente o hardware e assegura que toda aplicação de software está atualizada para a última versão. Além disso, um provedor de nuvem oferece um serviço de backup de dados que permite ao usuário recuperar versões anteriores de arquivos perdidos.

Para as empresas, a computação em nuvem oferece flexibilidade com um custo menor. Em vez de contratar um grande grupo de profissionais de tecnologia de informação e gerenciar computadores, ela contrata um provedor de uma nuvem. O provedor aluga o espaço físico necessário para o centro de dados, se encarrega da energia elétrica e do sistema de ar condicionado (incluindo geradores e nobreaks que entram em ação em caso de falta de energia) e garante que essas facilidades e esses dados estão seguros. Além disso, o provedor oferece um *serviço elástico* – a quantidade de espaço físico para armazenamento e o número de computadores que o usuário utiliza pode variar conforme a necessidade. Por exemplo, muitas empresas têm um modelo de negócio sazonal. Uma empresa agrícola processa uma grande quantidade de registros durante a colheita. Uma empresa de preparação de declarações de imposto de renda necessita de capacidades maiores de armazenamento e processamento nos meses e semanas que antecedem o prazo de pagamento do imposto. Os provedores de computação em nuvem acomodam o uso sazonal porque oferecem ao usuário o aumento dos recursos quando necessário e a liberação dos mesmos quando não são mais úteis. Dessa forma, em vez de comprar recursos para atender à demanda máxima da empresa, deixando os computadores sem uso nos períodos de pouco trabalho, a empresa que usa a computação em nuvem paga somente pelos serviços realmente usados. De fato, uma empresa pode optar por um modelo híbrido. Nesse caso, ela tem sua própria infraestrutura, que é suficiente para atender a maioria de suas necessidades, e usa os serviços em nuvem somente quando a demanda excede a capacidade local. Em síntese:

> *Serviços em nuvem são elásticos, o que significa que, em vez de comprar uma quantidade fixa de hardware, o usuário paga somente pelos recursos que são realmente usados.*

2.8 Resumo

A Agência de Projetos de Pesquisa Avançada financiou muitas das pesquisas iniciais em redes com o objetivo de desenvolver uma maneira de compartilhar recursos computacionais entre seus pesquisadores. Mais tarde, a ARPA mudou seu foco para ligação inter-redes e criou a Internet, que tem crescido exponencialmente há muitos anos.

Com a difusão dos computadores pessoais de alta velocidade e as tecnologias de redes cada vez mais rápidas, o foco da Internet mudou do compartilhamento de recursos para a comunicação de propósito geral. O fluxo de dados sobre a Internet se deslocou do texto para gráficos, videoclipes e vídeos de alta definição. Uma transição semelhante ocorreu em áudio, capacitando a Internet para transferir documentos multimídia.

Os impactos das tecnologias Internet na sociedade ocorrem de várias maneiras. Mudanças recentes incluem a transição da telefonia fixa, da televisão a cabo e da telefonia celular para as tecnologias da Internet digital. Além disso, o acesso à Internet sem fio e o suporte para os usuários móveis se tornaram essenciais.

Embora a tecnologia Internet tenha se mantido virtualmente a mesma, novas aplicações continuam surgindo para oferecer experiências sofisticadas aos usuários da Internet. Redes de sensores, mapas e sistemas de navegação facilitam o monitoramento ambiental, a segurança e as viagens. Além disso, aplicações em redes sociais incentivam o surgimento de novos grupos e organizações.

A difusão da computação em nuvem representa outra grande mudança. Em vez de armazenar dados e rodar aplicações em um computador local, o modelo em nuvem permite que pessoas e empresas armazenem dados e executem aplicações em um centro de dados. Os provedores de computação em nuvem oferecem serviços de computação elástica e de armazenamento, o que significa que os usuários pagam somente pelo processamento e armazenamento usados.

Exercícios

2.1 Porque o compartilhamento dos recursos computacionais foi importante na década de 1960?

2.2 O gráfico da Figura 2.1 mostra que o crescimento da Internet não ocorreu até 1995. Por que a figura é enganosa?

2.3 Assuma que uma centena de milhões de novos computadores são adicionados à Internet a cada ano. Se os computadores são adicionados a uma taxa uniforme, quanto tempo leva entre duas adições sucessivas?

2.4 Estenda o gráfico da figura 2.2 e estime quantos computadores estarão conectados à Internet em 2020.

2.5 Que mudança ocorreu no uso da Internet quando surgiu a World Wide Web?

2.6 Liste os passos da apresentação gráfica da Internet desde seu início até os dias de hoje.

2.7 Descreva a evolução do áudio que tem ocorrido na Internet.

2.8 Qual o impacto da Internet na televisão a cabo?

2.9 O que a Internet está causando no sistema de telefonia?

2.10 Por que a mudança do acesso à Internet por cabos para o acesso pela Internet sem fio é significativa?

2.11 Liste quatro novas aplicações Internet e informe para quais grupos cada uma delas é importante.

2.12 Descreva as aplicações Internet que você usa regularmente e que não estavam disponíveis para seus pais quando tinham sua idade.

2.13 Por que as pessoas que não têm uma formação técnica não são atraídas para a computação em nuvem?

2.14 Pesquise na Web três empresas que oferecem serviços em nuvem.

CAPÍTULO 3
Programação em redes e aplicações da Internet

3.1 Introdução, 25
3.2 Dois paradigmas básicos da comunicação via Internet, 26
3.3 Comunicação orientada à conexão, 27
3.4 O modelo de interação cliente-servidor, 28
3.5 Características de clientes e servidores, 28
3.6 Programas servidores e computadores servidores, 29
3.7 Requisições, respostas e direção do fluxo de dados, 29
3.8 Múltiplos clientes e múltiplos servidores, 30
3.9 Identificação de servidores e demultiplexação, 30
3.10 Servidores concorrentes, 31
3.11 Dependências circulares entre servidores, 32
3.12 Interações peer-to-peer (par-a-par), 32
3.13 Programação em redes e API de sockets, 33
3.14 Sockets, descritores e E/S de rede, 33
3.15 Parâmetros e API de sockets, 34
3.16 Chamadas de sockets em um cliente e em um servidor, 35
3.17 Funções de sockets utilizadas em clientes e em servidores, 35
3.18 A função connect utilizada somente pelo cliente, 37
3.19 Funções de socket utilizadas somente pelo servidor, 37
3.20 Funções de socket utilizadas com o paradigma de mensagem, 39
3.21 Outras funções de sockets, 41
3.22 Sockets, threads e herança, 41
3.23 Resumo, 42

3.1 Introdução

A Internet oferece aos seus usuários uma rica diversidade de serviços, como navegação Web, mensagens de texto e streaming de vídeo. Surpreendentemente, nenhum desses serviços faz parte do nível de infraestrutura de comunicação. A Internet fornece um mecanismo de comunicação de uso geral onde todos serviços são construídos e onde serviços individuais são fornecidos a programas de aplicação que rodam em computadores conectados a ela. Na realidade, é possível criar serviços totalmente novos sem mudar a Internet.

Este capítulo cobre dois conceitos-chave que explicam as aplicações da Internet. Primeiramente, o capítulo descreve o paradigma conceitual que as aplicações seguem quando se comunicam via Internet. Em segundo lugar, apresenta os detalhes da *interface de programas de aplicação* (API, *Application Program Interface*) de sockets, que é utilizada pelos programas de aplicação. O capítulo mostra que um programador não precisa entender os detalhes dos protocolos de redes para escrever aplicações inovadoras – uma vez que alguns conceitos básicos forem dominados, ele fica apto a criar aplicações de rede. O próximo capítulo continua a discussão examinando exemplos de aplicações da Internet. A última parte do texto revela muitos detalhes das aplicações da Internet, explicando a comunicação de dados e os protocolos que elas utilizam.

3.2 Dois paradigmas básicos da comunicação via Internet

A Internet possui dois paradigmas básicos de comunicação: o paradigma de *fluxo* (*stream*) e o paradigma de *mensagem*. A Figura 3.1 resume as diferenças.

Paradigma de fluxo	Paradigma de mensagem
Orientado à conexão	Sem conexão
Comunicação 1-para-1	Comunicação muitos-para-muitos
Transmissor envia uma sequência de bytes	Transmissor envia uma sequência de mensagens
Transferência com tamanho arbitrário	Cada mensagem limitada a 64 kilobytes
Usado pela maioria das aplicações	Usado para aplicações multimídia
Roda sobre TCP	Roda sobre UDP

Figura 3.1 Os dois paradigmas usados pelas aplicações da Internet.

3.2.1 Transporte de fluxos na Internet

O termo *fluxo* refere-se ao paradigma no qual uma sequência de bytes flui de um programa de aplicação para outro. Por exemplo, um fluxo é usado para fazer o download de um filme. Na verdade, ocorrem dois fluxos, um em cada direção. Um navegador utiliza o serviço de fluxo para se comunicar com o servidor Web: o navegador envia uma requisição e o servidor Web responde com a página solicitada. A rede recebe dados das duas aplicações e entrega-os para o respectivo destino.

O mecanismo de fluxo transfere uma sequência de bytes sem os interpretar ou inserir limites. Uma aplicação transmissora pode escolher gerar um byte por vez, ou gerar grandes blocos de bytes. O serviço de fluxo move os bytes através da Internet e os entrega à medida que chegam. Esse serviço pode combinar pequenos conjuntos de bytes em um bloco maior ou dividir um grande bloco em blocos menores. Em resumo:

> *Embora entregue todos os bytes em sequência, o serviço de fluxo não garante que os tamanhos dos blocos de bytes passados para o receptor correspondam exatamente aos tamanhos dos blocos enviados pelas aplicações transmissoras.*

3.2.2 Transporte de mensagens na Internet

O mecanismo alternativo de comunicação na Internet segue o *paradigma de mensagens*, segundo o qual a rede recebe e entrega mensagens. Cada mensagem entregue ao receptor corresponde à mensagem enviada pelo transmissor; a rede nunca entrega parte da mensagem nem agrega mensagens. Assim, se o transmissor inserir X bytes na mensagem de saída, o receptor vai encontrar exatamente X bytes na mensagem de entrada.

O paradigma de mensagens permite que uma mensagem seja enviada diretamente de uma aplicação em um computador para outra aplicação em outro, ou a mensagem pode ser enviada em broadcast para todos os computadores de uma determinada rede. Além disso, aplicações em muitos computadores podem enviar mensagens para uma determinada aplicação receptora. Dessa forma, o paradigma de mensagens permite a escolha de comunicação 1-para-1, 1-para-muitos e muitos-para-1.

Surpreendentemente, o serviço de mensagens não dá qualquer garantia sobre a ordem em que as mensagens são entregues nem informa se uma dada mensagem chegou. O serviço permite que as mensagens sejam:

- Perdidas (i.e., nunca entregues)
- Duplicadas (mais de uma cópia é recebida)
- Atrasadas (alguns pacotes podem demorar muito tempo para chegar)
- Entregues fora de ordem

Alguns capítulos posteriores explicam por que tais erros podem ocorrer; neste momento, é suficiente entender uma consequência importante:

> *Um programador que escolher o paradigma de mensagens deve garantir que a aplicação opere corretamente, mesmo que pacotes sejam perdidos ou reordenados.*

Como essa garantia requer uma maior experiência no projeto de protocolos, a maioria dos programadores escolhe o serviço de fluxo – menos de 5% de todos os pacotes na Internet utilizam o serviço de mensagens. Exceções são feitas somente para situações especiais (em que é necessário broadcast) ou para aplicações em que o receptor deve utilizar o dado assim que ele chegue (como uma chamada de áudio). No restante deste capítulo, o foco será o serviço de fluxo.

3.3 Comunicação orientada à conexão

O serviço de fluxo da Internet é *orientado à conexão*, ou seja, opera de forma análoga a uma chamada de telefone: antes de poderem se comunicar, as duas aplicações necessitam que uma *conexão* seja criada entre elas. Uma vez estabelecida, a conexão permite o envio de dados em ambas as direções. Finalmente, quando terminam de se comunicar, as aplicações solicitam o término da conexão. O Algoritmo 3.1 resume a interação orientada à conexão.

Algoritmo 3.1

Objetivo:
    Interação utilizando o serviço de fluxo da Internet

Método:
    Um par de aplicações solicita uma conexão
    O par utiliza a conexão para troca de dados
    O par solicita o término da conexão

Algoritmo 3.1 Comunicação utilizando o mecanismo de fluxo orientado à conexão.

3.4 O modelo de interação cliente-servidor

O primeiro passo no Algoritmo 3.1 leva a uma questão: como um par de aplicações executadas em dois computadores diferentes se coordena para solicitar uma conexão ao mesmo tempo? A resposta está em uma forma de interação conhecida como *modelo cliente-servidor*. Uma aplicação, conhecida como *servidor*, inicia antes e aguarda contato. A outra aplicação, conhecida como *cliente*, inicia depois e solicita a conexão. A Figura 3.2 resume a interação cliente-servidor.

Aplicação servidor	Aplicação cliente
Inicia antes	Inicia depois
Não precisa saber qual cliente vai se conectar	Precisa saber a qual servidor se conectar
Espera passivamente um tempo indeterminado pelo contato do cliente	Inicia o contato quando a comunicação é necessária
Comunica-se com o cliente enviando e recebendo dados	Comunica-se com o servidor enviando e recebendo dados
Continua executando após atender um cliente, esperando pelo próximo	Pode encerrar após interagir com o servidor

Figura 3.2 Resumo do modelo cliente-servidor.

As próximas seções descrevem como serviços específicos utilizam o modelo cliente-servidor. Por enquanto, é suficiente lembrar o seguinte:

> *Embora forneça comunicação básica, a Internet não inicia nem aceita contato de um computador remoto; programas de aplicação conhecidos como clientes e servidores manipulam todos os serviços.*

3.5 Características de clientes e servidores

Embora variações menores existam, a maioria das instâncias de aplicações que seguem o paradigma cliente-servidor tem as seguintes características gerais:

Software cliente

- Consiste em um programa de aplicação arbitrário que se torna um cliente temporariamente quando acesso remoto é necessário.
- É invocado diretamente pelo usuário e executa somente durante uma sessão.
- Roda localmente no computador ou dispositivo do usuário.
- Inicia contato ativamente com o servidor.
- Pode acessar múltiplos serviços se necessário, mas usualmente se comunica com um servidor por vez.
- Não necessita hardware potente.

Software servidor

- Consiste em um programa de propósito especial, com privilégios, dedicado a fornecer um serviço.

- É invocado automaticamente quando o sistema inicializa e continua executando enquanto o computador estiver ligado.
- É executado em um computador dedicado.
- Espera passivamente pelos contatos dos clientes remotos.
- Pode aceitar conexões de muitos clientes ao mesmo tempo, porém (usualmente) oferece somente um serviço.
- Requer um hardware mais poderoso e um sistema operacional sofisticado.

3.6 Programas servidores e computadores servidores

Algumas vezes o termo *servidor* é compreendido de forma inadequada. Formalmente, ele se refere a um programa que espera passivamente o contato de clientes, e não ao computador no qual ele executa. Entretanto, quando um computador é dedicado a executar um ou mais programas servidores, seus administradores normalmente o chamam de "servidor". Fabricantes de hardware aumentam a confusão, pois classificam computadores que possuem CPUs mais rápidas, grande quantidade de memória e sistemas operacionais sofisticados como máquinas *servidoras*. A Figura 3.3 ilustra as definições.

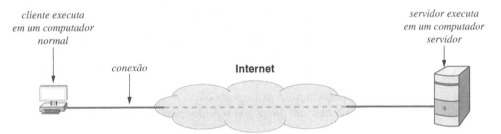

Figura 3.3 Ilustração de um cliente e de um servidor.

3.7 Requisições, respostas e direção do fluxo de dados

Os termos *cliente* e *servidor* surgiram porque quem inicia a conexão é um *cliente*. Entretanto, uma vez que a conexão tenha sido estabelecida, a comunicação flui em ambas as direções (i.e., dados podem fluir do cliente para o servidor e do servidor para o cliente). Tipicamente, um cliente envia uma requisição ao servidor, e o servidor envia uma resposta ao cliente. Em alguns casos, um cliente envia uma série de requisições e o servidor uma série de respostas (por exemplo, um cliente de banco de dados deve permitir ao usuário acessar mais de um item por vez). O conceito pode ser resumido:

> *A informação pode fluir em ambas as direções entre cliente e servidor. Embora muitos serviços sejam baseados no cliente enviando uma ou mais requisições e no servidor enviando as respostas, outras interações são possíveis.*

3.8 Múltiplos clientes e múltiplos servidores

Um cliente ou servidor consiste em um programa de aplicação, e um computador pode executar múltiplas aplicações ao mesmo tempo. Como consequência, um dado computador pode executar:

- Um cliente individual
- Um servidor individual
- Múltiplas cópias de um cliente se comunicando com um dado servidor
- Múltiplos clientes individuais se comunicando com diferentes servidores
- Múltiplos servidores, cada um para um serviço diferente

Permite que um computador opere múltiplos clientes é útil, pois diferentes serviços podem ser acessados simultaneamente. Por exemplo, um usuário roda três aplicações ao mesmo tempo: um navegador Web, um software de mensagens instantâneas e uma videoconferência. Cada aplicação é um cliente que se comunica com um servidor particular, de forma independente das outras aplicações. Na verdade, a tecnologia permite a um usuário executar várias cópias de uma mesma aplicação, cada uma se comunicando com um servidor (por exemplo, duas janelas em um navegador Web, cada uma acessando uma página diferente).

Permitir a um dado computador executar múltiplos programas servidores é útil por duas razões. Primeira, utilizar somente um computador físico em vez de vários reduz o esforço administrativo de manutenção. Segunda, a experiência mostra que a demanda para um serviço é muitas vezes esporádica – um determinado servidor frequentemente permanece ocioso por muito tempo, e um servidor ocioso não consome CPU. Assim, se a demanda total por serviços é pequena, consolidar vários servidores em um único computador físico pode reduzir custos drasticamente sem redução significativa no desempenho. Resumindo:

> Um único computador potente pode oferecer múltiplos serviços ao mesmo tempo, basta executar um programa servidor para cada serviço.

3.9 Identificação de servidores e demultiplexação

Como um cliente identifica um servidor? Os protocolos da Internet dividem a identificação em duas partes:

- Um identificador que especifica o computador onde o programa servidor está sendo executado.
- Um identificador que especifica o serviço naquele computador.

Identificando o computador. Cada computador na Internet possui um identificador único conhecido como *endereço do protocolo da Internet* (*endereço IP*)[1]. Quando vai iniciar a comunicação, o cliente deve especificar o endereço IP do servidor. Para facilitar a identificação dos servidores pelos seres humanos, cada computador também possui um nome, e o DNS (*Domain Name System*), descrito no Capítulo 4, é utilizado para traduzir um nome em um endereço. Assim, o usuário especifica um nome, como www.cisco.com, em vez de um endereço IP.

---

[1] O Capítulo 21 trata de endereços IP em detalhes e explica os formatos de endereços em IPv4 e IPv6.

Identificando um serviço. Cada serviço disponível na Internet possui um identificador único de 16 bits conhecido como *número da porta do protocolo* (normalmente abreviado para *número da porta* ou simplesmente *porta*). Por exemplo, o serviço de envio de mensagens de e-mail utiliza a porta 25, e o serviço de navegação Web utiliza a porta 80. Quando um servidor inicia a execução, ele se registra com o sistema local especificando o número da porta por onde seu serviço será acessível. Quando um cliente se conecta a um servidor remoto para requisitar determinado serviço, a requisição contém esse número de porta. O sistema operacional do servidor utiliza o número de porta da requisição para determinar qual aplicação deve tratá-la.

A Figura 3.4 resume a discussão listando os passos básicos que um cliente e um servidor devem efetuar para se comunicar.

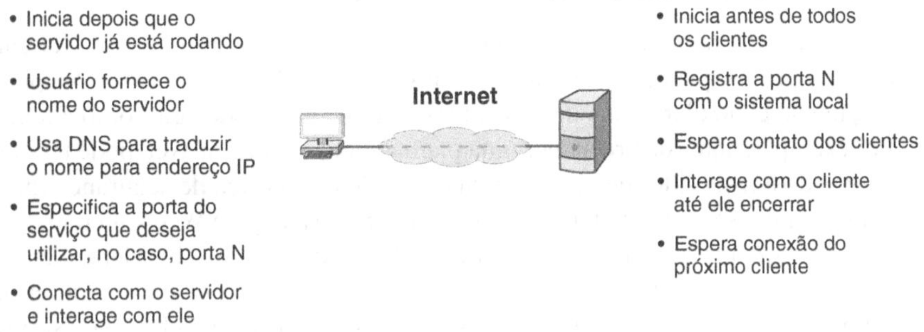

- Inicia depois que o servidor já está rodando
- Usuário fornece o nome do servidor
- Usa DNS para traduzir o nome para endereço IP
- Especifica a porta do serviço que deseja utilizar, no caso, porta N
- Conecta com o servidor e interage com ele

Internet

- Inicia antes de todos os clientes
- Registra a porta N com o sistema local
- Espera contato dos clientes
- Interage com o cliente até ele encerrar
- Espera conexão do próximo cliente

Figura 3.4 Passos conceituais de que cliente e servidor necessitam para se comunicar.

3.10 Servidores concorrentes

Os passos na Figura 3.4 mostram que o servidor lida com um cliente por vez. Embora uma abordagem *sequencial* funcione em alguns casos triviais, a maioria dos servidores trabalha de forma *concorrente*, ou seja, o servidor utiliza mais que uma *thread de controle*[2] para lidar com múltiplos clientes ao mesmo tempo.

Para entender a importância do serviço concorrente, imagine o que acontece se um cliente efetua o download de um filme do servidor. Se o servidor atender a uma requisição por vez, todos os outros clientes vão ter que esperar até ele transferir todo o filme. Num servidor concorrente isso não acontece. Assim, se outro cliente se conectar requisitando um pequeno download (por exemplo, de uma música), sua requisição começa imediatamente e pode terminar antes que a transferência do filme seja completada (dependendo do tamanho dos arquivos e da velocidade na qual cada cliente pode receber dados).

Os detalhes da execução concorrente dependem do sistema operacional, mas a ideia é fácil de entender. O código do servidor concorrente é dividido em duas partes: o programa principal (thread principal) e o atendimento (thread de controle). O programa principal somente aceita a conexão do cliente e cria a thread de controle para atender a ele. Cada thread de controle interage com um único cliente e executa o código de atendi-

---
[2] Alguns sistemas operacionais utilizam o termo *thread de execução* ou *processo* para se referir à thread de controle.

mento. Depois de atender o cliente, a thread termina. Enquanto isso, o programa principal mantém o servidor ativo – após criar a thread para atender à requisição, o programa principal espera novas conexões.

Note que, se N clientes estão utilizando simultaneamente um servidor concorrente, haverão $N+1$ threads sendo executadas: o programa principal esperando conexões e as N threads interagindo com seus respectivos clientes. Podemos resumir:

> *Um servidor concorrente utiliza threads de execução para atender a requisições dos múltiplos clientes ao mesmo tempo. Assim, um cliente pode ser atendido imediatamente, sem precisar esperar um cliente anterior finalizar sua conexão.*

3.11 Dependências circulares entre servidores

Tecnicamente, qualquer programa que contate outro está agindo como cliente, e qualquer programa que aceite contato de outro está agindo com servidor. Na prática, a distinção não é tão clara, pois um servidor de um serviço pode agir como cliente de outro. Por exemplo, antes de preencher uma página Web, o servidor Web pode ter que se tornar cliente de um servidor de banco de dados ou de um serviço de segurança (por exemplo, para verificar se o cliente tem permissão de acesso à página Web solicitada).

É claro que os programadores devem ter cuidado para evitar dependências circulares entre servidores. Por exemplo, considere o que pode acontecer se um servidor para o serviço X_1 se tornar um cliente do serviço X_2, que se torna um cliente do serviço X_3, que se torna um cliente do serviço X_1. A cadeia de requisições pode continuar indefinidamente até que todos os três servidores esgotem seus recursos. O potencial de circularidade é alto especialmente quando serviços são projetados de forma independente, porque nenhum dos programadores tem acesso a todos os servidores.

3.12 Interações peer-to-peer (par-a-par)

Se um único servidor fornecer um determinado serviço, a conexão de rede entre ele e a Internet pode se tornar o gargalo. A Figura 3.5 ilustra o problema.

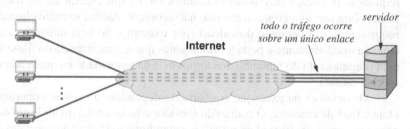

Figura 3.5 Gargalo de tráfego em um sistema que utiliza servidor único.

A questão que surge é: como serviços da Internet podem ser oferecidos sem criar um gargalo central? Uma forma de evitar o gargalo é a base das aplicações de compartilhamento de arquivos. Conhecido como arquitetura *peer-to-peer* (*p2p* ou *par-a-par*), o esquema evita manter os dados em um servidor central. Conceitualmente, dados são distribuídos igualmente por *N* servidores, e cada requisição de cliente é enviada para o servidor mais apropriado. Como um determinado servidor somente fornece *1/N* dos dados, a quantidade de tráfego entre o servidor e a Internet é *1/N* quando comparado à arquitetura de servidor único. A ideia principal é que o software do servidor pode rodar no mesmo computador dos clientes. Se cada usuário concordar em localizar *1/N* dos dados em seu computador, não serão necessários servidores especiais. A Figura 3.6 ilustra a arquitetura. O exemplo mostra somente quatro computadores. Em um sistema p2p real, o tráfego em um computador pode ser extremamente pequeno, pois *N* pode ser extremamente grande (dezenas de milhares).

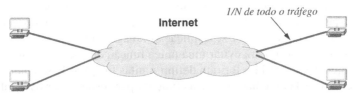

Figura 3.6 Interação exemplo em um sistema *peer-to-peer*.

3.13 Programação em redes e API de sockets

A interface utilizada pelas aplicações para comunicação na Internet é conhecida como *interface de programas de aplicação* (*API, Application Program Interface*)[3]. Embora os detalhes exatos de uma API dependam do sistema operacional, uma API particular tem emergido como um padrão de fato para softwares que se comunicam via Internet. Conhecida como *API de sockets* e comumente abreviada como *sockets*, a API está disponível para muitos sistemas operacionais, como Microsoft Windows, Apple OS-X, Android e vários sistemas UNIX, incluindo o Linux. Em resumo:

> A API de sockets, que se tornou o padrão de fato para comunicação via Internet, está disponível na maioria dos sistemas operacionais.

O restante do capítulo descreve funções na API de sockets; leitores que não são programadores podem pular os detalhes.

3.14 Sockets, descritores e E/S de rede

Pelo fato de ter sido desenvolvida originalmente como parte do sistema operacional UNIX, a API de sockets é integrada com a E/S (Entrada/Saída ou I/O, *Input/Output*). Em particular, quando uma aplicação cria um *socket* para comunicação na Internet, o sistema operacional retorna um pequeno *descritor* inteiro que identifica o socket. A aplicação então passa o descritor como um argumento quando ele chama funções para fazer

---

[3] O Apêndice 1 contém uma API simplificada (com somente sete funções) e um código-exemplo que demonstra como tal API pode ser utilizada para criar aplicações na Internet, incluindo um servidor Web funcional.

a operação no socket (por exemplo, transferir dados através da rede ou receber dados que estão chegando).

Em muitos sistemas operacionais, descritores de sockets são integrados com outros descritores de E/S. Como resultado, uma aplicação pode utilizar as operações *read* e *write* tanto para E/S nos sockets quanto para E/S em arquivo. Para resumir:

> Quando uma aplicação cria um socket, o sistema operacional retorna um pequeno descritor inteiro que a aplicação utiliza para referenciar o socket.

3.15 Parâmetros e API de sockets

Programação em sockets é diferente da E/S convencional, porque uma aplicação precisa especifica muitos detalhes, como o endereço do computador remoto, um número de porta para o protocolo e se a aplicação vai agir como cliente ou servidor (i.e., se vai iniciar a conexão). Para evitar uma única função de sockets com muitos parâmetros, os projetistas da API preferiram definir muitas funções. Essencialmente, uma aplicação cria o socket e então invoca as funções para especificar os detalhes. A vantagem da abordagem do socket é que a maioria das funções possui três ou quatro parâmetros; a desvantagem é que o programador deve lembrar-se de chamar múltiplas funções quando utiliza sockets. A Figura 3.7 resume as funções-chave da API de sockets.

Nome	Usado por	Significado
accept	servidor	Aceita uma chamada entrante
bind	servidor	Especifica endereço IP e porta para o protocolo
close	ambos	Termina a comunicação
connect	cliente	Conecta com a aplicação remota
getpeername	servidor	Obtém o endereço IP do cliente
getsockopt	servidor	Obtém as opções atuais do socket
listen	servidor	Prepara o socket para uso do servidor
recv	ambos	Recebe dados ou mensagens entrantes
recvmsg	ambos	Recebe dados (no paradigma de mensagem)
recvfrom	ambos	Recebe uma mensagem e o endereço do transmissor
send	ambos	Envia mensagem ou dados
sendmsg	ambos	Envia uma mensagem
sendto	ambos	Envia uma mensagem (variante do sendmsg)
setsockopt	ambos	Muda as opções do socket
shutdown	ambos	Termina a conexão
socket	ambos	Cria o socket

Figura 3.7 Resumo das principais funções da API de sockets.

3.16 Chamadas de sockets em um cliente e em um servidor

A Figura 3.8 ilustra a sequência das chamadas de sockets efetuadas por típicos clientes e servidores que utilizam conexão via *fluxo* (confiável). Na figura, o cliente envia os dados primeiro e o servidor espera para recebê-los. Na prática, algumas aplicações são configuradas para que o servidor envie dados antes (i.e., *send* e *recv* são chamados na ordem inversa).

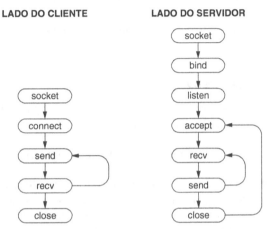

Figura 3.8 Ilustração da sequência das funções de socket chamadas por um cliente e um servidor usando o paradigma de fluxo (confiável).

3.17 Funções de sockets utilizadas em clientes e em servidores

3.17.1 A função socket

A função *socket* cria um socket e retorna um descritor inteiro.

descritor = socket(domain, type, protocol)

O argumento *domain* especifica a família de endereços que o socket vai utilizar. O identificador *AF_INET* especifica a versão 4 dos protocolos da Internet (IPv4) e o identificador *AF_INET6* especifica a versão 6. O argumento *type* especifica o tipo de comunicação que o socket vai utilizar: transferência de dados via fluxo (confiável) é especificada com *SOCK_STREAM*, e transferência de mensagens não orientada à conexão é especificada com o valor *SOCK_DGRAM*.

O argumento *protocol* especifica um protocolo particular de transporte que o socket usa. Ter um argumento *protocol* além do argumento *type* permite a um único conjunto de protocolos incluir dois ou mais protocolos para o mesmo serviço. Os valores que podem ser utilizados com o argumento *protocol* dependem da família de protocolos. Tipicamente, *IPPROTO_TCP* é utilizado com *SOCK_STREAM*, e *IPPROTO_UDP* é utilizado com *SOCK_DGRAM*.

3.17.2 A função send

Tanto clientes como servidores utilizam a função *send* para transmitir dados. Tipicamente, um cliente envia uma requisição e o servidor envia uma resposta. *Send* tem quatro argumentos:

> send (socket, data, length, flags)

O argumento *socket* é o descritor do socket a utilizar. O argumento *data* é o endereço na memória do dado a enviar. O argumento *length* é um inteiro especificando o número de bytes de dados a transmitir. O argumento *flags* contém bits que solicitam opções especiais[4].

3.17.3 A função recv

Tanto clientes como servidores utilizam a função *recv* para obter dados que foram enviados pelo outro. A função tem o formato:

> recv (socket, buffer, length, flags)

O argumento *socket* é o descritor do socket através do qual o dado será recebido. O argumento *buffer* especifica o endereço na memória onde serão colocados os dados entrantes. O argumento *length* especifica o tamanho do buffer. Finalmente, o argumento *flags* permite ao chamador controlar alguns detalhes (por exemplo, permitir que uma aplicação extraia uma cópia da mensagem que chega sem remover a mensagem do socket). *Recv* bloqueia a aplicação até o dado chegar e então coloca até *length* bytes de dados no buffer (a função retorna o número de bytes que foram extraídos do pacote que chegou).

3.17.4 As funções read e write com sockets

Em alguns sistemas operacionais, como o Linux, as funções *read* e *write* podem ser utilizadas em vez de *recv* e *send*. *Read* possui três argumentos que são idênticos aos três primeiros da função *recv*, e *write* possui três argumentos que são idênticos aos três primeiros da função *send*.

A grande vantagem de utilizar *read* e *write* é a generalização – uma aplicação pode ser criada com o objetivo de transferir dados para ou a partir de um descritor sem saber se o mesmo corresponde a um arquivo ou um socket. Dessa forma, um programador pode utilizar um arquivo no disco local para testar um cliente ou um servidor antes de tentar se comunicar através da rede. A grande desvantagem de usar *read* e *write* é que o programa perde a portabilidade quando é compilado em outro sistema operacional.

---

[4] Muitas opções são para depuração do sistema e não estão disponíveis para aplicações cliente-servidor convencionais.

3.17.5 A função close

A função *close* avisa ao sistema operacional que ele deve encerrar o socket[5]. Possui a forma:

> close (socket)

onde *socket* é o descritor do socket sendo encerrado. Se a conexão está aberta, *close* a termina (ou seja, informa ao interlocutor remoto). Fechar um socket interrompe seu uso imediatamente – o descritor é liberado, impedindo a aplicação de transmitir ou receber dados.

3.18 A função connect utilizada somente pelo cliente

O cliente chama a função *connect* a fim de estabelecer uma conexão com um servidor específico. A forma é:

> connect (socket, saddress, saddresslen)

O argumento *socket* é o descritor do socket a utilizar na conexão. O argumento *saddress* é a estrutura *sockaddr*, que especifica o endereço do servidor (IP e porta)[6]. O argumento *saddresslen* especifica o tamanho do endereço do servidor medido em bytes.

Para um socket que utiliza o paradigma de fluxo (confiável), *connect* inicia a conexão de nível de transporte com o servidor especificado. O servidor deve estar esperando a conexão (ver função *accept* descrita a seguir).

3.19 Funções de socket utilizadas somente pelo servidor

3.19.1 A função bind

Quando é criado, o socket não contém informações sobre o endereço IP local ou remoto e o número de porta. Um servidor chama *bind* para fornecer um número de porta no qual ele vai ficar esperando o contato. *Bind* possui três argumentos:

> bind (socket, localaddr, addrlen)

O argumento *socket* é o descritor do socket em uso. O argumento *localaddr* é uma estrutura que especifica o endereço local a ser atribuído ao socket. O argumento *addrlen* é um inteiro que especifica o tamanho do endereço.

Como um socket pode ser utilizado com qualquer protocolo, o formato do endereço depende do protocolo utilizado. A API de socket define uma forma genérica utilizada para representar endereços, e então exige que cada família de protocolos especifique

---

[5] No sistema operacional *Microsoft Windows*, o nome da função é *closesocket* em vez de *close*.

[6] A combinação de endereço IP e porta é algumas vezes chamada de endereço de *endpoint* (*ponto de origem ou destino*).

como seus endereços de protocolos vão utilizar a forma genérica. O formato genérico para representar um endereço é definido na estrutura *sockaddr*. Embora muitas versões tenham sido liberadas, a maioria dos sistemas define a estrutura *sockaddr* com três campos:

```
struct sockaddr {
    u_char   sa_len;         /* tamanho total do endereço */
    u_char   sa_family;      /* família do endereço       */
    char     sa_data[14];    /* o endereço em si          */
};
```

O campo *sa_len* consiste em um único octeto que especifica o tamanho do endereço. O campo *sa_family* especifica a família à qual o endereço pertence (a constante simbólica *AF_INET* é utilizada para IPv4 e *AF_INET6* para IPv6). Finalmente, o campo *sa_data* contém o endereço.

Cada família de protocolos define o formato exato usado no campo *sa_data* da estrutura *sockaddr*. Por exemplo, IPv4 utiliza a estrutura *sockaddr_in* para definir um endereço.

```
struct sockaddr_in {
    u_char    sin_len;       /* tamanho total do endereço                    */
    u_char    sin_family;    /* família do endereço                          */
    u_short   sin_port;      /* número da porta do protocolo                 */
    struct    in_addr sin_addr;/* endereço IPv4 do computador                */
    char      sin_zero[8];   /* não utilizado (configurado para zero)       */
};
```

Os primeiros dois campos da estrutura *sockaddr_in* correspondem exatamente aos primeiros dois campos da estrutura genérica *sockaddr*. Os últimos três campos definem a forma exata do endereço IP. Vale a pena ressaltar dois pontos. Primeiro, cada campo identifica o computador e a porta do protocolo naquele computador. O campo *sin_addr* contém o endereço IP do computador e o campo *sin_port* contém o número da porta. Segundo, embora somente 6 bytes sejam necessários para armazenar um endereço IPv4 e uma porta, a estrutura genérica *sockaddr* reserva 14 bytes. Assim, o campo final da estrutura *sockaddr_in* é um vetor de 8 bytes preenchido com zeros, que deixa a estrutura *sockaddr_in* do mesmo tamanho que *sockaddr*.

Nós dissemos que um servidor chama *bind* para especificar a porta na qual vai esperar as comunicações; entretanto, além da porta, a estrutura *sockaddr_in* contém o número IP do servidor. Embora ele possa utilizar um IP específico, fazer isso pode causar problemas quando o computador possui múltiplas conexões de rede, pois nesse caso ele tem também múltiplos endereços IP. A fim de permitir a um servidor operar em uma máquina com múltiplas conexões de rede, a API de sockets inclui uma constante simbólica especial, *INADDR_ANY*, que permite ao computador especificar um número de porta e estabelecer contato em qualquer um dos seus endereços IP. Resumindo:

> Embora a estrutura sockaddr_in inclua um campo de endereço IP, a API de socket fornece uma constante simbólica que permite ao servidor especificar uma porta de protocolo para qualquer um dos seus endereços IP no computador.

3.19.2 A função listen

Após utilizar *bind* para especificar uma porta, o servidor chama *listen* para colocar o socket no modo passivo, tornando-o pronto para esperar contato dos clientes. *Listen* possui dois argumentos:

> listen (socket, queuesize)

O argumento *socket* é o descritor do socket. O argumento *queuesize* especifica um comprimento para a fila de requisições de conexão do socket. Um sistema operacional cria filas de requisições separadas para cada socket. Inicialmente, a fila está vazia. Conforme as requisições chegam dos clientes, cada uma é inserida na fila. Quando o servidor solicita recuperar uma requisição entrante no socket, o sistema extrai a próxima requisição da fila. O tamanho da fila é importante: se ela estiver cheia quando a requisição chegar, o sistema rejeita esta última.

3.19.3 A função accept

Um servidor chama *accept* para estabelecer uma conexão com o cliente. Se uma requisição de conexão está presente na fila, *accept* retorna imediatamente; se ainda não existem conexões, o sistema bloqueia o servidor até um cliente enviar uma requisição de conexão. Uma vez que a conexão tenha sido aceita, o servidor a utiliza para interagir com o cliente. Após finalizar a comunicação, o servidor encerra a conexão.

A função *accept* tem a forma:

> newsock = accept (socket, caddress, caddresslen)

O argumento *socket* é o descritor do socket que o servidor criou e associou (via *bind*) com uma porta específica. O argumento *caddress* é o endereço de uma estrutura do tipo *sockaddr* e *caddresslen* é um ponteiro para um inteiro. *Accept* preenche campos do endereço *caddress* com o endereço do cliente que solicitou a conexão e configura *caddresslen* com o comprimento desse endereço. Finalmente, *accept* cria um novo socket para a conexão e retorna o descritor do novo socket. O servidor utiliza o novo socket para se comunicar com o cliente e fecha o socket quando finalizada a conexão. Enquanto isso, o socket original do servidor permanece sem modificações – após encerrar a comunicação com um cliente, o servidor utilizar o socket original para aceitar a próxima conexão de um cliente. Assim, o socket original é usado somente para aceitar as requisições de conexão, e toda comunicação com um cliente ocorre por meio de um novo socket criado pela função *accept*.

3.20 Funções de socket utilizadas com o paradigma de mensagem

As funções de socket utilizadas para enviar e receber mensagens são mais complicadas do que as utilizadas com o paradigma de fluxo (confiável), porque muitas opções estão disponíveis. Por exemplo, um transmissor pode escolher se armazena o endereço do receptor no socket e somente envia dados ou se especifica o endereço do receptor a cada vez que uma mensagem é transmitida. Além disso, uma função permite ao transmissor colocar o endereço e a mensagem em uma estrutura e passar o endereço da estrutura como um argumento, e outra função permite ao transmissor passar o endereço e a mensagem como argumentos separados.

3.20.1 Funções de socket sendto e sendmsg

As funções *sendto* e *sendmsg* permitem ao cliente ou servidor enviar uma mensagem utilizando um socket no paradigma de mensagens (sem conexão). Ambas requerem que o chamador especifique o destino. *Sendto* usa argumentos separados para a mensagem e endereço de destino:

> sendto (socket, data, length, flags, destaddress, addresslen)

Os primeiros quatro argumentos correspondem aos quatro argumentos da função *send*; os últimos dois especificam o endereço de destino e o tamanho desse endereço. O argumento *destaddress* corresponde a uma estrutura do tipo *sockaddr* (especificamente, *sockaddr_in*).

A função *sendmsg* faz a mesma operação que *sendto*, mas abrevia os argumentos definindo uma estrutura. Uma lista menor de argumentos pode facilitar a legibilidade em programas que utilizem *sendmsg*:

> sendmsg (socket, msgstruct, flags)

O argumento *msgstruct* é uma estrutura que contém informação sobre o endereço de destino, o tamanho do endereço, a mensagem a ser enviada e o tamanho da mensagem.

```
struct msgstruct {               /* estrutura usada por sendmsg        */
        struct sockaddr *m_saddr;   /* ponteiro para endereço de destino  */
        struct datavec *m_dvec;     /* ponteiro para mensagem (vetor)     */
        int m_dvlength;             /* número de itens do vetor           */
        struct access *m_rights;    /* ponteiro para acessar a lista de direitos */
        int m_alength;              /* número de itens na lista           */
};
```

Os detalhes da estrutura acima não são importantes – devem ser vistos como uma forma de combinar muitos argumentos em uma única estrutura. A maioria das aplicações utiliza somente os três primeiros campos, que especificam o endereço de destino, uma lista de itens que constituem a mensagem e o número de itens dessa lista.

3.20.2 Funções recvfrom e recvmsg

Um socket no paradigma de mensagens (sem conexão) pode ser utilizado para receber mensagens de um conjunto arbitrário de clientes. Em tais casos, o sistema retorna o endereço do transmissor junto com cada mensagem que chega (o receptor utiliza esse endereço para enviar a resposta). A função *recvfrom* tem argumentos que especificam a localização da próxima mensagem entrante e o endereço do transmissor.

> recvfrom (socket, buffer, length, flags, sndraddr, saddrlen)

Os primeiros quatro argumentos são os mesmos da função *recv*; os dois argumentos adicionais, *sndraddr* e *saddrlen*, são utilizados para guardar o endereço IP do transmissor, bem como seu tamanho. O argumento *sndraddr* é um ponteiro para uma estrutura do tipo *sockaddr* na qual o sistema escreve o endereço do transmissor. O argumento *saddrlen* é um ponteiro para um inteiro onde o sistema escreve o tamanho do endereço. Note que *recvfrom* guarda o endereço do transmissor na forma exata que o *sendto* espera, tornando fácil transmitir a resposta.

A função *recvmsg*, que é a contraparte do *sendmsg*, opera da mesma forma que o *recvfrom*, mas requer menos argumentos. Ela tem a forma:

> recvmsg (socket, msgstruct, flags)

O argumento *msgstruct* dá o endereço da estrutura que armazena o endereço para uma mensagem entrante, bem como a localização do endereço IP do transmissor. A *msgstruct* gravada pela *recvmsg* usa exatamente o mesmo formato que a estrutura requerida pelo *sndmsg*, tornando fácil receber uma requisição, gravar o endereço do transmissor e então usar o endereço gravado para enviar uma resposta.

3.21 Outras funções de sockets

A API de sockets contém uma variedade de funções menores não descritas acima. Por exemplo, depois que um servidor aceita uma conexão, ele pode chamar *getpeername* para obter o endereço do cliente remoto que iniciou a conexão. Um cliente ou um servidor pode também chamar *gethostname* para obter informações sobre o computador no qual está rodando.

Duas funções de objetivo geral são utilizadas para manipular opções de socket. A função *setsockopt* configura as opções de socket, enquanto *getsockopt* obtém as configurações atuais. As opções são utilizadas principalmente para lidar com casos especiais (por exemplo, para aumentar o tamanho interno de buffer).

Duas funções fornecem tradução entre endereços de Internet e nomes de computadores. A função *gethostbyname* retorna o endereço IP de um computador a partir do seu nome. Clientes geralmente chamam *gethostbyname* para traduzir um nome digitado por um usuário em seu endereço IP correspondente. A função *gethostbyaddr* fornece o mapeamento inverso – dado um endereço IP para um computador, retorna o nome desse computador. Clientes e servidores podem utilizar *gethostbyaddr* para traduzir um endereço IP em um nome que o usuário possa entender.

3.22 Sockets, threads e herança

A API de sockets trabalha com servidores concorrentes. Embora os detalhes dependam do sistema operacional, as implementações de sockets aderem ao seguinte princípio da herança:

> *Cada nova thread que é criada herda da thread que a criou uma cópia de todos os sockets abertos.*

A implementação de socket utiliza um mecanismo de *contagem de referência* para controlar cada socket. Quando um socket é criado pela primeira vez, o sistema configura a contagem de referência desse socket para 1, e o socket existe enquanto essa contagem permanecer positiva. Quando o programa cria uma thread adicional, esta herda um ponteiro para cada socket aberto existente no programa, e o sistema incrementa a contagem de referência de cada socket em 1. Quando uma thread chama *close*, o sistema decrementa a contagem de referência do socket; se a contagem chegar a zero, o socket é fechado.

Em termos de servidores concorrentes, a thread principal possui o socket utilizado para aceitar conexões. Quando uma solicitação de conexão chega, o sistema cria um novo socket para a nova conexão, e a thread principal cria uma nova thread para lidar com a conexão. Imediatamente após a thread ser criada, ambas as threads têm acesso ao socket original e também ao novo socket, e a contagem de referência de cada socket é *2*. A thread original chama *close* para o novo socket, e a thread de serviço chama *close* para o socket original, reduzindo a contagem de referência deles para *1*. Finalmente, quando termina de interagir com um cliente, a thread de serviço chama *close* no novo socket, reduzindo a contagem de referência para zero e causando o encerramento do socket. Dessa forma, o tempo de vida dos sockets num servidor concorrente pode ser resumido da seguinte forma:

> *O socket original utilizado para aceitar conexões existe enquanto a thread principal está sendo executada; um socket utilizado para uma conexão específica existe somente enquanto existir a thread que trata daquela conexão.*

3.23 Resumo

Na Internet, todos os serviços são fornecidos por aplicações que utilizam ou o paradigma de fluxo ou o paradigma de mensagem para se comunicar. O paradigma de fluxo garante a entrega dos bytes na ordem correta, mas pode escolher quantos bytes vai passar ao receptor de cada vez. O paradigma de mensagem preserva os limites do pacote, porém permite que mensagens sejam perdidas, duplicadas, atrasadas ou entregues fora de ordem.

O modelo de comunicação básico utilizado pelas aplicações de rede é conhecido como modelo cliente-servidor. O programa que espera passivamente pelo contato é chamado de servidor e o programa que inicia contato ativamente com o servidor é chamado de cliente.

Cada computador tem um endereço único, e cada serviço, tal como e-mail ou acesso Web, tem um identificador único conhecido como número de porta do protocolo. Quando um servidor inicia a execução, ele especifica o número da porta; quando for contatar o servidor, o cliente deve especificar tanto o endereço do servidor como o número da porta do serviço.

Um único cliente pode acessar mais de um serviço, tanto em um servidor como em servidores localizados em múltiplas máquinas. Além disso, um servidor de um serviço pode se tornar um cliente de outros serviços. Projetistas e programadores devem ter cuidado para evitar dependências circulares entre servidores.

Uma interface de programa de aplicação (API, *Application Program Interface*) especifica os detalhes de como um programa de aplicação interage com a pilha de protocolos. Embora os detalhes dependam do sistema operacional, a API de sockets é o padrão *de fato*. Um programa cria um socket e então chama uma série de funções para utilizá-lo. Um servidor utilizando o paradigma de fluxo chama as seguintes funções de sockets: *socket, bind, listen, accept, recv, send* e *close*; um cliente chama *socket, connect, send, recv* e *close*.

Como muitos servidores trabalham de forma concorrente, os sockets são projetados para funcionar com aplicações concorrentes. Quando uma nova thread é criada, ela herda acesso a todos os sockets que a thread principal possui.

Exercícios

3.1 Quais os dois paradigmas de comunicação básicos na Internet?

3.2 Liste seis características da comunicação via fluxo na Internet.

3.3 Liste seis características da comunicação via mensagens na Internet.

3.4 Se um transmissor utiliza o paradigma de fluxo e sempre envia 1.024 bytes por vez, qual tamanho de blocos a Internet vai entregar para o receptor?

3.5 Se um transmissor quer cópias de cada bloco de dados enviado a três receptores, qual paradigma ele deve escolher?

3.6 Quais são os quatro aspectos surpreendentes da semântica da entrega de mensagens na Internet?

3.7 Forneça um algoritmo geral utilizado por um sistema orientado à conexão.

3.8 Quando duas aplicações se comunicam via Internet, qual é a servidora?

3.9 Compare as diferenças entre uma aplicação cliente e uma servidora resumindo as características de cada uma.

3.10 Qual a diferença entre um servidor e um computador da classe servidor?

3.11 Dados podem ser transmitidos de um cliente para um servidor? Explique.

3.12 Liste as possíveis combinações de clientes e servidores que um dado computador pode executar.

3.13 Os computadores podem executar múltiplos serviços efetivamente? Por que ou por que não?

3.14 Quais os dois identificadores utilizados para especificar um servidor em particular?

3.15 Liste os passos que o cliente utiliza para contatar um servidor após o usuário especificar o nome de domínio para o servidor.

3.16 Qual característica básica do sistema operacional um servidor concorrente utiliza para lidar com requisições de múltiplos clientes simultaneamente?

3.17 Qual problema de desempenho levou à comunicação *peer-to-peer*?

3.18 Cite dois sistemas operacionais que oferecem a API de socket.

3.19 Uma vez que o socket é criado, como ele é referenciado pela aplicação?

3.20 Quais as principais funções na API de socket?

3.21 Forneça uma sequência típica de chamadas de funções da API de sockets utilizada por um cliente e uma sequência típica utilizada por um servidor.

3.22 Quais as funções correspondentes a *read* e *write* na API de sockets?

3.23 Alguma vez o cliente utiliza *bind*? Explique.

3.24 Qual o motivo de utilizar a constante *INADDR_ANY*?

3.25 A função *sendto* é utilizada no paradigma de fluxo ou no de mensagem?

3.26 Suponha que um socket esteja aberto e uma nova thread seja criada. Essa nova thread estaria apta a utilizar o socket?

3.27 Examine o servidor Web no Apêndice 1 e construa um servidor equivalente utilizando a API de sockets.

3.28 Implemente a API simplificada no Apêndice 1 utilizando funções de socket.

CAPÍTULO 4
Aplicações tradicionais da Internet

4.1 Introdução, 45
4.2 Protocolos da camada de aplicação, 46
4.3 Representação e transferência, 46
4.4 Protocolos Web, 47
4.5 Representação de documento com HTML, 47
4.6 Uniform Resource Locators e hiperlinks, 49
4.7 A transferência de documento Web com HTTP, 50
4.8 Caching nos navegadores, 52
4.9 Arquitetura do navegador, 54
4.10 File Transfer Protocol (FTP), 54
4.11 O paradigma de comunicação FTP, 55
4.12 Mensagem eletrônica, 57
4.13 O Simple Mail Transfer Protocol (SMTP), 59
4.14 ISPs, servidores de mensagens e acesso às mensagens, 60
4.15 Protocolos de acesso ao e-mail (POP, IMAP), 61
4.16 Padrões de representação de e-mail (RFC2822, MIME), 62
4.17 Domain Name System (DNS), 63
4.18 Nomes de domínios que começam com um nome de serviço, 65
4.19 A hierarquia do DNS e o modelo servidor, 65
4.20 Resolução de nome, 66
4.21 Caching nos servidores de DNS, 67
4.22 Tipos de entradas de DNS, 69
4.23 Registros dos recursos aliases e CNAME, 69
4.24 As abreviaturas e o DNS, 70
4.25 Nomes de domínio internacionais, 70
4.26 Representações extensíveis (XML), 71
4.27 Resumo, 72

4.1 Introdução

O capítulo anterior introduz os tópicos de aplicativos da Internet e programação em redes. Este capítulo explica que os serviços da Internet são executados por aplicativos que interagem por meio do modelo cliente-servidor. Ele também aborda a API de sockets.

Além disso, continua o exame dos aplicativos da Internet. Também define o conceito de um protocolo de transferência e explica como aplicativos implementam protocolos de transferência. Por fim, considera exemplos de aplicativos da Internet que foram padronizados e descreve o protocolo de transferência para cada uso.

4.2 Protocolos da camada de aplicação

Sempre que um programador cria dois aplicativos que se comunicam, ele especifica detalhes como:

- A sintaxe e a semântica da mensagem que pode ser trocada.
- O iniciador da interação, que é ou o cliente ou o servidor.
- As ações a serem realizadas em caso de erro.
- Como os dois lados sabem quando a comunicação termina.

Ao especificar os detalhes de comunicação, um programador define um protocolo da camada de aplicação. Existem dois tipos genéricos de protocolos da camada de aplicação que dependem do uso pretendido:

- *Serviço privado*. Um programador ou uma empresa cria um par de aplicativos que se comunicam por meio da Internet com a intenção de que nenhum outro crie software cliente ou servidor para esse serviço. Não existe necessidade de publicar e distribuir uma especificação formal para definir a interação, porque nenhuma aplicação externa precisaria entender os detalhes de protocolo. De fato, se a interação entre os dois aplicativos é suficientemente simples, pode até não haver um documento de protocolo interno.
- *Serviço padronizado*. Um serviço da Internet é definido com a expectativa de que muitos programadores criem o software servidor que oferece o serviço ou o software cliente para acessar o serviço. Em tais casos, o protocolo da camada de aplicação deve ser documentado independentemente de qualquer implementação. Além disso, a especificação deve ser precisa, e não ambígua, para que aplicativos cliente-servidor possam ser construídos de tal modo que se *interoperem* corretamente.

O tamanho da especificação do protocolo depende da complexidade do serviço; a especificação para um serviço trivial pode caber em uma única página de texto. Por exemplo, os protocolos da Internet incluem um serviço padronizado de aplicação conhecido como *DAYTIME*, que permite ao cliente procurar a data, o local e o horário na localização do servidor. O protocolo é simples: um cliente faz a conexão com o servidor, que envia uma representação ASCII de data e horário e desliga a conexão. Por exemplo, um servidor pode enviar um string como este:

Mon Sep 9 20:18:37 2013

O cliente lê os dados da conexão até que o caractere "*fim-de-arquivo*" seja encontrado. Em síntese:

> Para permitir que aplicativos de serviços padronizados se interoperem, um protocolo padrão da camada de aplicação é criado independentemente de qualquer implementação.

4.3 Representação e transferência

Os protocolos da camada de aplicação especificam dois aspectos da interação: representação e transferência. A Figura 4.1 explica a diferença.

Capítulo 4   Aplicações tradicionais da Internet   **47**

Aspecto	Descrição
Representação dos dados	Sintaxe dos itens de dados que são trocados, forma específica usada durante a transferência, tradução de inteiros, caracteres e arquivos enviados entre os computadores
Transferência dos dados	Interação entre cliente e servidor, sintaxe e semântica da mensagem, tratamento de erros de troca válida e inválida e fim da interação

Figura 4.1   Dois aspectos-chave de um protocolo da camada de aplicação.

Para um serviço básico, um simples protocolo padrão pode especificar ambos aspectos; para serviços mais complexos, usa-se protocolos padrão separados para especificar cada aspecto. Por exemplo, o protocolo DAYTIME descrito anteriormente usa um simples padrão para especificar que uma data e um horário são representados como um string ASCII e que a transferência é feita por um servidor que envia um string e fecha a conexão. A próxima seção explica que serviços mais complexos definem protocolos separados para descrever a sintaxe dos objetos e a transferência deles. Os projetistas de protocolos fazem a distinção clara entre os dois aspectos:

> *Por convenção, a palavra* transfer *no título de um protocolo da camada de aplicação significa que o protocolo especifica o aspecto de transferência dos dados da comunicação.*

4.4 Protocolos Web

A WWW (*World Wide Web*) é um dos serviços mais utilizados na Internet. Devido à complexidade da rede, muitos padrões de protocolo têm sido criados para especificar vários aspectos e detalhes. A Figura 4.2 ilustra os três padrões-chave.

Padrão	Propósito
HyperText Markup Language (HTML)	Uma representação padrão usada para especificar os conteúdos e o formato de uma página Web
Uniform Resource Locator (URL)	Uma representação padrão que especifica o formato e o significado dos identificadores da página Web
HyperText Transfer Protocol (HTTP)	Um protocolo de transferência que especifica como um browser interage com o servidor Web para transferir dados

Figura 4.2   Três padrões-chave usados pelo serviço WWW.

4.5 Representação de documento com HTML

A *HyperText Markup Language* (HTML) é um padrão de representação que especifica a sintaxe para a página Web. O HTML tem as seguintes características gerais:

- Usa uma representação textual.
- Descreve páginas Web que contém multimídia.
- Segue o paradigma da linguagem declarativa em vez do da imperativa.

- Fornece as especificações de marcação (*markup specifications*) em vez de formatação.
- Permite que um hiperlink seja aninhado em um objeto qualquer.
- Permite ao documento incluir metadados.

Embora um documento HTML seja um arquivo de texto, a linguagem permite ao programador especificar uma página Web complexa que contem gráficos, áudio e vídeo. De fato, para serem precisos, os projetistas deveriam ter usado o termo hipermídia em vez de *hipertexto*, porque a HTML permite que um objeto qualquer, como uma imagem, contenha um link para outra página (algumas vezes chamado de hyperlink).

A HTML é classificada como linguagem *declarativa* porque permite apenas especificar o que deve ser feito, não como fazer. Ela é classificada como uma *linguagem de marcação (markup language)* porque fornece apenas as instruções gerais de visualização e não inclui instruções de formatação detalhadas. Por exemplo, a HTML permite que uma página declare o nível de importância de um cabeçalho, mas não exige que o autor especifique os detalhes da fonte de caracteres, como o tipo exato da fonte, o projeto de uma nova fonte, o tamanho e o espaçamento usado para materializar o cabeçalho[1]. Efetivamente, um navegador tem a liberdade de escolher a maioria dos detalhes de materialização de uma página. O uso de uma linguagem de marcação é importante porque permite ao navegador adaptar a página ao hardware de materialização. Por exemplo, uma página pode ser formatada em alta ou baixa resolução, para um quadro (*frame*) com uma resolução particular, uma tela grande ou uma tela pequena de um aparelho de mão, tais como smartphone ou tablet.

Para resumir:

> HyperText Markup Language *(HTML) é um padrão de representação para páginas Web. A fim de permitir que uma página seja materializada em um equipamento qualquer, a HTML fornece instruções gerais para materializar e permitir ao navegador escolher os detalhes para a referida materialização.*

Para especificar as marcações, a HTML usa as *marcas* (*tags*) aninhadas no documento. Essas marcas consistem em um termo entre os símbolos "*menor do que*" e "*maior do que*"; elas fornecem a estrutura do documento tão bem quanto as dicas de formatação. As marcas controlam toda a materialização; espaço em branco (isto é, linhas extras e caracteres em branco) pode ser inserido em qualquer ponto do documento HTML sem qualquer efeito na versão formatada que o navegador materializa.

Um documento HTML inicia com a marca <HTML> e termina com a </HTML>. O par de marcas <HEAD> e </HEAD> delimita o cabeçalho, enquanto o par de marcas <BODY> e </BODY> delimita o corpo. No cabeçalho, as marcas <TITLE> e </TITLE> delimitam o título do documento. A Figura 4.3 ilustra o formato geral de um documento HTML[2].

A HTML usa a marca *IMG* para codificar a referência para uma imagem externa. Por exemplo, a marca

<IMG SRC="house_icon.jpg">

---

[1] A HTML inclui extensões que permitem especificar as fontes de caracteres, mas elas não são obrigatórias.

[2] A HTML não faz distinção entre letras maiúsculas e minúsculas nas marcas; letras maiúsculas são usadas para enfatizar.

```
<HTML>
    <HEAD>
       <TITLE>
           text that forms the document title
       </TITLE>
    </HEAD>
    <BODY>
       body of the document appears here
    </BODY>
</HTML>
```

Figura 4.3   O formato geral do documento HTML.

especifica que o arquivo *house_icon.jpg* contém uma imagem que o navegador deveria inserir no documento. Parâmetros adicionais podem ser especificados na marca IMG para definir o alinhamento da figura com textos ao redor. Por exemplo, a Figura 4.4 ilustra a saída para o seguinte HTML com a figura alinhada com o meio da linha.

`Here is an icon of a house. <IMG SRC="house_icon.jpg" ALIGN=middle>`

Um navegador posiciona a imagem verticalmente, assim o texto é alinhado com o meio da imagem.

Here is an icon of a house.

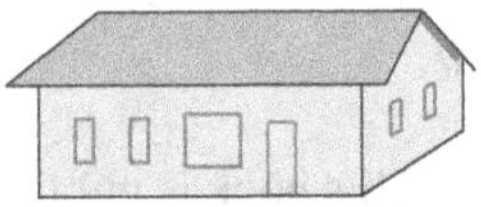

Figura 4.4   Ilustra o alinhamento da figura em HTML.

4.6 Uniform Resource Locators e hiperlinks

A Web usa uma forma sintática conhecida como *Uniform Resource Locator* (*URL*) para localizar uma página Web. A forma geral da URL é:

protocol : // computer_name : port / document_name ? parameters

onde *protocol* é o nome do protocolo usado para acessar o documento, *computer_name* é o nome do domínio do computador no qual o document reside, *port* é um número de porta de protocolo facultativo em que o servidor está atendendo, *document_name* é o nome opcional do documento no computador especificado e *? parameters* são os parâmetros opcionais para a página.

Por exemplo, a URL

http://www.netbook.cs.purdue.edu/example.html

especifica o protocolo *http*, um computador chamado *www.netbook.cs.purdue.edu* e o nome do arquivo *example.html*.

As URLs típicas que os usuários utilizam têm muitas de suas partes omitidas. Por exemplo, a URL

www.netbook.cs.purdue.edu

omite o protocolo (http é assumido), a porta (80 é assumida), o nome do documento (index.html é assumido) e os parâmetros (nenhum é assumido).

A URL contém a informação necessária para que o navegador recupere a página. O navegador usa os caracteres separadores vírgula, barra e interrogação para dividir a URL em cinco componentes: um protocolo, um nome de computador, um número de porta do protocolo, um nome de documento e os parâmetros. O navegador usa o nome do computador e o número da porta do protocolo para fazer a conexão com o servidor no qual a página reside e usa o nome do documento e os parâmetros para requerer a página específica.

Em HTML, uma marca *âncora* usa URLs para ter a capacidade hiperlink (isto é, a habilidade de ligar uma página Web em outra). O exemplo seguinte mostra um documento HTML com uma âncora na página da *Prentice Hall*:

```
This book is published by
<A HREF="http://www.prenhall.com">
Prentice Hall</A>, one of
the larger publishers of Computer Science textbooks.
```

A âncora referencia *http://www.prenhall.com*. Quando mostrada na tela, a entrada HTML produz:

This book is published by Prentice Hall, one of the larger publishers of Computer Science textbooks.

4.7 A transferência de documento Web com HTTP

O *protocolo de transferência de hipertexto* (HTTP, *HyperText Transfer Protocol*), é o protocolo de transferência principal que um navegador usa para interagir com um servidor Web. Em termos de modelo cliente-servidor, o navegador é um cliente que extrai o nome do servidor de uma URL e contata-o. A maioria das URLs contém uma referência explícita ao protocolo *HTTP*; caso ela seja omitida, o HTTP é assumido.

O HTTP pode ser caraterizado da seguinte maneira:

- Usa mensagem de controle textual
- Transfere arquivos de dados binários
- Pode baixar ou carregar dados
- Incorpora caching

Uma vez que estabeleça uma conexão, um navegador envia uma *requisição* HTTP para o servidor. A Figura 4.5 lista os quatro tipos principais de requisições:

Requisição	Descrição
GET	Requere um documento; o servidor responde com envio da informação do status seguido por uma cópia do documento
HEAD	Requere a informação do status; o servidor responde com a informação do status, mas não envia uma cópia do documento
POST	Envia dados para o servidor; o navegador anexa os dados a um item especificado (isto é, uma mensagem é anexada a uma lista)
PUT	Envia dados para o servidor; o servidor usa os dados para substituir completamente o item especificado (isto é, subescreve os dados anteriores)

Figura 4.5 Os quatro tipos principais de requisições.

A forma mais comum de interação começa quando um navegador requere uma página de um servidor. O navegador envia uma requisição *GET* na conexão e o servidor responde enviando um cabeçalho, uma linha em branco e o documento requisitado. No HTTP, uma requisição e um cabeçalho usados em resposta são informações textuais. Por exemplo, uma requisição *GET* tem a seguinte forma:

GET /*item version* CRLF

onde *item* fornece a URL para o item que está sendo requisitado, *version* especifica uma versão do protocolo (usualmente HTTP/1.0 ou HTTP/1.1) e *CRLF* denota dois caracteres ASCII, *carriage return* e *linefeed*, que são usados para indicar o fim de uma linha de texto.

A informação de versão é importante no HTTP porque ela permite que o protocolo mude e permaneça compatível com a versão anterior. Por exemplo, quando um navegador usa a versão 1.0 do protocolo e interage com um servidor que usa uma versão mais atual, o servidor retorna para a versão anterior do protocolo e formula uma resposta de acordo. Para resumir:

> *Um navegador, quando usa HTTP, envia a informação de versão que permite ao servidor escolher a versão mais atualizada do protocolo, que o navegador e o servidor possam entender.*

A primeira linha de um cabeçalho-resposta contém um código status que diz ao navegador se tem o servidor manipulou a requisição. Se a requisição foi formulada incorretamente ou se o item requisitado não estava disponível, o código do status aponta o problema. Por exemplo, um servidor retorna o conhecido status código *404* se o item requisitado não pôde ser encontrado. Quando a requisição é atendida, um servidor retorna o status código *200*; linhas adicionais do cabeçalho fonecem mais informações sobre o item, como seu comprimento, quando foi modificado pela última vez e o tipo de conteúdo. A Figura 4.6 mostra o formato geral de linhas em um cabeçalho básico de resposta.

O campo *status_code* é um valor numérico representado como uma cadeia de caracteres de dígitos decimais que informa um *status* e um *status_string*, que é uma explicação correspondente para um humano ler. A Figura 4.7 lista exemplos de strings e códigos de status comumente usados. O campo *server_identification* contém uma cadeia de caracteres que fornece uma descrição do servidor legível pelo ser humano, possi-

```
HTTP/1.0 status_codestatus_stringCRLF
Server: server_identificationCRLF
Last-Modified: date_document_was_changedCRLF
Content-Length: datasizeCRLF
Content-Type: document_typeCRLF
CRLF
```

Figura 4.6 Formato geral de linhas em um cabeçalho básico de resposta.

velmente incluindo o nome do domínio do servidor. O campo *datasize* no cabeçalho *Content-Length* especifica o tamanho do item de dados que segue, medido em bytes. O campo *document_type* contém uma cadeia de caracteres que informa ao navegador sobre o conteúdo do documento. A cadeia de caracteres contém dois itens separados por uma barra: o tipo do documento e sua representação. Por exemplo, quando um servidor retorna um documento HTML, o *document_type* é *text/html* e, quando ele retorna um arquivo jpeg, o tipo é *image/jpeg*.

Código do status	Cadeia de caracteres correspondente do status
200	OK
400	Bad Request
404	Not Found

Figura 4.7 Exemplos de códigos de status usados no HTTP.

A Figura 4.8 mostra um exemplo de saída de um servidor Web Apache. O item requisitado é um arquivo de texto de 16 caracteres (isto é, o texto *This is a test.* mais o caractere *NEWLINE*). Embora a requisição GET especifique a versão HTTP 1.0, o servidor executa a versão 1.1. O servidor retorna nove linhas de cabeçalho, uma linha em branco e o conteúdo do arquivo.

```
HTTP/1.1 200 OK
Date: Sat, 1 Aug 2013 10:30:17 GMT
Server: Apache/1.3.37 (Unix)
Last-Modified: Thu, 15 Mar 2012 07:35:25 GMT
ETag: "78595-81-3883bbe9"
Accept-Ranges: bytes
Content-Length: 16
Connection: close
Content-Type: text/plain

This is a test.
```

Figura 4.8 Exemplo de resposta HTTP de um servidor Web Apache.

4.8 Caching nos navegadores

O caching fornece uma otimização importante para o acesso Web, porque usuários tendem a visitar o mesmo site Web repetidamente. Grande parte do conteúdo de um dado site consiste em grandes imagens que usam padrões tais como *Graphics Image Format* (*GIF*) ou *Joint Photographic Experts Group* (*JPEG*). Tais imagens geralmente contêm fundos ou banners que não mudam com frequência. A ideia-chave é:

> *Um navegador pode reduzir o tempo de download significativamente salvando uma cópia de cada imagem em um cache no disco do usuário e usando essa cópia.*

Uma questão pertinente: o que acontece se o documento no servidor Web muda depois que um navegador armazena uma cópia da imagem no seu cache? Isto é, como um navegador pode saber se sua cópia no cache está *desatualizada*? A Figura 4.8 contém uma pista: o cabeçalho *Last-Modified*. Sempre que um navegador obtém um documento a partir de um servidor Web, o cabeçalho especifica a última vez que o documento foi alterado. Um navegador salva a informação da data Last-Modified da cópia armazenada no cache. Antes de usar um documento do cache local, o navegador faz uma requisição do *HEAD* para o servidor e compara a data *Last-Modified* do servidor com a data *Last-Modified* da cópia do cache. Se a versão do cache está desatualizada, ele carrega a nova versão. O Algoritmo 4.1 resume o caching.

Algoritimo 4.1

Dada:
    Uma URL para um item em uma página Web

Obter:
    Uma cópia da página

Método:
    if (o item não está no cache local) {
        Requisição GET solicita e armazena uma cópia em cache
    } else {
        Requisição HEAD solicita ao servidor;
        if (item em cache está atualizado) {
            usar item em cache;
        } else {
            Requisição GET solicita e armazena uma cópia em cache
        }
    }

Algoritmo 4.1 O caching no navegador é usado pra reduzir o tempo de download.

O algoritmo omite vários detalhes menores. Por exemplo, o HTTP permite a um site Web incluir um cabeçalho *sem cache* que especifica que um dado item não deveria ser armazenado no cache. Além disso, os navegadores não armazenam no cache pequenos itens, porque mantê-los pode aumentar o tempo de pesquisa no cache e o tempo de carga do item pequeno com uma requisição GET é aproximadamente o mesmo necessário para fazer uma requisição HEAD.

4.9 Arquitetura do navegador

Um navegador é complexo porque fornece uma grande quantidade de serviços gerais e suporta uma interface gráfica complexa capaz de atender aos referidos serviços. É claro que um navegador deve entender o HTTP, mas, também, fornecer suporte para outros protocolos. Em particular, como uma URL pode especificar um determinado protocolo, um navegador deve conter o código-cliente capaz de tratar cada um dos protocolos utilizados. Para cada serviço, o navegador deve saber como interagir com um servidor e como interpretar as respostas. Por exemplo, um navegador deve saber como acessar o serviço FTP discutido na próxima seção. A Figura 4.9 ilustra os componentes que compõem um navegador.

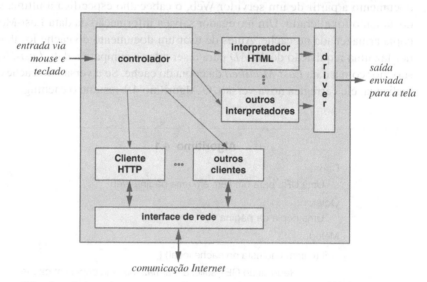

Figura 4.9 Arquitetura de um navegador que pode ter acesso a múltiplos serviços.

4.10 File Transfer Protocol (FTP)

Um *arquivo* é uma abstração fundamental de armazenamento. Como um arquivo pode conter um objeto arbitrário (isto é, um documento, um programa de computador, uma imagem gráfica ou um videoclipe), a facilidade de enviá-lo de um computador para outro é um mecanismo muito poderoso para a troca de dados. O termo *transferência de arquivo* é usado para tal serviço.

A *transferência de arquivo* através da Internet é complicada porque os computadores são heterogêneos, o que significa que cada sistema de computador tem que possuir as representações dos arquivos, a informação de tipo, a nomeação e os mecanismos de acesso ao arquivo.

Em alguns sistemas de computador, a extensão .jpg é usada para uma imagem JPEG e, em outros, é utilizada a extensão .*jpeg*. Em alguns sistemas, cada linha em um arquivo de texto é encerrada por um único caractere *LINEFEED*, enquanto outros sistemas exigem o caractere *CARRIAGE RETURN* seguido do *LINEFEED*. Alguns sistemas utilizam uma barra (/) como um separador em nomes de arquivos, e outros usam uma barra invertida (\). Além disso, um sistema operacional pode definir um conjunto de contas de usuário que especificam o direito de acesso a arquivos determinados. No entanto, a informação de conta é diferente entre os computadores, de modo que o usuário X em um computador não é o mesmo que o usuário *X* no outro.

O serviço padrão de *transferência de arquivos* na Internet usa o *File Transfer Protocol* (FTP). O FTP pode ser caracterizado a partir destes aspectos:

- *Conteúdos arbitrários de arquivo.* O FTP pode transferir qualquer tipo de dados, incluindo documentos, imagens, músicas ou vídeos armazenados.
- *Transferência bidirecional.* O FTP pode ser usado para baixar (download) arquivos (transferir do servidor para o cliente) ou carregar (upload) arquivos (transferir do cliente para o servidor).
- *Suporte para autenticação e propriedade.* O FTP permite que cada arquivo tenha propriedade e restrições de acesso.
- *Habilidade para navegar em pastas.* O FTP permite que um cliente navegue nos conteúdos de um diretório (ou seja, uma pasta).
- *Mensagens de controle textual.* Como muitos outros serviços aplicativos da Internet, as mensagens de controle trocadas entre um cliente e um servidor FTP são enviadas como texto ASCII.
- *Acomodação de heterogeneidade.* O FTP esconde os detalhes dos sistemas operacionais dos computadores individuais e pode transferir uma cópia de um arquivo entre dois computadores quaisquer.

Como poucos usuários lançam uma aplicação FTP, o protocolo é geralmente invisível. No entanto, ele costuma ser chamado automaticamente pelo navegador quando um usuário solicita uma *transferência* de arquivo.

4.11 O paradigma de comunicação FTP

Um dos aspectos mais interessantes do FTP decorre da maneira com que um cliente interage com o servidor. No geral, a abordagem parece simples: um cliente estabelece uma conexão com um servidor de FTP e envia uma série de pedidos para que o servidor responda. Ao contrário do HTTP, um servidor FTP não envia respostas pela mesma conexão em que o cliente envia solicitações. Em vez disso, a conexão que o cliente cria, chamada de *conexão de controle*, é reservada para os comandos. Cada vez que o servidor precisa baixar ou carregar um arquivo, ele (não o cliente) abre uma nova conexão. Para distingui-las da conexão de controle, as conexões usadas para transferir arquivos são chamadas de *conexões de dados*.

Surpreendentemente, o FTP inverte o relacionamento cliente-servidor para conexões de dados. Isto é, quando abre uma conexão de dados, o cliente age como se fosse um servidor (ou seja, espera pela conexão de dados) e o servidor age como se fosse um cliente (ou seja, inicia a conexão de dados). Depois de ter sido utilizada para uma transferência, a conexão de dados é fechada. Se o cliente envia outro pedido, o servidor abre uma nova conexão de dados. A Figura 4.10 ilustra a interação, mas omite vários detalhes importantes. Por exemplo, depois de criar a conexão de controle, um cliente deve se conectar ao servidor por meio do envio de um login e de uma senha; um *login anônimo* com senha de *convidado* é usado para obter os arquivos que são públicos. Um servidor envia um status numérico através da conexão de controle como uma resposta a cada pedido, inclusive o do login; a resposta permite que o cliente saiba se o pedido era válido.

Figura 4.10   Ilustração da conexão FTP durante uma sessão típica.

Outro detalhe interessante diz respeito aos números das portas de protocolo usadas. Nesse sentido, surge a pergunta: o que o número de porta de protocolo deve especificar para que um servidor se conecte ao cliente? O FTP permite que o cliente decida: antes de fazer um pedido para o servidor, um cliente aloca uma porta de protocolo em seu sistema operacional local e envia o número da porta para o servidor. Ou seja, o cliente amarra a porta para aguardar uma conexão e depois transmite o número da porta através da conexão de controle como uma sequência de dígitos decimais. O servidor lê o número e segue os passos que o Algoritmo 4.2 especifica.

A transmissão de informações de porta entre um par de aplicações pode parecer inócua, mas não é, e a técnica não funciona bem em todas as situações. Em particular,

---

Algoritmo 4.2

Dada:
   Uma conexão de controle FTP

Conseguir:
   Uma transferência de um arquivo através de uma conexão TCP

Método:
   Cliente envia uma solicitação para um arquivo específico através de uma conexão de controle;
   Cliente atribui uma porta de protocolo local, chama-a de X e se liga a ela;
   Cliente envia "PORT X" para o servidor através de uma conexão de controle;
   Cliente espera para aceitar uma conexão de dados na "PORT X";
   Servidor recebe comando "PORT X" e extrai o número X;
   Temporariamente o servidor assume o papel de cliente e o servidor cria
      uma conexão TCP para a porta X no computador do cliente;
   Temporariamente assumindo o papel de um servidor,
      o cliente aceita a conexão TCP (chamada de "conexão de dados");
   Servidor envia o arquivo solicitado pela conexão de dados;
   Servidor fecha a conexão de dados;

Algoritmo 4.2 Passos realizados pelo cliente e pelo servidor de FTP para transferência de um arquivo.

a transmissão de um número de porta de protocolo irá falhar se um dos dois terminais estiver por trás de um dispositivo *Network Address Translation* (NAT), como um roteador sem fio usado em uma residência ou em um pequeno escritório. O Capítulo 23 explica que o FTP é uma exceção – para suportar um FTP, um dispositivo NAT reconhece uma conexão de controle FTP, inspeciona o conteúdo da conexão e reescreve os valores em um comando PORT.

4.12 Mensagem eletrônica

Embora os serviços de *mensagens instantâneas* tenham se tornado populares, o e-mail continua a ser um dos aplicativos mais usados na Internet. Como esse serviço foi concebido antes dos computadores pessoais e dos PDAs estarem disponíveis, ele foi projetado para permitir que um usuário em um computador envie uma mensagem diretamente para outro usuário em outro computador. A Figura 4.11 ilustra a arquitetura original e o Algoritmo 4.3 lista os passos realizados.

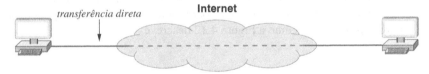

Figura 4.11 A configuração original do e-mail com transferência direta de um computador remetente para um computador receptor.

> **Algoritmo 4.3**
>
> Dada:
>   Comunicação de e-mail de um usuário para outro
> Fornecer:
>   A transmissão de uma mensagem para o destinatário pretendido
> Método:
>   Usuário invoca aplicação de interface e gera uma mensagem de e-mail para o *user x@destination.com*;
>   Interface de e-mail do usuário passa a mensagem de pedido de transferência de mensagem;
>   Aplicação de transferência de mensagem se torna um cliente e abre uma conexão TCP para o *destination.com*;
>   Aplicação de transferência de mensagem utiliza o protocolo SMTP para transferir a mensagem e em seguida fecha a conexão;
>   O servidor de mensagens no *destination.com* recebe a mensagem e coloca uma cópia na caixa de entrada do *user x*;
>   O *user x* no *destination.com* roda a aplicação da interface de mensagens para exibir a mensagem;

Algoritmo 4.3 Passos para enviar e-mail no paradigma inicial.

Como o algoritmo 4.3 indica, mesmo o software original de e-mail foi dividido conceitualmente em duas partes separadas:

- Uma aplicação de interface de mensagem
- Uma aplicação de transferência de mensagem

Um usuário chama um *aplicativo de mensagem* diretamente. A interface desse aplicativo fornece mecanismos que permitem que um usuário componha e edite mensagens de saída, bem como leia e processe mensagens recebidas. Um aplicativo de mensagens não age como um cliente ou um servidor e não transfere mensagens para outros usuários. Em vez disso, ele lê mensagens da *caixa postal* do usuário (ou seja, um arquivo no computador do usuário) e passa mensagens adiante para um *aplicativo de transferência de mensagens*. O aplicativo de transferência de mensagens age como um cliente para enviar cada mensagem de e-mail para o seu destino. Além disso, ele também atua como um servidor para aceitar as mensagens recebidas e armazenar cada uma delas na caixa de correio do usuário apropriado.

As normas de protocolo usadas para mensagens na Internet podem ser divididas em três tipos amplos, como a Figura 4.12 descreve

Tipo	Descrição
Transferência	Um protocolo usado para mover a cópia de uma mensagem de um computador para outro
Acesso	Um protocolo que permite ao usuário ter acesso à sua caixa de correio para ler ou enviar mensagens
Representação	Um protocolo que especifica o formato da mensagem quando armazenada no disco

Figura 4.12 Os três tipos de protocolos usados com mensagens.

4.13 O Simple Mail Transfer Protocol (SMTP)

O *Simple Mail Transfer Protocol* (SMTP) é o protocolo padrão que o programa de transferência de mensagens usa para transferir uma mensagem para um servidor por meio da Internet. O SMTP pode ser caracterizado assim:

- Segue o paradigma stream
- Usa mensagem de controle textual
- Transfere somente mensagem de texto
- Permite a um remetente especificar os nomes dos destinatários e checar cada um deles
- Envia uma cópia de uma dada mensagem

O aspecto mais inesperado do SMTP decorre da sua restrição às mensagens textuais. Uma seção posterior explica o padrão MIME dos anexos permitidos na mensagem, tais como imagens gráficas ou arquivos binários, mas o mecanismo do SMTP é restrito ao texto.

O segundo aspecto do SMTP é sua capacidade de enviar uma única mensagem para vários destinatários em um determinado computador. O protocolo permite que um cliente liste os usuários um a um e em seguida envie uma única cópia de uma mensagem para todos os usuários da lista. Ou seja, um cliente envia "Eu tenho uma mensagem de correio para o usuário A" e o servidor responde "OK" ou "O usuário não existe aqui". Na verdade, cada mensagem do servidor SMTP começa com um código numérico; assim, respostas são escritas da forma "250 OK" ou "550 O usuário não existe aqui". A Figura 4.13 mostra um exemplo de uma sessão SMTP que ocorre quando uma mensagem de correio é transferida do usuário *John_Q_Smith* no computador *example.edu* para dois usuários no computador *somewhere.com*.

Na figura, cada linha é marcada como *Cliente:* ou *Servidor:* para indicar se é o servidor ou o cliente que a envia; o protocolo não inclui os rótulos em itálico. O comando *HELO* permite ao cliente se autoautenticar por meio do envio de seu nome de domínio. Por fim, a notação <CR> <LF> denota um CARRIAGE RETURN seguido de um LINEFEED (ou seja, um fim-de-linha). Assim, o corpo de uma mensagem de e-mail é finalizado por uma linha que consiste em um período com nenhum outro texto ou espaçamento.

O termo *simple* no nome indica que o SMTP é simplificado. Como o antecessor do SMTP era muito complexo, os projetistas eliminaram os recursos desnecessários e concentraram-se no básico.

```
Server:   220 somewhere.com Simple Mail Transfer Service Ready
Client:   HELO example.edu
Server:   250 OK

Client:   MAIL FROM:<John_Q_Smith@example.edu>
Server:   250 OK

Client:   RCPT TO:<Matthew_Doe@somewhere.com>
Server:   550 No such user here

Client:   RCPT TO:<Paul_Jones@somewhere.com>
Server:   250 OK

Client:   DATA
Server:   354 Start mail input; end with <CR><LF>.<CR><LF>
Client:   ...sends body of mail message, which can contain
Client:   ...arbitrarily many lines of text
Client:   <CR><LF>.<CR><LF>
Server:   250 OK

Client:   QUIT
Server:   221 somewhere.com closing transmission channel
```

Figura 4.13 Um exemplo de sessão SMTP.

4.14 ISPs, servidores de mensagens e acesso às mensagens

À medida que a Internet se expandiu para incluir novos consumidores, um novo paradigma surgiu por meio do e-mail. Como a maioria dos usuários não deixa o seu computador funcionando de forma contínua e não sabe como configurar e gerenciar um servidor de e-mail, os ISPs começaram a oferecer serviços de e-mail. Em essência, um ISP executa um servidor de e-mail e fornece uma caixa de correio para cada assinante. Em vez de fornecer um software de e-mail tradicional, cada ISP oferece um software de interface que permite ao usuário acessar sua caixa de correio. A Figura 4.14 ilustra o arranjo.

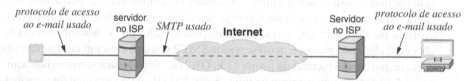

Figura 4.14 Uma configuração de e-mail onde um ISP roda um servidor de e-mail e fornece acesso à caixa de correio do usuário.

O acesso ao e-mail ocorre de uma das duas formas:

- Um aplicativo de interface de e-mail de propósito especial
- Um navegador Web que acessa uma página Web de e-mail

Aplicativos de interface de propósito especial são usados tipicamente em dispositivos móveis, como tablets ou smartphones. Devido ao fato de eles conhecerem o tamanho da tela e a capacidade do dispositivo, esses aplicativos podem mostrar o e-mail no formato apropriado para o referido dispositivo. Outra vantagem de usar um aplicativo de e-mail especial está relacionada com a habilidade de baixar toda a caixa de correio no dispositivo local. Baixá-la toda é particularmente importante se o usuário móvel pretende ficar desconectado da rede, pois isso permite a ele processar as mensagens mesmo que esteja sem conexão com a Internet (por exemplo, durante um vôo). Uma vez que a conectividade com a Internet seja estabelecida, o aplicativo se encarrega da comunicação com o servidor no ISP do usuário para carregar as mensagens redigidas e para baixar novas mensagens que podem ter chegado na caixa de correio dele.

Usar um navegador Web como uma interface de e-mail é natural: um ISP fornece uma página Web especial que mostra as mensagens da caixa de correio do usuário. Dessa forma, o usuário lança um navegador Web padrão e acessa o servidor de e-mail no ISP. A página Web inicial chama um mecanismo de autenticação que pergunta ao usuário login e senha; o servidor Web usa o login do usuário para selecionar sua caixa de correio. O servidor Web recupera as mensagens da caixa de correio, gera uma página HTML que lista as mensagens e retorna a página para o navegador do usuário. A principal vantagem de usar uma página Web para e-mail é a facilidade de ler mensagens de qualquer computador ou dispositivo – o usuário não necessita de um dispositivo particular nem precisa rodar um aplicativo de interface de e-mail especial. Assim, um usuário em viagem pode ter acesso às suas mensagens por meio do computador na recepção de um hotel.

4.15 Protocolos de acesso ao e-mail (POP, IMAP)

Diferentes protocolos têm sido criados para fornecer *acesso* ao e-mail. Um protocolo de acesso é distinto de um protocolo de transferência porque um acesso envolve somente um usuário interagindo com sua caixa de correio, enquanto uma transferência envolve o envio de mensagens de um usuário qualquer em um computador para uma caixa de correio qualquer em outro computador. Protocolos de acesso têm as seguintes características:

- Fornecem acesso à caixa de correio do usuário
- Permitem ao usuário ver cabeçalhos, baixar, excluir ou enviar mensagens individuais
- Rodam o cliente no computador ou no dispositivo do usuário
- Rodam o servidor no computador onde a caixa de correio está armazenada

A possibilidade de ver a lista de mensagens sem baixar os conteúdos delas é especialmente útil nos casos em que a conexão entre o usuário e o servidor de e-mail é lenta. Por exemplo, um usuário navegando através de um telefone celular pode olhar os cabeçalhos e deletar os spams sem esperar para baixar os conteúdos dessas mensagens.

Diversos mecanismos têm sido propostos para acesso ao e-mail. Alguns ISPs fornecem software de acesso livre aos seus assinantes. Além disso, dois padrões de protocolos de acesso ao e-mail foram criados; a Figura 4.15 lista esses padrões:

Acrônimo	Expansão
POP3	*Post Office Protocol version 3*
IMAP	*Internet Mail Access Protocol*

Figura 4.15 Os dois protocolos padrão de acesso ao e-mail.

Embora ofereçam os mesmos serviços básicos, os dois protocolos diferem em muitos detalhes. Cada um fornece seu próprio mecanismo de autenticação que um usuário segue para ele mesmo. A autenticação é necessária para garantir que um usuário não acesse a caixa de correio de outro usuário.

4.16 Padrões de representação de e-mail (RFC2822, MIME)

Duas representações de e-mail foram padronizadas:

- RFC2822 *Mail Message Format*
- *Multi-purpose Internet Mail Extensions* (MIME)

RFC2822 Mail Message Format. O formato padrão de mensagem de e-mail retira seu nome do documento padrão do IETF (Internet Engineering Task Force), *Request For Comments 2822*. O formato é direto: uma mensagem de e-mail é representada como um arquivo de texto e consiste em uma seção *cabeçalho*, uma linha em branco e um *body*. As linhas do cabeçalho têm a forma:

Keyword: information

onde o conjunto de *keywords* é definido para incluir *From:*, *To:*, *Subject:*, *Cc:* e assim por diante. Além disso, linhas do cabeçalho que iniciam com a letra maiúscula X podem ser adicionadas sem afetar o processamento de e-mail. Assim, um e-mail pode incluir uma linha randômica no cabeçalho, tal como:

X-Worst-TV-Shows: any reality show

Multi-purpose Internet Mail Extensions (MIME). Lembre-se de que o SMTP pode transferir somente mensagens de texto. O padrão MIME estende a funcionalidade de e-mail para permitir a transferência de mensagens de dados não textuais. O MIME especifica como um arquivo binário pode ser codificado dentro de caracteres imprimíveis, incluídos na mensagem, e decodificado pelo destinatário.

Embora isso tenha introduzido o padrão de codificação *Base64* que tem se tornado popular, o MIME não restringe a codificação para uma forma específica. Em vez disso, permite ao remetente e ao destinatário escolher uma codificação que seja mais conveniente. Para especificar o uso de uma codificação, o remetente inclui linhas adicionais no cabeçalho da mensagem. Além disso, o MIME permite que um remetente divida a mensagem em várias partes e especifique uma codificação para cada parte independentemente. Assim, com o MIME, um usuário pode enviar uma mensagem textual e anexar imagens gráficas, uma planilha e um clipe de áudio, cada um com sua própria codificação. O sistema de e-mail destinatário pode decidir como processar os anexos (ou seja, se salva uma cópia no disco ou mostra uma cópia).

De fato, o MIME adiciona duas linhas no cabeçalho: uma para declarar que o MIME foi utilizado para criar a mensagem e outra para especificar como a informação MIME está incluída no *body*. Por exemplo, as linhas do cabeçalho:

```
MIME-Version: 1.0
Content-Type: Multipart/Mixed; Boundary=Mime_separator
```

especificam que a mensagem foi composta usando a versão *1.0* do MIME e que a linha contendo *Mime_separator* aparecerá no corpo antes de cada parte da mensagem.

Quando o MIME é usado para enviar uma mensagem de texto padrão, a segunda linha muda para:

```
Content-Type: text/plain
```

O MIME é compatível com os sistemas de e-mail que não entendem o padrão MIME ou a codificação. É claro que tais sistemas não têm nenhuma maneira de extrair anexos não textuais – eles tratam o corpo como um único bloco de texto. Para resumir:

> *O padrão MIME insere linhas extras de cabeçalho para permitir que anexos não textuais possam ser enviados dentro de uma mensagem de e-mail. Um anexo é codificado como letras imprimíveis e uma linha separadora aparece antes de cada anexo.*

4.17 Domain Name System (DNS)

O *Domain Name System* (DNS) fornece um serviço que mapeia nomes simbólicos legíveis por seres humanos para endereços de computadores. Navegadores, softwares de e-mail e a maioria dos outros aplicativos da Internet usam o DNS. O sistema fornece um interessante exemplo de interação cliente-servidor, pois o mapeamento não é executado por um simples servidor. Em vez disso, a informação de nomeação é distribuída, por meio da Internet, entre vários servidores localizados em sites. Sempre que um aplicativo precisa traduzir um nome, ele torna-se cliente do sistema de nomeação. O cliente envia uma mensagem de requisição para um servidor de nome, que encontra o endereço correspondente e envia uma mensagem de resposta. Se ele não consegue responder à requisição, um servidor de nome torna-se temporariamente cliente de um outro servidor de nome, até que seja encontrado um servidor que pode responder à requisição.

Sintaticamente, cada nome consiste em uma sequência de segmentos alfanuméricos separados por pontos. Por exemplo, um computador na Purdue University tem o nome de domínio:

mymail.purdue.edu

e um computador na Google tem o nome de domínio:

gmail.google.com

Os nomes de domínio são hierárquicos, com a parte mais significativa do nome na direita. O segmento mais à esquerda do nome (*mymail* e *gmail* nos exemplos) é o nome do computador individual. Outros segmentos no domínio de nome identificam o grupo que possue o nome. Por exemplo, o segmento *purdue* dá o nome da universidade e *google* dá o nome da companhia. O DNS não especifica o número de segmentos no nome. Em vez disso, cada organização pode escolher quantos segmentos usar nos seus computadores e o que cada segmento representa.

O *domain name system* especifica valores para o segmento mais significativo, que é chamado de *domínio de nível superior* (TLD, *Top-Level Domain*). Os domínios de nível superior são controlados pela *Internet Corporation for Assigned Names and Numbers* (ICANN), que designa um ou mais registros de domínio para administrar um determinado domínio de nível superior e aprovar nomes específicos. Alguns TLDs são *genéricos*, o que significa que estão geralmente disponíveis. Outros TLDs são restritos a grupos específicos ou a agências governamentais. A Figura 4.16 lista exemplos de domínios DNS de nível superior.

Uma organização escolhe um nome de acordo com um dos domínios de nível superior existentes. Por exemplo, a maioria das corporações dos EUA opta por se registrar sob o domínio *com*. Assim, uma empresa chamada *Foobar* pode solicitar o domínio *foobar* sob o domínio de nível superior *com*. Uma vez que o pedido for aprovado, será atribuído à empresa Foobar o domínio:

foobar.com

Se o nome já tiver sido atribuído a outra organização chamada Foobar, é possível utilizar *foobar.biz* ou *foobar.org*, mas não *foobar.com*. Além disso, uma vez que *foobar.com* tenha sido atribuído, a empresa Foobar pode escolher quantos níveis adicionais sejam necessários para adicionar significado aos seus computadores. Assim, se a Foobar tem filiais na costa Leste e Oeste, pode utilizar nomes como:

computer1.east-coast.foobar.com

Nome domínio	Atribuído
aero	Setor de transporte aéreo
arpa	Domínio de infraestrutura
asia	Para ou sobre a Ásia
biz	Negócios
com	Organizações comerciais
coop	Associações cooperativas
edu	Instituições educacionais
gov	Governos
info	Informação
int	Organizações internacionais
jobs	Gerentes de recursos humanos
mil	Domínio militar
mobi	Provedores de conteúdo mobile
museum	Museus
name	Indivíduos
net	Grandes centros de suporte de rede
org	Organizações não comerciais
pro	Profissionais credenciados
travel	Viagem e turismo
country code	Uma nação soberana

Figura 4.16 Exemplos de domínios de nível superior e o grupo ao qual cada um é atribuído.

ou pode escolher uma hierarquia de nomeação plana com todos os computadores identificados pelo nome seguido do nome do domínio da empresa:

computer1.foobar.com

Além da estrutura organizacional familiar, o DNS permite que as organizações usem um registro geográfico. Por exemplo, a organização Corporation For National Research Initiatives registrou o domínio:

cnri.reston.va.us

devido ao fato de a organização estar localizada na torre de Reston, Virgínia, nos Estados Unidos. Assim, os nomes dos computadores na organização terminam com *.us* em vez de *.com*.

Alguns países estrangeiros têm adotado uma combinação de nomes de domínios geográficos e organizacionais. Por exemplo, universidades na Inglaterra registram sob o domínio:

ac.uk

onde *ac* é uma abreviação para *academic* e *uk* é o código oficial para *United Kingdom*.

4.18 Nomes de domínios que começam com um nome de serviço

Muitas organizações utilizam nomes de domínio que refletem o serviço que um computador fornece. Por exemplo, um computador que executa um servidor para o *file transfer protocol* pode ser chamado:

ftp.foobar.com

De forma similar, um computador que roda um servidor Web pode ser chamado:

www.foobar.com

Tais nomes são mnemônicos, mas não são obrigatórios. Em particular, o uso de www para nomear computadores que rodam um servidor Web é meramente uma convenção – um computador qualquer pode rodar um servidor Web, mesmo que o nome do domínio do computador não contenha www. Além disso, um computador que tem um nome de domínio começando com *www* não precisa necessariamente rodar um servidor Web. Em síntese:

> Usar o primeiro segmento no nome do domínio para indicar um serviço (ou seja, www) é meramente uma convenção para ajudar os humanos.

4.19 A hierarquia do DNS e o modelo servidor

Uma das principais características do *domain name system* é a autonomia – o sistema é projetado para permitir que cada organização possa atribuir nomes a computadores ou alterar esses nomes sem informar a uma autoridade central. Para colocar em prática a autonomia, cada organização é autorizada a operar servidores de DNS para a sua parte da hierarquia. Assim, a universidade Purdue opera um servidor de nomes que terminam em *purdue.edu* e a empresa IBM opera um servidor de nomes que terminam em *ibm.com*. Cada servidor DNS contém informações que o ligam a outros servidores de nomes de domínio para cima e para baixo na hierarquia. Além disso, um dado servidor pode ser *replicado*, de modo que existam várias cópias físicas dele. A replicação é especialmente útil para servidores muito utilizados, como os *servidores raiz* que fornecem informações sobre domínios de nível superior, porque um único servidor não poderia lidar com a carga. Nesses casos, os administradores devem garantir que todas as cópias sejam coordenadas para fornecer exatamente a mesma informação.

Cada organização é livre para escolher os detalhes de seus servidores. Uma pequena organização que tem apenas alguns computadores pode contratar um provedor para executar um servidor DNS em seu nome. Uma grande organização que gere o seu próprio servidor pode optar por colocar todos os nomes para a organização em um único servidor físico, ou pode optar por dividir os seus nomes entre vários servidores. A divisão pode coincidir com a estrutura organizacional (por exemplo, nomes para uma subsidiária podem estar em um servidor separado) ou com a estrutura geográfica (por exemplo, um servidor separado para cada site da empresa). A Figura 4.17 ilustra como a hipotética empresa Foobar poderia organizar sua estrutura de servidores se possuísse uma divisão de doces e uma divisão de sabões.

4.20 Resolução de nome

A tradução de um nome de domínio em um endereço é chamada de resolução de nome, e dizemos que o nome é *resolvido* para um endereço. O software usado para executar a tradução é conhecido como *resolvedor de nome* (ou simplesmente *resolvedor*). Na API socket, por exemplo, o resolvedor é invocado chamando a função *gethostbyname*. O resolvedor se torna um cliente, contata um servidor de DNS e retorna uma resposta para o chamador.

Cada resolvedor é configurado com o endereço de um ou mais *locais* de servidores de nome de domínio[3]. O resolvedor formula uma mensagem de *solicitação de DNS*, envia a mensagem para o servidor local e aguarda que ele envie uma mensagem de *DNS com a resposta*. Um resolvedor pode optar por utilizar ou uma cadeia de caracteres ou um paradigma de mensagem ao se comunicar com um servidor DNS; a maioria dos resolvedores são configurados para usar um paradigma de mensagem porque ele impõe menos sobrecarga para uma pequena requisição.

Como um exemplo de resolução de nome, considere a hierarquia de DNS ilustrada na Figura 4.17 (a) e assuma que um computador na divisão *soap* solicita o nome *chocolate.candy.foobar.com*. O resolvedor será configurado para enviar o pedido para o servidor de DNS local (ou seja, o servidor para *foobar.com*). Embora ele não possa responder ao pedido, sabe entrar em contato com o servidor para *candy.foobar.com*, o que pode gerar uma resposta.

---

[3] A estratégia de contatar primeiro o servidor local ficará clara quando for discutido caching.

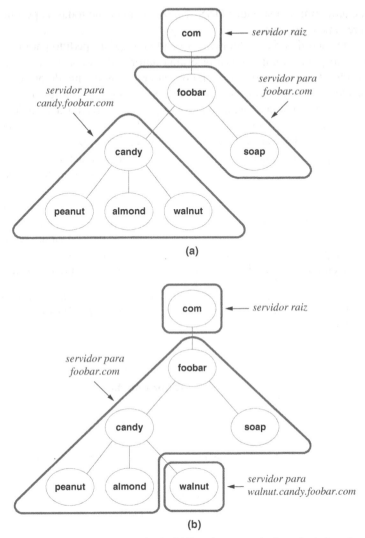

Figura 4.17 Uma hipotética hierarquia de DNS e duas possíveis atribuições de nomes aos servidores.

4.21 Caching nos servidores de DNS

O princípio da *referência de localidade* que é a base para fazer caching aplica-se ao *domain name system* de duas maneiras:

- Espacial: um usuário tende a procurar mais frequentemente os nomes dos computadores locais do que os nomes dos computadores remotos.
- Temporal: um usuário tende a procurar repetidamente o mesmo conjunto de nomes de domínio.

Como já foi visto anteriormente, o DNS explora a localidade espacial da seguinte maneira: um resolvedor de nomes primeiro contata um servidor. Para explorar a localidade temporal, um servidor DNS armazena em cache todas as pesquisas. O Algoritmo 4.4 resume o processo.

De acordo com o algoritmo, quando chega um pedido para um nome de fora do conjunto para o qual o servidor é uma autoridade, ocorrem mais interações cliente-servidor. O servidor torna-se temporariamente um cliente de outro servidor de nomes. Quando o outro servidor retorna uma resposta, o servidor original armazena em cache a resposta e envia uma cópia dela de volta para o resolvedor que enviou o pedido. Assim, além de saber o endereço de todos os servidores que estão abaixo na hierarquia, cada servidor DNS deve saber o endereço de um servidor raiz.

A questão fundamental relacionada ao armazenamento em cache refere-se à duração de tempo que os itens devem ser armazenados – se um item é armazenado em cache por muito tempo, ele vai se tornar *obsoleto*. O DNS resolve o problema tomando medidas que permitem que um servidor com autoridade especifique um tempo limite de cache para cada item. Assim, quando um servidor local procura um nome, a resposta é composta de um *registro de recursos* (*resource record*) que especifica um tempo limite de cache tão bem quanto uma resposta. Sempre que um servidor armazena em cache uma resposta, ele respeita o tempo limite especificado no registro de recurso. Resumindo:

> Como cada registro de recursos DNS gerado por um servidor com autoridade especifica um tempo limite de cache, um servidor DNS nunca retorna uma resposta obsoleta.

Algoritmo 4.4

Dada:
    Uma mensagem de pedido de um resolvedor de nome DNS
Fornecer:
    Uma mensagem de resposta que contém o endereço
Método:
    Extrai o nome, N, do pedido;
    if (servidor é uma autoridade para N) {
        Forma e envia uma resposta para o solicitante;
    else if (resposta para N está no cache) {
        Forma e envia uma resposta para o solicitante;
    else {/* Precisa procurar uma resposta */
        if (servidor de autoridade para N é conhecido) {
            Envia pedido para servidor de autoridade;
        } else {
            Envia pedido para servidor raiz;
        }
        Recebe resposta e coloca no cache;
        Forma e envia uma resposta para o solicitante;
    }

Algoritmo 4.4 Passos realizados por um servidor de DNS para resolver um nome.

Armazenar DNS em cache não para com os servidores: um resolvedor também pode armazenar itens em cache. Na verdade, o software resolver na maioria dos sistemas de computador armazena em cache as respostas de pesquisas de DNS, o que significa que os pedidos sucessivos para o mesmo nome não necessitam usar a rede, porque o resolvedor pode satisfazer o pedido do cache no disco local do computador.

4.22 Tipos de entradas de DNS

Cada entrada em um banco de dados de DNS consiste em três itens: um nome de domínio, um *tipo* de registro e um valor. O tipo de registro especifica como o valor deve ser interpretado (ou seja, que o valor é um endereço IPv4). Mais importante, uma consulta enviada para um servidor DNS especifica um nome de domínio e um tipo; o servidor só retorna uma ligação que corresponde ao tipo de consulta.

Quando um aplicativo precisa de um endereço IP, o navegador especifica o tipo A (IPv4) ou o tipo *AAAA* (IPv6). Um aplicativo de e-mail usando SMTP procura um nome específico de domínio do tipo de *MX*, que solicita um *servidor de mensagens*. A resposta que um servidor retorna corresponde ao tipo solicitado. Assim, um sistema de e-mail irá receber uma resposta que corresponde ao tipo *MX*, e um navegador receberá uma resposta que corresponde ao tipo A ou *AAAA*. O ponto importante é:

> *Cada entrada em um servidor DNS tem um tipo. Quando um resolvedor procura um nome, ele especifica o tipo desejado, e o servidor DNS retorna apenas as entradas que correspondem ao tipo especificado.*

O sistema tipo DNS pode produzir resultados inesperados porque o endereço retornado pode depender do tipo. Por exemplo, uma corporação pode decidir usar o nome *corporation.com* para os serviços de e-mail e Web. Com o DNS, a corporação consegue dividir a carga entre computadores separados por meio do mapeamento do tipo *A* para um computador e do tipo MX para um outro. A desvantagem desse esquema é que ele não é intuitivo para o ser humano – ele pode enviar e-mail para *corporation.com* mesmo que não seja possível ter acesso ao servidor Web nem fazer *ping* para o computador.

4.23 Registros dos recursos aliases e CNAME

O DNS oferece um tipo *CNAME* que é análogo a um link simbólico em um sistema de arquivo – a entrada fornece um *alias* para outra entrada. Para entender como *aliases* podem ser úteis, suponha que a corporação Foobar tem dois computadores chamados *charlie.foobar.com* e *lucy.foobar.com*. Suponha que no futuro ela decida rodar o servidor Web no computador *Lucy* e deseje seguir a convenção de usar o nome *www* para o computador que roda o servidor www da organização. Embora a organização possa renomear o computador *lucy*, existe uma solução muito mais fácil: criar uma entrada *CNAME* para *www.foobar.com* que aponta para *lucy*. Sempre que o resolvedor envia a requisição para *www.foobar.com*, o servidor retorna o endereço do computador *lucy*.

O uso de *aliases* é especialmente conveniente porque permite que uma organização substitua o computador usado para um determinado serviço sem alterar os nomes ou os endereços dos computadores. Por exemplo, a organização Foobar pode mover seu serviço Web do computador *lucy* para o computador *charlie* alterando o servidor e o registro *CNAME* no servidor DNS – os dois computadores mantêm seus nomes originais e seus endereços IP. O uso de *aliases* também permite que uma organização associe vários *aliases* com um único computador. Assim, a organização Foobar pode rodar um servidor FTP e um servidor Web no mesmo computador e pode criar registros CNAME:

www.foobar.com
ftp.foobar.com

4.24 As abreviaturas e o DNS

O DNS não adota abreviaturas – um servidor só responde a um nome completo. No entanto, a maioria dos resolvedores pode ser configurado com um conjunto de sufixos que permite que um utilizador abrevie nomes. Por exemplo, cada resolvedor da organização Foobar pode ser programado para procurar um nome duas vezes: uma vez com nenhuma mudança e outra vez com o sufixo *foobar.com* anexado. Se o usuário digitar um nome de domínio completo, o servidor local irá retornar o endereço e o processamento continuará. Se o usuário digitar um nome abreviado, o resolvedor primeiro tentará resolver o nome e receberá um erro porque não existe tal denominação. O resolvedor tentará então adicionar um sufixo e procurar o nome resultante. Como o resolvedor é executado no computador pessoal de um usuário, este pode escolher a ordem em que os sufixos são tentados.

Naturalmente, permitir que cada usuário configure seu resolvedor para lidar com abreviaturas tem uma desvantagem: o nome que um determinado usuário digita pode diferir do nome que o outro usuário escreve. Assim, se um usuário comunica nomes para outro (por exemplo, envia um nome de domínio por meio de uma mensagem de e-mail), deve ter o cuidado de especificar os nomes completos e não as abreviaturas.

4.25 Nomes de domínio internacionais

Como usa o conjunto de caracteres ASCII, o DNS não pode armazenar nomes em alfabetos que não são representados em ASCII. Idiomas como russo, grego, chinês e japonês contêm, cada um deles, caracteres para os quais não existem representações em ASCII. Muitas línguas europeias utilizam sinais diacríticos que não podem ser representados em ASCII.

Durante anos, o IETF debateu modificações e extensões do DNS para acomodar nomes de domínios internacionais. Depois de considerar muitas propostas, ele escolheu uma abordagem conhecida como *Internationalizing Domain Names in Applications (IDNA)*. Em vez de modificar o DNS, o IDNA usa ASCII para armazenar todos os nomes. Ou seja, quando é dado um nome de domínio que contém caracteres não representados em ASCII, o IDNA traduz o nome em uma seqüência de caracteres ASCII e armazena o resultado no DNS. Quando um usuário procura o nome, a mesma tradução é aplicada para converter o nome em uma string ASCII, e a cadeia ASCII resultante é colocada em uma consulta DNS. Essencialmente, o IDNA depende de aplicativos para traduzir entre o conjunto de caracteres internacionais que o usuário vê e a forma ASCII interna usada no DNS.

As regras para a tradução internacional de nomes de domínios são complexas e utilizam o *Unicode*[4]. A tradução é aplicada a cada rótulo no nome do domínio e resulta em rótulos com este aspecto:

$$xn\text{--}\alpha\text{-}\beta$$

onde *xn--* é uma seqüência de quatro caracteres reservados que indica que o rótulo é um nome internacional, α é o subconjunto de caracteres da etiqueta original, que pode ser representado em ASCII, e β é uma seqüência de caracteres ASCII adicionais que diz a um aplicativo IDNA como inserir caracteres não ASCII em α para compor a versão para impressão da etiqueta.

As versões recentes dos navegadores mais utilizados, Firefox e Internet Explorer, podem aceitar e exibir nomes de domínio não ASCII porque eles implementam o IDNA. Se um aplicativo não implementa o IDNA, a saída pode parecer estranha para o usuário. Ou seja, quando um aplicativo que não implementa o IDNA exibe um nome de domínio internacional, o usuário vê a forma interna ilustrada acima, incluindo a seqüência inicial *xn--* e as partes seguintes α e β.

Para resumir:

> *O padrão IDNA para nomes de domínio internacionais codifica cada rótulo como uma seqüência de caracteres ASCII e conta com aplicativos para traduzir entre o conjunto de caracteres que um usuário espera e a versão codificada armazenada no DNS.*

4.26 Representações extensíveis (XML)

Os protocolos de aplicativos tradicionais abordados neste capítulo empregam uma representação fixa. Ou seja, o protocolo do aplicativo especifica um conjunto exato de mensagens que um cliente e um servidor podem trocar, bem como a forma exata de dados que acompanha a mensagem. A principal desvantagem de uma abordagem fixa é a dificuldade em fazer mudanças. Por exemplo, como os padrões de e-mail restringem o conteúdo da mensagem a textos, foi necessária uma grande mudança para adicionar extensões MIME.

A alternativa para uma representação fixa é um sistema extensível que permite que um remetente especifique o formato de dados. Um padrão para a representação extensível tem se tornado amplamente aceito: a *Extensible Markup Language* (XML). O XML é semelhante ao HTML no sentido de que ambas as linguagens encaixam tags num documento de texto. Ao contrário das do HTML, as tags em XML não são especificados *a priori* e não correspondem aos comandos de formatação. Em vez disso, o XML descreve a estrutura de dados e fornece nomes para cada campo. Tags em XML são bem equilibradas – cada ocorrência de uma tag <X> deve ser seguida por uma ocorrência de </X>. Além disso, como o XML não atribui qualquer significado para marcas, nomes

---

[4] O algoritmo de tradução usado para codificar uma etiqueta com caracteres não ASCII é conhecido como algoritmo *Puny* e a cadeia de caracteres resultante é conhecida como *Punycode*.

de marcas podem ser criados conforme a necessidade. Em particular, eles podem ser selecionados para facilitar a análise e o acesso aos dados. Por exemplo, se duas empresas concordam em trocar listas telefônicas corporativas, elas podem definir um formato XML que tem itens de dados, como o nome de um funcionário, o seu número de telefone e a referência ao seu escritório. As empresas podem optar por dividir ainda mais um nome em um sobrenome e um primeiro nome. A Figura 4.18 mostra um exemplo.

```
<ADDRESS>
    <NAME>
        <FIRST>   John        </FIRST>
        <LAST>    Public      </LAST>
    </NAME>
    <OFFICE>  Room320       </OFFICE>
    <PHONE>   765-555-1234  </PHONE>
</ADDRESS>
```

Figura 4.18 Um exemplo de XML para a lista telefônica de uma empresa.

4.27 Resumo

Os protocolos da camada de aplicação, necessários para serviços padronizados, definem aspectos de representação e transferência de dados da comunicação. Os protocolos de representação utilizados com a World Wide Web incluem a *HyperText Markup Language* (HTML) e o padrão URL. O protocolo de transferência de Web, que é conhecido como *HyperText Transfer Protocol* (HTTP), especifica como um navegador se comunica com um servidor Web para baixar ou carregar o conteúdo. Para acelerar a carga, um navegador armazena em cache o conteúdo da página e usa um comando *HEAD* para solicitar informações sobre o status dela. Se a versão em cache permanece atualizada, o navegador a utiliza; caso contrário, ele dá prosseguimento com um pedido GET para baixar uma nova cópia.

O HTTP utiliza mensagens textuais. Cada resposta a partir de um servidor começa com um cabeçalho que a descreve. As linhas no cabeçalho começam com um valor numérico, representado como dígitos ASCII, que informa o status (ou seja, se um pedido tem erro). Os dados que seguem o cabeçalho podem conter valores binários quaisquer.

O *File Transfer Protocol* (FTP) fornece grande carga de arquivo. Ele requer um cliente para entrar no sistema do servidor; o FTP suporta um login de convidado anônimo e uma senha para acesso ao arquivo público. O aspecto mais interessante do FTP provém de seu uso incomum de conexões. Um cliente estabelece um controle de conexão que é utilizado para enviar uma série de comandos. Sempre que um servidor necessita enviar dados (ou seja, uma carga de arquivo ou uma listagem de um diretório), o servidor age como um cliente e o cliente atua como um servidor. Isto é, o servidor inicia uma nova conexão de dados para o cliente. Uma vez que um único arquivo foi enviado, a conexão de dados é finalizada.

Três tipos de protocolos da camada aplicação são utilizados com correio eletrônico: transferência, representação e acesso. O *Simple Mail Transfer Protocol* (SMTP) serve como o padrão-chave de transferência; o SMTP só pode transferir uma mensagem textual. Existem dois padrões de representação para e-mail: o RFC2822 define o formato da mensagem com um cabeçalho e um corpo separados por uma linha em branco.

O padrão *Multi-purpose Internet Mail Extensions* (MIME) define um mecanismo para enviar arquivos binários como anexos em uma mensagem. O MIME insere linhas de cabeçalho extras que informam ao destinatário como interpretar a mensagem. O MIME requer um remetente para codificar um arquivo como texto para impressão.

Os protocolos de acesso a e-mail, como POP3 e IMAP, permitem que um usuário par acesse uma caixa postal. O acesso tornou-se popular porque um assinante pode permitir que um ISP execute um servidor de e-mail e mantenha a caixa postal do usuário.

O *Domain Name System* (DNS) fornece mapeamento automático dos nomes legíveis pelo ser humano para endereços de computadores. O DNS é composto de muitos servidores que controlam uma parte do espaço de nomes. Os servidores são dispostos em uma hierarquia e cada um deles conhece a localização dos outros na hierarquia.

O DNS usa o cache para manter a eficiência; quando um servidor com autoridade fornece uma resposta, cada servidor que transfere a resposta também armazena uma cópia em seu cache. Para evitar que as cópias se tornem obsoletas, o servidor especifica por quanto tempo o nome pode ser armazenado em cache.

Exercícios

4.1 Quais detalhes um protocolo de aplicação especifica?

4.2 Por que um protocolo para um serviço padronizado documentado independe de uma implementação?

4.3 Quais são os dois aspectos fundamentais de protocolos de aplicação e o que cada um inclui?

4.4 Cite exemplos de protocolos Web que ilustram cada um dos dois aspectos de um protocolo de aplicação.

4.5 Resuma as características do HTML.

4.6 Quais são as quatro partes de um URL e qual pontuação é usada para separá-las?

4.7 Quais são os quatro tipos de pedidos HTTP e quando cada um deles é usado?

4.8 Como um navegador sabe se uma solicitação HTTP é sintaticamente incorreta ou se o item referenciado não existe?

4.9 Quais objetos de dados um navegador armazena em cache e por que esse armazenamento é feito?

4.10 Liste os passos que um navegador necessita para determinar se deve usar o item de seu cache.

4.11 Um navegador pode usar outros protocolos de transferência além do HTTP? Explique.

4.12 Quando um usuário solicita uma lista de diretório FTP, quantas conexões TCP são estabelecidas? Explique.

4.13 Determine se a seguinte afirmação é verdadeira ou falsa: quando um usuário executa um aplicativo FTP, o aplicativo funciona como um cliente e como um servidor. Explique sua resposta.

4.14 Como um servidor FTP conhece o número da porta a ser usada em uma conexão de dados?

4.15 De acordo com o paradigma original de e-mail, um usuário pode receber um e-mail se o seu computador não executa um servidor de e-mail? Explique.

4.16 Liste os três tipos de protocolos usados com e-mail e descreva cada um deles.

4.17 Quais são as características do SMTP?
4.18 Um SMTP pode transferir uma mensagem que contenha uma pontuação (.) na própria linha? Por quê?
4.19 Onde fica um protocolo de acesso de e-mail usado?
4.20 Quais são os dois principais protocolos de acesso de e-mail?
4.21 Por que foi criado o MIME?
4.22 Qual o objetivo geral do *domain name system*?
4.23 Supondo que o ISO atribuiu N códigos de países, quantos domínios de nível superior existem?
4.24 Determine se a seguinte afirmação é verdadeira ou falsa: um servidor Web deve ter um nome de domínio que começa com www. Explique.
4.25 Determine se a seguinte afirmação é verdadeira ou falsa: uma companhia multinacional pode escolher dividir sua hierarquia de nomes de domínio de tal maneira que tenha um servidor de nomes na Europa, um na Ásia e outro na América do Norte.
4.26 Quando um servidor de nomes de domínio envia um pedido para um servidor de autoridade e quando ele responde sem enviar o pedido para um servidor de autoridade?
4.27 Determine se a seguinte afirmação é verdadeira ou falsa: se uma empresa muda seu servidor Web do computador *x* para o computador *y*, os nomes dos dois computadores devem mudar. Explique.
4.28 Determine se a seguinte afirmação é verdadeira ou falsa: um servidor DNS pode retornar um endereço IP diferente para um determinado nome, dependendo se a pesquisa especifica e-mail ou serviço Web. Explique.
4.29 O padrão IDNA exige mudanças em servidores de DNS? E em clientes DNS? Explique.
4.30 Pesquise na Web para obter informações sobre "pesquisa de DNS iterativa". Em que circunstâncias a pesquisa iterativa é usada?
4.31 Como o XML permite que um aplicativo especifique campos como um nome e um endereço?

PARTE II
Comunicação de dados

As bases dos meios, codificação, transmissão, modulação, multiplexação, conexões e acesso remoto

CAPÍTULOS

5	Visão geral da comunicação de dados	77
6	Fontes de informação e sinais	83
7	Meios de transmissão	101
8	Segurança e codificação de canal	119
9	Modos de transmissão	133
10	Modulação e modems	143
11	Multiplexação e demultiplexação (canalização)	156
12	Tecnologias de acesso e de interconexão	171

CAPÍTULO 5
Visão geral da comunicação de dados

5.1 Introdução, 77
5.2 A essência da comunicação de dados, 77
5.3 Fundamentos e abrangência, 78
5.4 As peças conceituais de um sistema de comunicação, 79
5.5 Os subtópicos da comunicação de dados, 81
5.6 Resumo, 81

5.1 Introdução

A primeira parte do livro discute programação de rede e analisa aplicativos da Internet. O capítulo sobre a programação de socket explica a API que os sistemas operacionais fornecem ao software e mostra que um programador pode criar aplicativos que usam a Internet sem a compreensão dos mecanismos. No restante do livro, vamos aprender sobre os protocolos complexos e as tecnologias que dão suporte à comunicação e ver que a compreensão da complexidade pode ajudar os programadores a escrever códigos melhores.

Esta parte do livro explora a transmissão de informações através de meios físicos, tais como fios, fibras ópticas e ondas de rádio. Nós veremos que, embora os detalhes variem, as ideias básicas sobre informação e comunicação aplicam-se a todas as formas de transmissão. Também entenderemos que a comunicação de dados fornece ferramentas conceituais e analíticas que oferecem uma explicação unificada de como os sistemas de comunicação operam. Mais importante, a comunicação de dados nos diz que as transferências são teoricamente possíveis, tanto quanto a forma como a realidade do mundo físico limita os sistemas de transmissão práticos.

Este capítulo fornece uma visão geral da comunicação de dados e explica como as partes conceituais formam um sistema de comunicação completo. Cada um dos capítulos posteriores explica um conceito em detalhe.

5.2 A essência da comunicação de dados

Concretamente, em que consiste a comunicação de dados? Como a Figura 5.1 ilustra, o assunto envolve uma combinação de ideias e enfoques de três disciplinas.

Como envolve a transmissão de informações por um meio físico, a comunicação de dados usa conceitos da física. Ela se baseia em ideias sobre corrente elétrica, luz, ondas de rádio e outras formas de radiação eletromagnética. Como a informação é digitalizada e os dados digitais são transmitidos, a comunicação de dados usa matemática e inclui teorias matemáticas e várias formas de análise. Finalmente, como seu objetivo principal é desenvolver maneiras práticas de projetar e construir sistemas de transmis-

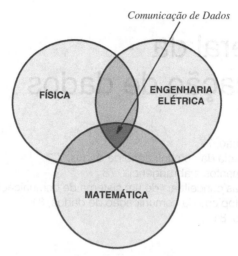

Figura 5.1 A comunicação de dados envolve a interseção da física, da matemática e da engenharia elétrica.

são, a comunicação de dados se concentra no desenvolvimento de técnicas que os engenheiros eletricistas possam usar. Em síntese:

> Embora inclua conceitos da física e da matemática, a comunicação de dados não se limita a oferecer teorias abstratas. Em vez disso, ela fornece uma base que é usada para a construção de sistemas de comunicação práticos.

5.3 Fundamentos e abrangência

Três ideias principais fornecem grande parte dos fundamentos da comunicação de dados e ajudam a definir o seu escopo.

- As fontes de informação podem ser de quaisquer tipos
- A transmissão utiliza um sistema físico
- As múltiplas fontes de informação podem compartilhar o meio subjacente

O primeiro ponto é especialmente relevante, considerando a popularidade de aplicativos multimídia: a informação não se restringe aos bits armazenados em um computador. Em vez disso, ela também pode ser derivada do mundo físico, inclusive do áudio de um microfone e do vídeo de uma câmera. Assim, é importante compreender as possíveis fontes e formas de informação e as maneiras com que uma forma pode ser transformada em outra.

O segundo ponto sugere que devemos usar os fenômenos naturais, tais como a eletricidade e a radiação eletromagnética, para transmitir informações. Assim, é importante compreender os tipos de meios que estão disponíveis e as propriedades de cada um deles. Além disso, devemos entender como os fenômenos físicos podem ser usados para transmitir informações através de cada meio e qual a relação entre a comunicação de dados e a transmissão. Finalmente, devemos compreender os limites dos sistemas físicos, os problemas que podem surgir durante a transmissão e as técnicas que podem ser utilizadas para detectar ou resolver os problemas.

O terceiro ponto sugere que o compartilhamento é fundamental. Na verdade, veremos que ele desempenha papel fundamental na rede de computadores. Ou seja, uma rede de computadores usualmente permite que vários pares de comunicação sejam estabelecidos em um determinado meio físico. Assim, é importante compreender as facilidades das possíveis formas subjacentes que podem ser compartilhadas, as vantagens e desvantagens de cada uma e os modos resultantes da comunicação.

5.4 As peças conceituais de um sistema de comunicação

Para entender a comunicação de dados, imagine um sistema de comunicação em funcionamento que acomode múltiplas fontes de informação e que permita que cada fonte envie a um destino separado. Pode parecer que a comunicação em um sistema desse tipo seja natural. Mas cada fonte precisa de um mecanismo para coletar, preparar a transmissão e transmitir a informação através de um meio físico compartilhado. Do mesmo modo, é necessário um mecanismo que extraia a informação e a entregue para o destino. A Figura 5.2 ilustra uma visão simplificada.

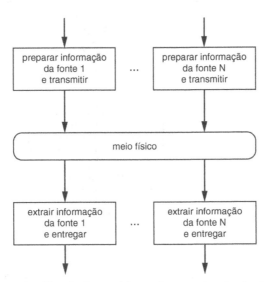

Figura 5.2 Uma visão simplificada de um sistema de comunicação de dados com um conjunto de fontes enviando para um conjunto de destinos através de um meio físico compartilhado.

Na prática, a comunicação de dados é muito mais complexa do que a visão simplificada sugerida na Figura 5.2. Como a informação pode chegar de muitos tipos de fontes, as técnicas usadas para lidar com fontes distintas variam. Antes de a informação ser enviada, ela deve ser digitalizada e dados adicionais devem ser acrescentados para prevenir erros. Se a privacidade é uma preocupação, a informação poderá ser encriptada. Para enviar múltiplos fluxos de informação através de um mecanismo de comunicação compartilhada, as informações de cada fonte devem ser identificadas e os dados de todas as fontes devem ser misturados para a transmissão. Assim, é necessário um mecanismo para identificar cada fonte e garantir que a informação de uma não seja inadvertidamente confundida com as informações de outra.

Para explicar os principais aspectos da comunicação de dados, os engenheiros têm derivado um quadro conceitual que mostra como cada subtópico se encaixa dentro de um sistema de comunicação. A ideia é que cada item no quadro possa ser estudado de forma independente e, uma vez que todas as peças forem examinadas, o tópico inteiro será compreendido. A Figura 5.3 ilustra o quadro e mostra como os aspectos conceituais se encaixam em toda a organização de um sistema de comunicação de dados.

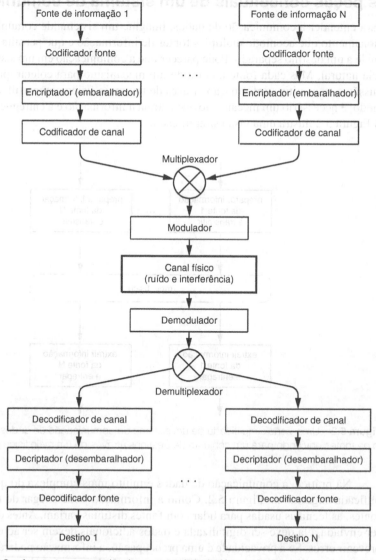

Figura 5.3 A estrutura conceitual para um sistema de comunicação de dados. Múltiplas fontes enviam para vários destinos através de um canal físico.

5.5 Os subtópicos da comunicação de dados

Cada uma das caixas na Figura 5.3 corresponde a um subtópico da comunicação de dados. Os parágrafos seguintes explicam a terminologia. Cada um dos próximos capítulos examina um dos subtópicos conceituais.

- *Fontes de informação.* Uma fonte de informação pode ser analógica ou digital. Os conceitos importantes incluem características de sinais, tais como amplitude, frequência e fase. A classificação é ou periódica (que ocorre regularmente) ou aperiódica (que ocorre de forma irregular). Além disso, o subtópico concentra-se na conversão entre as representações analógicas e digitais da informação.
- *Codificador e decodificador fonte.* Uma vez que a informação tenha sido digitalizada, as representações digitais podem ser transformadas e convertidas. Entre os conceitos importantes são incluídos o da compressão de dados e suas consequências para as comunicações.
- *Encriptador e Decriptador.* Para proteger a informação e mantê-la confidencial, é possível criptografá-la (ou seja, alterá-la) antes de sua transmissão e decodificá-la no recebimento. Entre os conceitos importantes são incluídos os de técnicas e algoritmos de criptografia.
- *Codificador e decodificador de canal.* O codificador de canal é usado para detectar e corrigir erros de transmissão. Tópicos importantes incluem métodos para detectar e limitar erros, bem como técnicas práticas, como a verificação de paridade, as somas de verificação e os códigos de redundância cíclica que são empregados nas redes de computadores.
- *Multiplexador e demultiplexador.* A multiplexação se refere à maneira com que a informação de várias fontes é combinada para ser transmitida através de um meio compartilhado. Entre os conceitos importantes são incluídos o de técnicas para compartilhamento simultâneo, bem como o de técnicas que permitem que as fontes se revezem ao utilizar o meio.
- *Modulador e demodulador.* A modulação se refere à forma com que a radiação eletromagnética é usada para enviar informações. Entre os conceitos são incluídos os de esquemas de modulação analógicos e digitais e o de dispositivos conhecidos como modems, que realizam a modulação e a demodulação.
- *Canal físico e transmissão.* Os subtópicos são os meios de transmissão e os modos de transmissão. Entre os conceitos importantes são incluídos os de largura de banda, ruído e interferência elétrica, capacidade do canal e modos de transmissão, tais como em série e em paralelo.

5.6 Resumo

Por se tratar de transmissão através de meios físicos e de informação digital, a comunicação de dados baseia-se em física e matemática. O foco está nas técnicas que permitem que engenheiros eletricistas projetem os mecanismos práticos de comunicação.

Para facilitar a compreensão, os engenheiros desenvolveram um quadro conceitual para sistemas de comunicação de dados. O quadro divide todo o assunto em um conjunto de subtópicos. Cada um dos capítulos seguintes desta parte do livro aborda um dos subtópicos.

Exercícios

5.1 Quais são as três disciplinas envolvidas na comunicação de dados?
5.2 Quais são os fundamentos da comunicação de dados?
5.3 Quais são as peças conceituais de um sistema de comunicação de dados?
5.4 Qual a peça de um sistema de comunicação de dados que processa a entrada analógica?
5.5 Qual a peça de um sistema de comunicação de dados que impede que os erros de transmissão corrompam os dados?

CAPÍTULO 6
Fontes de informação e sinais

6.1 Introdução, 83
6.2 Fontes de informação, 83
6.3 Sinais digitais e analógicos, 84
6.4 Sinais periódico e aperiódico, 84
6.5 Ondas de seno e características de sinal, 85
6.6 Sinais compostos, 86
6.7 A importância dos sinais compostos e das funções seno, 87
6.8 Representações de domínio de tempo e frequência, 87
6.9 A largura de banda de um sinal analógico, 88
6.10 Sinais digitais e níveis de sinal, 89
6.11 Baud e bits por segundo, 90
6.12 Convertendo um sinal digital em um analógico, 91
6.13 A largura de banda de um sinal digital, 91
6.14 Sincronização e acordo sobre sinais, 92
6.15 Codificação em linha, 93
6.16 Codificação Manchester usada em redes de computadores, 95
6.17 Convertendo um sinal analógico em um digital, 96
6.18 O Teorema de Nyquist e a taxa de amostragem, 97
6.19 O Teorema de Nyquist e a transmissão do sistema de telefone, 97
6.20 Codificação não linear, 98
6.21 Codificação e compressão de dados, 98
6.22 Resumo, 99

6.1 Introdução

O capítulo anterior fornece uma visão geral da comunicação de dados, que é o fundamento de toda a rede. O capítulo apresenta o tópico, mostra um quadro conceitual para a comunicação de dados, identifica os aspectos importantes dela e explica como eles se encaixam. Além disso, apresenta uma breve descrição de cada parte conceitual.

Este capítulo inicia uma exploração detalhada da comunicação de dados. Ele examina os tópicos de fontes de informação e as características dos sinais que carregam a informação. Os próximos capítulos continuam a exploração apresentando aspectos adicionais do assunto.

6.2 Fontes de informação

Lembre-se de que um sistema de comunicação aceita a entrada de uma ou mais *fontes* e entrega as informações de uma determinada *fonte* para um *destino* específico. Para uma rede, tal como a Internet global, a fonte e o destino da informação são um par de programas aplicativos que geram e consomem dados. No entanto, a teoria da comunicação de dados se concentra em sistemas de comunicação de baixo nível e se aplica a várias fontes de informação. Por exemplo, além dos periféricos de computadores convencionais, como teclados e mouses, as fontes de informação podem incluir microfones, câmeras de vídeo, sensores e dispositivos de medição, como termômetros e balanças. Da mesma forma, os destinos podem incluir dispositivos de saída de áudio, como fones de ouvido e alto-falantes, bem como aparelhos como rádios (por exemplo, um rádio Wi-Fi) ou motores elétricos. Ou seja:

> *Ao longo do estudo da comunicação de dados, é importante lembrar que podem haver várias fontes de informação, incluindo outros dispositivos além de computadores.*

6.3 Sinais digitais e analógicos

A comunicação de dados lida com dois tipos de informação: analógica e digital. Um sinal analógico é caracterizado por uma função matemática contínua – quando a entrada muda de um valor para o próximo, faz isso movendo-se através de todos os valores intermediários possíveis. Ao contrário, um sinal digital tem um conjunto fixo de níveis válidos, e cada mudança consiste em um movimento instantâneo de um nível válido para outro. A Figura 6.1 ilustra o conceito, mostrando exemplos de como os sinais de uma fonte analógica e de uma fonte digital variam ao longo do tempo. Na figura, o sinal analógico pode ser resultado da medida da saída de um microfone e o sinal digital pode ser resultado da medida da saída de um teclado de um computador.

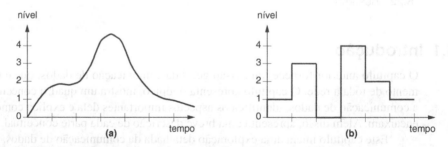

Figura 6.1 Ilustração de (a) um sinal analógico e (b) um sinal digital.

6.4 Sinais periódicos e aperiódicos

Os sinais são classificados como *periódicos* se apresentam repetição ou como aperiódicos (às vezes chamados de *não periódicos*) se não se repetem. Por exemplo, o sinal analógico na Figura 6.1 (a) é aperiódico ao longo do intervalo de tempo mostrado, porque não se repete. A Figura 6.2 ilustra um sinal que é periódico (ou seja, se repete).

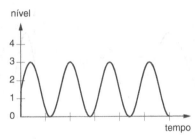

Figura 6.2 Um sinal periódico se repete.

6.5 Ondas de seno e características de sinal

Veremos que grande parte das análises de comunicação de dados envolve o uso de funções trigonométricas senoidais, especialmente a *seno*, que geralmente é abreviada como *sen*. Ondas senoidais são especialmente importantes nas fontes de informação, porque os fenômenos naturais produzem ondas senoidais. Por exemplo, quando um microfone capta um sinal sonoro, a saída é uma onda senoidal. Do mesmo modo, a radiação eletromagnética pode ser representada como uma onda senoidal. Nós estamos interessados especificamente nas ondas senoidais que correspondem ao sinal que oscila no tempo, tal como a onda que ilustra a Figura 6.2. Em resumo:

> *Ondas senoidais são fundamentais para o processamento de entrada, porque muitos fenômenos naturais produzem um sinal que corresponde a uma onda senoidal em função do tempo.*

Existem quatro características importantes dos sinais que se relacionam com ondas senoidais:

- Frequência: número de oscilações por unidade de tempo (geralmente segundos)
- Amplitude: diferença entre as alturas máxima e mínima do sinal
- Fase: quão distante o início da onda senoidal é deslocado em um tempo de referência
- Comprimento de onda: duração de um ciclo de propagação de um sinal através de um meio

O comprimento de onda é determinado pela velocidade com que um sinal se propaga (ou seja, é uma função do meio subjacente). Uma expressão matemática pode ser utilizada para especificar as outras três características. A amplitude é mais fácil de entender. Lembre-se de que *sen(ωt)* produz valores entre -1 e $+1$ e tem uma amplitude de *1*. Se a função *sen* é multiplicada por *A*, a amplitude da onda resultante é *A*. Matematicamente, a fase é um deslocamento adicionado a *t* que desloca a onda senoidal para a direita ou para a esquerda ao longo do eixo *x*. Assim, *sen($\omega t + \varphi$)* tem uma fase de φ. A frequência de um sinal é medida pelo número de ciclos por segundo, *Hertz*. Uma onda senoidal completa requer 2π radianos. Portanto, se *t* é um tempo em segundos e $\omega = 2\pi$, *sen(ωt)* tem uma frequência de 1 Hertz. A Figura 6.3 ilustra as três características matemáticas.

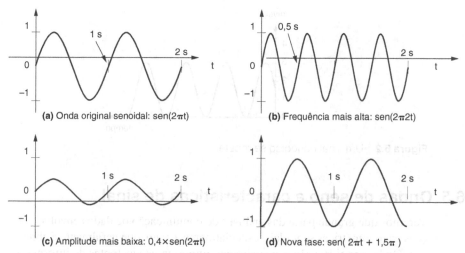

Figura 6.3 Características de frequência, amplitude e fase.

A frequência pode ser calculada como o inverso do tempo necessário para um ciclo, que é conhecido como *período*. O exemplo de onda senoidal na Figura 6.3 (a) tem um período de $T = 1$ segundo e uma frequência de $1/T$ ou 1 Hertz. O exemplo da Figura 6.3 (b) tem um período de $T = 0,5$ segundo, assim sua frequência é de 2 Hertz; ambas são consideradas frequências extremamente *baixas*. Os sistemas típicos de comunicação utilizam frequências *altas*, geralmente medidas em milhões de ciclos por segundo. Para esclarecer as altas frequências, os engenheiros expressam o tempo em frações de segundo ou expressam a frequência em unidades como *megahertz*. A Figura 6.4 lista as unidades de tempo e os prefixos comuns usados com a frequência.

Unidades de tempo	Valor	Unidades de frequência	Valor
Segundos(s)	10^0 segundos	Hertz (Hz)	10^0 Hz
Milissegundos(ms)	10^{-3} segundos	Kilohertz (kHz)	10^3 Hz
Microssegundos(μs)	10^{-6} segundos	Megahertz (MHz)	10^6 Hz
Nanossegundos(ns)	10^{-9} segundos	Gigahertz (GHz)	10^9 Hz
Picossegundos(ps)	10^{-12} segundos	Terahertz (THz)	10^{12} Hz

Figura 6.4 Prefixos e abreviações por unidades de tempo e frequência.

6.6 Sinais compostos

O sinais como os ilustrados na Figura 6.3 são classificados como *simples*, porque consistem em uma única onda senoidal que não pode ser decomposta. Na prática, os sinais, na sua maioria, são classificados como *compostos*, porque podem ser decompostos em um conjunto de ondas senoidais simples. Por exemplo, a Figura 6.5 ilustra um sinal composto formado por duas ondas senoidais simples.

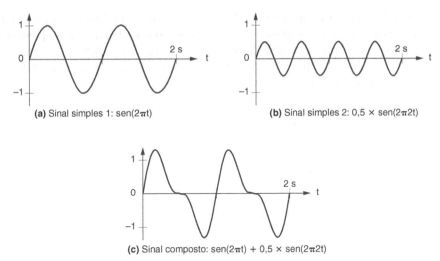

Figura 6.5 Ilustração de um sinal composto formado por dois sinais simples.

6.7 A importância dos sinais compostos e das funções seno

Por que a comunicação de dados está centrada em funções seno e sinais compostos? Quando discutirmos a modulação e a demodulação, entenderemos um dos motivos principais: os sinais que resultam da modulação são geralmente sinais compostos. Por enquanto, isto é suficiente para entendermos a motivação:

- Modulação geralmente forma um sinal composto.
- Um matemático chamado Fourier descobriu que é possível decompor um sinal composto em suas partes constituintes, um conjunto de funções seno, cada uma com uma frequência, uma amplitude e uma fase.

A análise de Fourier mostra que, se o sinal composto é periódico, as partes constituintes também serão periódicas. Assim, veremos que a maioria dos sistemas de comunicação de dados utiliza sinais compostos para transportar a informação: um sinal composto é criado no final do envio e o receptor decompõe o sinal em seus componentes simples originais. Resumindo:

> *O método matemático descoberto por Fourier permite ao receptor decompor um sinal composto em suas partes constituintes.*

6.8 Representações de domínio de tempo e frequência

Como são fundamentais, os sinais compostos têm sido estudados extensivamente e vários métodos foram inventados para representá-los. Nós já vimos uma representação nas figuras anteriores: um gráfico de um sinal como uma função de tempo. Engenheiros dizem que tal representação é um gráfico do sinal no *domínio do tempo*.

A principal alternativa para uma representação no *domínio do tempo* é conhecida como uma representação de *domínio da frequência*. Um gráfico de domínio da frequência mostra um conjunto de ondas senoidais simples que constitui uma função composta. O eixo y representa a amplitude e o eixo x indica a frequência. Assim, a função sen($2\pi t$) é representada por uma única linha de altura A que está posicionada em $x = t$. Por exemplo, o gráfico de domínio da frequência na Figura 6.6 representa a composição da figura 6.5 (c)[1].

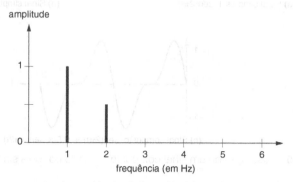

Figura 6.6   Representação de sen($2\pi t$) e 0,5 sen($2\pi 2t$) no domínio da frequência.

A figura mostra um conjunto de sinais periódicos simples. Uma representação de um domínio da frequência também pode ser utilizada para sinais não periódicos, mas a representação aperiódica não é essencial para a compreensão do assunto.

Uma das vantagens da representação do domínio da frequência decorre da sua compactação. Em comparação com uma representação no domínio do tempo, uma representação no domínio da frequência é tanto menor quanto mais fácil de ler porque cada onda senoidal ocupa um único ponto ao longo do eixo do x. A vantagem se torna clara quando um sinal composto contém muitos sinais simples.

6.9 A largura de banda de um sinal analógico

A maioria dos usuários já ouviu falar de "largura de banda" e entendeu que uma rede com uma grande largura de banda é desejável. Vamos discutir a definição de largura de banda de rede mais tarde. Por enquanto, vamos explorar um conceito relacionado, a *largura de banda analógica*.

Nós definimos a largura de banda de um sinal analógico como a diferença entre as frequências mais altas e as mais baixas das partes constituintes (ou seja, as frequências maiores e as menores obtidas pela análise de Fourier). No exemplo trivial da Figura 6.5 (c), a análise de Fourier produz sinais de 1 e 2 Hertz, o que significa que a largura de banda analógica é a diferença, ou seja, 1 Hertz. A vantagem de um gráfico no domínio da frequência torna-se evidente quando se calcula a largura de banda analógica, porque as frequências mais altas e mais baixas são perceptíveis. Por exemplo, o gráfico da Figura 6.6 deixa claro que a largura de banda analógica é 1.

---

[1] Diagramas de domínio da frequência usados com sistemas de comunicação de dados reais têm um eixo x que se estende para milhares ou milhões de Hertz.

A Figura 6.7 mostra um gráfico no domínio da frequência com frequências medidas em kilohertz (kHz). Tais frequências estão na faixa audível pelo ouvido humano. Na figura, a largura de banda é a diferença entre a frequência mais alta e a mais baixa (5 kHz – 1 kHz = 4 kHz).

Para resumir:

> *A largura de banda de um sinal analógico é a diferença entre a frequência máxima e a mínima das suas componentes. Se o sinal é representado no domínio da frequência, a largura de banda é calculada de forma trivial.*

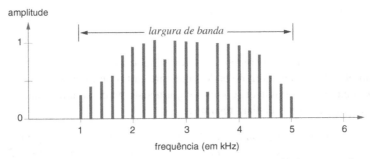

Figura 6.7 O gráfico no domínio da frequência de um sinal analógico com a largura de banda de 4 kHz.

6.10 Sinais digitais e níveis de sinal

Nós dissemos que, além de ser representada por um sinal analógico, a informação também pode ser representada por um *sinal digital*. Definimos ainda que um sinal é digital se um conjunto fixo de níveis válidos tiver sido escolhido e, em qualquer momento, o sinal é um dos níveis válidos. Alguns sistemas utilizam tensão para representar valores digitais: uma tensão positiva corresponde a uma tensão lógica e uma tensão zero corresponde a um valor lógico zero. Por exemplo, +5 volts podem ser usados para uma tensão lógica um e 0 volt para um zero lógico.

Se apenas dois níveis de tensão são utilizados, cada nível corresponde a um bit de dados (0 ou 1). No entanto, alguns mecanismos de transmissão físicos podem suportar mais de dois níveis de sinal. Quando vários níveis digitais estão disponíveis, cada um deles pode representar vários bits. Por exemplo, considere um sistema que usa quatro níveis de tensão: −5 volts, −2 volts, +2 volts e +5 volts. Cada nível pode corresponder a dois bits de dados, como a Figura 6.8 (b) ilustra.

Como a figura mostra, a principal vantagem da utilização de vários níveis de sinal é a capacidade de representar mais de um bit de cada vez. Na Figura 6.8 (b), por exemplo, −5 volts representam a sequência de dois bits *00*, −2 volts representam *01*, +2 volts representam *10* e +5 volts representam *11*. Uma vez que vários níveis de sinal são utilizados, cada intervalo de tempo pode transferir dois bits, o que significa que a representação de quatro níveis na Figura 6.8 (b) precisa da metade do tempo utilizado pela representação de dois níveis na figura 6.8 (a) para transferir os bits. Assim, a taxa de dados (bits por segundo) é dobrada.

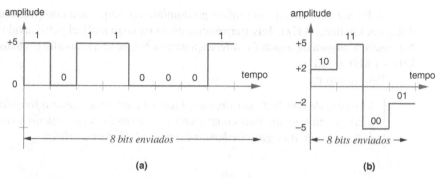

Figura 6.8 (a) Um sinal digital usando dois níveis e (b) o mesmo sinal digital usando quatro níveis.

A relação entre o número de níveis requeridos e o número de bits a serem enviados é simples. Deve haver um nível de sinal para cada combinação possível de bits. Como 2^n combinações são possíveis com n bits, um sistema de comunicação deve usar 2^n níveis para representar n bits. Para resumir:

> Um sistema de comunicação que usa dois níveis de sinal pode enviar apenas um bit em um determinado momento; um sistema que suporta 2^n níveis de sinal pode enviar n bits de cada vez.

Pode parecer que a tensão é uma quantidade arbitrária e que se poderia alcançar números arbitrários de níveis dividindo-a em incrementos pequenos de forma arbitrária. Matematicamente, pode-se criar um milhão de níveis entre 0 e 1 volts usando apenas 0,0000001 volts para um nível, 0,0000002 para o próximo nível e assim por diante. Infelizmente, os sistemas eletrônicos práticos não conseguem distinguir entre os sinais que diferem arbitrariamente por pequenas quantidades. Assim, os sistemas práticos são restritos a alguns níveis de sinal.

6.11 Baud e bits por segundo

Quantos dados podem ser enviados em um determinado tempo? A resposta depende de dois aspectos do sistema de comunicação. Como vimos, a taxa à qual os dados podem ser enviados depende do número de níveis do sinal. Um segundo fator também é importante: a quantidade de tempo que o sistema permanece em determinado nível antes de passar para o próximo. Por exemplo, o diagrama na Figura 6.8 (a) mostra o tempo ao longo do eixo x, e o tempo é dividido em oito segmentos, com um bit sendo enviado durante cada segmento. Se o sistema de comunicação é modificado para usar metade do tempo para um dado bit, o dobro do número de bits será enviado na mesma quantidade de tempo. Ou seja:

> Um método alternativo de aumentar a quantidade de dados que podem ser transferidos em determinado tempo consiste em diminuir a quantidade de tempo que o sistema deixa um sinal em determinado nível.

Como acontece com os níveis de sinal, o hardware em um sistema prático estabelece limites para quão curto o tempo pode ser – se o sinal não permanece em determinado nível por tempo suficiente, o hardware de recepção não consegue detectá-lo. Curiosamente, a medida aceita por um sistema de comunicação não especifica um período de tempo. Em vez disso, os engenheiros medem o inverso: quantas vezes o sinal pode mudar por segundo, o que é definido como *baud*. Por exemplo, se um sistema requer que um sinal permaneça em um dado nível por 0,001 segundo, podemos dizer que o sistema opera a 1.000 baud.

A ideia fundamental é que tanto o baud quanto o número de níveis de sinal controlem a taxa de bits. Se um sistema com dois níveis de sinal funciona a 1.000 baud, ele pode transferir exatamente 1.000 bits por segundo. No entanto, se um sistema que opera a 1.000 baud tem quatro níveis de sinal, ele pode transferir 2.000 bits por segundo (porque quatro níveis de sinal podem ser representados por dois bits). A Equação 6.1 expressa a relação entre o baud, os níveis de sinal e a taxa de bits.

$$bits\,por\,segundo = baud \times \lfloor \log_2(níveis) \rfloor \qquad (6.1)$$

6.12 Convertendo um sinal digital em um analógico

Como um sinal digital pode ser convertido em um sinal analógico equivalente? Lembre-se de que, de acordo com Fourier, uma curva arbitrária pode ser representada como uma combinação de ondas senoidais, na qual cada onda senoidal tem amplitude, frequência e fase específicas. Como isso se aplica a qualquer curva, o Teorema de Fourier também se aplica a um sinal digital. Do ponto de vista da engenharia, o resultado de Fourier é impraticável para os sinais digitais, porque a representação precisa de um sinal digital requer um conjunto infinito de ondas senoidais.

Engenheiros adotam este princípio: a conversão de um sinal digital em um analógico é *aproximada*. Ou seja, eles constroem equipamentos para gerar ondas analógicas que se aproximam muito do sinal digital. A aproximação envolve a construção de um sinal composto de apenas algumas ondas senoidais. Ao escolher as ondas senoidais que são múltiplas da frequência correta do sinal digital, pode-se utilizar apenas três ondas senoidais para representar o sinal digital. Os detalhes exatos estão fora do escopo deste livro, mas a Figura 6.9 ilustra a aproximação, mostrando (a) um sinal digital e aproximações com (b) uma única onda senoidal, (c) um composto da onda senoidal original mais uma onda senoidal de 3 vezes a frequência e (d) um composto da onda em (c) mais uma onda senoidal de 5 vezes a frequência original.

6.13 A largura de banda de um sinal digital

O que é a largura de banda de um sinal digital? Lembre-se de que a largura de banda de um sinal é a diferença entre as ondas de frequência mais altas e as mais baixas que constituem o sinal. Assim, uma forma de calcular a largura de banda é aplicar a análise de Fourier para encontrar as ondas senoidais constituintes e, em seguida, analisar as frequências.

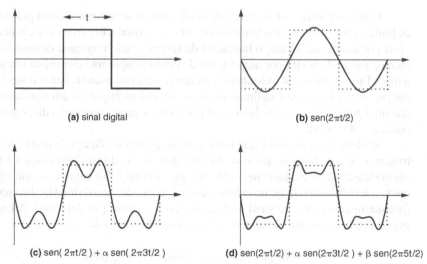

Figura 6.9 Aproximação de um sinal digital com ondas senoidais.

Matematicamente, quando a análise de Fourier é aplicada a uma onda quadrada, tal como o sinal digital ilustrado na Figura 6.9 (a), a análise produz um conjunto infinito de ondas senoidais. Além disso, as frequências no conjunto continuam até o infinito. Assim, quando traçado o gráfico no domínio da frequência, o conjunto continua ao longo do eixo x até o infinito. A consequência fundamental disso é:

> De acordo com a definição de largura de banda, um sinal digital tem largura de banda infinita, porque a análise de Fourier de um sinal digital produz um conjunto infinito de ondas senoidais com frequências que crescem até ao infinito.

6.14 Sincronização e acordo sobre sinais

Nossos exemplos deixam de fora muitos dos detalhes sutis envolvidos na criação de um sistema de comunicação viável. Por exemplo, para garantir que o emissor e o receptor concordem com a quantidade de tempo atribuída a cada elemento de um sinal, o sistema eletrônico em ambas as extremidades de um meio físico deve ter um circuito para medir o tempo com precisão. Isto é, se uma extremidade transmite um sinal com 10^9 elementos por segundo, a outra extremidade tem de esperar exatamente 10^9 elementos por segundo. Em velocidades lentas, fazer ambas as extremidades concordarem é trivial. No entanto, a construção de sistemas eletrônicos que concordem com as redes modernas em altas velocidades é extremamente difícil.

Um problema fundamental resulta da maneira com que os dados são representados em sinais. O problema diz respeito à *sincronização* entre emissor e receptor. Por exemplo, suponha que um receptor não reconhece o primeiro bit que chega e começa a interpretação dos dados a partir do segundo bit. Ou considere o que acontece se um receptor espera que os dados cheguem a uma taxa mais rápida do que aquela na qual o remetente transmite-os. A Figura 6.10 ilustra como uma incompatibilidade na interpretação pode gerar erros. Na figura, emissor e receptor começam e terminam no mesmo ponto no sinal, mas, como o receptor aloca ligeiramente menos tempo por bit, o receptor interpreta que o sinal tem mais bits do que os que foram enviados.

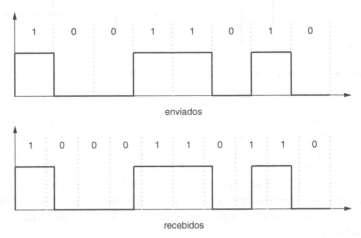

Figura 6.10 Ilustração de um erro de sincronização em que o receptor utiliza um tempo ligeiramente menor do que o do emissor.

Na prática, erros de sincronização podem ser extremamente sutis. Por exemplo, suponha que o hardware de um receptor tem um erro de tempo de 1 em 10^{-8}. O erro pode não aparecer por até 10 milhões de bits transmitidos em uma sequência. Como sistemas de comunicação de alta velocidade transferem gigabits por segundo, esses pequenos erros podem vir à tona rapidamente e se tornar significativos.

6.15 Codificação em linha

Várias técnicas foram criadas para prevenir erros de sincronização. Em geral, existem duas abordagens. Em uma delas, antes de transmitir dados, o emissor envia um padrão conhecido de bits, tipicamente um conjunto de bits alternados de 0s e 1s, que permite ao receptor sincronizar. Em outra abordagem, os dados são representados pelo sinal de tal modo que não pode haver confusão sobre o significado. Usamos o termo *codificação em linha* para descrever a maneira como os dados estão codificados em um sinal.

Como um exemplo de codificação em linha que elimina ambiguidade, considere um mecanismo de transmissão que suporta três níveis de sinais discretos. A fim de garantir a sincronização, reserve um dos níveis de sinal para começar cada bit. Por exemplo, se os três níveis possíveis correspondem a −5, 0 e +5 volts, reserve −5 para iniciar cada bit. Assim, 0 pode ser representado pela sequência −5 0 e 1 pode ser representado pela sequência −5 +5. Se especificamos que não existem outras combinações válidas, a ocorrência de −5 volts sempre inicia um bit, e o receptor pode utilizar uma ocorrência de −5 volts para sincronizar corretamente com o emissor. A Figura 6.11 ilustra a representação.

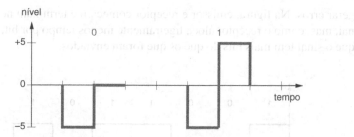

Figura 6.11 Exemplo de dois elementos de sinal usados para representar cada bit.

Naturalmente, o uso de vários elementos de sinal para representar um único bit significa que menos bits podem ser transmitidos por unidade de tempo. Assim, os projetistas preferem esquemas que transmitem vários bits por elemento de sinal, como o que a Figura 6.8 (b) ilustra[2].

A Figura 6.12 lista os nomes das técnicas de codificação em linha mais utilizados e as agrupa em categorias relacionadas. Embora os detalhes não sejam tratados neste livro, basta saber que a escolha depende das necessidades específicas de um dado sistema de comunicação.

Categoria	Esquema	Sincronização
Unipolar	NRZ	Não, se muitos 0s ou 1s são repetidos
	NRZ-L	Não, se muitos 0s ou 1s são repetidos
	NRZ-I	Não, se muitos 0s ou 1s são repetidos
	Bifase*	Sim
Bipolar	AMI	Não, se muitos 0s são repetidos
Multinível	2B1Q	Não, se muitos bits duplos são repetidos
	8B6T	Sim
	4D-PAM5	Sim
Multilinha	MLT-3	Não, se muitos 0s são repetidos

Figura 6.12 Nomes das técnicas de *codificação em linha* mais utilizadas.

Em síntese:

> Uma variedade de técnicas de codificação em linha está disponível. Elas diferem na maneira de lidar com a sincronização, assim como em outras propriedades, como a largura de banda utilizada.

---

[2] A Figura 6.8 pode ser vista na página 90.

* N. de T.: Um exemplo de bifase é a codificação Manchester.

6.16 Codificação Manchester usada em redes de computadores

Além da lista na Figura 6.12, uma norma específica para a *codificação de linha* é especialmente importante para as redes de computadores: a *codificação Manchester* usada com a Ethernet[3].

Para compreender a codificação Manchester, é importante saber que a detecção de uma transição em nível do sinal é mais fácil do que a medição do nível do sinal. O fato, que decorre da maneira com que o hardware funciona, explica por que a codificação Manchester usa transições em vez de níveis para definir os bits. Isto é, em vez de especificar que 1 corresponde a um nível (por exemplo, +5 volts), a codificação Manchester especifica que 1 corresponde a uma transição de um nível 0 volt para um nível de tensão positiva. Do mesmo modo, 0 corresponde a uma transição de um nível de tensão positiva para zero. Além disso, as transições ocorrem no "meio" do intervalo de tempo atribuído a um bit, o que permite que o sinal retorne ao nível prévio no caso de os dados conterem dois 0s repetidos ou dois 1s repetidos. A Figura 6.13 (a) ilustra o conceito.

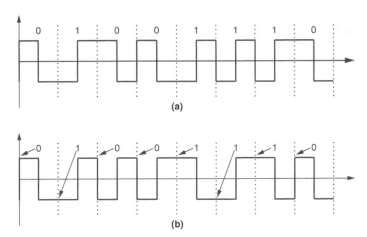

Figura 6.13 (a) Codificação Manchester e (b) codificação Manchester diferencial; cada uma assume o bit anterior finalizado com um nível de sinal baixo.

Uma variação conhecida como *codificação Manchester diferencial (differential Manchester encoding*, também chamada de *conditional dephase encoding*) usa transições relativas em vez de absolutas. Isto é, a representação de um bit depende do bit anterior. Cada intervalo de tempo atribuído a um bit contém uma ou duas transições. Uma transição ocorre *sempre* no meio do tempo de bit. O valor lógico do bit é representado pela presença ou pela ausência de uma transição no início de um tempo de bit: o valor lógico 0 é representado por uma transição, e o valor lógico 1 é representado pela ausência de transição. A Figura 6.13 (b) ilustra a codificação Manchester diferencial. Talvez a mais importante propriedade da codificação diferencial surja de uma consideração prática: a codificação funciona corretamente mesmo se os dois fios que transportam o sinal estiverem acidentalmente invertidos.

---

[3] O Capítulo 15 discute a Ethernet.

6.17 Convertendo um sinal analógico em um digital

Muitas fontes de informação são analógicas, o que significa que elas têm de ser convertidas na forma digital para futuro processamento (ou seja, antes de poderem ser criptografadas). Existem duas abordagens básicas:

- Modulação por código de pulso
- Modulação delta

A *modulação por código de pulso* (PCM[4], *Pulse Code Modulation*) refere-se a uma técnica em que o nível de um sinal analógico é medido repetidamente em intervalos de tempo fixos e convertido na forma digital. A Figura 6.14 ilustra os passos.

Figura 6.14 Os três passos usados na modulação por código de pulso.

Cada medição é conhecida como uma *amostra*, o que explica por que a primeira fase é conhecida como *amostragem*. Depois de ter sido registrada, uma amostra é *quantificada* ao ser convertida em um valor inteiro pequeno, o qual é então *codificado* em um formato específico. O valor quantificado não é uma medida de tensão ou de qualquer outra propriedade do sinal. Em vez disso, a variação do sinal do nível mínimo para o máximo é dividida em um conjunto de intervalos, tipicamente em potência de 2. A Figura 6.15 ilustra o conceito por meio da quantização de um sinal em oito intervalos (slots).

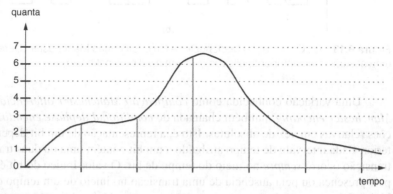

Figura 6.15 Uma ilustração de amostragem e quantização usada na modulação por código de pulso.

---

[4] O acrônimo PCM é ambíguo, porque ele pode se referir à ideia geral ou à forma específica da modulação por código de pulso usada pelo sistema de telefone. Esta última será abordada adiante.

Na figura, as seis amostras são representados pelas linhas cinzentas verticais. Cada amostra é quantizada, sendo escolhido o valor mais próximo no eixo vertical. Por exemplo, a terceira amostra assume a curva perto do pico, onde é atribuído um valor quantizado de 6.

Na prática, pequenas variações na amostragem são criadas. Por exemplo, para evitar a imprecisão causada por um breve pico positivo ou negativo no sinal, a média pode ser utilizada. Ou seja, em vez de depender de uma única medida para cada amostra, três medidas podem ser tomadas juntas e uma média aritmética pode ser computada.

A alternativa principal para a modulação por código de pulso é conhecida como *modulação delta* (*delta modulation*). Ela também baseia-se em amostras. No entanto, em vez de enviar uma quantização para cada amostra, envia um valor de quantização seguido por um string de valores que dá a diferença entre o valor anterior e o valor atual. A ideia é que a transmissão de diferenças requeira menos bits do que a transmissão de valores inteiros, especialmente se o sinal não variar muito rapidamente. O principal efeito colateral da modulação delta é consequência de um erro – se algum item na sequência for perdido ou danificado, todos os valores sucessivos vão ser mal interpretados. Assim, os sistemas de comunicação que sabem que podem ter valores de dados perdidos ou alterados durante a transmissão geralmente usam a PCM.

6.18 O Teorema de Nyquist e a taxa de amostragem

Se a modulação de código de pulso ou a modulação delta é usada, o sinal analógico deve ser amostrado. Com que frequência um sinal analógico deve ser amostrado? A utilização de *poucas amostras* (conhecida como *undersampling*) significa que os valores digitais fornecem apenas uma aproximação grosseira do sinal original. O uso de *muitas amostras* (conhecido como *oversampling*) significa que mais dados digitais serão gerados, os quais usam largura de banda extra.

Um matemático chamado Nyquist descobriu a resposta para a pergunta sobre quantas amostras são necessárias:

$$\text{taxa de amostragem} = 2 \times f_{max} \tag{6.2}$$

onde f_{max} é a maior frequência do sinal composto. O resultado, que é conhecido como *Teorema de Nyquist*, proporciona uma solução prática para o problema: fazer a amostragem de um sinal pelo menos duas vezes tão rápida quanto a maior frequência que deve ser preservada.

6.19 O Teorema de Nyquist e a transmissão do sistema de telefone

Como um exemplo específico do Teorema de Nyquist, considere o sistema de telefone que foi originalmente concebido para transferir voz. As medições da fala humana têm mostrado que a preservação das frequências entre 0 e 4.000 Hz proporcionam uma qualidade de áudio aceitável. Assim, o Teorema de Nyquist especifica que, ao converter um sinal de voz analógico em um digital, devem ser colhidas amostras do sinal a uma taxa de 8.000 amostras por segundo.

Para fornecer uma reprodução de mais qualidade, o padrão PCM usado pelo sistema telefônico quantifica cada amostra em um valor de 8 bits. Isto é, o intervalo de entrada é dividido em 256 níveis possíveis, de modo que cada amostra tenha um valor entre 0 e 255. Como consequência, a taxa à qual os dados digitais são gerados por uma única chamada telefônica é

$$\frac{chamada\ de\ voz}{digitalizada} = 8.000\ \frac{amostras}{segundo} \times 8\ \frac{bits}{amostra} = 64.000\ \frac{bits}{segundo} \quad (6.3)$$

Como veremos nos próximos capítulos, o sistema telefônico usa a taxa de 64.000 bits por segundo (64 kbits/s) como base para a comunicação digital. Veremos ainda que a Internet utiliza circuitos telefônicos digitais para atingir longas distâncias.

6.20 Codificação não linear

Quando cada amostra tem apenas oito bits, a codificação linear PCM ilustrada na Figura 6.15 não funciona bem para a voz. Pesquisadores criaram alternativas não lineares que podem reproduzir sons aos quais o ouvido humano é mais sensível. Dois padrões de telefonia digital não lineares foram criados e são amplamente usados:

- *a-law*, um padrão utilizado na Europa
- *µ-law*, um padrão utilizado na América do Norte e no Japão

Ambos os padrões usam amostras de 8 bits e geram 8.000 amostras por segundo. A diferença entre os dois surge de um balanço entre o intervalo total e a sensibilidade ao ruído. O algoritmo µ-law tem a vantagem de cobrir uma ampla faixa dinâmica (ou seja, a capacidade de reproduzir sons mais altos), mas tem a desvantagem de introduzir mais distorção em sinais fracos. O algoritmo a-law prevê menos distorção em sinais fracos, mas tem uma faixa dinâmica menor. Para chamadas internacionais, uma conversão para uma codificação a-law deve ser realizada se um lado usa a-law e o outro usa µ-law.

6.21 Codificação e compressão de dados

Usamos o termo *compressão de dados* para nos referirmos a uma técnica que reduz o número de bits necessários para representar dados. A *compressão de dados* é especialmente relevante para um sistema de comunicação devido à redução do número de bits utilizados para representar dados, o que reduz o tempo necessário para a transmissão. Isto é, um sistema de comunicação pode ser otimizado por meio da compressão de dados antes da transmissão.

O Capítulo 28 considera a compressão em aplicações multimídia. Neste ponto, nós só precisamos entender as definições básicas dos dois tipos de compressão:

- *Lossy* – alguma informação é perdida durante a compressão.
- *Lossless* – toda informação é mantida na versão comprimida.

A compressão *lossy* (*com perdas*) é geralmente usada com dados que um ser humano consome, como uma imagem, um segmento de vídeo ou um arquivo de áudio. A ideia principal é que a compressão necessita apenas preservar detalhes ao nível da percepção humana. Ou seja, uma mudança é aceitável se os seres humanos não conseguem detectar a mudança. Nós veremos que esquemas de compressão bastante conhecidos, tais como JPEG (usado para imagens) ou MPEG-3 (abreviado como MP3 e usado para gravações de áudio), empregam compressão com perdas (*lossy*).

A compressão *sem perdas* (*lossless*) preserva os dados originais sem qualquer alteração. Assim, ela pode ser usada para documentos ou em qualquer situação onde os dados devem ser preservados com precisão. Quando essa compressão é utilizada para a comunicação, o emissor comprime os dados antes de transmitir e o receptor descomprime o resultado. Como a compressão é sem perdas, quaisquer dados podem ser comprimidos por um emissor e descomprimidos por um receptor, que recupera uma cópia exata do original.

A maioria das compressões *lossless* usa uma abordagem *dicionário*. A compressão encontra strings que se repetem nos dados e cria um *dicionário* desses strings. Para compactar os dados, cada ocorrência de string é substituída por uma referência ao *dicionário*. O emissor deve transmitir o *dicionário* junto com os dados comprimidos. Se os dados contêm strings que são repetidos muitas vezes, a combinação do *dicionário* com os dados comprimidos é menor do que os dados originais.

6.22 Resumo

Uma fonte de informação pode fornecer dados analógicos ou digitais. Um sinal analógico tem a propriedade de ser aperiódico ou periódico; um sinal periódico tem propriedades de amplitude, frequência e fase. Fourier descobriu que um sinal periódico qualquer pode ser formado a partir da soma de ondas da função seno; uma única onda de seno é classificada como simples e um sinal que pode ser decomposto em várias ondas senoidais é classificado como composto.

Os engenheiros usam duas representações principais de sinais compostos. A representação de domínio do tempo mostra como o sinal varia ao longo do tempo. A representação de domínio da frequência mostra a amplitude e a frequência de cada componente no sinal. A largura de banda, que é a diferença entre as frequências mais altas e as mais baixas em um sinal, é especialmente clara em um gráfico no domínio da frequência.

A taxa de transmissão de um sinal é o número de vezes que o sinal pode mudar por segundo. Um sinal digital que usa vários níveis de sinal pode representar mais de um bit por mudança, fazendo com que a taxa de transmissão efetiva seja o número de níveis vezes a taxa de transmissão. Embora tenha largura de banda infinita, um sinal digital pode ser representado de forma aproximada por três ondas senoidais.

Existem várias técnicas de codificação em linha. A codificação Manchester, usada com redes Ethernet, é especialmente importante. Em vez de usar os níveis de sinal absolutos para representar bits, a codificação Manchester usa transições no nível do sinal. A codificação Manchester diferencial usa transições relativas e funciona mesmo se os dois fios estão invertidos.

A modulação por código de pulso e a modulação delta são usadas para converter um sinal analógico em um digital. O esquema PCM utilizado pelo sistema telefônico emprega 8 bits de quantização e produz 8.000 amostras por segundo, o que resulta em uma taxa de 64 kbit/s.

A compressão pode ser com ou sem perdas. A compressão com perdas é mais apropriada para imagens, áudios ou vídeos que serão vistos por seres humanos, pois a perda pode ser controlada para manter as alterações abaixo do limiar da percepção humana. A compressão sem perdas é mais adequada para documentos ou dados que devem ser preservados com exatidão.

Exercícios

6.1 Cite três exemplos de fontes de informação que não sejam computadores.

6.2 Cite o nome de um dispositivo caseiro comum que emita um sinal aperiódico.

6.3 Por que as ondas senoidais são fundamentais para a comunicação de dados?

6.4 Escreva as quatro características fundamentais de uma onda senoidal.

6.5 Quando é mostrado um gráfico de uma onda senoidal, qual a maneira mais rápida de determinar se a fase é zero?

6.6 Quando uma onda é classificada como *simples*?

6.7 Qual o resultado da análise de Fourier de uma onda composta?

6.8 Em um gráfico no domínio da frequência, o que o eixo y representa?

6.9 O que é a largura de banda analógica de um sinal?

6.10 A largura de banda é mais fácil de ser calculada a partir de uma representação do domínio do tempo ou da frequência? Por quê?

6.11 Suponha que um engenheiro aumenta o número de possíveis níveis de sinal de dois para quatro. Quantos bits a mais podem ser enviados no mesmo período de tempo? Explique.

6.12 Qual é a definição de *baud*?

6.13 Por que um sinal analógico é usado para aproximar um sinal digital?

6.14 Qual é a largura de banda de um sinal digital? Explique.

6.15 O que é um erro de sincronização?

6.16 Por que algumas técnicas de codificação usam vários elementos de sinal para representar um único bit?

6.17 Qual aspecto de um sinal a codificação Manchester usa para representar um bit?

6.18 Qual é a principal vantagem de uma codificação Manchester diferencial?

6.19 Ao converter um sinal analógico em um digital, quais os passos seguintes à amostragem?

6.20 Se a frequência máxima audível para um ouvido humano é de 20.000 Hz, a que taxa o sinal analógico de um microfone deve estar para ser amostrado quando convertido em digital?

6.21 Qual o tempo decorrido entre cada amostra para a codificação PCM usada no sistema telefônico?

6.22 Descreva a diferença entre compressões com perdas e sem perdas e diga quando cada uma delas pode ser usada.

CAPÍTULO 7
Meios de transmissão

7.1 Introdução, 101
7.2 Transmissões guiadas e não guiadas, 101
7.3 A taxonomia por formas de energia, 102
7.4 Radiação de fundo e ruído elétrico, 103
7.5 Fiação de cobre par trançado, 103
7.6 Blindagem: cabo coaxial e par trançado blindado, 104
7.7 Categorias de cabo de par trançado, 106
7.8 Meios que usam energia da luz e fibras ópticas, 106
7.9 Tipos de fibra e transmissão de luz, 108
7.10 Fibra óptica comparada com fiação de cobre, 108
7.11 Tecnologias de comunicação por infravermelho, 109
7.12 Comunicação a laser ponto-a-ponto, 109
7.13 Comunicação eletromagnética (rádio), 110
7.14 Propagação de sinal, 111
7.15 Tipos de satélites, 112
7.16 Satélites geoestacionários (GEO), 112
7.17 Cobertura GEO da Terra, 113
7.18 Satélites de baixa órbita e clusters (agrupamentos), 114
7.19 Balanço entre os tipos de meios, 115
7.20 Mensuração dos meios de transmissão, 115
7.21 O efeito do ruído na comunicação, 115
7.22 O significado da capacidade do canal, 117
7.23 Resumo, 117

7.1 Introdução

O Capítulo 5 fornece uma visão geral da comunicação de dados. O capítulo anterior aborda as fontes de informação examinando informações analógicas e digitais e explicando a codificação.

Este capítulo continua a discussão sobre a comunicação de dados considerando os meios de transmissão, incluindo os meios com fio, os sem fio e os ópticos. O capítulo apresenta uma taxonomia de tipos de meios, introduz os conceitos básicos da propagação eletromagnética e explica como a blindagem (*shielding*) pode reduzir ou prevenir interferências ou ruídos. Além disso, explica o conceito de capacidade. Os próximos capítulos também discorrem sobre a comunicação de dados.

7.2 Transmissões guiadas e não guiadas

Os meios de transmissão são divididos em classes. Existem duas abordagens gerais:

- Por tipo de caminho: a comunicação pode seguir um caminho exato, tal como um fio, ou pode não ter nenhum caminho específico, tal como uma transmissão por ondas de rádio.
- Pela forma de energia: a energia elétrica é transmitida por fios, a transmissão por rádio é realizada sem fios e a luz é utilizada com a fibra óptica.

Para as transmissões, usamos os termos *guiadas* e *não guiadas* a fim de distinguir entre as mídias físicas, tais como fios de cobre ou fibras ópticas que fornecem um caminho específico, e a transmissão por rádio que viaja em todas as direções através do espaço livre. Informalmente, os engenheiros usam os termos *com fio (wired)* e *sem fio (wireless)*. É importante destacar que a informalidade pode ser um pouco confusa, porque é possível ouvir o termo *com fio (wired)* mesmo quando o meio físico é uma fibra óptica.

7.3 A taxonomia por formas de energia

A Figura 7.1 ilustra como os meios físicos podem ser classificados de acordo com a forma de energia utilizada para transmitir os dados. As próximas seções descrevem cada um dos tipos de meios.

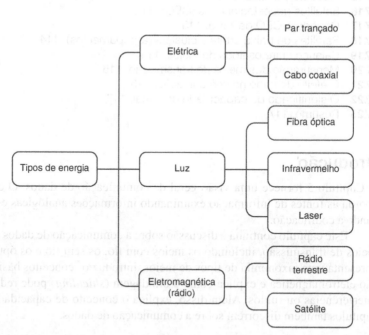

Figura 7.1 A taxonomia dos tipos de meios de acordo com a forma de energia usada.

Como a maioria das taxonomias, as categorias não são perfeitas e existem exceções. Por exemplo, uma estação espacial em órbita ao redor da Terra pode implementar a comunicação não terrestre que não envolve um satélite. No entanto, nossa taxonomia cobre a maioria das comunicações.

7.4 Radiação de fundo e ruído elétrico

Lembre-se do que aprendeu na física básica: a corrente elétrica flui ao longo de um circuito completo. Assim, todas as transmissões de energia elétrica necessitam de dois fios para formar um circuito – um fio para o receptor e um fio de retorno para o emissor. A forma mais simples de fiação consiste em um cabo que contém dois fios de cobre. Cada fio está envolto num revestimento de plástico que o isola eletricamente. O revestimento exterior do cabo mantém os fios relacionados juntos para facilitar o trabalho de quem conecta o equipamento.

As redes de computadores usam uma forma alternativa de fiação. Para entender o porquê, é preciso conhecer três fatos.

- A radiação eletromagnética randômica, chamada de *ruído*, permeia o ambiente. De fato, os sistemas de comunicação geraram quantidades menores de *ruído* elétrico como um efeito colateral do funcionamento normal.
- Quando toca em metal, a radiação eletromagnética induz um pequeno sinal que significa que o ruído randômico pode interferir nos sinais usados para a comunicação.
- Como absorvem a radiação, os metais agem como uma *blindagem*. Assim, a colocação de metal suficiente entre uma fonte de ruído e um meio de comunicação pode evitar ruídos de interferência na comunicação.

Os dois primeiros fatos delineiam um problema fundamental inerente aos meios de comunicação que usam energia elétrica ou de rádio. O problema é especialmente grave quando ocorre perto de uma fonte que emite radiação randômica. Por exemplo, lâmpadas fluorescentes e motores elétricos emitem radiação, especialmente motores potentes, como os usados para operar elevadores, aparelhos de ar condicionado e geladeiras. Surpreendentemente, dispositivos menores, como trituradores de papel ou ferramentas elétricas, também podem emitir radiação suficiente para interferir na comunicação. Em síntese:

> *A radiação eletromagnética randômica gerada por dispositivos como motores elétricos pode interferir na comunicação que utiliza transmissão de rádio ou energia elétrica enviada através de fios.*

7.5 Fiação de cobre par trançado

O terceiro fato listado na seção anterior explica a fiação usada com sistemas de comunicação. Há três formas de fiação que ajudam a reduzir a interferência de ruídos elétricos:

- Par trançado não blindado (UTP, *Unshielded Twisted Pair*)
- Cabo coaxial
- Par trançado blindado (STP, *Shielded Twisted Pair*)

A primeira forma, que é conhecida como cabeamento de *par trançado* ou cabeamento de *par trançado não blindado* (*unshielded twisted pair wiring*)[1], é amplamente utilizada nas comunicações. Como o nome sugere, o cabeamento de par trançado é com-

---

[1] Uma seção mais adiante explica o termo *blindado (shielded)*.

posto por dois fios que são trançados juntos. É claro que cada fio tem um revestimento de plástico que o isola do outro e impede que a corrente elétrica flua entre eles.

Surpreendentemente, trançar os dois fios os torna menos suscetíveis ao ruído elétrico que deixá-los paralelos. A Figura 7.2 ilustra o porquê.

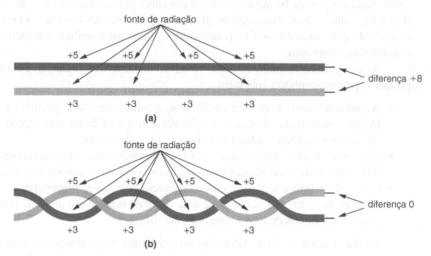

Figura 7.2 Radiação magnética não desejada afetando as fiações (a) dois fios paralelos e (b) par trançado.

Como mostra a figura, quando dois fios estão em paralelo, existe uma alta probabilidade de que um deles esteja mais próximo da fonte de radiação eletromagnética do que o outro. Na verdade, um fio tende a agir como uma blindagem que absorve parte da radiação eletromagnética. Assim, como está escondido atrás do primeiro fio, o segundo fio recebe menos energia. Na figura, um total de 32 unidades de radiação atingem cada um dos dois casos. Na Figura 7.2 (a), o fio superior absorve 20 unidades, e o fio inferior absorve 12, produzindo uma diferença de 8. Na Figura 7.2 (b), cada um dos dois fios está em cima por metade do tempo, o que significa que cada fio absorve a mesma quantidade de radiação.

Por que a igualdade de absorção é importante? A resposta é que, se a interferência induzir exatamente a mesma quantidade de energia elétrica em cada fio, nenhuma corrente extra fluirá. Assim, o sinal original não será perturbado. Ou seja:

> Para reduzir a interferência causada pela radiação eletromagnética randômica, os sistemas de comunicação usam cabeamento de par trançado em vez de fios paralelos.

7.6 Blindagem: cabo coaxial e par trançado blindado

Embora seja imune à maioria da radiação de fundo, o cabeamento de par trançado não resolve todos os problemas. Ele tende a ter problemas:

- Especialmente com ruído elétrico forte

- Com a proximidade física da fonte de ruído
- Com altas frequências usadas para a comunicação

Se a intensidade é elevada (por exemplo, em uma fábrica que usa arco elétrico de equipamentos de solda) ou se cabos de comunicação funcionam perto da fonte de ruído elétrico, o par trançado pode não ser suficiente. Assim, se um par trançado corre acima do teto de um prédio de escritórios em cima de uma luminária fluorescente, pode haver interferência. Além disso, é difícil construir equipamentos que podem distinguir entre sinais válidos de alta frequência e de ruído, o que significa que mesmo uma pequena quantidade de ruído pode causar interferência quando as altas frequências são utilizadas.

Para lidar com situações em que o par trançado é insuficiente, existem formas de fiação disponíveis com uma blindagem extra de metal. A forma mais conhecida é o cabeamento utilizado para a televisão a cabo. Conhecido como *cabo coaxial (coaxial cable)*, o cabeamento tem uma blindagem de metal grossa, formada a partir de fios trançados, que envolve completamente o fio central que transporta o sinal. A Figura 7.3 ilustra o conceito.

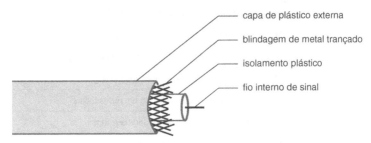

Figura 7.3   Ilustração do cabo coaxial com blindagem ao redor do fio de sinal.

A blindagem em um cabo coaxial forma um cilindro flexível ao redor do fio mais interno, fornecendo uma barreira contra a radiação eletromagnética vinda de qualquer direção. A barreira também protege os sinais no fio mais interno da radiação de energia eletromagnética que poderia afetar outros fios.

Consequentemente, um cabo coaxial pode ser colocado do lado de fontes de ruídos elétricos e outros cabos e pode ser usado por altas frequências. Em suma:

> *A blindagem pesada e simétrica faz o cabo coaxial ser imune ao ruído, ser capaz de transportar altas frequências e de impedir que os sinais de ruído sobre o cabo do emissor se propaguem aos cabos vizinhos.*

Usar fios trançados em vez de uma blindagem de metal sólida mantém o cabo coaxial flexível, e a blindagem pesada deixa-o menos flexível do que o cabeamento de par trançado. As variações de blindagem foram criadas a partir desta noção: o cabo é mais flexível, mas tem um pouco menos de imunidade a ruídos elétricos. Uma variação popular é conhecida como *par trançado blindado (STP, Shielded Twisted Pair)*. Um cabo STP tem uma blindagem de metal mais fina, mais flexível, com um ou mais pares de fios trançados. Na maioria das versões de cabos STP, a blindagem é constituída por uma lâmina metálica, semelhante ao papel-alumínio usado na cozinha.

O cabo STP tem a vantagem de ser mais flexível do que um cabo coaxial e menos suscetível à interferência elétrica do que o *Unshielded Twisted Pair* (UTP).

7.7 Categorias de cabo de par trançado

As empresas de telefonia especificaram originalmente normas para o cabeamento de par trançado usado na rede telefônica. Recentemente, três organizações padronizadoras trabalharam juntas para criar padrões para os cabos de par trançado usados em redes de computadores. O *American National Standards Institute* (*ANSI*), a *Telecommunications Industry Association* (*TIA*) e a *Electronic Industries Alliance* (*EIA*) criaram uma lista de categorias de cabeamento, com especificações rigorosas para cada uma. A Figura 7.4 resume as principais categorias.

Categoria	Descrição	Taxa de dados (em Mbit/s)
CAT 1	Par trançado não blindado usado para telefones	<0,1
CAT 2	Par trançado não blindado usado para dados T1	2
CAT 3	CAT2 melhorado usado para redes de computadores	10
CAT 4	CAT3 melhorado usado para redes Token Ring	20
CAT 5	Par trançado não blindado utilizado em redes locais	100
CAT 5E	CAT5 estendido para maior imunidade a ruídos	125
CAT 6	Par trançado não blindado testado para 200 Mbit/s	200
CAT 7	Par trançado blindado com lâmina metálica adicional envolvendo todo o cabo mais blindagem em torno de cada par trançado	600

Figura 7.4 As categorias de cabeamento de par trançado e a descrição de cada uma delas.

7.8 Meios que usam energia da luz e fibras ópticas

De acordo com a taxonomia mostrada na Figura 7.1, três meios usam a energia da luz para transportar informações:

- Fibras ópticas
- Transmissão por infravermelho
- Lasers ponto-a-ponto

O meio de comunicação mais importante que utiliza a luz é a *fibra óptica*. Cada fibra consiste em um fino fio de vidro ou de plástico transparente envolto em uma capa de plástico. Uma fibra óptica típica é usada para comunicação em uma única direção – uma extremidade da fibra se conecta a um laser ou LED usado para transmitir a luz e a outra extremidade é ligada a um dispositivo fotossensível utilizado para detectar a luz recebida. Para uma comunicação de duas vias, duas fibras são utilizadas, uma para transportar informações em cada sentido. Assim, as fibras ópticas são normalmente colocadas em um cabo com uma cobertura de plástico ao redor delas; um cabo tem pelo menos duas fibras, e um cabo utilizado para conectar diferentes localidades que tenham vários dispositivos de rede pode conter muitas fibras.

Embora não possa ser dobrada em ângulo reto, uma fibra óptica é flexível o suficiente para formar um círculo com diâmetro inferior a duas polegadas sem quebrar. A questão que surge é: por que a luz viaja em torno de uma curva na fibra? A resposta vem da física: quando a luz encontra o limite entre duas substâncias, o seu comportamento depende da densidade das duas substâncias e do ângulo em que a luz atinge o limite. Para um dado par de substâncias, existe um *ângulo crítico*, θ, medido em relação a uma linha que é perpendicular ao limite. Se o ângulo de incidência é exatamente igual ao ângulo crítico, a luz viaja ao longo do limite. Quando o ângulo é inferior a θ graus, a luz atravessa a fronteira e é *refratada*, e, quando o ângulo é maior do que θ graus, a luz é refletida como se o limite fosse um espelho. A Figura 7.5 ilustra o conceito.

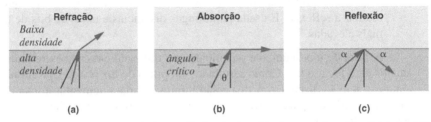

Figura 7.5 Comportamento da luz no limite da densidade quando o ângulo de incidência é (a) menor do que o ângulo crítico θ, (b) igual ao ângulo crítico e (c) maior do que o ângulo crítico.

A Figura 7.5 (c) explica por que a luz permanece dentro da fibra óptica – a substância chamada *cladding* serve de revestimento da fibra para formar um limite. À medida que viaja, a luz é refletida, permanecendo dentro da fibra.

Infelizmente, a reflexão em uma fibra óptica não é perfeita. A reflexão absorve uma pequena quantidade de energia. Além disso, se um fóton percorre um caminho em zig-zag que reflete das paredes da fibra, muitas vezes ele vai percorrer uma distância um pouco maior que a percorrida por um fóton que percorre um caminho em linha reta. O resultado é que um pulso de luz enviado a uma extremidade de uma fibra sai com menos energia e é *disperso* (isto é, esticado) ao longo do tempo, como ilustra a Figura 7.6.

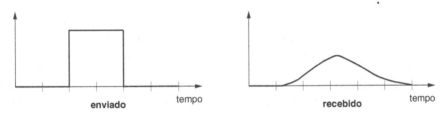

Figura 7.6 Um pulso de luz enviado e recebido através de uma fibra óptica.

7.9 Tipos de fibra e transmissão de luz

Embora não seja um problema das fibras ópticas utilizadas para conectar um computador a um dispositivo nas proximidades, a dispersão é um problema sério para as fibras ópticas longas, como as utilizadas entre duas cidades ou sob um oceano. Consequentemente, três formas de fibras ópticas foram criadas para permitir uma escolha entre desempenho e custo:

- *Multimodo, fibra de índice degrau (multimode, step index fiber):* é a mais barata e é usada quando o desempenho é importante. O limite entre a fibra e o revestimento *cladding* é abrupto, o que faz com que a luz reflita com frequência. Consequentemente, a dispersão é alta.
- *Multimodo, fibra de índice gradual (multimode, graded index fiber)*: é um pouco mais cara do que a anterior. No entanto, ela tem a vantagem de aumentar a densidade da fibra perto da extremidade, o que reduz a reflexão e diminui a dispersão.
- *Fibra de modo único (single mode fiber)*: é a mais cara e fornece o mínimo de dispersão. A fibra tem um diâmetro menor e outras propriedades que ajudam a reduzir a reflexão. É usada para longas distâncias e taxas de bits de transmissão mais elevadas.

A fibra de modo único e o equipamento utilizado em cada extremidade são projetados para focar a luz. Como resultado, um pulso de luz pode viajar milhares de quilômetros sem se dispersar. A dispersão mínima ajuda a aumentar a taxa de bits a ser enviada, porque um pulso correspondente a um bit não se dispersa invadindo o pulso que corresponde ao bit posterior.

Como a luz é enviada e recebida em uma fibra? A explicação é que os dispositivos utilizados para a transmissão devem ser totalmente compatíveis com a fibra. Os mecanismos disponíveis incluem:

- Transmissão: *Light Emitting Diode* (LED) ou *Injection Laser Diode* (ILD)
- Recepção: célula fotossensível ou fotodiodo

Em geral, os LEDs e as células fotossensíveis são usados para curtas distâncias e velocidades de transmissão mais lentas com a fibra multimodo. A fibra de modo único, utilizada em longas distâncias com altas taxas de bits, em geral exige LEDs e fotodiodos.

7.10 Fibra óptica comparada com fiação de cobre

A fibra óptica tem várias propriedades que a tornam mais desejável do que a fiação de cobre. Ela é imune ao ruído elétrico, tem maior largura de banda, e a luz que viaja através dela não enfraquece tanto quanto os sinais elétricos que viajam através do cobre. No entanto, os fios de cobre são mais baratos. Além disso, as extremidades de uma fibra óptica devem ser polidas antes que possam ser usadas, enquanto a instalação de cabos de cobre não requer equipamento especial nem tanta experiência. Finalmente, como são mais fortes, os fios de cobre são menos propensos a quebrar se forem acidentalmente puxados ou dobrados. A Figura 7.7 resume as vantagens de cada um dos meios:

Fibra óptica
• Imune a ruídos elétricos
• Menos atenuação do sinal
• Largura de banda superior
Fiação de cobre
• Menor custo global
• Menos experiência/equipamentos necessários
• Mais resistente a rompimentos

Figura 7.7 Vantagens da fibra óptica e da fiação de cobre.

7.11 Tecnologias de comunicação por infravermelho

As tecnologias de comunicação por *infravermelho (IR, InfraRed)* usam o mesmo tipo de energia que um típico controle remoto de televisão: uma forma de radiação eletromagnética que se comporta como a luz visível, mas está fora do intervalo que é visível pelo olho humano. Como a luz visível, a luz infravermelha se dispersa rapidamente. Os sinais infravermelhos podem refletir a partir de uma superfície lisa e dura, e um objeto opaco tão fino como uma folha de papel pode bloquear o sinal, assim como faz a umidade na atmosfera.

Para resumir:

> *As tecnologias de comunicação por infravermelhos são as mais adequadas para o uso em ambientes fechados, em situações em que o caminho entre o emissor e o receptor seja curto e livre de obstáculos.*

A tecnologia de infravermelhos mais comumente utilizada destina-se a ligar um computador a um periférico que está nas proximidades, tal como uma impressora. Uma interface no computador e uma interface na impressora enviam um sinal infravermelho que cobre um arco de aproximadamente 30°. Se os dois dispositivos estiverem alinhados, cada um pode receber o sinal do outro. A ausência de fios no infravermelho é especialmente atraente para os computadores portáteis, porque um usuário pode mover-se em um quarto e ainda ter acesso a uma impressora. A Figura 7.8 lista as três tecnologias de infravermelho mais comumente usadas e a taxa de bits que cada uma suporta.

Nome	Expansão	Velocidade
IrDA-SIR	Infravermelho de velocidade baixa	0.115 Mbit/s
IrDA-MIR	Infravermelho de velocidade média	1.150 Mbit/s
IrDA-FIR	Infravermelho de velocidade alta	4.000 Mbit/s

Figura 7.8 Três tecnologias comuns de infravermelho e a taxa de bits de cada uma delas.

7.12 Comunicação a laser ponto-a-ponto

Como conectam um par de dispositivos com um feixe de luz que segue uma linha, as tecnologias de infravermelho descritas anteriormente podem ser classificadas como fornecedoras de uma comunicação *ponto-a-ponto*. Além do infravermelho, existem outras tecnologias de comunicação ponto-a-ponto. Um tipo de comunicação ponto-a-ponto utiliza um feixe de luz coerente produzido por um *laser*.

Como o infravermelho, a comunicação a laser segue uma linha de visão e requer um caminho claro sem obstáculos entre os dispositivos comunicantes. Ao contrário de um transmissor infravermelho, no entanto, um feixe de laser não cobre uma área ampla. Em vez disso, ele tem apenas alguns centímetros de largura. Consequentemente, os equipamentos de envio e recebimento devem ser alinhados com precisão para assegurar que o feixe do emissor atinja o sensor no equipamento do receptor. Em um sistema de comunicação típico, é necessária uma comunicação bidirecional. Assim, cada lado deve ter tanto um transmissor como um receptor, e ambos os transmissores devem estar cuidadosamente alinhados. Como o alinhamento é crítico, equipamento a laser ponto-a-ponto é normalmente montado permanentemente.

Os feixes de laser têm a vantagem de serem adequados para uso ao ar livre e podem se estender por distâncias maiores do que as atingidas pelo infravermelho. Como resultado, a tecnologia a laser é especialmente útil nas cidades para transmitir de prédio em prédio. Por exemplo, imagine uma grande empresa com escritórios em dois edifícios adjacentes. Não é permitido à corporação colocar fios que cruzem a rua entre os edifícios. No entanto, a empresa pode comprar equipamentos de comunicação a laser e montá-los permanentemente nas laterais ou nos telhados dos dois edifícios. Uma vez que o equipamento for comprado e instalado, os custos operacionais são relativamente baixos.

Para resumir:

> *A tecnologia a laser pode ser utilizada para criar um sistema de comunicação ponto-a-ponto. Como um laser emite um feixe estreito de luz, o transmissor e o receptor devem ser alinhados com precisão; instalações típicas fixam o equipamento a uma estrutura permanente, tal como o telhado de um edifício.*

7.13 Comunicação eletromagnética (rádio)

Lembre-se de que o termo *não guiada* é utilizado para caracterizar as tecnologias de comunicação que podem propagar energia sem a necessidade de um meio como um fio ou uma fibra óptica. A forma mais comum de mecanismos de comunicação não guiados consiste em tecnologias de rede *sem fio* que usam energia eletromagnética na faixa da *radiofrequência* (RF, *Radio Frequency*). A transmissão *RF* tem uma vantagem distinta sobre a luz, porque pode percorrer longas distâncias e penetrar em objetos, como as paredes de um edifício.

As propriedades exatas da energia eletromagnética dependem da frequência. Nós usamos o termo *espectro* para nos referirmos à gama de frequências possíveis; os governos de todo o mundo atribuem frequências para fins específicos. Nos EUA, a *Comissão Federal de Comunicação* (Federal Communications Commission) define regras para a atribuição de frequências e estabelece limites para a quantidade de energia que o equipamento de comunicação pode emitir em cada frequência. A Figura 7.9 mostra o espectro eletromagnético geral e as características gerais de cada parte dele. Como mostra a figura, uma parte do espectro corresponde à luz infravermelha descrita acima. O espectro utilizado para comunicações RF abrange frequências de aproximadamente 3 kHz e 300

GHz e inclui frequências atribuídas ao rádio e à transmissão de televisão, bem como às comunicações por satélite e micro-ondas.[2]

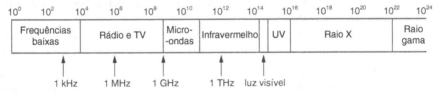

Figura 7.9 Maiores partes do espectro magnético com frequência em Hz mostradas na escala logarítmica.

7.14 Propagação de sinal

O Capítulo 6 explica que a quantidade de informação que uma onda eletromagnética pode representar depende da frequência da onda. A frequência de uma onda eletromagnética também determina como a onda se *propaga*. A Figura 7.10 descreve os três grandes tipos de propagação da onda.

Classificação	Alcance	Tipo de propagação
Frequência baixa	< 2MHz	A onda segue a curvatura da Terra, mas pode ser bloqueada por terrenos desnivelados
Frequência média	2 a 3 MHz	A onda pode ser refletida pelas camadas de atmosfera, especialmente a ionosfera
Frequência alta	> 30MHz	A onda viaja em linha reta e será bloqueada por obstruções

Figura 7.10 Propagação da onda eletromagnética em várias frequências.

De acordo com a figura, as frequências mais baixas de radiação eletromagnética seguem a superfície da Terra, o que significa que, se o terreno for relativamente plano, será possível colocar um receptor para além do horizonte de um transmissor. Com frequências médias, um transmissor e um receptor podem ficar mais distantes, porque o sinal pode saltar fora da ionosfera para viajar entre eles. Finalmente, as maiores frequências de transmissão de rádio se comportam como a luz – o sinal se propaga em linha reta do emissor para o receptor e o caminho deve estar livre de obstruções. Em síntese:

> *As frequências usadas para tecnologias de rede sem fio não podem ser escolhidas arbitrariamente, porque os governos controlam a utilização do espectro e cada frequência tem características como a propagação de ondas, os requisitos de energia e a suscetibilidade ao ruído.*

---

[2] O Google fornece um sistema interessante que mostra a disponibilidade de espectro em vários pontos dos Estados Unidos: https://support.google.com/spectrumdatabase/.

As tecnologias sem fio são classificadas em duas grandes categorias:

- *Terrestre:* a comunicação utiliza equipamentos, como rádio ou transmissores de micro-ondas, que estão relativamente próximos da superfície da Terra. Os locais típicos mais comuns para antenas ou outros equipamentos incluem topos de morros, torres e edifícios altos.
- *Não terrestre:* alguns dos equipamentos utilizados na comunicação estão fora da atmosfera da Terra (por exemplo, um satélite em órbita em torno da Terra).

O Capítulo 16 apresenta tecnologias sem fio específicas e descreve as características de cada uma delas. Agora, basta compreender que a frequência e a quantidade de energia utilizada podem afetar a velocidade com que os dados são enviados, a distância máxima na qual a comunicação pode ocorrer e as características, como se o sinal pode penetrar em objetos sólidos.

7.15 Tipos de satélites

As leis da física (especificamente a *Lei de Kepler*) governam o movimento de um objeto, como um satélite que orbita a Terra. Em especial, o período (isto é, o tempo necessário para uma órbita completa) depende da distância entre o objeto e a Terra. Consequentemente, os satélites de comunicação são classificados em três grandes categorias, dependendo de sua distância da Terra. A Figura 7.11 lista as categorias e descreve cada uma.

Tipo de órbita	Descrição
Satélites de Baixa Órbita (LEO, *Low Earth Orbit*)	Tem a vantagem de baixo atraso, mas a desvantagem, do ponto de vista de um observador da Terra, é que o satélite parece mover-se devagar pelo céu
Satélites de Média Órbita (MEO, *Medium Earth Orbit*)	Uma forma elíptica (em vez de circular) de órbita utilizada para fornecer comunicação nos polos Norte e Sul[3]
Satélites Geoestacionários (GEO, *Geostationary Earth Orbit*)	Tem a vantagem de o satélite permanecer em um local fixo em relação a uma localização na superfície da Terra, mas a desvantagem de estar mais longe

Figura 7.11 As três categorias básicas da comunicação por satélites.

7.16 Satélites Geoestacionários (GEO)

Como a Figura 7.11 explica, o principais efeitos colaterais em satélites de comunicação estão relacionados com a altura e o período orbital. A principal vantagem de um *Satélites Geoestacionários* (GEO, *Geostationary Earth Orbit*) é que seu período orbital é exatamente igual à taxa em que a Terra gira. Se posicionado acima do equador, um satélite GEO permanece exatamente na mesma posição sobre a superfície da Terra em todos os momentos. A posição do satélite estacionário significa que, uma vez que uma *estação terrestre* for alinhada com o satélite, o equipamento nunca precisará se movimentar. A Figura 7.12 ilustra o conceito.

---

[3] Em 2013, uma empresa comercial (O3b) anunciou que criaria o primeiro satélite conjunto MEO com a intenção de oferecer serviços de Internet para pessoas sem acesso à rede (aproximadamente 3 bilhões).

Capítulo 7   Meios de transmissão   **113**

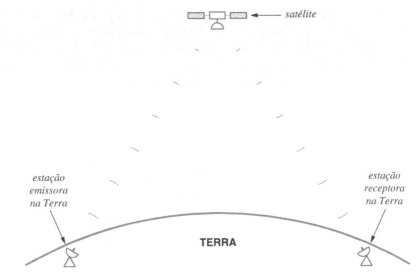

Figura 7.12   Um satélite GEO e as estações alinhadas permanentemente na Terra.

Infelizmente, a distância necessária para uma órbita geoestacionária é de 35.785 km ou 22.236 milhas, cerca de um décimo da distância até a Lua. Para entender o que tal distância significa para a comunicação, considere uma onda de rádio viajando, ida e volta, para um satélite GEO. Na velocidade da luz, 3×108 metros por segundo, a viagem demoraria:

$$\frac{2 \times 35{,}8 \times 10^6 \, metros}{3 \times 10^8 \, metros/seg} = 0{,}238 \, seg \qquad (7.1)$$

Embora pareça sem importância, um atraso de aproximadamente 0,2 segundo pode ser significativo para algumas aplicações. Em um telefonema ou uma videoconferência, um humano pode notar o atraso de 0,2 segundos. Para transações eletrônicas, como uma bolsa de valores que oferece um conjunto limitado de títulos, atrasar uma oferta em 0,2 segundos pode significar a diferença entre o sucesso e o insucesso dela. Para resumir:

> *Mesmo na velocidade da luz, um sinal leva mais do que 0,2 segundos para viajar para um satélite GEO partindo de uma estação terrestre e voltando a outra estação.*

7.17 Cobertura GEO da Terra

Quantos satélites de comunicação GEO podem existir? Curiosamente, existe uma quantidade limitada de "espaço" disponível na órbita geoestacionária acima do equador, porque os satélites de comunicação usam uma dada frequência e devem ser separados um do outro para evitar a interferência. A distância mínima depende da potência dos transmissores, mas pode requerer uma separação angular de *4° a 8°*. Assim, sem refinamentos adicionais, todo o círculo de *360°* acima do equador só pode abrigar de *45* a *90* satélites.

Qual é o número mínimo de satélites necessários para cobrir a Terra? Três. Para entender o porquê, considere a Figura 7.13, que ilustra a Terra com três satélites GEO posicionados ao redor do equador com a separação de 120°. A figura ilustra como os sinais dos três satélites cobrem a circunferência da Terra. Na figura, o tamanho da Terra e a distância dos satélites estão desenhados em escala.

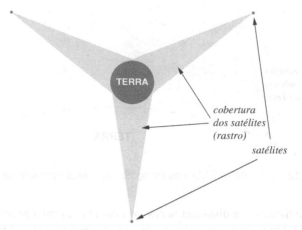

Figura 7.13 Os sinais de três satélites GEO são suficientes para cobrir toda a Terra.

7.18 Satélites de baixa órbita e clusters (agrupamentos)

Para a comunicação, a principal alternativa ao GEO é conhecida como *satélites de baixa órbita* ou *Low Earth Orbit* (LEO), que é definida como altitudes de até 2.000 quilômetros. Por uma questão prática, um satélite deve ser colocado acima da margem da atmosfera para evitar o arrasto produzido pelo encontro dos gases. Assim, os satélites LEO são normalmente colocados em altitudes de no mínimo 500 quilômetros. A LEO oferece a vantagem de atrasos curtos (tipicamente de 1 a 4 milissegundos), mas a órbita do satélite não coincide com a rotação da Terra. Assim, do ponto de vista de um observador na Terra, um satélite LEO parece mover-se pelo céu, o que significa que uma estação terrestre deve ter uma antena capaz de girar para acompanhar o satélite. O rastreamento é difícil, porque os satélites movem-se rapidamente. Os satélites LEO de menor altitude orbitam a Terra em aproximadamente 90 minutos; os satélites LEO mais altos necessitam de várias horas.

A técnica geral usada com satélites LEO é conhecida como *cluster* ou *array deployment*. Um grande grupo de satélites LEO é projetado para trabalhar junto. Além de se comunicar com as estações na Terra, um satélite pode também comunicar-se com outros satélites do grupo. Os membros do conjunto permanecem em comunicação e concordam em encaminhar mensagens, conforme a necessidade. Por exemplo, considere o que acontece quando um usuário na Europa envia uma mensagem para um usuário na América do Norte. Uma estação terrestre na Europa transmite a mensagem para o satélite que está atualmente acima na órbita. O grupo de satélites se comunica para encaminhar a mensagem para o satélite no cluster que está sobre a estação terrestre na

América do Norte. Finalmente, este transmite a mensagem para uma estação terrestre. Para resumir:

> Um cluster de satélites LEO trabalha para transmitir mensagens. Os membros do cluster devem saber qual satélite está atualmente sobre uma determinada área da Terra e encaminhar mensagens ao membro apropriado para que sejam transmitidas a uma estação terrestre.

7.19 Balanço entre os tipos de meios

A escolha de um meio é complexa e envolve uma avaliação de vários fatores. Aspectos que devem ser considerados:

- Custo: materiais, instalação, operação e manutenção
- Taxa de dados: número de bits que podem ser enviados por segundo
- Delay: tempo necessário para a propagação ou o processamento do sinal
- Efeito sobre o sinal: atenuação e distorção
- Ambiente: suscetibilidade a interferências e ruídos elétricos
- Segurança: suscetibilidade à espionagem

7.20 Mensuração dos meios de transmissão

Já mencionamos as duas medidas de desempenho mais importantes utilizadas para avaliar um meio de transmissão:

- Atraso de propagação: o tempo necessário para um sinal atravessar o meio
- Capacidade do canal: a taxa máxima de dados que o meio pode suportar

O Capítulo 6 explica que, na década de 1920, um pesquisador chamado Nyquist descobriu uma relação fundamental entre a largura de banda da rede de um sistema de transmissão e sua capacidade de transferência de dados. Conhecida como *Teorema de Nyquist*, a relação fornece um limite teórico para a taxa máxima na qual os dados podem ser enviados, sem considerar o efeito do ruído. Se um sistema de transmissão usa K possíveis níveis de sinal e tem uma largura de banda analógica B, o Teorema de Nyquist afirma que a taxa máxima de dados em bits por segundo, D, é:

$$D = 2\,B \log_2 K \tag{7.2}$$

7.21 O efeito do ruído na comunicação

O Teorema de Nyquist fornece um valor máximo absoluto que não pode ser alcançado na prática. Em particular, os engenheiros têm observado que um sistema de comunicação real está sujeito a pequenas quantidades de ruídos elétricos e que tais ruídos tornam impossível atingir a taxa de transmissão teórica máxima. Em 1948, Claude Shannon estendeu o trabalho de Nyquist para especificar a taxa máxima de dados que poderia ser alcançada por um sistema de transmissão que considera ruídos. O resultado, chamado *Teorema de Shannon*[4], pode ser definido como:

$$C = B \log_2 (1 + S/N) \tag{7.3}$$

onde C é o limite efetivo na capacidade do canal em bits por segundo, B é a largura de banda de hardware e S/N é a *signal-to-noise ratio*, ou seja, a razão da potência média do sinal dividida pela potência média do ruído.

Como um exemplo do Teorema de Shannon, considere um meio de transmissão que tem uma largura de banda de 1 kHz, uma potência média de sinal de 70 unidades e uma potência média de ruído de 10 unidades. A capacidade do canal é:

$$C = 10^3 \times \log_2(1 + 7) = 10^3 \times 3 = 3.000 \text{ bits por segundo}$$

A *signal-to-noise ratio* é frequentemente dada em *decibéis* (*dB*), e um decibel é definido como uma medida da diferença entre dois níveis de potência. A Figura 7.14 ilustra a medida.

sistema que amplifica e atenua o sinal

Figura 7.14 Níveis de potência medidos em ambos os lados de um sistema.

Uma vez que dois níveis de potência tenham sido medidos, a diferença é expressa em decibéis, como segue:

$$dB = 10 \log_{10} \left[\frac{P_2}{P_1} \right] \tag{7.4}$$

Usar *dB* como medida pode parecer trivial, mas tem duas vantagens interessantes. Em primeiro lugar, um valor *dB* negativo significa que o sinal foi *atenuado* (ou seja, reduzido) e um valor *dB* positivo significa que o sinal foi *amplificado*. Em segundo lugar, se um sistema de comunicação tem várias partes dispostas numa sequência, as medidas de decibéis das partes podem ser somadas para produzir uma medida de todo o sistema.

O sistema de telefonia de voz tem uma *relação sinal-ruído* (*signal-to-noise ratio*) de aproximadamente 30 *dB* e uma largura de banda analógica de aproximadamente 3.000 Hz. Para converter de relação sinal-ruído em *dB* em uma fração simples, é preciso dividir por 10 e utilizar o resultado como uma potência de 10 (ou seja, 30/10 = 3 e 10^3 = 1.000, de modo que relação sinal-ruído é 1.000). O Teorema de Shannon pode ser aplicado para determinar o número máximo de bits por segundo que podem ser transmitidos através da rede telefônica:

$$C = 3.000 \times \log_2(1 + 1.000)$$

---

[4] O resultado também é chamado de *Lei de Shannon-Hartley*.

ou aproximadamente 30.000 bit/s. Os engenheiros reconhecem esse como um limite fundamental – velocidades de transmissão mais rápidas somente serão possíveis se a relação sinal-ruído puder ser melhorada.

7.22 O significado da capacidade do canal

Os teoremas de Nyquist e Shannon, descritos acima, têm consequências para os engenheiros que projetam redes de comunicação de dados. O trabalho de Nyquist forneceu um incentivo para a exploração de formas complexas de codificar os bits em sinais:

> *O Teorema de Nyquist incentiva os engenheiros a estudar formas para codificar os bits em um sinal, porque uma codificação inteligente permite mais bits transmitidos por unidade de tempo.*

Em certo sentido, o Teorema de Shannon é mais fundamental, porque ele representa um limite absoluto derivado das leis da física. Muito do ruído em uma linha de transmissão, por exemplo, pode ser atribuído à radiação de fundo do universo, que sobrou do *Big Bang*. Assim:

> *O Teorema de Shannon informa aos engenheiros que não existirá qualquer forma de codificação, por mais inteligente que seja, que possa superar as leis da física. Tais leis colocam um limite máximo do número de bits por segundo que podem ser transmitidos em um sistema real de comunicação.*

7.23 Resumo

Existe uma variedade de meios de transmissão que podem ser classificados como guiados/não guiados ou divididos de acordo com a forma de energia utilizada (elétrica, luz ou transmissão de rádio). A energia elétrica é transmitida através de fios. Para se proteger contra a interferência elétrica, a fiação de cobre pode consistir em pares trançados ou ser envolta por uma capa que funciona como uma blindagem.

A energia luminosa pode ser transmitida através da fibra óptica ou da comunicação ponto-a-ponto, com infravermelho ou lasers. Como é refletida a partir do limite entre a fibra e o revestimento, a luz permanece na fibra óptica proporcionada pelo ângulo de incidência, que é maior do que o ângulo crítico. À medida que passa ao longo de uma fibra, um pulso de luz se dispersa; a dispersão é maior em uma fibra multimodo e menor em uma fibra de modo único. A fibra de modo único é mais cara.

A comunicação sem fio usa energia eletromagnética. A frequência utilizada determina tanto a largura de banda quanto o comportamento de propagação; as frequências baixas seguem a superfície da Terra, as frequências altas são refletidas a partir da ionosfera e as frequências mais altas se comportam como a luz visível, exigindo um caminho direto, sem obstruções entre emissor e receptor.

A principal tecnologia de comunicação não terrestre depende de satélites. A órbita de um satélite GEO corresponde à rotação da Terra, mas a alta altitude incorre em um atraso medido em décimos de segundos. Os satélites LEO têm baixo atraso e se movem pelo céu rapidamente; clusters são usados para transmitir as mensagens.

O Teorema de Nyquist apresenta um limite teórico sobre a capacidade do canal dos meios de transmissão quando nenhum ruído está presente; o Teorema de Shannon especifica a capacidade do canal em situações reais em que o ruído está presente. A relação sinal-ruído, termo do Teorema de Shannon, é normalmente medida em decibéis.

Exercícios

7.1 Qual é a diferença entre as transmissões guiadas e não guiadas?

7.2 Quais são os três tipos de energia utilizados na classificação de meios físicos de acordo com a energia utilizada?

7.3 O que acontece quando o ruído encontra um objeto de metal?

7.4 Quais são os três tipos de cabos usados para reduzir a interferência de ruído?

7.5 Explique como o cabo de par trançado reduz o efeito do ruído.

7.6 Desenhe um diagrama que ilustre a seção transversal de um cabo coaxial.

7.7 Se você estiver instalando o cabeamento de uma rede de computadores em uma casa nova, que categoria de cabo de par trançado você escolheria? Por quê?

7.8 Explique por que a luz não deixa uma fibra óptica quando esta é dobrada como um arco.

7.9 O que é dispersão?

7.10 Liste as três formas de fibra óptica e cite as propriedades gerais de cada uma.

7.11 Quais fontes de luz e sensores são usados com fibras ópticas?

7.12 Qual é a principal desvantagem da fibra óptica em oposição à fiação de cobre?

7.13 Qual é o ângulo cônico aproximado que pode ser usado com a tecnologia de infravermelhos?

7.14 Uma comunicação a laser pode ser utilizada em um veículo em movimento? Explique.

7.15 Por que a radiação eletromagnética de baixa frequência pode ser usada para as comunicações? Explique.

7.16 Quais são as duas grandes categorias da comunicação sem fio?

7.17 Liste os três tipos de satélites de comunicação e cite as características de cada um.

7.18 Se mensagens são enviadas da Europa para os Estados Unidos por meio de um satélite GEO, quanto tempo levará para que uma mensagem seja enviada e uma resposta seja recebida?

7.19 Quantos satélites GEO são necessários para cobrir todas as áreas povoadas da Terra?

7.20 O que é o atraso de propagação?

7.21 Qual é a relação entre a largura de banda da rede, os níveis de sinal e a velocidade de dados?

7.22 Se forem utilizados dois níveis de sinal, qual taxa de dados pode ser enviada através de um cabo coaxial que tem uma largura de banda analógica de 6,2 MHz?

7.23 Se um sistema tem um nível de potência média de 100, um nível de ruído médio de 33,33 e uma largura de banda de 100 MHz, qual é o limite efetivo da capacidade do canal?

7.24 Se um sistema tem um nível de potência de entrada de 9.000 e um nível de potência de saída de 3.000, qual é a diferença quando expressa em dB?

7.25 Se um sistema de telefone pode ser criado com uma relação sinal-ruído de 40 dB e uma largura de banda analógica de 3.000 Hz, quantos bits por segundo podem ser transmitidos?

CAPÍTULO 8
Segurança e codificação de canal

    8.1 Introdução, 119
    8.2 As três fontes principais de erros de transmissão, 119
    8.3 Efeito de erros de transmissão nos dados, 120
    8.4 Duas estratégias para lidar com os erros de canal, 121
    8.5 Bloco e códigos de erros convolucionais, 122
    8.6 Um exemplo de código de erro de bloco: verificação de paridade única, 122
    8.7 A matemática dos códigos de erro de bloco e a notação (n, k), 123
    8.8 Distância de Hamming: uma medida de uma força de código, 124
    8.9 A distância de Hamming entre strings em um codebook, 124
    8.10 A relação de compromisso (trade-off) entre a detecção de erros e a sobrecarga, 125
    8.11 Correção de erros com paridade de linha e coluna, 126
    8.12 Checksum de 16 bits usado na Internet, 127
    8.13 Códigos de Redundância Cíclica (CRCs), 128
    8.14 Uma implementação eficiente de hardware do CRC, 130
    8.15 Mecanismos de Automatic Repeat Request, 131
    8.16 Resumo, 131

8.1 Introdução

Cada um dos capítulos desta parte do livro apresenta um dos aspectos da comunicação de dados, a base de todas as redes de computadores. O capítulo anterior discute os meios de transmissão e apresenta o problema do ruído eletromagnético. Este capítulo continua a discussão examinando os erros que podem ocorrer durante a transmissão e as técnicas que podem ser utilizadas para controlá-los.

Os conceitos apresentados aqui são fundamentais para as redes de computadores e são usados em protocolos de comunicação em muitas camadas da pilha. Em particular, as abordagens para o controle de erros e as técnicas aparecem por meio dos protocolos de Internet discutidos na quarta parte do livro.

8.2 As três fontes principais de erros de transmissão

Todos os sistemas de comunicação de dados são suscetíveis a erros. Alguns dos problemas são inerentes à física do universo e outros resultam ou de falhas de dispositivos ou de equipamentos que não atendem aos padrões de engenharia. Testes extensivos podem eliminar muitos dos problemas que surgem de uma engenharia fraca, e o monitoramento cuidadoso pode identificar equipamentos que falham. No entanto, os pequenos erros que ocorrem durante a transmissão são mais difíceis de detectar do que as falhas completas, e grande parte da estrutura das redes de computadores se concentra em maneiras de controlar e de se recuperar de tais erros. Existem três categorias principais de erros de transmissão:

- *Interferência*. Como o Capítulo 7 explica, a radiação eletromagnética emitida por dispositivos, tais como motores elétricos, e a radiação cósmica de fundo causam

a emissão de ruído que pode perturbar as transmissões de rádio e os sinais que trafegam através dos fios.
- *Distorção*. Todos os sistemas físicos distorcem os sinais. Quando um pulso trafega por uma fibra óptica, ele se dispersa. Fios têm propriedades de capacitância e de indução que bloqueiam sinais de mesma frequência enquanto admitem sinais em outras frequências. Basta colocar um fio perto de um grande objeto de metal para mudar o conjunto de frequências que passa através daquele. Da mesma forma, objetos de metal podem bloquear algumas frequências de ondas de rádio, enquanto recebem outras.
- *Atenuação*. Quando um sinal passa através de um meio, ele fica mais fraco. Os engenheiros dizem que o sinal foi *atenuado*. Assim, os sinais nos fios ou nas fibras ópticas se tornam mais fracos quando aumenta a distância, e um sinal de rádio também fica mais fraco com o aumento da distância.

O Teorema de Shannon sugere uma maneira de reduzir os erros: aumentar a relação sinal-ruído (ou aumentando o sinal ou diminuindo o ruído). Apesar de mecanismos como a fiação blindada ajudarem a diminuir o ruído, um sistema de transmissão física é sempre suscetível a erros e pode não ser possível aumentar a relação sinal-ruído.

Apesar de os erros não poderem ser eliminados completamente, muitos dos relacionados à transmissão podem ser detectados. Em alguns casos, eles podem ser corrigidos automaticamente. Veremos que a detecção de erros adiciona sobrecarga. Assim, todo tratamento de erros é uma relação custo-benefício, em que um projetista do sistema deve decidir se um determinado erro tem uma probabilidade alta de ocorrência e, em caso afirmativo, quais são as consequências (por exemplo, um erro em um único bit em uma transferência bancária pode fazer uma diferença de mais de um milhão de dólares, mas um erro de um bit em uma imagem não é significativo). Em resumo:

> *Erros de transmissão são inevitáveis e mecanismos de detecção de erros adicionam sobrecarga. Portanto, um projetista deve escolher cuidadosamente a ferramenta de detecção de erros e os mecanismos de compensação que utilizará.*

8.3 Efeito de erros de transmissão nos dados

Em vez de examinar a física e a causa exata da transmissão de erros, a comunicação de dados foca as consequências dos erros sobre os dados. A Figura 8.1 mostra as três formas principais de erros de transmissão que afetam os dados.

Tipo de erro	Descrição
Erro em um único bit	Um único bit em um bloco de bits é alterado e todos os outros bits no bloco são mantidos (frequentemente resulta de uma interferência muito curta)
Erro em rajada	Vários bits no bloco de bits são alterados (frequentemente resulta de uma interferência de longa duração)
Indefinido (ambiguidade)	O sinal que chega ao receptor é ambíguo e não corresponde ao 0 lógico nem ao 1 (pode resultar de uma distorção ou interferência)

Figura 8.1 Os três tipos de erros de dados em um sistema de comunicação de dados.

Embora qualquer erro de transmissão possa causar um dos erros de dados, a figura mostra que um erro de transmissão muitas vezes se manifesta como um erro específico de dados. Por exemplo, a interferência de duração muito curta, chamada de *pico*, é muitas vezes a causa de um erro de um único bit. A interferência de duração mais longa ou distorção pode produzir erros de rajada. Às vezes, um sinal não é claramente 1 nem claramente 0, mas cai numa região ambígua, que é conhecida como *indefinida*.

Para um erro em rajada, o *tamanho da rajada*, ou o *comprimento*, é definido como o número de bits do início ao fim do erro. A Figura 8.2 ilustra a definição.

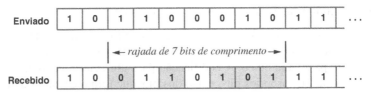

Figura 8.2 Ilustração de um erro em rajada com os bits alterados marcados em cinza.

8.4 Duas estratégias para lidar com os erros de canal

Uma variedade de técnicas matemáticas tem sido desenvolvida para superar os erros de dados e aumentar a confiabilidade. Conhecidas coletivamente como *codificação de canal (channel coding)*, as técnicas podem ser divididas em duas grandes categorias:

- Mecanismos *Forward Error Correction* (FEC)
- Mecanismos *Automatic Repeat reQuest* (ARQ)

A ideia básica da *forward error correction* é simples: acrescentar informações adicionais aos dados para permitir que um receptor possa verificar se eles chegam corretamente e corrigir os erros, se possível. A Figura 8.3 ilustra a organização conceitual de um mecanismo de *forward error correction*.

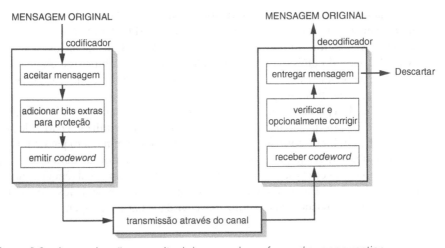

Figura 8.3 A organização conceitual do mecanismo *forward error correction*.

A ideia básica dos mecanismos de detecção de erros é permitir ao receptor detectar quando um erro ocorre; o mecanismo *forward error correction* permite ao receptor detectar exatamente os bits trocados e corrigir os valores. A segunda abordagem de codificação de canal é conhecida como ARQ[1] e requer a cooperação de um emissor e um receptor através de troca de mensagens, para garantir que todos os dados chegaram corretamente.

8.5 Bloco e códigos de erros convolucionais

Os dois tipos de técnicas de correção de erros são:
- *Códigos de erro de bloco*. Um código de bloco divide os dados a serem enviados em um conjunto de blocos e atribui informação extra, conhecida como *redundância*, para cada bloco. A codificação para um determinado bloco de bits depende apenas dos próprios bits, e não dos bits que foram enviados antes. Os códigos de erro de bloco *não carregam* informações sobre o estado de um bloco para o próximo bloco de dados.
- *Códigos de erro convolucionais*. Um código convolucional trata os dados como uma série de bits e calcula um código como uma série contínua. Assim, o código computado para um conjunto de bits depende da entrada atual e de alguns dos bits anteriores do fluxo. Os códigos convolucionais são considerados códigos com *memória*.

Quando implementados em software, os códigos de erro convolucionais geralmente requerem mais cálculos do que os códigos de erro de bloco. No entanto, os códigos convolucionais muitas vezes têm uma maior probabilidade de detectar problemas.

8.6 Um exemplo de código de erro de bloco: verificação de paridade única

Para entender como a informação adicional pode ser usada para detectar erros, considere um mecanismo de *verificação de paridade única* (SPC, *Single Parity Checking*). Uma forma de SPC define um bloco como uma unidade de 8 bits de dados (isto é, um único byte). No lado do emissor, um codificador adiciona um bit extra, chamado de bit de paridade, para cada byte antes da transmissão; um receptor remove o bit de paridade e utiliza-o para verificar se os bits do byte estão corretos.

Antes de a paridade ser usada, o emissor e o receptor devem ser configurados tanto para *paridade par* quanto para a *paridade ímpar*. Quando utilizar a paridade par, o emissor escolhe um bit de paridade igual a 0 se o byte tem um número par de bits 1, e 1 se o byte tem um número ímpar de bits 1. A maneira de lembrar da definição é: a paridade par ou ímpar especifica se os 9 bits enviados através de um canal têm um número par ou ímpar de bits 1. A Figura 8.4 enumera exemplos de bytes de dados e o valor do bit de paridade que é enviado quando utilizada a paridade par ou a ímpar.

---

[1] A Seção 8.15 introduz ARQ.

Dados originais	Paridade par	Paridade ímpar
00000000	0	1
01011011	1	0
01010101	0	1
11111111	0	1
10000000	1	0
01001001	1	0

Figura 8.4 Bytes de dados e o valor correspondente do bit de paridade única quando utilizadas paridade par e paridade ímpar.

Para resumir:

> A *verificação de paridade única é uma forma básica de codificação de canal, em que um emissor adiciona um bit extra para cada byte a fim de fazer um número par (ou ímpar) de bits 1, e um receptor verifica se os dados de entrada têm o número correto de bits 1.*

A verificação de paridade única é uma forma fraca de codificação de canal que pode detectar erros, mas não pode corrigi-los. Além disso, os mecanismos de paridade só podem lidar com erros em que um número ímpar de bits é alterado. Se um dos 9 bits (incluindo o bit de paridade) é alterado durante a transmissão, o receptor irá declarar que o byte de entrada é inválido.

Contudo, se uma rajada de erros ocorre com dois, quatro, seis ou oito bits, o receptor classificará incorretamente o byte recebido como válido.

8.7 A matemática dos códigos de erro de bloco e a notação (n, k)

Observe que a *forward error correction* utiliza como entrada um conjunto de mensagens e insere bits adicionais para produzir uma versão codificada. Matematicamente, define-se o conjunto de todas as mensagens possíveis como um conjunto de *datawords* e o conjunto de todas as possíveis versões codificadas como um conjunto de *codewords* (palavras-código). Se uma *dataword* (palavra-dado) contém k bits e r bits adicionais são acrescentados para formar uma *codeword*, podemos dizer que o resultado é um

esquema de codificação (n, k)

onde $n = k + r$. A chave para a detecção bem-sucedida de erros reside na escolha de um subconjunto de 2n possíveis combinações que são *codewords* válidas. O subconjunto válido é conhecido como um *codebook* (livro de códigos).

Como exemplo, considere a verificação de paridade única. O conjunto de *datawords* consiste em qualquer combinação possível de 8 bits. Assim, $k = 8$ e existem 2^8 ou 256 possíveis *datawords*. Os dados enviados consistem em $n = 9$ bits, por isso existem 2^9 ou 512 possibilidades. No entanto, apenas metade dos 512 valores forma *codewords* válidas.

Pense no conjunto de todos os valores de n bits possíveis e no subconjunto válido que forma o *codebook*. Se um erro ocorrer durante a transmissão, um ou mais dos bits numa *codeword* vão ser alterados, o que produzirá outra *codeword* válida ou uma combinação inválida. Por exemplo, no esquema de paridade única discutido anteriormente, uma alteração em um único bit de uma *codeword* válida produz uma combinação inválida, mas a alteração de 2 bits produz uma outra *codeword* válida. Obviamente, nós desejamos uma codificação onde um erro produz uma combinação inválida. Para generalizar:

> Um esquema de codificação de canal ideal é aquele em que qualquer alteração nos bits de uma codeword *válida produz uma combinação inválida.*

8.8 Distância de Hamming: uma medida de uma força de código

Nenhum esquema de codificação de canal é ideal – mudando bits suficientes, sempre é possível transformar uma *codeword* válida. Assim, para um esquema prático, a pergunta é: qual é o número mínimo de bits de uma *codeword* válida que devem ser alterados para produzir uma outra *codeword* válida?

Para responder à pergunta, os engenheiros usam uma medida conhecida como *distância de Hamming*, em homenagem a um teórico dos Laboratórios Bell que foi um pioneiro no campo da teoria da informação e da codificação de canal. Dados dois strings de *n* bits cada, a distância de Hamming é definida como o número de diferenças (isto é, o número de bits que devem ser mudados para transformar um string de bits em outro). A Figura 8.5 ilustra a definição.

d (000, 001) = 1	d (000, 101) = 2
d (101, 100) = 1	d (001, 010) = 2
d (110, 001) = 3	d (111, 000) = 3

Figura 8.5 Exemplos de distância de Hamming para vários pares de strings de 3 bits.

Uma maneira de calcular a distância de Hamming consiste em tomar o *"ou exclusivo"* (*xor, exclusive or*) entre dois strings e contar o número de bits 1 na resposta. Por exemplo, considere a distância de Hamming entre os strings 110 e 011. O *xor* dos dois strings é:

$$1\ 1\ 0\ +\ 0\ 1\ 1\ =\ 1\ 0\ 1$$

o qual contém 2 bits 1. Por conseguinte, a distância de Hamming entre 011 e 101 é 2.

8.9 A distância de Hamming entre strings em um codebook

Lembre-se de que estamos interessados em saber se os erros podem transformar uma *codeword* válida em outra *codeword* válida. Para medir tais transformações, nós calculamos a distância de Hamming entre todos os pares de *codewords* em um dado *codebook*. Como um exemplo trivial, considere a paridade ímpar aplicada a *datawords* de 2 bits. A Figura 8.6 lista as quatro possíveis *datawords*, as quatro possíveis *codewords* que resultam em acrescentar um bit de paridade e as distâncias de Hamming para os pares de *codewords*.

Dataword	Codeword
0 0	0 0 1
0 1	0 1 0
1 0	1 0 0
1 1	1 1 1

(a)

d (001, 010) = 2	d (010, 100) = 2
d (001, 100) = 2	d (010, 111) = 2
d (001, 111) = 2	d (100, 111) = 2

(b)

Figura 8.6 (a) As *datawords* e as *codewords* para uma codificação de paridade simples de 2 bits usando paridade ímpar e (b) a distância de Hamming para todos os pares de *codewords*.

Um conjunto inteiro de *codewords* é conhecido como *codebook*. Usamos d_{min} para denotar a *distância de Hamming mínima* entre pares em um *codebook*. O conceito fornece uma resposta precisa à questão de quantos erros de bits podem causar uma transformação de uma *codeword* válida em outra *codeword* válida. No exemplo de paridade única da Figura 8.6, o conjunto é constituído de distâncias de Hamming entre cada par de *codewords*, e $d_{min} = 2$. A definição significa que existe pelo menos uma *codeword* válida que pode ser transformada em outra *codeword* válida se ocorrerem erros de 2 bits durante a transmissão. Em suma:

> *Para encontrar o número mínimo de alterações de bits que pode transformar uma* codeword *válida em outra* codeword *válida, calcule a distância de Hamming mínima entre todos os pares do* codebook.

8.10 A relação de compromisso (trade-off) entre a detecção de erros e a sobrecarga

Para um conjunto de palavras-código, um grande valor de d_{min} é desejável, porque o código é imune a mais erros de bits – se menos de d_{min} bits são alterados, o código pode detectar que erros ocorreram. A Equação (8.1) especifica a relação entre d_{min} e e, o número máximo de erros de bits que pode ser detectado:

$$e = d_{min} - 1 \qquad (8.1)$$

A escolha do código de erro é um compromisso – embora detecte mais erros, um código com um valor mais elevado de d_{min} envia informações mais redundantes do que um código de erro com um valor menor de d_{min}. Para medir a sobrecarga, os engenheiros definem uma *taxa de código* que fornece a relação entre o tamanho da *dataword* e o tamanho da *codeword*. A Equação (8.2) define a taxa de código, R, para um esquema de codificação de erro (n, k):

$$R = \frac{k}{n} \qquad (8.2)$$

8.11 Correção de erros com paridade de linha e coluna

Vimos como um esquema de codificação de canal pode detectar erros. Para entender como um código pode ser usado para corrigir erros, considere um exemplo. Assuma uma palavra de dados formada de $k = 12$ bits. Em vez de pensar nos bits como um único string, imagine-os organizados em uma matriz de três linhas e quatro colunas, com um bit de paridade adicionado para cada linha e cada coluna. A Figura 8.7 ilustra essa organização, que é conhecida como *código linha e coluna* (RAC, *Row And Column*). O exemplo de codificação RAC tem $n = 20$, o que significa que é uma codificação (20, 12).

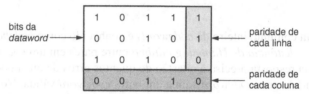

Figura 8.7 Um exemplo de codificação linha e coluna com os bits de dados organizados em uma matriz 3 × 4 e um bit de paridade par adicionado para cada linha e cada coluna.

Para entender como funciona a correção de erros, assuma que, quando os bits de dados na Figura 8.7 são transmitidos, um bit está corrompido. O receptor organiza os bits que chegaram em uma matriz, recalcula a paridade para cada linha e coluna e compara o resultado com o valor recebido. O bit trocado provoca duas falhas nas verificações de paridade, como a Figura 8.8 ilustra.

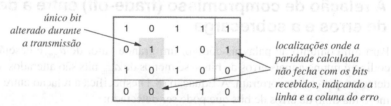

Figura 8.8 Como um erro em um único bit pode ser corrigido com uma codificação linha e coluna.

Como a figura ilustra, um único erro de bit fará com que duas paridades calculadas não fechem com os bits de paridade recebidos. As duas falhas correspondem à linha e à coluna do erro. Um receptor utiliza os bits de paridade calculados para determinar exatamente qual bit de dados está errado e depois corrige o bit de dados. Assim, uma codificação linha e coluna pode corrigir qualquer erro que altera um único bit de dados.

O que acontece com um código RAC se um erro muda mais de um bit em um determinado bloco? O RAC só pode corrigir erros de um único bit. Em casos de vários erros em que um número ímpar de bits é modificado, uma codificação RAC será capaz de detectar, mas não de corrigir o problema.

Para resumir:

> Uma codificação linha e coluna (RAC) permite que um receptor corrija qualquer erro de um único bit e detecte erros em que um número ímpar de bits é alterado.

8.12 Checksum de 16 bits usado na Internet

Um esquema particular de codificação de canal desempenha um papel-chave na Internet. Conhecido como *Internet checksum* (*soma de verificação Internet*), o código é composto por um checksum de 16 bits em complemento de 1s. Internet checksum não impõe um tamanho fixo para uma *dataword*. Em vez disso, o algoritmo permite que uma mensagem seja de um tamanho qualquer e calcula um checksum ao longo de toda a mensagem. Em essência, Internet checksum trata os dados de uma mensagem como uma série de inteiros de 16 bits, como ilustra a Figura 8.9.

Figura 8.9 O Internet checksum divide os dados em unidades de 16 bits acrescentando zeros se os dados não forem múltiplos exatos de 16 bits.

Para calcular o checksum, um emissor adiciona os valores numéricos inteiros de 16 bits e transmite o resultado. Para validar a mensagem, um receptor executa o mesmo cálculo. O Algoritmo 8.1 mostra os detalhes do cálculo.

Algoritmo 8.1

Dada:
    Uma mensagem M de comprimento arbitrário
Calcular:
    Um checksum de 16 bits em complemento de 1s, C,
    usando aritmética de 32 bits
Método:
    Preencha M com bits "0" para obter um múltiplo exato de 16 bits
    Atribua o valor "0" para a variável C, um inteiro de 32 bits,
    destinado a ser a variável de checksum;
    for (cada grupo de 16 bits em M) {
    trata os 16 bits como um inteiro e adiciona a C;
    }
    Extrai os 16 bits de alta ordem de C e os adiciona a C;
    O inverso dos 16 bits de baixa ordem de C é o checksum
    Se checksum é 0, substitua para o formato "tudo-um".

Algoritmo 8.1 O algoritmo do checksum de 16 bits usado nos protocolos Internet.

A chave para entender o algoritmo é perceber que o checksum é calculado em complemento de 1s em vez de em complemento de 2s, como encontrado na maioria dos computadores, e que usa inteiros de 16 bits em vez de inteiros de 32 ou 64 bits. Assim, o algoritmo é escrito para usar complementos de 2s de 32 bits para realizar uma computação de complemento de 1s. Durante o laço do *for*, a adição pode exceder a capacidade do byte (*overflow*). Assim, seguindo o laço, o algoritmo acrescenta o excesso (os bits de mais alta ordem) novamente na soma. A Figura 8.10 ilustra a computação.

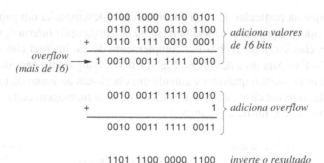

Figura 8.10 Um exemplo do Algoritmo 8.1 aplicado aos dados de 6 bytes.

Por que um checksum é calculado como o inverso da soma e não como a soma? A resposta é a eficiência: um receptor pode aplicar o mesmo algoritmo de checksum que o emissor, mas pode incluir o próprio checksum. Como ele contém o inverso do total, somar a verificação ao total da soma irá produzir zero. Assim, um receptor inclui o checksum no cálculo e depois testa para ver se a soma resultante é zero.

Um detalhe final da aritmética do complemento de 1s surge último passo do algoritmo. A aritmética de complementos tem duas formas de zero: *tudo-zero* e *tudo-um*. Internet checksum usa a forma tudo-um para indicar que um checksum foi calculado e que o valor da soma é zero; os protocolos da Internet usam a forma tudo-zero para indicar que nenhum checksum foi efetuado.

8.13 Códigos de Redundância Cíclica (CRCs)

Uma forma de codificação de canal conhecida como *Código de Redundância Cíclica* (CRC) é usada em redes de dados de alta velocidade. Os CRCs têm três propriedades fundamentais que os tornam importantes, como a Figura 8.11 resume.

O termo cíclico é derivado de uma propriedade das *codewords*: um deslocamento circular dos bits de qualquer *codeword* produz outra *codeword*. A Figura 8.12 ilustra um código de redundância cíclica (7, 4) que foi introduzido por Hamming.

Os CRCs têm sido extensivamente estudados e uma variedade de explicações matemáticas e técnicas computacionais foi produzida. As descrições parecem tão díspares que é difícil entender como todas elas podem se referir ao mesmo conceito. As principais incluem:

Mensagens de qualquer comprimento	Tal como acontece com uma soma de verificação, o comprimento de uma *dataword* não é fixo, o que significa que uma CRC pode ser aplicada a uma mensagem de qualquer comprimento
Excelente qualidade de detecção de erro	Como o valor calculado depende da sequência de bits em uma mensagem, uma CRC oferece uma excelente qualidade de detecção de erro
Implementação por hardware	Apesar de sua base matemática sofisticada, um cálculo CRC pode ser realizado por um hardware extremamente rápido

Figura 8.11 Os três aspectos fundamentais do CRC, que o tornam importante na rede de dados.

Dataword	Codeword	Dataword	Codeword
0000	0000 000	1000	1000 101
0001	0001 011	1001	1001 110
0010	0010 110	1010	1010 011
0011	0011 101	1011	1011 000
0100	0100 111	1100	1100 010
0101	0101 100	1101	1101 001
0110	0110 001	1110	1110 100
0111	0111 010	1111	1111 111

Figura 8.12 Um exemplo de CRC (7, 4).

- *Matemáticos* definem um cálculo CRC como o resto de uma divisão de dois polinômios com coeficientes binários, um representando a mensagem e outro um divisor fixo.
- *Cientistas da informática teórica* definem um cálculo CRC como o resto de uma divisão de dois números binários, um representando a mensagem e outro representando um divisor fixo.
- *Criptógrafos* definem um cálculo CRC como uma operação matemática em um campo de Galois de ordem 2, escrito GF(2).
- *Programadores de computadores* definem um cálculo CRC como um algoritmo que percorre uma mensagem e consulta uma tabela para obter um valor adicional para cada passo.
- *Arquitetos de hardware* definem um cálculo CRC como uma pequena unidade de hardware de fluxo que recebe como entrada uma sequência de bits e produz um CRC sem o uso de divisão ou iteração.

Como exemplo desses pontos de vista, considere a divisão de números binários sob a hipótese de nenhuma sobra. Como não há sobra, a subtração é realizada no módulo dois, e podemos pensar na substituição da subtração por *or* exclusivo. A Figura 8.13 ilustra o cálculo mostrando a divisão de 1010, o que representa uma mensagem, por uma constante escolhida para um CRC específico, 1011.

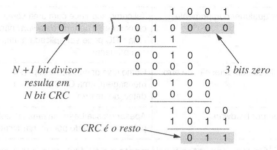

Figura 8.13 Ilustra o cálculo CRC visto como o resto de uma divisão binária com nenhuma sobra (ou seja, a subtração torna-se um *or* exclusivo).

Para entender como os matemáticos podem entender esse cálculo como uma divisão polinomial, pense em cada bit como um número binário, como o coeficiente de um termo em um polinômio. Por exemplo, podemos pensar no divisor da Figura 8.13, *1011*, como coeficiente no seguinte polinômio:

$$1 \times x^3 + 0 \times x^2 + 1 \times x^1 + 1 \times x^0 = x^3 + x + 1$$

De forma similar, o dividendo na Figura 8.13, *1010000*, representa o polinômio:

$$x^6 + x^4$$

Usamos o termo *polinômio gerador* para descrever um polinômio que corresponde a um divisor. A seleção de um polinômio gerador é a chave para a criação de um CRC com boas propriedades de detecção de erro. Portanto, muitas análises matemáticas sobre os polinômios geradores têm sido conduzidas. Sabemos que, por exemplo, um polinômio ideal é irredutível (isto é, só pode ser dividido uniformemente por si e por 1) e que um polinômio com mais de um coeficiente diferente de zero pode detectar todos os erros de um único bit.

8.14 Uma implementação eficiente de hardware do CRC

O hardware necessário para calcular um CRC é surpreendentemente simples. O hardware CRC é organizado como um registrador de deslocamento com portas de *or exclusivo* (*xor*) entre alguns dos bits. Ao calcular o CRC, o hardware é inicializado com todos os bits no registrador de deslocamento zerados. Em seguida, os bits de dados são deslocados um de cada vez. Uma vez que o último bit de dados tenha sido deslocado, o valor no registrador de deslocamento é o CRC.

O registrador de deslocamento opera a cada entrada de bit, e todas as partes operam ao mesmo tempo, como uma linha de produção de fábrica. Durante um ciclo, cada fase do registrador ou aceita o bit diretamente da fase anterior, ou aceita a saída de uma operação *xor*. O *xor* envolve sempre o bit da fase anterior e um bit de feedback de uma fase posterior.

A Figura 8.14 ilustra o hardware necessário para o cálculo CRC de 3 bits a partir da Figura 8.13. Como uma operação *xor* e uma de deslocamento podem ser, cada uma delas, realizada em alta velocidade, a organização pode ser usada para redes de computadores de alta velocidade.

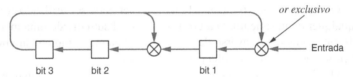

Figura 8.14 Uma unidade de hardware para computar um CRC de 3 bits para $x^3 + x^1 + 1$.

8.15 Mecanismos de Automatic Repeat Request

Uma abordagem *Automatic Repeat reQuest* (ARQ) para correção de erros requer um emissor e um receptor para comunicar metainformações. Isto é, quando um lado envia uma mensagem para o outro, o lado receptor envia uma mensagem curta de *reconhecimento* de volta. Por exemplo, se A envia uma mensagem para B, B envia uma confirmação de volta a A. Uma vez que receba uma confirmação, A sabe que a mensagem chegou corretamente. Se nenhuma confirmação é recebida depois de um tempo T, A assume que a mensagem foi perdida e *retransmite* uma cópia.

A ARQ é especialmente útil nos casos em que o sistema fornece detecção de erros, mas não correção de erros. Por exemplo, muitas redes de computadores utilizam um CRC para detectar erros de transmissão. Em tais casos, um esquema ARQ pode ser adicionado para garantir a entrega – se ocorre um erro de transmissão, o receptor rejeita a mensagem e o remetente retransmite outra cópia.

O Capítulo 25 discutirá os detalhes de um protocolo de Internet que usa a abordagem ARQ. Além de mostrar como o paradigma do tempo limite-e-retransmissão funciona na prática, o capítulo explica como o emissor e o receptor identificam os dados que estão sendo confirmados e discutem quanto tempo um emissor aguarda antes de retransmitir.

8.16 Resumo

Os sistemas de transmissão físicos são suscetíveis à interferência, à distorção e à atenuação, todas as quais podem causar erros. Erros de transmissão podem resultar em erros de um único bit ou erros em rajada, e rasuras podem ocorrer sempre que um sinal recebido for ambíguo (ou seja, não é claramente 1 nem 0). Para controlar os erros, os sistemas de comunicação de dados empregam um mecanismo de *forward error correction* ou utilizam uma *automatic repeat request*.

Forward error correction organiza para um emissor a adição de bits redundantes aos dados, codifica o resultado da transmissão através de um canal e organiza para um receptor a decodificação e a verificação dos dados recebidos. Um esquema de codificação é *(n, k)* se um *dataword* contém k bits, e um *codeword* contém n bits.

Uma medida de uma codificação avalia a probabilidade de um erro transformar uma *codeword* válida em outra *codeword* válida. A distância de Hamming mínima proporciona uma medida precisa.

Códigos de bloco simplistas, tais como um bit de paridade simples adicionado a cada byte, podem detectar um número ímpar de erros de bit, mas não podem detectar um número par de alterações de bits. Uma codificação linha e coluna (RAC) pode corrigir erros de um único bit e ainda detectar qualquer erro de vários bits quando um número ímpar de bits é trocado em um bloco.

O checksum de 16 bits usado na Internet pode ser utilizado com uma mensagem de qualquer comprimento. O algoritmo de checksum divide uma mensagem em blocos de 16 bits e calcula o inverso da soma aritmética em complemento de 1s dos blocos; o *overflow* é adicionado de volta para o checksum.

Os Códigos de Redundância Cíclica (CRCs) são usados em redes de dados de alta velocidade, pois o CRC aceita uma mensagem de comprimento qualquer, fornece uma boa detecção de erros e tem uma implementação de hardware eficiente. As técnicas CRC têm uma base matemática e têm sido estudadas extensivamente. Um cálculo CRC pode ser visto como o resto de uma divisão binária, calculando o resto de uma divisão de polinômios ou uma operação por meio da teoria do campo Galois. O hardware adequado para executar um cálculo CRC usa um registrador de deslocamento e operações *or exclusivo*.

Exercícios

8.1 Liste e explique as três principais fontes de erros de transmissão.

8.2 Como os erros de transmissão afetam os dados?

8.3 Como o comprimento de uma rajada de erros é medido?

8.4 O que é uma *codeword* e como ela é usada na *forward error correction*?

8.5 Cite um exemplo de um código de erro de bloco usado com dados de caracteres.

8.6 Como pode ser descrito um esquema de codificação de canal ideal?

8.7 Defina o conceito de *distância de Hamming*.

8.8 Calcule a distância de Hamming para os seguintes pares: (0000, 0001), (0101, 0001), (1111, 1001), e (0001, 1110).

8.9 Como se calcula o número mínimo de alterações de bits que pode transformar uma *codeword* válida em outra *codeword* válida?

8.10 Explique o conceito de *taxa de código*. É desejável uma *taxa de código* alta ou baixa?

8.11 Gere uma codificação de matriz de paridade RAC (20, 12) para a *dataword 100011011111*.

8.12 O que um esquema RAC pode conseguir que um esquema de paridade de bit único não pode?

8.13 Escreva um aplicativo que calcule um Internet checksum de 16 bits.

8.14 Quais são as características de um CRC?

8.15 Mostre a divisão de 10010101010 por 10101.

8.16 Expresse os dois valores do exercício anterior como polinômios.

8.17 Escreva um aplicativo que implemente o código de redundância cíclico (7,4) da Figura 8.12.

8.18 Liste e explique a função de cada um dos dois blocos de hardware construídos que foram utilizados para implementar o cálculo CRC.

CAPÍTULO 9
Modos de transmissão

9.1 Introdução, 133
9.2 Uma taxonomia de modos de transmissão, 133
9.3 Transmissão paralela, 134
9.4 Transmissão serial, 135
9.5 Ordem de transmissão: bits e bytes, 135
9.6 Temporização em transmissão serial, 136
9.7 Transmissão assíncrona, 136
9.8 Transmissão de caracteres assíncrona RS-232, 137
9.9 Transmissão síncrona, 138
9.10 Bytes, blocos e quadros, 138
9.11 Transmissão isócrona, 139
9.12 Transmissões simplex, half-duplex e full-duplex, 140
9.13 Equipamentos DCE e DTE, 141
9.14 Resumo, 141

9.1 Introdução

Os capítulos desta parte do livro abordam os conceitos fundamentais que embasam a comunicação de dados. Este capítulo continua a discussão e foca a maneira como os dados são transmitidos. Ele introduz a terminologia comum, explica as vantagens e as desvantagens do paralelismo e discute os importantes conceitos de comunicação síncrona e assíncrona. Os capítulos posteriores mostram como as ideias apresentadas aqui são usadas na rede por meio da Internet.

9.2 Uma taxonomia de modos de transmissão

Usamos o termo *modo de transmissão* para nos referirmos à maneira pela qual os dados são enviados sobre o meio subjacente. Os modos de transmissão podem ser divididos em duas categorias fundamentais:

- Serial – um bit é enviado de cada vez
- Paralelo – vários bits são enviados de cada vez

Como veremos, a transmissão serial é categorizada de acordo com o tempo de transmissão. A Figura 9.1 apresenta uma taxonomia geral dos modos de transmissão discutidos neste capítulo.

Figura 9.1 Uma taxonomia de modos de transmissão.

9.3 Transmissão paralela

O termo *transmissão paralela* se refere ao mecanismo de transmissão que transfere vários bits de dados de cada vez através de meios de transmissão separados. Em geral, a *transmissão paralela* é realizada em meios com fio que usam vários fios independentes. Além disso, os sinais em todos os fios são sincronizados, ou seja, um bit trafega através de cada um dos fios precisamente ao mesmo tempo. A Figura 9.2 ilustra o conceito e mostra por que os engenheiros usam o termo *paralelo* para caracterizar a fiação.

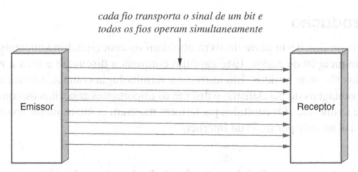

Figura 9.2 Ilustração de transmissão paralela que usa 8 fios para enviar 8 bits de cada vez.

A figura omite dois detalhes importantes. Em primeiro lugar, para além dos fios paralelos que transportam os dados, uma interface paralela geralmente contém outros fios que permitem que o emissor e o receptor sejam coordenados. Em segundo lugar, para facilitar a instalação e a solução, os fios de um sistema de transmissão em paralelo são colocados em um único cabo físico. Assim, espera-se ver um único e longo cabo conectando um emissor a um receptor, em vez de um conjunto de fios físicos independentes.

Um modo de transmissão paralelo tem duas vantagens principais:

- *Alta banda passante*. Como pode enviar N bits ao mesmo tempo, uma interface paralela consegue enviar N bits no mesmo tempo que uma interface serial leva para enviar um bit.
- *Igual ao hardware*. Internamente, informática e hardware de comunicação usam circuitos paralelos. Assim, uma interface paralela corresponde ao hardware interno.

9.4 Transmissão serial

A alternativa à transmissão em paralelo, conhecida como *transmissão serial*, envia um bit de cada vez. Com a ênfase na velocidade, pode parecer que qualquer concepção de um sistema de comunicação de dados iria escolher a transmissão em paralelo. No entanto, a maioria dos sistemas de comunicação usa o modo serial. Existem três razões principais. Em primeiro lugar, um sistema de transmissão serial custa menos, porque menos fios físicos são necessários e os componentes intermediários eletrônicos são mais baratos. Em segundo lugar, os sistemas paralelos exigem que cada fio tenha exatamente o mesmo comprimento (até mesmo uma diferença de milímetros pode causar problemas). Em terceiro lugar, com taxas de dados extremamente elevadas, os sinais em fios paralelos podem causar ruídos eletromagnéticos que interferem com os sinais em outros fios.

Para utilizar a transmissão serial, o emissor e o receptor devem possuir um pequeno módulo de hardware que converte os dados da forma paralela utilizada no dispositivo na forma serial usada no fio. A Figura 9.3 ilustra a configuração.

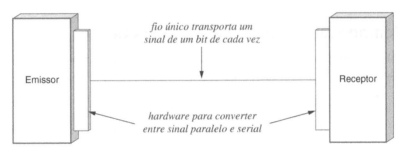

Figura 9.3 Transmissão serial.

O hardware necessário para converter dados entre uma forma paralela interna e uma forma serial pode ser simples ou complexo, dependendo do tipo de mecanismo de comunicação serial. No caso mais simples, um único chip, que é conhecido como um *Universal Asynchronous Receiver and Transmitter* (UART), executa a conversão. Um chip relacionado, o *Universal Synchronous-Asynchronous Receiver and Transmitter* (USART), trata de conversão entre as redes síncronas.

9.5 Ordem de transmissão: bits e bytes

O modo de transmissão serial introduz uma questão interessante: ao enviar bits, qual bit deveria ser enviado em primeiro lugar através do meio? Por exemplo, considere um número inteiro. O emissor poderia transmitir primeiro o *bit mais significativo* (MSB, *Most Significant Bit*) ou o *bit menos significativo* (LSB, *Least Significant Bit*)?

Os engenheiros usam o termo *little-endian* para descrever um sistema que envia o *LSB* em primeiro lugar e o termo *big-endian* para descrever um sistema que envia o *MSB* em primeiro lugar. De qualquer forma, outra opção pode ser usada, mas o emissor e o receptor devem estar de acordo.

Curiosamente, a ordem em que os bits são transmitidos não resolve toda a questão da ordem de transmissão. Os dados no computador são divididos em bytes, e cada byte é dividido em bits (tipicamente 8 bits por byte). Assim, é possível escolher uma ordem de bytes e outra ordem de bits independentemente. Por exemplo, a tecnologia Ethernet especifica que os dados enviados em bytes são enviados na ordem *big-endian* e os enviados em bits na ordem *little-endian*. A Figura 9.4 ilustra a ordem em que a Ethernet envia bits de uma quantidade de 32 bits.

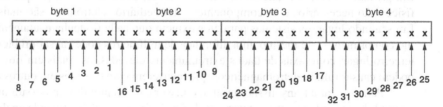

Figura 9.4 Ilustração das ordens de byte *big-endian* e bit *little-endian*, nas quais o bit menos significante e o byte mais significante são enviados em primeiro lugar.

9.6 Temporização em transmissão serial

Os mecanismos de transmissão serial podem ser divididos em três grandes categorias, dependendo de como as transmissões são espaçadas no tempo:

- *Transmissão assíncrona.* Pode ocorrer a qualquer tempo com uma espera aleatória entre as transmissões de dois itens de dados.
- *Transmissão síncrona.* Ocorre continuamente sem nenhum tempo de espera entre as transmissões de dois itens de dados.
- *Transmissão isócrona.* Ocorre quando existe um tempo de espera fixo entre as transmissões de dois itens de dados.

9.7 Transmissão assíncrona

Um sistema de transmissão é classificado como *assíncrono* se permite que o meio físico fique inativo por um tempo arbitrário entre duas transmissões. O estilo assíncrono de comunicação é adequado para aplicações que geram dados de forma aleatória (por exemplo, um usuário digitando em um teclado, um usuário que clica em um link para obter uma página Web, ou um que fica lendo por algum tempo para em seguida clicar em um link a fim de obter outra página).

A desvantagem da transmissão assíncrona é a perda de coordenação entre o emissor e o receptor – enquanto o meio estiver parado, um receptor não pode saber quanto tempo o meio permanecerá inativo antes de mais dados chegarem. Assim, as tecnologias assíncronas exigem que um emissor geralmente transmita alguns bits extras antes de cada item de dados, para informar ao receptor que a transferência de dados está iniciando. Os bits adicionais permitem que o hardware do receptor sincronize com o sinal de entrada. Em alguns sistemas assíncronos, os bits extras são conhecidos como um *preâmbulo*; em outros, eles são conhecidos como *start bits*. Para resumir:

> *Ao permitir que um emissor permaneça ocioso por um longo tempo arbitrário entre as transmissões, um mecanismo de transmissão assíncrona envia informações extras antes de cada transmissão, o que permite a um receptor sincronizar com o sinal.*

9.8 Transmissão de caracteres assíncrona RS-232

Como um exemplo de comunicação assíncrona, considere a transferência de caracteres através de fios de cobre entre um computador e um dispositivo, como um teclado. Uma tecnologia de comunicação assíncrona padronizada pela *Electronic Industries Alliance* (EIA) tornou-se a mais amplamente aceita para a comunicação de caracteres. Conhecido como *RS-232-C* e comumente abreviado *RS-232*[1], o padrão EIA especifica os detalhes da ligação física (por exemplo, a conexão deve ter menos de 50 pés de comprimento), os detalhes elétricos (por exemplo, a tensão varia de -15 volts para $+15$ volts) e a codificação de linha (por exemplo, a tensão negativa corresponde ao 1 lógico e a tensão positiva corresponde ao 0 lógico).

Como foi projetado para ser usado com dispositivos como teclados, o padrão RS-232 especifica que cada item de dados representa um caractere. O hardware pode ser configurado para controlar o número exato de bits por segundo e para enviar caracteres de 7 bits ou de 8 bits. Apesar de um emissor poder atrasar arbitrariamente por um longo tempo, uma vez que a transmissão começa, ele envia todos os bits do caractere, um após outro, sem atraso entre eles. Quando termina a transmissão, o emissor deixa o fio com uma voltagem negativa (correspondente ao *1* lógico) até que outro caractere esteja pronto para a transmissão.

Como é que um receptor sabe onde começa um novo caractere? O RS-232 especifica que um emissor transmita um bit extra 0 (chamado de *start bit*) antes de transmitir os bits de um caractere.

Além disso, o RS-232 especifica que um emissor deve deixar a linha ociosa por pelo menos o tempo necessário para enviar um bit. Assim, pode-se pensar que um bit fantasma *1* é anexado a cada caractere. Na terminologia RS-232, o bit fantasma é chamado de *stop bit*. A Figura 9.5 ilustra como a tensão varia quando um *start bit*, 8 bits de um caractere e um *stop bit* são enviados.

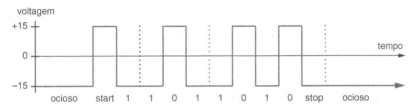

Figura 9.5 Ilustração de voltagem durante a transmissão de um caractere de 8 bits quando o RS-232 é utilizado.

---

[1] Embora o padrão mais recente, RS-449, forneça um pouco mais de funcionalidade, a maioria dos engenheiros ainda usa o nome original.

Para resumir:

> O padrão RS-232, usado para a comunicação serial assíncrona em distâncias curtas, precede cada caractere com um start bit, então envia cada bit do caractere e por fim sucede cada caractere com um período ocioso de, no mínimo, 1 bit (stop bit).

9.9 Transmissão síncrona

A principal alternativa à transmissão assíncrona é conhecida como *transmissão síncrona*. No nível mais baixo, um mecanismo síncrono transmite bits de dados de forma contínua, sem nenhum tempo ocioso entre os bits. Isto é, após a transmissão do último bit de um byte de dados, o emissor transmite um bit do próximo byte de dados.

A principal vantagem de um mecanismo síncrono é o fato de o emissor e o receptor permanecerem sincronizados o tempo todo, o que significa menos sobrecarga de sincronização. Para compreender a sobrecarga, compare a transmissão de caracteres de 8 bits de um sistema assíncrono, conforme ilustrado na Figura 9.5, com a de um sistema síncrono, tal como ilustrado na Figura 9.6. Cada caractere enviado com o RS-232 requer um *start bit* e um *stop bit* extras, o que significa que cada caractere de 8 bits requer um mínimo de 10 bits, mesmo se não for introduzido qualquer tempo ocioso. Em um sistema síncrono, cada caractere é enviado sem os bits de *start* e *stop*.

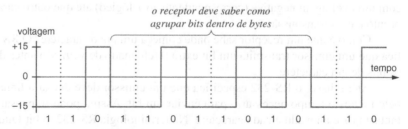

Figura 9.6 Ilustração de transmissão síncrona em que o primeiro bit de um byte segue imediatamente o último bit do byte precedente.

Em síntese:

> Quando comparado com a transmissão síncrona, um mecanismo RS-232 assíncrono tem 25% mais sobrecarga por caractere.

9.10 Bytes, blocos e quadros

Se o mecanismo síncrono deve enviar bits continuamente, o que acontece se um remetente não tem dados prontos para enviar o tempo todo? A resposta reside na técnica conhecida como *enquadramento (framing)*: uma interface é adicionada a um mecanismo síncrono que aceita e envia um *bloco* de bytes conhecido como *quadro*. Para garantir que o emissor e o receptor fiquem sincronizados, um quadro começa com uma sequência de bits especial. Além disso, a maioria dos sistemas síncronos inclui uma sequência especial (*idle sequence* ou *idle byte*) que é transmitida quando o remetente não tem dados para enviar. A Figura 9.7 ilustra o conceito.

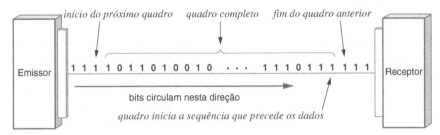

Figura 9.7 Ilustração de enquadramento no sistema de transmissão síncrona.

A aplicação de um enquadramento pode ser resumida assim:

> *Embora o mecanismo transmita bits continuamente, o uso de uma* idle sequence *e de um enquadramento permite que um mecanismo de transmissão síncrona através de uma interface orientada a byte inclua intervalos de espera entre blocos de dados.*

9.11 Transmissão isócrona

O terceiro tipo de sistema de transmissão serial não fornece um novo mecanismo. Em vez disso, ele pode ser visto como uma forma importante de usar a transmissão síncrona. Conhecido como *transmissão isócrona*, o sistema foi projetado para fornecer um fluxo constante de bits para aplicações multimídia com voz ou vídeo. A entrega de tais dados a uma taxa constante é essencial, pois variações de atraso, conhecidas como *jitter*, podem atrapalhar a recepção (isto é, provocar falhas em áudio ou fazer o vídeo congelar por um curto período de tempo).

Em vez de usar a presença de dados para dirigir a transmissão, uma rede isócrono foi concebida para receber e enviar dados a um ritmo fixo, R. Na verdade, a interface para a rede de dados é tal que *deve* ser transmitida para a rede de transmissão a exatamente R bits por segundo. Por exemplo, um mecanismo isócrono projetado para transferir voz opera a uma taxa de 64.000 bits por segundo. Um emissor deve gerar áudio digitalizado continuamente e um receptor deve ser capaz de aceitar e reproduzir o fluxo de áudio.

Uma rede pode usar enquadramento e optar por transmitir informações extras juntamente com os dados. No entanto, para ser isócrono, um sistema deve ser projetado de modo que o remetente e o receptor vejam um fluxo contínuo de dados, sem atrasos adicionais desde o início do quadro. Assim, uma rede isócrona que fornece uma taxa de dados de R bits por segundo geralmente tem um mecanismo síncrono que opera a um nível ligeiramente maior do que R bits por segundo.

9.12 Transmissões simplex, half-duplex e full-duplex

Um canal de comunicação é classificado em uma destas três categorias, dependendo da direção de transferência:

- Simplex
- Full-duplex
- Half-duplex

Simplex. O mecanismo *simplex* é o mais fácil de entender. Como o nome sugere, um mecanismo simplex pode transferir dados somente em uma direção. Por exemplo, uma fibra óptica única funciona como um mecanismo de transmissão simplex, porque tem um aparelho de transmissão (isto é, um LED ou laser) em uma ponta e outro aparelho de recepção (ou seja, um receptor fotossensível) na outra ponta. A transmissão simplex é análoga à da radiodifusão ou à da televisão. A Figura 9.8 (a) ilustra a comunicação simplex.

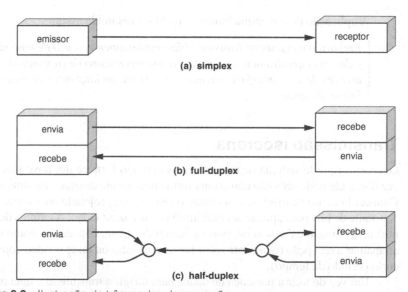

Figura 9.8 Ilustração de três modos de operação.

Full-duplex. Um mecanismo *full-duplex* também é simples: o sistema em questão permite a transmissão em duas direções simultaneamente. Tipicamente, um mecanismo full-duplex consiste em dois mecanismos *simplex*, cada um carregando informações em uma direção, como a Figura 9.8 (b) ilustra. Por exemplo, um par de fibras ópticas pode ser ser usado para fornecer comunicação full-duplex por rodar as duas fibras em paralelo e organizar o envio dos dados em direções opostas. A comunicação full-duplex é análoga à conversação telefônica por voz na qual um participante pode falar mesmo que os dois em comunicação possam ouvir uma música de fundo.

Half-duplex. Um mecanismo *half-duplex* envolve um meio de transmissão compartilhado. O meio compartilhado pode ser usado para comunicação nas duas direções, mas a comunicação não pode ocorrer de forma simultânea. Assim, a comunicação half-

-duplex é análoga à usada nos walkie-talkies, na qual somente um dos lados pode transmitir de cada vez. Um mecanismo adicional é necessário no fim de cada comunicação half-duplex; ele coordena a transmissão para assegurar que somente um dos lados transmita em um tempo dado. A Figura 9.8 (c) ilustra a comunicação half-duplex.

9.13 Equipamentos DCE e DTE

Os termos *equipamentos de comunicação de dados (DCE, Data Communications Equipment)* e *equipamento terminal de dados (DTE, Data Terminal Equipment)* foram criados originalmente pela AT&T para diferenciar os equipamentos de comunicação de propriedade da empresa de telefonia e os equipamentos terminais de propriedade de um assinante.

A terminologia ainda é utilizada: se uma empresa aluga um circuito de dados de uma companhia de telefonia, esta instala equipamentos DCE na empresa, que adquire os equipamentos DTE para se conectar aos equipamentos da companhia telefônica.

De um ponto de vista acadêmico, o principal conceito por trás da distinção DCE-DTE não é a propriedade dos equipamentos. Em vez disso, é a capacidade de definir uma interface arbitrária para um usuário. Por exemplo, se a rede utiliza transmissão síncrona, o equipamento DCE pode proporcionar ou uma interface síncrona ou uma isócrona para o equipamento do usuário. A Figura 9.9 ilustra a organização conceitual[2].

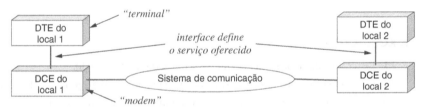

Figura 9.9 Ilustração de DCE e DTE fornecendo um serviço de comunicação entre dois locais.

Existem váriaos padrões que especificam uma possível interface entre o DCE e o DTE. Por exemplo, o padrão RS-232, descrito neste capítulo, e o padrão RS-449, projetado como um substituto, podem ser usados. Além disso, um padrão conhecido como *X.21* está disponível.

9.14 Resumo

Os sistemas de comunicação usam transmissão em paralelo ou serial. Um sistema paralelo tem múltiplos fios, e a qualquer momento cada fio transporta o sinal de um

---

[2] Os termos DCE e DTE também são usados para distinguir entre dois tipos de conectores, mesmo que o equipamento não seja propriedade de uma empresa de telefonia (por exemplo, o conector em um PC e o conector em um modem externo).

bit. Assim, um sistema de transmissão em paralelo com K fios pode enviar K bits ao mesmo tempo. Embora a comunicação paralela ofereça maior velocidade, a maioria dos sistemas de comunicação usa mecanismos seriais de baixo custo que enviam um bit de cada vez.

A comunicação serial requer um emissor e um receptor que cheguem a um acordo sobre o tempo e a ordem em que os bits serão enviados. A ordem de transmissão define se o bit mais significativo ou o bit menos significativo é enviado em primeiro lugar, ou se o byte mais significativo ou o menos significativo é enviado em primeiro lugar.

Os três tipos de temporização são: assíncrona, em que a transmissão pode ocorrer a qualquer momento e o sistema de comunicação pode permanecer inativo entre as transmissões; síncrona, em que os bits são transmitidos continuamente e os dados são agrupados em quadros; e isócrona, em que a transmissão ocorre em intervalos regulares sem nenhum atraso extra nos limites do quadro.

Um sistema de comunicação pode ser simplex, full-duplex ou half-duplex. Um mecanismo simplex envia dados em um único sentido. Um mecanismo full-duplex faz transferências de dados nas duas direções simultaneamente e um mecanismo half-duplex permite a transferência nas duas direções, mas apenas uma transferência em cada direção em um determinado momento.

A distinção entre equipamentos de comunicação de dados e equipamentos de terminais de dados foi originalmente concebida para funcionar em equipamentos de propriedade tanto do fornecedor quanto do assinante. O conceito-chave surge da capacidade de definir uma interface que oferece ao usuário um serviço diferente do sistema de comunicação.

Exercícios

9.1 Descreva a diferença entre as transmissões serial e em paralelo.

9.2 Quais são as vantagens da transmissão em paralelo? Qual é a principal desvantagem?

9.3 Ao transmitir um inteiro de 32 bits em complemento de 2s na ordem *big-endian*, quando o bit de sinal é transmitido?

9.4 Qual é a principal característica da transmissão assíncrona?

9.5 Qual tipo (ou tipos) de transmissão serial é apropriado para transmissão de vídeo? E para uma conexão de teclado com um computador?

9.6 O que é um *start bit* e com que tipo de transmissão serial ele é utilizado?

9.7 Em um esquema de transmissão síncrona, o que acontece quando um emissor não tem dados para enviar?

9.8 Quando dois seres humanos conversam, eles usam transmissão simplex, half-duplex ou full-duplex?

9.9 Um modem é classificado como DTE ou DCE?

9.10 Use a Web para encontrar a definição dos pinos de saída do DCE e do DTE usados em um conector DB-25. (Dica: os pinos 2 e 3 transmitem ou recebem.) Em um conector tipo DCE, o pino 2 transmite ou recebe?

CAPÍTULO 10
Modulação e modems

10.1 Introdução, 143
10.2 Portadoras, frequências e propagação, 143
10.3 Esquemas de modulação analógica, 144
10.4 Modulação em amplitude, 144
10.5 Modulação em frequência, 145
10.6 Modulação por deslocamento de fase, 146
10.7 Modulação em amplitude e Teorema de Shannon, 146
10.8 Modulação, entrada digital de sinal e chaveamento por deslocamento, 146
10.9 Chaveamento por deslocamento de fase, 147
10.10 O deslocamento de fase e um diagrama de constelação, 148
10.11 Quadrature Amplitude Modulation (QAM), 150
10.12 Hardware do modem para modulação e demodulação, 151
10.13 Modems ópticos e de radiofrequência, 151
10.14 Modems de comunicação discada, 152
10.15 QAM aplicada à conexão discada, 152
10.16 Modems de conexão discada V.32 e V.32bis, 153
10.17 Resumo, 154

10.1 Introdução

Cada capítulo desta parte do livro aborda um aspecto da comunicação de dados. Os capítulos anteriores discutem as fontes de informação, explicam como um sinal pode representar informações e descrevem as formas de energia utilizadas com vários meios de transmissão.

Este capítulo continua a discussão sobre a comunicação de dados concentrando-se no uso de sinais de alta frequência para transportar informações. O capítulo discute como a informação é usada para alterar uma onda eletromagnética de alta frequência, explica por que a técnica é importante e descreve como entradas analógicas e digitais são usadas. Os capítulos seguintes estendem a discussão, explicando como a técnica pode ser usada para criar um sistema de comunicação que transfere vários fluxos independentes de dados através de um meio de transmissão compartilhado simultaneamente.

10.2 Portadoras, frequências e propagação

Muitos sistemas de comunicação de longa distância usam uma onda eletromagnética continuamente oscilante chamada *portadora*. O sistema faz pequenas alterações na portadora que representa a informação enviada. Para entender por que as portadoras são importantes, lembre-se do Capítulo 7 no qual vimos que a frequência da energia eletromagnética determina como a energia se propaga. Uma razão para a utilização de portadores é a necessidade de selecionar uma frequência que se propague satisfatoriamente, independente da taxa em que os dados estão sendo enviados.

10.3 Esquemas de modulação analógica

Usamos o termo *modulação* para nos referirmos a alterações feitas em uma portadora com base na informação que está sendo enviada. Conceitualmente, a modulação precisa de duas entradas, uma portadora e um de sinal, e gera uma portadora modulada como saída, como ilustra a Figura 10.1.

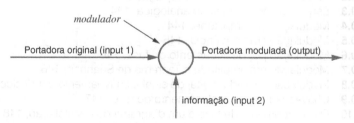

Figura 10.1 O conceito de modulação com duas entradas.

Em essência, um emissor deve alterar uma das características fundamentais da onda. Assim, existem três técnicas principais que modulam uma portadora eletromagnética de acordo com um sinal:

- Modulação em amplitude
- Modulação em frequência
- Modulação por deslocamento de fase

Os dois primeiros métodos de modulação são os mais conhecidos e têm sido usados exaustivamente. Na verdade, eles não foram originalmente criados para uso nas redes de computadores – foram concebidos e utilizados para a transmissão de rádio (radiodifusão) e também foram usados para a transmissão de televisão (teledifusão).

10.4 Modulação em amplitude

Uma técnica conhecida como *modulação em amplitude* varia a amplitude de uma portadora proporcionalmente à informação enviada (ou seja, de acordo com um sinal). A portadora continua oscilando em uma frequência fixa, mas a amplitude da onda varia. A Figura 10.2 ilustra uma onda portadora não modulada, um sinal de informação analógico e a amplitude da portadora modulada resultante.

A modulação em amplitude pode ser compreendida com facilidade, porque só a amplitude (ou seja, a magnitude) da onda senoidal é modificada. Além disso, um gráfico de domínio do tempo de uma portadora modulada tem uma forma semelhante à do sinal que foi utilizado. Por exemplo, se imaginarmos um *envelope* que consiste em uma curva que liga os picos da onda senoidal na Figura 10.2 (c), perceberemos que a curva resultante tem a mesma forma que o sinal de informação na Figura 10.2 (b).

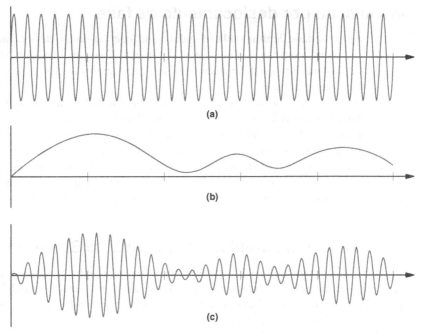

Figura 10.2 Ilustração de (a) uma onda portadora não modulada, (b) um sinal de informação analógico e (c) uma portadora modulada em amplitude.

10.5 Modulação em frequência

Uma alternativa para a modulação em amplitude é conhecida como *modulação em frequência*. Quando a modulação em frequência é empregada, a amplitude da portadora permanece fixa, mas a frequência muda de acordo com o sinal: quando ele é forte, a frequência da portadora aumenta ligeiramente e, quando ele é fraco, a frequência da portadora diminui ligeiramente. A Figura 10.3 ilustra uma onda portadora modulada com a modulação em frequência de acordo com o sinal mostrado na Figura 10.2 (b).

Como mostra a figura, a modulação em frequência é mais difícil de ser visualizada, porque pequenas alterações na frequência não são visíveis claramente. No entanto, pode-se notar que a onda modulada tem frequências mais altas quando o sinal utilizado para a modulação é mais forte.

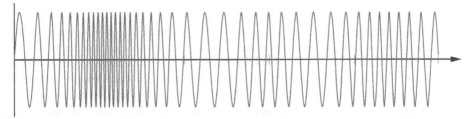

Figura 10.3 Ilustração de uma onda portadora com modulação em frequência de acordo com o sinal mostrado na Figura 10.2 (b).

10.6 Modulação por deslocamento de fase

A terceira propriedade de uma onda senoidal é sua *fase*, ou seja, o deslocamento de um tempo de referência em que a onda senoidal começa. É possível utilizar mudanças na fase para representar um sinal. Usamos o termo *deslocamento de fase (phase shift)* para caracterizar essas mudanças.

Embora a modulação da fase seja possível na teoria, a técnica é raramente utilizada com um sinal analógico. Para entender o porquê, observe que, se a fase muda após o ciclo k, a próxima onda senoidal vai começar um pouco depois que o ciclo k se completa. Um ligeiro atraso se assemelha a uma alteração na frequência. Assim, para a entrada analógica, a modulação por deslocamento de fase pode ser pensada como uma forma especial de modulação em frequência. Veremos, no entanto, que as mudanças de fase são importantes quando um sinal digital é usado para modular uma portadora.

10.7 Modulação em amplitude e Teorema de Shannon

A Figura 10.2 (c) mostra a amplitude variando entre um máximo e quase zero. Embora seja fácil compreendê-la, a figura é um pouco enganosa: na prática, a modulação muda apenas ligeiramente a amplitude de uma portadora, dependendo de uma constante conhecida como *índice de modulação*.

Para entender por que na prática os sistemas não permitem que um sinal modulado se aproxime de zero, considere o Teorema de Shannon. Supondo que a quantidade de ruído é constante, a relação sinal-ruído irá aproximar-se de zero quando o sinal se aproximar de zero. Assim, manter a onda portadora próxima do máximo assegura que a relação sinal-ruído permaneça tão alta quanto possível, o que permite a transferência de mais bits por segundo.

10.8 Modulação, entrada digital de sinal e chaveamento por deslocamento

A descrição de modulação apresentada anteriormente mostra como um sinal de informação analógico é utilizado para modular uma portadora. Surge a pergunta: como funcionaria com um sinal digital? A resposta reside em pequenas modificações nos esquemas de modulação já descritos: em vez de utilizar a modulação que é proporcional a um sinal contínuo, os esquemas digitais usam valores discretos. Além disso, para diferenciar as modulações analógica e digital, usamos o termo *chaveamento por deslocamento (shift keying)*, em vez de modulação.

Em essência, o chaveamento por deslocamento opera de modo similar à modulação analógica. Em vez de um conjunto contínuo de valores, o chaveamento por deslocamento digital tem um conjunto fixo. Por exemplo, a modulação por amplitude permite que a amplitude de uma portadora varie arbitrariamente em pequenas quantidades em resposta a uma mudança no sinal usado. Ao contrário, o *chaveamento por deslocamento de amplitude* (ASK, *Amplitude Shift Keying*) utiliza um conjunto fixo de amplitudes possíveis. No caso mais simples, uma amplitude completa pode corresponder a um 1 lógico, e uma amplitude significativamente menor pode corresponder a um 0 lógico. Da mesma forma, o *chaveamento por deslocamento de frequência (FSK, Frequency Shift Keying)* utiliza duas frequências básicas. A Figura 10.4 ilustra uma onda portadora, um sinal de entrada digital e as formas de ondas resultantes para o *chaveamento por deslocamento de amplitude* e o *chaveamento por deslocamento de frequência.*

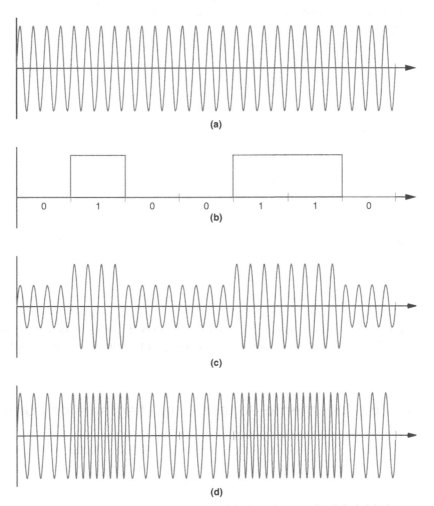

Figura 10.4 Ilustração de (a) onda portadora, (b) sinal de entrada digital, (c) chaveamento por deslocamento de amplitude e (d) chaveamento por deslocamento de frequência.

10.9 Chaveamento por deslocamento de fase

Embora as mudanças na amplitude e na frequência funcionem bem para áudio, ambas requerem pelo menos um ciclo de uma onda portadora para enviar um único bit, a menos que um esquema de codificação especial seja utilizado (por exemplo, a menos que as partes positiva e negativa do sinal sejam alteradas de forma independente). O Teorema de Nyquist, descrito no Capítulo 6, sugere que o número de bits enviados por unidade de tempo pode ser aumentado se o esquema de codificação permitir que múltiplos bits sejam codificados num único ciclo da portadora. Assim, os sistemas de comunicação de dados frequentemente usam técnicas para enviar mais bits. Em particular, o *chaveamento por deslocamento de fase (PSK, Phase Shift Keying)* muda a fase da onda portadora abruptamente para codificar dados. Cada mudança é chamada de *deslocamento de fase*. Depois que a fase muda, a portadora continua a oscilar, mas salta imediatamente para um novo ponto no ciclo da onda senoidal. A Figura 10.5 ilustra como um *deslocamento de fase* afeta uma onda senoidal.

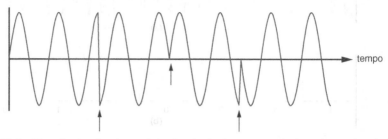

Figura 10.5 Uma ilustração da modulação de deslocamento de fase com setas indicando quando a portadora pula abruptamente para um novo ponto no ciclo da onda do seno.

O deslocamento de fase é medido pelo ângulo da mudança. Por exemplo, o deslocamento mais à esquerda na Figura 10.5 muda o ângulo por π/2 radianos ou 180°. A segunda mudança de fase na figura também corresponde a um deslocamento de 180°. A terceira mudança de fase corresponde a um deslocamento de –90° (que equivale a 270°).

10.10 O deslocamento de fase e um diagrama de constelação

Como os dados podem ser codificados com o deslocamento de fase? No caso mais simples, o emissor e o receptor podem concordar no número de bits por segundo e podem não utilizar deslocamento de fase para denotar o 0 lógico; a presença de deslocamento de fase pode ser usada para denotar o 1 lógico. Por exemplo, um sistema pode usar um deslocamento de fase de 180°. Um *diagrama de constelação* é usado para expressar a exata atribuição dos bits de dados com o intuito de especificar mudanças de fase. A Figura 10.6 ilustra o conceito.

O hardware pode fazer mais do que detectar a presença de um deslocamento de fase — um receptor pode medir o deslocamento de uma portadora durante uma mudança de fase. Assim, é possível conceber um sistema de comunicação que reconhece um conjunto de deslocamentos de fase e utiliza cada deslocamento de fase particular para representar os valores específicos de dados. Normalmente, os sistemas são projetados para usar os deslocamentos possíveis em potência de dois, o que significa que um emissor pode usar bits de dados para selecionar um deslocamento.

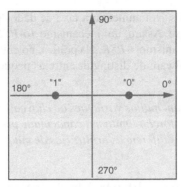

Figura 10.6 Um diagrama de constelação que mostra um 0 lógico como um deslocamento de fase 0° e um 1 lógico como um deslocamento de fase a 180°.

A Figura 10.7 mostra o diagrama de constelação para um sistema que utiliza quatro possíveis deslocamentos de fase (isto é, 2^2). Em cada estágio da transmissão, um emissor utiliza dois bits de dados para selecionar entre os quatro valores dos deslocamentos possíveis.

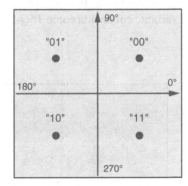

Figura 10.7 Um diagrama de constelação para um sistema que utiliza quatro deslocamentos de fase possíveis, cada um representando dois bits de dados.

Para resumir:

> *A principal vantagem de mecanismos como o chaveamento por deslocamento de fase decorre da habilidade de representar mais de um bit de dados em uma dada mudança. Um diagrama de constelação mostra a atribuição de bits de dados para as mudanças de fase.*

Existem muitas variações de chaveamentos por deslocamentos de fase que são usadas em redes, na prática. Por exemplo, um mecanismo de deslocamento de fase como o ilustrado na Figura 10.6, que permite que um emissor transfira um bit de cada vez, é classificado como um mecanismo *Binary Phase Shift Keying* (BPSK). A notação *2-PSK* é usada para designar os dois valores possíveis. Da mesma forma, a variação ilustrada na Figura 10.7 é conhecida como um mecanismo *4-PSK*.

Em teoria, é possível aumentar a taxa de dados por meio do aumento da faixa de deslocamentos de fase. Assim, um mecanismo *16-PSK* pode enviar o dobro de bits por segundo que um mecanismo *4-PSK*. Na prática, no entanto, o ruído e a distorção limitam a capacidade do hardware de distinguir entre as pequenas diferenças de deslocamentos de fase. Em síntese:

> *Embora existam muitas variações de chaveamentos por deslocamentos de fase, o ruído e a distorção limitam a capacidade prática dos sistemas de distinguir entre pequenas diferenças arbitrárias de mudanças de fase.*

10.11 Quadrature Amplitude Modulation (QAM)

Se o hardware é incapaz de detectar mudanças de fase arbitrárias, como a taxa de dados pode ser aumentada? A resposta reside numa combinação de técnicas de modulação que mudam duas características de uma portadora ao mesmo tempo. A tecnologia mais sofisticada combina a modulação em amplitude e o chaveamento por deslocamento de fase. Conhecida como *Quadrature Amplitude Modulation*[1] (QAM), a abordagem usa tanto a mudança de fase quanto a mudança de amplitude para representar valores.

Para representar uma QAM em um diagrama de constelação, usamos a distância da origem como medida da amplitude. Por exemplo, a Figura 10.8 mostra o diagrama de constelação para uma variante conhecida como *16QAM*, com zonas escuras que indicam as amplitudes.

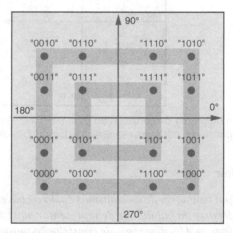

Figura 10.8 Um diagrama de constelação para 16QAM, no qual a distância da origem reflete a amplitude.

---

[1] A literatura e a indústria de redes costumam usar o termo *quadrature amplitude modulation*, embora o termo *quadrature amplitude shift keying* seja mais preciso.

10.12 Hardware do modem para modulação e demodulação

Um mecanismo de hardware que aceita uma sequência de bits de dados e aplica a modulação para uma onda portadora de acordo com os bits é chamado *modulador*; um mecanismo de hardware que aceita uma onda portadora modulada e recria a sequência de bits de dados que foi utilizada para modular a portadora é chamado *demodulador*. Assim, a transmissão de dados requer um *modulador* em uma extremidade do meio de transmissão e um *demodulador* na outra. Na prática, a maioria dos sistemas de comunicação é *full-duplex*, o que significa que cada extremidade precisa tanto de um *modulador*, que é utilizado para enviar dados, quanto de um *demodulador*, que é utilizado para receber os dados. Para manter o custo baixo e facilitar a instalação do par de dispositivos, os fabricantes combinam mecanismos de modulação e demodulação em um único dispositivo, chamado *modem* (*mo*dulador e *dem*odulador). A Figura 10.9 ilustra como um par de modems usa uma conexão de quatro fios para se comunicar.

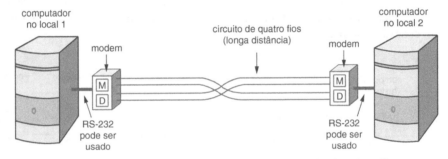

Figura 10.9 Ilustração de dois modems que usam uma conexão de quatro fios.

Como a figura indica, os modems são projetados para fornecer comunicação de longa distância. Um circuito de quatro fios que conecta dois modems pode ser estendido dentro de um edifício, através de um campus corporativo, entre edifícios ou entre cidades[2].

10.13 Modems ópticos e de radiofrequência

Além de serem utilizados com fios dedicados, os modems também são usados com outros meios de comunicação, incluindo a transmissão RF e as fibras ópticas. Por exemplo, um par de modems de *radiofrequência* (RF) pode ser usado para enviar dados via rádio (por exemplo, em uma rede Wi-Fi), e um par de modems ópticos pode ser usado para enviar dados através de um par de fibras ópticas. Embora tais modems usem meios totalmente diferentes daqueles usados por modems que operam através de fios dedicados, o princípio permanece o mesmo: no final de envio, um modem modula uma portadora; e, no final do recebimento, os dados são extraídos da portadora modulada.

---

[2] Um circuito que passa por uma propriedade pública deve ser licenciado por um provedor de serviço, normalmente uma companhia telefônica.

10.14 Modems de comunicação discada

Outra aplicação interessante de modems envolve o sistema de telefonia de voz. Em vez de utilizar um sinal elétrico como portadora, um *modem discado* usa um tom de áudio. Tal como acontece com os modems convencionais, a portadora é modulada no final do envio e demodulada no final da recepção. Assim, além da capacidade de fazer e receber chamadas telefônicas, a principal diferença entre modems discados e convencionais decorre da menor largura de banda de sons audíveis.

Quando os primeiros modems discados foram projetados, a abordagem era muito adequada – um modem discado convertia os dados dentro de uma portadora analógica modulada, porque o sistema de telefonia transportava sinais analógicos. Ironicamente, o interior do sistema de telefonia moderno é digital. Assim, no lado de envio, um modem discado utiliza os dados para modular uma portadora audível, a qual é transmitida para o sistema de telefone. Este digitaliza o áudio de entrada, o transporta internamente em formato digital e converte a versão digitalizada de volta em áudio analógico para a entrega. O modem receptor demodula a portadora analógica e extrai os dados digitais originais. A Figura 10.10 ilustra o uso de sinais digitais e analógicos por modems de conexão discada.

Figura 10.10 Ilustração de sinais analógicos e digitais (denotados respectivamente por uma onda quadrática e uma onda senoidal) que ocorrem quando um modem discado é usado para enviar dados de um computador para outro.

Como a figura indica, um modem discado é geralmente incorporado num computador. Nós usamos o termo *modem interno* para denotar um dispositivo interno, e o termo *modem externo* para denotar um dispositivo físico separado.

10.15 QAM aplicada à conexão discada

A *quadrature amplitude modulation* também é utilizada com modems discados, como forma de maximizar a velocidade em que os dados são enviados. Para entender o porquê, considere a Figura 10.11, que mostra a largura de banda disponível em uma conexão discada. Como a figura ilustra, a maioria das ligações telefônicas transfere nas frequências entre 300 e 3.000 Hz, mas uma determinada conexão pode não lidar bem com os extremos. Assim, para garantir melhor reprodução e menor ruído, modems de conexão discada utilizam frequências entre 600 e 3.000 Hz, o que significa que a largura de banda disponível é de 2.400 Hz. Um esquema QAM pode aumentar dramaticamente a taxa de dados.

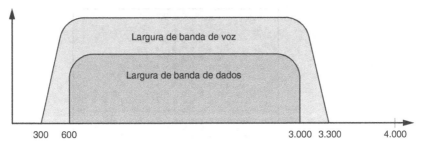

Figura 10.11 Ilustração da largura de banda de voz e dados na conexão telefônica discada.

10.16 Modems de conexão discada V.32 e V.32bis

Como um exemplo de modems de conexão discada que usam QAM, considere os padrões *V.32* e *V.32bis*. A Figura 10.12 ilustra a constelação QAM para um modem V.32 que utiliza 32 combinações de deslocamento de amplitude e de deslocamento de fase para alcançar uma taxa de 9.600 bit/s de dados em cada direção.

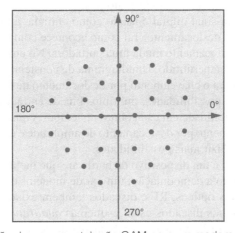

Figura 10.12 Ilustração de uma constelação QAM para um modem discado V.32.

Um modem V.32bis utiliza 128 combinações de deslocamento de fase e amplitude do deslocamento para obter uma taxa de dados de 14.400 bit/s em cada direção de dados. A Figura 10.13 ilustra a constelação. Uma análise de sinal sofisticada é necessária para detectar a menor mudança que ocorre a partir de um ponto na constelação para um ponto vizinho.

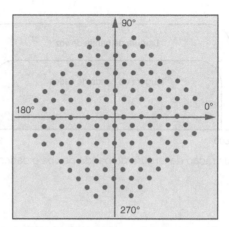

Figura 10.13 Ilustração da constelação QAM para um modem discado de V.32bis.

10.17 Resumo

Sistemas de comunicação de longa distância usam uma onda portadora modulada para transferir informação. Uma portadora é modulada pela alteração da amplitude, da frequência ou da fase. As modulações de amplitude e de frequência são as formas mais comuns usadas com uma entrada analógica.

Quando um sinal digital é usado como entrada, a modulação é conhecida como chaveamento por deslocamento. Tal como acontece com a modulação analógica, o chaveamento por deslocamento muda uma portadora. No entanto, apenas um conjunto fixo de possibilidades é permitido. Um diagrama de constelação é usado para representar as possibilidades para o chaveamento por deslocamento de fase. Se o sistema permite uma potência de duas possibilidades, múltiplos bits de entrada podem ser usados para selecionar uma possibilidade em cada ponto no tempo. A *quadrature amplitude modulation* combina chaveamento por deslocamento de amplitude e chaveamento por deslocamento de fase para produzir mais possibilidades.

Um modem é um dispositivo de hardware que inclui circuitos para realizar tanto a modulação quanto a demodulação; um par de modems é usado para comunicação full-duplex. Modems ópticos, RF e discados também existem. Como a largura de banda é limitada, modems discados usam esquemas *quadrature amplitude modulation*. Um modem V.32 utiliza 32 possíveis combinações de deslocamentos de fase e de amplitude; um modem V.32bis usa 128 possíveis combinações.

Exercícios

10.1 Liste os três tipos básicos de modulação analógica.

10.2 Quando a modulação em amplitude é usada, faz sentido para uma portadora de 1 Hz ser modulada por uma onda senoidal de 2 Hz? Por quê?

10.3 Usando o Teorema de Shannon, explique por que, na prática, os sistemas de modulação em amplitude mantêm a portadora próxima do tamanho máximo.

10.4 Qual é a diferença entre o chaveamento por deslocamento e a modulação?

10.5 No chaveamento por deslocamento de fase, é possível ter um deslocamento de fase de 90°? De 270°? De 360°? Faça um esboço para explicar sua resposta.

10.6 Pesquise na Web e encontre um diagrama de constelação para 32QAM. Quantos pontos são definidos em cada quadrante?

10.7 A Figura 10.9 mostra uma configuração full-duplex com quatro fios, dois dos quais são utilizados para transmitir em cada direção. Explique por que neste caso deveria ser possível utilizar três fios.

10.8 Nas questões anteriores, por que são preferíveis quatro fios?

10.9 Assumindo uma taxa sinal-ruído de 30 dB, qual é a taxa máxima de dados que pode ser alcançada para a largura de banda de conexão discada ilustrada na Figura 10.11?

CAPÍTULO 11
Multiplexação e demultiplexação (canalização)

11.1 Introdução, 156
11.2 O conceito de multiplexação, 156
11.3 Os tipos básicos de multiplexação, 157
11.4 Multiplexação por divisão de frequência, 157
11.5 Uma faixa de frequências por canal, 160
11.6 FDM hierárquica, 161
11.7 Multiplexação por divisão de comprimento de onda (WDM), 162
11.8 Multiplexação por divisão de tempo (TDM), 162
11.9 TDM síncrono, 163
11.10 Enquadramento usado na versão do sistema telefônico TDM, 163
11.11 TDM hierárquica, 164
11.12 O problema com a TDM síncrona: slots não preenchidos, 165
11.13 TDM estatística, 166
11.14 Multiplexação inversa, 166
11.15 Multiplexação por divisão de código, 167
11.16 Resumo, 169

11.1 Introdução

Os capítulos desta parte do livro abordam os fundamentos da comunicação de dados. Os capítulos anteriores discutem o conceito de modulação e explicam como uma onda portadora pode ser modulada para transmitir informações analógicas e digitais.

Este capítulo continua a discussão sobre a comunicação de dados, introduzindo a multiplexação. O capítulo descreve a motivação e define os tipos básicos de multiplexação que são usados através das redes de computadores e da Internet. Além disso, explica como portadoras moduladas fornecem a base para muitos mecanismos de multiplexação.

11.2 O conceito de multiplexação

Usamos o termo *multiplexação* para nos referirmos à combinação de fluxos de informação de várias fontes transmitidos através de um meio compartilhado, e o termo *multiplexador* para denotar um mecanismo que implementa a combinação. Da mesma forma, usamos o termo *demultiplexação* para nos referirmos à separação de uma combinação dentro de fluxos de informações separados e o termo *demultiplexador* para nos referirmos ao mecanismo que implementa a separação. A multiplexação e a demultiplexação não se restringem ao hardware ou aos fluxos de bits individuais – veremos em capítulos posteriores que a ideia de combinar e separar formas de comunicação é um fundamento de muitos aspectos das redes de computadores. A Figura 11.1 ilustra o conceito.

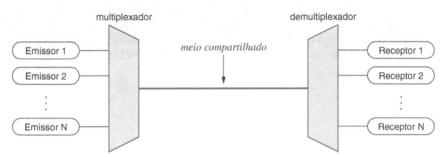

Figura 11.1 O conceito de multiplexação, no qual pares independentes de emissores e receptores compartilham um meio de transmissão.

Na figura, cada emissor se comunica com um único receptor. Embora cada par realize uma comunicação independente, todos compartilham um único meio de transmissão. O multiplexador combina informações dos emissores para a transmissão de tal maneira que o demultiplexador possa separar a informação para cada receptor. Os usuários utilizam a multiplexação todos os dias. Por exemplo, vários computadores em uma residência podem usar um roteador sem fio para comunicar-se com um site na Internet. Cada computador mantém uma conversação em separado e todas as conversas são multiplexadas através da conexão entre a residência e um ISP.

11.3 Os tipos básicos de multiplexação

Na camada física, existem quatro abordagens básicas para a multiplexação que tem um conjunto de variações e implementações.

- Multiplexação por divisão de frequência
- Multiplexação por comprimento de onda
- Multiplexação por divisão de tempo
- Multiplexação por divisão de código

As multiplexações por divisão de frequência e de tempo são amplamente utilizadas. A multiplexação de divisão de comprimento de onda é uma forma de multiplexação por divisão de frequência usada para fibra óptica. A multiplexação por divisão de código é uma abordagem matemática usada em alguns sistemas de telefone celular.

11.4 Multiplexação por divisão de frequência

A *multiplexação por divisão de frequência* (FDM, *Frequency Division Multiplexing*) é fácil de entender, pois constitui a base para a radiodifusão. O princípio surge a partir da física de transmissão: um conjunto de estações de rádio pode transmitir sinais eletromagnéticos simultaneamente sem interferência, desde que cada um use um *canal* separado (ou seja, a frequência portadora). Os sistemas de comunicação de dados aplicam o mesmo princípio, enviando simultaneamente várias ondas portadoras através de um único fio de cobre, ou usando *multiplexação por divisão de comprimento de onda* para enviar várias frequências de luz através de uma fibra óptica. Ao final da recepção, um demultiplexador aplica um conjunto de filtros, e cada um deles extrai uma pequena gama de frequências próximas de uma das frequências portadoras. A Figura 11.2 ilustra a organização.

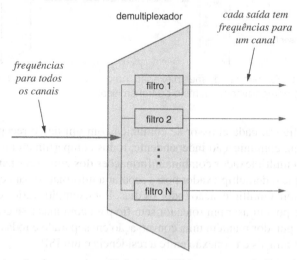

Figura 11.2 Ilustração de uma demultiplexação FDM em que cada filtro de um conjunto de filtros seleciona as frequências para um canal e suprime as outras frequências.

A ideia fundamental é que os filtros utilizados na FDM apenas examinam as frequências. Se um par de emissor e receptor recebem a uma frequência portadora particular, o mecanismo FDM irá separar a frequência das outras sem, no entanto, modificar o sinal. Assim, qualquer uma das técnicas de modulação discutidas no Capítulo 10 pode ser usada com qualquer portadora.

Para resumir:

> *Como as ondas portadoras de frequências separadas não interferem, a multiplexação por divisão de frequência fornece, para cada par emissor e receptor, um canal de comunicação privado, sobre o qual qualquer esquema de modulação pode ser usado.*

A vantagem mais significativa da FDM é a utilização simultânea de um meio de transmissão por vários pares de entidades de comunicação. Imaginemos FDM como o fornecimento de cada par com um caminho de transmissão privada, como se o par tivesse um meio separado de transmissão física. A Figura 11.3 ilustra o conceito.

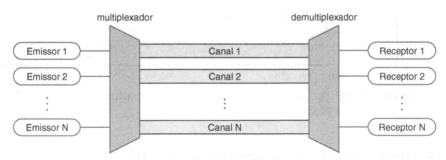

Figura 11.3 A visão conceitual da multiplexação por divisão de frequências fornecendo um conjunto de canais independentes.

É claro, qualquer sistema FDM impõe, na prática, limites para o conjunto de frequências que pode ser usado pelos canais. Se as frequências de dois canais são arbitrariamente próximas, pode ocorrer interferência. Além disso, a multiplexação por hardware que recebe um sinal combinado deve ser capaz de dividir o sinal dentro de portadoras separadas. A radiodifusão nos EUA é regulada pela *Federal Communications Commission* (FCC), que regula as estações para garantir que um espaçamento adequado ocorra entre as frequências portadoras. Para os sistemas de comunicação de dados, os projetistas seguem a mesma abordagem: escolhem um conjunto de frequências portadoras com um espaço entre elas, conhecido como *banda de guarda*.

Como um exemplo de alocação de canal, considere a atribuição mostrada na Figura 11.4, que aloca 200 kHz para cada um dos seis canais com uma banda de guarda de 20 kHz entre os canais adjacentes.

Canais	Frequências usadas
1	100 kHz – 300 kHz
2	320 kHz – 520 kHz
3	540 kHz – 740 kHz
4	760 kHz – 960 kHz
5	980 kHz – 1.180 kHz
6	1.200 kHz – 1.400 kHz

Figura 11.4 Um exemplo de atribuição de frequências para canais com uma banda de guarda entre os canais adjacentes.

Quando plotada no domínio da frequência, a banda de guarda é claramente visível. A Figura 11.5 contém o desenho para a atribuição mostrada na Figura 11.4.

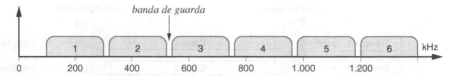

Figura 11.5 Um desenho no domínio da frequência da alocação do canal da Figura 11.4 com uma banda de guarda visível entre os canais.

11.5 Uma faixa de frequências por canal

Se uma portadora usa uma única frequência, por que o exemplo aloca blocos de frequências? Para entender a razão, considere as características gerais da FDM:

- *Vida longa*. A FDM antecede a comunicação de dados moderna – a ideia de dividir o espectro eletromagnético em canais surgiu no início dos experimentos com rádio.
- *Amplamente utilizada*. A FDM foi usada em transmissões de rádio, televisão, TV a cabo e no sistema de telefonia celular AMPS.
- *Analógico*. O hardware de multiplexação e demultiplexação FDM aceita e entrega sinais analógicos. Mesmo que a portadora tenha sido modulada para conter informação digital, o hardware FDM trata-a como uma onda analógica.
- *Versátil*. Como filtra em faixas de frequência sem examinar outros aspectos dos sinais, a FDM é versátil.

A característica analógica tem o inconveniente de fazer a multiplexação por divisão de frequência suscetível a ruído e a distorção[1], mas a vantagem de proporcionar flexibilidade. Em particular, a maioria dos sistemas FDM atribui a cada par emissor e receptor uma faixa de frequências e a capacidade de escolher a forma como as frequências podem ser usadas. Existem dois usos primários que os sistemas fazem da faixa de frequências:

- Aumentar a taxa de dados
- Aumentar a imunidade às interferências

Para aumentar a taxa de dados global, um emissor divide o intervalo do canal em K portadoras de frequência e envia $1/K$ dos dados por meio de cada portadora. Em essência, um emissor executa multiplexação por divisão de frequência dentro do canal que foi alocado. Alguns sistemas utilizam o termo *alocação de subcanal* para se referirem à subdivisão.

Para aumentar a imunidade à interferência, um emissor utiliza uma técnica conhecida como *espectro de dispersão*. Várias formas de *espectro de dispersão* podem ser usadas, mas a ideia básica é a de dividir o intervalo do canal em K portadoras, transmitir os mesmos dados através de múltiplos canais e permitir a um receptor o uso de uma cópia

---

[1] Sistemas de comunicação de dados que usam FDM frequentemente exigem cabo coaxial para fornecer maior imunidade ao ruído.

dos dados que chega com o menor número de erros. O esquema, amplamente utilizado em redes sem fio, funciona muito bem nos casos em que o ruído pode interferir com algumas frequências em um determinado momento.

11.6 FDM hierárquica

Algumas das flexibilidades na FDM surgem da capacidade do hardware de mudar as frequências. Se todos os sinais que chegam usam a faixa de frequência entre 0 e 4 kHz, a multiplexação de hardware pode deixar a primeira etapa intacta, mapear a segunda etapa para a faixa de 4 a 8 kHz, mapear a terceira fase para a faixa de 8 kHz a 12 kHz e assim por diante. A técnica constitui a base para uma hierarquia de multiplexadores FDM que mapeiam cada uma de suas entradas para uma maior e contínua faixa de frequências. A Figura 11.6 ilustra o conceito de *FDM hierárquica*[2].

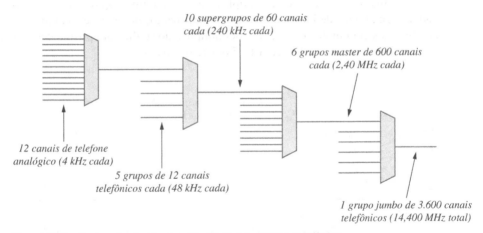

Figura 11.6 Ilustração da hierarquia usada no sistema telefônico.

Como a figura ilustra, a entrada principal é composta por um conjunto de 12 sinais de telefone analógico, e cada um ocupa frequências de 0 a 4 kHz. Na primeira etapa, os sinais são multiplexados num único sinal conhecido como *grupo*, que usa a faixa de frequência de 0 a 48 kHz. Na etapa seguinte, cinco grupos são multiplexados num único *supergrupo* que utiliza frequências de 0 a 240 kHz e assim por diante. Na etapa final, 3.600 sinais telefônicos são multiplexados num único sinal. Para resumir:

> *É possível construir uma hierarquia de multiplexação por divisão de frequência em que cada etapa aceita como entradas as saídas da etapa anterior.*

---

[2] Na prática, é necessária uma largura de banda adicional para realizar o enquadramento de bits.

11.7 Multiplexação por divisão de comprimento de onda (WDM)

O termo *multiplexação por divisão de comprimento de onda* (WDM, *Wavelength Division Multiplexing*) refere-se à aplicação de multiplexação por divisão de frequência para fibra óptica; o termo *Dense Wavelength Division Multiplexing* (DWDM) é usado para enfatizar que muitos comprimentos de onda de luz são empregados. As entradas e saídas de tais multiplexações são comprimentos de ondas de luz representados pela letra grega λ e informalmente chamados de cores. Para entender como a multiplexação e a demultiplexação podem trabalhar com a luz, lembre-se do que aprendeu na física básica: quando a luz branca passa através de um prisma, as cores do espectro aparecem. Um prisma também opera no modo inverso: se feixes de luz coloridos são dirigidos individualmente para um prisma no ângulo correto, o prisma irá combinar os feixes para formar um único feixe de luz branca. Finalmente, lembre-se de que o que os seres humanos percebem como uma cor é de fato uma variação de comprimentos de ondas da luz.

Prismas formam a base de multiplexação e demultiplexação ópticas. Um multiplexador aceita feixes de luz de diferentes comprimentos de ondas e usa um prisma para combiná-los em um único feixe; um demultiplexador utiliza um prisma para separar os comprimentos de ondas. A Figura 11.7 ilustra o conceito.

Figura 11.7 Ilustração de prismas usados para combinar e separar comprimentos de ondas de luz em tecnologias de multiplexação por divisão de comprimento de onda.

Em suma:

> *Quando a multiplexação por divisão de frequência é aplicada a fibras ópticas, os prismas são usados para combinar ou separar comprimentos individuais de ondas de luz, e o resultado é conhecido como multiplexação por divisão de comprimento de onda.*

11.8 Multiplicação por divisão de tempo (TDM)

A principal alternativa para a FDM é conhecida como *multiplicação por divisão de tempo* ou *Time Division Multiplexing* (TDM). A TDM é menos esotérica que a FDM e não depende de propriedades especiais de energia eletromagnética. Em vez disso, a multiplexação de tempo significa simplesmente transmitir um item de uma fonte, em seguida transmitir um item de outra fonte e assim por diante. A Figura 11.8 ilustra o conceito.

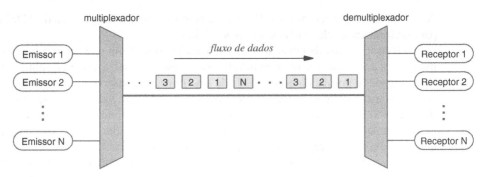

Figura 11.8 Ilustração do conceito de *time division multiplexing* com itens de várias fontes enviados através de um meio compartilhado.

11.9 TDM síncrono

A multiplexação por divisão de tempo é um conceito amplo que aparece de muitas formas e é usado amplamente por meio da Internet. Assim, o diagrama na Figura 11.8 é meramente uma visão conceitual, e os detalhes podem variar. Por exemplo, a figura mostra os itens sendo enviados no modo *round-robin* (isto é, um item do emissor 1 seguido de um item do emissor 2 e assim por diante). Alguns sistemas TDM usam a ordem *round-robin*, outros não.

Um segundo detalhe na Figura 11.8 – a ligeira diferença de tempo entre os itens – não se aplica a todos os tipos de TDM. Estendendo a terminologia do Capítulo 9, dizemos que um sistema *TDM síncrono* envia um item após o outro, sem atraso. A Figura 11.9 ilustra como a TDM síncrona trabalha para um sistema de quatro emissores.

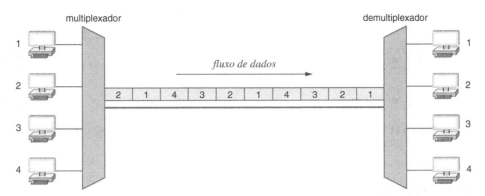

Figura 11.9 Ilustração de um sistema TDM síncrono com quatro emissores.

11.10 Enquadramento usado na versão do sistema telefônico TDM

Os sistemas telefônicos analógicos usam a TDM síncrona para multiplexar fluxos digitais de várias chamadas telefônicas através de um único meio. Na verdade, as empresas de telefonia usam o acrônimo TDM para se referirem à forma específica da TDM usada para multiplexar as chamadas telefônicas digitais.

Os padrões dos sistemas de telefonia para TDM incluem uma técnica interessante, usada para assegurar que um demultiplexador fique sincronizado com o multiplexador. Para entender o porquê da necessidade de sincronização, observe que um sistema TDM síncrono envia um item de dados após o outro sem qualquer indicação de qual saída um determinado item utiliza. Como o demultiplexador não pode dizer onde começa um item, uma pequena diferença nos relógios usados para temporizar os bits pode levar o demultiplexador a interpretar de forma errada o fluxo de bits.

Para evitar erros de interpretação, a versão do TDM usada no sistema de telefone inclui um *canal de enquadramento (framing channel)* como entrada. Em vez de pegar um slot completo, o enquadramento insere um único bit no fluxo em cada rodada. Juntamente com outros canais, um demultiplexador extrai dados do canal de enquadramento e checa para alternar os bits 0 e 1. A ideia é que, se um erro faz com que um demultiplexador perca um bit, é altamente provável que a verificação de enquadramento detecte o erro e permita que a transmissão seja reiniciada. A Figura 11.10 ilustra o uso de bits de enquadramento.

Para resumir:

> O mecanismo TDM síncrono utilizado para chamadas telefônicas digitais inclui um bit de enquadramento no início de cada rodada. A sequência de enquadramento que alterna 1s e 0s garante que um demultiplexador permaneça sincronizado ou detecte o erro.

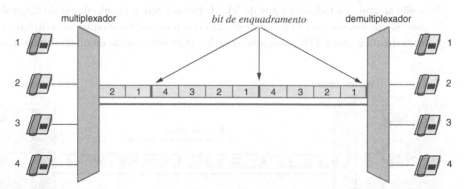

Figura 11.10 Ilustração do sistema TDM síncrono usado pelo sistema telefônico, no qual um bit de enquadramento precede cada rodada.

11.11 TDM hierárquica

Como um sistema de multiplexação por divisão de frequência, um sistema TDM pode ser organizado numa hierarquia. A diferença é que cada etapa sucessiva de uma hierarquia TDM usa N vezes a taxa de bits, enquanto cada etapa sucessiva de uma hierarquia FDM usa N vezes as frequências. Bits de enquadramento extras são adicionados aos dados, o que significa que a taxa de bits de cada camada sucessiva da hierarquia é ligeiramente maior do que o tráfego de voz agregado. Compare o exemplo da hierarquia TDM na Figura 11.11 com o exemplo FDM na Figura 11.6.

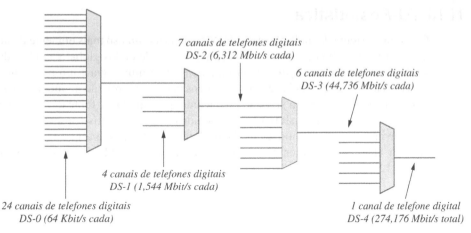

Figura 11.11 Ilustração da hierarquia FDM usada no sistema telefônico.

11.12 O problema com a TDM síncrona: slots não preenchidos

A TDM síncrona funciona bem se cada fonte produzir dados a uma taxa uniforme e fixa igual a $1/N$ da capacidade do meio compartilhado. Por exemplo, se uma fonte corresponde a uma chamada telefônica digital, os dados vão chegar a uma taxa uniforme de 64 kbit/s. Como o Capítulo 9 aponta, muitas fontes geram dados em rajadas, com tempo ocioso entre as rajadas, o que faz com que um sistema TDM síncrono não funcione bem. Para entender o porquê, considere o exemplo na Figura 11.12.

Na figura, as fontes à esquerda produzem itens de dados ao acaso. Assim, o multiplexador síncrono deixa um slot não preenchido se a fonte correspondente não produziu um item no tempo em que o slot deve ser enviado. Na prática, naturalmente, um slot pode não estar vazio, porque o sistema deve continuar a transmitir dados. Assim, ao slot é atribuído um valor (tal como zero), e um bit extra é setado para indicar que o valor é inválido.

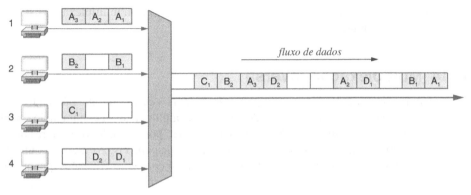

Figura 11.12 Ilustração do sistema TDM síncrono com slots não preenchidos quando a fonte não tem um item de dados pronto no tempo necessário.

11.13 TDM estatística

Como um sistema de multiplexação TDM pode fazer um uso mais eficiente de um meio compartilhado? Uma técnica para aumentar a taxa de dados global é conhecida como *TDM estatística* ou *multiplexação estatística*[3]. A terminologia é um pouco incomum, mas a técnica é simples: ela seleciona os itens para a transmissão no modo *round-robin*, mas, em vez de deixar um slot não preenchido, pula qualquer fonte que não tem dados prontos. Ao eliminar os slots não preenchidos, a TDM estatística leva menos tempo para enviar a mesma quantidade de dados. Por exemplo, a Figura 11.13 ilustra como um sistema TDM estatístico envia os dados a partir da Figura 11.12 em apenas 8 slots, em vez de 12.

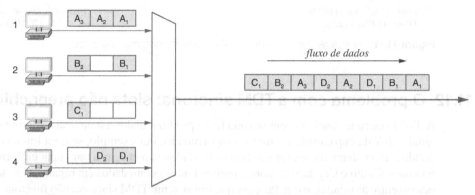

Figura 11.13 Ilustração que mostra como a multiplexação evita slots não preenchidos e leva menos tempo para enviar dados.

Embora evite slots não preenchidos, a multiplexação estatística incorre em sobrecarga extra. Para entender o porquê, considere a demultiplexação. Em um sistema TDM síncrono, um demultiplexador sabe que cada $N^{ésimo}$ slot corresponde a um determinado receptor. Em um sistema de multiplexação estatístico, os dados de um determinado slot podem corresponder a qualquer receptor. Assim, além de dados, cada slot deve conter a identificação do receptor para o qual os dados estão sendo enviados. Os últimos capítulos discutem os mecanismos de identificação usados com multiplexação estatística em redes de comutação de pacotes e na Internet.

11.14 Multiplexação inversa

Um interessante desvio na multiplexação surge nos casos em que a única ligação entre dois pontos é composta de meios de transmissão múltipla, mas nenhum meio sozinho tem uma taxa de bits suficiente. No núcleo da Internet, por exemplo, provedores de serviços precisam de taxas de bits mais elevadas do que as disponíveis. Por exemplo, um ISP pode precisar de uma capacidade de 100 Gbit/s, mas só conseguir conexões que operam a 10

---
[3] Existe na literatura o uso do termo *multiplexagem por divisão de tempo assíncrona*.

Gbit/s[4]. Para resolver o problema, a multiplexação é usada em sentido inverso: envia dados através de 10 circuitos a 10 Gbit/s em paralelo. Em geral, a multiplexação inversa espalha a entrada digital de alta velocidade ao longo de vários circuitos de baixa velocidade e combina os resultados no final de recebimento. A Figura 11.14 ilustra o conceito.

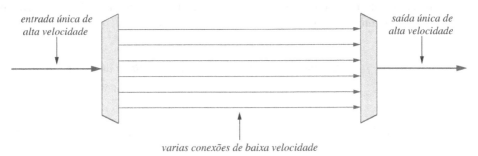

Figura 11.14 Ilustração de multiplexação inversa, na qual uma entrada digital única de alta velocidade é distribuída em várias outras de baixa velocidade para transmitir e então recombinar a fim de formar a cópia da entrada.

Na prática, um *multiplexador inverso* não pode ser construído apenas para conectar as peças de um multiplexador convencional no sentido inverso. Em vez disso, o hardware deve ser projetado de modo que o emissor e o receptor concordem sobre como os dados que chegam da entrada serão distribuídos através das conexões de baixa velocidade. Mais importante: para garantir que todos os dados sejam entregues na mesma ordem em que chegaram, o sistema tem de ser construído para lidar com casos em que uma ou mais das conexões de baixa velocidade tenham latência maior do que as outras. Apesar da sua complexidade, a multiplexação inversa é amplamente utilizada na Internet.

11.15 Multiplexação por divisão de código

A forma final de multiplexação utilizada em partes dos sistemas de telefonia celular e em algumas comunicações por satélite é conhecida como *multiplexação por divisão de código* (CDM, *Code Division Multiplexing*). A versão específica da CDM utilizada em telefones celulares é conhecida como *acesso múltiplo por divisão de código* (CDMA, *Code Division Multi-Access*).

Ao contrário da FDM e da TDM, a CDM não depende de propriedades físicas, tais como frequência ou tempo. Em vez disso, ela se baseia em uma ideia matemática interessante: os valores dos espaços vetoriais ortogonais podem ser combinados e separados sem interferências. A forma particular usada na rede de telefone é mais fácil de entender. Para cada emissor é atribuído um código binário único C_i, que é conhecido como *sequência de chips*. As sequências de chips são selecionadas para serem vetores ortogonais (ou seja, o produto de ponto de quaisquer duas sequências de chips é zero). Em qualquer ponto no tempo, cada emissor tem um valor para transmitir, V_i. Cada um

---
[4] A multiplexação inversa também é utilizada por razões econômicas: em alguns casos, o custo de N circuitos de menor capacidade é menor do que o custo de um único circuito de alta capacidade.

dos emissores multiplica $C_i \times V_i$ e transmite os resultados. Em essência, os emissores transmitem ao mesmo tempo e os valores são somados juntos. Para extrair o valor V_i, um receptor multiplica a soma por C_i.

Para esclarecer o conceito, considere um exemplo. Com o intuito de facilitar o entendimento, vamos usar uma sequência de chip que tem apenas dois bits de comprimento e valores de dados que tem quatro bits de comprimento. Pense na sequência de chip como um vetor. A Figura 11.15 lista os valores.

Emissor	Sequência de chip	Valor de dados
A	1 0	1 0 1 0
B	1 1	0 1 1 0

Figura 11.15 Exemplo de valores para uso com multiplexação por divisão de código.

O primeiro passo consiste em converter os valores binários dentro de vetores de bits que usam -1 para representar 0:

$$C_1 = (1, -1) \quad V_1 = (1, -1, 1, -1) \quad C_2 = (1, 1) \quad V_2 = (-1, 1, 1, -1)$$

Multiplicar $C_1 \times V_1$ e $C_2 \times V_2$ produz:

$$((1, -1), (-1, 1), (1, -1), (-1, 1)) \quad ((-1, -1), (1, 1), (1, 1), (-1, -1))$$

Se pensarmos que os valores resultantes são como uma sequência de intensidades de sinal que devem ser transmitidos ao mesmo tempo, o sinal resultante será a soma dos dois sinais:

```
    1   -1   -1    1    1   -1   -1    1
+  -1   -1    1    1    1    1   -1   -1
─────────────────────────────────────────
    0   -2    0    2    2    0   -2    0
```

Um receptor trata a sequência como um vetor, calcula o produto do vetor e a sequência de chip, trata o resultado como uma sequência e converte-o em binário por meio da interpretação dos valores positivos como binário 1 e dos valores negativos como binário 0. Assim, o receptor A calcula:

$$(1, -1) \cdot ((0, -2), (0, 2), (2, 0), (-2, 0))$$

para conseguir:

$$((0 + 2), (0 - 2), (2 + 0), (-2 + 0))$$

Interpretar o resultado como uma sequência produz:

$$2 \quad -2 \quad 2 \quad -2$$

que se torna um valor binário:

$$1 \quad 0 \quad 1 \quad 0$$

Note que 1010 é o valor correto de V_1. Enquanto isso, o receptor B extrairá o V_2 da mesma transmissão.

Pode parecer que a CDM oferece pouca vantagem sobre a TDM. Na verdade, a CDM é um tanto ineficiente, porque precisa de uma sequência de chip longa, mesmo que apenas alguns emissores transmitam durante um determinado intervalo. Assim, se a utilização for baixa, a TDM estatística funciona melhor do que a CDM.

As vantagens da CDM incluem sua capacidade de escalabilidade e o fato de ela oferecer o menor atraso em uma rede altamente utilizada. Para entender por que o baixo atraso é importante, considere um sistema TDM estatístico. Uma vez que um emissor transmite, um multiplexador TDM permite a *N-1* outros remetentes transmitirem antes de oferecer outra vez ao primeiro emissor. Assim, se todos os emissores estão ativos, o atraso potencial entre as transmissões sucessivas a partir de um determinado emissor pode ser alto. Em um sistema CDM, no entanto, um emissor pode transmitir ao mesmo tempo que os outros emissores, o que significa que o atraso é menor. A CDM é especialmente atraente para um serviço de telefone devido ao baixo atraso entre as transmissões, essencial para a entrega de voz de alta qualidade. Para resumir:

> *A CDM incorre em atraso menor do que a TDM estatística quando uma rede é muito utilizada.*

11.16 Resumo

A multiplexação é um conceito fundamental na comunicação de dados. Um mecanismo de multiplexação permite que pares de emissores e receptores se comuniquem através de um meio compartilhado. Um multiplexador envia entradas de muitos emissores através de um meio compartilhado e um demultiplexador separa e entrega os itens.

Existem quatro abordagens básicas para a multiplexação: por divisão de frequência, por divisão de tempo, por divisão de comprimento de onda e por divisão de código. A *multiplexação por divisão de frequencia* (FDM, *Frequency Division Multiplexing*) permite a comunicação simultânea através de múltiplos canais, cada um dos quais corresponde a uma frequência separada de radiação eletromagnética. A *multiplexação por divisão de comprimento de onda* (WDM, *Wavelength Division Multiplexing*) é uma forma de multiplexação por divisão de frequência que envia as frequências de luz, denominadas *comprimentos de onda*, através de uma fibra óptica.

A *multiplexação por divisão de tempo* (TDM, *Time Division Multiplexing*) envia um item de cada vez através do meio compartilhado. Um sistema TDM síncrono transmite itens sem tempo ocioso entre eles, usualmente utilizando a seleção *round-robin*. Um sistema TDM estatístico evita slots vazios pulando qualquer emissor que não tenha um item pronto para ser enviado.

A *multiplexação por divisão de código* (CDM, *Code Division Multiplexing*) utiliza uma combinação matemática de códigos que permite que vários emissores transmitam ao mesmo tempo sem interferência. As principais vantagens da CDM surgem da sua capacidade de escalabilidade com baixo atraso.

Exercícios

11.1 Cite um exemplo de multiplexação usada em um sistema de comunicação não eletrônico.

11.2 Quais são os quatro tipos básicos de multiplexação?

11.3 Como a FDM usa a radiação eletromagnética?

11.4 O que é uma banda de guarda?

11.5 Um sistema FDM pode atribuir a cada canal um intervalo de frequências. Utilizar um intervalo é essencial quando qual tipo de modulação é utilizado para cada portadora?

11.6 Explique como um intervalo de frequências pode ser usado para aumentar a taxa de dados.

11.7 Em um sistema FDM hierárquico, explique como um canal de alta capacidade é dividido em subcanais.

11.8 Qual é o mecanismo-chave usado para combinar ou separar comprimentos de onda de luz em um sistema WDM?

11.9 Um sistema TDM precisa necessariamente utilizar o serviço de *round-robin*?

11.10 Explique por que enquadramento e sincronização são importantes em um sistema TDM.

11.11 Em um sistema TDM hierárquico, a que taxa de bits a saída de um determinado nível precisa operar? (Expresse a resposta em termos de número e taxa de bits de entrada.)

11.12 Suponha que N usuários competem usando um sistema TDM estatístico e que o transporte físico pode enviar K bits por segundo. Qual é a taxa de dados mínima e a máxima que um usuário individual pode usar?

11.13 Suponha que um circuito OC-12 custa 20% do preço de um circuito OC-48. Que tecnologia de multiplexação um ISP pode utilizar para diminuir o custo do envio de dados na taxa do OC-48? Explique.

11.14 Busque na Web o comprimento de uma sequência de chip utilizada em um sistema telefônico CDMA.

11.15 Entre as quatro técnicas de multiplexação, a CDM é sempre a melhor? Explique.

CAPÍTULO 12
Tecnologias de acesso e de interconexão

12.1 Introdução, 171
12.2 Tecnologia de acesso à Internet: upstream e downstream, 172
12.3 Tecnologias de acesso de banda larga (broadband) e banda estreita (narrowband), 172
12.4 A linha do assinante local (local loop) e a ISDN, 174
12.5 Tecnologias Digital Subscriber Line (DSL), 174
12.6 Características da linha do assinante (local loop) e adaptação, 175
12.7 A taxa de dados da ADSL, 176
12.8 Instalação ADSL e divisores (splitters), 177
12.9 Tecnologias de modem a cabo (cable modem), 177
12.10 A taxa de dados dos cable modems, 178
12.11 Instalação do cable modem, 179
12.12 Hybrid Fiber Coax, 179
12.13 Tecnologias de acesso que utilizam fibra óptica, 180
12.14 Terminologias de modems Head-End e Tail-End, 180
12.15 Tecnologias de acesso sem fio, 181
12.16 Conexões de alta capacidade no núcleo da Internet, 181
12.17 Terminação de circuito, DSU / CSU e NIU, 182
12.18 Padrões telefônicos para circuitos digitais, 183
12.19 Terminologia DS e taxas de dados, 184
12.20 Circuitos de alta capacidade (STS Standards), 184
12.21 Padrões de portadoras ópticas, 185
12.22 O sufixo C, 185
12.23 Rede óptica síncrona (SONET), 186
12.24 Resumo, 187

12.1 Introdução

Os capítulos desta seção examinam cada um dos aspectos fundamentais da comunicação de dados. O capítulo anterior discute a multiplexação e o conceito de uma hierarquia de multiplexação. Além disso, descreve os esquemas de multiplexação por divisão de frequência e tempo que as empresas de telefonia utilizam para a telefonia digital.

Este capítulo conclui a discussão sobre a comunicação de dados analisando dois tipos de tecnologias utilizadas na Internet. Em primeiro lugar, o capítulo discute tecnologias de acesso, tais como DSL, *cable modems* e linhas T1, que são usadas para conectar residências e empresas à Internet. Em segundo lugar, considera circuitos digitais de alta capacidade utilizados no núcleo da Internet. Além disso, amplia a discussão sobre a hierarquia de multiplexação do sistema de telefonia e fornece exemplos de circuitos que operadoras oferecem a empresas e provedores de serviços de Internet. A discussão centra-se nos aspectos das tecnologias relacionados à comunicação de dados, considerando a multiplexação e as taxas de dados.

12.2 Tecnologia de acesso à Internet: upstream e downstream

O termo *tecnologia de acesso à Internet* refere-se a um sistema de comunicação de dados que conecta um assinante Internet (tipicamente uma residência ou empresa privada) a um provedor de serviços de Internet (ISP, *Internet Service Provider*), tal como uma companhia telefônica ou uma empresa a cabo. Para entender como a tecnologia de acesso é projetada, é preciso saber que a maioria dos usuários de Internet segue um padrão de *assimetria*. Um assinante residencial típico recebe mais dados da Internet do que envia.

Por exemplo, para exibir uma página da Web, o navegador envia uma URL que compreende alguns bytes. Em resposta, um servidor Web envia o conteúdo, que pode ser constituído por milhares de bytes de texto, ou uma imagem, que pode ser constituída de dezenas de milhares de bytes. Uma empresa que executa um servidor Web pode ter o padrão de tráfego oposto – envia mais dados do que recebe. Em síntese:

> Como um assinante residencial típico recebe muito mais informações do que envia, as tecnologias de acesso à Internet são projetadas para transferir mais dados em uma direção do que na outra.

A indústria de redes usa os termos *downstream*, para se referir aos dados que trafegam de um prestador de serviços na Internet para um assinante, e *upstream*, para se referir aos dados que trafegam de um assinante para um provedor de serviços. A Figura 12.1 ilustra as definições.

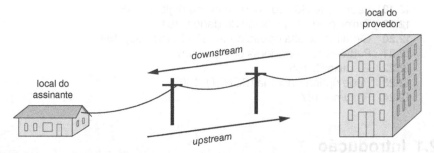

Figura 12.1 Definições das direções *upstream* e *downstream* usadas nas tecnologias de acesso à Internet.

12.3 Tecnologias de acesso de banda larga (broadband) e banda estreita (narrowband)

Uma variedade de tecnologias é usada para fornecer acesso à Internet. Ela pode ser dividida em duas grandes categorias, com base na taxa de dados fornecida:

- Narrowband
- Broadband

Capítulo 12 Tecnologias de acesso e de interconexão 173

Embora o Capítulo 6 explique a diferença entre a largura de banda de um meio de transmissão e a taxa de dados, a terminologia utilizada para redes de acesso não respeita a distinção. Em vez disso, a indústria de redes geralmente usa o termo *largura de banda (bandwidth)* para se referir à taxa de dados. Assim, os termos *banda estreita (narrowband)* e *banda larga (broadband)* refletem as práticas da indústria.

12.3.1 Tecnologias de banda estreita (narrowband)

O termo *narrowband* geralmente se refere às tecnologias que entregam dados em até 128 kbit/s. Por exemplo, a taxa máxima de dados que pode ser alcançada por meio de uma ligação telefônica analógica com a mais sofisticada tecnologia de modem e com linhas telefônicas menos ruidosas é de 56 kbit/s. Assim, a linha discada é classificada como uma tecnologia de banda estreita. Da mesma forma, circuitos analógicos que usam modems, circuitos digitais com velocidade mais lenta e alguns serviços de dados oferecidos pelas empresas telefônicas (por exemplo, ISDN*) são *narrowband*. A Figura 12.2 resume as principais tecnologias de acesso em banda estreita.

Narrowband
Conexões telefônicas discadas
Circuito alugado que usa modems
Circuitos de dados T1 fracionários
ISDN e outros serviços de dados telco

Figura 12.2 As principais tecnologias *narrowband* utilizadas para acesso à Internet.

12.3.2 Tecnologias de banda larga (broadband)

O termo *broadband* geralmente se refere a tecnologias que oferecem altas taxas de dados, mas a fronteira exata entre banda larga e banda estreita é tênue. Muitos profissionais sugerem que as tecnologias de banda larga entregam mais de 1 Mbit/s. No entanto, os provedores, tais como empresas telefônicas, usam o termo *banda larga* para se referirem a qualquer serviço que oferece uma taxa mais elevada do que a oferecida pela Internet discada. Assim, as empresas telefônicas reivindicam que qualquer tecnologia que oferece 128 kbit/s ou mais seja classificada como banda larga. A Figura 12.3 resume as principais tecnologias de acesso *broadband*.

Broadband
Tecnologias DSL
Tecnologias cable modem (modem a cabo)
Tecnologias de acesso sem fio (Wireless)
Circuitos de dados de velocidade T1 ou mais alta

Figura 12.3 As principais tecnologias *broadband* de acesso à Internet.

---

* N. de T.: ISDN (Integrated Services Digital Network) é traduzido muitas vezes como RDSI (Rede Digital de Serviços Integrados).

12.4 A linha do assinante local (local loop) e a ISDN

O termo *local subscriber line* ou *local loop* ou *linha do assinante* descreve a conexão física entre o *escritório central* (CO, *Central Office*) de uma empresa telefônica e o local do assinante. Para entender como uma linha do assinante pode ser usada, é importante compreender que ela é independente do resto do sistema telefônico. Embora o sistema telefônico geral seja construído para fornecer 4 kHz de largura de banda para cada chamada discada, o loop local consiste em um par de fios de cobre e frequentemente tem largura de banda potencial muito maior. Em particular, o loop local de uma linha do assinante localizada perto de um CO pode ser capaz de lidar com frequências acima de 1 MHz.

Como a rede de dados tornou-se importante, as empresas telefônicas têm explorado maneiras de usar o loop local para fornecer comunicação de dados de alta velocidade. Um dos primeiros esforços que as companhias telefônicas fizeram a fim de prestar serviços digitais em grande escala para assinantes foi oferecido sob o nome de *Rede Digital de Serviços Integrados* (RDSI ou ISDN, *Integrated Services Digital Network*). Do ponto de vista do assinante, a ISDN oferece três canais digitais separados, designados *B*, *B*, e *D* (normalmente escrito *2B + D*). Os dois canais B, cada um operando a uma velocidade de 64 kbit/s, têm a intenção de transportar voz digitalizada, dados ou vídeo comprimido; o canal *D*, que opera a 16 kbit/s, é usado como um canal de controle. Em geral, um assinante utiliza o canal *D* para requisitar serviços, os quais são então fornecidos por meio dos canais *B* (por exemplo, uma chamada telefônica que utiliza voz digital). Ambos os canais B podem ser combinados ou *bonded* para produzir um único canal, com uma taxa de dados efetiva de 128 kbit/s. Quando a ISDN foi proposta pela primeira vez, uma velocidade de 128 kbit/s parecia ser muito mais rápida do que a atingida pelos modems de conexão discada. Novas tecnologias de loop local fornecem maiores taxas de dados a um custo menor, relegando a ISDN para poucos casos especiais.

12.5 Tecnologias Digital Subscriber Line (DSL)

A *Linha Digital de Assinante* (DSL, *Digital Subscriber Line*) é uma das principais tecnologias utilizadas para fornecer serviços de comunicação de dados de alta velocidade através de uma linha do assinante (loop local). A Figura 12.4 lista as variantes da DSL. Como os nomes dessas variantes diferem apenas na primeira palavra, o conjunto é referido pela sigla *xDSL*.

Nome	Expansão	Uso geral
ADSL	*Asymmetric DSL*	Clientes residenciais
ADSL2	*Asymmetric DSL version 2*	Aproximadamente três vezes mais rápida
SDSL	*Symmetric DSL*	Empresas que exportam dados
HDSL	*High bit rate DSL*	Empresas a até 4,5 quilômetros de distância
VDSL	*Very-high bit rate DSL*	Versão proposta para 52 Mbit/s

Figura 12.4 Principais variantes de DSL, conhecidas como xDSL.

A ADSL é a variante mais difundida e aquela que a maioria dos clientes residenciais usa. Ela utiliza a multiplexação por divisão de frequência que divide a largura de banda da linha do assinante em três regiões. Uma das regiões corresponde ao serviço de telefone analógico tradicional, o qual é conhecido na indústria como *Plain Old Telephone Service* (POTS), e as duas outras regiões fornecem a comunicação de dados. Para resumir:

> *Como utilizam multiplexação por divisão de frequência, a ADSL e o serviço tradicional de telefone analógico (POTS) podem usar os mesmos fios simultaneamente.*

A Figura 12.5 ilustra como a ADSL divide a largura de banda.

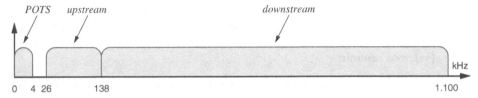

Figura 12.5 Como a ADSL divide a largura de banda da linha do assinante.

Na figura, o eixo *x* não é linear. Se fosse, a região de 4 kHz reservada para o POTS não seria visível nem teria a banda de guarda de 22 kHz entre o POTS e a região *upstream*.

12.6 Características da linha do assinante (local loop) e adaptação

A tecnologia ADSL é complexa, porque não existem duas linhas de assinantes que tenham características elétricas idênticas. Em vez disso, a capacidade de transportar sinais depende da distância, do diâmetro da fiação utilizada e do nível de interferência elétrica. Por exemplo, considere dois assinantes que vivem em diferentes partes de uma cidade. Se a linha telefônica que conduz ao primeiro assinante passa perto de uma estação de rádio comercial, o sinal da estação vai causar interferências na frequência usada. Se o segundo assinante não mora perto da mesma estação de rádio, a frequência usada pode funcionar bem para os dados trafegados através da sua linha. No entanto, o segundo assinante pode sofrer interferências em outra frequência. Assim, os projetistas de ADSL não podem escolher um determinado conjunto de frequências portadoras ou técnicas de modulação que trabalhem bem em todas as linhas de assinantes.

Para acomodar as diferenças das características das linhas de assinantes, a ADSL é *adaptativa*. Ou seja, quando um par de modems ADSL está ligado, ele sonda a linha entre os modems para encontrar as suas características e concorda em se comunicar usando as técnicas que são ideais para a linha. Em particular, a ADSL usa um esquema conhecido como *Discrete Multi Tone modulation* (DMT), que combina as técnicas de multiplexação por divisão de frequência e multiplexação inversa.

A multiplexação por divisão de frequência em DMT é implementada pela divisão da largura de banda em 286 frequências separadas, chamadas *subcanais*[1]; 255 deles são alocados para a transmissão de dados *downstream* e 31 alocados para a transmissão de dados *upstream*. Dois dos canais *upstream* são reservados para a informação de controle. Conceitualmente, existe um "modem" separado em execução em cada subcanal que tem sua própria portadora modulada. As portadoras estão espaçadas em intervalos de 4,1325 kHz para evitar que os sinais interfiram um com o outro. Além disso, para garantir que suas transmissões não interfiram com os sinais de telefone analógico, a ADSL evita usar largura de banda inferior a 26 kHz. Quando a ADSL inicia, ambas as extremidades sondam as frequências disponíveis para determinar quais frequências funcionam bem e sem interferências. Além de selecionar frequências, as duas extremidades avaliam a qualidade do sinal em cada frequência e usam a qualidade para selecionar um esquema de modulação. Se uma frequência particular tem uma elevada relação de sinal-ruído, a ADSL seleciona um esquema de modulação que codifica muitos bits por baud; se a qualidade em uma determinada frequência é baixa, ADSL seleciona um esquema de modulação que codifica menos bits por baud. Podemos resumir:

> Como as características elétricas das linhas de assinantes variam, a ADSL usa uma tecnologia adaptativa em que um par de modems sonda muitas frequências na linha entre os modems e escolhe as frequências e as técnicas de modulação que produzem os melhores resultados nessa linha.

12.7 A taxa de dados da ADSL

Quão rápido pode operar a ADSL? Ela pode atingir uma taxa de *downstream* de 8,448 Mbit/s em linhas de assinantes curtas e uma taxa de *upstream* de 640 kbit/s. Como o canal de controle de rede obrigatório requer 64 kbit/s, a taxa de *upstream* efetiva para os dados do usuário é 576 kbit/s. Nas melhores condições, a ADSL2 pode oferecer download próximo a 20 Mbit/s.

Do ponto de vista do usuário, a adaptação tem uma propriedade interessante: a ADSL não garante uma taxa de dados. Em vez disso, só pode garantir que suas técnicas operarão tanto quanto a linha tenha condições de suportar. Os assinantes que vivem mais longe de um escritório central, ou aqueles cujas linhas de assinantes passam perto de fontes de interferências, atingem taxas de dados mais baixas do que os assinantes que moram perto do escritório central e cujas linhas de assinantes não passam perto de fontes de interferências. Assim, a taxa de download varia de 32 kbit/s a 8,448 Mbit/s, e a taxa de *upstream* varia de 32 a 640 kbit/s.

É importante entender que a taxa de dados ADSL só se aplica às linhas de assinantes que ligam um assinante ao escritório central da companhia telefônica. Muitos outros fatores afetam as taxas de dados globais que um usuário utiliza. Por exemplo, quando um usuário contata um servidor Web, a taxa efetiva de dados pode ser limitada pela carga atual do servidor, pela tecnologia de acesso usada para conectar o site do servidor

---

[1] O termo *subcanal* surgiu porque algumas variantes de DSL dividem a largura de banda em "canais" de 1,544 Mbit/s que correspondem cada um a um circuito T1, como descrito mais adiante no capítulo.

à Internet ou pelas redes intermediárias entre os assinantes do escritório central e o fornecedor que lida com o servidor.

12.8 Instalação ADSL e divisores (splitters)

Embora os telefones analógicos tradicionais operem em frequências abaixo de 4 kHz, ao levantar um aparelho receptor podem ser gerados ruídos que interferem com os sinais DSL. Para proporcionar um isolamento completo, a ADSL usa um dispositivo FDM conhecido como *splitter* (*divisor de frequências*), que divide a largura de banda passando as baixas frequências para uma saída e as altas frequências para outra. Curiosamente, um divisor é *passivo*, o que significa que não necessita de energia. Um divisor é geralmente instalado no local onde a linha do assinante entra em uma residência ou em uma empresa. Um dos lados do divisor se conecta à fiação telefônica convencional (POTS), e o outro lado se conecta a um modem ADSL. A Figura 12.6 ilustra a conexão.

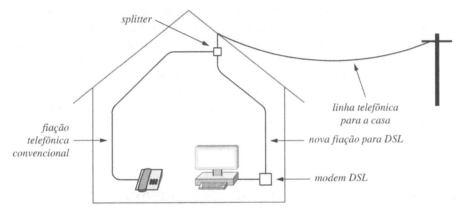

Figura 12.6 Ilustração de um splitter e da fiação usada com ADSL.

Uma variação interessante da fiação ADSL tornou-se popular. Às vezes chamada de *DSL lite*, a abordagem alternativa não requer um splitter instalado na linha telefônica de entrada. Em vez disso, a fiação existente na casa é usada para a DSL, e um divisor deve ser instalado entre cada telefone e a fiação. A vantagem da abordagem alternativa é que um assinante pode instalar a DSL conectando um splitter em uma tomada e um telefone no splitter.

12.9 Tecnologias de modem a cabo (cable modem)

Embora tecnologias como a ADSL forneçam taxas de dados que são muito mais altas do que originalmente se pensou ser possível, a fiação da linha do assinante do telefone tem limitações inerentes. A principal delas reside nas características elétricas da fiação por cabos de par trançado. A falta de blindagem torna a fiação suscetível a interferências que degradam substancialmente o desempenho para alguns assinantes. Como a demanda por maiores taxas de bits aumenta cada vez mais, esquemas de fiação alternativos se tornaram importantes. Consequentemente, uma variedade de tecnologias sem fio e com fio está sendo desenvolvida para uso nas linhas de assinantes.

Uma tecnologia de acesso alternativa que se destaca como particularmente atraente usa a fiação já existente para *televisão a cabo*[2]. O meio utilizado em sistemas a cabo é um cabo coaxial que tem banda larga e é menos suscetível a interferências eletromagnéticas do que o par trançado. Além disso, os sistemas de televisão a cabo usam multiplexação por divisão de frequência (FDM) para entregar muitos canais ao mesmo tempo.

Pode-se supor que, com muitos canais disponíveis, um provedor a cabo poderia usar um canal separado para entregar informações digitais para cada assinante. Isto é, configurar um par de *cable modems*, um no centro CATV e outro no local de um assinante, para usar um dado canal (ou seja, a frequência portadora) para a comunicação e multiplexar o canal para o cabo juntamente com os sinais de televisão.

Apesar de grande, a largura de banda disponível em sistemas CATV é insuficiente para lidar com um esquema de multiplexação por divisão de frequência que estende um canal para cada usuário. Para entender o porquê, observe que, em uma área metropolitana densa, um único fornecedor a cabo pode ter milhões de assinantes. Como resultado, utilizar um canal separado por assinante não é uma solução viável.

Para resolver o problema, os sistemas a cabo combinam FDM e multiplexação estatística por meio da atribuição de um canal de comunicação digital para um conjunto de assinantes (tipicamente, todos em um bairro). Cada assinante recebe um *endereço* único e cada mensagem enviada através do canal contém o endereço para o qual ela foi enviada. Um modem de assinante escuta a frequência atribuída, mas, antes de aceitar uma mensagem, verifica se o endereço dela corresponde àquele atribuído ao assinante.

12.10 A taxa de dados dos cable modems

Quão rápido pode ser um modem a cabo? Em teoria, um sistema de cabo pode suportar taxas de 52 Mbit/s de *downstream* e 512 Kbit/s de *upstream*. Na prática, a taxa pode ser muito menor. Em primeiro lugar, a taxa de um cable modem só se refere à comunicação entre o escritório da empresa a cabo e o local do assinante. Em segundo lugar, a largura de banda é compartilhada entre um conjunto de N assinantes, cujo tamanho é controlado pelo provedor a cabo. Do ponto de vista de um assinante, o compartilhamento da largura de banda com outros assinantes pode ser uma desvantagem, porque a taxa efetiva de dados disponível para cada assinante individual varia ao longo do tempo. No pior caso, se os N assinantes compartilharem uma única frequência, a quantidade de capacidade disponível para um assinante individual será de $1/N$.

---

[2] A TV a cabo, formalmente conhecida como *Community Antenna TeleVision* (CATV), usa a FDM para transmitir sinais de televisão aberta aos assinantes através de um cabo coaxial. A CATV não está disponível em todos os países.

12.11 Instalação do cable modem

Como os sistemas a cabo usam FDM, a instalação do cable modem é simples. Ao contrário das tecnologias xDSL, que exigem o uso de divisores de frequência, os cable modems ligam-se à fiação a cabo diretamente. O hardware FDM em caixas de cabos existentes e nos cable modems garante que os dados e canais não interferirão uns com os outros. Em síntese:

> *Como os sistemas a cabo usam a multiplexação por divisão de frequência, um cable modem pode ser ligado diretamente à fiação a cabo existente, sem a necessidade de um divisor de frequência.*

12.12 Hybrid Fiber Coax

Um dos custos mais altos das tecnologias de acesso decorre da implantação de cabos de cobre ou ópticos entre cada cliente e das instalações de um provedor. Portanto, os provedores preferem as tecnologias que lhes permitem oferecer serviços de velocidade superior e ao mesmo tempo minimizar o número de fios físicos que devem ser alterados. Uma tecnologia que oferece taxas de dados mais altas e que não exige a substituição de todos os fios é conhecida pelo nome genérico de *Hybrid Fiber Coax* (HFC). Como o nome sugere, um sistema de fibra coaxial híbrido utiliza uma combinação de fibras ópticas e cabos coaxiais: a fibra é usada para as instalações centrais e o coaxial é utilizado nas ligações para os assinantes individuais. Em essência, um sistema HFC é hierárquico. Ele utiliza a fibra óptica nas partes da rede que requerem as maiores larguras de banda e utiliza o coaxial nas partes que toleram taxas de dados mais baixas. Para implementar um sistema desse tipo, um provedor coloca dispositivos em cada bairro e eles convertem entre cabo coaxial e óptico. Cada dispositivo se conecta novamente ao provedor através de uma fibra óptica e às casas na vizinhança via cabo coaxial. Se cabos coaxiais utilizados para TV a cabo já estão no local, o custo é minimizado. A Figura 12.7 ilustra a arquitetura.

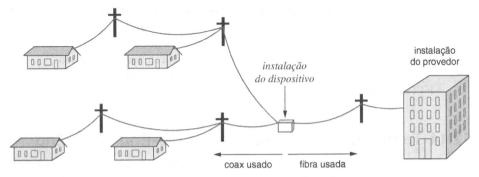

Figura 12.7 Ilustração de um sistema de acesso Hybrid Fiber Coax.

A indústria a cabo usa o termo *trunk* para se referir às conexões de alta capacidade entre o escritório a cabo e cada área do bairro, e o termo *feeder circuit* para se referir à conexão fornecida a um assinante individual. As conexões *trunk* podem ser de até

15 milhas de distância; os *feeder circuits* são geralmente utilizados para distâncias de menos de uma milha.

12.13 Tecnologias de acesso que utilizam fibra óptica

As companhias a cabo têm proposto uma variedade de tecnologias que ou empregam fibra óptica em um sistema híbrido ou a implantam por todo o caminho até cada assinante. A Figura 12.8 resume a nomenclatura de tecnologias-chave.

Nome	Expansão
FTTC	Fiber To The Curb
FTTB	Fiber To The Building
FTTH	Fiber To The Home
FTTP	Fiber To The Premises

Figura 12.8 Nomenclatura de tecnologias de acesso adicionais que usam fibra óptica.

Fiber To The Curb (FTTC). Como o nome sugere, a FTTC é semelhante ao HFC porque utiliza fibra óptica para troncos de alta capacidade. A ideia é levar fibra óptica até perto do assinante final e, em seguida, usar o cobre para os *feeder circuits (circuitos alimentadores)*. A FTTC difere do HFC porque usa dois meios em cada circuito alimentador para permitir que o sistema de cabos forneça um serviço adicional, como voz. A tecnologia está sendo implantada em algumas áreas, especialmente nos EUA e no Canadá.

Fiber To The Building (FTTB). Uma questão fundamental diz respeito à largura de banda que será necessária para empresas; também é questionado se as tecnologias de acesso que utilizam cobre (mesmo cabo coaxial) serão suficientes. A FTTB é uma tecnologia que usará a fibra óptica para possibilitar altas taxas de dados de *upstream*.

Fiber To The Home (FTTH). A contrapartida da FTTB é a FTTH, uma tecnologia de acesso que utiliza fibra óptica para oferecer altas taxas de dados de *downstream* aos assinantes residenciais. Embora a FTTH também ofereça taxas de dados superiores de *upstream*, a ênfase está em muitos canais de entretenimento e vídeo.

Fiber To The Premises (FTTP). Um termo genérico; a FTTP engloba tanto a FTTB como a FTTH.

12.14 Terminologias de modems Head-End e Tail-End

Uma tecnologia de acesso (com fios de cobre ou fibra óptica) requer um par de modems: um no local do assinante e um no local do provedor. A indústria utiliza o termo *head-end modem* para se referir a um modem usado no local do provedor, e o termo *tail-end modem* para se referir a um modem usado no local do assinante.

Modems *head-end* não são dispositivos individuais. Em vez disso, são um grande conjunto de modems construído como uma unidade, que pode ser configurada, monitorada e controlada em conjunto. Um conjunto de modems *head-end* usado por um provedor a cabo é conhecido como *Cable Modem Termination System* (CMTS). Um conjunto de padrões da indústria conhecido como *Data Over Cable System Interface Specifications* (DOCSIS) especifica tanto o formato dos dados que podem ser enviados quanto as mensagens usadas para requisitar serviços (isto é, filmes sob demanda).

12.15 Tecnologias de acesso sem fio

Embora tecnologias como ADSL ou HFC ofereçam serviços digitais para a maioria dos assinantes, elas não lidam com todas as circunstâncias. Os principais problemas surgem em áreas rurais. Por exemplo, imagine uma fazenda ou uma vila afastada muitos quilômetros da cidade mais próxima. O cabeamento de par trançado usado para fornecer serviço de telefone para tal local excede a distância máxima para tecnologias como ADSL. Além disso, as áreas rurais são menos propensas a terem serviço de televisão a cabo.

Mesmo em áreas suburbanas, tecnologias como ADSL podem ter restrições técnicas relacionadas ao tipo de linha que podem usar. Por exemplo, pode ser impossível usar altas frequências nas linhas telefônicas que contêm *bobinas de carga, pontes de derivação ou repetidores*. Assim, mesmo em áreas onde a tecnologia da linha do assinante funciona para a maioria dos assinantes, ela pode não funcionar em todas as linhas.

Para lidar com casos especiais, uma variedade de tecnologias de acesso sem fio tem sido explorada. A Figura 12.9 lista alguns exemplos e o Capítulo 16 discute várias tecnologias.

Tecnologia	Descrição
Serviços 3G e 4G	Terceira e quarta geração de serviços de dados de telefones celulares (por exemplo, EVDO e LTE)
WiMAX	Tecnologia de acesso sem fio de até 155 Mbit/s que usa frequências de rádio
Satélite	Vários fornecedores comerciais oferecem serviços de acesso à Internet através de satélite

Figura 12.9 Exemplos de tecnologias de acesso sem fio.

12.16 Conexões de alta capacidade no núcleo da Internet

Profissionais especialistas em redes dizem que as tecnologias de acesso lidam com o *last mile problem (problema da última milha)*, no qual a última milha é definida como a ligação com um assinante de uma residência normal ou com uma pequena empresa. Uma tecnologia de acesso tem capacidade suficiente para um assinante residencial ou uma pequena empresa (a indústria usa o termo *Small Office Home Office* ou SOHO). As conexões para grandes empresas ou as conexões entre provedores exigem substancialmente mais largura de banda. Para diferenciar as conexões de alta velocidade daquelas encontradas nas extremidades da Internet, os profissionais usam o termo *núcleo* e referem-se às tecnologias de alta velocidade como *tecnologias do núcleo*.

Para entender as taxas de dados necessárias para o núcleo, considere os dados transferidos por um provedor que tem 5.000 clientes. Suponha que o provedor usa uma tecnologia de acesso que pode fornecer até 2 Mbit/s por cliente e considere o que acontece se todos os assinantes tentam baixar dados ao mesmo tempo. A Figura 12.10 mostra o tráfego global da Internet para o provedor.

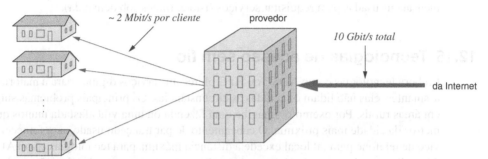

Figura 12.10 Tráfego agregado da Internet para um provedor, assumindo que ele tem 5.000 clientes, cada um fazendo download de 2 Mbit/s.

Surge a pergunta: que tecnologia um provedor pode usar para transmitir dados em longas distâncias a uma velocidade de 10 Gbit/s? A resposta está em um *circuito digital ponto-a-ponto* alugado de uma empresa telefônica. Embora originalmente projetados para serem usados internamente no sistema telefônico, os circuitos digitais de alta capacidade estão disponíveis por uma taxa mensal e podem ser usados para transferir dados. Como as empresas telefônicas possuem autorização para instalar fios que atravessam ruas municipais, um circuito pode estender-se entre dois edifícios, por toda a cidade, ou de um local em uma cidade para um local em outra. O valor cobrado depende da taxa de dados do circuito e da distância atingida. Para resumir:

> Os circuitos digitais alugados de operadoras comuns formam os blocos de construção fundamentais para a comunicação de dados de longa distância. O custo depende da capacidade do circuito e da distância.

12.17 Terminação de circuito, DSU / CSU e NIU

Para usar um circuito digital alugado, deve-se concordar com as regras do sistema telefônico, o que inclui aderir aos padrões projetados para transmitir chamadas de voz digitalizadas. Seguir os padrões de informação digitalizada pode parecer trivial, já que os computadores também são digitais. No entanto, como a indústria de computadores e a indústria de telefonia se desenvolveram de formas independentes, as normas para os circuitos digitais do sistema de telefonia são diferentes das utilizadas na indústria de computadores. Assim, uma peça de hardware especial é necessária para fazer a interface entre um computador e um circuito digital fornecido por uma companhia telefônica.

Conhecido como *unidade de serviço de dados/unidade de serviço de canal (Data Service Unit/Channel Service Unit*, DSU/CSU) o dispositivo contém duas partes funcionais, geralmente combinadas em um único chassi. A porção CSU do dispositivo DSU/CSU processa a terminação da linha e os diagnósticos. Por exemplo, a CSU contém circuitos de diagnóstico que podem testar se a linha foi desconectada. Além disso, contém uma instalação de teste de circuito fechado que permite a ela transmitir uma cópia de todos os dados que chegam por meio do circuito de retorno ao remetente, sem processamento adicional.

A CSU oferece um serviço que os engenheiros de computação acham surpreendente – ela proíbe sequências consecutivas excessivas de bits 1. A necessidade de evitar bits 1 excessivos surge dos sinais elétricos utilizados. Como a companhia telefônica originalmente projetou seus circuitos digitais para trabalhar através de cabos de cobre, os engenheiros estavam preocupados, porque ter muitos bits 1 contíguos significa que há corrente excessiva no cabo. Para evitar problemas, a CSU pode usar ou uma codificação que garanta um equilíbrio (por exemplo, uma codificação diferencial) ou uma técnica conhecida como *bit stuffing*.

A porção DSU de um DSU/CSU processa os dados. Ela traduz os dados entre o formato digital utilizado no circuito da portadora e o formato digital requerido pelo computador do cliente. O padrão de interface utilizado no lado do computador depende da taxa na qual o circuito opera. Se a taxa de dados é inferior a 56 Kbit/s, o computador pode usar RS-232. Para taxas acima de 56 Kbit/s, ele deve usar uma interface de hardware que suporte velocidades mais elevadas (por exemplo, o hardware que usa a *RS-449* ou padrões *V.35*).

A companhia telefônica fornece uma peça adicional do equipamento, conhecida como *unidade de interface de rede* (NIU, *Network Interface Unit*[3]), que forma uma fronteira entre o equipamento de propriedade da empresa de telefonia e o equipamento fornecido pelo assinante. A companhia telefônica refere-se à fronteira como *demarc*.

> Um circuito digital precisa de um dispositivo conhecido como DSU/CSU em cada extremidade. Este traduz a representação digital usada por empresas de telefonia na representação digital utilizada pela indústria do computador.

12.18 Padrões telefônicos para circuitos digitais

Um circuito digital alugado de uma companhia telefônica segue os mesmos padrões de transmissão digital que a companhia usa para transportar chamadas telefônicas digitais. Nos EUA, os padrões de circuitos telefônicos digitais têm nomes que consistem na letra *T* seguida por um número. Engenheiros se referem a eles como *T-series standards*. Um dos mais populares é conhecido como T1; muitas pequenas empresas usam um circuito T1 para transportar dados.

Infelizmente, T-standards não são universais. O Japão adotou uma versão modificada das T-series standards e a Europa escolheu um esquema um pouco diferente. As normas europeias podem ser distinguidas porque elas usam a letra *E*. A Figura 12.11 lista as taxas de dados de vários padrões de circuitos digitais.

---

[3] Embora o termo *Smartjack* às vezes seja usado como sinônimo de NIU, ele refere-se a um tipo específico de NIU fabricada pela Westell Corporation.

Nome	Taxa de bit	Circuitos de voz	Local
Taxa básica	0,064 Mbit/s	1	
T1	1,544 Mbit/s	24	América do Norte
T2	6,312 Mbit/s	96	América do Norte
T3	44,736 Mbit/s	672	América do Norte
E1	2,048 Mbit/s	30	Europa
E2	8,448 Mbit/s	120	Europa
E3	34,368 Mbit/s	480	Europa

Figura 12.11 Exemplos de circuitos digitais e suas capacidades.

12.19 Terminologia DS e taxas de dados

Lembre-se do que vimos no Capítulo 11: as empresas de telefonia usam uma hierarquia de multiplexação que combina várias chamadas de voz dentro de um circuito digital único. Assim, as taxas de dados dos T-standards têm sido escolhidas de modo que cada uma delas possa lidar com múltiplas chamadas de voz. O mais importante é que a capacidade dos circuitos não aumenta linearmente com os seus números. Por exemplo, o padrão T3 define um circuito com uma capacidade muito maior do que três vezes a capacidade de T1. Além disso, deve-se notar que as empresas de telefonia fazem locação de circuitos com capacidade inferior àquelas listadas na figura; eles são conhecidos como *circuitos T1 fracionários*.

Para ser tecnicamente preciso, é preciso distinguir entre as T-standards, que definem o sistema de portadora, e os padrões que especificam como multiplexar as chamadas telefônicas múltiplas dentro de uma única conexão. Estes últimos são conhecidos como *digital signal level standards* ou *DS standards*. Os nomes são escritos com as letras *DS* seguidas por um número, de forma análoga aos T-standards. Por exemplo, DS1 indica um serviço que pode multiplexar 24 chamadas telefônicas dentro de um único circuito, e T1 representa um padrão específico que faz isso também. Como DS1 define a taxa de dados efetiva, é tecnicamente mais correto dizer "um circuito que funciona na velocidade DS1" do que se referir à "velocidade T1". Na prática, poucos engenheiros se preocupam em distinguir entre T1 e DS1. Assim, é provável que você ouça alguém se referir à "velocidade T1".

12.20 Circuitos de alta capacidade (STS Standards)

As companhias telefônicas usam o termo *trunk* para denotar um circuito de alta capacidade e criaram uma série de normas para circuitos *trunk* digitais. Conhecidos como padrões *Synchronous Transport Signal* (STS), eles especificam os detalhes de conexões de alta velocidade. A Figura 12.12 resume as taxas de dados associadas aos diversos padrões STS.

Todos as taxas de dados na tabela são dadas em Mbit/s, facilitando a comparação. Deve ser observado que as taxas de dados para o STS-24 e acima são maiores do que 1 Gbit/s.

Nome do cobre	Nome óptico	Taxa de bit	Circuitos de voz
STS-1	OC-1	51,840 Mbit/s	810
STS-3	OC-3	155,520 Mbit/s	2430
STS-12	OC-12	622,080 Mbit/s	9720
STS-24	OC-24	1.244,160 Mbit/s	19440
STS-48	OC-48	2.488,320 Mbit/s	38880
STS-192	OC-192	9.953,280 Mbit/s	155520

Figura 12.12 Taxas de dados de circuitos digitais de acordo com os padrões de hierarquia STS.

12.21 Padrões de portadoras ópticas

Além dos padrões STS, a empresa telefônica define um conjunto equivalente de padrões de *portadoras ópticas (OC, Optical Carrier)*. A Figura 12.12 mostra os nomes de padrões ópticos, bem como de padrões de cobre. Para ser exato, deve-se distinguir entre o STS e a terminologia OC: os padrões STS referem-se aos sinais elétricos usados na interface do circuito digital (isto é, através do cobre), enquanto os padrões OC referem-se aos sinais ópticos que se propagam através da fibra. Tal como acontece com outra terminologia de rede, poucos profissionais fazem a distinção. Assim, frequentemente profissionais de redes usam o termo *OC-3* para se referirem a um circuito digital que opera a 155 Mbit/s, independente de o circuito utilizar cobre ou fibra óptica.

12.22 O sufixo C

O *Synchronous Transport Signal* e a terminologia da *portadora óptica* descritos na seção anterior têm uma característica adicional não mostrada na Figura 12.12: um sufixo opcional de letra C, que significa *concatenada*. A presença do sufixo indica um circuito sem nenhuma multiplexação inversa. Isto é, um circuito OC-3 pode consistir em três circuitos OC-1 operando a 51,840 Mbit/s cada, ou pode consistir em um único circuito OC-3C (STS-3C) que opera a 155,520 Mbit/s.

Um circuito único operando a toda a velocidade é melhor do que vários circuitos que operam a taxas mais baixas? A resposta depende de como o circuito está sendo usado. De modo geral, ter um único circuito funcionando a plena capacidade fornece mais flexibilidade e elimina a necessidade de equipamentos de multiplexação inversa. No fundo, as redes de dados são diferentes das redes de voz.

Em um sistema de voz, os circuitos de alta capacidade são usados como uma forma de agregar fluxos menores de voz. Em uma rede de dados, no entanto, há um fluxo único de tráfego. Assim, se for possível escolher, a maioria dos projetistas de rede prefere um circuito OC-3C a um circuito OC-3.

12.23 Rede óptica síncrona (SONET)

Além dos padrões STS e OC já descritos, as empresas telefônicas definiram um amplo conjunto de padrões para a transmissão digital. Na América do Norte, os padrões são conhecidos pelo termo *rede óptica síncrona (*SONET, *Synchronous Optical NETwork)*, enquanto na Europa eles são conhecidos como hierarquia digital síncrona (SDH, *Synchronous Digital Hierarchy)*. A SONET especifica detalhes, tais como as formas com que os dados são enquadrados, com que os circuitos de baixa capacidade são multiplexados em um circuito de alta capacidade e como a informação do relógio síncrono é enviada junto com os dados. Como as portadoras usam SONET extensivamente, quando alguém aluga um circuito STS-1, a portadora provavelmente obriga-o a usar a codificação SONET no circuito. Por exemplo, a Figura 12.13 mostra o formato do quadro SONET usado em um circuito STS-1.

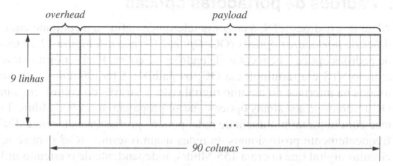

Figura 12.13 Ilustração de um quadro SONET quando usado em um circuito STS-1.

Cada quadro tem o comprimento de 810 bytes. De acordo com a terminologia SONET, os bytes no quadro são divididos em 9 "linhas", com 90 "colunas" em cada linha. Curiosamente, o tamanho de um quadro SONET depende da taxa de bits do circuito. Quando usado em um circuito STS-3, cada quadro SONET detém 2.430 bytes. Como os números surgem? Para entender a diferença, lembre-se de que a telefonia digital tem 8.000 amostras PCM por segundo, o que significa que uma amostra é colhida a cada 125 μ segundos. A SONET usa o tempo para definir o tamanho do quadro. Na taxa de transmissão STS-1 de 51,840 Mbit/s, 6.480 bits são transferidos exatamente em 125 μ segundos, o que significa que um quadro é composto de 810 bytes de 8 bits. Do mesmo modo, na taxa do STS-3, 2.430 bytes podem ser transmitidos em 125 μ segundos. A principal vantagem de o tamanho do quadro depender da taxa de bits do circuito é que ele faz uma multiplexação síncrona trivial – mantendo a sincronização simples enquanto combina três fluxos STS-1 SONET dentro de um fluxo STS-3 SONET.

Embora a maioria das redes de dados use o SONET como um esquema de codificação em um circuito único de ponto-a-ponto, esse padrão oferece mais possibilidades. É possível construir um contador de alta capacidade de rotação de redes em anel usando a tecnologia SONET que lida com falhas em um único ponto. Cada estação no anel utiliza um dispositivo conhecido como *add/drop mux*. Além de passar os dados recebidos em torno do anel, o *add/drop mux* pode ser configurado para aceitar dados adicionais a partir de um circuito local e adicioná-los aos quadros que passam através do anel, ou para extrair dados e entregá-los a um computador local. Se o anel é quebrado, o hardware detecta a perda de informações de enquadramento e usa o contador de anel de rotação para se reconectar. Para resumir:

> *Embora o padrão SONET defina uma tecnologia que pode ser usada para construir uma rede em anel de alta capacidade, com vários circuitos de dados multiplexados através das fibras que constituem o anel, a maioria das redes de dados só usa a SONET para definir o enquadramento e a codificação em um circuito alugado.*

12.24 Resumo

As tecnologias de acesso oferecem conexões à Internet para residências ou pequenas empresas. Existe uma variedade de tecnologias de acesso, inclusive as de telefone de conexão discada, sem fio (via radiofrequência ou satélite) e com fio. Duas tecnologias de acesso atuais são a *Digital Subscriber Line* (DSL) e os cable modems. A DSL usa técnicas FDM para possibilitar a comunicação digital, e uma chamada de voz analógica tradicional para prosseguir simultaneamente na linha do assinante, que conecta o escritório central da companhia telefônica a um assinante. O serviço de cable modem usa a FDM para multiplexar comunicação digital por meio do mesmo sistema de cabo coaxial usado para transportar canais de televisão. Quando a tecnologia de cable modem é utilizada, os cable modems em cada bairro empregam a multiplexação estatística para compartilhar um único canal de comunicação de dados.

Tecnologias como *Hybrid Fiber Coax* (HFC) e a *Fiber To The Curb* (FTTC) usam fibras ópticas para distribuir dados para cada bairro e cabo coaxial para chegar a um assinante individual. Futuras tecnologias têm a proposta de usar fibra óptica com o intuito de entregar maiores taxas de dados a cada residência individual.

Embora sejam suficientes para residências e pequenas empresas, as tecnologias de acesso não fornecem capacidade suficiente para uso no núcleo da Internet. Para alcançar taxas de dados mais altas em longas distâncias, prestadores de serviços e grandes empresas alugam circuitos ponto-a-ponto de operadoras comuns. Os circuitos digitais usam padrões de multiplexação por divisão de tempo (*T-standards* na América do Norte e *E-standards* na Europa). Circuitos de alta velocidade são definidos por meio do *Synchronous Transport Signal* (América do Norte) ou do *Synchronous Digital Hierarchy* (Europa). Um conjunto paralelo de padrões de portadoras ópticas existe para o uso com fibra óptica; muitos profissionais utilizam os nomes padrão OC, independentemente de o circuito usar fibra ou cobre.

Um padrão utilizado em companhias telefônicas, conhecido como SONET, define o enquadramento para o uso em um circuito digital. O tamanho de um quadro SONET depende da taxa de bits do circuito; um quadro sempre leva 125 μ segundos para ser enviado. Além de ser utilizada em um circuito ponto-a-ponto, a SONET pode ser configurada em um anel, o que permite que o hardware determine se o anel está quebrado e automaticamente se reconfigure para corrigir a falha.

Exercícios

12.1 O que é uma *tecnologia de acesso*?

12.2 O que faz os provedores de serviço distinguirem entre comunicações *upstream* e *downstream*?

12.3 Cite exemplos de tecnologias de acesso de banda estreita e banda larga.

12.4 As companhias telefônicas já divulgaram a ISDN como uma tecnologia de acesso de alta velocidade. Por que o uso da ISDN declinou?

12.5 Se um cliente tem a intenção de transmitir mais dados do que recebe, que forma de DSL seria adequada? E se ele pretende receber mais dados do que transmite?

12.6 Qual tipo de multiplexação a ADSL usa?

12.7 Dois vizinhos que vivem na mesma rua usam o serviço de ADSL, mas medições mostram que um deles pode baixar a aproximadamente 1,5 Mbit/s e o outro pode baixar a 2.0 Mbit/s. Explique.

12.8 Por que um divisor de frequência *(splitter)* é usado com a DSL?

12.9 Qual das seguintes tecnologias, DSL ou cable modem, proporcionaria uma taxa de dados potencialmente mais alta?

12.10 Por que um prestador de serviços escolheria *Hybrid Fiber Coax* em vez de *Fiber To The Premises*?

12.11 Onde fica localizado um modem *head-end*? E um modem *tail-end*?

12.12 Qual é a vantagem da tecnologia de acesso WiMAX em relação ao satélite? Qual é a vantagem do satélite?

12.13 Se você aluga um circuito T1, qual equipamento será instalado entre o circuito e o seu computador?

12.14 Use a Web para encontrar o tamanho aproximado de um filme em DVD. Quanto tempo leva para baixar um filme por meio de uma linha T1? E de uma linha T3? (Ignore sobrecarga.)

12.15 Se alguém mostra um cabo de cobre e afirma que se trata de um "circuito OC-12", que erro está cometendo? Qual é a denominação que deveria ter sido usada?

12.16 Por que os projetistas da *Synchronous Digital Hierarchy* escolheram valores incomuns para taxas de dados em vez de valores exatos em potências de dez?

12.17 Explique como o tamanho de um quadro SONET é computado.

PARTE III

Comutação de pacotes e tecnologias de rede

Uma visão geral da comutação de pacotes e das tecnologias de pacotes que utilizam meios com e sem fio

CAPÍTULOS

13 Redes de área local: pacotes, quadros e topologias 191
14 A subcamada MAC do IEEE 207
15 Tecnologias de LANs com fio (Ethernet e 802.3) 219
16 Tecnologias de redes sem fio 229
17 Repetidores, bridges e comutadores 252
18 Tecnologias WAN e roteamento dinâmico 265
19 Tecnologias de redes: passado e presente 283

CAPÍTULO 13

Redes de área local: pacotes, quadros e topologias

13.1 Introdução, 191
13.2 Comutação de circuitos e comunicação analógica, 191
13.3 Comutação de pacotes, 193
13.4 Redes de pacotes de área local e de longo alcance, 194
13.5 Padrões para formato de pacotes e identificação, 195
13.6 O modelo IEEE 802 e seus padrões, 196
13.7 Redes ponto-a-ponto e acesso múltiplo, 197
13.8 Topologias de LAN, 198
13.9 Identificação de pacotes, demultiplexação, endereços MAC, 200
13.10 Endereços unicast, broadcast e multicast, 201
13.11 Broadcast, multicast e entrega eficiente com multi-ponto, 201
13.12 Quadros e enquadramento, 202
13.13 Byte e bit stuffing, 204
13.14 Resumo, 205

13.1 Introdução

A primeira parte do livro abrange aplicações de Internet e programação em redes. A segunda parte explora tópicos relacionados à comunicação de dados. Cada capítulo aborda um conceito fundamental, como a multiplexação, que é a base de todas as redes de computadores.

Este capítulo marca o início da Parte III do livro, que aborda a comutação de pacotes e as tecnologias de redes de computadores. Depois de uma breve introdução, o capítulo explica o modelo de padronização do IEEE e concentra-se nos conceitos de endereçamento de hardware e identificação de quadros.

Os últimos capítulos desta parte expandem a discussão, considerando pacotes em redes locais e também em redes de longo alcance. Além disso, abordam uma variedade de tecnologias de rede com e sem fios.

13.2 Comutação de circuitos e comunicação analógica

O termo *comutação de circuitos* refere-se a um mecanismo de comunicação que estabelece um caminho independente entre o transmissor e o receptor. A comutação de circuitos é geralmente associada com a tecnologia de telefonia analógica, porque um sistema de telefonia fornece uma conexão dedicada entre dois telefones. Na verdade, o termo se originou das primeiras redes telefônicas discadas que usavam dispositivos de comutação eletromecânicos para formar um circuito físico. A Figura 13.1 ilustra a comunicação realizada através de uma rede de comutação de circuitos.

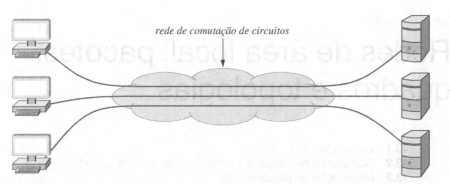

Figura 13.1 Uma rede de comutação de circuitos que fornece uma conexão direta entre cada par de entidades.

Redes de comutação de circuitos modernas usam dispositivos eletrônicos para estabelecer circuitos. Além disso, em vez de cada circuito corresponder a um caminho físico, vários circuitos são multiplexados sobre mídia compartilhada, e o resultado é conhecido como *circuito virtual*. Assim, a diferença entre comutação de circuitos e outras formas de redes não é mais definida pela existência de caminhos físicos separados; em vez disso, três propriedades gerais definem o paradigma da comutação de circuitos:

- Comunicação ponto-a-ponto
- Etapas separadas para criação, uso e término dos circuitos
- Desempenho equivalente a um caminho físico isolado

A primeira propriedade significa que um circuito é formado por exatamente dois pontos, e a segunda propriedade distingue os circuitos que são *comutados* (estabelecidos quando necessário) dos circuitos *permanentes* (sempre ativos e prontos para uso). Circuitos comutados usam um processo de três passos, similar ao estabelecimento de uma chamada telefônica. No primeiro passo, um circuito é criado quando um ser humano ou um programa de aplicação tenta se comunicar. No segundo passo, as duas partes utilizam o circuito, e na terceira as duas partes terminam a utilização. Assim, um circuito comutado é temporário no sentido de que permanece ativo apenas enquanto necessário; uma vez que a comunicação termina, ele é removido.

A terceira propriedade fornece uma distinção crucial entre as redes de comutação de circuitos e os outros tipos. A comutação de circuitos significa que a comunicação entre as duas partes não pode ser afetada de forma alguma pela comunicação entre as outras entidades que se comunicam na rede, mesmo que toda a comunicação seja multiplexada através de um único meio comum. Em particular, a comutação de circuitos deve fornecer a ilusão de um caminho isolado para cada par de entidades comunicantes. Assim, técnicas como a multiplexação por divisão de frequências ou a multiplexação síncrona por divisão de tempo devem ser usadas para multiplexar os circuitos através de um meio compartilhado.

Em síntese:

> *A comutação de circuitos proporciona a ilusão de um caminho físico isolado entre um par de entidades; um caminho é criado quando necessário e liberado após o uso.*

13.3 Comutação de pacotes

A principal alternativa para a comutação de circuitos é a *comutação de pacotes*, que forma a base da Internet. Um sistema de comutação de pacotes utiliza multiplexação estatística, na qual as múltiplas fontes concorrem para a utilização do meio compartilhado. A Figura 13.2 ilustra o conceito.

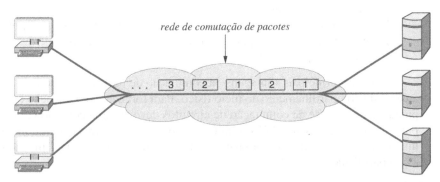

Figura 13.2 Uma rede de comutação de pacotes envia um pacote por vez através do meio compartilhado.

A principal diferença entre comutação de pacotes e outras formas de multiplexação estatística é que um sistema de comutação de pacotes requer que o transmissor divida cada mensagem em pequenos blocos de dados, chamados *pacotes*. O tamanho de um pacote varia; cada tecnologia de comutação de pacotes define um tamanho máximo[1].

Três propriedades gerais definem o paradigma da comutação de pacotes:

- Comunicação assíncrona para receptores arbitrários
- Não é necessário inicialização antes do início da comunicação
- O desempenho varia devido à multiplexação estatística entre os pacotes

A primeira propriedade significa que a comutação de pacotes permite que um transmissor se comunique com um ou vários destinatários, e que um destinatário pode receber mensagens de um ou vários transmissores. Além disso, a comunicação pode ocorrer a qualquer momento, e um transmissor pode atrasar um tempo qualquer entre dois eventos sucessivos de comunicação.

A segunda propriedade significa que, ao contrário de um sistema de comutação de circuitos, um sistema de comutação de pacotes permanece pronto para enviar um pacote para qualquer destino a qualquer momento. Assim, um remetente não precisa executar qualquer inicialização antes de transmitir, nem precisa sinalizar o término da comunicação.

A terceira propriedade significa que a multiplexação ocorre entre pacotes em vez de bits ou bytes. Isto é, uma vez que um remetente obtém acesso ao canal, transmite um pacote completo e, em seguida, permite que outros remetentes transmitam seus pacotes. Quando não há outros remetentes prontos para transmitir um pacote, um único remeten-

---

[1] Os pacotes não são grandes: um tamanho máximo de pacote comum é 1.500 bytes.

te pode transmitir repetidamente. No entanto, se vários remetentes compartilham uma rede comutada, esta é projetada para dar a cada um deles uma parte equitativa, ou seja, se N transmissores têm um grande conjunto de pacotes prontos para serem enviados, um determinado transmissor será capaz de utilizar cerca de $1/N$ da capacidade da rede.

Para resumir:

> *A comutação de pacotes, que forma a base da Internet, é um tipo de multiplexação estatística que possibilita a comunicação muitos-para-muitos. Um transmissor deve dividir uma mensagem em um conjunto de pacotes; depois que um remetente transmite um pacote, deve esperar que os outros remetentes transmitam antes de prosseguir.*

Uma das principais vantagens da comutação de pacotes é a economia que surge a partir do compartilhamento do meio físico. Para fornecer comunicação entre N computadores, uma rede de comutação de circuitos deve ter uma conexão para cada computador, mais pelo menos $N/2$ caminhos independentes. Com a comutação de pacotes, uma rede deve ter uma conexão para cada computador, mas apenas um caminho, que é compartilhado.

13.4 Redes de pacotes de área local e de longo alcance

Tecnologias de comutação de pacotes são comumente classificadas de acordo com a distância que abrangem. As tecnologias de redes mais econômicas abrangem pequenas distâncias (por exemplo, dentro de um edifício) e as mais caras abrangem longas distâncias (por exemplo, várias cidades). A Figura 13.3 resume as três categorias principais.

Sigla	Significado	Descrição
LAN	Local Area Network ou rede de área local	Custo baixo; abrange uma sala ou edifício
MAN	Metropolitan Area Network ou rede de área metropolitana	Custo médio; abrange uma grande cidade ou uma região metropolitana
WAN	Wide Area Network ou rede de longo alcance	Custo elevado; abrange várias cidades

Figura 13.3 As três principais categorias de redes de comutação de pacotes.

Na prática, poucas tecnologias MAN foram criadas, e as redes MAN não foram bem-sucedidas comercialmente. Consequentemente, os profissionais de redes tendem a agrupar as tecnologias de MAN na categoria WAN e a usar apenas os termos LAN e WAN.

A terminologia tornou-se tão generalizada que os grupos muitas vezes propõem variantes que começam com "rede de área". Por exemplo, o Capítulo 16 descreve tecnologias *rede de área pessoal* (PAN, *Personal Area Network*), como bluetooth, que são limitadas a poucos metros. Além disso, os fabricantes de chips, por vezes, usam o termo *rede de área de chip* (CAN, *Chip Area Network*) para se referirem a mecanismos de comutação de pacotes que ligam vários núcleos em um único chip VLSI.

13.5 Padrões para formato de pacotes e identificação

Como os sistemas de comutação de pacotes dependem de compartilhamento, cada pacote enviado deve conter a identificação do destinatário. Além disso, para garantir que nenhuma ambiguidade ocorra, todos os transmissores devem concordar sobre os detalhes exatos de como identificar um destinatário e onde colocar a identificação em um pacote. Organizações de padronização criam protocolos que especificam todos esses detalhes. O conjunto mais utilizado de normas para LANs foi criado pelo IEEE (*Institute for Electrical and Electronics Engineers*).

Em 1980, o IEEE organizou o *Comitê de Padronização do Projeto 802 LAN/MAN* para produzir padrões para redes. Para entender os padrões IEEE, é importante saber que a organização é composta por engenheiros que se concentram nas duas camadas inferiores da pilha de protocolos. Na verdade, quando se lê os documentos do IEEE, pode parecer que todos os outros aspectos da rede não são importantes. No entanto, existem outras organizações de padronização, e cada uma enfatiza camadas específicas da pilha. O IETF enfoca os protocolos de transporte e de Internet, e o consórcio World Wide Web se concentra em padrões de camada de aplicação. Cada grupo acredita que suas camadas são as mais importantes. A Figura 13.4 fornece uma ilustração bem-humorada de uma pilha de protocolos como vista por cada organização de padrões.

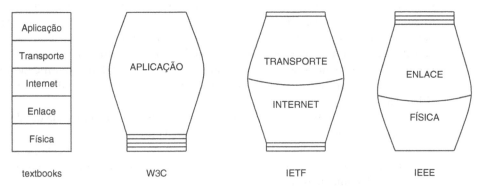

Figura 13.4 Uma ilustração bem-humorada de uma pilha de protocolos como vista pelas várias organizações de padronização.

O que o leitor deve ter em mente é que os padrões de uma determinada organização são pertinentes apenas para certas camadas e que a quantidade de normas não é proporcional à importância de uma camada em particular. Para resumir:

> *Cada organização de padronização concentra-se em camadas específicas da pilha de protocolos. Padrões IEEE focam nas duas últimas camadas da pilha e nas tecnologias de LAN.*

13.6 O modelo IEEE 802 e seus padrões

Mais dúvidas sobre as camadas surgem porque o IEEE divide a camada 2 em dois tipos e usa o termo *subcamadas* para caracterizar a divisão. No entanto, a terminologia pode ser enganosa, pois os dados não passam pelas duas subcamadas como passam através de camadas convencionais; em vez disso, as subcamadas definem vários aspectos dos protocolos da camada 2, como o endereçamento e o compartilhamento de mídia. A Figura 13.5 lista as duas subcamadas conceituais do IEEE e sua finalidade.

Subcamada	Expansão	Objetivo
LLC	Logical Link Control	Endereçamento e demultiplexação
MAC	Media Access Control	Acesso ao meio físico compartilhado

Figura 13.5 A divisão conceitual da camada 2 em subcamadas, de acordo com o modelo do IEEE.

A subcamada *controle lógico do enlace* (LLC, *Logical Link Control*) especifica o endereçamento e o uso de endereços para demultiplexação conforme descrito posteriormente neste capítulo. A subcamada *controle de acesso ao meio físico* (MAC, *Media Access Control*) especifica como vários computadores compartilham o meio físico.

Em vez de usar nomes textuais para identificar o grupo de pessoas que trabalha em um padrão, o IEEE utiliza um identificador do tipo *XXX.YYY.ZZZ*. O valor numérico *XXX* indica a categoria da norma, o sufixo *YYY* denota uma subcategoria. Se uma subcategoria é suficientemente grande, um terceiro nível pode ser adicionado para distinguir entre padrões específicos. Por exemplo, as especificações de LAN receberam a numeração de categoria 802. Assim, cada grupo de trabalho que desenvolve um padrão de LAN recebe uma identificação, como 802.1, 802.2 e assim por diante. Note que nem o valor 802 nem os sufixos individuais transmitem qualquer significado técnico – eles apenas identificam padrões. A Figura 13.6 lista exemplos de identificadores do IEEE para LAN.

Como mostra a figura, o IEEE criou vários grupos de trabalho, cada um deles destinado a padronizar um tipo de tecnologia de rede. Um grupo, que é composto por representantes das comunidades industrial e acadêmica, reúne-se regularmente para discutir abordagens e elaborar normas. Quando um grupo finalmente concorda nos detalhes, escreve um documento padrão, que o IEEE publica.

Um grupo de trabalho é criado quando uma nova tecnologia é necessária, e o grupo pode decidir se desfazer uma vez que o padrão tenha sido produzido. Normalmente, o IEEE permite que um grupo de trabalho permaneça ativo desde que faça progresso e que a tecnologia ainda seja considerada importante. Se um grupo decide que a tecnologia sob investigação não é mais relevante, pode se desfazer sem produzir um padrão. Alternativamente, o IEEE pode decidir que uma norma não é mais relevante, por exemplo, caso uma tecnologia melhor tenha sido descoberta, tornando a normalização sem sentido. Em alguns casos, outra organização de padrões pode ter produzido um padrão antes, fazendo o esforço do IEEE redundante. A Figura 13.6 também inclui temas que eram considerados importantes, mas foram dissolvidos.

13.7 Redes ponto-a-ponto e acesso múltiplo

Recorde que o termo *ponto-a-ponto* se refere a um mecanismo de comunicação que liga exatamente duas entidades comunicantes. Tecnologias LAN usam uma alternativa na qual vários computadores partilham um meio, de tal modo que qualquer computador na rede local pode se comunicar com qualquer outro. Para descrever esse tipo de compartilhamento, utilizamos o termo *acesso múltiplo* e dizemos que a LAN é de *acesso múltiplo*.

Em geral, as tecnologias de LAN oferecem conexões diretas entre as entidades comunicantes. Profissionais dizem que as LANs conectam *computadores*, com o entendimento de que um dispositivo como uma impressora também pode se conectar a uma LAN de acesso múltiplo.

ID	Tópico
802.1	Protocolos de rede local de camadas mais altas
802.2	Controle Lógico do Enlace
802.3	Ethernet
802.4	Token Bus (finalizado)
802.5	Token Ring
802.6	Redes de área metropolitana (finalizado)
802.7	Redes locais de banda larga utilizando cabo coaxial (finalizado)
802.9	Redes locais com serviços integrados (finalizado)
802.10	Segurança interoperável de redes locais (finalizado)
802.11	Redes locais sem fio (wireless ou wi-fi)
802.12	Prioridade por demanda
802.13	Categoria 6 – redes locais de 10 Gbit/s
802.14	Modems a cabo (finalizado)
802.15	Redes de área pessoal (PAN ou Personal Area Networks) 802.15.1 (Bluetooth) 802.15.4 (ZigBee)
802.16	Acesso sem fio de banda larga 802.16e (Móvel) banda larga sem fio
802.17	Redes de anel com resiliência
802.18	Grupo de Consultores Técnicos (TAG – Technical Advisory Group) de regulação de rádio
802.19	TAG de coexistência
802.20	Acesso móvel banda larga sem fio
802.21	*Handoff* independente de meio
802.22	Rede de área regional sem fio

Figura 13.6 Exemplos de identificadores que o IEEE atribuiu a vários padrões LAN.

13.8 Topologias de LAN

Como muitas tecnologias de LAN foram desenvolvidas, é importante saber suas semelhanças e diferenças. Para ajudar a identificar semelhanças, cada rede é classificada em uma categoria de acordo com sua *topologia* ou forma geral. Esta seção descreve quatro topologias básicas que são usadas para construir LANs; um capítulo posterior discute tecnologias específicas. A Figura 13.7 ilustra as topologias.

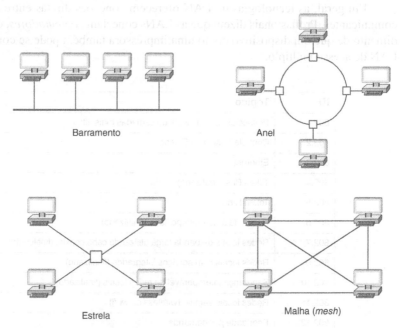

Figura 13.7 Quatro topologias de rede usadas com LANs.

13.8.1 Topologia em barramento

O termo *topologia em barramento* foi cunhado para caracterizar redes, como a Ethernet original, que consistem em um único cabo no qual os computadores se conectam. Qualquer computador conectado a um barramento pode enviar um sinal pelo cabo, e todos os computadores recebem o sinal. Como todos os computadores se conectam diretamente ao cabo, qualquer computador pode enviar dados para qualquer outro computador. É claro que os computadores ligados a uma rede de barramento devem se coordenar para garantir que apenas um computador por vez envie o sinal. Algumas redes de barramento são organizadas para que os computadores se conectem a um pequeno dispositivo (numa topologia estrela), e o barramento (ou seja, o cabo compartilhado) é mantido dentro do dispositivo.

13.8.2 Topologia em anel

Uma rede que utiliza *topologia em anel* organiza os computadores de forma que eles constituam um circuito fechado – um cabo liga o primeiro computador no segundo computador, outro cabo liga o segundo computador no terceiro e assim por diante, até que um cabo ligue o último computador de volta no primeiro. Algumas tecnologias que usam topologia em anel fazem todos os computadores se conectarem a um pequeno dispositivo (numa topologia estrela), e o anel é formado no interior do dispositivo. A vantagem de utilizar um dispositivo separado reside na capacidade do anel de continuar a operação, mesmo se alguns dos computadores forem desligados. O nome *anel* surgiu porque é possível imaginar os computadores e os cabos que os conectam dispostos em um círculo, como ilustra a Figura 13.7. Na prática, os cabos de uma rede em anel não formam um círculo; em vez disso, eles correm ao longo de corredores ou sobem na vertical de um andar de um edifício para outro.

13.8.3 Topologia em malha (mesh)

Uma rede que utiliza uma *topologia em malha* (*mesh*) proporciona uma ligação direta entre cada par de computadores. A principal desvantagem da topologia em malha é o custo: uma rede em malha conectando *n* computadores requer:

$$\text{conexões em uma rede mesh} = \frac{n!}{(n-2)!\,2!} = \frac{n^2 - n}{2} \qquad (13.1)$$

O mais importante é que o número de conexões necessárias para uma rede em malha cresce mais rápido do que o número de computadores. Como as conexões físicas são caras, poucas LANs com fio empregam esse tipo de topologia.

13.8.4 Topologia em estrela

Uma rede usa *topologia em estrela* se todos os computadores se conectam a um ponto central. Como uma rede em forma de estrela se assemelha aos raios de uma roda, o centro de uma rede em estrela é muitas vezes chamado de *hub* (*concentrador*). Um hub típico consiste de um dispositivo eletrônico que recebe dados do computador de origem e os entrega ao destino adequado.

Na prática, as redes em estrela raramente têm uma forma simétrica na qual o hub está localizado a uma distância igual de todos os computadores. Em vez disso, um hub muitas vezes fica em um local separado dos computadores conectados a ele. Por exemplo, os computadores podem ficar em escritórios individuais, enquanto o hub fica em um local acessível à equipe de rede da organização.

13.8.5 A razão para várias topologias

Cada topologia tem vantagens e desvantagens. Uma topologia em anel facilita a coordenação do acesso e ajuda a detectar se a rede está funcionando corretamente. Sem um dispositivo externo, no entanto, toda a rede de anel pode ser desativada se um dos cabos é cortado. Uma topologia em estrela ajuda a proteger a rede contra danos em um único cabo, porque cada cabo se conecta individualmente a uma máquina. Um barramento requer menos fios do que uma estrela, mas tem a mesma desvantagem do anel: a rede é desativada se alguém corta acidentalmente o cabo principal. Alguns capítulos posteriores que descrevem as tecnologias de rede específicas fornecem detalhes adicionais sobre as diferenças. Por enquanto, é suficiente entender isto:

> As redes são classificadas em categorias abrangentes de acordo com a sua forma geral. Embora uma topologia em malha seja possível, as topologias primárias utilizadas em LANs são estrela, anel e barramento; cada uma tem vantagens e desvantagens.

13.9 Identificação de pacotes, demultiplexação, endereços MAC

Além das normas que especificam os detalhes de várias tecnologias de LAN, o IEEE criou um padrão para o *endereçamento*. Para entender o endereçamento, considere pacotes atravessando um meio compartilhado, como na Figura 13.2. No caso mais simples, cada pacote que se desloca através do meio compartilhado destina-se a um receptor específico, e apenas o destinatário deve processar o pacote. Em sistemas de comutação de pacotes, a demultiplexação utiliza um identificador conhecido como *endereço*. Cada computador possui um endereço único, e cada pacote contém o endereço do destinatário pretendido.

No esquema de endereçamento do IEEE, cada endereço consiste em um valor binário de 48 bits. O IEEE usa o termo *endereço MAC* (*endereço de Media Access Control*). Como os endereços de 48 bits são originários da tecnologia Ethernet, profissionais de rede também usam o termo *endereço Ethernet*. Para garantir que cada endereço seja único, o IEEE atribui um endereço para cada hardware de interface de rede. Assim, se um consumidor compra uma *placa de interface de rede* (NIC, *Network Interface Card*) para o seu PC, ela contém um endereço IEEE único atribuído quando foi fabricada.

Em vez de atribuir endereços individuais, o IEEE atribui um bloco de endereços a cada fornecedor de equipamentos e permite que o vendedor atribua um valor único para cada dispositivo fabricado. Assim, o endereço de 48 bits é dividido em um *identificador organizacional único de 3 bytes* (OUI, *Organizationally Unique ID*) que identifica o fornecedor do equipamento, e em um bloco de 3 bytes que identifica um determinado *controlador de interface de rede* (NIC, *Network Interface Controller*). A Figura 13.8 ilustra a divisão.

Curiosamente, os dois bits menos significativos do byte mais significativo da OUI possuem um significado especial, como indica a figura. O bit menos significativo do byte mais significativo é um bit de *multicast*, que especifica se o endereço é *unicast* (0) ou *multicast* (1), e o próximo bit especifica se o OUI é globalmente único (0) ou atribuído localmente (1). A próxima seção explica o multicast. Endereços globalmente únicos são atribuídos pelo IEEE; endereços atribuídos localmente estão disponíveis para trabalho experimental ou para organizações que desejam criar o seu próprio espaço de endereço.

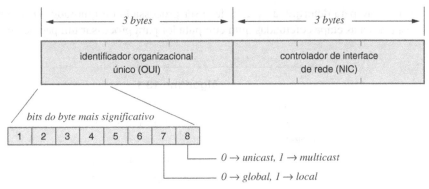

Figura 13.8 A divisão de um endereço MAC IEEE de 48 bits.

13.10 Endereços unicast, broadcast e multicast

O esquema de endereçamento do IEEE suporta três tipos de endereços que correspondem a três tipos de entrega de pacotes. A Figura 13.9 apresenta um resumo.

Tipo de endereço	Significado e entrega de pacotes
Unicast	Identifica univocamente um computador e especifica que apenas ele deve receber uma cópia do pacote
Broadcast	Corresponde a todos os computadores e especifica que cada computador na rede deve receber uma cópia do pacote
Multicast	Identifica um subconjunto dos computadores de uma determinada rede e especifica que cada computador no subconjunto deve receber uma cópia do pacote

Figura 13.9 Os três tipos de endereços MAC e os significados correspondentes.

Pode parecer estranho que o formato de endereços IEEE reserve um bit para distinguir entre unicast e multicast, mas não forneça uma maneira de designar um endereço de broadcast. A norma especifica que um *endereço de broadcast* consiste em 48 bits que são todos 1s. Assim, um endereço de broadcast tem o bit multicast ligado. Conceitualmente, o broadcast pode ser compreendido como uma forma especial de multicast, isto é, cada endereço de multicast corresponde a um grupo de computadores, e o endereço de broadcast corresponde a um grupo que inclui todos os computadores da rede.

13.11 Broadcast, multicast e entrega eficiente com multi-ponto

Endereços broadcast e multicast são especialmente úteis em LANs, porque permitem a entrega eficiente para muitos computadores. Para entender a eficiência, lembre-se de que a maioria das tecnologias de LAN transmite pacotes através de um meio físico compartilhado. Em uma LAN típica, cada computador monitora o meio compartilhado, extrai uma cópia de cada um dos pacotes e, em seguida, examina o endereço de destino do pacote para determinar se este deve ser processado ou ignorado. O Algoritmo 13.1 especifica as etapas efetuadas num computador para processar um pacote de entrada.

Algoritmo 13.1

Finalidade:
   Lidar com um pacote que chega através da LAN
Método:
   Extrair o endereço de destino, D, do pacote;
   if (D corresponde ao meu endereço unicast) {
       aceitar e processar o pacote;
   } else if (D corresponde ao endereço de broadcast) {
       aceitar e processar o pacote;
   } else if (D corresponde a um dos endereços multicast
       para um grupo do qual sou membro) {
       aceitar e processar o pacote;
   } else {
       ignorar o pacote;
   }

Algoritmo 13.1 Algoritmo de processamento de pacotes usado em uma LAN.

A partir do algoritmo, a eficiência deve estar clara. No caso de um broadcast ou de um multicast, uma única cópia do pacote é transmitida para o meio compartilhado, e todos os computadores a recebem e a processam. Por exemplo, considere o broadcast. Em vez de efetuar N transmissões separadas para cada computador na rede, um transmissor envia uma única cópia do pacote para o endereço de broadcast, e todos os computadores a recebem.

13.12 Quadros e enquadramento

O Capítulo 9 apresenta o enquadramento no contexto dos sistemas de comunicação síncrona como um mecanismo que permite a um receptor saber onde uma mensagem começa e termina. Num sentido mais geral, nós utilizamos o termo *enquadramento* em referência à estrutura adicionada a uma sequência de bits ou bytes que permite ao transmissor e ao receptor concordarem com o formato exato da mensagem. Em uma rede de comutação de pacotes, cada *quadro* corresponde a um pacote. Um quadro é composto por duas partes conceituais:

- Um cabeçalho contendo metadados, como um endereço
- Uma carga útil (payload) contendo os dados a serem enviados

Um *cabeçalho* de quadro contém a informação usada para processar o quadro. Em particular, um cabeçalho geralmente contém um endereço que especifica o destinatário. A área de *carga útil* contém a mensagem a ser enviada e é geralmente muito maior do que o cabeçalho. Na maioria das tecnologias de rede, a mensagem é *opaca*, no sentido de que a rede examina apenas o cabeçalho; assim, a carga pode conter uma sequência qualquer de bytes que só são significativos para o transmissor e o receptor.

Um quadro é geralmente concebido de forma que o cabeçalho seja transmitido antes da carga útil de dados, o que permite ao receptor começar a processar o quadro à medida que os bits chegam. Algumas tecnologias enviam um pequeno prelúdio antes do quadro e um pequeno finalizador depois dele. A Figura 13.10 ilustra o conceito.

Figura 13.10 Estrutura típica de um quadro de uma rede de comutação de pacotes.

Para entender como o enquadramento funciona, considere um exemplo simplificado que usa bytes[2]. Suponha que um mecanismo de comunicação de dados consiga transferir um byte de 8 bits de um emissor para um receptor e imagine que o mecanismo é utilizado para enviar pacotes. Assuma que um cabeçalho de pacote consiste em 6 bytes e que a carga útil seja constituída por um número qualquer de bytes. Vamos utilizar um único byte para marcar o início de um quadro, e um único byte para marcar o fim de um quadro. No conjunto de caracteres ASCII, o byte *Start Of Header* (SOH) marca o início de um quadro, e o *End Of Transmission* (EOT) marca o fim dele. A Figura 13.11 ilustra o formato.

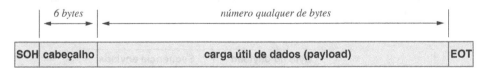

Figura 13.11 Um exemplo que usa os caracteres SOH e EOT para delinear o quadro.

O exemplo parece ter sobrecarga desnecessária. Para entender o porquê, considere o que acontece quando um remetente transmite dois quadros sem atraso entre eles. No final do primeiro quadro, o remetente transmite o EOT e, em seguida, sem qualquer atraso, transmite o SOH para iniciar o segundo quadro. Em tais circunstâncias, somente um caractere seria necessário para separar os dois blocos de dados – um regime de enquadramento que delimita o início e o final de cada quadro parece enviar caracteres desnecessários entre os quadros.

A vantagem do envio de caracteres no final de cada quadro torna-se evidente quando se considera que a transmissão de pacotes é assíncrona e que podem ocorrer erros.

---

[2] A maioria das tecnologias de rede usam bits em vez de bytes; o exemplo foi escolhido para tornar a explicação mais intuitiva.

Para a comunicação assíncrona, utilizar um EOT para assinalar o fim de um quadro permite a um receptor processar o quadro sem aguardar o início do quadro seguinte. No caso de um erro, usar SOH e EOT para delimitar o quadro contribui com a recuperação e a sincronização – se um transmissor reinicializa durante o envio de um quadro, um receptor será capaz de determinar que um quadro parcial chegou.

13.13 Byte e bit stuffing

No conjunto de caracteres ASCII, SOH tem o valor hexadecimal 0x01 e EOT tem o valor 0x04. Surge a pergunta: o que acontece se a carga útil de um quadro incluir um ou mais bytes com valor 0x01 ou 0x04? A resposta está em uma técnica que permite a transmissão de quaisquer dados sem confusão.

Em geral, para distinguir entre dados e informações de controle, tais como delimitadores de quadro, um transmissor transforma os dados substituindo cada byte de controle por uma sequência, e o receptor substitui a sequência pelo valor original. Como resultado, um quadro pode transferir quaisquer dados e o receptor nunca confunde dados com informação de controle. A técnica é conhecida como *byte stuffing* (*enchimento ou inserção de bytes*); os termos *data stuffing* e *character stuffing* são por vezes usados. Uma técnica relacionada usada em sistemas que transferem um fluxo de bits é conhecida como *bit stuffing*.

Como um exemplo de byte stuffing, considere o quadro ilustrado na Figura 13.11. Como SOH e EOT são usados para delimitar o quadro, esses dois bytes não podem aparecer na carga útil. A byte stuffing resolve o problema por meio da reserva de um terceiro byte para marcar as ocorrências de caracteres reservados nos dados. Por exemplo, suponha que o caractere ASCII ESC (valor hexadecimal 1B) seja escolhido como o terceiro byte. Quando qualquer um dos três caracteres especiais ocorrer nos dados, o transmissor substitui o byte por uma sequência de dois caracteres. A Figura 13.12 mostra um possível mapeamento.

Byte no payload	Sequência enviada
SOH	ESC A
EOT	ESC B
ESC	ESC C

Figura 13.12 Um exemplo de byte stuffing que mapeia cada caractere especial em uma sequência de 2 caracteres.

Como pode ser visto na figura, o remetente substitui cada ocorrência de SOH nos dados por dois caracteres, ESC e A; cada ocorrência de EOT pelos caracteres ESC e B; e cada ocorrência de ESC pelos caracteres ESC e C. Um receptor inverte o mapeamento, procurando por ESC seguido por A, B, ou C e substituindo a combinação de 2 caracteres pelo caractere apropriado. A Figura 13.13 mostra um exemplo de payload e o mesmo payload após o byte stuffing. Note que, após o byte stuffing ser realizado, nem SOH nem EOT aparecem em qualquer lugar da carga útil.

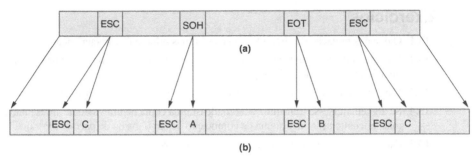

Figura 13.13 Ilustração de (a) dados originais e (b) a versão após a realização de byte stuffing.

13.14 Resumo

As redes podem utilizar comutação de circuitos ou comutação de pacotes. A comutação de pacotes, que é a base da Internet, é uma forma de multiplexação estatística na qual os remetentes dividem as mensagens em pequenos pacotes. Tecnologias de comutação de pacotes são classificadas como redes de área local (LANs), redes de longo alcance (WANs) e redes de área metropolitana (MANs); LANs e WANs são as mais populares.

Uma organização chamada IEEE criou padrões para redes de dados. As normas IEEE especificam principalmente detalhes para LANs e concentram-se nas duas primeiras camadas da pilha de protocolos.

Quatro formas básicas ou topologias são usadas para caracterizar LANs: barramento, estrela, anel e malha. Topologias de malha são raramente usadas porque são caras.

Cada pacote enviado através de uma LAN contém um endereço MAC que identifica o destinatário. O padrão IEEE para endereços MAC especifica um valor de 48 bits divididos em dois campos: um identifica a organização que atribui o endereço e outro dá um valor único para a peça de hardware para a qual o endereço é atribuído. Um endereço pode especificar uma transmissão unicast (um único computador), broadcast (todos os computadores de uma determinada LAN) ou multicast (um subconjunto de computadores em uma LAN).

O termo *quadro* é usado para especificar o formato de um pacote em uma determinada rede. Um quadro é composto por duas partes conceituais: um cabeçalho, que contém metainformação, e uma área de carga útil, que contém os dados a serem enviados. Para uma rede que transmite caracteres, um quadro pode ser formado por um valor de byte para indicar o início do quadro e outro para indicar o fim do quadro.

Técnicas de byte (bit) stuffing permitem que bytes (sequências de bits) sejam reservados para uso na marcação de início e fim de quadro. Para assegurar que uma carga útil não contenha bytes reservados (cadeias de bits), um transmissor substitui as ocorrências dos valores reservados antes da transmissão, e um receptor inverte a mudança para obter os dados originais.

Exercícios

13.1 O que é comutação de circuitos e quais são suas principais características?

13.2 Em uma rede de comutação de circuitos, é possível que múltiplos circuitos compartilhem uma única fibra óptica? Explique.

13.3 Em um sistema de comutação de pacotes, como um transmissor envia um arquivo grande?

13.4 Se alguém quisesse transmitir via broadcast uma cópia de um vídeo de apresentação, seria mais eficiente usar um sistema de comutação de circuitos ou de pacotes? Por quê?

13.5 Quais são as características das LANs, MANs e WANs?

13.6 Quais os nomes das duas subcamadas da camada 2 da pilha de protocolos, conforme definidos pelo IEEE? Explique a finalidade de cada uma.

13.7 O que é uma rede ponto-a-ponto?

13.8 Quais são as quatro topologias básicas de LAN?

13.9 Os fios de uma rede de anel poderiam ser dispostos em linha reta (por exemplo, por um corredor)? Explique.

13.10 Em uma rede em malha, quantas conexões são necessárias entre 20 computadores?

13.11 Dado um endereço MAC IEEE, como se pode dizer se o endereço refere-se a unicast?

13.12 Defina unicast, multicast e broadcast. Explique o significado de cada um.

13.13 Como um computador ligado a uma LAN compartilhada decide se aceita um pacote?

13.14 Que termo é usado para descrever os metadados que acompanham um pacote de dados?

13.15 Defina o termo *quadro*.

13.16 Por que o byte stuffing é necessário?

13.17 Escreva um par de programas de computador: um que recebe um arquivo de dados como entrada e produz uma versão com byte stuffing de acordo com o mapeamento dado na Figura 13.12 e outro que remove o byte stuffing. Mostre que seus programas interoperam com aqueles escritos por outros.

CAPÍTULO 14
A subcamada MAC do IEEE

14.1 Introdução, 207
14.2 Uma taxonomia de mecanismos para acesso compartilhado, 207
14.3 Alocação estática e dinâmica de canal, 207
14.4 Protocolos de canalização, 209
14.5 Protocolos de acesso controlado, 210
14.6 Protocolos de acesso randômico, 212
14.7 Resumo, 217

14.1 Introdução

Os capítulos desta parte do livro detalham as redes de comutação de pacotes. O capítulo anterior introduz o conceito de comutação de pacotes e define os seus dois principais tipos: WANs e LANs. Além disso, apresenta o modelo de padronização do IEEE e explica que o IEEE divide a camada 2 em duas subcamadas.

Este capítulo continua a discussão examinando a subcamada MAC do IEEE. Ele explica os protocolos de acesso múltiplo, a alocação estática e a dinâmica de canal. Outros capítulos desta parte discutem tecnologias específicas de redes que utilizam os mecanismos de acesso explicados aqui.

14.2 Uma taxonomia de mecanismos para acesso compartilhado

Como vários computadores independentes se coordenam para acessar um meio físico compartilhado? Há três abordagens principais: eles podem usar uma forma modificada de multiplexação, um algoritmo distribuído para acesso controlado ou uma estratégia de acesso aleatório. A Figura 14.1 ilustra a taxonomia, incluindo as formas específicas de cada abordagem.

14.3 Alocação estática e dinâmica de canal

Usamos o termo *canalização* ao nos referirmos ao mapeamento entre uma entidade de comunicação e um canal no sistema de transmissão. A canalização está relacionada com as técnicas de multiplexação discutidas no Capítulo 11. Por exemplo, considere o mecanismo FDM (*Frequency Division Multiplexing*). A maioria dos sistemas FDM atribui a cada par de entidades uma faixa de frequência única. Assim, cada par recebe um único canal. Além disso, o mapeamento entre um par de entidades e uma faixa de frequências não é alterado. Em tais situações, pode-se dizer que o mapeamento entre as entidades de comunicação e o canal é *estático* e *1-para-1*.

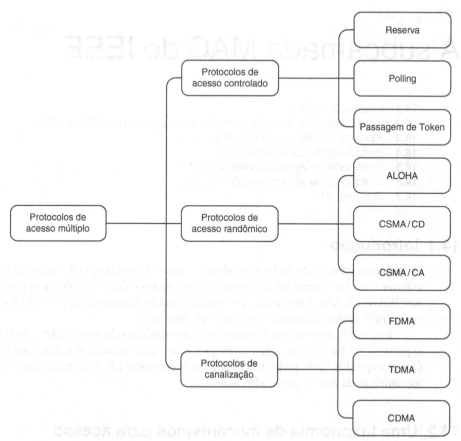

Figura 14.1 Uma taxonomia de protocolos que controlam o acesso a um meio compartilhado.

A alocação estática de canal funciona bem para situações em que o conjunto de entidades de comunicação é conhecido com antecedência e não muda. Em muitas redes, no entanto, o conjunto de entidades varia ao longo do tempo. Por exemplo, considere os telefones celulares em uma cidade. Usuários se movem e podem ligar e desligar o telefone celular a qualquer momento. Assim, o conjunto de telefones celulares que operam em determinada antena varia constantemente. Em tais situações, é necessário um esquema de *alocação dinâmica de canais* – um mapeamento pode ser estabelecido quando uma nova estação (por exemplo, telefone celular) aparece e pode ser removido quando a estação desaparece.

Para resumir:

> A alocação estática de canal é suficiente quando o conjunto de entidades comunicantes é conhecido antecipadamente e não muda; a maioria das redes requer uma forma de alocação dinâmica de canais.

14.4 Protocolos de canalização

Protocolos de canalização ampliam as técnicas de multiplexação discutidas no Capítulo 11. A Figura 14.2 lista as principais técnicas de canalização.

Protocolo	Expansão
FDMA	Frequency Division Multiple Access
TDMA	Time Division Multiple Access
CDMA	Code Division Multiple Access

Figura 14.2 Os três principais tipos de canalização.

14.4.1 FDMA

Como mostra a figura, as técnicas de canalização empregam multiplexação por divisão de frequência, tempo e código. Por exemplo, o acesso múltiplo por divisão de frequência (FDMA, *Frequency Division Multiple Access*) estende a multiplexação por divisão de frequência. Em essência, a extensão consiste em um mecanismo que permite a estações independentes escolher frequências portadoras que não irão entrar em conflito com as frequências portadoras utilizadas pelas outras estações. Como o FDMA atribui uma portadora? Em alguns sistemas, um controlador central fornece uma atribuição dinâmica. Sempre que uma nova estação aparece, esta usa um canal de controle reservado para se comunicar com o controlador. A estação faz uma solicitação, o controlador escolhe uma frequência que atualmente não é utilizada e a informa à estação. Depois de receber a informação, a estação utiliza a frequência da portadora designada (isto é, o canal atribuído pelo controlador) para todas as comunicações.

14.4.2 TDMA

A extensão para multiplexação por divisão de tempo, conhecida como acesso *múltiplo por divisão de tempo* (TDMA, *Time Division Multiple Access*), é análoga à extensão para multiplexação por divisão de frequência. No caso mais simples, cada participante ativo recebe um número de sequência de 1 até N, e as estações transmitem na ordem 1, 2, 3, ... N. Da mesma forma que no FDMA, alguns sistemas TDMA oferecem alocação dinâmica – uma estação recebe um slot de tempo quando aparece na rede.

14.4.3 CDMA

A multiplexação por divisão de código permite que múltiplas estações transmitam ao mesmo tempo, cada uma utilizando um código ortogonal gerado matematicamente. O CDMA (*Code Division Multiple Access*), explicado no Capítulo 11, constitui a principal aplicação da multiplexação por divisão de código.

14.5 Protocolos de acesso controlado

Protocolos de acesso controlado fornecem uma versão distribuída da multiplexação estatística. A Figura 14.3 lista as três formas principais:

Tipo	Descrição
Polling	Controlador centralizado se comunica (poll) repetidamente com as estações e permite que cada uma transmita um pacote
Reserva	Estações submetem uma solicitação de reserva para a próxima rodada de transmissão de dados
Passagem de token	Estações circulam um token; cada vez que recebe o token, a estação transmite um pacote

Figura 14.3 Os principais tipos de protocolos de acesso controlado.

14.5.1 Polling

Uma rede que emprega *polling* usa um controlador centralizado que se comunica ciclicamente através das estações da rede e dá a cada uma a oportunidade de transmitir um pacote. O Algoritmo 14.1 mostra os passos que um controlador segue. O passo de seleção é importante porque é nele que o controlador escolhe qual estação terá a próxima oportunidade de transmissão. Há duas políticas gerais de polling:

- Ordem *round-robin* (rodízio)
- Ordem de prioridade

A ordem *round-robin* significa que todas as estações têm oportunidades iguais de transmitir os pacotes. A ordem de *prioridade* significa que algumas estações têm mais oportunidades do que outras. Por exemplo, a ordem de prioridade pode ser usada para atribuir a um telefone IP maior prioridade do que a um computador pessoal.

Algoritmo 14.1

Finalidade:
    Controlar a transmissão de pacotes por meio de polling
Método:
    Controlador repete sempre {
        Selecionar uma estação, S, e enviar uma mensagem de polling para S;
        Aguardar S responder enviando um pacote ou passando a vez;
    }

Algoritmo 14.1 Acesso controlado por meio de polling.

14.5.2 Reserva

Um *sistema de reserva*, muitas vezes usado com transmissões via satélite, emprega um processo de duas etapas no qual cada rodada de transmissão de pacotes é planejada com antecedência. Normalmente, os sistemas de reserva tem um controlador central que segue o Algoritmo 14.2.

Algoritmo 14.2

Finalidade:
    Controlar a transmissão de pacotes por meio de reserva

Método:
    Controlador repete sempre {
        Gerar uma lista de estações que têm um pacote para enviar;
        Permitir que as estações na lista transmitam;
    }

Algoritmo 14.2   Acesso controlado por meio de reserva.

No primeiro passo, cada transmissor potencial especifica se tem um pacote para enviar durante a fase seguinte, e o controlador transmite uma lista das estações que serão transmissoras. Na segunda etapa, as estações usam a lista para saber quando devem transmitir. Existem variações em que um controlador utiliza um canal alternativo para receber as reservas para a próxima rodada enquanto a rodada atual de transmissões prossegue ao longo do canal principal.

14.5.3 Passagem de token

A *passagem de token* foi usada em várias tecnologias de LAN e está mais frequentemente associada com topologias em anel[1]. Para entender a passagem de token, imagine um conjunto de computadores conectados em um anel; a qualquer instante, um dos computadores recebe uma mensagem de controle especial chamada *token*. Para controlar o acesso, cada computador segue o Algoritmo 14.3.

Em um sistema de passagem de token, quando nenhuma estação tem pacotes para enviar, o token circula entre todas as estações continuamente. Para uma topologia em anel, a ordem de circulação é definida pelo anel, isto é, se um anel for programado para enviar mensagens no sentido horário, a *próxima estação* do algoritmo será a próxima estação física no sentido horário. Quando a passagem de token é aplicada a outras topologias (por exemplo, um barramento), cada estação recebe uma posição em uma sequência lógica, e o token é passado de acordo com a ordem atribuída.

---

[1] Embora LANs mais antigas tenham usado a tecnologia de passagem de token em redes de anel, a popularidade diminuiu e poucas redes de passagem de token ainda existem.

> **Algoritmo 14.3**
>
> Finalidade:
>   Controlar a transmissão de pacotes através da passagem de token
> Método:
>   Cada computador na rede repete {
>   Aguardar até o token chegar;
>   Se existir pacote esperando para ser enviado, transmiti-lo;
>   Enviar o token para a próxima estação;
>   }

Algoritmo 14.3 Acesso controlado através da passagem de token.

14.6 Protocolos de acesso randômico

Muitas redes, especialmente LANs, não empregam qualquer mecanismo de controle de acesso; em vez disso, os computadores que compartilham o meio físico tentam acessá-lo sem coordenação. O termo *randômico* é utilizado porque o acesso acontece somente quando uma estação tem um pacote para transmitir e a randomização é utilizada para evitar que todos os computadores da LAN tentem transmitir ao mesmo tempo. A descrição dos métodos a seguir vai esclarecer o uso da randomização. A Figura 14.4 lista os três métodos de acesso randômico que serão detalhados a seguir.

Tipo	Descrição
ALOHA	Protocolo histórico usado em redes de rádio no Havaí; popular em livros didáticos e fácil de analisar, mas não usado em redes reais
CSMA/CD	*Carrier Sense Multi-Access with Collision Detection* ou acesso múltiplo via sensoriamento de portadora com detecção de colisão. É a base das redes locais Ethernet originais, mas deixou de ser utilizado
CSMA/CA	*Carrier Sense Multi-Access with Collision Avoidance* ou acesso múltiplo via sensoriamento de portadora com prevenção de colisão. É a base para redes sem fio Wi-Fi

Figura 14.4 Três protocolos de acesso randômico.

14.6.1 ALOHA

Uma rede histórica utilizada no Havaí, conhecida como *ALOHAnet*, foi pioneira no conceito de acesso randômico. Embora a rede não seja mais utilizada, as ideias relacionadas a ela foram estendidas. A rede consistia em um único transmissor potente numa localização geográfica central rodeado por um conjunto de estações que correspondiam a computadores. Cada estação tinha um transmissor capaz de atingir o transmissor central (mas não poderoso o suficiente para chegar a todas as outras estações). Como ilustrado na Figura 14.5, a ALOHAnet usava duas frequências de portadora: uma em 413,475 MHz para o broadcast do tráfego *de saída* enviado pelo transmissor central para todas as estações, e outra em 407,305 MHz para o tráfego *de entrada* enviado pelas estações ao transmissor central.

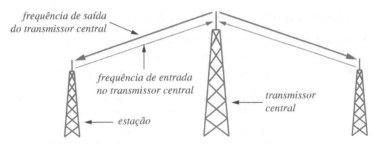

Figura 14.5 Ilustração de frequências de saída e de entrada na ALOHAnet.

O protocolo ALOHA é simples: quando uma estação tem um pacote para enviar, transmite-o na frequência de entrada. O transmissor central repete a transmissão na frequência de saída (que atinge todas as estações). Para assegurar que a transmissão seja bem sucedida, a estação transmissora escuta o canal de saída. Se uma cópia do seu pacote chegar, ela se prepara para transmitir o próximo pacote; se a cópia não chegar, espera um curto espaço de tempo e tenta novamente.

O que faria um pacote não chegar? A resposta é a interferência – se duas estações tentarem transmitir simultaneamente, os sinais vão interferir entre si e as duas transmissões serão perdidas. Usamos o termo *colisão* e dizemos que os dois pacotes *colidem* no meio físico. O protocolo lida com a colisão exigindo que o transmissor *retransmita* cada pacote perdido. A ideia é simples e aparece em muitos protocolos de rede.

O tempo de espera antes da retransmissão deve ser definido com cuidado; caso contrário, duas estações vão esperar durante exatamente o mesmo tempo antes de reenviar e irão gerar colisão novamente. Assim, é feita uma randomização (isto é, cada estação escolhe um atraso aleatório) para diminuir a probabilidade de interferência. A análise mostra que, quando o tráfego na ALOHAnet aumenta, muitas colisões ocorrem. Mesmo com a randomização, as colisões reduzem a taxa de transferência de dados com sucesso na ALOHAnet para cerca de 18% da capacidade do canal (isto é, a utilização do canal é de 18%).

14.6.2 CSMA/CD

Em 1973, pesquisadores da Xerox PARC criaram uma tecnologia de rede extremamente bem-sucedida que utilizaram em um protocolo de acesso randômico. Em 1978, uma norma (informalmente chamada de *padrão DIX*) foi criada pela DEC (Digital Equipment Corporation), pela Intel e pela Xerox. Conhecida como *Ethernet*, a tecnologia original consistia em um único cabo longo, no qual todos os computadores se conectavam[2]. O cabo servia como um meio compartilhado – em vez de fazer um broadcast via transmissões de rádio, os sinais Ethernet eram transmitidos através desse cabo. Além disso, em vez de utilizar duas frequências e um transmissor central, toda a comunicação era efetuada em apenas um cabo compartilhado. Apesar das diferenças, Ethernet e ALOHAnet tiveram que resolver o mesmo problema básico: se duas estações tentam transmitir ao mesmo tempo, os sinais interferem e ocorre uma colisão.

---

[2] O próximo capítulo detalha a Ethernet moderna.

A Ethernet criou três novas formas de tratar as colisões:

- Sensoriamento de portadora (*carrier sense*)
- Detecção de colisão (*collision detection*)
- Recuo binário exponencial (*binary exponential backoff*)

Sensoriamento de portadora. Em vez de transmitir sempre que tiver um pacote pronto, cada estação Ethernet monitora o cabo para detectar se outra estação está transmitindo naquele momento. O mecanismo, que é conhecido como *sensoriamento de portadora*, evita os problemas de colisão mais evidentes e melhora substancialmente a utilização da rede.

Detecção de colisão. Mesmo que o sensoriamento de portadora seja utilizado, uma colisão pode ocorrer se duas estações esperarem o final de uma transmissão e, quando o cabo estiver livre, ambas começarem a transmitir. Uma pequena parte do problema é que, mesmo com a velocidade da luz, é necessário um tempo para o sinal se deslocar pelo cabo. Assim, uma estação em uma extremidade do cabo pode demorar um pouco para descobrir que uma estação na outra extremidade começou a transmitir.

Para lidar com as colisões, cada estação monitora o cabo durante a transmissão. Se o sinal no cabo difere do sinal que a estação está transmitindo, significa que ocorreu uma colisão. A técnica é conhecida como *detecção de colisão*. Quando a colisão é detectada, a estação transmissora aborta o envio.

Muitos detalhes complicam a transmissão nas redes Ethernet. Por exemplo, após detectar uma colisão, a transmissão não deve ser abortada até que bits suficientes tenham sido enviados, para garantir que os sinais colididos alcancem todas as estações. Além disso, após transmitir um pacote, as estações devem aguardar um *tempo entre pacotes* ou *interpacket gap* (9,6 μs para a Ethernet original de 10 Mbit/s) para garantir que todas as estações tenham tempo de sentir que a rede está ociosa e tenham chance de transmitir. Tais detalhes ilustram quão cuidadosamente a tecnologia foi projetada.

Recuo binário exponencial. A Ethernet faz mais do que apenas detectar colisões – ela também se recupera das mesmas. Depois de ocorrer uma colisão, um computador deve aguardar até o cabo se tornar ocioso antes de transmitir. Tal como acontece com a ALOHAnet, uma randomização é usada para evitar que várias estações transmitam simultaneamente logo que o cabo se torne ocioso. Assim, o padrão especifica um atraso máximo, *d*, e solicita que cada estação escolha um atraso aleatório menor que *d* depois que ocorrer uma colisão. Na maioria dos casos, quando duas estações escolhem um valor aleatório, a estação que escolher o menor atraso irá enviar um pacote e a rede retornará à operação normal.

No caso em que dois ou mais computadores escolherem um atraso aleatório muito próximo, eles irão começar a transmitir quase ao mesmo tempo, produzindo uma segunda colisão. Para evitar uma sequência de colisões, a Ethernet exige que cada computador dobre o tempo aleatório após cada colisão. Um computador escolhe um atraso aleatório de *0* a *d* após uma colisão, um atraso aleatório entre *0* e *2d* após a segunda colisão, entre *0* e *4d* após a terceira, e assim por diante. Depois de algumas colisões, o intervalo do valor aleatório torna-se grande, diminuindo a probabilidade de colisão.

A duplicação do tempo do atraso aleatório após cada colisão é conhecida como *recuo binário exponencial*. Em essência, o recuo exponencial faz com que a rede Ethernet se recupere rapidamente após uma colisão porque cada computador concorda em esperar tempos mais longos entre as tentativas quando o cabo torna-se ocupado. Mesmo no caso improvável de que dois ou mais computadores escolham atrasos que são aproximadamente iguais, o recuo exponencial garante que a disputa pelo cabo seja reduzida após poucas colisões.

A combinação das técnicas descritas acima é conhecida como acesso múltiplo via sensoriamento de portadora com detecção de colisão (CSMA/CD, *Carrier Sense Multi-Access with Collision Detection*). O Algoritmo 14.4 resume o funcionamento do CSMA/CD.

Algoritmo 14.4

Finalidade:

    Usar CSMA/CD para transmitir um pacote

Método:

    Esperar o pacote estar pronto;
    Esperar até o meio físico se tornar ocioso (sensoriamento de portadora);
    Atrasar o tempo entre pacotes;
    Definir a variável x com o tempo máximo de randomização, d;
    Tentar transmitir o pacote (com detecção de colisão);
    Enquanto (ocorreu uma colisão) {
        Gerar o atraso aleatório entre 0 e x e atribuir a q;
        Atrasar q microsegundos;
        Dobrar x caso necessário (caso tenha ocorrido colisão novamente);
        Tentar retransmitir o pacote (com detecção de colisão);
    }

Algoritmo 14.4 Transmissão de pacotes utilizando CSMA/CD.

14.6.3 CSMA/CA

Embora funcione bem em um cabo, o CSMA/CD não funciona tão bem em redes locais wireless, porque um transmissor usado em uma LAN sem fio tem um alcance limitado, δ; assim, um receptor que está a uma distância maior que δ a partir do transmissor não receberá o sinal e não será capaz de detectar a portadora. Para entender o problema do alcance no CSMA/CD, considere três computadores com hardware wireless posicionados como mostra a Figura 14.6.

Computador 1   Computador 2   Computador 3

Figura 14.6 Três computadores com hardware sem fio na distância máxima.

Na figura, o Computador 1 pode se comunicar com o Computador 2, mas não pode receber o sinal do computador 3. Assim, se o Computador 3 está transmitindo um pacote para o Computador 2, o mecanismo de detecção de portadora do Computador 1 não irá detectar a transmissão. Da mesma forma, se os Computadores 1 e 3 transmitirem simultaneamente, somente o Computador 2 irá detectar uma colisão. O problema é às vezes chamado de *problema da estação oculta,* porque algumas estações não são visíveis para outras.

Para garantir que todas as estações compartilhem o meio de transmissão corretamente, LANs sem fio utilizam um protocolo de acesso modificado conhecido como *acesso múltiplo via sensoriamento de portadora com anulação de colisão* (CSMA/CA, *Carrier Sense Multiple Access with Collision Avoidance*). Em vez de depender de que todos os computadores recebam todas as transmissões, o CSMA/CA usado em redes locais sem fio provoca uma breve transmissão do destinatário antes que o transmissor envie o pacote. A ideia é que, se tanto o transmissor como o receptor transmitirem uma mensagem, todos os computadores ao alcance de qualquer um deles saberão que a transmissão de pacotes está começando. A Figura 14.7 ilustra a sequência.

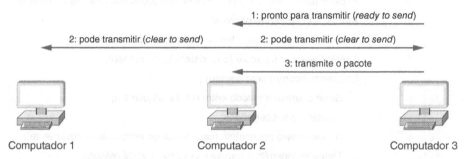

Figura 14.7 Uma sequência de mensagens enviadas quando o Computador 3 transmite um pacote ao Computador 2.

Na figura, o Computador 3 envia uma mensagem curta para anunciar que está pronto para transmitir um pacote para o Computador 2, e o Computador 2 responde com o envio de uma mensagem curta que anuncia que está pronto para receber o pacote. Todos os computadores ao alcance do Computador 3 recebem o anúncio inicial, e todos os computadores ao alcance do Computador 2 recebem a resposta. Como resultado, mesmo que não possa receber o sinal nem sensoriar a portadora, o Computador 1 sabe que uma transmissão de pacotes está ocorrendo.

Colisões de mensagens de controle podem ocorrer quando se utiliza CSMA/CA, mas elas podem ser resolvidas facilmente. Na figura, por exemplo, se os Computadores 1 e 3 tentarem transmitir um pacote para o Computador 2 exatamente ao mesmo tempo, as suas mensagens de controle irão colidir. O Computador 2 detectará a colisão e não responderá. Quando ocorre uma colisão, as estações de envio aplicam o algoritmo de recuo aleatório antes de reenviar as mensagens de controle. Como as mensagens de controle são muito mais curtas do que um pacote, a probabilidade de uma segunda colisão é baixa. Eventualmente, uma das duas mensagens de controle vai chegar intacta, e o Computador 2 vai transmitir uma resposta.

Podemos resumir:

> *Como os computadores de uma LAN sem fio podem se localizar em distâncias maiores do que aquela em que um sinal pode se propagar, as LANs sem fio usam CSMA/CA, no qual tanto o computador que transmite como o que recebe enviam mensagens de controle antes de ocorrer a transmissão do pacote.*

14.7 Resumo

A camada MAC do IEEE contém protocolos de controle de acesso a um meio compartilhado. Protocolos de canalização consistem em extensões da multiplexação por divisão de tempo, frequência e código; as extensões são conhecidas como acesso múltiplo por divisão de frequência, tempo e código. É possível ocorrer alocação estática ou dinâmica do canal.

Protocolos de acesso controlado permitem a estações independentes se envolverem em multiplexação estatística. O polling utiliza um controlador central que verifica constantemente se as estações estão prontas para enviar um pacote. A reserva, muitas vezes usada com satélites, requer que as estações declarem se estão prontas para a próxima rodada da transmissão. A passagem de token, muitas vezes usada em topologias de anel, circula uma mensagem de controle entre as estações; uma estação pode transmitir um pacote somente quando recebe o token.

Protocolos de acesso randômico permitem que as estações disputem acesso a um meio físico compartilhado. O protocolo histórico ALOHA usava duas frequências, uma para transmissão e outra para recepção em relação ao transmissor central; se uma estação não recebesse uma cópia do seu pacote, efetuava a retransmissão. A Ethernet original popularizou o protocolo CSMA/CD, usado para controlar o acesso a um cabo compartilhado. Além de impedir uma transmissão enquanto outra está em progresso, o CSMA/CD usa recuo binário exponencial para se recuperar de colisões.

Como algumas estações estão escondidas (fora do alcance de transmissão) de outras, LANs sem fio usam CSMA/CA. Antes de transmitir um pacote para o receptor, cada um dos dois computadores envia uma mensagem curta de controle, o que permite que todos os computadores ao alcance dos dois saibam que uma transmissão está prestes a ocorrer.

Exercícios

14.1 Explique as três abordagens básicas utilizadas para arbitrar o acesso em um meio compartilhado.

14.2 Cite um exemplo de uma rede que usa alocação dinâmica de canais.

14.3 Liste três dos principais tipos de canalização e as características de cada um.

14.4 Explique polling e suas duas políticas.

14.5 Em um sistema de reserva, como um controlador organiza a lista de estações que transmitem em uma determinada rodada?

14.6 O que é um token e como ele é usado para controlar o acesso à rede?

14.7 No protocolo ALOHA, o que acontece se duas estações tentarem transmitir ao mesmo tempo na frequência de entrada, e como o problema é tratado?

14.8 Expanda a sigla CSMA/CD e explique cada parte dela.

14.9 O que é o recuo binário exponencial?

14.10 Por que o CSMA/CD usa um atraso aleatório? (Dica: pense em muitos computadores idênticos em uma rede.)

14.11 Por que o CSMA/CA é necessário em uma rede sem fio?

CAPÍTULO 15

Tecnologias de LANs com fio (Ethernet e 802.3)

15.1 Introdução, 219
15.2 A venerável Ethernet, 219
15.3 Formato de quadro Ethernet, 220
15.4 Campo tipo do quadro Ethernet e demultiplexação, 220
15.5 Versão IEEE da Ethernet (802.3), 221
15.6 Conexões LAN e interface de rede, 222
15.7 Evolução da Ethernet e cabos Thicknet, 222
15.8 Cabos Ethernet Thinnet, 223
15.9 Ethernet de par trançado e hubs, 223
15.10 Topologia física e lógica da Ethernet, 224
15.11 Cabeamento em um prédio de escritórios, 225
15.12 Taxa de transmissão das redes Ethernet e tipo de cabeamento, 225
15.13 Conectores e cabos para o par trançado, 227
15.14 Resumo, 228

15.1 Introdução

Os capítulos desta parte do livro descrevem as tecnologias de redes de comutação de pacotes. O Capítulo 13 apresenta o modelo IEEE 802 usado em LANs e a divisão da camada 2 nas subcamadas LLC e MAC. Também discute o esquema de endereçamento de 48 bits, que constitui uma parte significativa da subcamada MAC, foca a subcamada MAC e considera os protocolos de acesso ao meio.

Este capítulo continua a discussão sobre redes locais, concentrando-se nas tecnologias de LAN com fio. O capítulo mostra como os conceitos dos capítulos anteriores formam a base da Ethernet, a tecnologia LAN com fio que dominou todas as outras.

15.2 A venerável Ethernet

Lembre-se do que vimos no Capítulo 14: a Ethernet é uma tecnologia LAN originalmente inventada pela Xerox PARC e mais tarde padronizada pela Digital Equipment Corporation, pela Intel e pela Xerox. A Ethernet sobreviveu por 30 anos. Embora os dispositivos de hardware, cabeamento e meios usados com ela tenham mudado drasticamente, o formato do pacote básico e o esquema de endereçamento mantiveram-se os mesmos. Um dos aspectos mais interessantes na evolução da Ethernet refere-se à maneira com que as novas versões permaneceram compatíveis – uma nova versão pode detectar uma mais antiga e automaticamente adaptar-se para funcionar também naquela tecnologia.

15.3 Formato de quadro Ethernet

O termo *quadro* refere-se a um pacote de camada 2, e o termo *formato de quadro* refere-se à maneira com que um pacote é organizado, incluindo detalhes como o tamanho e o significado de cada campo. A principal razão que permitiu às versões mais antigas da Ethernet manterem-se compatíveis está relacionada ao formato do quadro, que se manteve constante desde que o padrão DIX foi criado, na década de 1970. A Figura 15.1 ilustra o formato geral do quadro Ethernet e os detalhes do cabeçalho.

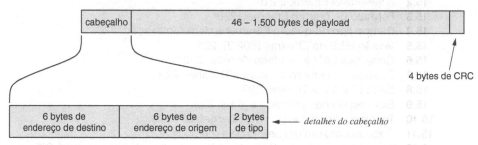

Figura 15.1 Ilustração do formato do quadro Ethernet e detalhes do cabeçalho.

Como a figura mostra, um quadro Ethernet consiste de um cabeçalho de tamanho fixo, um payload de tamanho variável e um CRC de comprimento fixo[1]. O cabeçalho contém três campos: um campo de *endereço de destino* de 48 bits com o endereço do destinatário pretendido, um campo de *endereço de origem* de 48 bits com o endereço do computador que enviou o quadro e um campo de *tipo* de 16 bits.

15.4 Campo tipo do quadro Ethernet e demultiplexação

O campo *tipo* do quadro Ethernet fornece multiplexação e demultiplexação, e isso possibilita a um determinado computador ter múltiplos protocolos operando simultaneamente. Por exemplo, capítulos futuros explicam que os protocolos utilizados na Internet podem enviar datagramas IPv4 e IPv6 sobre Ethernet. Para isso ser possível, cada protocolo de nível superior possui um tipo Ethernet exclusivo (hexadecimal 0x0800 para datagramas IPv4 e hexadecimal 0x08DD para datagramas IPv6). Assim, durante a transmissão de um datagrama IPv4, o transmissor atribui 0x0800 no campo tipo do cabeçalho Ethernet. Quando o quadro chega ao seu destino, o receptor examina o campo tipo e usa o valor para determinar qual módulo de software deve processar o quadro. A Figura 15.2 ilustra a demultiplexação.

---

[1] Quando um quadro Ethernet é enviado através de uma rede, os bits são codificados por meio da codificação Manchester descrita no Capítulo 6, e o quadro pode ser precedido por um preâmbulo de 64 bits com 1s e 0s alternados.

Capítulo 15 Tecnologias de LANs com fio (Ethernet e 802.3)

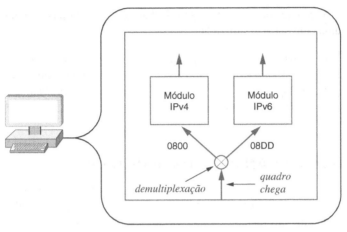

Figura 15.2 Ilustração de uso do campo tipo do quadro para demultiplexação.

15.5 Versão IEEE da Ethernet (802.3)

Curiosamente, em 1983, o IEEE desenvolveu um padrão para Ethernet e tentou redefinir seu formato de quadro[2]. O grupo de trabalho IEEE que produziu o padrão obteve a numeração de padrão 802.3 e, para distinguir o padrão IEEE de outros, os profissionais muitas vezes se referem a ele como *Ethernet 802.3*.

A principal diferença entre a Ethernet convencional e a 802.3 é a interpretação do campo tipo. A norma 802.3 interpreta o campo tipo original como o *tamanho do pacote* e adiciona um cabeçalho extra de 8 bytes que contém o tipo do pacote. O cabeçalho extra é conhecido como *LLC/SNAP* (*Logical Link Control/Sub-Network Attachment Point* ou *controle lógico de enlace/ponto de conexão da subrede*); a maioria dos profissionais simplesmente chama de *cabeçalho* SNAP. A Figura 15.3 ilustra o formato.

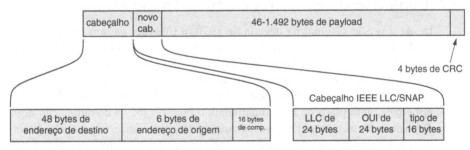

Figura 15.3 Formato de quadro IEEE 802.3 com cabeçalho LLC / SNAP.

Como mostra a figura, o tamanho global no quadro Ethernet 802.3 permanece o mesmo: 1.514 bytes. Para acomodar o cabeçalho, o IEEE reduziu a carga útil máxima de 1.500 bytes para 1.492 bytes. Podemos pensar em um cabeçalho SNAP que ocupa os

---

[2] A versão IEEE não obteve muito sucesso – a maioria das instalações ainda usa o formato de quadro original.

primeiros 8 bytes da área de carga útil. Para manter as duas versões Ethernet compatíveis, uma convenção é utilizada:

> Se os bytes 13-14 de um quadro Ethernet contiverem um valor numérico inferior a 1.500, o campo é interpretado como o comprimento do pacote e a norma 802.3 é aplicada; caso contrário, o campo é interpretado como um campo de tipo e o padrão Ethernet original se aplica.

15.6 Conexões LAN e interface de rede

Em termos de arquitetura de computadores, uma LAN é um dispositivo de E/S e se conecta ao computador da mesma maneira que um dispositivo de disco ou de vídeo. Dentro de um computador, um *controlador de interface de rede* (NIC, *Network Interface Controller*) é ligado ao barramento de E/S do computador. O controlador pode estar integrado na placa-mãe ou assumir a forma de uma *interface de rede* separada que se conecta a um barramento.

Logicamente, uma NIC trata reconhecimento de endereços, cálculo do CRC e reconhecimento da estrutura do quadro (por exemplo, uma placa de rede verifica o endereço de destino em um quadro e o ignora quando não é destinado ao computador). Além disso, uma placa de rede se conecta a uma rede e lida com detalhes de comunicação de dados (ou seja, envio e recebimento de quadros). Fisicamente, uma placa de rede é constituída por um circuito: um lado encaixa no barramento do computador e outro lado possui um conector apropriado para uma determinada LAN. A maioria dos computadores já vem com uma placa de rede instalada; no entanto, a placa de rede é independente do resto do computador e um usuário pode escolher substituí-la sem fazer outras alterações.

15.7 Evolução da Ethernet e cabos Thicknet

Desde a versão original na década de 1970, a Ethernet passou por várias alterações, sendo que a mais significativa foi no cabeamento. O cabo Ethernet original foi informalmente chamado *cabo Ethernet grosso* ou *Thicknet*, porque o meio de comunicação consistia de um cabo coaxial de maior bitola; o termo formal usado para denominar esse cabeamento é *10Base5*. O hardware utilizado com Thicknet foi dividido em duas partes principais: uma placa de rede manipulando os aspectos da comunicação digital e um dispositivo eletrônico separado chamado *transceptor* conectado ao cabo Ethernet com as funções de detecção de portadora, conversão de bits em níveis apropriados de tensão para a transmissão e conversão dos sinais de entrada em bits.

Um cabo físico conhecido como *unidade de conexão de interface* (AUI, *Attachment Unit Interface*) ligava o transceptor na placa de rede do computador. O transceptor ficava normalmente longe do computador. Por exemplo, em um prédio de escritórios, transceptores podiam ficar no teto do corredor. A Figura 15.4 ilustra como o Thicknet original usava um cabo AUI para conectar um computador a um transceptor.

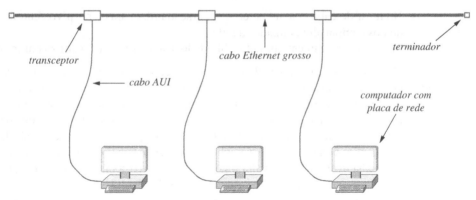

Figura 15.4 Ilustração do cabeamento Thicknet do Ethernet original.

15.8 Cabos Ethernet Thinnet

Uma segunda geração de cabeamento Ethernet foi elaborada para utilizar um cabo coaxial mais fino e flexível do que o Thicknet. Formalmente chamado *10Base2* e informalmente conhecido como *Ethernet com cabo coaxial fino*, *Ethernet Thinwire* ou *Thinnet*, o esquema de cabeamento difere muito do Thicknet. Em vez de usar conexões AUI entre um computador e um transceptor, o Thinnet integra um transceptor diretamente na placa de rede, e o cabo coaxial passa de um computador para outro. A Figura 15.5 ilustra o cabeamento com coaxial fino.

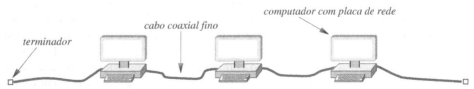

Figura 15.5 Ilustração do cabeamento Ethernet de segunda geração conhecido como Thinnet.

O Thinnet tinha vantagens e desvantagens. As principais vantagens eram em relação ao menor custo global e à facilidade de instalação. Nenhum transceptor externo era necessário, e o cabo Thinnet podia ser instalado em um caminho conveniente (por exemplo, através de uma mesa entre computadores, sob o piso ou num eletroduto). A principal desvantagem surgiu porque toda a rede era vulnerável – se um usuário desconectasse um segmento da rede para trocar fios ou mover um computador, toda a rede parava de funcionar.

15.9 Ethernet de par trançado e hubs

A terceira geração de cabeamento Ethernet provocou uma mudança drástica de duas maneiras:

- No lugar do cabo coaxial, a terceira geração utiliza um dispositivo central separado dos computadores ligados à rede.
- Em vez de cabeamento pesado e blindado, a terceira geração utiliza par trançado[3].

Como não usa cabo coaxial, a terceira geração é informalmente conhecida como *Ethernet de par trançado* e substitui as outras versões. Assim, uma Ethernet não é mais um cabo, mas um dispositivo eletrônico no qual os computadores se conectam.

Na versão original da rede Ethernet de par trançado, o dispositivo eletrônico central é conhecido como *hub* (concentrador). Hubs estavam disponíveis numa variedade de tamanhos, com o custo proporcional ao tamanho. Um pequeno hub tinha quatro ou oito *portas*, e cada uma podia ligar um computador ou outro dispositivo (por exemplo, uma impressora). Hubs maiores possibilitavam centenas de conexões. A Figura 15.6 ilustra o esquema.

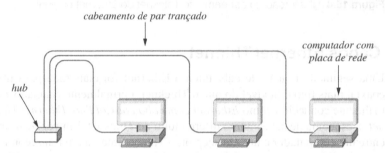

Figura 15.6 Ilustração da terceira geração da Ethernet, com cabeamento de par trançado.

Os componentes eletrônicos em um hub emulam um cabo físico, fazendo todo o sistema funcionar como uma Ethernet convencional. Por exemplo, um computador ligado a um hub usa CSMA/CD para acessar a rede, recebe uma cópia de cada quadro e usa o endereço em um quadro para determinar se deve processá-lo ou ignorá-lo. Além disso, a terceira geração da Ethernet manteve o mesmo formato de quadro das versões anteriores. Na verdade, o software do computador não consegue distinguir entre Ethernet grosso, Ethernet fino e Ethernet de par trançado – a interface de rede em um computador lida com os detalhes e esconde as diferenças. Para resumir:

> Embora o cabeamento Ethernet de terceira geração use um dispositivo eletrônico em vez de um cabo compartilhado, o formato dos pacotes que os computadores transmitem e recebem permanece o mesmo.

15.10 Topologia física e lógica da Ethernet

Lembre-se de que LANs são classificadas de acordo com sua topologia (ou seja, sua forma geral). A Figura 13.7 resume as principais topologias existentes. Surge a pergunta: qual a topologia da Ethernet? Surpreendentemente, a resposta é complexa.

Claramente, a versão original da Ethernet, Thicknet, seguia uma topologia de barramento. De fato, a Ethernet original é frequentemente citada como um exemplo clás-

---

[3] Versões mais recentes da Ethernet que operam mais rápido do que 1 gigabit por segundo requerem fibras ópticas em vez de pares trançados de fios de cobre.

sico de topologia de barramento. Pode parecer que a terceira geração da Ethernet segue uma topologia em estrela. Na verdade, o termo *hub* surgiu para esclarecer o conceito de ponto de interligação central. Como um hub emula um cabo físico, o sistema parece funcionar como se os computadores se conectassem em um cabo. Na verdade, os profissionais brincam que um hub realmente fornece um:

"barramento em uma caixa"

Para entender a topologia da Ethernet de par trançado, é preciso distinguir entre as topologias *lógica* e *física*. Logicamente, a Ethernet de terceira geração emprega uma topologia de barramento; fisicamente, no entanto, o cabeamento utilizado com a Ethernet de terceira geração segue uma topologia em estrela. Ou seja:

> Distinguir entre topologias lógica e física nos permite entender que a Ethernet de terceira geração usa uma topologia física estrela, mas logicamente age como um barramento.

15.11 Cabeamento em um prédio de escritórios

Os estilos de cabeamento utilizados para LANs fazem pouca diferença em uma sala ou laboratório. Quando utilizado num prédio de escritórios, no entanto, o tipo de cabeamento faz uma grande diferença em termos de tipo e número de fios necessários, de distância e de custo. As três versões do cabeamento Ethernet ilustram as três principais formas que as LANs usam. A Figura 15.7 ilustra o cabeamento em um andar de um prédio de escritórios.

Na figura, note que a Ethernet de terceira geração requer muitos cabos individuais para ligar escritórios e o ponto central, conhecido como *rack de cabos* (*wiring closet*). Assim, um rack de cabos pode receber centenas de cabos conectados a um grande dispositivo eletrônico. A rotulagem cuidadosa dos cabos é um requisito fundamental para evitar problemas.

15.12 Taxa de transmissão das redes Ethernet e tipo de cabeamento

Desde que a Ethernet de par trançado surgiu pela primeira vez, melhorias significativas foram feitas na qualidade e na blindagem dos cabos de par trançado; como resultado, a taxa de transmissão de dados no par trançado aumentou. A Figura 15.8 resume os três tipos de Ethernet de par trançado e o cabo usado com cada um deles.

Como mostra a figura, a primeira versão da Ethernet de par trançado recebeu o nome de *10BaseT*, onde o valor 10 designa que a velocidade é de 10 Mbit/s. Uma versão mais recente chamada *Fast Ethernet* usa uma velocidade de 100 Mbit/s e foi chamada *100BaseT*. Uma terceira versão, chamada *Gigabit Ethernet*, opera em 1 Gbit/s (ou seja, 1.000 Mbit/s). Os profissionais muitas vezes abreviam o nome para *Gig-E*.

O Capítulo 17 explica que as tecnologias Ethernet de maior velocidade usam um dispositivo eletrônico conhecido como *comutador* (*switch*)*, em vez de um hub. Além

---

* N. de T.: O comutador agrega certa inteligência na comunicação entre as máquinas, encaminhando os pacotes somente ao destinatário dos mesmos, e não a todos.

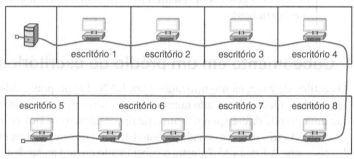

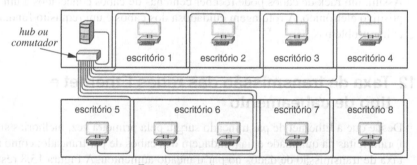

Figura 15.7 Ilustração de vários esquemas de fiação de rede local que têm sido utilizados em prédios de escritórios.

disso, para manter a compatibilidade, os novos padrões especificam que as interfaces devem detectar automaticamente a velocidade da rede e se adaptar para operar com os dispositivos mais antigos. Assim, se alguém conecta um cabo Ethernet entre um dispositivo antigo que utiliza 10BaseT e um dispositivo novo que usa 1000BaseT, o novo dispositivo utilizará *autodetecção* e se adaptará para utilizar 10 Mbit/s.

Designação	Nome	Taxa de transmissão	Cabo utilizado
10BaseT	Ethernet de par trançado	10 Mbit/s	Categoria 5
100BaseT	Fast Ethernet	100 Mbit/s	Categoria 5E
1000BaseT	Gigabit Ethernet	1 Gbit/s	Categoria 6

Figura 15.8 Três tipos de Ethernet de par trançado, suas taxas de dados e o cabo utilizado em cada tipo.

15.13 Conectores e cabos para o par trançado

A Ethernet de par trançado utiliza conectores *RJ45*, que são versões maiores dos conectores RJ11 usados para telefonia. Um conector RJ45 só pode ser ligado a uma tomada de um jeito, e uma peça física mantém o conector no lugar. Assim, os conectores não podem ser conectados de forma incorreta e, uma vez inseridos, não caem.

Os cabos podem ser adquiridos em vários comprimentos, já com os conectores RJ45 montados em cada extremidade, o que significa que a maioria dos usuários não precisa fazer seu próprio cabo. No entanto, surge uma confusão, porque há dois tipos de cabos: *direto* e *cruzado*. Um cabo *cruzado* é utilizado para ligar dois comutadores e conectar um pino numa extremidade a um pino diferente na outra extremidade. Um cabo *direto*, usado entre um computador e um comutador, liga cada pino de uma extremidade do RJ45 exatamente no mesmo pino da outra extremidade; desse modo, o pino 1 é ligado no pino 1 e assim por diante. Embora interfaces de rede mais sofisticadas possam detectar um cabo cruzado e se adaptar, muitas não funcionarão corretamente se o cabo cruzado for utilizado quando um cabo direto for necessário.

Para ajudar os técnicos a fazer as conexões corretas, fios individuais em um cabo Categoria 5 ou Categoria 6 são revestidos com plástico colorido. A Figura 15.9 lista os códigos de cores usados com um cabo direto[4].

Pino RJ45	Cor do fio	Função
1	branco-verde	TX_D1+
2	verde	TX_D1−
3	branco-laranja	RX_D2+
4	azul	BI_D3+
5	branco-azul	BI_D3−
6	laranja	RX_D2−
7	branco-marrom	BI_D4+
8	marrom	BI_D4−

Figura 15.9 Lista de códigos de cores usados num conector RJ45.

---

[4] As abreviações na figura especificam se um pino é utilizado para *Transmitir (TX)*, para *Receber (RX)* ou para a comunicação *Bidirecional (BI)* e especificam um dos quatro caminhos de dados (D1-D4) em que o pino é usado.

15.14 Resumo

A tecnologia Ethernet, desenvolvida na década de 1970, tornou-se o padrão de fato para redes locais cabeadas. Um quadro Ethernet começa com um cabeçalho de 14 bytes, que contém um endereço de destino de 48 bits, um endereço de origem de 48 bits e um campo de tipo de 16 bits. Embora o padrão IEEE 802.3 tenha tentado definir um novo formato de quadro com um cabeçalho adicional de 8 bytes, a versão IEEE é raramente usada.

O campo tipo do cabeçalho Ethernet é usado para demultiplexação após um quadro chegar ao destino. Ao criar um quadro, um remetente especifica o tipo; um destinatário usa o tipo para determinar qual módulo deve processá-lo.

Embora o formato do quadro Ethernet e o esquema de endereçamento tenham se mantido inalterados desde a primeira norma, os cabos utilizados para Ethernet e o esquema de conexão mudaram drasticamente. Houve três versões principais de cabeamento. O Thicknet usava um cabo coaxial grande com transceptores separando este dos computadores. O Thinnet usava um cabo coaxial flexível que passava de computador em computador, e a interface de rede em cada computador continha um transceptor. A terceira geração substituiu o cabo único compartilhado por um dispositivo eletrônico chamado de hub (ou comutador) e passou a utilizar cabos de par trançado (ou fibra óptica para maior velocidade) entre um computador e o *hub (ou comutador)*. No caso do hub, o sistema resultante tem uma topologia física de estrela e uma topologia lógica de barramento.

Da mesma forma que as versões anteriores das redes Ethernet, a primeira tecnologia de par trançado operava a 10 Mbit/s; ela foi denominada 10BaseT. Uma versão nomeada formalmente de 100BaseT opera a 100 Mbit/s e é conhecida comercialmente como *Fast Ethernet*. Uma terceira versão, chamada *Gigabit Ethernet* ou *Gig-E*, opera a 1.000 Mbit/s, o que equivale a 1 Gbit/s. O hardware para as redes Ethernet de maior velocidade detecta automaticamente quando um dispositivo de baixa velocidade está conectado e reduz sua velocidade de acordo com ele.

Exercícios

15.1 Qual o tamanho máximo do quadro Ethernet, incluindo o CRC?

15.2 Como é utilizado o campo tipo do cabeçalho Ethernet?

15.3 Em um quadro Ethernet 802.3, qual o tamanho máximo da carga útil?

15.4 Como um receptor pode saber se um quadro Ethernet usa o padrão 802.3?

15.5 Quando o cabeçalho LLC/SNAP é usado, onde ele é colocado?

15.6 Como um computador se liga a uma Ethernet Thicknet?

15.7 Como os computadores se ligavam a uma Ethernet Thinnet?

15.8 O que é um hub Ethernet e qual o cabeamento utilizado nele?

15.9 Procure comutadores e hubs na Web. Se você pudesse escolher entre um hub ou um comutadores que opere na mesma taxa de transmissão pelo mesmo preço, qual escolheria? Por quê?

15.10 Cite um exemplo de uma rede com diferentes topologias físicas e lógicas.

15.11 Qual estilo de cabeamento Ethernet requer mais fios físicos em um prédio de escritórios?

15.12 Qual categoria de cabeamento de par trançado é necessário para uma rede de 10 Mbit/s? E 100 Mbit/s? E 1.000 Mbit/s?

CAPÍTULO 16
Tecnologias de redes sem fio

16.1 Introdução, 229
16.2 A taxonomia das redes sem fio, 229
16.3 Redes de área pessoal (PANs), 230
16.4 Bandas sem fio ISM usadas por LANs e PANs, 231
16.5 Tecnologias de LAN sem fio e Wi-Fi, 231
16.6 Técnicas de espalhamento espectral, 232
16.7 Outros padrões de LAN sem fio, 232
16.8 Arquitetura de LAN sem fio, 233
16.9 Sobreposição, associação e o formato do quadro 802.11, 234
16.10 Coordenação entre pontos de acesso, 235
16.11 Acesso com contenção e sem contenção, 236
16.12 Tecnologia sem fio MAN e WiMax, 237
16.13 Tecnologias e padrões PAN, 239
16.14 Outras tecnologias de comunicação a curta distância, 240
16.15 Tecnologias sem fio para WANs, 241
16.16 Microcélulas, 242
16.17 Grupos de células e reutilização de frequência, 243
16.18 Gerações de tecnologias celulares, 244
16.19 Tecnologia de satélite VSAT, 246
16.20 Satélites GPS, 248
16.21 Rádio definido por software e o futuro da comunicação sem fio, 248
16.22 Resumo, 249

16.1 Introdução

Esta parte do livro concentra-se em tecnologias de redes de computadores e seu uso em redes de comutação de pacotes. Os Capítulos 13 e 14 introduzem a comutação de pacotes e apresentam o modelo do IEEE. O capítulo anterior explica as tecnologias com fios usadas em redes locais.

Este capítulo descreve as tecnologias sem fio. Ele explica que uma miríade de tecnologias sem fio foram propostas, que a comunicação sem fio é usada em uma ampla gama de distâncias e que existem muitos sistemas comerciais. Assim, ao contrário de redes com fio em que uma única tecnologia domina, redes sem fio incluem várias tecnologias, muitas delas com características semelhantes.

16.2 A taxonomia das redes sem fio

A comunicação sem fio é aplicada a uma ampla gama de tipos e tamanhos de redes. Parte da motivação para a variedade surge de regulamentações governamentais que liberam faixas específicas do espectro eletromagnético. É necessária uma licença para operar equipamentos de transmissão em algumas partes do espectro, enquanto outras partes não necessitam dessa autorização. Muitas tecnologias sem fio foram criadas, e novas variantes aparecem continuamente. Tecnologias sem fio podem ser classificadas genericamente de acordo com o tipo de rede, conforme ilustra a taxonomia na Figura 16.1.

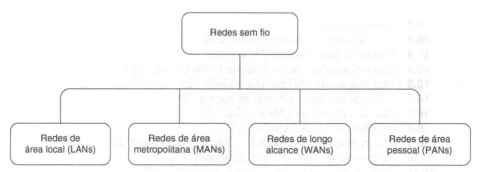

Figura 16.1 Uma taxonomia para tecnologias de redes sem fio.

16.3 Redes de área pessoal (PANs)

Além dos três tipos de rede principais descritos no Capítulo 13 (LANs, MANs e WANs), redes sem fio incluem *redes de área pessoal* (PANs). A tecnologia PAN permite comunicação em curta distância e se destina ao uso com dispositivos que pertencem e são operados por um único usuário. Por exemplo, uma PAN pode proporcionar a comunicação entre um fone de ouvido sem fio e um telefone celular. Tecnologias PAN também são usadas entre um computador e um mouse ou teclado sem fio localizados perto dele.

As Tecnologias PAN podem ser agrupadas em três categorias gerais. A Figura 16.2 lista as categorias e apresenta uma breve descrição de cada uma; seções posteriores explicam a comunicação PAN com mais detalhes, bem como os padrões relacionados.

Tipo	Objetivo
Bluetooth	Comunicação a curta distância entre um dispositivo periférico, como um fone de ouvido ou mouse, e um sistema, como um telefone celular ou um computador
Infravermelho	Comunicação por visada direta entre um dispositivo pequeno, muitas vezes um controlador de mão, e um sistema próximo, como um computador ou um centro de entretenimento
ZigBee	Comunicação em distâncias que abrangem uma residência, permitem aos aparelhos elétricos se conectarem ao Smart Grid
Outras tecnologias sem fio ISM	Comunicação que usa frequências reservadas para dispositivos ISM (*Industrial, Scientific, Medical*), um ambiente no qual interferência eletromagnética pode estar presente

Figura 16.2 Quatro tipos de tecnologias de rede pessoal sem fio.

16.4 Bandas sem fio ISM usadas por LANs e PANs

Os governos reservaram três áreas do espectro eletromagnético para uso *industrial, científico* e *médico*. Conhecidas como *ISM sem fio*, as frequências não estão licenciadas para operadoras específicas, ou seja, estão amplamente disponíveis para quaisquer produtos e são utilizadas para LANs e PANs. A Figura 16.3 ilustra as faixas de frequência ISM.

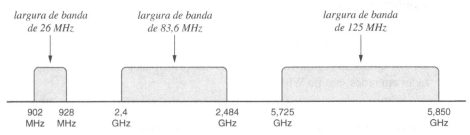

Figura 16.3 Blocos de frequências que constituem as bandas ISM e a sua correspondente largura de banda.

16.5 Tecnologias de LAN sem fio e Wi-Fi

Existem diversas tecnologias de LAN sem fio que utilizam várias frequências, técnicas de modulação e taxas de dados. O IEEE fornece a maioria dos padrões, que são classificados como IEEE 802.11. Em 1999, um grupo de fornecedores que desenvolve equipamentos sem fio formou a Aliança Wi-Fi, uma organização sem fins lucrativos que testa e certifica equipamentos sem fio usando os padrões 802.11. Como a aliança investiu bastante em publicidade, a maioria dos consumidores associou LANs sem fio com o termo *Wi-Fi*[1]. A Figura 16.4 lista os principais padrões IEEE relacionados à Aliança Wi-Fi.

Padrão IEEE	Banda de frequência	Taxa de transmissão	Modulação e técnicas de multiplexação
802.11 original	2,4 GHz	1 ou 2 Mbit/s	DSSS, FHSS
	2,4 GHz	1 ou 2 Mbit/s	FHSS
	Infravermelho	1 ou 2 Mbit/s	PPM
802.11b	2,4 GHz	5,5 a 11 Mbit/s	DSSS
802.11g	2,4 GHz	22 a 54 Mbit/s	OFDM, DSSS
802.11n	2,4 GHz	54 a 600 Mbit/s	OFDM

Figura 16.4 Principais padrões sem fio certificados pela Aliança Wi-Fi.

---

[1] Embora a expressão *wireless fidelity* tenha surgido originalmente em seus anúncios, a aliança não a utiliza mais e não fornece uma explicação para o termo.

16.6 Técnicas de espalhamento espectral

O Capítulo 11 introduziu o termo *spread spectrum* (*espalhamento espectral*) e explicou que a transmissão por espalhamento espectral usa múltiplas frequências para enviar os dados; assim, o transmissor espalha os dados em múltiplas frequências, e o receptor combina a informação obtida a partir das múltiplas frequências para reproduzir os dados originais.

Em geral, o espalhamento espectral pode ser utilizado para atingir um dos dois seguintes objetivos:

- Aumentar o desempenho geral
- Tornar a transmissão mais imune ao ruído

A tabela da Figura 16.5 resume as três principais técnicas de multiplexação utilizadas em redes sem fio Wi-Fi.

Nome	Expansão	Descrição
DSSS	*Direct Sequence Spread Spectrum* (espalhamento espectral de sequência direta)	Similar ao CDMA no sentido de que um transmissor multiplica o valor nos dados de saída por uma sequência a fim de formar as múltiplas frequências, e o receptor multiplica o sinal recebido pela mesma sequência para decodificar
FHSS	*Frequency Hopping Spread Spectrum* (espalhamento espectral por salto de frequências)	O transmissor utiliza uma sequência de frequências para transmitir dados, e o receptor utiliza a mesma sequência para extrair os dados recebidos
OFDM	*Orthogonal Frequency Division Multiplexing* (multiplexação por divisão ortogonal de frequências)	Um esquema de multiplexação por divisão de frequências no qual a banda de transmissão é dividida em várias portadoras, de tal forma que as portadoras não interfiram entre si

Figura 16.5 Principais técnicas de multiplexação usadas com Wi-Fi.

Cada técnica tem suas vantagens. A OFDM oferece a maior flexibilidade. O DSSS tem bom desempenho, e o FHSS faz uma transmissão mais imune ao ruído. Assim, quando uma tecnologia sem fio é definida, os projetistas escolhem uma técnica de multiplexação apropriada. Por exemplo, duas versões da norma original 802.11 foram criadas para contemplar DSSS e FHSS. Para resumir:

> *Técnicas de espalhamento espectral podem ajudar no funcionamento de LANs sem fio em ambientes ruidosos.*

16.7 Outros padrões de LAN sem fio

O IEEE criou muitos padrões de rede sem fio com o objetivo de lidar com vários tipos de comunicação. Cada padrão especifica uma gama de frequências, o tipo de modulação e de multiplexação a ser usado, bem como uma taxa de transmissão de dados. A Figura 16.6 lista os principais padrões que foram criados ou propostos e fornece uma breve descrição de cada um.

Padrão	Objetivo
802.11a	A primeira variante de 802.11 que foi criada para melhorar a velocidade; não é mais popular
802.11e	Melhoria na qualidade de serviço, como garantia de baixo jitter
802.11h	Igual ao 802.11a, mas acrescenta controle de espectro e de potência (criado para uso principalmente na Europa)
802.11i	Melhoria na segurança, incluindo *Advanced Encryption Standard* (AES); a versão completa é conhecida como WPA2
802.11k	Fornece gerenciamento dos recursos do rádio, incluindo a potência de transmissão
802.11p	Permite comunicação dedicada de curta distância (DSRC, *Dedicated Short-Range Communication*) entre os veículos em uma estrada e também entre veículo e rodovia
802.11r	Melhoria da capacidade de roaming entre pontos de acesso, sem perder a conectividade
802.11s	Proposto para rede de malha na qual um conjunto de nós forma uma rede automaticamente e transmite pacotes

Figura 16.6 Principais padrões 802.11 e a finalidade de cada um.

Em 2007, o IEEE combinou muitos dos padrões 802.11 existentes em um documento único conhecido como *802.11-2007*. O IEEE usa o termo *rolled up* (unificado) para descrever a combinação. O documento contém um corpo principal que descreve os requisitos básicos aplicáveis a todas as normas e tem um apêndice para cada variante que fornece detalhes para ela.

Em suma:

> *Muitas variantes de 802.11 foram criadas ou propostas; cada uma oferece vantagens para algumas situações.*

16.8 Arquitetura de LAN sem fio

Os três principais blocos de uma LAN sem fio são: *pontos de acesso* (APs, *Access Points*), que são informalmente chamados de *estações base*; um mecanismo de interconexão, como um comutador ou um roteador, usado para conectar os pontos de acesso; e um conjunto de *hosts* sem fio, também chamados de *nós* ou *estações* sem fio. Em princípio, são possíveis dois tipos de LANs sem fio:

- Ad hoc – hosts sem fio se comunicam entre si sem uma estação de base
- Infraestrutura – um host sem fio só se comunica com um ponto de acesso, e o ponto de acesso encaminha todos os pacotes

Na prática, existem poucas redes *ad hoc*. O método mais usado é o seguinte: um provedor de serviço ou organização instala um conjunto de pontos de acesso, e cada host sem fio se comunica através de um deles. Por exemplo, uma empresa privada ou uma universidade pode instalar pontos de acesso ao longo de seus diversos prédios. A Figura 16.7 ilustra a arquitetura.

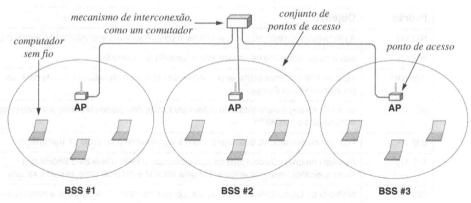

Figura 16.7 Ilustração de uma arquitetura de infraestrutura para uma LAN sem fio.

As conexões com fio que se estendem até os pontos de acesso geralmente consistem em um par trançado Ethernet. O conjunto de computadores ao alcance de um determinado ponto de acesso é conhecido como *Basic Service Set* (BSS)[2]. Na figura, existem três conjuntos de BSS, um para cada ponto de acesso.

Para resumir:

> A maioria das LANs sem fio usa uma arquitetura de infraestrutura onde um computador sem fio se comunica através de um ponto de acesso (estação-base).

16.9 Sobreposição, associação e o formato do quadro 802.11

Na prática, muitos detalhes complicam uma arquitetura de infraestrutura. Por um lado, se dois pontos de acesso estiverem muito distantes, existirá uma *zona morta* entre eles (ou seja, um local físico sem conectividade sem fio). Por outro lado, se dois pontos de acesso estiverem muito próximos, vai ocorrer uma sobreposição na qual um host sem fio pode atingir ambos os pontos de acesso. Além disso, a maioria das LANs sem fio se conecta à Internet. Assim, o mecanismo de interconexão geralmente tem uma conexão adicional com fio para um roteador na Internet. A Figura 16.8 ilustra a arquitetura.

Para lidar com a sobreposição, as redes 802.11 exigem que um host se *associe* com um único ponto de acesso. Isto é, um host sem fio envia seus quadros para um ponto de acesso específico, que então encaminha os quadros para toda a rede. A Figura 16.9 ilustra o formato do quadro 802.11 e mostra que, quando utilizado com uma arquitetura de infraestrutura, o quadro transporta o endereço MAC de um ponto de acesso, bem como o endereço de um roteador de Internet.

---

[2] Assim como no sistema de telefonia celular, a região atingida por um determinado ponto de acesso é informalmente chamada de *célula*.

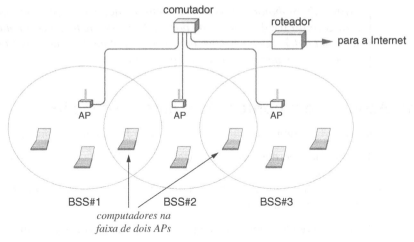

Figura 16.8 Ilustração de uma infraestrutura com regiões sobrepostas.

Figura 16.9 Formato de quadro utilizado numa LAN sem fio 802.11.

16.10 Coordenação entre pontos de acesso

Uma questão interessante que surge é: em que medida os pontos de acesso devem se coordenar? Muitos projetos de pontos de acesso no início eram complexos e coordenavam-se entre si para fornecer mobilidade contínua, de forma semelhante ao sistema de telefonia celular. Assim, os pontos de acesso comunicavam-se entre si para assegurar a transferência (*handoff*) suave de um computador sem fio saindo da região de abrangência de um ponto de acesso e entrando na região de outro. Por exemplo, alguns produtos medem a intensidade do sinal e movem um nó para um novo ponto de acesso quando o sinal recebido do novo ponto de acesso excede a intensidade do sinal do atual.

Alternativamente, alguns fabricantes oferecem pontos de acesso que não se coordenam, porém possuem menor custo e acesso simplificado. Eles afirmam que a intensidade do sinal não fornece uma medida válida da mobilidade, que um computador móvel pode lidar com a mudança de um ponto de acesso para outro e que a infraestrutura cabeada que conecta pontos de acesso suporta coordenação centralizada. Um projeto mais simples de pontos de acesso é especialmente adequado em situações em que a instalação é composta por um único ponto.

Para resumir:

> Existem duas abordagens básicas: pontos de acesso complexos e coordenados para garantir handoff suave, ou pontos de acesso de baixo custo que operam de forma independente e dependem dos computadores sem fio para mudar sua associação de um ponto de acesso para outro.

16.11 Acesso com contenção e sem contenção

O padrão 802.11 original definiu as seguintes abordagens gerais para acesso ao canal:

- Função com coordenação central (PCF, *Point Coordinated Function*) para o serviço sem contenção
- Função com coordenação distribuída (DCF, *Distributed Coordinated Function*) para o serviço com contenção

O serviço com coordenação central possui um ponto de acesso que controla todas as estações do *Basic Service Set* (BSS) para garantir que as transmissões não interfiram uma com as outras. Por exemplo, um ponto de acesso pode atribuir a cada estação uma frequência separada. Na prática, o PCF nunca é usado.

O serviço com coordenação distribuída trabalha para que cada estação no BSS execute um protocolo de acesso randômico. Lembre-se do que vimos no Capítulo 14: as redes sem fio podem experimentar o *problema da estação escondida*, no qual duas estações podem se comunicar, mas uma terceira estação só pode receber o sinal de uma delas. Lembre-se também de que, para resolver o problema, as redes 802.11 usam CSMA/CA *(Carrier Sense Multi-Access with Collision Avoidance)*, que exige a troca das mensagens *Ready To Send* (RTS) e *Clear To Send* (CTS) antes de transmitir um pacote. O padrão 802.11 inclui vários detalhes que o Capítulo 14 omite. Por exemplo, a norma define três parâmetros de tempo:

- Espaço curto entre quadros (SIFS, *Short Inter-Frame Space*) de 10μs
- Espaço distribuído entre quadros (DIFS, *Distributed Inter-Frame Space*) de 50μs
- *Slot time* (janela de tempo) de 20μs

Intuitivamente, o parâmetro SIFS define quanto tempo uma estação receptora espera antes de enviar um ACK ou outro tipo de resposta; o parâmetro DIFS, que é igual ao SIFS mais duas janelas de tempo, define quanto tempo um canal deve ficar inativo até que uma estação possa tentar transmissão. A Figura 16.10 ilustra a forma como os parâmetros são utilizados para a transmissão de pacotes.

Em resumo:

> O CSMA/CA utilizado em redes Wi-Fi inclui parâmetros que especificam quanto tempo uma estação espera antes de enviar um pacote inicial e quanto tempo espera antes de enviar uma resposta.

A separação física entre as estações e o ruído elétrico tornam difícil distinguir entre sinais fracos, interferências e colisões; portanto, as redes Wi-Fi não empregam detecção de colisão. Assim, o hardware não tenta detectar interferências durante a transmissão. Em vez disso, um transmissor aguarda por uma mensagem de confirmação (ACK). Se nenhum ACK chega, o remetente assume que a transmissão foi perdida e emprega uma estratégia de *recuo* (*backoff*) semelhante à estratégia utilizada para Ethernet com fio. Na prática, redes 802.11 com poucos usuários e sem interferência elétrica raramente precisam de retransmissão; caso contrário, ocorrem perdas de pacotes frequentemente e elas precisam de retransmissão.

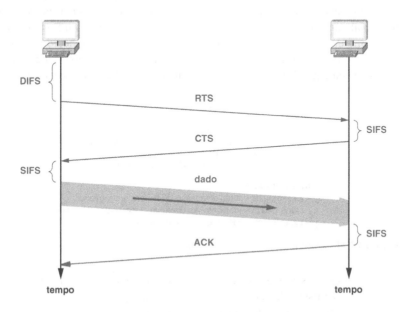

Figura 16.10 Ilustração do CSMA/CA com SIFS, DIFS e janelas de tempo.

16.12 Tecnologia sem fio MAN e WiMax

Em geral, as tecnologias MAN não foram bem-sucedidas comercialmente; entretanto, uma tecnologia wireless MAN se destaca por ter potencial para o sucesso. A tecnologia é padronizada pelo IEEE sob a categoria 802.16. Um grupo de empresas cunhou o termo *WiMAX*, que significa *World-wide Interoperability for Microwave Access* (interoperabilidade mundial para acesso via micro-ondas), e criou o Fórum WiMAX para promover o uso da tecnologia.

Duas versões principais de WiMAX estão sendo desenvolvidas e diferem na sua abordagem global. As duas são comumente referidas como:

- WiMAX fixa
- WiMAX móvel

A *WiMAX fixa* está relacionada a sistemas construídos com o padrão *IEEE 802.16-2004*, que é informalmente chamado *802.16d*. O termo *fixa* surge porque a tecnologia não prevê *handoff* entre pontos de acesso. Assim, é projetada para fornecer conexões entre um prestador de serviços e um local fixo, como uma residência ou um prédio de escritórios, em vez de entre um prestador e um telefone celular.

A *WiMAX Móvel* está relacionada a sistemas construídos de acordo com o padrão *802.16e-2005*, que é informalmente abreviado *802.16e*. Como o termo *móvel* sugere, a tecnologia oferece *handoff* entre os pontos de acesso, o que significa que um sistema Wi-

MAX móvel pode ser utilizado com dispositivos portáteis, como computadores portáteis e telefones celulares.

A WiMAX oferece uma comunicação de banda larga que pode ser usada de diversas formas. Alguns provedores de serviços planejam usar a WiMAX como uma tecnologia de acesso à Internet que abrange a última milha. Outros pensam em usar o seu potencial para proporcionar uma interligação de uso geral entre os locais físicos, especialmente em uma cidade. Outro tipo de interconexão é conhecido como *backhaul* – a conexão entre o serviço central de um prestador de serviços e locais remotos, como torres de celular. A Figura 16.11 lista algumas das utilizações propostas para a WiMAX.

Acesso
– Alternativa de última milha para modems DSL ou a cabo
– Interconexão de alta velocidade para usuários nômades
– Acesso unificado de dados e telefonia
– Como um backup para conexão com a Internet

Interconexão
– *Backhaul* de pontos de acesso Wi-Fi para um provedor
– Conexões privadas entre as diferentes localidades de uma empresa
– Ligação entre ISPs pequenos e grandes

Figura 16.11 Potenciais usos da tecnologia WiMAX.

Em geral, as implantações de WiMAX utilizadas para *backhaul* têm as maiores taxas de transmissão de dados e usam frequências que exigem *visada direta* (LOS, *Line Of Sight*) entre as duas entidades que se comunicam. Para conseguir visada direta, as estações são montadas normalmente em torres ou no topo de edifícios. Embora implementações utilizadas para acesso à Internet possam utilizar WiMAX fixa ou móvel, tais implantações geralmente utilizam frequências que não exigem visada direta. Assim, elas são classificadas como *sem visada direta* (NLOS, *Non-Line-Of-Sight*). A Figura 16.12 ilustra as duas implementações.

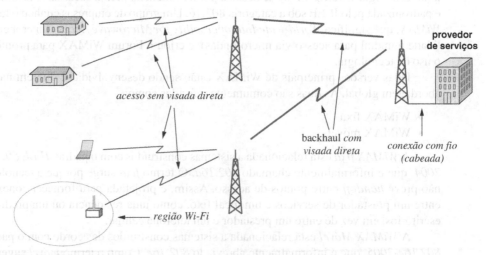

Figura 16.12 Ilustração de WiMAX usada para acesso e *backhaul*.

As principais características da WiMAX podem ser resumidas da seguinte forma:

- Usa espectro licenciado (isto é, oferecido pelas operadoras).
- Cada célula pode cobrir um raio de 3 a 10 km.
- Usa FDM ortogonal escalável.
- Garante qualidade de serviços (para voz ou vídeo).
- Pode transportar 70 Mbit/s em cada direção a curtas distâncias.
- Fornece 10 Mbit/s a maiores distâncias (10 km).

Para resumir:

> *A WiMAX é uma tecnologia LAN sem fios que pode ser utilizada para acesso fixo ou móvel, bem como para comunicação de* backhaul*; implantações para acesso não exigem visada direta.*

16.13 Tecnologias e padrões PAN

O IEEE atribuiu o número 802.15 para padrões PAN. Vários grupos de trabalho e consórcios industriais foram formados para cada uma das principais tecnologias. A Figura 16.13 lista seus principais padrões.

Padrão	Objetivo
802.15.1a	Tecnologia bluetooth (1 Mbit/s; 2,4 GHz)
802.15.2	Coexistência entre PANs (não interferência)
802.15.3	PANs de alta velocidade (55 Mbit/s; 2,4 GHz)
802.15.3a	PANs de alta velocidade e ultra banda larga (UWB, *Ultra WideBand*) – (110 Mbit/s; 2,4 GHz)
802.15.4	Tecnologia ZigBee – PAN de baixa velocidade para controle remoto
802.15.4a	PAN alternativa de baixa velocidade com baixo consumo de energia

Figura 16.13 Padrões PAN do IEEE.

Bluetooth. O padrão IEEE 802.15.1a evoluiu após os fornecedores criarem o bluetooth como uma tecnologia de conexão sem fio de curta distância. As características do bluetooth são:

- Substituição dos cabos por sistemas sem fios (por exemplo, fones de ouvido ou mouse).
- Frequência de 2,4 GHz.
- Curta distância (até 5 metros, com variações que se estendem para 10 ou 50 metros).
- Dispositivo é *mestre* ou *escravo*.
- Mestre concede permissão ao escravo.
- Taxa de transmissão de dados é de até 721 kbit/s.

Ultra Wideband (UWB). A ideia por trás da comunicação UWB é que distribuir a transmissão dos dados através de muitas frequências demanda menos energia para atingir a mesma distância. As principais características do UWB são:

- Espectro de frequências amplo.
- Consumo de pouca energia.
- Curta distância (2 a 10 metros).
- Sinal atravessa obstáculos, como paredes.
- Taxa de dados de 110 Mbit/s a 10 metros e de até 500 Mbit/s a 2 metros.
- IEEE foi incapaz de resolver disputas e formar um único padrão.

ZigBee. O padrão ZigBee (802.15.4) surgiu a partir de um desejo de padronizar a tecnologia de controle remoto sem fio, especialmente para equipamentos industriais. Como unidades de controle remoto só enviam comandos curtos, não são necessárias altas taxas de dados. As principais características do ZigBee são:

- Padrão sem fio para controle remoto (baixa taxa de dados).
- Alvo é a indústria, bem como a automação residencial.
- Três bandas de frequência (868 MHz, 915 MHz e 2,4 GHz).
- Taxa de dados de 20, 40 ou 250 kbit/s, dependendo da frequência.
- Baixo consumo de energia.
- Vários níveis de segurança estão sendo definidos.

16.14 Outras tecnologias de comunicação a curta distância

Embora normalmente não sejam agrupadas com PANs, duas outras tecnologias sem fio fornecem comunicação em curtas distâncias. Tecnologias de infravermelho fornecem comunicação de dados e sinais de controle de baixa velocidade, e tecnologias de RFID são usadas com sensores.

Infravermelho. A tecnologia de infravermelho é frequentemente usada em controles remotos e pode ser usada como substituta de cabos (por exemplo, para um mouse sem fio). A *Associação de Dados de Infravermelho* (IrDA, *Infrared Data Association*) produziu um conjunto de normas que são amplamente aceitas. As principais características da tecnologia IrDA são:

- Família de padrões para várias velocidades e propósitos.
- Sistemas reais atingem de um a vários metros.
- Transmissões direcionais com cone de cobertura de 30°.
- Taxas de transmissão de dados entre 2,4 kbit/s (controle) e 16 Mbit/s (dados).
- Geralmente de baixo consumo de energia nas versões de potência muito baixa.
- Sinal pode refletir nas superfícies, mas não pode atravessar objetos sólidos.

Radio Frequency Identification (RFID). A tecnologia RFID utiliza uma forma interessante de comunicação sem fio para criar um mecanismo no qual uma pequena *etiqueta* contém informações de identificação que um receptor pode *ler* (isto é, extrair) a partir dela.

- Existem mais de 140 padrões de RFID para uma variedade de aplicações.
- RFID passivos extraem energia a partir do sinal enviado pelo leitor.

- RFIDs ativos contêm uma bateria que pode durar até 10 anos.
- O alcance é limitado, e os RFIDs ativos atingem distâncias maiores que os passivos.
- Pode usar frequências de menos de 100 MHz a 868-954 MHz.
- Usado para controle de estoque, sensores, passaportes e outras aplicações.

16.15 Tecnologias sem fio para WANs

Tecnologias sem fio para WAN podem ser divididas em duas categorias:

- Sistemas de comunicação celulares
- Sistemas de comunicação por satélite

Sistemas de comunicação celulares foram originalmente projetados para fornecer serviços de voz para clientes móveis; portanto, foram concebidos para interligar as células com a rede de telefonia pública. Atualmente, eles estão sendo usados cada vez mais para fornecer serviços de dados e conectividade com a Internet.

Em termos de arquitetura, cada célula fica localizada numa torre, e um grupo de células (normalmente adjacentes) está ligado a um *centro de comutação móvel*. O centro rastreia a localização dos usuários móveis e gerencia *handoff* quando um usuário passa de uma célula para outra. A Figura 16.14 ilustra uma forma como as células podem ser dispostas.

Quando um usuário se move entre duas células pertencentes ao mesmo centro de comutação móvel, este coordena a mudança. Quando um usuário passa de uma região geográfica para outra, dois centros de comutação gerenciam o *handoff*.

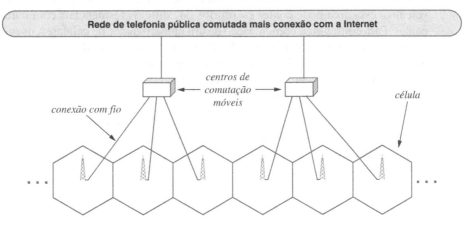

Figura 16.14 Ilustração da arquitetura celular.

Em teoria, a cobertura celular perfeita ocorre se cada célula formar um hexágono, porque as células poderiam ser dispostas na forma de um favo de mel. Na prática, a cobertura celular é imperfeita. A maioria das torres de celular usa antenas *omnidirecionais* que transmitem em um padrão circular. Obstruções e interferências elétricas podem atenuar um sinal ou causar um padrão irregular. Como resultado, em alguns casos, as células se sobrepõem e, em outros, ocorrem falhas na cobertura do sinal. A Figura 16.15 ilustra a cobertura ideal e a realista.

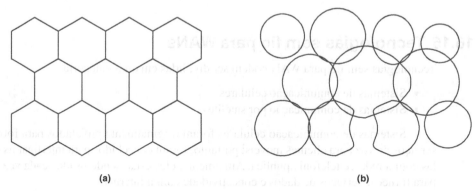

(a) (b)

Figura 16.15 Ilustração de (a) uma cobertura celular idealizada e (b) uma versão realista com sobreposições e lacunas.

Outro aspecto prático da tecnologia celular decorre da variabilidade da densidade da célula. Nas áreas rurais, onde a densidade esperada de telefones celulares é baixa, o tamanho da célula é grande – uma única torre é adequada para uma grande área geográfica. Em um ambiente urbano, no entanto, muitos telefones celulares estão concentrados em uma determinada área. Por exemplo, considere um quarteirão de uma cidade em uma grande área metropolitana. Além de pedestres e pessoas andando em veículos, essa área pode conter escritórios ou edifícios residenciais com muitos ocupantes. Para conseguir a comunicação de um número maior de celulares, os projetistas quebram uma região em muitas células; assim, ao contrário da estrutura idealizada mostrada na Figura 16.15 (a), que tem um tamanho de célula único, uma implementação prática utiliza células de vários tamanhos, com células menores cobrindo áreas metropolitanas. Para sintetizar:

> *Embora seja fácil visualizar as células como um favo de mel uniforme, sistemas práticos variam o tamanho da célula de acordo com a densidade de telefones celulares e obstruções que causam coberturas irregulares, resultando em sobreposições e lacunas.*

16.16 Microcélulas

A variabilidade celular é mais aparente em áreas onde a densidade populacional é especialmente elevada (por exemplo, um grande edifício residencial em uma cidade). Em vez de uma única célula para todo o quarteirão, operadoras de telefonia celular podem ter de criar células para um subconjunto dos andares de um edifício. Nós usamos o termo *microcélulas* para esse procedimento. Para evitar interferências, uma microcélula usa uma potência muito menor do que uma célula normal.

Em casos especiais, alguns provedores oferecem microcélulas para clientes individuais. Embora os fornecedores usem uma variedade de termos de marketing, como *picocélula*, *femtocélula* e *célula pessoal*, a ideia básica é sempre a mesma: um cliente individual compra ou aluga uma microcélula para sua residência. Fisicamente, a microcélula consiste em um pequeno dispositivo eletrônico. Logicamente, uma microcélula se conecta à Internet e oferece serviço de celular dentro da residência (alguns dispositivos são restritos a um pequeno apartamento). O proprietário configura o dispositivo da microcélula para reconhecer um conjunto específico de telefones celulares. Quando um dos telefones reconhecidos estiver ao alcance da microcélula, ele se conecta nela e a utiliza para todos os serviços. A ideia principal é que o proprietário possa acessar serviços de dados sem pagar minutos de celular.

16.17 Grupos de células e reutilização de frequência

A comunicação celular segue um princípio-chave:

> *A interferência pode ser minimizada se um par adjacente de células não usar a mesma frequência.*

Para implementar o princípio, os projetistas de telefonia celular empregaram uma abordagem de *grupo (cluster)*, na qual um pequeno padrão de células é replicado, e cada célula no grupo recebe uma única frequência. A Figura 16.16 ilustra grupos de tamanho 3, 4, 7 e 12, que são comumente usados.

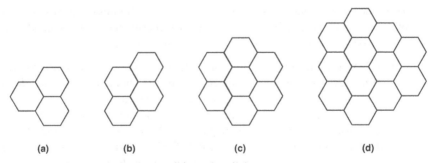

(a)   (b)   (c)   (d)

Figura 16.16 Ilustração de grupos típicos de células.

Em termos geométricos, cada formato na figura pode ser utilizado para cobrir uma região, ou seja, replicando a mesma forma, é possível cobrir uma área inteira sem deixar qualquer lacuna. Além disso, se cada célula de um determinado formato possui uma frequência única, o padrão repetitivo não vai atribuir a mesma frequência para cada par de células adjacentes. Por exemplo, a Figura 16.17 ilustra uma replicação de um grupo com 7 células, e cada letra na célula indica a frequência atribuída a ela.

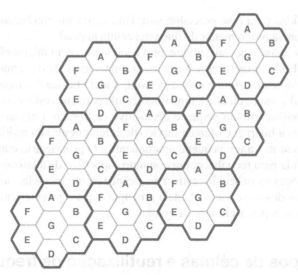

Figura 16.17 Ilustração de atribuição de frequência para um grupo replicado de sete células.

Na figura, cada letra corresponde a uma determinada frequência, e cada uma das células dentro de um grupo recebe uma frequência diferente. Como a figura mostra, quando o padrão de grupo for replicado, não haverá células adjacentes utilizando a mesma frequência.

16.18 Gerações de tecnologias celulares

O setor de telecomunicações divide as tecnologias celulares em quatro gerações, que são rotuladas como *1G*, *2G*, *3G* e *4G*, com versões intermediárias denominadas *2,5G* e *3,5G*. As gerações podem ser caracterizadas da seguinte forma:

- *1G*. A primeira geração começou no final dos anos 1970 e se prorrogou até os anos 1980. Os sistemas, que foram originalmente chamados *telefones de rádio móvel celular*, usavam sinais analógicos para transportar voz.
- *2G* e *2,5G*. A segunda geração começou no início da década de 1990 e continua a ser usada. A principal distinção entre 1G e 2G surge porque 2G utiliza sinais digitais para transportar voz. O rótulo 2,5G é usado para sistemas que estendem o sistema 2G para incluir algumas características do 3G.
- *3G* e *3,5G*. A terceira geração começou na década de 2000 e foca na adição de serviços de dados de maior velocidade. Um sistema 3G oferece taxas de download de 400 kbit/s a 2 Mbit/s e destina-se a apoiar aplicações como navegação na Web e compartilhamento de fotos. A 3G permite que o mesmo telefone seja utilizado por toda a América do Norte, todo o Japão e toda a Europa.
- *4G*. A quarta geração começou por volta de 2008 e foca no suporte para multimídia em tempo real, como um programa de televisão ou um download de vídeo em alta velocidade. Além disso, os telefones 4G incluem múltiplas tecnologias de conexão, como Wi-Fi e satélite; o telefone escolhe automaticamente a melhor tecnologia de conexão disponível.

Existe uma grande variedade de tecnologias e padrões celulares. Quando surgiu o 2G, muitos grupos tentaram padronizar a sua própria abordagem tecnológica. A *Conferência Europeia de Administração Postal e de Telecomunicações* escolheu uma tecnologia TDMA conhecida como *sistema global para comunicações móveis* (GSM, *Global System for Mobile Communications*) e criou um sistema que se transformou num padrão mundial. Nos Estados Unidos, cada operadora criou uma rede com tecnologia própria. A Motorola inventou um sistema TDMA conhecido como *iDEN*. A maior parte das operadoras dos Estados Unidos e da Ásia adotaram uma abordagem CDMA padronizada como *IS-95A*. O Japão criou uma tecnologia TDMA conhecida como *PDC*. Ao longo do tempo, as tecnologias digitais foram aprimoradas para utilizar técnicas de modulação e multiplexação visando aumentar as taxas de transmissão de dados. Uma tecnologia, conhecida como *EDGE* (*Enhanced Data rates for GSM Evolution*) ou *EGPRS* (*Enhanced GPRS*), oferece uma taxa de transferência de até 473,6 kbit/s; uma tecnologia sucessora, conhecida como *EDGE Evolution*, oferece uma taxa de dados de pico de 1 Mbit/s.

No momento que os fornecedores começaram a pensar sobre as tecnologias de terceira geração, era evidente que os clientes queriam um serviço de telefonia celular que funcionasse globalmente. Como resultado, os provedores se esforçaram para tornar as tecnologias interoperáveis, e a indústria consolidou muitas das abordagens 2G em algumas normas fundamentais. IS-136, PDC, IS-95A e EDGE influenciaram o projeto do *UMTS*, uma tecnologia que utiliza *CDMA de banda larga* (*Wideband CDMA* ou *WCDMA*). Enquanto isso, o IS-95B foi estendido para produzir o *CDMA 2000*.

Vários padrões concorrentes evoluíram para serviços de dados de terceira geração. *EVDO* e *EVDV* surgiram aproximadamente ao mesmo tempo. Cada um deles combina técnicas de CDMA e multiplexação por divisão de frequência para aumentar o desempenho. EVDO, que significa *Evolution Data Optimized* ou *Evolution Data Only*, é o mais amplamente implantado. Ele possui duas versões que diferem na taxa de transmissão de dados: 2,4 Mbit/s ou 3,1 Mbit/s. Uma alternativa chamada *High-Speed Downlink Packet Access* (HSDPA) oferece velocidades de download de 14 Mbit/s[3]. Evidentemente, as operadoras cobram mais por serviços que oferecem uma taxa de dados maior. A Figura 16.18 resume os principais padrões de celulares 2G e 3G.

Abordagem	Padrão
GSM	GSM, GPRS, EDGE (EGPRS), EDGE Evolution, HSCSD
CDMA	IS-95A, IS-95B
TDMA	IDEN, IS-136, POC
WCDMA	UMTS, HSDPA
CDMA	1xRTT, EVDO, EVDV

Figura 16.18 Principais tecnologias celulares de segunda e terceira geração.

---

[3] Um protocolo correspondente chamado HSUPA (*High-Speed Uplink Packet Access*) também foi definido, mas recebeu menos interesse do que HSDPA.

No momento em que a quarta geração de tecnologias celulares estava sendo projetada, os *smartphones* tinham entrado no mercado, e ficou claro que os dados iriam dominar o uso da telefonia celular. Além de efetuar download de dados e assistir a vídeos, os usuários começaram a enviar arquivos, imagens e vídeos. Para acomodar os aumentos esperados nas taxas de transmissão de dados, o ITU (International Telecommunications Union) publicou uma especificação para sistemas celulares 4G conhecida como *International Mobile Telecommunications Advanced* (*IMT-Advanced*). A IMT_Advanced especifica taxas de dados de 100 Mbit/s enquanto os dispositivos se deslocam rapidamente (por exemplo, em um trem ou de carro) e 1 Gbit/s enquanto se deslocam lentamente (ou seja, uma pessoa caminhando).

Fornecedores trabalharam para criar e implantar as normas 4G. Os quatro padrões iniciais foram *HSPA+*, *HTC Evo 4G*, *WiMAX* (descrito anteriormente) e uma tecnologia chamada *Long Term Evolution* (LTE). Nenhuma das primeiras normas preencheu os critérios especificados pelo IMT-Advanced (por exemplo, a LTE só pode entregar 300 Mbit/s de download e 75 Mbit/s de upload), no entanto, o ITU decidiu que os vendedores estavam autorizados a anunciar os sistemas como 4G; dessa forma, os sistemas LTE de mercado receberam o nome *4G LTE*. Enquanto isso, os fornecedores desenvolveram normas que o ITU classifica como "4G verdadeiro": *LTE Advanced* e *WiMAX Advanced*. A Figura 16.19 resume os padrões 4G.

Classificação	Padrão
Podem ser anunciados como 4G	HSPA+, HTC Evo 4G, LTE, WiMAX
Adere ao IMT-Advanced	LTE Advanced, WiMAX Advanced

Figura 16.19 Quarta geração de padrões de celulares.

A principal diferença entre os padrões 3G e 4G é oriunda da tecnologia associada. Todos os sistemas 3G foram projetados tendo como base os padrões de telefonia de voz herdados do velho sistema analógico. Os dados foram acrescentados como uma característica adicional de uma chamada de voz, em vez de como uma parte integrante do projeto. Os sistemas 4G são projetados para usar o protocolo IP (descrito na Parte IV do livro) como base para toda a comunicação[4]. Assim, um sistema 4G utiliza comutação de pacotes, e uma transmissão de voz é uma aplicação específica. Em suma:

> Como usam comutação de pacotes, é simples para os telefones celulares em sistemas 4G se comunicarem com um site na Internet.

16.19 Tecnologia de satélite VSAT

O Capítulo 7 descreve os três tipos de satélites de comunicação (LEO, MEO, e GEO) e o Capítulo 14 discute mecanismos de acesso ao canal, incluindo mecanismos de reserva que são usados para fornecer TDMA através de satélite. Esta seção conclui a discussão sobre esse assunto descrevendo tecnologias específicas de satélites.

---

[4] Na prática, muitas operadoras de telefonia celular ainda enviam chamadas de voz sobre sistemas 3G e só usam os protocolos 4G para dados.

A chave para a comunicação por satélite é uma antena parabólica conhecida informalmente como *prato*. A forma parabólica é necessária para que a energia eletromagnética proveniente de um satélite distante seja refletida para um único ponto focal. Ao apontar o prato para o satélite e colocar o detector no ponto focal, pode-se garantir que um sinal forte será recebido. A Figura 16.20 ilustra a situação e mostra como a energia recebida é refletida da superfície do prato em direção ao receptor.

Para maximizar o sinal recebido, antigos satélites de comunicação utilizavam estações terrestres com grandes antenas parabólicas de mais de três metros de diâmetro. Embora sejam apropriadas para situações como um enlace transatlântico usado por uma empresa de telefonia, essas estações não podem ser utilizadas por consumidores e empresas de pequeno porte em suas propriedades. Assim, uma grande alteração ocorreu com o surgimento de uma tecnologia conhecida como *terminal de abertura muito pequena* (VSAT, *Very Small Aperture Terminal*), que utiliza pratos de diâmetro menor do que três metros. Uma antena VSAT típica possui menos de um metro de diâmetro.

Muitas empresas usam a tecnologia VSAT para conectar todas as suas filiais. Por exemplo, farmácias como Walgreens e CVS empregam comunicação VSAT, da mesma forma que cadeias de fast-food como Pizza Hut e Taco Bell e varejistas como Walmart. Além disso, os serviços VSAT estão disponíveis para os consumidores, tanto para acesso à Internet como para outras formas de entretenimento.

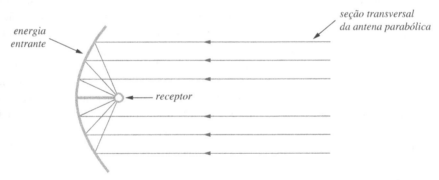

Figura 16.20 Ilustração de uma antena parabólica refletindo ondas eletromagnéticas para um ponto focal.

Satélites VSAT usam três faixas de frequência que diferem na intensidade do sinal entregue, na sensibilidade à chuva e a outras condições atmosféricas e na área de cobertura da superfície da Terra (conhecida como o *footprint* de um satélite). A Figura 16.21 descreve as características de cada faixa de frequência.

Banda	Frequência	Footprint	Força do sinal	Efeito da chuva
Banda C	3-7 GHz	Grande	Baixa	Médio
Ku	10-18 GHz	Médio	Média	Moderado
Ka	18-31 GHz	Pequeno	Alta	Grave

Figura 16.21 Bandas de frequência utilizadas pela tecnologia VSAT e as características de cada uma.

16.20 Satélites GPS

Os satélites GPS (*Global Positioning System*) fornecem o tempo exato e as informações de localização. Embora não estejam incluídas na comunicação por computador, as informações de localização são cada vez mais usadas em redes móveis. As principais características são:

- Precisão entre 20 e 2 metros (versões militares têm maior exatidão).
- Um total de 24 satélites orbitam a Terra.
- Os satélites são dispostos em seis planos orbitais.
- Fornecem sincronizações de tempo que são utilizadas em algumas comunicações de redes.

Em certo sentido, a técnica utilizada para obter informações sobre a posição é simples: como todos os satélites GPS orbitam em posições conhecidas, um receptor pode determinar uma localização única na superfície da Terra ao encontrar a distância para três satélites. Para entender o motivo, considere o conjunto de pontos com distância D1 a partir do satélite 1. O conjunto define uma esfera. Da mesma forma, o conjunto de pontos com distância D2 a partir do satélite 2 define outra esfera. Um sistema de GPS que está, simultaneamente, a uma distância D1 a partir do satélite 1 e D2 a partir do satélite 2, estará no círculo formado pela intersecção das duas esferas. Se o sistema GPS também estiver a uma distância D3 do satélite 3, ele estará na intersecção de uma terceira esfera com o círculo, o que resulta em dois pontos possíveis. Os satélites estão dispostos de modo que apenas um dos dois pontos fique na superfície da Terra, enquanto o outro estará no espaço, tornando mais fácil a escolha correta do ponto.

Para calcular a distância, um sistema de GPS aplica uma fórmula da física newtoniana que especifica que distância é igual à taxa vezes tempo. A taxa é constante (igual à velocidade da luz, 3×10^9 metros por segundo). O tempo é calculado da seguinte forma: cada GPS calcula a hora local e cada satélite tem um relógio preciso usado para incluir um *timestamp* na informação enviada. Um receptor pode então subtrair o timestamp da hora local para determinar o tempo que a informação permaneceu em trânsito.

16.21 Rádio definido por software e o futuro da comunicação sem fio

A ampla variedade de tecnologias sem fio descritas neste capítulo utiliza hardware de rádio dedicado. Antena, transmissor e receptor em um determinado dispositivo são projetados para operar em frequências predeterminadas, utilizando formas específicas de modulação e multiplexação. Um telefone celular que funciona com GSM, Wi-Fi e redes CDMA deve ter três sistemas de rádio completamente diferentes e deve escolher entre eles.

Rádios tradicionais estão sendo substituídos por rádios que seguem um paradigma *programável*, onde os recursos são controlados por um software que roda em um processador. A Figura 16.22 lista as principais características de rádio que podem ser controladas em um *rádio definido por software* (SDR, *Software Defined Radio*).

As principais tecnologias que possibilitam rádios definidos por software são: filtros analógicos sintonizáveis e gerenciamento de múltiplas antenas. Chips analógicos estão atualmente disponíveis e fornecem filtros analógicos sintonizáveis; dessa forma, é possível selecionar frequências e controlar a potência do rádio. Os *processadores digitais de sinal* (DSPs, *Digital Signal Processors*) estão disponíveis para lidar com codificação e modulação do sinal. O aspecto mais interessante dos rádios definidos por software diz respeito ao uso de múltiplas antenas. Em vez de se limitar à escolha de uma antena para utilizar num dado momento, um rádio definido por software pode usar antenas múltiplas simultaneamente para proporcionar *multiplexação espacial*, uma técnica que permite que um sinal seja transmitido ou recebido somente a partir de uma determinada direção. Nós usamos o termo *MIMO* (*Multiple-Input Multiple-Output*) para designar um sistema que emprega múltiplas antenas para transmissão e recepção (ou seja, que pode direcionar a transmissão ou a recepção).

Recurso	Descrição
Frequência	O conjunto exato de frequências utilizadas em um determinado momento
Potência	A quantidade de energia emitida pelo transmissor
Modulação	A codificação e modulação do sinal e do canal
Multiplexação	Qualquer combinação de CDMA, TDMA, FDMA e outros
Direção do sinal	Antenas podem ser ajustadas para uma direção específica
Protocolo MAC	Todos os aspectos do enquadramento e endereçamento MAC

Figura 16.22 Características que podem ser controladas via software em um rádio definido por software.

Rádios definidos por software já estão sendo implantados pelos militares nos EUA, e kits estão disponíveis para experimentação. Um dos principais obstáculos para a implantação generalizada é a necessidade de políticas que regem a utilização do espectro. Tradicionalmente, os dispositivos que transmitem energia eletromagnética são certificados para garantir que permaneçam dentro dos limites de potência especificados e não interfiram com outro tipo de comunicação (por exemplo, um telefone celular não pode interferir com comunicações policiais ou de emergência). Se um usuário puder controlar um rádio por software, será possível configurar a frequência de operação do aparelho para regiões já licenciadas para estações de rádio ou operadoras de telecomunicações. Mais importante, um usuário pode inadvertidamente baixar um vírus que usa o rádio para congestionar os canais de comunicação existentes (incluindo canais utilizados para os serviços de emergência). Assim, estão sendo investigadas técnicas para controlar a quantidade de energia que tais rádios podem utilizar, bem como o conjunto de frequências que eles podem operar.

16.22 Resumo

Existem muitas tecnologias de comunicação sem fio que são utilizadas para criar LANs, PANs, MANs e WANs. O IEEE padronizou várias tecnologias de LAN e MAN. Wi-Fi utiliza os padrões IEEE 802.11, com as variantes identificadas por meio de um sufixo, como 802.11b ou 802.11g. LANs sem fio podem ser *ad hoc* ou utilizar uma arquitetura de infraestrutura com pontos de acesso; o formato de quadro inclui um endereço MAC para o ponto de acesso, bem como um endereço MAC para um roteador além do ponto de acesso.

Além de LANs, tecnologias sem fio são utilizadas para MANs e PANs. A principal tecnologia de MAN é conhecida como WiMAX, que pode ser usada para *backhaul* ou acesso. Existe uma variedade de tecnologias PAN, incluindo Bluetooth, Ultra Wideband, ZigBee e IrDA. Etiquetas RFID fornecem outra forma de comunicação sem fio, usada principalmente para inventário e transporte.

WANs sem fios utilizam tecnologias de celular e de satélite. Tecnologias celulares evoluíram por quatro gerações: de um sistema analógico concebido para o transporte de voz a uma rede de computadores baseada em pacotes (conhecida como 4G) com foco em transmissão de dados. Muitas tecnologias e padrões existem. Tecnologias de satélite VSAT permitem que empresas e consumidores tenham antenas parabólicas em sua propriedade.

Sistemas sem fio emergentes utilizam rádios definidos por software que permitem que o software controle todos os aspectos da transmissão do rádio. Eles estão disponíveis para usos militares e especiais, e kits estão disponíveis para experimentação.

Exercícios

16.1 Cite três tecnologias PAN sem fio e escreva uma breve descrição de cada uma.

16.2 Quais são os três blocos de frequências utilizados pelas LANs e PANs sem fio?

16.3 O que é a Aliança Wi-Fi?

16.4 Forneça o prefixo numérico que os padrões IEEE usam para redes Wi-Fi.

16.5 Liste três técnicas de espalhamento espectral e escreva uma descrição geral de cada uma.

16.6 Procure por OFDM na Web e escreva uma descrição de um parágrafo.

16.7 Liste os padrões IEEE que foram propostos ou criados para LANs sem fio.

16.8 Por que a maioria das LANs sem fio usa uma abordagem de infraestrutura, em vez de uma abordagem *ad hoc*?

16.9 Por que um computador sem fio deve se associar com uma estação-base específica?

16.10 Um cabeçalho 802.11 contém dois endereços de destino. Explique a finalidade de cada um.

16.11 O que são SIFS e DIFS e por que eles são necessários?

16.12 Nomeie os dois tipos de tecnologias WiMAX e descreva a finalidade de cada uma.

16.13 O que é ZigBee e onde é usado?

16.14 Cite as características da tecnologia UWB.

16.15 Faz sentido usar IrDA para aplicações tais como transferência de arquivos? Por quê?

16.16 O que é RFID e onde ele é usado?

16.17 Uma torre de celular se conecta com o quê?

16.18 O que é um grupo de células, e como um projetista usa esses grupos?

16.19 Nomeie as quatro gerações de tecnologia celular e descreva cada uma.

16.20 O que é GSM e quais normas ele inclui?

16.21 Quais tecnologias de celulares de terceira geração usam multiplexação por divisão de código?

16.22 O que é um satélite VSAT?

16.23 Por que uma antena parabólica possui a forma de parábola?

16.24 Cite as três principais faixas de frequências utilizadas pelos satélites de comunicações e informe o efeito do tempo em cada uma.

16.25 Quantos satélites são usados no sistema GPS e qual sua precisão?

16.26 Além da posição, o que o GPS oferece?

16.27 Quais recursos são controláveis em um rádio definido por software?

CAPÍTULO 17
Repetidores, bridges e comutadores

17.1 Introdução, 252
17.2 Limitação de distância e projeto de LAN, 252
17.3 Extensões através de modems de fibra, 253
17.4 Repetidores, 253
17.5 Bridges e bridging, 254
17.6 Bridges que aprendem e filtragem de quadro, 255
17.7 Por que uma bridge funciona, 256
17.8 Árvore geradora mínima distribuída, 257
17.9 Comutação e comutadores de camada 3, 258
17.10 Comutadores VLAN, 260
17.11 Múltiplos comutadores e VLANs compartilhadas, 260
17.12 A importância da bridge, 262
17.13 Resumo, 262

17.1 Introdução

Capítulos anteriores descrevem topologias de LAN e esquemas de fiação. Uma LAN típica é projetada para atingir poucas centenas de metros, o que significa que a LAN trabalha bem dentro de um único edifício ou em um campus pequeno.

Este capítulo discute duas ideias-chave que têm revolucionado os mecanismos de LANs capazes de estender a LAN para longa distância e comutação (*switching*). O capítulo introduz duas tecnologias relacionadas com extensão, repetidores e bridges. Ele também aborda o algoritmo de árvore de expansão que é usado para prevenir laços de encaminhamento. Por fim, discute os comutadores e o relacionamento conceitual entre um comutador e uma bridge.

17.2 Limitação de distância e projeto de LAN

A limitação de distância é uma parte fundamental dos projetos de LAN (rede local). Ao projetar uma tecnologia de rede, engenheiros escolhem uma combinação de capacidade, atraso máximo e distância que pode ser alcançada com um custo determinado. Uma limitação de distância surge porque o hardware é construído para emitir uma quantidade fixa de energia – se a fiação é estendida além dos limites do projeto, as estações não vão receber um sinal suficientemente forte e ocorrerão erros. Para resumir:

> *A especificação do comprimento máximo é uma parte fundamental da tecnologia de LAN; o hardware LAN não irá funcionar corretamente através dos fios que excedem o limite.*

17.3 Extensões através de modems de fibra

Os engenheiros desenvolveram uma variedade de maneiras de estender a conectividade LAN. Como regra geral, os mecanismos de extensão não aumentam a intensidade dos sinais nem simplesmente estendem os cabos. Em vez disso, a maioria dos mecanismos de extensão insere componentes adicionais de hardware que podem retransmitir sinais através de distâncias mais longas.

O mecanismo de extensão LAN mais simples consiste em uma fibra óptica e um par de *modems de fibra* utilizados para ligar um computador a uma rede Ethernet remota. A Figura 17.1 ilustra a interligação.

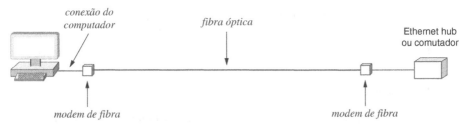

Figura 17.1 Ilustração de modems de fibra usados para fornecer uma conexão entre um computador e uma Ethernet remota.

Cada um dos modems de fibra contém hardware para executar duas tarefas: aceitar pacotes provenientes do computador e enviá-los através da fibra óptica para o comutador Ethernet, e aceitar pacotes que chegam do comutador Ethernet e enviá-los para o computador[1]. Se os modems oferecerem uma interface padrão em cada extremidade, nem o computador nem o comutador Ethernet necessitarão de um hardware especial. O computador está conectado a um modem de fibra exatamente como ele estaria ligado a um comutador Ethernet, e o comutador Ethernet está conectado a um modem de fibra exatamente como ele estaria ligado a um computador.

Para resumir:

> Um par de modems de fibra e as fibras ópticas podem ser usadas para proporcionar uma conexão entre um computador e uma LAN remota, tal como uma Ethernet.

17.4 Repetidores

Um *repetidor* é um dispositivo analógico usado para propagar sinais de LAN em longas distâncias. Um repetidor não entende pacotes ou bits. Em vez disso, ele meramente amplifica o sinal recebido e transmite a versão amplificada como saída.

Os repetidores foram usados extensivamente com a Ethernet original e têm sido utilizados com outras tecnologias de rede. Recentemente, foram introduzidos com siste-

---

[1] Na prática, as implementações usam um par de fibras para permitir a transmissão simultânea em ambas as direções.

mas de controle remoto infravermelho para permitir a um receptor ser localizado longe de um transmissor. Por exemplo, considere o receptor infravermelho para um controlador de televisão a cabo localizado em um quarto diferente daquele em que está o controlador. Um repetidor pode estender a conexão, como a Figura 17.2 ilustra. O repetidor não precisa entender os comandos; ele apenas transmite uma cópia dos sinais que chegam para o sensor remoto.

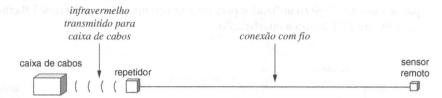

Figura 17.2 Ilustração de um sensor infravermelho estendido com um repetidor.

Para resumir:

> Um repetidor é um dispositivo de hardware analógico usado para estender uma LAN. Ele amplifica e envia todos os sinais de entrada para o outro lado.

17.5 Bridges e bridging

Uma *bridge* é um mecanismo que conecta duas redes locais (por exemplo, dois hubs) e transfere pacotes entre elas. A bridge escuta no *modo promíscuo* em cada segmento (isto é, recebe todos os pacotes enviados no segmento). Quando recebe um quadro válido de um segmento, a bridge deve encaminhar uma cópia dele para o outro segmento. Assim, dois segmentos de LAN conectados por uma *bridge* parecem se comportar como uma única LAN – um computador conectado a qualquer segmento pode enviar um quadro para qualquer computador sobre os dois segmentos. Além disso, um quadro de broadcast é entregue a todos os computadores nos dois segmentos. Assim, os computadores não sabem se eles estão conectados a um único segmento de rede local ou a uma LAN com bridge.

Originalmente, as bridges foram vendidas como dispositivos de hardware independentes, cada um com duas conexões de rede. Atualmente, a tecnologia de bridge é incorporada dentro de outros dispositivos, tais como um cable modem ou um modem DSL. O cable modem usa uma bridge para transferir cópias de pacotes dos computadores na residência do assinante para o escritório da empresa de cabo e vice-versa.

Para resumir:

> Uma bridge é um mecanismo usado para conectar dois segmentos de LAN e enviar quadros de um segmento para outro; computadores não podem identificar se eles estão em um único segmento ou em uma LAN com bridge.

17.6 Bridges que aprendem e filtragem de quadro

Bridges não encaminham cegamente uma cópia de cada quadro de uma LAN para outra. Em vez disso, uma bridge usa endereços MAC para executar *filtragem*. Isto é, uma bridge examina o endereço de destino no quadro e não encaminha o quadro para outro segmento de LAN a menos que seja necessário. É claro que, se a LAN suporta broadcast ou multicast, a bridge deve encaminhar uma cópia de cada quadro de broadcast ou multicast para fazer com que a LAN com bridge opere como uma única LAN.

Como uma bridge pode saber quais computadores estão ligados a quais segmentos? A maioria das bridges são chamadas de *adaptive bridges* ou *learning bridges* (*bridges que aprendem*), porque elas identificam a localização dos computadores automaticamente. Para fazer isso, utilizam os endereços de origem. Quando um quadro chega de um dado segmento, a bridge extrai o endereço de origem do cabeçalho e adiciona-o em uma lista de computadores ligados ao segmento. Ela deve então extrair o endereço MAC de destino do quadro e usá-lo para determinar se precisa encaminhar o quadro. Dessa forma, uma bridge descobre que um computador está presente num segmento assim que o computador transmite um quadro.

Para entender melhor como as bridges funcionam, vamos considerar uma situação em que uma bridge está separada de outros dispositivos. A Figura 17.3 ilustra a arquitetura conceitual.

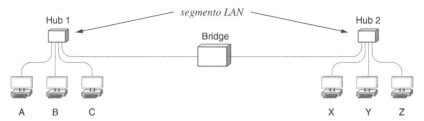

Figura 17.3 Ilustração de seis computadores ligados a um par de segmentos de LAN com bridge.

Para compreender como uma bridge identifica as localizações dos computadores enquanto quadros são enviados, considere os computadores na Figura 17.3. A Figura 17.4 lista uma sequência de transmissões de pacotes, as informações de localização que a bridge tem acumulado em cada etapa e a disposição do pacote (ou seja, os segmentos para os quais o pacote é enviado).

Podemos resumir:

> Uma bridge adaptativa usa o endereço MAC de origem em um pacote para registrar a localização do remetente e usa o endereço MAC de destino para determinar se deve encaminhar o quadro.

Evento	Segmento 1	Segmento 2	Quadro circula por
Bridge inicializa	–	–	–
A envia para B	A	–	Ambos segmentos
B envia para A	A, B	–	Segmento 1 somente
X envia mensagem broadcast	A, B	X	Ambos segmentos
Y envia para A	A, B	X, Y	Ambos segmentos
Y envia para X	A, B	X, Y	Segmento 2 somente
C envia para Z	A, B, C	X, Y	Ambos segmentos
Z envia para X	A, B, C	X, Y, Z	Segmento 2 somente

Figura 17.4 Exemplo de uma *learning bridge* com os computadores A, B e C em um segmento e os computadores X, Y e Z em outro.

17.7 Por que uma bridge funciona

É importante saber que, uma vez que uma bridge aprende as localizações de todos os computadores, uma rede com bridge pode apresentar um desempenho global superior do que o de uma única LAN. Para entender o porquê, é importante saber que a bridge permite transmissão simultânea em cada segmento. Na Figura 17.3, por exemplo, o computador A pode enviar um pacote para o computador B ao mesmo tempo em que o computador X envia um pacote para o computador Y. Embora receba uma cópia de cada um dos pacotes, a bridge não encaminhará qualquer um deles, porque cada pacote foi enviado para um destino no mesmo segmento da origem. Assim, a bridge simplesmente descarta os dois quadros sem encaminhá-los. Podemos resumir:

> *Como uma bridge permite atividade simultânea nos segmentos ligados, um par de computadores em um segmento pode se comunicar, ao mesmo tempo, com um par de computadores de um outro segmento.*

A habilidade de localizar a comunicação torna possível criar bridges entre os edifícios em um campus ou entre uma residência e um ISP. A maioria das comunicações é local (por exemplo, um computador se comunica com uma impressora que está no mesmo local que ele mais frequentemente do que se comunica com uma impressora que está em um local remoto). Assim, em um campus, uma bridge pode fornecer comunicação entre edifícios quando necessário, mas não envia pacotes sem necessidade. Para a DSL e os cable modems que contêm uma bridge, a bridge isola a rede local fornecida pelo assinante da rede do ISP. Assim, se um computador da rede local do assinante se comunica com uma impressora local, nenhum pacote é reencaminhado para o ISP. No entanto, os pacotes fluem para o ISP sempre que necessário (por exemplo, quando o assinante usa um computador para navegar na Web).

17.8 Árvore geradora mínima distribuída

Considere a Figura 17.5, que mostra quatro segmentos de LAN já ligados por três bridges e uma quarta bridge prestes a ser inserida. Vamos assumir que os computadores (não mostrados no diagrama) também estão conectados a cada um dos hubs.

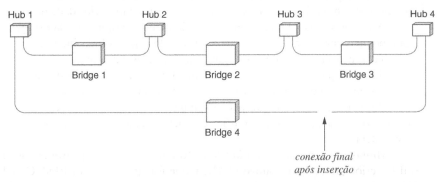

Figura 17.5 Ilustração da rede com bridges após a inserção da quarta bridge.

Antes de ser inserida a quarta bridge, a rede funciona como esperado – qualquer computador pode enviar um quadro unicast para outro computador ou enviar um quadro broadcast ou multicast para todos os computadores. O broadcast e o multicast funcionam porque uma bridge sempre encaminha uma cópia de um quadro enviado para um endereço de multicast ou unicast. Se é inserida uma quarta bridge, surge um problema, porque existirá um laço. A não ser que pelo menos uma bridge seja impedida de encaminhar broadcast, cópias de um quadro broadcast continuarão a fluir em torno do ciclo infinitamente, com os computadores ligados aos hubs recebendo um número infinito de cópias.

Para evitar que um ciclo entre em loop eterno, bridges implementam um algoritmo que calcula uma *árvore de espalhamento distribuído (*DST*, Distributed Spanning Tree)*. Ou seja, o algoritmo vê bridges como nós em um gráfico e impõe uma árvore no gráfico (em matemática, uma árvore é um gráfico que não contém ciclos). A abordagem original, desenvolvida na Digital Equipment Corporation em 1985, foi projetada para redes Ethernet e é conhecida como *Spanning Tree Protocol* (STP). O STP consiste em três etapas:

- Eleição da raiz
- Computação do caminho mais curto
- Encaminhamento

Para usar o STP, bridges Ethernet se comunicam entre si usando um endereço de multicast que está reservado para a *spanning tree*[2]:

01:80:C2:00:00:00

---

[2] Endereços Ethernet são escritos em hexadecimal separados pelo sinal de dois pontos.

O primeiro passo consiste em eleger uma raiz. A eleição é direta: a bridge é escolhida por meio de um pacote que contém o menor *ID de bridge*. Para permitir que um gerente controle a eleição, um ID de bridge consiste em duas partes: um *número de prioridade* configurável de 16 bits e um endereço MAC de 48 bits. Ao comparar IDs, uma bridge avalia a porção de prioridade em primeiro lugar e usa a parte do endereço MAC em caso de empate. Assim, um gerente pode garantir que uma bridge torne-se a raiz pela atribuição de uma prioridade menor do que qualquer outra prioridade de bridge.

O segundo passo é uma computação de menor caminho. Cada bridge calcula um caminho mais curto para a bridge raiz. O resultado é que os links incluídos nos caminhos mais curtos de todas as bridges formam a árvore de espalhamento.

Uma vez que uma árvore de espalhamento tenha sido calculada, as bridges começam o encaminhamento de pacotes. Uma interface que se conecta ao caminho mais curto está habilitada para encaminhar pacotes; uma interface que não se conecta ao caminho mais curto é bloqueada, o que significa que nenhum pacote de usuário pode ser enviado através dela.

Muitas variações de *spanning trees* foram projetadas e padronizadas. Em 1990, o IEEE criou um padrão chamado 802.1d, que foi atualizado em 1998. O padrão IEEE 802.1q fornece uma maneira de executar a *spanning tree* em um conjunto de redes logicamente independentes que compartilham um meio físico sem qualquer confusão ou interferência entre as redes lógicas. A Cisco criou uma versão proprietária, a *Per-VLAN Spanning Tree* (PVST), para uso em um comutador VLAN[3], e depois atualizou o protocolo para *PVST+*, tornando-o compatível com o 802.1q. Em 1998, o padrão IEEE 802.1w introduziu o *Rapid Spanning Tree Protocol*, que reduz o tempo necessário para a convergência depois de uma mudança de topologia. A *Rapid Spanning Tree* foi incorporada no 801.1d-2004 e agora substitui o STP. As versões conhecidas como *Multiple Instance Spanning Tree Protocol* (MISTP) e *Multiple Spanning Tree Protocol* (MSTP) foram definidas para lidar com comutadores VLAN mais complexos; o MSTP foi incorporado no padrão IEEE 802.1q-2003.

17.9 Comutação e comutadores de camada 3

O conceito de bridge ajuda a explicar um mecanismo que constitui a base das Ethernets modernas: *comutação*. Um *comutador Ethernet**, às vezes chamado de *comutador de camada 2,* é um dispositivo eletrônico que se assemelha a um hub. Como um hub, ele oferece várias portas que levam a um único computador e permite que um computador envie quadros para outro. A diferença entre um hub e um comutador é a maneira como os dispositivos operam: um hub opera como um dispositivo analógico que encaminha sinais entre os computadores, enquanto um comutador é um dispositivo digital que encaminha pacotes.

Podemos pensar em um hub como a simulação de um meio de transmissão compartilhado, e pensar um comutador como a simulação de uma rede com bridge que tem um computador por segmento de LAN. A Figura 17.6 ilustra o uso conceitual de bridges em um comutador.

---

[3] As próximas seções descrevem comutação e comutadores VLAN.
* N. de T.: Também chamado de *switch Ethernet* ou simplesmente *switch*.

Capítulo 17 Repetidores, bridges e comutadores

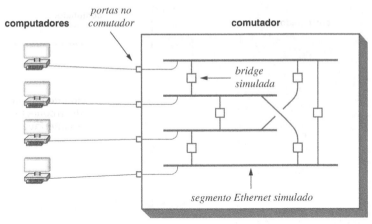

Figura 17.6 Organização conceitual de uma LAN com comutadores.

Embora a figura proporcione uma visão conceitual, um comutador não contém bridges separadas. Em vez disso, um comutador consiste em uma *interface inteligente* ligada a cada porta e em um circuito (*fabric*) central que permite a transferência simultânea entre pares de interfaces. Uma interface contém um processador, uma memória e outro hardware necessário para aceitar um pacote de entrada, consultar uma tabela de encaminhamento e enviar o pacote através do tecido para a porta de saída correta. A interface também aceita pacotes a partir do circuito e transmite-os para fora da porta. O mais importante é que, como contém memória, uma interface pode armazenar pacotes que chegam quando uma porta de saída está ocupada. Assim, se o computador 1 e o computador 2 enviam pacotes para o computador 3 simultaneamente, a interface 1 ou a interface 2 deixará em processo de espera um pacote enquanto a outra interface transmite. A Figura 17.7 ilustra a arquitetura.

Fisicamente, os comutadores estão disponíveis em vários tamanhos. O menor deles consiste em um dispositivo barato e *stand-alone* que fornece quatro conexões, as quais são suficientes para interconectar um computador, uma impressora e dois outros dispositivos (por exemplo, um scanner e um disco de backup). As empresas utilizam os comutadores maiores para conectar dezenas de milhares de computadores e outros dispositivos em toda a companhia.

A principal vantagem de usar uma LAN de comutadores em vez de um hub é o paralelismo. Um hub suporta apenas uma transmissão por vez, emquanto um comutador permite várias transferências ao mesmo tempo, desde que elas sejam independentes (ou seja, apenas um pacote é transferido para uma porta em um dado momento). Assim, se um comutador tem N portas conectadas aos N computadores, $N/2$ transferências podem ocorrer ao mesmo tempo. Ou seja:

> *Como manipula pacotes em vez de sinais e usa um circuito para fornecer caminhos paralelos internos, um comutador com N portas pode transferir até $N/2$ pacotes simultaneamente.*

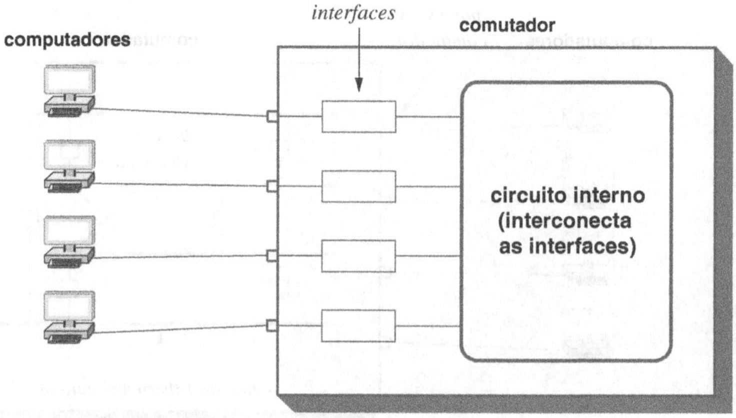

Figura 17.7 Ilustração da arquitetura de um comutador.

17.10 Comutadores VLAN

Os comutadores têm sido estendidos pela adição de virtualização, e o resultado é conhecido como *Virtual Local Area Network switch (comutador VLAN)*. O conceito é simples: permite a um gerente configurar um único comutador para simular vários comutadores independentes. Ou seja, um gerente especifica um conjunto de portas no comutador e as destina para uma LAN virtual 1, destina outro conjunto de portas para a LAN virtual 2 e assim por diante. Quando um computador da LAN virtual 2 transmite um pacote, apenas os computadores na mesma LAN virtual recebem uma cópia (ou seja, uma vez configurado, um comutador VLAN dá a impressão de que existem vários comutadores). Em essência, o comutador VLAN age como um conjunto de comutadores menores.

Dividir os computadores dentro de *domínios broadcast* separados não parece importante até que se considere uma grande empresa ou um provedor de serviços. Em cada caso, pode ser importante garantir que um conjunto de computadores possa se comunicar sem que os outros recebam seus pacotes e sem receber os pacotes de outro domínio. Por exemplo, uma empresa pode optar por fornecer um firewall entre os computadores do escritório do CEO e os outros computadores na empresa[4]. Configurar uma VLAN separada para os computadores do CEO permite que um firewall seja instalado.

17.11 Múltiplos comutadores e VLANs compartilhadas

Os comutadores são normalmente colocados em proximidade física aos computadores. Por exemplo, uma organização pode optar por colocar um comutador em cada andar de um edifício, mesmo se os departamentos ocupam alguns escritórios em vários andares. Posicionar um comutador perto de um conjunto de computadores reduz o número de fios que devem ser instalados. Além disso, comutadores convencionais podem ser interligados para formar uma única e grande rede. Assim, apenas um único cabo é necessário entre os comutadores.

---

[4] O Capítulo 29 descreve firewalls.

As VLANs podem operar por meio de vários comutadores? Não sem apoio adicional. Para entender o porquê, considere o hardware. É fácil imaginar as VLANs operando em um único comutador VLAN, pois as informações de configuração podem ser passadas para cada componente de hardware. Assim, se um administrador de rede especifica que as portas 1, 12, 18 e 46 estão em uma VLAN, cada uma das quatro interfaces de hardware pode ser configurada para enviar pacotes broadcast que chegam para as outras três. No entanto, se um par de comutadores está interligado, a porta 1 no primeiro comutador e a porta 1 no segundo comutador podem estar em VLANs diferentes, o que significa que um número de porta não é suficiente para identificar uma VLAN.

O IEEE estendeu o padrão Ethernet para tornar possível configurar VLANs que atravessam vários comutadores. A cada VLAN é atribuído um número único. Em vez de enviar quadros Ethernet normais através da ligação entre os comutadores, um campo adicional é acrescido ao cabeçalho de cada pacote. O campo extra no quadro é um número inteiro de 16 bits conhecido como *VLAN tag* (etiqueta VLAN). Uma VLAN tag identifica a VLAN para a qual o computador de envio foi atribuído. Ou seja, se um gerente configurou a porta 5 em um comutador para fazer parte da VLAN 17, o comutador insere uma tag com o valor 17 no cabeçalho após o quadro ser recebido. O comutador só mantém a tag para uso interno – antes de entregar um quadro para um dos computadores conectados, o comutador remove-a.

O padrão IEEE 802.1Q especifica o formato de um quadro Ethernet que contém uma VLAN tag. Curiosamente, o campo tag não está colocado no início nem no fim do quadro. Em vez disso, uma tag é inserida no cabeçalho entre os campos "EndereçoOrigem" e "Tipo" do protocolo Ethernet. A Figura 17.8 ilustra o formato de um quadro 802.1Q; compare o formato com aquele do quadro Ethernet padrão mostrado na Figura 15.1[5].

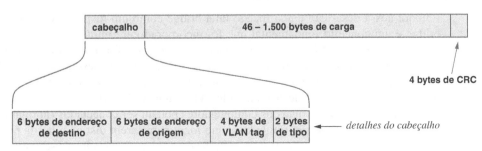

Figura 17.8 O formato de um quadro Ethernet com uma 802.1Q VLAN tag.

O padrão 802.1Q permite que vários comutadores VLAN possam ser interconectados e operados como um comutador VLAN gigante. Para fazer isso, um conjunto de comutadores é configurado para usar o formato 802.1Q para quadros enviados pelos links entre os comutadores. O formato do quadro Ethernet padrão é usado nos links para os computadores individuais, porque somente comutadores entendem o formato 802.1Q. A Figura 17.9 mostra um exemplo de comutadores interconectados com o 802.1Q.

---

[5] A Figura 15.1 pode ser encontrada na página 220.

Figura 17.9 Um exemplo de como o formato do quadro 802.1Q é usado com comutadores VLAN interconectados.

Quando um computador transmite um quadro, o comutador ao qual o computador está conectado entrega uma cópia para cada porta local que faz parte da VLAN, insere a VLAN tag e envia o resultado para o link intercomutador. O segundo comutador recebe o quadro, extrai o número de VLAN e entrega uma cópia para cada computador que faz parte da VLAN.

Para fazer comutadores VLAN interligados operarem corretamente, o gerente da rede deve atribuir números de VLAN com cuidado e configurar cada comutador para usar os números de VLAN de forma consistente. Na Figura 17.9, por exemplo, um gerente pode optar por atribuir os computadores *A*, *B* e *E* para a VLAN 10, os computadores *C* e *D* para a VLAN 11 e o computador *F* para a VLAN 12. Para configurar a rede, o gerente teria de configurar cada bridge de forma independente.

17.12 A importância da bridge

Embora nossa descrição tenha focado uma bridge como um dispositivo autônomo, a bridge é um conceito fundamental que foi incorporado em muitos sistemas de rede. Dissemos que uma DSL ou um cable modem fornece uma forma de bridge na qual os pacotes apenas são enviados para o ISP se não enviados para um destino local na rede do assinante. Além disso, muitos roteadores sem fio incorporaram um comutador Ethernet que fornece a funcionalidade de uma bridge. O comutador Ethernet em um roteador sem fio tem várias portas nas quais os computadores podem ser conectados (normalmente, as portas do comutador são rotuladas como *local* para serem distinguidas da porta da *Internet* que se conecta ao modem do ISP). Se dois computadores locais se comunicam, o roteador sem fio enviará pacotes entre eles sem enviar os pacotes para o ISP.

Assim:

> Embora os fornecedores já não vendam dispositivos de bridge autônomos, o conceito de bridge tem sido incorporado em dispositivos de rede, tais como modems e roteadores sem fio.

17.13 Resumo

Vários mecanismos foram criados para que as LANs alcancem uma distância geográfica maior. Um par de modems de fibra pode ser usado para estender a conexão entre um computador e uma LAN. Um repetidor é um dispositivo analógico que amplifica os sinais elétricos de um segmento de LAN e os transmite para outro, e vice-versa. A bridge é um dispositivo digital que conecta dois segmentos de LAN e transfere pacotes entre eles.

Para otimizar o encaminhamento, uma bridge examina os endereços MAC no cabeçalho de cada quadro e reconhece quais são os computadores ligados a cada segmento. Uma vez que uma bridge descobre a localização de um computador, ela não encaminha os quadros que são enviados para o computador a partir de outros computadores no mesmo segmento.

Um comutador Ethernet conecta vários computadores e encaminha quadros entre eles. Conceitualmente, um comutador funciona como um conjunto de segmentos LAN interconectados por bridges. Na prática, um comutador contém um conjunto de interfaces inteligentes que utiliza um mecanismo de interligação em hardware de alta velocidade chamado de *circuito (fabric)*. A principal vantagem de um comutador em comparação com um hub é que ele pode transferir vários pacotes simultaneamente, desde que apenas um pacote seja destinado a uma determinada porta de saída. Um comutador VLAN permite que um gerente configure um comutador para agir como um conjunto de comutadores independentes.

Exercícios

17.1 Quando uma fibra óptica é usada para estender uma conexão a uma rede local, quais dispositivos adicionais são necessários?

17.2 Se um aparelho de televisão fornece uma extensão de fio para um sensor remoto de infravermelho, qual é a tecnologia provavelmente usada?

17.3 Se dois computadores estão conectados em uma rede de bridge, são necessárias alterações no endereçamento ou nas aplicações? Explique.

17.4 Forneça uma indicação precisa das condições nas quais uma bridge adaptativa encaminhará um pacote.

17.5 Considere um pacote enviado em uma LAN com bridge para um endereço inexistente. Através de quantos segmentos as bridges irão encaminhar o pacote?

17.6 Suponha que uma rede contém três segmentos que operam a 100 Mbit/s conectados por duas bridges e que cada segmento contém um computador. Se dois computadores enviam para um terceiro, qual é a taxa de dados máxima que um determinado remetente pode alcançar? Qual a mínima?

17.7 Consulte a Internet para encontrar a descrição do algoritmo da *spanning tree* e escreva um programa de computador que simula bridges formando uma *spanning tree*.

17.8 Computadores em uma Ethernet com bridges recebem pacotes da *spanning tree*? Explique.

17.9 Use um analisador de redes para observar o tráfego em uma Ethernet com bridges. O que você observa depois de uma bridge dar boot?

17.10 Quando uma bridging é utilizada com uma ligação via satélite, duas bridges são tipicamente usadas, uma em cada extremidade. Explique por que.

17.11 De acordo com a Figura 17.6, dois computadores ligados a uma LAN com comutadores podem transmitir pacotes simultaneamente? Explique.

17.12 Estenda a Figura 17.6 para ter cinco portas.

17.13 Com base no exercício anterior, escreva uma equação que fornece o número de bridges simuladas necessárias como uma função do número de portas.

17.14 Escreva um programa de computador que simule uma função de bridge. Deixe dois arquivos de dados que simulem os quadros transmitidos nos dois segmentos que a bridge conecta. Assuma que cada quadro simulado contém um endereço de origem e de destino. Para realizar a simulação, leia um quadro do primeiro arquivo, em seguida um quadro do segundo arquivo e assim por diante. Para cada quadro, mostre se a bridge encaminhará uma cópia do quadro para outro segmento da LAN.

17.15 Estenda o programa do exercício anterior para simular um comutador VLAN. Comece o programa lendo as informações de configuração que especificam um conjunto de hosts e um conjunto de LANs virtuais nas quais eles deveriam estar conectados. Crie um arquivo de quadros em que cada quadro especifica o computador que o envia (ou seja, a porta do comutador pela qual o quadro chega) e um endereço de destino. Mostre como cada quadro é encaminhado.

17.16 Uma bridge pode conectar uma rede Wi-Fi a uma rede Ethernet? Um comutador pode? Por quê?

CAPÍTULO 18
Tecnologias WAN e roteamento dinâmico

18.1 Introdução, 265
18.2 Redes de longo alcance (WANs), 265
18.3 Arquitetura tradicional de WAN, 266
18.4 Formando uma WAN, 267
18.5 Paradigma store and forward, 268
18.6 Endereçamento em WAN, 269
18.7 Encaminhamento de próximo salto (next-hop), 270
18.8 Independência de origem, 272
18.9 Atualizações do roteamento dinâmico em uma WAN, 272
18.10 Rotas padrão, 274
18.11 Cálculo da tabela de encaminhamento, 275
18.12 Cálculo distribuído de rotas, 275
18.13 Caminhos mais curtos e pesos, 278
18.14 Problemas de roteamento, 280
18.15 Resumo, 281

18.1 Introdução

Os capítulos desta parte do livro descrevem uma variedade de tecnologias de comutação de pacotes com e sem fio. O capítulo anterior apresenta extensões LAN, bridging e comutação. Este capítulo considera a estrutura de uma única rede que se estende por uma área arbitrariamente grande. Ele descreve os componentes básicos usados para construir um sistema de comutação de pacotes e explica o conceito fundamental de roteamento. Além disso, apresenta os dois algoritmos básicos de roteamento e explica as vantagens de cada um. Um capítulo posterior estende a discussão sobre roteamento para a Internet e apresenta os protocolos de roteamento que os algoritmos descritos aqui utilizam.

18.2 Redes de longo alcance (WANs)

Dissemos anteriormente que as tecnologias de rede podem ser classificadas de acordo com a distância que abrangem:

- PAN – abrange a região próxima de um indivíduo.
- LAN – abrange um edifício ou um campus.
- MAN – abrange uma grande área metropolitana.
- WAN – abrange várias cidades ou países.

Considere uma empresa que utiliza um satélite para conectar LANs que estão em dois locais. Essa rede deve ser classificada como uma WAN ou como uma LAN estendida? Será que a resposta muda se a empresa só tem um PC e uma impressora em cada local? Sim, muda. A questão-chave que diferencia tecnologias WAN de tecnologias LAN é a *escalabilidade* – uma WAN deve ser capaz de crescer tanto quanto necessário para conectar vários lugares espalhados por uma grande área geográfica, com muitos computadores em cada local. Por exemplo, uma WAN deve ser capaz de ligar todos os computadores em uma grande corporação com escritórios ou fábricas em dezenas de locais espalhados por milhares de quilômetros quadrados. Além disso, a tecnologia não é classificada como WAN a menos que possa oferecer um desempenho razoável para uma rede de grande escala. Assim, uma WAN não se limita à conexão de vários computadores em muitos locais – ela deve fornecer capacidade suficiente para permitir que todos os computadores se comuniquem. Dessa forma, um satélite que liga um par de computadores e impressoras é meramente uma LAN estendida.

18.3 Arquitetura tradicional de WAN

Nos próximos capítulos, vamos aprender que os sistemas mais modernos de comunicação que abrangem grandes distâncias usam a tecnologia Internet – um roteador é colocado em cada local e os roteadores são interligados por circuitos alugados. No entanto, este capítulo considera uma abordagem mais simples: uma rede única que atravessa grandes distâncias geográficas. Os conceitos e exemplos são extraídos da história. Antes de a Internet ser criada, a pesquisa na área de redes se concentrava em encontrar formas de construir redes individuais que poderiam interligar várias localidades. Os primeiros trabalhos usavam o termo *redes de longa distância* (*long-haul networks*), mas, depois que as tecnologias de LAN foram inventadas, o termo *redes de longo alcance* (WAN, *Wide Area Networks*) tornou-se popular.

A época em que as tecnologias WAN foram desenvolvidas é significativa. A pesquisa em WANs precedeu as tecnologias de LANs e o advento dos computadores pessoais. Nessa época, mesmo grandes corporações ou universidades só tinham um ou dois computadores de grande porte. Como consequência, quando as tecnologias de WAN foram projetadas, o objetivo era conectar vários locais com alguns computadores em cada um. Mais importante, tecnologias WAN tinham que fornecer um método para os computadores se conectarem na rede de longa distância.

Como as tecnologias de LAN não tinham sido inventadas, os projetistas das WANs escolheram uma abordagem que colocava um dispositivo de hardware específico em cada local. Conhecido como *comutador de pacotes* (*packet switch*), o dispositivo oferece conexão para os computadores no local, bem como conexões para circuitos de dados que levam a outros locais.

Conceitualmente, um comutador de pacotes consiste em um pequeno sistema de computação com processador, memória e dispositivos E/S usados para enviar e receber pacotes. Os primeiros comutadores foram construídos a partir de computadores convencionais; os comutadores de pacotes utilizados nas WANs de alta velocidade já exigem hardware dedicado. A Figura 18.1 ilustra a arquitetura interna de um comutador de pacotes tradicional.

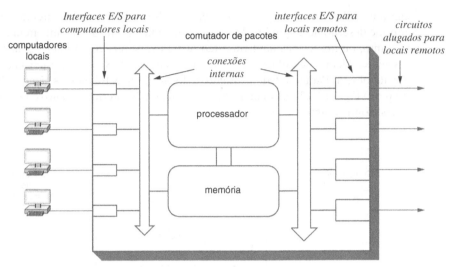

Figura 18.1 Ilustração da arquitetura tradicional de um comutador de pacotes.

Como a figura mostra, um comutador de pacotes contém dois tipos de dispositivos de E/S. O primeiro, que opera em alta velocidade, é utilizado para conectar o comutador com um circuito digital que leva a outro comutador. O segundo tipo de dispositivo de E/S, que opera a uma velocidade menor, é utilizado para ligar o comutador com um computador individual.

Desde o advento da tecnologia LAN, a maioria das WANs separa um comutador de pacotes em duas partes: um comutador de camada 2, que conecta os computadores locais, e um roteador conectado aos locais remotos. A Parte IV do livro discute os roteadores da Internet em detalhes e explica como os conceitos abordados aqui aplicam-se à Internet; por enquanto, é suficiente entender que a comunicação com os computadores locais pode ser separada da transmissão por meio de uma WAN. A Figura 18.2 ilustra a separação.

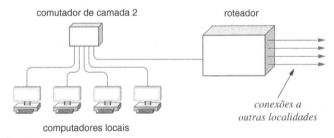

Figura 18.2 Ilustração de uma WAN moderna em que a comunicação local é tratada por uma LAN separada.

18.4 Formando uma WAN

Conceitualmente, uma WAN pode ser formada pela interligação de vários locais. Os detalhes exatos das interligações dependem da taxa de dados necessária, da distância geográfica e do atraso que pode ser tolerado. Muitas WANs usam circuitos alugados, conforme descrito no Capítulo 12 (por exemplo, um circuito T3 ou um circuito OC-12); no entanto, outras formas também estão disponíveis, tais como micro-ondas e canais por satélite. Além de escolher a tecnologia para uma conexão, um projetista deve escolher a topologia. Para um dado conjunto de locais, muitas topologias são possíveis. Por exemplo, a Figura 18.3 ilustra uma possível maneira de interligar quatro comutadores de pacotes e oito computadores.

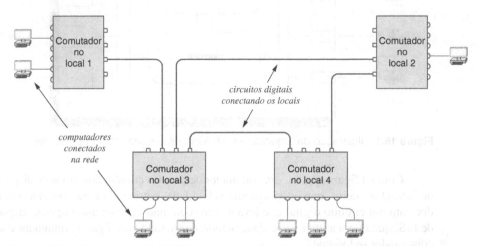

Figura 18.3 Um exemplo de WAN formada pela interligação de comutadores de pacotes.

Como a figura mostra, uma WAN não precisa ser simétrica – as interligações entre os comutadores de pacotes e a capacidade de cada ligação pode ser escolhida para acomodar o tráfego esperado e proporcionar redundância em caso de falha. Na figura, o comutador de pacotes do local 1 tem apenas uma ligação com o resto da rede, enquanto os comutadores de pacotes nos outros locais têm pelo menos duas ligações externas. Em síntese:

> Uma WAN tradicional é formada pela interconexão de comutadores de pacotes que se conectam também aos computadores locais. A topologia e a capacidade das ligações são escolhidas para acomodar o tráfego esperado e a necessidade de redundância.

18.5 Paradigma store and forward

O objetivo de uma WAN é que muitos computadores enviem pacotes simultaneamente. O paradigma básico utilizado para conseguir a transmissão simultânea é conhecido como *store and forward* (armazenar e encaminhar). Para executar o processamento *store and forward*, um comutador inicialmente *armazena* os pacotes na memória. A operação *store* ocorre quando chega um pacote: o hardware de E/S dentro do comutador de pacotes coloca uma cópia dele na memória. A operação *forward* ocorre quando o pacote chegou e está à espera na memória. O processador analisa o pacote, determina o seu destino e envia-o ao longo da interface de E/S que o conduz para lá.

Um sistema que usa o paradigma *store and forward* pode manter cada enlace de dados ocupado e, assim, aumentar o desempenho global. Mais importante, se vários pacotes são enviados para o mesmo dispositivo de saída, o comutador de pacotes pode mantê-los na memória até que o dispositivo esteja pronto. Por exemplo, considere a transmissão de pacotes na Figura 18.3. Suponha que os dois computadores no local *1* geram um pacote destinado a um computador no local *3* aproximadamente ao mesmo tempo. Os dois computadores podem enviar o seu pacote para o comutador de pacotes simultaneamente. À medida que cada pacote chega, o hardware de E/S no comutador coloca o pacote na memória e informa isso ao processador. Este analisa o destino de cada pacote e determina que o pacote deve ser enviado para o local *3*. Se a interface de saída que conduz ao local *3* estiver ociosa quando o pacote chegar, a transmissão começa imediatamente. Se estiver ocupada, o processador coloca o pacote numa fila. Assim que termina o envio do pacote, o dispositivo envia o próximo da fila.

O conceito pode ser resumido:

> *Sistemas de comutação de pacotes de longo alcance usam a técnica de* store and forward, *na qual os pacotes que chegam a um comutador são colocados em uma fila até que possam ser transmitidos ao seu destino. A técnica permite que o comutador suporte uma breve rajada de pacotes chegando simultaneamente.*

18.6 Endereçamento em WAN

Do ponto de vista de um computador, a rede WAN tradicional funciona de forma similar a uma LAN. Cada tecnologia WAN define o formato exato de quadro que um computador deve usar ao enviar e receber dados. Além disso, cada computador conectado a uma WAN recebe um endereço. Ao enviar um quadro para outro computador, o remetente deve fornecer o endereço de destino.

Embora os detalhes variem, endereços WANs seguem um conceito-chave usado na Internet: *endereçamento hierárquico*. Conceitualmente, o endereçamento hierárquico divide cada endereço em duas partes:

(local, computador no local)

Na prática, há um comutador de pacotes em cada local e o esquema de endereçamento atribui um número único para cada comutador. Assim, a primeira parte do endereço identifica o comutador no local remoto e a segunda parte identifica um computador específico. Por exemplo, a Figura 18.4 mostra endereços hierárquicos atribuídos a computadores ligados a um par de comutadores.

A figura mostra cada endereço como um par de inteiros decimais. Por exemplo, um computador ligado à porta *6* do comutador de pacotes *2* recebe o endereço [2,6]. Embora vejamos o endereço como um par de números inteiros, um endereço é representado como um único valor binário, com os bits iniciais identificando o comutador de pacotes e os bits restantes identificando o computador. Na Parte IV do texto, veremos que a Internet usa o mesmo esquema: cada endereço IP consiste em um número binário, no qual o prefixo dos bits identifica uma rede específica na Internet e o restante dos bits identifica um computador conectado a ela.

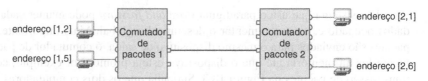

Figura 18.4 Exemplo de hierarquia de endereços em que cada endereço identifica um comutador de pacotes e um computador conectado nele.

18.7 Encaminhamento de próximo salto (next-hop)

A importância do endereçamento hierárquico torna-se evidente quando se considera o processamento dos pacotes. Quando um pacote chega, o comutador deve escolher um caminho de saída para onde encaminhá-lo. Se o pacote for destinado a um computador local (isto é, um computador ligado ao mesmo comutador), é enviado diretamente; caso contrário, o pacote deve ser encaminhado por um dos enlaces que levam a outro comutador. O software no comutador de pacotes usa o endereço de destino para tomar a decisão, extraindo o número do comutador-destino a partir do endereço. Se o valor extraído é idêntico ao ID do próprio comutador, o pacote é destinado a um computador local; caso contrário, ele é destinado a um computador remoto. O Algoritmo 18.1 explica essa situação.

A ideia mais importante é que um comutador de pacotes não precisa manter informações completas sobre como alcançar todos os computadores possíveis nem precisa calcular toda a rota que um pacote fará através da rede. Em vez disso, ele se baseia no ID do comutador-destino, o que significa que um comutador só precisa saber qual interface de saída deve ser utilizada para atingir determinado comutador.

Algoritmo 18.1

Dado:
    Um pacote que chegou no comutador de pacotes Q

Execute:
    A etapa de encaminhamento do próximo salto

Método:
    Extraia o endereço de destino do pacote;
    Divida o endereço no número do comutador, P,
    e na identificação do computador, C;
    if (P == Q) {   /* o destino é local */
        Encaminhe o pacote para o computador C local;
    } else {
        Selecione um link que leve ao comutador de pacotes destino
        e envie o pacote através desse link;
    }

Algoritmo 18.1 As duas etapas que um comutador usa para enviar um pacote quando utiliza o algoritmo de encaminhamento do próximo salto.

Dizemos que o comutador só precisa calcular o *próximo salto* (*next-hop*) para um pacote. O processo é chamado de *encaminhamento de próximo salto* (*next-hop forwarding*) e é análogo à lista de voos das companhias aéreas. Suponha que um passageiro de avião viajando de São Francisco para Miami ache que o único itinerário disponível envolve três voos: o primeiro de São Francisco a Dallas, o segundo de Dallas a Atlanta e o terceiro de Atlanta para Miami. Embora o destino final (Miami) permaneça o mesmo durante toda a viagem, o próximo destino (salto) muda em cada aeroporto. Quando o passageiro deixa São Francisco, o próximo salto é Dallas. Quando o passageiro está em Dallas, o próximo salto é Atlanta e, quando o passageiro está em Atlanta, o próximo salto é Miami.

Para fazer o cálculo de forma eficiente, os comutadores de pacotes consultam uma tabela de encaminhamento. Assim, cada comutador de pacotes contém uma *tabela de encaminhamento*[1] que lista todos os comutadores de pacotes possíveis e informa o salto seguinte para cada um. A Figura 18.5 ilustra o encaminhamento de próximo salto com um exemplo trivial.

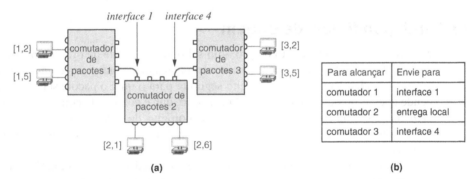

Figura 18.5 (a) uma rede com três comutadores de pacotes e (b) a tabela de encaminhamento do próximo salto para o comutador 2.

Para usar a tabela de encaminhamento, o comutador extrai o endereço de destino do pacote e usa a parte de endereço do comutador remoto como um índice na tabela. Por exemplo, considere a tabela da Figura 18.5 (b). Se um pacote for destinado a [*3,5*], o comutador extrai o *3*, consulta a tabela e encaminha o pacote para a interface *4*, que leva ao comutador *3*.

Usar apenas uma das duas partes do endereço hierárquico para encaminhar um pacote tem duas consequências práticas. Em primeiro lugar, o tempo de processamento necessário para encaminhar um pacote é reduzido, porque a tabela pode ser organizada como um *array* em vez de necessitar de pesquisa. Em segundo lugar, a tabela contém uma entrada por comutador de pacotes em vez de uma entrada pelo computador existente no destino. A redução no tamanho da tabela pode ser substancial, especialmente para uma grande WAN que tem muitos computadores ligados a cada comutador de pacotes.

---

[1] Embora os puristas insistam no nome *tabela de encaminhamento*, essas tabelas foram originalmente chamadas de *tabelas de roteamento* e a terminologia ainda é amplamente utilizada na indústria de redes.

Em essência, o endereçamento hierárquico de dois níveis permite aos comutadores usar apenas a primeira parte do endereço de destino até que o pacote chegue ao comutador final (ou seja, onde o computador de destino está ligado). Uma vez que o pacote atinge o comutador final, este utiliza a segunda parte do endereço para escolher um computador específico, como descrito no Algoritmo 18.1.

Para resumir:

> Apenas a primeira parte do endereço de destino é usada quando se encaminha o pacote através de uma WAN. Uma vez que o pacote atinge o comutador ao qual o computador de destino está conectado, a segunda parte do endereço é usada para encaminhá-lo ao computador correto.

Pode parecer que o nosso exemplo é muito simplista e que mais detalhes são necessários. Nesse ponto, nós só precisamos entender o princípio. Nos próximos capítulos, veremos que os roteadores da Internet usam o encaminhamento de próximo salto e vamos discutir mais detalhes.

18.8 Independência de origem

Note que o encaminhamento do próximo salto não depende da origem inicial do pacote ou do caminho que ele tenha percorrido antes de chegar a um comutador de pacotes particular. Em vez disso, o salto seguinte para o qual o pacote será enviado depende apenas do destino do pacote. O conceito, que é conhecido como *independência de origem*, é uma ideia fundamental em tecnologias de redes, e isso ficará implícito em nossas discussões neste e nos próximos capítulos que tratam de encaminhamento na Internet.

A independência de origem permite que o mecanismo de encaminhamento numa rede de computadores seja compacto e eficiente. Como todos os pacotes seguem o mesmo percurso, só é necessária uma tabela. Como o encaminhamento não utiliza a informação da origem, apenas o endereço de destino deve ser extraído do pacote. Além disso, a existência de um único mecanismo faz com que o encaminhamento seja uniforme – pacotes oriundos de computadores ligados diretamente e pacotes que chegam a partir de outros comutadores utilizam o mesmo mecanismo.

18.9 Atualizações do roteamento dinâmico em uma WAN

Para uma WAN operar corretamente, cada comutador deve ter uma tabela de encaminhamento e encaminhar pacotes. Além disso, os valores na tabela de encaminhamento devem garantir o seguinte:

- *Comunicação universal*. A tabela de encaminhamento em cada comutador deve conter uma rota válida de próximo salto para cada endereço de destino possível.
- *Rotas ótimas*. Em uma tabela de encaminhamento, o valor do próximo salto deve apontar para o caminho mais curto para o destino.

Falhas na rede complicam ainda mais o encaminhamento. Por exemplo, se existem dois caminhos para um determinado destino e um dos caminhos se torna indisponível por falha de hardware (por exemplo, um circuito é desligado), o encaminhamento deve ser alterado para evitar o circuito indisponível. Assim, um gerente não pode simplesmente configurar uma tabela de encaminhamento para conter valores estáticos que não mudam. Em vez disso, o software em execução no comutador realiza testes continuamente buscando falhas na rede, e reconfigura as tabelas automaticamente. Nós usamos o termo *software de roteamento* para descrever essa reconfiguração automática das tabelas de encaminhamento.

A maneira mais fácil de pensar em descoberta de rota em uma WAN é pensar em um grafo que modela a rede e imaginar um software que usa o grafo para calcular o caminho mais curto para todos os destinos possíveis. Cada *nó* corresponde a um comutador de pacotes na rede (computadores individuais não fazem parte do grafo). Se a rede tiver uma conexão direta entre um par de comutadores, o grafo deve apresentar uma *aresta* entre os nós correspondentes[2]. A Figura 18.6 mostra um exemplo de WAN e o grafo correspondente.

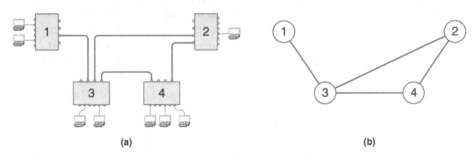

Figura 18.6 Ilustração de uma WAN e o grafo correspondente.

Como mostra a figura, cada nó do grafo recebe um rótulo, que é o mesmo número atribuído ao comutador de pacotes correspondente. A representação em grafo é especialmente útil no cálculo do encaminhamento de próximo salto, porque a teoria dos grafos tem sido estudada e algoritmos eficientes foram desenvolvidos. Além disso, um grafo abstrai detalhes, permitindo ao software lidar com a essência do problema de roteamento.

Quando se calcula o encaminhamento do próximo salto para um grafo, um algoritmo de roteamento deve identificar um enlace. Nossos exemplos usam a notação (k, j) para denotar um enlace do nó *k* ao nó *j*. Assim, quando um algoritmo de roteamento é executado no grafo da Figura 18.6 (b), ele produz a saída mostrada na Figura 18.7.

---

[2] Como a relação entre a teoria dos grafos e as redes de computadores é forte, muitas vezes se ouve alguém chamar um comutador de pacotes de *nó de rede* e um circuito de dados entre dois sites de *enlace* ou *link*.

para chegar em	próximo salto	para chegar em	próximo salto	para chegar em	próximo salto	para chegar em	próximo salto
1	–	1	(2, 3)	1	(3, 1)	1	(4, 3)
2	(1, 3)	2	–	2	(3, 2)	2	(4, 2)
3	(1, 3)	3	(2, 3)	3	–	3	(4, 3)
4	(1, 3)	4	(2, 4)	4	(3, 4)	4	–
Nó 1		Nó 2		Nó 3		Nó 4	

Figura 18.7 Uma tabela de encaminhamento para cada nó no grafo da Figura 18.6 (b).

18.10 Rotas padrão

A tabela de encaminhamento para o *Nó 1* na Figura 18.7 levanta um ponto importante: a tabela pode conter muitas entradas que apontam para o mesmo destino. Um exame da WAN na Figura 18.6 (a) revela o motivo pelo qual todas as entradas remotas contêm o mesmo salto seguinte: o comutador tem apenas uma ligação à rede; portanto, todo o tráfego de saída deve ser enviado através da mesma conexão. Consequentemente, exceto para a entrada que corresponde ao próprio nó, todas as entradas na tabela de encaminhamento do *Nó 1* têm um próximo salto que aponta para o enlace do *Nó 1* com o *Nó 3*.

No nosso exemplo trivial, a lista de entradas duplicadas na tabela de encaminhamento é pequena; no entanto, uma grande WAN pode conter centenas de entradas duplicadas. A maioria das WANs inclui um mecanismo que pode ser usado para eliminar as entradas duplicadas. Chamado de *rota padrão* (*default route*), o mecanismo permite que uma única entrada na tabela de encaminhamento substitua uma longa lista que tem o mesmo valor de próximo salto. Somente uma rota padrão é permitida em cada tabela de encaminhamento, e a entrada tem prioridade menor do que as outras entradas. Se o mecanismo de encaminhamento não encontrar uma entrada explícita para um determinado destino, ele usa a padrão. A Figura 18.8 mostra as tabelas de encaminhamento da Figura 18.7 revistas para usar uma rota padrão.

para chegar em	próximo salto	para chegar em	próximo salto	para chegar em	próximo salto	para chegar em	próximo salto
1	–	2	–	1	(3, 1)	2	(4, 2)
*	(1, 3)	4	(2, 4)	2	(3, 2)	4	–
		*	(2, 3)	3	–	*	(4, 3)
				4	(3, 4)		
Nó 1		Nó 2		Nó 3		Nó 4	

Figura 18.8 As tabelas de encaminhamento da Figura 18.7 com rotas padrão indicadas por um asterisco.

O roteamento padrão é opcional – uma entrada padrão está presente somente se mais de um destino têm o mesmo valor de próximo salto. Por exemplo, a tabela de encaminhamento para o Nó 3 não contém uma rota padrão, pois cada entrada tem um único valor de próximo salto; no entanto, a tabela de encaminhamento para o *Nó 1* se beneficia de uma rota padrão, pois todos os destinos remotos têm o mesmo valor de próximo salto.

18.11 Cálculo da tabela de encaminhamento

Como a tabela de encaminhamento é construída? Há duas abordagens básicas.

- *Roteamento estático*: um programa calcula e instala as rotas na inicialização do comutador; as rotas não mudam.
- *Roteamento dinâmico*: um programa constrói uma tabela de encaminhamento na inicialização do comutador; o programa, em seguida, altera a tabela à medida que a rede muda.

Cada abordagem possui vantagens e desvantagens. As principais vantagens do roteamento estático são a simplicidade e o baixo custo operacional. A principal desvantagem é a inflexibilidade – rotas estáticas não podem ser alteradas quando ocorre uma falha na rede. Como as grandes redes são projetadas com conexões redundantes para lidar com eventuais falhas de hardware, a maioria das WANs usa uma forma de roteamento dinâmico.

18.12 Cálculo distribuído de rotas

Um algoritmo que calcula os caminhos mais curtos em um grafo é bem conhecido e é dado pelo Algoritmo 18.2. Na prática, no entanto, é necessária uma versão distribuída, ou seja, em vez de um programa centralizado computando todos os caminhos mais curtos, cada comutador deve calcular a sua própria tabela de encaminhamento localmente. Consequentemente, é necessário um *cálculo distribuído de rotas*.

Duas abordagens gerais podem ser seguidas para um cálculo distribuído de rotas, e veremos que ambas são usadas:

- Roteamento por estado de enlace (LSR, *Link-State Routing*), que usa o algoritmo de Dijkstra
- Roteamento por vetor de distância (DVR, *Distance-Vector Routing*), que usa outra abordagem

As próximas seções descrevem as duas abordagens. O Capítulo 26 explica como cada abordagem é utilizada para controlar as rotas na Internet.

18.12.1 Roteamento por estado de enlace

Denominada formalmente *roteamento por estado de enlace* (LSR, *Link-State Routing* ou *Link-Status Routing*), a abordagem se tornou conhecida como *Shortest Path First* ou *SPF routing* (primeiro o caminho mais curto). A terminologia se refere à forma como o algoritmo funciona; no entanto, é um pouco enganosa, porque todos os algoritmos de roteamento encontram os caminhos mais curtos.

Para usar o roteamento LSR, os comutadores de pacotes enviam periodicamente através da rede mensagens que carregam o estado do enlace entre dois comutadores. Por exemplo, os comutadores *5* e *9* medem o estado do enlace entre eles e enviam uma mensagem como "a ligação entre *5* e *9* está ativa". Cada mensagem de estado é transmitida para todos os comutadores. Cada comutador executa um software que recebe todas as mensagens de estado e as usa para construir um grafo da rede. Cada comutador então usa o Algoritmo 18.2 para produzir uma tabela de encaminhamento, escolhendo a si mesmo como origem.

Um algoritmo LSR pode adaptar-se a falhas de hardware. Se uma ligação entre dois comutadores falhar, ambos vão perceber a falha e transmitir uma mensagem de estado especificando que o enlace está desativado. Todos os comutadores que receberem a transmissão mudam a sua cópia do grafo para refletir a mudança no estado do enlace e recalculam os caminhos mais curtos. Da mesma forma, quando um enlace ficar disponível novamente, os comutadores ligados nele vão detectar que ele está funcionando e começar a enviar mensagens de estado que informam sua disponibilidade.

Algoritmo 18.2

Dado:
  Um grafo com um peso não negativo atribuído a
  cada enlace e um determinado nó de origem

Calcular:
  A distância mais curta entre o nó de origem para cada
  outro nó e uma tabela de encaminhamento de próximo salto

Método:
  Inicializar conjunto S para conter todos os nós, exceto o nó de origem;
  Inicializar matriz D, de modo que D[v] represente o peso do enlace a
    partir da origem até v se tal enlace existir, e *infinito* caso contrário;
  Inicializar as entradas de R de modo que R[v] receba v se existir um
    enlace da origem até v, e zero caso contrário;
  while (S não está vazio) {
    escolha um nó u de S tal que D[u] é mínimo;
    if (D[u] é *infinito*) {
      erro: nenhum caminho existe para nós em S; parar;
    }
    excluir u do conjunto S;
    para cada nó v onde (u, v) é um enlace {
      if (v ainda está em S) {
        c = D[u] + peso (u, v);
        if (c < D[v]) {
          R[v] = R[u];
          D[v] = c;
        }
      }
    }
  }

Algoritmo 18.2 Uma versão do algoritmo de Dijkstra[3] que calcula R, a tabela de encaminhamento de próximo salto, e D, a distância para cada nó a partir do nó de origem.

---

[3] A Seção 18.13 aborda o algoritmo de Dijkstra em detalhes.

18.12.2 Roteamento por vetor de distância

A alternativa principal ao LSR é conhecida como *roteamento por vetor de distância* (DVR, *Distance-Vector Routing*). Da mesma forma que no LSR, cada enlace da rede recebe um peso, e a *distância* até um destino é definida como a soma dos pesos ao longo do caminho entre os dois comutadores de pacotes. Da mesma forma que no LSR, no roteamento por vetor de distância os comutadores também trocam mensagens periodicamente. Ao contrário do que ocorre no LSR, no entanto, no vetor de distância o comutador envia uma lista completa de destinos e o custo atual para alcançar cada um deles. Em essência, quando envia uma mensagem de DVR, um comutador está enviando uma série de declarações individuais, da forma:

"Eu posso alcançar o destino X, e sua distância atual de mim é Y".

Mensagens de DVR não são enviadas em broadcast. Em vez disso, cada comutador envia periodicamente uma mensagem de DVR somente para seus vizinhos. Cada mensagem contém pares de (*destino*, *distância*); assim, cada comutador deve manter uma lista de possíveis destinos, juntamente com a distância atual para o destino e o próximo salto para chegar nele. A lista de destinos e o próximo salto para cada um ficam na tabela de encaminhamento. Podemos pensar que o software DVR mantém uma extensão na tabela de encaminhamento que armazena uma *distância* para cada destino.

Quando uma mensagem chega a um comutador a partir do vizinho *N*, o comutador examina cada item na mensagem e muda a sua tabela de encaminhamento caso o vizinho tenha um caminho mais curto que o caminho atual sendo utilizado. Por exemplo, se vizinho *N* anuncia que um caminho para o destino *D* tem um custo de cinco e o caminho atual através do vizinho *K* custa cem, o próximo salto para alcançar *D* será substituído por *N*, e o custo para chegar a *D* será de cinco mais o custo para chegar a *N*. O Algoritmo 18.3 especifica como as rotas são atualizadas quando se utiliza a abordagem de vetor de distância.

Uma das principais diferenças entre o LSR e o DVR é relacionada ao momento em que a tabela de encaminhamento fica atualizada. Em um algoritmo LSR, todos os nós da rede descobrem o problema ao mesmo tempo. Isto é, como a informação é transmitida via *broadcast*, o único atraso é o tempo necessário para transmitir a mensagem. Em um algoritmo de DVR, no entanto, cada comutador de pacotes executa um cálculo antes de enviar as informações adiante para outro comutador. Assim, podemos imaginar que um par de comutadores detecta uma falha de enlace, calcula a nova tabela de encaminhamento e então envia as informações para seus vizinhos. Cada vizinho deve calcular uma nova tabela de encaminhamento antes de enviar as informações para o próximo conjunto de vizinhos. Assim, no algoritmo DVR leva mais tempo para notificar todos os comutadores após a ocorrência de uma falha.

> **Algoritmo 18.3**
>
> Dado:
>   Uma tabela de encaminhamento local com uma distância
>   para cada entrada, uma distância para chegar a cada vizinho
>   e uma mensagem de entrada vinda de um vizinho
>
> Calcular:
>   Uma tabela de encaminhamento atualizada
>
> Método:
>   Mantenha um campo de *distância* em cada entrada da tabela de encaminhamento;
>   Inicialize a tabela de encaminhamento com uma única entrada que
>   tenha o *destino* igual ao comutador de pacotes local,
>   o próximo salto não utilizado e a *distância* definida para zero;
>
>   Repita para sempre {
>   Aguarde a mensagem de roteamento chegar de um vizinho;
>   deixe o remetente ser o comutador N;
>   para cada entrada na mensagem {
>   Deixe V ser o destino na entrada e deixe D
>   ser a distância;
>   Calcule C como D mais o peso atribuído
>   ao enlace pelo qual a mensagem chegou;
>   Examine e atualize a tabela de roteamento local:
>   if (nenhuma rota existe para V) {
>   adicione uma entrada para a tabela de roteamento local
>   para o destino V com o próximo salto N e distância C;
>   } Else if (existe uma rota que tenha um próximo salto N) {
>   substitua a distância na rota existente com C;
>   } Else if (existe uma rota com distância superior a C) {
>   altere o próximo salto para N e a distância para C;
>   }
>   }
>   }

Algoritmo 18.3 Algoritmo de vetor de distância para cálculo de rotas.

18.13 Caminhos mais curtos e pesos

Lembre-se de que um algoritmo LSR utiliza mensagens para propagar o estado dos seus enlaces, exige que cada comutador receba as mensagens e construa um grafo e, em seguida, executa o *algoritmo de Dijkstra*[4] para encontrar o caminho mais curto a partir de um nó de origem para cada um dos outros nós no grafo. A tabela de encaminhamento de próximo salto é construída à medida que o algoritmo calcula os caminhos mais curtos.

---

[4] O algoritmo é nomeado em homenagem a seu inventor, E. Dijkstra, e seu uso no roteamento é apresentado no Algoritmo 18.2.

O algoritmo de Dijkstra é popular porque pode ser usado com várias definições de caminho "mais curto". Em particular, o algoritmo não necessita de valores nas arestas do grafo para representar a distância geográfica. Em vez disso, permite que cada aresta receba um valor não negativo chamado *peso* e define a distância entre dois nós como a soma dos pesos ao longo de um percurso entre os nós. O aspecto mais importante é:

> *Como usa pesos em enlaces ao calcular os caminhos mais curtos, o algoritmo de Dijkstra pode ser usado com outras medidas além da distância geográfica entre os pontos.*

A Figura 18.9 ilustra o conceito de pesos, mostrando um grafo com pesos atribuídos a cada aresta e um caminho de menor peso entre dois nós no grafo.

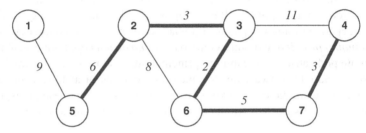

Figura 18.9 Um grafo com um peso atribuído a cada enlace e um caminho mais curto (mais escuro) entre os nós 4 e 5.

Para entender o algoritmo de Dijkstra, imagine a construção de caminhos mais curtos a um passo de cada vez. O algoritmo possui um conjunto de nós, S, para o qual a distância mais curta e o próximo salto ainda não foram calculados. O conjunto é inicializado para todos os nós, exceto a origem. O algoritmo executa até que o conjunto S esteja vazio. Em cada iteração, ele remove um nó de S que tenha a menor distância a partir da origem. Quando remove o nó u, o algoritmo analisa a distância atual da origem para cada um dos vizinhos de u que permanecem no conjunto. Se um caminho a partir da origem, passando por u e chegando em um dos vizinhos, tem menos peso do que o caminho atual, o algoritmo atualiza a distância para esse vizinho. Depois que todos os nós forem removidos de S, o algoritmo terá calculado a distância mais curta para cada nó e uma tabela de encaminhamento com o próximo salto correto para todos os caminhos possíveis.

A implementação do algoritmo de Dijkstra é simples. Além da estrutura de dados usada para armazenar a informação sobre o grafo, o algoritmo precisa armazenar três estruturas de dados: a distância atual para cada nó, o próximo salto para o caminho mais curto e as informações sobre o conjunto restante de nós. Os nós podem ser numerados de 1 a n, como demonstra a Figura 18.9, o que torna a implementação eficiente, pois um número de nó pode ser utilizado como um índice para uma estrutura de dados. Em particular, o algoritmo pode utilizar dois vetores, D e R, que são indexados individualmente pelo número do nó. A entrada i no vetor D armazena o valor atual da distância mínima da origem ao nó i. A entrada i no vetor R armazena o próximo salto usado para alcançar o nó i ao longo do caminho que está sendo calculado. O conjunto S pode ser mantido como uma lista duplamente encadeada de números de nós, o que facilita tanto a pesquisa em todo o conjunto como a remoção de uma entrada.

No Algoritmo 18.2, o *peso (i, j)* é uma função que retorna o peso da aresta do nó *i* para o nó *j*. A função peso deve retornar o valor reservado *infinito* se nenhuma aresta existe entre os nós *i* e *j*. Na prática, qualquer valor pode ser utilizado para representar infinito, desde que o valor seja maior do que a soma dos pesos ao longo de qualquer caminho no grafo. Uma maneira de gerar o valor de *infinito* consiste na adição de um para a soma de todos os pesos de todas as arestas.

Permitir que pesos arbitrários sejam atribuídos às arestas de um grafo significa que um algoritmo pode ser usado com diferentes medidas de distância. Por exemplo, algumas tecnologias WAN medem a distância pela contagem do número de comutadores ao longo do caminho. Para utilizar o algoritmo para tais tecnologias, cada aresta no grafo recebe o peso *1*. Em outras tecnologias WAN, os pesos são atribuídos de modo a refletir a capacidade do enlace. Como alternativa, um gerente pode atribuir pesos para enlaces de acordo com uma política. Por exemplo, considere um caso em que existem dois caminhos separados entre um par de comutadores de pacotes, com um deles designado como o *caminho principal* e o outro como o *caminho de backup*. Para executar essa política, o gerente pode atribuir ao caminho principal um peso baixo e ao caminho de backup um peso elevado. O software de roteamento irá configurar as tabelas de encaminhamento para usar o caminho com baixo peso, a menos que este não esteja disponível, o que faz com que o software de roteamento selecione o caminho alternativo.

18.14 Problemas de roteamento

Em teoria, qualquer roteamento LSR ou DVR irá calcular os caminhos mais curtos corretamente. Além disso, cada abordagem eventualmente *converge*, o que significa que as tabelas de encaminhamento em todos os comutadores de pacotes ficam sincronizadas; no entanto, podem ocorrer problemas. Por exemplo, se mensagens LSR são perdidas, dois comutadores podem discordar sobre o caminho mais curto. Problemas na abordagem DVR podem ser mais graves, pois uma falha de ligação pode fazer dois ou mais comutadores criarem um *loop de roteamento* no qual cada comutador pensa que o próximo comutador é o caminho mais curto para um determinado destino. Como resultado, um pacote pode circular entre os comutadores indefinidamente.

Uma das principais razões pelas quais os protocolos DVR possuem problemas é o autorretorno (isto é, um comutador de pacotes recebe também as informações que enviou). Por exemplo, suponha que um comutador diga a seus vizinhos: "Eu posso alcançar o destino D1 ao custo de 3". Se o enlace que leva ao destino D1 falhar, o comutador irá remover a entrada para D1 de sua tabela de encaminhamento (ou marcar a entrada como inválida); entretanto, o comutador já disse a seus vizinhos que a rota existe. Imagine que, logo após o enlace falhar, um dos vizinhos envie para ele uma mensagem de DVR dizendo "Eu posso alcançar o destino D1 ao custo de 4". Infelizmente, a mensagem será considerada e um loop de roteamento será criado.

A maioria dos mecanismos práticos de roteamento contêm restrições e heurísticas para evitar problemas como loops de roteamento. Por exemplo, os sistemas de DVR empregam a técnica de *horizonte dividido* (*split horizon*), que especifica que um comutador não envia informações de volta à origem. Além disso, sistemas de roteamento mais práticos introduzem histerese, que impede o software de fazer muitas mudanças em um curto espaço de tempo. No entanto, em uma grande rede onde muitos enlaces falham e se recuperam com frequência, problemas de roteamento podem ocorrer.

18.15 Resumo

A tecnologia de redes de longo alcance (WAN, *Wide Area Network*) pode ser usada para formar redes que abrangem uma distância muito longa e conectar muitos computadores. Uma WAN tradicional consiste em dispositivos eletrônicos, chamados de comutadores de pacotes, interligados por circuitos de dados alugados. Um comutador contém processador, memória e interfaces de E/S. Uma interface se conecta ou a um computador local ou a outro comutador de pacotes.

Redes de comutação de pacotes usam uma abordagem chamada *store and forward* (armazenar e encaminhar), na qual cada pacote que chega é colocado na memória até que o processador possa encaminhá-lo ao seu destino. O encaminhamento depende de uma estrutura de dados conhecida como tabela de encaminhamento. A tabela contém uma entrada para cada destino, e a entrada especifica o próximo salto (next-hop) que deve ser usado para chegar a esse destino. Uma tabela de encaminhamento trabalha com comutadores de pacotes como destinos, e não computadores individuais.

Uma WAN pode ser representada como um grafo em que cada nó corresponde a um comutador de pacotes e cada aresta corresponde a um enlace de comunicação. A representação em forma de grafo é útil porque elimina detalhes e pode ser usada para calcular as tabelas de encaminhamento. As duas abordagens básicas utilizadas no software de roteamento são o roteamento por estado de enlace (LSR, *Link-State Routing*) e o roteamento por vetor de distância (DVR, *Distance-Vector Routing*). O LSR funciona de forma que cada comutador transmita via *broadcast* o estado de cada enlace diretamente conectado a ele, e usa o algoritmo de Dijkstra para calcular os caminhos mais curtos. O DVR funciona de forma que um comutador de pacotes envie somente para seus vizinhos uma lista de destinos e o custo para chegar a cada um. O vizinho examina a lista recebida e substitui os itens em sua tabela de encaminhamento se uma rota de menor custo estiver disponível.

Exercícios

18.1 Quais são as partes conceituais de um comutador de pacotes tradicional e com o que ele se conecta?

18.2 Quais as duas peças conceituais que compõem um comutador de pacotes moderno?

18.3 Um computador pode usar uma interface Ethernet para se comunicar com a WAN? Explique.

18.4 Se uma WAN conecta N localidades, qual o número mínimo de circuitos digitais necessário? Qual o número máximo que pode estar presente?

18.5 Explique o paradigma *store and forward* (armazenar e encaminhar).

18.6 Quais são as duas partes conceituais de um endereço WAN?

18.7 A Figura 18.4 mostra como os endereços podem ser atribuídos a computadores que se conectam a um comutador de pacotes. Suponhamos que o hardware de uma das interfaces de um comutador falhe e que um administrador de rede mova a conexão do computador para uma interface não utilizada. Será que a nova configuração vai funcionar corretamente? Por quê?

18.8 Escreva um programa de computador que recebe como entrada uma tabela de encaminhamento e uma série de pacotes e gera como saída um relatório de como cada pacote deve ser encaminhado. Lembre-se de tratar os pacotes que têm um endereço incorreto.

18.9 Considere uma WAN com dois comutadores de pacotes. Suponha que cada um deles tenha uma entrada na tabela de encaminhamento para cada endereço local (ou seja, o endereço de cada computador que se conecta ao comutador) mais uma entrada padrão que aponta para o outro comutador. Em que circunstâncias o sistema vai funcionar? Em que circunstâncias o sistema irá falhar?

18.10 Qual o benefício do roteamento dinâmico?

18.11 Escreva um programa de computador que implementa o algoritmo de Dijkstra para encontrar caminhos mais curtos em um grafo.

18.12 Quais são as duas abordagens básicas utilizadas para realizar um cálculo distribuído de rotas e como cada um funciona?

18.13 Quando os programas que funcionam em dois comutadores de pacote trocam informações de vetor de distância, eles devem concordar com um formato de mensagem. Crie uma especificação para um formato de mensagem inequívoca. (Dica: considerar as diferenças na forma como os computadores representam informações.)

18.14 Estenda o exercício anterior por meio da implementação de um programa de computador que utiliza o formato de mensagem especificado. Peça a outro aluno para implementar um programa com a mesma especificação e veja se eles interoperam corretamente.

18.15 Quando um comutador de pacotes recebe uma mensagem de vetor de distância de um vizinho, sua tabela de encaminhamento vai mudar sempre? Explique.

18.16 O que é um loop de roteamento?

CAPÍTULO 19
Tecnologias de redes: passado e presente

19.1 Introdução, 283
19.2 Conexão e tecnologias de acesso, 283
19.3 Tecnologias LAN, 285
19.4 Tecnologias WAN, 286
19.5 Resumo, 290

19.1 Introdução

Os capítulos anteriores examinam a comunicação de dados e as redes de dados considerando as taxonomias básicas. Os primeiros capítulos consideram a divisão entre as tecnologias utilizadas para o acesso à Internet e aquelas utilizadas no núcleo da Internet. Os capítulos desta parte do livro usam a taxonomia clássica de LANs, MANs e WANs para descrever redes cabeadas e sem fio.

Ao longo dos anos, muitas tecnologias de redes foram definidas para cada tipo de base. Algumas que já tiveram grande importância desapareceram na obscuridade e outras continuam a compor um nicho. Este breve capítulo resume as tecnologias que tiveram um impacto duradouro no campo, seja porque ainda estão em uso ou porque os profissionais de rede usam os seus nomes como referências a ideias. O capítulo só fornece um resumo rápido; informações adicionais sobre muitas das tecnologias podem ser encontradas ao longo de todo o texto.

19.2 Conexão e tecnologias de acesso

Os primeiros capítulos descrevem as tecnologias de acesso e de conexão mais importantes (por exemplo, DSL e cable modems). Diversas tecnologias adicionais foram definidas, incluindo uma tecnologia que entrega dados através de linhas de energia e mecanismos de acesso sem fio. O conjunto de tecnologias pode ser resumida como segue:

19.2.1 Synchronous Optical Network Or Digital Hierarchy (SONET/SDH)

A SONET e a hierarquia TDM associada foram originalmente concebidas como um sistema para realizar chamadas telefônicas de voz digital. A tecnologia tornou-se o padrão para os circuitos digitais utilizados em toda a Internet. A SONET permite que um anel físico seja construído com o propósito de fornecer redundância. O hardware pode detectar e corrigir problemas automaticamente – mesmo se uma parte do anel esteja danificada, os dados ainda podem passar. Um dispositivo conhecido como *Add-Drop Multiplexor* é usado para conectar um local a um anel SONET. O dispositivo tem esse nome porque pode tanto inserir quanto remover um conjunto de circuitos de dados, cada um deles conectado a outro Add-Drop Multiplexor no anel. A SONET utiliza multiplexação por divisão de tempo para multiplexar os circuitos dentro da fibra. A SDH fornece os padrões conhecidos para circuitos, tais como um circuito T3 que pode ser configurado por meio de um anel de SONET.

19.2.2 Circuitos de portadoras ópticas (Optical Carrier, OC)

Os padrões OC especificam a sinalização usada em um anel SONET de fibra óptica. Os padrões OC estão associados a taxas de dados maiores do que os padrões T-series fornecidos pelo SDH. Uma empresa privada pode optar por alugar um circuito OC para conectar suas duas filiais. Os ISPs (Tier 1) utilizam os circuitos OC-192 (10 Mbit/s) e OC-768 (40 Mbit/s) no backbone da Internet.

19.2.3 Digital Subscriber Line (DSL) e cable modems

Estas duas tecnologias oferecem atualmente o principal meio de fornecimento de acesso à Internet banda larga para residências e pequenas empresas. A DSL faz uso de linhas fixas de telefone existentes e a tecnologia cable modem utiliza a infraestrutura da televisão a cabo existente. A DSL oferece taxas de dados de 1 a 6 Mbit/s, dependendo da distância entre uma estação central e um assinante; os cable modems oferecem até 52 Mbit/s, mas a largura de banda é compartilhada entre um conjunto de usuários. Ambas as tecnologias são vistas como transitórias e devem ser utilizadas até que a fibra óptica esteja disponível nas calçadas ou nas casas.

19.2.4 Wi-Fi e WiMAX

O Wi-Fi é um conjunto de tecnologias sem fio que tem sido largamente usado para fornecer acesso à Internet em residências, cafés, aeroportos, hotéis e outros locais. Sucessivas gerações de tecnologias Wi-Fi têm aumentado as taxas de dados globais.

A WiMAX é uma tecnologia emergente sem fio que pode ser utilizada para formar uma MAN. Ela fornece acesso ou recursos de backhaul[1], e duas versões são definidas para atender os terminais fixos e os móveis.

19.2.5 Very Small Aperture Satellite (VSAT)

Tecnologias VSAT, que têm o tamanho de um prato de menos de 3 metros, têm tornado possível a utilização de satélites para fornecer acesso à Internet a pessoas físicas ou a pequenas empresas. Embora forneçam altas taxas de dados, tecnologias VSAT acarretam longos atrasos.

---

[1] O backhaul compreende as conexões que ligam um local remoto ou um ponto de acesso à instalação central do provedor.

19.2.6 Power Line Communication (PLC)

A PLC utiliza frequências altas para enviar dados ao longo de linhas de energia. A ideia é usar a infraestrutura atual para fornecer acesso à Internet. Apesar de muita pesquisa ter sido feita, a tecnologia não tem sido implantada de forma generalizada.

19.3 Tecnologias LAN

19.3.1 Token ring

Depois que as LANs foram inventadas, muitos grupos propuseram projetos ou construíram protótipos experimentais, e o desenvolvimento de tecnologias de LAN continuou por 20 anos antes de a Ethernet passar a dominar. Alguns dos primeiros trabalhos sobre LANs exploraram a passagem de token como um mecanismo de controle de acesso, e a IBM optou por criar uma tecnologia de LAN de passagem de token conhecida como *IBM Token Ring*. Apesar da baixa taxa de dados (inicialmente 4 Mbit/s e eventualmente de 16 Mbit/s) e do alto custo, o IBM Token Ring foi amplamente aceito pelos departamentos de tecnologia da informação das corporações e foi a mais importante tecnologia de LAN por muitos anos.

19.3.2 Fiber And Copper Distributed Data Interconnect (FDDI e CDDI)

Até o final dos anos 1980, tornou-se evidente que as duas tecnologias principais de LAN, Ethernet a 10 Mbit/s e IBM Token Ring a 16 Mbit/s, tiveram taxas de dados insuficientes para atender à demanda crescente. O padrão FDDI foi criado para aumentar as taxas de dados da LAN para 100 Mbit/s. Naquela época, as maiores taxas de dados obrigavam a utilização de fibra óptica em vez de fios de cobre. O FDDI usou um par de *anéis de rotação-contrária* (*counter-rotating rings*) para fornecer redundância – se um anel FDDI for cortado, o hardware automaticamente repete o caminho de dados para rotear o tráfego em torno da falha e manter o anel ativo. O FDDI introduziu um dos primeiros comutadores de LAN nos quais cada computador está conectado diretamente a um mecanismo FDDI central. Assim, o FDDI tinha uma topologia em estrela física e uma topologia em anel lógico.

Como ofereceu a maior taxa de dados disponível no momento e a oportunidade de redundância, o FDDI se tornou popular como uma interconexão de alta velocidade entre os computadores em um centro de dados. No entanto, o alto custo e o conhecimento especial necessários para instalar a fibra desencoraja a maioria das organizações a substituir a fiação de cobre. Para competir com o Fast Ethernet, uma versão do FDDI que roda sobre a fiação de cobre foi criada (CDDI). Ultimamente a Ethernet provou ter um custo mais baixo, e as tecnologias FDDI desapareceram.

19.3.3 Ethernet

Em certo sentido, a Ethernet ganhou a corrida – as tecnologias Ethernet dominam completamente o mercado de LAN. Na verdade, há mais Ethernets implantadas do que qualquer outro tipo de LAN. Num outro sentido, a Ethernet original desapareceu e tem sido substituída por uma nova tecnologia que ainda é chamada *Ethernet*. Pode-se observar, por exemplo, que não há quase nenhuma semelhança entre o cabo coaxial pesado e a sinalização RF usados nas primeiras Ethernet e a fiação e a sinalização usadas com uma Ethernet Gigabit. Além das mudanças na taxa de dados, as topologias físicas e lógicas evoluíram: hubs substituíram cabos, comutadores Ethernet substituíram hubs e comutadores VLAN substituíram comutadores.

19.4 Tecnologias WAN

Muitas tecnologias foram criadas para uso experimental e de produção em Redes de Longa Distância (*Wide Area Networks* ou WANs). Esta seção resume exemplos que ilustram algumas das variedades.

19.4.1 ARPANET

A comutação de pacotes nas WANs tem menos de 50 anos de idade. No final dos anos 1960, a *Advanced Research Projects Agency* (ARPA) financiou a pesquisa em rede para o Departamento de Defesa dos EUA. Um grande projeto de pesquisa da ARPA desenvolveu uma *rede de longo alcance (*WAN, *Wide Area Network)* para determinar se a tecnologia de comutação de pacotes seria valiosa para as forças armadas. Conhecida como *ARPANET*, a rede foi uma das primeiras WANs de comutação de pacotes. A ARPANET conectou pesquisadores de universidades e indústrias. Embora, pelos padrões atuais, a ARPANET fosse lenta (linhas de dados seriais alugadas com comutadores de pacotes operadas a apenas 56 kbit/s), o projeto deixou um legado de conceitos, algoritmos e terminologia que ainda está em uso.

Quando o projeto Internet começou, a ARPANET foi a WAN que os pesquisadores usaram para se comunicar e fazer experiências. Em janeiro de 1983, a ARPA ordenou que todos se conectassem à ARPANET para parar de usar os protocolos originais e começar a utilizar os protocolos da Internet. Assim, a ARPANET tornou-se a primeira *espinha dorsal (backbone)* da Internet.

19.4.2 X.25

A organização que estabelece padrões internacionais de telefones, a *União Internacional de Telecomunicações* (ITU, *International Telecommunications Union*), desenvolveu um antigo padrão para a tecnologia WAN que se tornou popular entre as operadoras públicas. Na época, o ITU era conhecido como *Comitê Consultivo Internacional para Telefone e Telégrafo* (CCITT, *Consultative Committee for International Telephone and Telegraph*) e o padrão ainda é conhecido como *CCITT X.25*. Embora os bancos comerciais e outros usuários das primeiras redes tenham adotado a X.25, essa tecnologia conquistou mais popularidade na Europa do que nos Estados Unidos.

O padrão X.25 usou um projeto tradicional de WAN – uma rede X.25 consiste em dois ou mais comutadores de pacotes X.25 interligados por linhas alugadas. Os computadores são conectados diretamente ao comutador de pacotes. O X.25 usou um paradigma orientado à conexão análogo a uma chamada de telefone – um computador é obrigado a abrir uma conexão antes de transferir dados.

Como o X.25 foi inventado antes de os computadores pessoais tornarem-se populares, muitas das primeiras redes X.25 foram projetadas para conectar terminais ASCII a computadores remotos em tempo compartilhado. Quando um usuário inseria dados por um teclado, uma interface de rede X.25 capturava teclas, colocava cada uma em um pacote X.25 e transmitia os pacotes através da rede. Quando um programa em execução em um computador remoto exibia a saída, o X.25 operava no sentido inverso: o computador passava a saída para a interface de rede X.25, que colocava a informação em pacotes X.25 para a transmissão de volta para a tela do usuário. Embora as empresas de telefonia incentivassem o uso dos serviços X.25, a tecnologia era cara para o desempenho entregue e foi substituída por outras tecnologias de WAN.

19.4.3 Frame Relay

As operadoras de longa distância criaram uma série de tecnologias de *rede de longo alcance* que transportam dados. Um desses serviços, *Frame Relay*, foi concebido para receber e entregar blocos de dados com até 8 kbytes de dados cada. Uma das razões para o grande tamanho de dados (e para o nome) é a intenção que os inventores tinham de usar o serviço de Frame Relay para segmentos de LAN com bridge. Uma organização com escritórios em duas cidades poderia obter um serviço de Frame Relay para cada escritório e então usá-lo para encaminhar pacotes de um segmento de LAN em uma cidade para outro segmento de LAN na outra cidade. Os projetistas escolheram um paradigma orientado à conexão que era aceitável pelas empresas com vários escritórios. Poucos locais ainda usam o Frame Relay, pois ele tem sido largamente substituído por alternativas mais baratas.

Como o Frame Relay foi projetado para lidar com dados de um segmento de LAN, os projetistas idealizaram uma rede que funcionasse em velocidades entre *4* e *100* Mbit/s (a velocidade de LANs quando Frame Relay foi criado). Na prática, no entanto, o alto custo do serviço levou muitos clientes a escolher conexões mais lentas rodando a *1,5* Mbit/s ou 56 kbit/s .

19.4.4 Switched Multimegabit Data Service (SMDS)

Como o Frame Relay, o SMDS é um serviço de dados de longo alcance de alta velocidade oferecido por operadoras de longa distância. Ele é baseado no padrão IEEE 802.6DQDB e é considerado um precursor do ATM. Em vez de tráfego de voz, o SMDS é projetado para transportar dados. Mais importante, ele é otimizado para operar em velocidades mais altas. Por exemplo, a informação do cabeçalho dos pacotes pode exigir uma quantidade significativa de largura de banda disponível. Para minimizar a sobrecarga do cabeçalho, o SMDS usa um pequeno cabeçalho e restringe cada pacote para conter até 9.188 bytes de dados. O SMDS também define uma interface de hardware especial usada para conectar computadores à rede. Na época em que foi desenvolvida, a interface tornou possível fornecer dados tão rápido quanto um computador move os dados dentro da memória.

Como o nome sugere, as redes SMDS costumavam operar a velocidades superiores a 1 Mbit/s (ou seja, mais rápido do que uma conexão típica de Frame Relay). Os dois serviços diferem na maneira como podem ser usados. O SMDS não utilizava conexão, o que lhe deu flexibilidade. No entanto, a maioria das empresas telefônicas ficavam mais confortáveis com as tecnologias orientadas à conexão, o que significava que o SMDS não era popular e foi substituído.

19.4.5 Asynchronous Transfer Mode (ATM)

Na década de 1990, a indústria de telecomunicações projetou o ATM como uma alternativa para a Internet e anunciou o seu esforço com grande alarde. Quando surgiu, o ATM tinha metas ambiciosas – projetistas alegaram que iriam substituir todas as tecnologias de WAN e LAN e implantariam um sistema de comunicação completamente uniforme em todo o mundo. Além de dados, o ATM tem facilidades especiais para lidar com a transmissão de vídeo e as chamadas telefônicas de voz. Além disso, os projetistas anunciaram, o ATM iria elevar de forma escalável as taxas de dados, muito mais do que outras tecnologias de comutação de pacotes faziam.

A principal ideia nova introduzida no ATM é conhecida como *comutação de rótulo (label switching)*. O ATM é uma tecnologia orientada à conexão, mas os pacotes não contêm os endereços de destino, como os pacotes tradicionais. Em vez disso, um pacote, conhecido como *célula*, carrega um pequeno ID conhecido como *rótulo (label)*. Além disso, um rótulo pode ser alterado a cada vez que o pacote passa através de um comutador. Quando a ligação é estabelecida, um rótulo exclusivo é escolhido para cada link no caminho e os rótulos são colocados em tabelas nos comutadores. Quando um pacote chega, o comutador procura o rótulo atual e troca um rótulo de substituição. Em teoria, a comutação de rótulo pode ser executada em hardware com velocidade maior do que do encaminhamento convencional.

Para acomodar todos os usos possíveis, os projetistas acrescentaram muitos recursos ao ATM, inclusive mecanismos para fornecer garantias de fim-a-fim no serviço (por exemplo, garantia de largura de banda e limite máximo de atraso). Quando começaram a implementar o ATM, os engenheiros descobriram que a infinidade de recursos tornou o hardware complexo e caro. Além disso, o mecanismo original escolhido para configurar os caminhos comutados de rótulo era tão pesado que não foi usado. Assim, o ATM não foi aceito e praticamente desapareceu.

19.4.6 Multi-Protocol Label Switching (MPLS) e tunelamento

Embora não seja um sistema de rede próprio, a MPLS é um resultado notável do esforço ATM – engenheiros adaptaram a comutação de rótulo para o uso em roteadores de Internet[2]. Em vez de substituir completamente o hardware como o ATM tentou fazer, a MPLS é implementada como um recurso extra em roteadores de Internet convencionais. Um roteador MPLS aceita pacotes Internet padrão, usa um conjunto de regras para colocar cada pacote em um invólucro especial que contém um rótulo e envia o pacote resultante através de um caminho comutado de rótulo. Ou seja, os roteadores ao longo do caminho devem ter cada um a capacidade MPLS e devem ser configurados para usar a comutação de rótulo para escolher um próximo salto (next-hop) em vez de um encaminhamento Internet padrão. Uma vez que um pacote atinge o fim do percurso MPLS (ou seja, atinge o último roteador que compreende a MPLS), o roteador está configurado para desempacotá-lo e usar o encaminhamento da Internet para chegar ao destino. A ideia principal

---

[2] O Capítulo 20 descreve arquitetura da Internet e roteamento.

é que os roteadores MPLS também têm capacidade de encaminhamento Internet, o que significa que os roteadores podem ser configurados para usar a MPLS para um tráfego e o encaminhamento normal para outro tráfego.

A MPLS é utilizada extensivamente no centro da Internet. Os ISPs nível 1 (os maiores ISPs) usam a MPLS para controlar os caminhos que os pacotes percorrem. Assim, um ISP pode optar por enviar o tráfego Web ao longo de um caminho e o fluxo de vídeo através de um outro caminho. Os ISPs também oferecem serviços MPLS aos clientes individuais. Por exemplo, um grande cliente pode pagar para ter um ISP com um caminho MPLS configurado entre um escritório em Nova Iorque e um escritório em São Francisco. Pagando por um caminho, o cliente recebe a garantia de que o seu tráfego terá prioridade e não competirá com o tráfego de clientes que pagam menos.

A MPLS popularizou o termo de redes *tunelamento (tunneling)*. Em geral, um túnel é definido como a transmissão de tráfego que utiliza um protocolo de alto nível sobre outro protocolo de alto nível. No caso da MPLS, um pacote da Internet é colocado no interior de um invólucro MPLS para transmissão e o invólucro é retirado na outra extremidade do caminho MPLS. A terminologia surge porque o encaminhamento da Internet só precisa obter o pacote para o início do caminho MPLS e, em seguida, a partir do final do caminho MPLS para o destino do pacote. Embora a MPLS possa enviar o pacote através de muitos roteadores, o encaminhamento ao longo do caminho é tratado exclusivamente por ela, e os detalhes permanecem invisíveis para o software de encaminhamento da Internet. Consequentemente, os profissionais de rede dizem que o pacote da Internet entra em um "túnel" MPLS e sai do outro lado.

19.4.7 Integrated Services Digital Network (ISDN)

As empresas telefônicas criaram o ISDN para fornecer serviços de rede a uma taxa de dados mais alta do que a que poderia ser alcançada com um modem discado (dial-up). Quando ele foi proposto pela primeira vez, uma taxa de 128 Kbit/s parecia rápida. No momento em que estava disponível, a tecnologia parecia lenta se considerado seu preço. Em muitas partes do mundo, o ISDN foi substituído por DSL, cable modems ou sistemas celulares 3G, que oferecem taxas de dados muito mais altas.

19.4.8 Voz e vídeo sobre IP (VoIP): SIP e H.323

Apesar de ter sido projetada para transportar dados, a Internet (especificamente, o protocolo de Internet) pode também ser usada para transferir voz digitalizada e vídeo. Por exemplo, Skype e Vonage usam o software aplicativo para oferecer chamadas de voz e vídeo através da Internet padrão. A ideia é conhecida genericamente como *Voz sobre IP* (VoIP) e muitos vendedores negociam produtos VoIP. Por exemplo, alguns vendedores oferecem roteadores que detectam tráfego VoIP e dão-lhe prioridade. Uma empresa que usa telefones VoIP internamente escolherá seus roteadores para garantir que as chamadas telefônicas não serão interrompidas por outro tráfego de dados.

O IETF e o ITU têm desenvolvido tecnologias que vão além de meramente transportar voz digitalizada e substituir todo o sistema de telefone discado por uma infraestrutura com base em pacotes. Como o sistema de telefone inclui características como encaminhamento de chamadas, mensagens de voz e contabilidade de chamdas para fins de cobrança, os esforços são grandes e complexos. Uma questão particularmente complicada diz respeito à interface do sistema de transmissão em pacotes com a rede de telefone existente. Dois padrões foram criados para resolver o problema e ambos são usados: o IETF criou o *Session Initiation Protocol* (SIP) e o ITU criou o *H.323*.

19.4.9 Software Defined Networking (SDN) e OpenFlow

O conceito de *Software Defined Networking* (SDN) foi criado na década de 2000 e tornou-se extremamente popular. A ideia é separar o software de gerenciamento de rede a partir dos dispositivos de rede gerenciados. Por exemplo, uma tecnologia popular usada com SDN, conhecida como *OpenFlow*, possibilita que um controlador (normalmente um PC rodando Linux) execute o software aplicativo que configura o encaminhamento em um comutador Ethernet.

Em essência, em vez de confiar no software de gerenciamento do fornecedor, o SDN permite que os proprietários de equipamentos comprem ou construam um software de gerenciamento de rede que trabalha com equipamentos de qualquer fornecedor. Assim, uma equipe de TI não precisa aprender os comandos de gerenciamento de cada fornecedor e uma empresa pode mudar facilmente de fornecedores de equipamentos. O Capítulo 31 apresenta detalhes e exemplos.

19.5 Resumo

Muitas tecnologias de rede foram criadas. Algumas eram demasiadamente complexas, algumas eram muito caras e outras não tinham as características essenciais. Mesmo depois de conseguir algum sucesso comercial, muitas foram substituídas. Em diversos casos, a terminologia continua sendo utilizada mesmo após a tecnologia ter desaparecido. Ironicamente, apesar de a tecnologia Ethernet ter sobrevivido por mais de 30 anos, apenas o nome e o formato do quadro foram preservados – a tecnologia mudou completamente.

Exercícios

19.1 O que é SONET?
19.2 Por qual nome um consumidor conhece a tecnologia DOCSIS?
19.3 Qual dessas tecnologias você esperaria que tivesse atraso menor, a tecnologia VSAT ou a tecnologia WiMAX? Por quê?
19.4 Qual empresa era conhecida pela tecnologia *token ring*?
19.5 Que tecnologia ofuscou e, eventualmente, superou a FDDI?
19.6 Que tecnologia substituiu os hubs Ethernet?
19.7 Cite uma tecnologia WAN que adotou protocolos de Internet em 1983.
19.8 Que tecnologia WAN foi utilizada pelos bancos na década de 1980?
19.9 O que o ATM representa para o mundo das redes?
19.10 Cite uma tecnologia atual que surgiu a partir do ATM.
19.11 Por que a ISDN deixou de atingir um grande mercado?

PARTE IV

Ligação inter-redes com TCP/IP

Arquitetura da Internet, endereçamento, associação (*binding*), encapsulamento e suíte de protocolos TCP/IP

CAPÍTULOS

20 Ligação inter-redes: conceitos, arquitetura e protocolos 293
21 IP: endereçamento da Internet 301
22 Redirecionamento de datagramas 321
23 Protocolos e tecnologias de suporte. 340
24 UDP: serviço de transporte por datagramas 362
25 TCP: serviço de transporte confiável 370
26 Roteamento na Internet e protocolos de roteamento 389

CAPÍTULO 20

Ligação inter-redes: conceitos, arquitetura e protocolos

20.1 Introdução, 293
20.2 O desenvolvimento da ligação inter-redes, 293
20.3 O conceito de serviço universal, 294
20.4 Serviço universal em um mundo heterogêneo, 294
20.5 Ligação inter-redes, 295
20.6 Conexão de rede física com roteadores, 295
20.7 Arquitetura da Internet, 296
20.8 Intranets e Internets, 296
20.9 Em busca do serviço universal, 297
20.10 Uma rede virtual, 297
20.11 Protocolos para ligação inter-rede, 297
20.12 Revisão das camadas do TCP/IP, 298
20.13 Computadores hosts (host computers), roteadores e camadas de protocolo, 299
20.14 Resumo, 300

20.1 Introdução

Os capítulos anteriores descrevem a rede básica, incluindo os componentes de hardware usados em redes LAN e WAN e os conceitos gerais, como endereçamento e roteamento. Este capítulo começa examinando outra ideia fundamental na comunicação por computador – uma tecnologia de *ligação inter-redes* que pode ser usada para conectar várias redes físicas dentro de um grande e uniforme sistema de comunicação. O capítulo discute as motivações por trás da ligação inter-redes, apresenta os componentes de hardware usados, descreve a arquitetura na qual eles estão conectados e aborda o significado do conceito. As demais seções deste capítulo expandem o conceito de ligação inter-redes e fornecem detalhes adicionais sobre a tecnologia. Elas examinam os protocolos individuais e explicam como cada um usa as técnicas dos capítulos anteriores para alcançar uma comunicação confiável e livre de erros.

20.2 O desenvolvimento da ligação inter-redes

Cada tecnologia de rede é projetada para acomodar um conjunto específico de restrições. Por exemplo, as tecnologias LAN são projetadas para fornecer comunicação de alta velocidade em distâncias curtas, enquanto as tecnologias de WAN são projetadas para viabilizar a comunicação em longas distâncias. Consequentemente:

> *Nenhuma tecnologia de redes é a melhor para todas as necessidades.*

Uma grande organização com requisitos de redes distintos necessita de várias redes físicas. Mais importante, se a organização opta por ter o melhor tipo de rede para cada tarefa, ela terá vários tipos de redes. Por exemplo, uma tecnologia LAN como a Ethernet pode ser a melhor solução para conectar diversos computadores entre si em determinada localidade, mas um circuito de dados alugado pode ser a melhor opção para conectar dois locais em cidades diferentes.

20.3 O conceito de serviço universal

O principal problema relacionado à existência de várias redes deveria ser óbvio: um computador conectado a uma determinada rede só pode se comunicar com outros computadores conectados à mesma rede. O problema tornou-se evidente na década de 1970, quando as grandes organizações começaram a adquirir várias redes. Cada rede na organização formou uma ilha. Em muitas instalações iniciais, cada computador conectado a uma única rede teria que ser escolhido pelos funcionários de forma que fosse adequado para cada tarefa. Ou seja, era dado a um empregado acesso a várias telas e teclados e ele era forçado a passar de um computador para outro a fim de enviar uma mensagem através da rede adequada.

Usuários não ficam satisfeitos nem são produtivos quando devem usar um computador separado para cada rede. Consequentemente, a maioria dos sistemas de comunicação de computadores modernos permite a comunicação entre dois computadores quaisquer da mesma forma que um sistema telefônico permite a comunicação entre dois telefones quaisquer. Conhecido como *serviço universal (universal service)*, o conceito tornou-se um princípio fundamental do trabalho em rede. Com o serviço universal, um usuário em qualquer computador de qualquer organização pode enviar mensagens ou dados a qualquer outro usuário. Além disso, ele não precisa mudar os sistemas de computador ao mudar de tarefas – toda informação está disponível para todos os computadores. Como resultado, os usuários são mais produtivos. Para resumir:

> *Um sistema de comunicação que fornece serviço universal permite que dois computadores quaisquer se comuniquem.*

20.4 Serviço universal em um mundo heterogêneo

O serviço universal exige que todos adotem uma tecnologia de rede única ou é possível ter serviço universal através de várias redes que usam diferentes tecnologias? Incompatibilidades tornam impossível formar uma grande rede meramente interligando os fios entre as redes. Além disso, técnicas de extensão, tais como bridge, não podem ser usadas com tecnologias de redes heterogêneas, porque cada tecnologia usa seus próprios formato de pacotes e esquema de endereçamento. Assim, um quadro criado por uma tecnologia de rede não pode ser transmitido na rede que usa uma tecnologia diferente. Isso pode ser resumido:

> *Embora o serviço universal seja altamente desejável, incompatibilidades entre hardware, quadros e endereços de redes impedem que uma rede com bridge inclua quaisquer tecnologias.*

20.5 Ligação inter-redes

Apesar das incompatibilidades entre as tecnologias de rede, os pesquisadores desenvolveram um esquema que fornece *serviço universal* entre redes heterogêneas. Chamado de *ligação inter-rede*, o esquema utiliza hardware e software. Sistemas de hardware adicionais são usados para interligar um conjunto de redes físicas. O software nos computadores conectados fornece, então, o serviço universal. O sistema resultante de redes físicas conectadas é conhecido como *inter-redes* ou *internet*.

A ligação inter-redes é bastante geral. Em particular, uma internet não está restrita em tamanho – existem internets que contêm algumas redes e a Internet global contém centenas de milhares de redes. Da mesma forma, o número de computadores conectados a cada rede individual em uma internet pode variar – algumas redes não têm computadores conectados, enquanto outras têm centenas.

20.6 Conexão de rede física com roteadores

O componente básico de hardware utilizado para conectar redes heterogêneas é um *roteador*. Fisicamente, um roteador é um sistema de hardware independente que faz a interconexão de redes. Como uma bridge, um roteador contém um processador e uma memória, bem como uma interface de E/S separada para cada rede que ele conecta. A rede trata uma ligação a um roteador da mesma forma que uma ligação a qualquer outro computador. A Figura 20.1 mostra que a conexão física de redes com um roteador é simples.

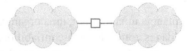

Figura 20.1 Duas redes físicas conectadas por um roteador que tem uma interface separada para cada conexão de rede. Os computadores podem estar conectados a cada uma das redes.

A figura usa uma nuvem para representar cada rede, pois as ligações do roteador não estão restritas a uma tecnologia de rede particular. Um roteador pode conectar duas LANs, uma LAN e uma WAN, ou duas WANs. Além disso, quando um roteador conecta duas redes de mesma categoria geral, elas não necessitam usar a mesma tecnologia. Por exemplo, um roteador pode conectar uma Ethernet a uma rede Wi-Fi. Assim, cada nuvem representa uma tecnologia de rede qualquer. Podemos resumir:

> Um roteador de Internet é um sistema de hardware de propósito especial dedicado à tarefa de interconexão de redes. Um roteador pode interligar redes que utilizam diferentes tecnologias, incluindo diferentes meios de comunicação, esquemas de endereçamento físico ou formatos de quadros.

20.7 Arquitetura da Internet

Os roteadores possibilitam que as empresas escolham tecnologias de redes adequadas a suas necessidades e as conectem, por meio deles, à Internet. Por exemplo, a Figura 20.2 ilustra como três roteadores podem ser utilizados para conectar quatro redes físicas quaisquer à Internet.

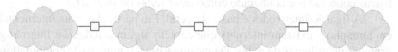

Figura 20.2 Uma internet formada por meio de três roteadores para conectar quatro redes físicas.

Embora a figura mostre que cada roteador possui exatamente duas conexões, os roteadores comerciais podem conectar mais de duas redes. Assim, um único roteador poderia interconectar todas as quatro redes mostradas no exemplo. Apesar da viabilidade, uma organização raramente usa um único roteador para interconectar todas as suas redes. Existem duas razões para isso:

- Em vez de adquirir um roteador caro que conecta todas as redes, uma organização geralmente compra vários roteadores pequenos e pode, então, atualizá-los de forma independente quando sua capacidade for excedida.
- O uso de vários roteadores melhora a confiabilidade e evita um ponto de falha único. Veremos que, se existirem vários caminhos, a tecnologia Internet pode direcionar o tráfego ao longo de um caminho alternativo em caso de falha.

Assim, quando planeja uma internet, uma organização deve escolher um projeto que atenda às suas necessidades com relação à confiabilidade, à capacidade e aos custos. Em particular, os detalhes exatos da topologia de internet dependem muitas vezes da largura de banda das redes físicas, do tráfego esperado, dos requisitos de confiabilidade da organização, dos custos e do desempenho de hardware do roteador disponível. Para resumir:

> Uma internet consiste em um conjunto de redes interconectadas por roteadores. O esquema de internet permite que cada organização escolha o número e os tipos de redes, o número de roteadores para interligá-las e a topologia exata de interligação.

20.8 Intranets e Internets

Usamos o termo *intranet* para nos referirmos a uma internet que é de propriedade de uma organização (por exemplo, uma empresa) e projetada para ser usada somente por funcionários dessa companhia. Usamos o termo *Internet*, escrito com *I* maiúsculo, para nos referirmos à *Internet global* e aos protocolos associados.

A distinção entre *intranets* e Internet global não é clara, por duas razões. Em primeiro lugar, a maioria das organizações usa atualmente o mesmo equipamento e o mesmo software de protocolo para construir a sua intranet, o que é feito de modo idêntico ao que costuma ser usado pelos ISPs para construir a Internet global. Em segundo lugar, porque se elas se conectam diretamente à Internet global, elas podem ser vistas como parte da Internet global, em vez de entidades separadas. A situação não é especialmente clara se uma organização usa endereços globais da Internet internamente. No entanto, a definição centra-se na propriedade e controle em vez de tecnologia.

20.9 Em busca do serviço universal

O objetivo da *ligação inter-redes* é o serviço universal através de redes heterogêneas. Para viabilizar o serviço universal entre todos os computadores em uma internet, os roteadores devem concordar na transmissão de informações, de uma origem em uma rede para um destino específico em outra. A tarefa é complexa, porque os formatos de quadros e os esquemas de endereçamento usados pelas redes podem ser diferentes. Como resultado, para tornar o serviço universal possível, o software de protocolo deve ser utilizado em computadores e roteadores.

Os últimos capítulos descrevem o software de protocolo Internet e explicam como os protocolos Internet superam as diferenças de formatos de quadros e endereços físicos, tornando possível a comunicação entre redes que utilizam tecnologias diferentes. Antes de considerar como os protocolos de Internet funcionam, é importante entender o efeito que um sistema de internet provoca sobre os computadores conectados.

20.10 Uma rede virtual

Em geral, o software da Internet tem a aparência de um sistema de comunicação único e perfeito ao qual muitos computadores se conectam. O sistema oferece serviço universal: a cada computador é atribuído um endereço e em qualquer computador se pode enviar um pacote para qualquer outro computador. Além disso, o software de protocolo Internet esconde os detalhes de conexões de redes físicas, endereços físicos e informações de roteamento – nem os usuários nem os aplicativos estão cientes das redes físicas ou dos roteadores que as conectam.

Dizemos que uma internet é um sistema de *rede virtual* porque o sistema de comunicação é uma abstração. Isto é, apesar de uma combinação de hardware e software proporcionar a ilusão de um sistema de rede uniforme, não existe tal rede. A Figura 20.3 ilustra o conceito de rede virtual, bem como uma estrutura física correspondente.

20.11 Protocolos para ligação inter-rede

Embora vários protocolos tenham sido propostos para uso com a Internet, um conjunto emergiu com sucesso comercial. Ele é formalmente conhecido como *protocolos Internet TCP/IP (TCP/IP Internet Protocols)*; a maioria dos profissionais de rede simplesmente se refere ao conjunto como *TCP/IP*[1].

O TCP/IP foi desenvolvido ao mesmo tempo em que se formava a Internet global. Na verdade, os mesmos pesquisadores que propuseram o TCP/IP também propuseram a arqui-

---

[1] TCP e IP são siglas para dois dos protocolos mais importantes do conjunto (suíte); o nome é pronunciado soletrando T-C-P-I-P.

tetura da Internet descrita acima. O trabalho que levou ao TCP/IP começou na década de 1970, aproximadamente ao mesmo tempo em que as redes locais estavam sendo desenvolvidas, e continuou até o início da década de 1990, quando a Internet se tornou comercial.

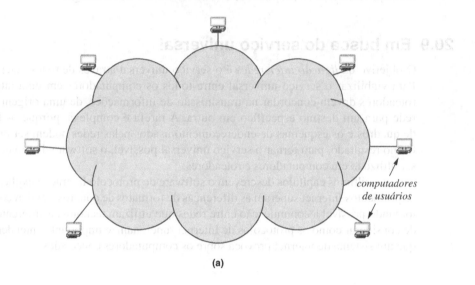

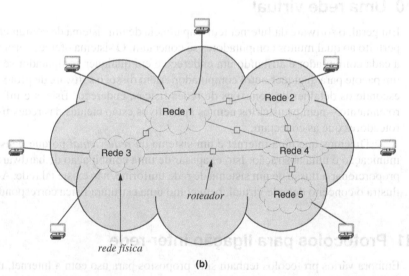

Figura 20.3 O conceito Internet. (a) A ilusão de uma rede única fornecida aos usuários e às aplicações e (b) a estrutura física com roteadores interconectando as redes.

20.12 Revisão das camadas do TCP/IP

Lembre-se do que vimos no Capítulo 1: os protocolos da Internet usam um modelo de referência em cinco camadas, como ilustra a Figura 20.4.

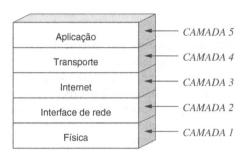

Figura 20.4 As cinco camadas do modelo de referência TCP/IP.

Já exploramos três dessas camadas. Os capítulos da Parte I do livro consideram a camada 5 (aplicações) e os capítulos das Partes II e III discutem os protocolos nas camadas 1 e 2. Os capítulos desta Parte do livro consideram as duas camadas restantes (camadas 3 e 4) em detalhes:

- A camada *3* (IP) especifica o formato dos pacotes enviados através da Internet, bem como os mecanismos utilizados para encaminhar pacotes a partir de um computador, por meio de um ou mais roteadores, para um destino final.
- A camada *4* (TCP) especifica as mensagens e os procedimentos que são usados para garantir a transferência confiável.

Para resumir:

> *Os protocolos Internet são organizados em cinco camadas conceituais, com o IP na camada 3 e o TCP na camada 4.*

20.13 Computadores hosts (host computers), roteadores e camadas de protocolo

Usamos o termo *host* para nos referirmos a um terminal que se conecta à Internet e que executa os aplicativos. Um host pode ser tão pequeno quanto um smartphone ou um sensor embarcado e tão grande quanto um computador *mainframe* ou um servidor de banco de dados. Além disso, a CPU de um host pode ser lenta ou rápida, a memória pode ser pequena ou grande e a rede à qual ela se conecta pode operar em alta ou baixa velocidade. Os protocolos TCP/IP possibilitam que qualquer par de *hosts* se comunique, apesar das diferenças de hardware.

Hosts e roteadores necessitam de um software de protocolo TCP/IP. No entanto, os roteadores não usam protocolos de todas as camadas. Em particular, um roteador não precisa dos protocolos da camada *5* para aplicativos como transferência de arquivos, pois os roteadores não rodam aplicativos convencionais[2]. Os próximos capítulos discutem o software do protocolo TCP/IP em mais detalhes e mostram como funcionam as camadas da Internet.

---

[2] Na prática, a maioria dos roteadores não roda aplicativos convencionais, mas roda o software aplicativo especial que permite a um gerente monitorar e controlar o roteador a partir de um local remoto.

20.14 Resumo

Logicamente, a Internet parece ser um sistema de comunicação único e perfeito. Dois computadores quaisquer conectados a ela podem se comunicar como se estivessem conectados a uma única rede. Isto é, um computador pode enviar um pacote para qualquer outro computador que esteja conectado à Internet. Fisicamente, a Internet é um conjunto de redes interconectadas por dispositivos chamados roteadores. Cada roteador é um dispositivo de propósito especial que conecta duas ou mais redes e dedica-se à transferência de pacotes da Internet entre as redes.

Os terminais que se conectam à Internet são chamados de *hosts*. O *host* pode ser um computador de grande porte (por exemplo, um supercomputador) ou um pequeno sistema (por exemplo, um telefone celular). Cada host se conecta a uma das redes físicas na Internet.

A ilusão de um sistema de comunicação único é fornecida pelo software do protocolo de Internet. Cada host ou roteador na Internet deve rodar o software que esconde os detalhes das conexões físicas e se encarrega de enviar cada pacote para o seu destino.

Os protocolos mais importantes desenvolvidos para ligação inter-redes são conhecidos como *protocolos Internet TCP/IP*, geralmente abreviados como *TCP/IP*. Além de ser usado em internets privadas, o TCP/IP tem sido utilizado na Internet global durante décadas.

Exercícios

20.1 Será que a Internet será substituída por uma única tecnologia de rede? Por quê?

20.2 Qual é a principal dificuldade na prestação de serviço universal?

20.3 Quais são as duas razões para que uma organização não use um roteador único para conectar todas as suas redes?

20.4 Se um determinado roteador pode conectar no máximo K redes, quantos roteadores, R, são necessários para conectar N redes? Escreva uma equação que resulte R em termos de N e K.

20.5 Os usuários veem a Internet como uma única rede. Qual é a realidade e por que o computador do usuário se conecta?

20.6 No modelo de referência de cinco camadas utilizado com os protocolos da Internet TCP/IP, qual é a finalidade de cada uma das cinco camadas?

CAPÍTULO 21

IP: endereçamento da Internet

21.1 Introdução, 301
21.2 A mudança para o IPv6, 302
21.3 O modelo de ampulheta e a dificuldade de mudar, 302
21.4 Endereços para a Internet virtual, 302
21.5 O esquema de endereçamento IP, 304
21.6 A hierarquia do endereço IP, 304
21.7 Classes originais de endereços IPv4, 304
21.8 Notação decimal pontilhada IPv4, 306
21.9 Autoridade para endereços, 306
21.10 Sub-rede IPv4 e endereçamento classless, 307
21.11 Máscaras de endereço, 308
21.12 A notação CIDR usada com o IPv4, 309
21.13 Um exemplo CIDR, 310
21.14 Endereços nos hosts CIDR, 311
21.15 Endereços especiais IPv4, 311
21.16 Resumo dos endereços especiais do IPv4, 313
21.17 Forma de endereço Berkeley broadcast para o IPv4, 314
21.18 Roteadores e princípios de endereçamento IPv4, 314
21.19 Multihomed hosts, 315
21.20 Multihoming no IPv6 e renumeração, 316
21.21 Endereçamento IPv6, 316
21.22 Notação hexadecimal com separação através de ":" do IPv6, 317
21.23 Resumo, 318

21.1 Introdução

O capítulo anterior explica a arquitetura física da Internet, na qual os roteadores interconectam as redes físicas. Este capítulo começa com uma descrição do software de protocolo que faz a Internet parecer um único sistema de comunicação integrado. O capítulo apresenta o esquema de endereçamento usado pelo *protocolo de Internet* e discute o uso de máscaras de endereço. A Internet está em transição entre a versão 4 do IP (*IPv4*) e a versão 6 do IP (*IPv6*)[1]. Consequentemente, o capítulo abrange ambas as versões. O texto apresenta princípios gerais que se aplicam a ambas as versões e, em seguida, apresenta detalhes sobre IPv4 e IPv6.

Os próximos capítulos expandem a descrição do IP. Cada um deles considera um dos aspectos do protocolo em detalhe. Tomados como um grupo, os capítulos definem o protocolo IP e explicam como o software permite aos computadores trocar pacotes através da Internet.

---

[1] Por razões políticas e históricas, a versão 5 não foi implementada.

21.2 A mudança para o IPv6

Antes de considerarmos endereçamento em IPv4 e em IPv6, é importante entender a mudança que está ocorrendo. O IPv4 tem sido extremamente bem-sucedido. O projeto permitiu que a Internet acomodasse redes heterogêneas, mudanças dramáticas na tecnologia de hardware e aumentos extremos na escala. A versatilidade e a escalabilidade do IPv4 são evidentes a partir das aplicações que o utilizam e do tamanho da Internet global. Para resumir:

> O sucesso do IPv4 é incrível – o protocolo tem acomodado as mudanças de tecnologia de hardware, redes heterogêneas e de escala extremamente larga.

Se o IP funciona tão bem, por que mudar? Quando o IPv4 foi definido, apenas alguns computadores existiam nas redes. Os projetistas decidiram usar endereço de 32 bits para o IP, pois isso permite que a Internet inclua mais de 1 milhão de redes. No entanto, a rede Internet global continua a crescer exponencialmente, com o tamanho duplicando em menos de um ano. Todos os endereços IPv4 já foram atribuídos. Assim, a principal motivação para a definição de uma nova versão do IP foi a limitação de espaço de endereço – eram necessários endereços maiores para acomodar o crescimento contínuo da Internet.

21.3 O modelo de ampulheta e a dificuldade de mudar

Embora a aparente escassez de endereços restantes tenha sido considerada crucial, quando o trabalho começou, visando a obtenção de uma nova versão do IP, em 1993, nenhuma situação de emergência ocorreu, e as organizações estavam relutantes em mudar para uma nova versão. Para entender o porquê, é preciso pensar na importância do IP e no custo da mudança. Em termos de importância, o IP é o centro da comunicação via Internet – todos os aplicativos usam o IP e ele funciona sobre todas as tecnologias de redes. Profissionais de rede dizem que a comunicação Internet segue um *modelo de ampulheta* e que o IP está na posição em que a ampulheta é fina. A Figura 21.1 ilustra o conceito.

Um ponto importante decorre da dependência do IP e da consequência da inércia que ele introduz.

> Como o IP é central para todas as comunicações realizadas pela Internet, substituí-lo requer uma mudança na Internet inteira.

21.4 Endereços para a Internet virtual

Lembre-se do que vimos no Capítulo 20: o objetivo da ligação inter-redes é fornecer um sistema integrado de comunicações. Para atingi-lo, o software de protocolo deve esconder os detalhes das redes físicas e oferecer a ilusão de se tratar de uma única grande rede. Do ponto de vista de um aplicativo, a Internet virtual funciona como qualquer rede, permitindo que os computadores enviem e recebam pacotes. A principal diferença entre a Internet e uma rede física é que aquela é uma abstração imaginada por seus projetistas e criada inteiramente por software de protocolo. Assim, os projetistas escolhem endereços, formatos de pacotes e técnicas de distribuição independentes dos detalhes do hardware.

O endereçamento é um componente fundamental da abstração Internet. Para aparentarem ser uma única rede, todos os computadores hosts devem usar um esquema de endereçamento uniforme, e cada endereço deve ser exclusivo. Embora cada computador tenha um endereço MAC, tais endereços não são suficientes, porque a Internet pode incluir várias tecnologias de rede e cada uma delas define seus próprios endereços MAC.

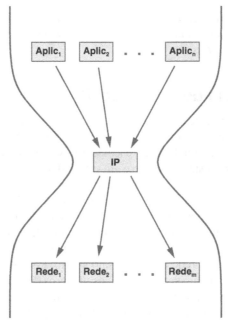

Figura 21.1 O modelo ampulheta de comunicação Internet com o IP ao centro.

Para garantir um endereçamento uniforme, o IP define um esquema de endereçamento que é independente dos endereços MAC. Os endereços IP são usados como destinos na Internet assim como os endereços MAC são utilizados como destinos em uma LAN. Para enviar um pacote através da Internet, o remetente coloca o endereço IP do destino no pacote e passa o pacote ao software do protocolo IP para encaminhamento. O software do protocolo IP usa o endereço IP de destino quando encaminha o pacote através da Internet para o computador de destino.

A vantagem do endereçamento IP é a uniformidade: um par arbitrário de aplicativos pode se comunicar sem saber o tipo de hardware de rede ou os endereços MAC usados. A transparência é tanta que alguns usuários ficam surpresos ao saber que os endereços IP são fornecidos pelo software do protocolo e não pela rede. Curiosamente, nós veremos que muitas camadas do software do protocolo usam endereços IP. Em síntese:

> *Para fornecer endereçamento uniforme na Internet, o IP define um esquema de endereçamento abstrato que atribui a cada host um endereço de protocolo único; aplicativos usam endereços IP para se comunicar.*

21.5 O esquema de endereçamento IP

O IP especifica que para cada host é atribuído um número exclusivo conhecido como *endereço do protocolo Internet*, *endereço IP* ou *endereço Internet*[2]. O IPv4 usa endereços de 32 bits e o IPv6 usa endereços de 128 bits. Ao enviar um pacote através da Internet, o remetente deve especificar seu próprio endereço IP (endereço de origem), bem como o endereço do destinatário (endereço de destino).

Para resumir:

> Um endereço IP é um número binário atribuído ao host e usado durante toda a comunicação com o host. O IPv4 usa endereços de 32 bits e o IPv6 usa endereços de 128 bits.

21.6 A hierarquia do endereço IP

Assim como o endereçamento hierárquico utilizado nas WANs, cada endereço IP é dividido em duas partes: um prefixo e um sufixo. Ao contrário de uma WAN tradicional, a Internet não usa comutadores de pacotes. Em vez disso, um prefixo IP identifica a rede física à qual o host está conectado e um sufixo IP identifica um computador específico na rede. Ou seja, a cada rede física na Internet é atribuído um *número de rede* exclusivo. O número de rede aparece como um prefixo do endereço IP de cada computador conectado à rede, e a cada computador em uma determinada rede física é atribuído um sufixo único.

Para garantir a unicidade, o mesmo número de rede não pode ser atribuído a duas redes na Internet, e um gerente de rede deve ter certeza de que não há dois computadores de uma determinada rede com o mesmo sufixo. Por exemplo, se uma internet contém três redes, a elas podem ser atribuídos os números de rede *1*, *2* e *3*. A três computadores conectados à rede *1* podem ser atribuídos os sufixos *1*, *3* e *5*, enquanto a três computadores conectados à rede *2* podem ser atribuídos os sufixos *1*, *2* e *3*. Os valores atribuídos não precisam ser contíguos.

O mais importante é que o esquema de endereços IP garante duas propriedades:

- A cada computador é atribuído um endereço único (isto é, um único endereço nunca é atribuído a mais de um computador).
- Embora as atribuições do número de rede devam ser coordenadas globalmente, os sufixos podem ser atribuídos localmente sem uma coordenação global.

A primeira propriedade é garantida porque um endereço IP contém um prefixo e um sufixo. Se dois computadores estão conectados a redes físicas diferentes, os prefixos atribuídos a seus endereços serão diferentes. Se dois computadores estão ligados à mesma rede física, os sufixos atribuídos aos respectivos endereços serão diferentes. Assim, o endereço atribuído a cada computador é único.

21.7 Classes originais de endereços IPv4

Uma vez que escolheram um tamanho para os endereços IP e decidiram dividir cada endereço em duas partes, os projetistas do IPv4 tiveram que determinar quantos bits

---

[2] Os três termos são usados como sinônimos.

teria cada parte. O prefixo precisaria ter bits suficientes para permitir que um número de rede único fosse atribuído a cada rede física na Internet. O sufixo precisaria ter bits suficientes para permitir que a cada computador conectado a uma rede fosse atribuído um sufixo único. Nenhuma escolha simples foi possível, porque adicionar bits em uma parte significaria subtrair bits da outra. Escolher um prefixo grande significa ter muitas redes, mas limita o tamanho delas; escolher um sufixo grande significa ter redes físicas com muitos computadores, mas limita o número total de redes.

Como a Internet inclui tecnologias para quaisquer redes, ela contém algumas redes físicas grandes e muitas redes pequenas. Consequentemente, os projetistas optaram por um esquema de endereçamento que acomodasse uma combinação de redes grandes e pequenas. O esquema original, conhecido como *classful IP addressing*, dividiu o espaço de endereço IPv4 em três *classes* primárias, cada uma com prefixo e sufixo de tamanhos diferentes.

Os primeiros quatro bits de um endereço determinaram a classe a que pertencia um endereço e especificaram como a parte restante do endereço foi dividida em prefixo e sufixo. A Figura 21.2 ilustra as cinco classes de endereços, os bits principais usados para identificar cada classe e a divisão em prefixo e sufixo. A figura segue a convenção usada em protocolos TCP/IP de numeração de bits da esquerda para a direita e de utilização de zero para o primeiro bit.

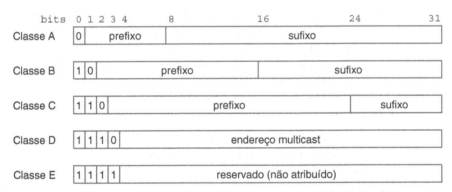

Figura 21.2 As cinco classes do endereço IPv4 no esquema original *classful*.

Embora o esquema *classful* tenha sido substituído, os endereços de classe D ainda são usados para multicasting; eles permitem a entrega para um conjunto de computadores. Cada endereço de multicast corresponde a um grupo de computadores. Uma vez que um grupo multicast tenha sido estabelecido, uma cópia de qualquer pacote enviado para o endereço de multicast será entregue a cada host do grupo. Na prática, a Internet multicasting nunca esteve disponível globalmente, o que significa que o multicasting é restrito aos locais individuais.

Podemos resumir:

> *O esquema de endereçamento IPv4 original dividiu endereços em classes. Os endereços da classe D ainda são usados para multicasting, mas este não está disponível em toda a Internet global.*

21.8 Notação decimal pontilhada IPv4

Embora os endereços IPv4 sejam números de 32 bits, os usuários não entram ou leem os valores em binário. Em vez disso, ao interagir com um usuário, o software usa uma notação que é mais conveniente para a compreensão humana. Chamada *notação decimal pontilhada*, a forma expressa cada seção de 8 bits de um número de 32 bits como um valor decimal e usa um ponto decimal para separar as seções. A Figura 21.3 ilustra exemplos de números binários e a notação decimal equivalente.

Número binário de 32 bits	Notação decimal pontilhada equivalente
10000001 00110100 00000110 00000000	129.52.6.0
11000000 00000101 00110000 00000011	192.5.48.3
00001010 00000010 00000000 00100101	10.2.0.37
10000000 00001010 00000010 00000011	128.10.2.3
10000000 10000000 11111111 00000000	128.128.255.0

Figura 21.3 Exemplos de números binários de 32 bits e seus equivalentes na notação decimal pontilhada usados com o IPv4.

A notação decimal pontilhada trata cada *octeto* (valor de 8 bits) como um binário inteiro sem sinal[3]. Como exemplo final, na figura é mostrado o menor valor possível, *0*, que ocorre quando todos os bits de um octeto são iguais a zero, e o maior valor possível, *255*, que ocorre quando todos os bits de um octeto são iguais a 1. Assim, os endereços decimais pontilhados variam de *0.0.0.0* até *255. 255. 255. 255*. Os endereços multicast, classe D, ocupam a faixa de 224.0.0.0 até 239. 255. 255. 255.

Para resumir:

> *A notação decimal pontilhada é uma forma sintática que o software IPv4 usa para expressar valores binários de 32 bits ao interagir com seres humanos. O decimal pontilhado representa cada octeto em decimal e usa um ponto para separar os octetos.*

21.9 Autoridade para endereços

Cada prefixo atribuído a uma rede individual na Internet deve ser único. Portanto, uma organização central deve distribuir os prefixos. Atualmente, a responsabilidade recai sobre a *Internet Corporation for Assigned Names and Numbers* (ICANN). Com o crescimento da Internet além de suas fontes de pesquisa, a ICANN foi criada especificamente para lidar com a atribuição de endereços e julgar conflitos.

A ICANN não atribui prefixos individuais diretamente. Em vez disso, ela autoriza o uso de um conjunto de *registradores*. Cada região geográfica tem um registrador (por exemplo, há um para a América do Norte, um para a Europa e assim por diante). Os

---
[3] Os protocolos de Internet usam o termo *octeto* mais frequentemente do que o termo *byte*, porque este depende do computador utilizado. Assim, embora bytes de 8 bits sejam o padrão de fato, o termo octeto não é ambíguo.

registradores possuem grandes blocos de endereços disponíveis para os ISPs principais, que, por sua vez, tornam-os disponíveis para os ISPs menores. Os ISPs conectam assinantes e fornecem a eles um conjunto de prefixos para suas redes. Assim, para obter um prefixo de rede, uma organização ou um indivíduo contata um ISP.

21.10 Sub-rede IPv4 e endereçamento classless

Com o crescimento da Internet, o esquema de endereçamento IPv4 *classful* original tornou-se uma limitação. Dois novos mecanismos foram criados para superar a limitação:

- Endereçamento de sub-rede
- Endereçamento classless

Os dois mecanismos estão tão intimamente relacionados que podem ser considerados parte de uma única abstração: em vez de ter três classes distintas de endereço, permitem a ocorrência de divisão entre o prefixo e o sufixo em um limite de bits qualquer. O endereçamento da sub-rede foi inicialmente usado dentro de grandes organizações que, ao se conectarem à Internet global, estenderam a mesma abordagem de endereçamento classless para toda a Internet. A ideia foi também adotada pelo IPv6.

Para entender os motivos da utilização de um limite arbitrário, considere um ISP que distribui prefixos. Suponha que um cliente do ISP solicita um prefixo para uma rede que contém 35 hosts. Quando o endereçamento classful era usado, o ISP atribuia um prefixo de classe C. De fato, apenas 6 bits do sufixo do host são necessários para representar todos os valores dos 35 hosts, o que significa que 219 dos 254 possíveis sufixos nunca seriam atribuídos aos hosts[4]. Em outras palavras, a maior parte do espaço do endereço da classe C é desperdiçada.

Infelizmente, com o crescimento da Internet tornou-se óbvio que todos os endereços poderiam, eventualmente, ser necessários – não poderíamos deixar endereços sem uso. O endereçamento classless resolveu o problema permitindo a um ISP atribuir um prefixo de tamanho mais apropriado. No nosso exemplo, um ISP que usa o endereçamento classless pode atribuir um prefixo que tem 26 bits de comprimento. Como um endereço IPv4 contém 32 bits, o sufixo é de 6 bits de comprimento, o que significa que 62 sufixos são possíveis. Como resultado, apenas 27 endereços ficarão sem uso.

Outra maneira de verificar a situação é assumir que o ISP possui um prefixo classe C. O endereçamento classful atribui o prefixo a uma organização. Com o endereçamento classless, no entanto, o ISP pode dividir o prefixo em vários prefixos mais longos e atribuir cada um deles a um assinante. A Figura 21.4 ilustra como um endereçamento classless permite a um ISP dividir um prefixo classe C em quatro prefixos mais longos que podem acomodar uma rede de até 62 hosts.

Na figura, a parte do host de cada prefixo é mostrada em cinza. O endereço de classe C original tem 8 bits de sufixo, e cada um dos endereços classless tem 6 bits de sufixo. Assumindo que o prefixo original de classe C é único, cada um dos prefixos classless também será único. Assim, em vez de desperdiçar os endereços, o ISP pode atribuir cada um dos quatro prefixos classless a um assinante com 62 ou menos hosts.

---

[4] O número 254 surge porque um endereço de classe C tem 256 sufixos possíveis e todos os sufixos 0s e todos os sufixos 1s são reservados para transmissão de sub-rede, como descrito posteriormente neste capítulo.

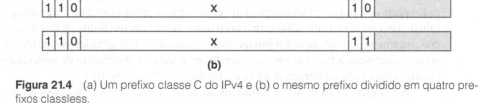

Figura 21.4 (a) Um prefixo classe C do IPv4 e (b) o mesmo prefixo dividido em quatro prefixos classless.

21.11 Máscaras de endereço

Como um endereço IP pode ser dividido em partes de tamanhos arbitrários? Os esquemas de endereçamento classless e de sub-rede exigem hosts e roteadores que processam os endereços para armazenar uma peça adicional de informação: um valor que especifique o limite exato entre o prefixo da rede e o sufixo do host. Para marcar o limite, o IPv4 utiliza um valor de 32 bits (e o IPv6 usa um valor de 128 bits), conhecido como máscara de endereço, que foi originalmente chamado de *máscara de sub-rede*. Uma *máscara de endereço* tem bits "1" para marcar o prefixo de rede e bits "0" para marcar a parte do host.

Por que utilizar uma máscara de bits? Uma máscara torna o processamento eficiente. Em particular, vamos ver que, quando lidam com um pacote IP, hosts e roteadores precisam comparar a parte do prefixo da rede do endereço com um valor em suas tabelas de encaminhamento. A representação através de uma máscara de bits torna a comparação eficiente. Para compreender como, suponha que a um roteador usando o IPv4 é dado um endereço *D* de destino, um prefixo de rede representado por uma valor *N* de 32 bits e uma máscara de endereço *M* de 32 bits. Ou seja, assuma que os bits mais altos de N contêm um prefixo de rede e que os bits restantes estão zerados. Para verificar se o destino está na rede especificada, o roteador testa a condição:

$$N == (D \& M)$$

Isto é, ele utiliza a máscara com uma operação lógica *and* para definir os bits do host do endereço *D* para zero e então compara o resultado com o prefixo de rede *N*.

Como exemplo, utilizando o IPv4, considere o seguinte prefixo de rede de 32 bits:

10000000 00001010 00000000 00000000

Ele tem o valor decimal pontilhado *128.10.0.0*. Considere também uma máscara de 32 bits que tem 16 bits 1 seguidos por 16 bits 0, que pode ser representada em decimal pontilhado como *255.255.0.0*:

11111111 11111111 00000000 00000000

Agora, considere o endereço de destino de 32 bits *128.10.2.3*, que tem um equivalente binário de:

10000000 00001010 00000010 00000011

Um *and* lógico do endereço de destino e a máscara de endereço extraem os 16 bits de alta ordem, o que produz o resultado binário:

10000000 00001010 00000000 00000000

que é igual ao prefixo de rede *128.10.0.0*.

21.12 A notação CIDR usada com o IPv4

O esquema de endereçamento classless é formalmente conhecido como *Classless Inter-Domain Routing* (CIDR). O nome não é adequado, porque CIDR especifica apenas endereçamento e encaminhamento. Quando o esquema de endereçamento CIDR foi criado, os projetistas queriam tornar mais compreensível para um ser humano a especificação de uma máscara. Para compreender a dificuldade, considere a máscara necessária para o exemplo na Figura 21.4 (b), que tem 26 bits 1 seguidos de 6 bits 0. Em notação decimal pontilhada, a máscara é:

255.255.255.192

Para tornar mais compreensível para os seres humanos a especificação e a interpretação dos valores de máscara, a notação decimal foi estendida. Na versão estendida, conhecido como *notação CIDR*, um endereço e uma máscara podem ser especificados dando um endereço decimal pontilhado seguido por uma barra e um número decimal que especificam o número de bits 1 ajustado pela esquerda na máscara. Ou seja, a forma geral é:

ddd.ddd.ddd.ddd / m

onde *ddd* é o valor decimal para um octeto do endereço e *m* é o número de bits 1 na máscara. Assim, a configuração do roteador pode ser inserida como segue:

192.5.48.69 / 26

que especifica uma máscara de 26 bits. A Figura 21.5 lista as máscaras de endereços em notação CIDR, juntamente com a notação decimal pontilhada equivalente de cada uma. Note que alguns dos endereços de máscaras CIDR correspondem às atribuições originais classful.

Comprimento (CIDR)	Máscara de endereço				Observações
/0	0	0	0	0	Todos os 0s (equivalente a nenhuma máscara)
/1	128	0	0	0	
/2	192	0	0	0	
/3	224	0	0	0	
/4	240	0	0	0	
/5	248	0	0	0	
/6	252	0	0	0	
/7	254	0	0	0	
/8	255	0	0	0	Máscara classe A original
/9	255	128	0	0	
/10	255	192	0	0	
/11	255	224	0	0	
/12	255	240	0	0	
/13	255	248	0	0	
/14	255	252	0	0	
/15	255	254	0	0	
/16	255	255	0	0	Máscara classe B original
/17	255	255	128	0	
/18	255	255	192	0	
/19	255	255	224	0	
/20	255	255	240	0	
/21	255	255	248	0	
/22	255	255	252	0	
/23	255	255	254	0	
/24	255	255	255	0	Máscara classe C original
/25	255	255	255	128	
/26	255	255	255	192	
/27	255	255	255	224	
/28	255	255	255	240	
/29	255	255	255	248	
/30	255	255	255	252	
/31	255	255	255	254	
/32	255	255	255	255	Todos os 1s (máscara específica de host)

Figura 21.5 Uma lista de máscaras de endereço em notações CIDR e decimal pontilhada.

21.13 Um exemplo CIDR

Como um exemplo de CIDR, assuma que um ISP tenha o seguinte bloco de endereço para atribuir:

128.211.0.0 / 16

Além disso, suponha que o ISP tenha dois clientes, um deles precisa de 12 endereços IP e outro precisa de nove. O ISP pode atribuir o prefixo CIDR a um cliente:

128.211.0.16 / 28

e pode atribuir a outro cliente:

128.211.0.32 / 28

Embora ambos os clientes tenham o mesmo tamanho de máscara (28 bits), os prefixos diferem. O valor binário atribuído a um cliente é:

10000000 11010011 00000000 0001 0000

e o valor binário atribuído ao outro cliente é:

10000000 11010011 00000000 0010 0000

Assim, não há ambiguidade – cada cliente tem um prefixo único e pode alocar 14 endereços IP. Mais importante, o ISP mantém a maior parte do bloco de endereço original, que ele pode alocar para outros clientes.

21.14 Endereços nos hosts CIDR

Considere calcular o intervalo de endereços em um bloco CIDR IPv4. Uma vez que um ISP atribui a um cliente um prefixo CIDR, o cliente pode atribuir endereços aos hosts. Por exemplo, suponha que seja atribuída a uma organização o prefixo *128.211.0.16 / 28*, como descrito acima. A Figura 21.6 ilustra que a organização terá 4 bits para usar como um campo de endereço de host e mostra os endereços mais altos e os mais baixos nas notações binária e decimal pontilhada. O exemplo evita atribuir endereços host todos em 1 e todos em 0.

Figura 21.6 Ilustração de endereçamento CIDR IPv4 para um exemplo do prefixo /28.

A Figura 21.6 ilustra uma desvantagem do endereçamento classless – como o sufixo do host pode começar em um limite arbitrário, os valores não são fáceis de ler em notação decimal pontilhada. Por exemplo, quando combinados com o prefixo de rede, os 14 possíveis sufixos do host resultarão em valores decimais pontilhados de *128.211.0.17* até *128.211.0.30*.

21.15 Endereços especiais IPv4

Além de atribuir um endereço para cada computador, é conveniente ter endereços que possam ser atribuídos a redes ou conjuntos de computadores. O IP define um conjunto de formas de endereços especiais que são *reservados*. Ou seja, endereços especiais nunca são atribuídos a hosts. Esta seção descreve tanto a sintaxe quanto a semântica de cada forma de endereço especial.

21.15.1 Endereços de rede IPv4

Um dos motivos para a definição de formas especiais de endereço pode ser visto na Figura 21.6 – é conveniente ter um endereço que pode ser atribuído ao prefixo de uma determinada *rede*. O IP reserva o endereço de host 0 e usa-o para designar uma rede. Assim, o endereço *128.211.0.16 / 28* denota uma rede, pois os bits além do 28º são zeros. Um endereço de rede nunca deve aparecer como o endereço de destino em um pacote[5].

21.15.2 Endereço de broadcast direcionado do IPv4

Às vezes, é conveniente enviar uma cópia de um pacote para todos os hosts em uma rede física. Para simplificar a difusão, o IPv4 define um *endereço de broadcast direcionado* para cada rede física. Quando um pacote é enviado para o endereço de broadcast direcionado de rede, uma única cópia do pacote viaja através da Internet até que atinja a rede especificada. O pacote é então entregue a todos os hosts da rede.

O endereço de broadcast direcionado para uma rede é formado pela adição de um sufixo que consiste em todos os bits 1 para o prefixo de rede. Assim, o sufixo do host que consiste em todos os bits *1* é reservado – se um administrador inadvertidamente atribui o sufixo com todos os bits *1* a um computador específico, o software pode funcionar mal.

Como o broadcast funciona? Se o hardware de rede suporta broadcast, um broadcast direcionado será entregue usando a capacidade de transmissão broadcast do hardware. Se uma rede particular não tem suporte de hardware para broadcast, o software deve enviar uma cópia em separado do pacote a cada host na rede.

21.15.3 Endereços de broadcast limitados do IPv4

O termo *broadcast limitado* se refere a uma transmissão broadcast em uma rede conectada diretamente; informalmente, dizemos que a transmissão é limitada a um "único fio". A difusão limitada em broadcast é usada durante a inicialização do sistema por um computador que ainda não sabe o número da rede.

O IPv4 reserva o endereço que consiste em 32 bits 1 para se referir ao broadcast limitado. Assim, o software IP irá transmitir em broadcast qualquer pacote enviado para o endereço com todos os bits 1 através da rede local.

21.15.4 Os endereços destes computadores do IPv4

Como cada pacote da Internet contém o endereço do remetente, bem como o do destino, um computador precisa saber seu endereço IPv4 antes de poder enviar ou receber pacotes da Internet. No Capítulo 23, nós aprenderemos que o TCP/IP contém protocolos que um computador pode usar para obter seus endereços IP automaticamente quando é inicializado. Curiosamente, os protocolos de inicialização usam o IP para se comunicar.

---

[5] A Seção 21.17 aborda a forma de endereço Berkeley broadcast para o IPv4, que é uma exceção ao padrão.

Quando tais protocolos de inicialização são usados, um computador não pode fornecer um endereço IP do remetente correto. Para lidar com esses casos, o IPv4 reserva o endereço composto por zeros para atribuí-lo a *esse computador*[6].

21.15.5 O endereço de loopback do IPv4

O IP define um *endereço de loopback* usado para testar aplicações de rede. Os programadores costumam usar o loopback para depuração preliminar após uma aplicação de rede ter sido criada. Para executar um teste de loopback, um programador deve ter dois aplicativos que têm como objetivo comunicarem-se através de uma rede. Cada aplicativo inclui o código necessário para interagir com o software de protocolo TCP/IP. Em vez de executar cada aplicativo em um computador separado, o programador executa ambos em um único computador e os instrui para usar um endereço de loopback para a comunicação. Quando um aplicativo envia dados para outro, os dados trafegam para baixo na pilha de protocolos para o software IP, que encaminha-os de volta através na mesma pilha de protocolos para o segundo aplicativo. Assim, o programador pode testar a lógica do aplicativo de forma rápida, sem a necessidade de dois computadores e sem o envio de pacotes através de uma rede.

O IP reserva o prefixo de rede *127/8* para uso com o loopback. O endereço da máquina usada com *127* é irrelevante – todos os endereços dos computadores são tratados da mesma maneira. Por convenção, os programadores costumam usar número host 1, fazendo com que *127.0.0.1* seja o mais popular dos endereços de loopback.

Durante o teste de loopback, nenhum pacote sai de um computador – o software IP encaminha pacotes de um aplicativo para outro. Consequentemente, o endereço de loopback nunca aparece em um pacote que trafega através de uma rede.

21.16 Resumo dos endereços especiais do IPv4

A Figura 21.7 resume as formas dos endereços especiais IP.

Prefixo	Sufixo	Tipo de endereço	Objetivo
tudo-0	tudo-0	este computador	usado durante a inicialização
rede	tudo-0	rede	identificar uma rede
rede	tudo-1	broadcast direcionado	broadcast em rede específica
tudo-1	tudo-1	broadcast limitado	broadcast em rede local
127 / 8	todos	loopback	testar

Figura 21.7 Resumo das formas de endereço especial IP.

Nós dissemos que endereços especiais são reservados e nunca devem ser atribuídos a computadores host. Além disso, cada endereço especial é restrito para determinado

---

[6] O significado especial somente se aplica quando o endereço aparece como um endereço de origem em um pacote; uma entrada com zeros também pode aparecer como a rota padrão em uma tabela de encaminhamento.

uso. Por exemplo, um endereço de broadcast nunca deve aparecer como um endereço de origem, e um endereço com todos os valores *zerados* não deve ser utilizado depois que um host completa o procedimento de inicialização e obtém um endereço IP.

21.17 Forma de endereço Berkeley broadcast para o IPv4

A Universidade da Califórnia, em Berkeley, desenvolveu e distribuiu uma das primeiras implementações de protocolos TCP/IP como parte do BSD UNIX[7]. A implementação BSD continha um recurso fora do padrão que afetou muitas implementações subsequentes. Em vez de usar um sufixo do host com todos os valores 1s para representar um *endereço de broadcast direcionado*, a implementação de Berkeley usa um sufixo do host com todos os valores 0s (ou seja, idênticos ao endereço de rede). A forma de endereço é conhecida informalmente como *Berkeley broadcast*.

Infelizmente, muitos fabricantes de computadores implementaram seu software TCP/IP tendo como base a implementação de Berkeley, e alguns sites ainda usam o Berkeley broadcast. O software comercial TCP/IP muitas vezes inclui um parâmetro de configuração que permite a escolha entre o padrão TCP/IP e a forma de transmissão de Berkeley; muitas implementações são construídas para aceitar ambas as formas de endereço de transmissão: padrão e Berkeley. Assim, se o *broadcast direcionado* é permitido, um gerente de rede deve escolher a forma de endereço a ser usada em cada rede.

21.18 Roteadores e princípios de endereçamento IPv4

Além de atribuir um endereço IP para cada host, o protocolo de Internet especifica que também devem ser atribuídos endereços IP aos roteadores. De fato, cada roteador recebe dois ou mais endereços IP, um para cada rede que ele conecta. Para entender por que, lembre-se dos dois fatos a seguir:

- Um roteador tem conexões com várias redes físicas.
- Cada endereço IPv4 contém um prefixo que especifica uma rede física.

Assim, um único endereço IPv4 não é suficiente para um roteador, pois cada roteador se conecta a várias redes, e cada rede tem um prefixo único. O esquema IPv4 pode ser explicado por um princípio fundamental:

> *Um endereço IPv4 não identifica um computador específico. Em vez disso, cada endereço IP identifica uma conexão entre um computador e uma rede. Um computador com várias conexões de rede (por exemplo, um roteador) deve ter um endereço IPv4 para cada conexão.*

A Figura 21.8 ilustra a ideia com um exemplo que mostra endereços IPv4 atribuídos a dois roteadores que conectam três redes.

---

[7] BSD, *Berkeley Software Distribution*.

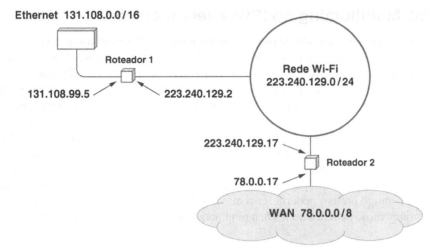

Figura 21.8 Um exemplo de endereços IPv4 atribuídos a dois roteadores.

O IP não exige que o mesmo sufixo seja atribuído a todas as interfaces de um roteador. Na figura, por exemplo, o roteador que conecta a Ethernet e a rede Wi-Fi tem sufixos *99.5* (conexão com a Ethernet) e *2* (conexão com a rede Wi-Fi). No entanto, o IP não impede o uso do mesmo sufixo para todas as conexões. Assim, o exemplo mostra que o administrador decididiu usar o mesmo sufixo, *17*, para ambas interfaces do roteador que conecta a rede Wi-Fi à WAN. Na prática, usar o mesmo sufixo pode ajudar os seres humanos que gereciam as redes porque um único número é mais fácil de memorizar.

21.19 Multihomed hosts

Um host pode conectar-se a várias redes? Sim. Um computador host conectado a várias redes é chamado de *multihomed*. O *multihoming* é por vezes utilizado para melhorar a confiabilidade – se uma rede falha, o host ainda pode estar na Internet através da segunda conexão. Alternativamente, o multihoming é usado para aumentar o desempenho – a conexões com várias redes permite o envio do tráfego diretamente, evitando roteadores que estão, às vezes, congestionados. Como um roteador, um host multihomed tem vários endereços de protocolo, um para cada conexão de rede.

No IPv4, o multihoming sempre foi uma parte complicada do projeto do protocolo, porque aumenta o esforço de gerenciamento de um computador com vários endereços. Questões são levantadas, tais como: se um pacote proveniente de uma rede chega, mas tem o endereço do host de outra rede, ele deveria ser aceito? Uma das razões para tais questionamentos está relacionada com a segurança (*spoofing* pelo envio de um pacote através de uma rota ilegal).

21.20 Multihoming no IPv6 e renumeração

Curiosamente, em vez de proibir o multihoming, o IPv6 eleva-o a uma posição de destaque: um host IPv6 implica várias conexões e vários endereços. Mais importante, o IPv6 permite a uma organização atribuir vários prefixos IPv6 para cada rede.

O motivo para permitir que uma rede tenha vários prefixos é a necessidade de *renumerar* as redes. Se uma organização muda o seu fornecedor de serviços, o prefixo de rede atribuído à organização também pode mudar. Os projetistas do IPv6 queriam tornar tais mudanças fáceis. Portanto, os protocolos foram projetados para que o novo prefixo pudesse ser acrescentado enquanto os aplicativos em execução continuassem a usar o prefixo antigo. Quando um aplicativo fosse executado, ele deveria usar o novo prefixo. Depois de um curto período de tempo, todos os aplicativos deveriam usar o novo prefixo, e o antigo prefixo poderia ser removido. Infelizmente, apesar de anos de trabalho na renumeração de redes no IPv6, a renumeração automática ainda não é prática.

21.21 Endereçamento IPv6

Como o IPv4, o IPv6 atribui um endereço exclusivo para cada conexão entre um computador e uma rede física. Assim, se um roteador se conecta com três redes físicas, a ele são atribuídos pelo menos três endereços IPv6 (lembre-se de que o IPv6 permite que vários prefixos sejam atribuídos a uma determinada rede). Também como o IPv4, o IPv6 separa cada endereço em um prefixo que identifica a rede e um sufixo que identifica um computador particular na rede.

Apesar de adotar a mesma abordagem para atribuir endereços aos computadores, o endereçamento IPv6 difere do IPv4 de maneira significativa. Primeiro, os detalhes do endereço são completamente diferentes. Como nos endereços CIDR, a divisão entre prefixo e sufixo no IPv6 pode ocorrer em um limite arbitrário de bits. Diferentemente do IPv4, no entanto, o IPv6 inclui endereços com três níveis de hierarquia. Um prefixo inicial do endereço é um valor único e global usado para roteamento na Internet. Pensamos no prefixo como algo atribuído a uma única organização. A parte seguinte do endereço identifica uma *sub-rede* (ou seja, uma rede) da organização e a terceira parte corresponde a um computador específico na rede.

Tal como os prefixos IPv4, o prefixo de um endereço IPv6 é de tamanho variável e é escolhido por um ISP, dependendo do tamanho de um assinante. No entanto, a terceira parte de um endereço IPv6 – a parte que identifica um computador específico – é de tamanho fixo. Por convenção, a terceira parte usa 64 bits. Assim, o prefixo global e a sub-rede sempre formam um prefixo /64. Ou seja, se um ISP atribui a uma organização um prefixo global de K bits, a porção da sub-rede dos endereços IPv6 na organização deve ter 64 − K bits de comprimento. A Figura 21.9 ilustra a divisão de um endereço IPv6.

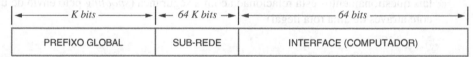

Figura 21.9 A divisão de um endereço IPv6 de 128 bits em seções prefixo, sub-rede e interface. A interface é de 64 bits de comprimento.

Como o IPv4, o IPv6 define um conjunto de endereços especiais. No entanto, as duas versões diferem completamente no tipo de endereços especiais utilizados. Por exemplo, o IPv6 fornece endereços com *alcance* limitado (por exemplo, aqueles que só podem ser usados em uma única rede e aqueles que estão limitados a uma organização). Mais importante, o IPv6 não inclui quaisquer endereços especiais para broadcasting. Em vez disso, usa multicast. Cada endereço IPv6 é um dos três tipos básicos listados na Figura 21.10.

Tipo	Objetivo
unicast	O endereço corresponde a um único computador. Um datagrama enviado para o endereço é roteado pelo caminho mais curto até o computador
multicast	O endereço corresponde a um grupo de computadores, e a filiação ao grupo pode mudar a qualquer momento. IPv6 entrega uma cópia do datagrama para cada membro do grupo
anycast	O endereço corresponde a um grupo de computadores que compartilham um prefixo em comum. Um datagrama enviado para o endereço é entregue para exatamente um dos computadores (p.ex., o computador mais próximo do remetente)

Figura 21.10 Os três tipos de endereços IPv6.

Como mostra a figura, o IPv6 mantém os endereçamentos unicast e multicast. Para lidar com o broadcast limitado (transmitido na rede local), ele define um grupo multicast especial que corresponde a todos os hosts e roteadores da rede local.

O endereçamento *anycast* era originalmente conhecido como endereçamento *cluster*. Ele surgiu do desejo de permitir a replicação de serviços. Por exemplo, uma organização que oferece um serviço através da rede atribui um endereço de anycast para vários computadores que oferecem o serviço. Quando um usuário envia um datagrama para o endereço de anycast, o IPv6 roteia o datagrama para um dos computadores do conjunto (ou seja, do *cluster*). Se um usuário de outro local envia um datagrama para o endereço de anycast, o IPv6 pode optar por encaminhar o datagrama para um membro diferente do conjunto, permitindo que os computadores do grupo processem o pedido ao mesmo tempo.

21.22 Notação hexadecimal com separação através de ":" IPv6

Como um endereço IPv6 ocupa 128 bits, escrever tais números pode ser complicado. Por exemplo, considere um número de 128 bits escrito na forma decimal, que o IPv4 usa:

```
105.220.136.100.255.255.255.255.0.0.18.128.140.10.255.255
```

Para reduzir o número de caracteres usados para escrever um endereço, os projetistas do IPv6 escolheram uma forma sintática mais compacta conhecida como *notação hexadecimal com separação através de ":"*, no inglês geralmente abreviada como *colon hex*. Nessa notação, cada grupo de 16 bits é escrito em hexadecimal com dois pontos separando os grupos. Por exemplo, quando o número apresentado anteriormente é escrito em colon hex, torna-se:

```
69DC:8864:FFFF:FFFF:0:1280:8C0A:FFFF
```

Como o exemplo ilustra, a notação colon hex requer menos caracteres para expressar um endereço. Uma otimização adicional conhecida como *zero compression* reduz ainda mais o tamanho. Ela substitui sequências de zeros com dois pontos. Por exemplo, o endereço:

```
FF0C:0:0:0:0:0:0:B1
```

pode ser escrito:

```
FF0C::B1
```

O grande espaço ocupado pelo endereço do IPv6 e o esquema proposto de atribuição de endereços tornam a *zero compression* especialmente importante, porque os projetistas esperam ter muitos endereços IPv6 com sequências de zeros. Em particular, para ajudar na transição para o novo protocolo, os projetistas mapearam os endereços IPv4 existentes no espaço do endereço IPv6. Qualquer endereço IPv6 que começa com *80* bits 0 seguidos de *16* bits 1, contém um endereço IPv4 de *32* bits de baixa ordem.

Diferentemente do IPv4, o IPv6 não reserva endereços especiais de broadcast. Em vez disso, usa um conjunto de endereços multicast para lidar com casos especiais. Por exemplo, no lugar do endereço de broadcast com todos bits 1 limitado do IPv4, o IPv6 define um endereço de multicast que corresponde a *todos os nós da rede local*. O IPv6 também define endereços multicast que vão além de casos especiais do IPv4. Por exemplo, ele define um endereço de multicast para *todos os roteadores da rede local*.

21.23 Resumo

Para ter a aparência de uma grande rede, integrada como um todo, a Internet usa um esquema uniforme de endereçamento. A cada computador é atribuído um endereço IP único; todos os aplicativos da Internet usam esse endereço ao se comunicar com ele.

O protocolo de Internet especifica o endereçamento. O IPv4 divide cada endereço IP em uma hierarquia de dois níveis: um prefixo que identifica a rede à qual o computador está conectado e um sufixo que identifica um computador específico na rede; o IPv6 usa uma hierarquia de três níveis: prefixo, sub-rede e computador. Para garantir que os endereços permaneçam únicos para uma determinada internet, uma autoridade central atribui os prefixos de rede. No IPv4, uma vez que um prefixo tenha sido atribuído, um administrador da rede local atribui a cada host na rede um sufixo único. Nós veremos que, no IPv6, os sufixos host únicos podem serem gerados automaticamente.

Um endereço IPv4 é um número de 32 bits; e um endereço IPv6 é um número de 128 bits. O esquema de endereçamento original do IPv4 dividiu os endereços em classes; a classe multicast do IPv4 ainda é usada. O endereçamento classless e o de sub-rede do IPv4 permitem que a fronteira entre o prefixo e o sufixo ocorra em um limite arbitrário de bits. Para isso, o endereçamento de sub-rede e o classless (CIDR) armazenam uma máscara de 32 bits de tamanho junto com cada endereço. A máscara tem valor 1 para cada bit no prefixo e valor *0* para cada bit no sufixo. O IPv6 mantém a abordagem classless, mas utiliza uma máscara de 128 bits.

O IPv4 especifica um conjunto de endereços reservados que têm significado especial. Os endereços especiais do IPv4 podem ser usados para especificar o loopback (usado para testes), o endereço de uma rede, o broadcast na rede física local e o broadcast em uma rede remota. O IPv6 define um conjunto de endereços multicast, tal como um endereço para todos os nodos em uma rede e um endereço para todos os hosts em uma rede.

Embora seja conveniente pensar em um endereço IP como um computador, cada endereço IP identifica uma conexão entre um computador e uma rede. Os roteadores e os hosts multihomed, que têm conexões com diversas redes físicas, têm vários endereços IP.

Exercícios

21.1 O IP poderia ser reprojetado para usar endereços de hardware em vez dos endereços IP que são usados atualmente? Por quê?

21.2 O que a hierarquia de endereço da Internet permite a um gerente local fazer?

21.3 No esquema original de endereço classless do IPv4, era possível determinar a classe do endereço? Explique.

21.4 Escreva um aplicativo que aceite um endereço com notação decimal pontilhada (*dotted decimal*) e imprima um string de 32 bits.

21.5 Escreva um aplicativo que aceite um endereço colon hex como entrada e imprima um string de 128 bits.

21.6 Escreva um aplicativo que leia um endereço IPv4 na forma de notação decimal pontilhada e determine se ele é um endereço de *multicast*.

21.7 Escreva um aplicativo que traduza a notação com barra CIDR para a equivalente na notação decimal pontilhada.

21.8 Se um ISP atribuir para você um bloco de endereço IPv4 /28, quantos computadores poderão ser atribuídos com endereços do bloco?

21.9 Se um ISP atribuir para você um bloco de endereço IPv6 /28, quantos computadores poderão ser atribuídos com endereços do bloco?

21.10 Se um ISP oferece um bloco de endereço /17 por N dólares por mês e um bloco de endereço /16 por 1,5 N dólares por mês, qual deles tem o custo mais barato por computador?

21.11 O prefixo CIDR 1 . 2 . 3 . 4 / 29 é válido? Por quê?

21.12 Suponha que você tenha um ISP com o bloco de endereço IPv4 /24. Explique se você pode acomodar um pedido de um cliente que necessita de endereços para 255 computadores. (Dica: considere os endereços especiais.)

21.13 Suponha que você tenha um ISP que possui um bloco de endereço IPv4 /22. Mostre a alocação CIDR que você poderia usar para alocar blocos de endereço para quatro clientes que necessitam de endereços para 60 computadores.

21.14 Suponha que você tenha um ISP que possui um bloco de endereço IPv4 /22. É possível acomodar pedidos de seis clientes que necessitam de endereços para 9, 15, 20, 41, 128 e 260 computadores, respectivamente? Se sim, como? Se não, explique por que.

21.15 Escreva um aplicativo que leia um endereço IPv4 em notação CIDR e imprima o endereço resultante e a máscara em binário.

21.16 Escreva um aplicativo que leia como entrada um prefixo de rede IPv4 em notação CIDR e um pedido por um número de host. Assuma que o pedido foi dado para o ISP que possui o prefixo e atribua um prefixo CIDR que acomode o pedido sem desperdiçar endereços.

21.17 Escreva um aplicativo que leia um endereço host IPv4 de 32 bits e uma máscara de host de 32 bits em notação CIDR. Depois, diga se o endereço é um dos endereços especiais.

21.18 Escreva um aplicativo que leia um endereço host IPv6 de 128 bits e uma máscara de 128 bits em notação CIDR e informe se o endereço é de multicast. (Dica: o IETF publica normas que especificam as atribuições de endereços IPv6.)

21.19 O que é um endereço Berkeley broadcast?

21.20 O IPv6 usa endereços de broadcast? Explique.

21.21 Quantos endereços IPv4 são atribuídos a um roteador que conecta N redes? Explique.

21.22 Quantos endereços IPv6 são atribuídos a um roteador que conecta N redes? Explique.

21.23 Um host pode ter mais do que um endereço IPv4? Explique.

21.24 Se um host IPv6 está conectado a cinco redes, qual termo é usado para descrevê-lo?

21.25 Quando um endereço anycast pode ser útil?

CAPÍTULO 22
Redirecionamento de datagramas

22.1 Introdução, 321
22.2 Serviço sem-conexão, 321
22.3 Pacotes virtuais, 322
22.4 O datagrama IP, 322
22.5 O formato do cabeçalho do datagrama IPv4, 323
22.6 O formato do cabeçalho do datagrama IPv6, 325
22.7 O formato do cabeçalho de base do IPv6, 325
22.8 Reencaminhamento de um datagrama IP, 327
22.9 Extração do prefixo da rede e redirecionamento de datagrama, 328
22.10 Busca do prefixo mais longo, 328
22.11 Endereço de destino e endereço next-hop, 329
22.12 Entrega de melhor esforço, 330
22.13 Encapsulamento IP, 330
22.14 Transmissão através de uma internet, 331
22.15 MTU e fragmentação do datagrama, 332
22.16 Fragmentação de um datagrama IPv6, 334
22.17 Remontagem de um datagrama IP a partir dos fragmentos, 335
22.18 Coleta dos fragmentos de um datagrama, 336
22.19 A consequência da perda de fragmentos, 337
22.20 Fragmentação de um fragmento IPv4, 337
22.21 Resumo, 338

22.1 Introdução

Os capítulos anteriores descrevem a arquitetura e o endereçamento da Internet. Este capítulo descreve os serviços de comunicação fundamentais na Internet. Ele discorre sobre o formato dos pacotes que são enviados através da Internet e discute os conceitos-chave de encapsulamento de datagramas, redirecionamento, fragmentação e remontagem. Os últimos capítulos estenderão a discussão sobre os protocolos adicionais que formam um serviço completo.

22.2 Serviço sem-conexão

O objetivo da ligação inter-redes é fornecer um sistema de comunicação de pacotes que permite a um programa rodar em um computador para enviar dados para um programa que roda em outro computador. Em uma internet bem projetada, os aplicativos não identificam as redes físicas – eles podem enviar e receber dados sem conhecer os detalhes da rede local na qual o computador se conecta, da rede remota de destino conectada ou da interconexão entre as duas.

Uma das questões fundamentais que deve ser considerada quando se projeta uma internet é relacionada aos serviços que serão oferecidos. Em particular, os projetistas devem decidir se oferecerão serviços *orientados à conexão*, *sem conexão* ou ambos.

Os projetistas da Internet decidiram incluir ambos os serviços, sem conexão e orientados à conexão. Eles escolheram fazer o serviço de entrega fundamental sem conexão e adicionar um serviço orientado à conexão confiável que usa o serviço sem conexão. O projeto foi bem-sucedido e constitui a base para a comunicação em toda a Internet.

22.3 Pacotes virtuais

O serviço sem conexão é uma extensão direta da comutação de pacotes – ele permite a um emissor transmitir pacotes individuais de dados através da Internet. Cada pacote trafega independentemente e contém informações que identificam o receptor pretendido.

Como um pacote trafega através da Internet? Em geral, os roteadores da Internet manipulam a maioria dos redirecionamentos. Um host cria um pacote, coloca o endereço de destino no cabeçalho dele e, em seguida, envia-o a um roteador próximo. Quando um roteador recebe um pacote, usa o endereço de destino para selecionar o próximo roteador no caminho para o destino e, em seguida, redireciona o pacote. Eventualmente, o pacote chega a um roteador que pode entregá-lo para seu destino final.

Qual é o formato usado por um pacote da Internet? Como a Internet é composta por redes heterogêneas que utilizam formatos de quadro incompatíveis, ela não pode adotar qualquer um dos formatos de quadro do hardware. Mais importante, um roteador não pode simplesmente reformatar o cabeçalho do quadro, porque as duas redes podem utilizar endereçamentos incompatíveis (por exemplo, os endereços em um quadro de entrada podem não ser adequados a outra rede).

Para superar a heterogeneidade, o protocolo da Internet define um formato de pacote que seja independente do hardware. O resultado é um pacote *universal* e *virtual* que pode ser transferido através do hardware intacto. Como o termo *virtual* sugere, o formato do pacote da Internet não está vinculado diretamente a qualquer hardware. Na verdade, o hardware não compreende nem reconhece um pacote da Internet. Como o termo *universal* sugere, cada host ou roteador na Internet contém o software de protocolo que reconhece pacotes da Internet. Podemos resumir:

> Como inclui redes incompatíveis, a Internet não pode adotar um formato de pacote de hardware específico. Para acomodar a heterogeneidade, o protocolo da Internet define um formato de pacote independente de hardware.

22.4 O datagrama IP

Os protocolos TCP/IP usam o termo *datagrama IP* para se referirem a um pacote da Internet. Surpreendentemente, um datagrama IP tem a mesma forma geral de um quadro de hardware: começa com um cabeçalho seguido por um *payload* (ou seja, dados). A Figura 22.1 ilustra o formato do datagrama.

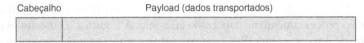

Figura 22.1 A forma geral de um datagrama IP com um cabeçalho seguido de um payload.

Para resumir:

> *Um pacote enviado através da Internet TCP/IP é chamado de datagrama IP. Cada datagrama é composto de um cabeçalho seguido de uma área de dados, conhecida como payload.*

A quantidade de dados transportados em um datagrama não é fixa. Um emissor escolhe uma quantidade de dados que é apropriada para um propósito particular. Por exemplo, um aplicativo que transmite teclas digitadas em uma rede pode colocar cada tecla digitada em um datagrama separado, enquanto um aplicativo que transmite vídeo pode enviar grandes datagramas. Em suma:

> *O tamanho de um datagrama é determinado pela quantidade de dados enviados por uma aplicação. Permitir que o tamanho dos datagramas varie torna o IP adaptável para uma variedade de aplicativos.*

No IPv4, um diagrama inteiro pode conter até 64 kbytes. Contudo, o limite inclui os bytes do cabeçalho. Um datagrama IPv6 é ligeiramente maior porque pode transportar até 64 kbytes de payload mais um cabeçalho.

Na maioria dos datagramas, o cabeçalho é muito menor do que o payload. Mesmo para transações da Web, uma requisição que um browser envia é usualmente maior do que o cabeçalho do datagrama. Quando o servidor Web retorna os dados, o datagrama contém usualmente muitas vezes mais payload do que cabeçalho. Note que o cabeçalho representa uma sobrecarga. Se somente um byte de dados é enviado em cada datagrama, a maior parte da capacidade da rede será exigida para transmitir os cabeçalhos. Por isso, para maximizar a taxa de transferência de uma transmissão (isto é, bits de dados transferidos por segundo), os aplicativos enviam datagramas maiores. Veremos adiante, no entanto, que o envio de um datagrama que é grande demais também pode causar problemas.

22.5 O formato do cabeçalho do datagrama IPv4

O que o cabeçalho de um datagrama contém? Semelhante ao cabeçalho de um quadro, um cabeçalho de datagrama contém informações usadas para reencaminhar o datagrama. Em particular, contém o endereço do emissor (o emissor original), o endereço do receptor ou destino (o destinatário final) e um campo que indica o tipo de dados a serem transmitidos na área de payload. Ao contrário dos quadros enviados através de uma rede única, no entanto, um datagrama não contém endereços MAC. Em vez disso, cada endereço no cabeçalho dele é um endereço IP; endereços MAC não aparecem no datagrama.

Cada campo do cabeçalho de um datagrama IPv4 tem um tamanho fixo, o que torna o processamento do cabeçalho eficiente. A Figura 22.2 mostra os campos do cabeçalho de um datagrama IPv4 e o texto subsequente descreve cada campo.

0	4	8	16	19	24	31
VERS	H. LEN	SERVICE TYPE	TOTAL LENGTH			
IDENTIFICATION			FLAGS	FRAGMENT OFFSET		
TIME TO LIVE		TYPE	HEADER CHECKSUM			
SOURCE IP ADDRESS						
DESTINATION IP ADDRESS						
IP OPTIONS (PODE SER OMITIDO)						PADDING
BEGINNING OF PAYLOAD (DADOS SENDO ENVIADOS)						

Figura 22.2 Os campos do cabeçalho de um datagrama IP versão 4.

VERS. Campo de versão de 4 bits que contém o valor *4* para indicar IPv4.

H.LEN. Campo de comprimento do cabeçalho de 4 bits que especifica o número de quantidades de 32 bits do cabeçalho. Se nenhuma opção é apresentada, o valor é 5.

SERVICE TYPE. Campo de 8 bits que traz a classe do serviço para o datagrama (quase nunca usado na prática). O Capítulo 27 fornece detalhes.

TOTAL LENGTH. Campo inteiro de 16 bits que especifica o número total de bytes do datagrama incluindo o cabeçalho e o payload.

IDENTIFICATION. Número único de 16 bits (usualmente sequencial) atribuído ao datagrama e usado para juntar todos os fragmentos para a remontagem.

FLAGS. Campo de 3 bits que especifica se o datagrama é um fragmento e, em caso afirmativo, se o fragmento correspondente à parte direita do datagrama original.

FRAGMENT OFFSET. Campo de 13 bits que especifica a que local do datagrama original esse fragmento pertence. O valor é multiplicado por 8 para se obter o deslocamento.

TIME TO LIVE. Inteiro de 8 bits por cada roteador que processa o datagrama; se o valor é zerado, o datagrama é desconsiderado e um erro é relatado.

TYPE. Campo de 8 bits que especifica o tipo de payload.

HEADER CHECKSUM. Checksum (soma de verificação) de 16 bits em complemento de um dos campos do cabeçalho computado de acordo com o Algoritmo 8.1[1].

SOURCE IP ADDRESS. Endereço IPv4 de 32 bits do emissor ou remetente original (os endereços dos roteadores intermediários não aparecem no cabeçalho).

---

[1] O Algoritmo 8.1 pode ser encontrado na página 127.

DESTINATION IP ADDRESS. Endereço IPv4 de 32 bits do receptor ou destinatário final (os endereços dos roteadores intermediários não aparecem no cabeçalho).

IP OPTIONS. Opções que podem controlar o redirecionamento ou processamento do datagrama; quase nunca usadas, o que significa que o campo é usualmente omitido.

PADDING. Se as opções não terminam no limite de 32 bits, bits com valor 0 são adicionados para tornar o cabeçalho múltiplo de 32 bits.

22.6 O formato do cabeçalho do datagrama IPv6

O IPv6 define um formato de cabeçalho do datagrama inteiramente novo. No lugar de um cabeçalho fixo, ele divide as informações em um *cabeçalho de base* e uma série de *cabeçalhos de extensão* menores e opcionais. Um datagrama IPv6 consiste em um cabeçalho de base seguido de zero ou mais cabeçalhos de extensão, seguidos por um payload. Assim, ao contrário do IPv4, em que o cabeçalho contém campos fixos para cada peça-chave de informação, o IPv6 coloca muitas peças-chave de informação em cabeçalhos de extensão, o que significa que a maioria dos datagramas contém uma sequência de cabeçalhos. A Figura 22.3 ilustra como os datagramas IPv6 são organizados.

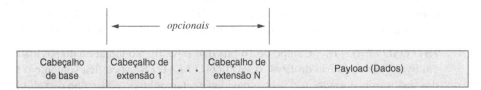

Figura 22.3 A forma geral do diagrama IPv6.

Embora a figura ilustre a estrutura geral, os campos não estão desenhados em escala. Em particular, alguns cabeçalhos de extensão são maiores do que o cabeçalho de base e outros são menores. Em muitos datagramas, o tamanho do payload é muito maior do que o tamanho dos cabeçalhos.

22.7 O formato do cabeçalho de base do IPv6

A Figura 22.4 ilustra o formato de um cabeçalho de base do IPv6. Embora ele seja duas vezes maior do que um cabeçalho IPv4, contém menos informações.

Como mostra a figura, a maior parte do espaço do cabeçalho é dedicada aos campos *SOURCE ADDRESS* e *DESTINATION ADDRESS*, cada um dos quais ocupa 16 bytes, quatro vezes mais do que um endereço IPv4. Como em IPv4, um endereço de origem identifica o remetente original, e o endereço de destino identifica o destinatário final.

Além dos endereços de origem e de destino, o cabeçalho de base contém seis campos, descritos a seguir.

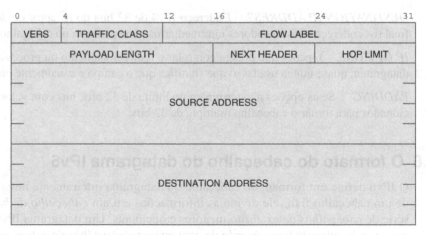

Figura 22.4 O formato do cabeçalho base do datagrama IPv6.

VERS. Campo de versão de 4 bits que contém o valor 6 para indicar o IPv6.

TRAFFIC CLASS. Campo de 8 bits que especifica a classe de serviço para o datagrama usando a mesma definição dos tipos de serviços do IPv4.

FLOW LABEL. Campo de 20 bits originalmente criado para associar um datagrama com um rótulo do caminho comutado (ver MPLS). No entanto, a utilização do rótulo de comutação tem caído em desuso e o *FLOW LABEL* tornou-se menos importante.

PAYLOAD LENGTH. Campo de 16 bits que especifica o tamanho do payload medido em bytes. Ao contrário do IPv4, o *PAYLOAD LENGTH* especifica somente o tamanho dos dados transportados (ou seja, o payload); o tamanho do cabeçalho é excluído.

NEXT HEADER. Campo de 8 bits que especifica o tipo de informação que segue o cabeçalho atual, o qual pode ser um cabeçalho de extensão ou um payload.

HOP LIMIT. Campo de 8 bits com a mesma semântica do campo *TIME-TO-LIVE* do IPv4 – o valor é decrementado por cada roteador e o datagrama é descartado se o valor é zerado.

SOURCE ADDRESS. Endereço IPv6 do remetente original.

DESTINATION ADDRESS. Endereço IPv6 do destinatário final.

O cabeçalho de base e os cabeçalhos de extensão contêm, cada um, campo *NEXT HEADER*. A Figura 22.5 ilustra como os campos são usados para identificar partes sucessivas de um datagrama IPv6. Alguns cabeçalhos de extensão têm um tamanho fixo (definido pelo padrão do protocolo). Os cabeçalhos que têm um tamanho variável contêm um campo de comprimento para especificar o comprimento de um dado datagrama. Portanto, o software em um computador receptor será capaz de saber exatamente onde cada cabeçalho termina; nunca existe ambiguidade.

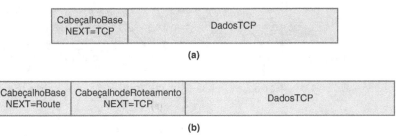

Figura 22.5 O campo NEXT HEADER em (a) um diagrama IPv6 que tem um cabeçalho de base e payload TCP e (b) um datagrama com um cabeçalho de base, um cabeçalho de rota e um payload TCP.

22.8 Reencaminhamento de um datagrama IP

Dissemos que um datagrama atravessa a Internet seguindo um caminho que começa em seu remetente original, passa por um conjunto de roteadores e chega ao seu destinatário final. A Internet usa o encaminhamento de próximo salto (next-hop). Cada roteador ao longo do caminho recebe o datagrama, extrai o endereço do destinatário final do cabeçalho e utiliza o endereço de destino para determinar o próximo salto para onde o datagrama deveria ser enviado. O roteador então encaminha o datagrama para o próximo salto, seja ele o destino final ou outro roteador.

Para fazer a seleção de um próximo salto eficiente, um roteador IP utiliza uma *tabela de redirecionamento*. Ela é ativada quando o roteador inicia e deve ser atualizada se a topologia muda (por exemplo, se uma falha de hardware faz com que um link fique inutilizado). Agora, vamos considerar o redirecionamento quando todo o hardware permanece operacional; nos próximos capítulos, vamos considerar como as tabelas de redirecionamento são alteradas quando surgem problemas.

Conceitualmente, uma tabela de redirecionamento contém um conjunto de entradas e cada uma especifica um destino e o próximo salto usado para chegar a esse destino. A Figura 22.6 ilustra um exemplo de Internet IPv4 e o conteúdo de uma tabela de redirecionamento em um dos três roteadores que são utilizados para interligar as redes (as tabelas IPv6 têm endereços maiores). O mais importante a ser observado é o tamanho da tabela de redirecionamento. Cada entrada nessa tabela corresponde a uma rede, não a um host. Embora existam mais do que 800 milhões de hosts na Internet, existem apenas cerca de 400 mil redes individuais. Ou seja:

> Como cada destino em uma tabela de redirecionamento corresponde a uma rede, o número de entradas em uma tabela de redirecionamento é proporcional ao número de redes na Internet, e não ao número de hosts.

Na figura, a cada roteador são atribuídos dois endereços IPv4, um para cada interface. Ao roteador R_2, que se conecta diretamente às redes *40.0.0.0 / 8* e *128.1.0.0 / 16*, foram atribuídos os endereços *40.0.0.8* e *128.1.0.8*. Lembre-se de que o IPv4 não exige que o sufixo seja o mesmo em todas as interfaces – um administrador de rede escolhe o mesmo sufixo para cada interface para facilitar o trabalho dos seres humanos que gerenciam a rede.

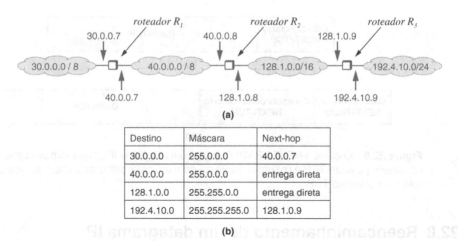

Figura 22.6 (a) Um exemplo de Internet IPv4 com quatro redes e (b) a tabela de redirecionamento encontrada no roteador R_2.

22.9 Extração do prefixo da rede e redirecionamento de datagrama

O processo de usar uma tabela de redirecionamento para selecionar um próximo salto (next--hop) para um dado datagrama é chamado de *redirecionamento*. Lembre-se do que vimos no Capítulo 21: o campo de *máscara* na entrada da tabela de redirecionamento é usado para extrair a parte da rede de um endereço durante a pesquisa. Quando um roteador encontra um datagrama com um endereço IP de destino *D*, a função de redirecionamento deve encontrar uma entrada na tabela, de redirecionamento que especifica o próximo salto para *D*. Para isso, o software examina cada entrada na tabela, usando a máscara na entrada para extrair um prefixo do endereço *D*, e compara o prefixo resultante com o campo *destination* da entrada. Se os dois são iguais, o datagrama será encaminhado para o próximo salto na entrada.

A representação da máscara em bit torna a extração eficiente — o cálculo consiste em uma operação booleana *and* entre a máscara e o endereço de destino *D*. Conceitualmente, o cálculo para examinar a entrada $i^{ésimo}$ na tabela pode ser expressa como:.

if ((Mask[i] & D) == Destination[i]) forward to NextHop[i];

Como exemplo, considere um datagrama destinado ao endereço *192.4.10.3* e suponha que o datagrama chegue ao roteador central, R_2, na Figura 22.6. Assuma também que o esquema de encaminhamento procure as entradas da tabela em ordem. A primeira entrada falha porque *255.0.0.0 & 192.4.10.3* não é igual a *30.0.0.0*. Depois de rejeitar a segunda e a terceira entradas na tabela, o software de roteamento acaba escolhendo o próximo salto *128.1.0.9* porque

255.255.255.0 & 192.4.10.3 == 192.4.10.0

22.10 Busca do prefixo mais longo

A Figura 22.6 contém um exemplo trivial. Na prática, as tabelas de redirecionamento da Internet podem ser extremamente grandes e o algoritmo de redirecionamento é mais complexo do que parece. Por exemplo, como o redirecionamento WAN descrito no Capítulo 18, as tabelas de redirecionamento da Internet podem conter uma entrada *default* que fornece um caminho para todos os destinos que não estão explicitamente listados. Além disso, o redirecionamento da Internet permite que um gerente especifique uma *rota de host específico (host-specific route)* que direciona o tráfego destinado para um host específico ao longo de um caminho diferente do utilizado para o tráfego de outros hosts na mesma rede. Em termos práticos, as entradas da tabela de redirecionamento para a rota de host específico contêm uma máscara que cobre um endereço inteiro (32 bits para IPv4 e 128 bits para IPv6).

Uma característica importante do redirecionamento da Internet é que máscaras de endereço podem se sobrepor. Por exemplo, suponha que a tabela de redirecionamento de um roteador contenha entradas para os dois seguintes prefixos de rede IPv4:

128.10.0.0 / 16

128.10.2.0 / 24

Considere o que acontece se um datagrama chega endereçado para 128.10.2.3. Surpreendentemente, o processo de busca descrito direciona para as duas entradas. Isto é, uma operação booleana *and* de uma máscara de 16 bits irá produzir 128. 10.0.0, e uma operação booleana *and* com uma máscara de 24 bits irá produzir 128. 10.2.0. Que entrada deveria ser usada?

Para lidar com a ambiguidade que surge da sobreposição de máscaras de endereços, o redirecionamento da Internet utiliza a *busca de prefixo mais longo*. Ou seja, em vez de examinar as entradas em ordem arbitrária, o software de redirecionamento examina primeiro as entradas com o prefixo mais longo. No exemplo anterior, o redirecionamento da Internet vai escolher a entrada que corresponde ao 128.10.2.0 / 24. O ponto é:

> *Para resolver a ambiguidade que pode surgir quando mais de uma entrada corresponde a um destino, o redirecionamento da Internet examina primeiro entradas com o prefixo mais longo.*

22.11 Endereço de destino e endereço next-hop

Qual é a relação entre o endereço de destino num cabeçalho do datagrama e o endereço do próximo salto (next-hop) para o qual o datagrama é redirecionado? O *DESTINATION IP ADDRESS* em um datagrama contém o endereço do destino final; ele não muda conforme o datagrama atravessa a Internet. Quando um roteador recebe um datagrama, utiliza o destino final, *D*, para calcular o endereço do próximo roteador para o qual o datagrama deve ser enviado, *N*. Embora o roteador redirecione um datagrama para o próximo salto, *N*, o cabeçalho no datagrama mantém o endereço de destino, *D*. Em outras palavras:

> *O endereço de destino no cabeçalho do datagrama sempre se refere ao destino final; em cada ponto, um próximo salto (next-hop) é calculado, mas o endereço next-hop não aparece no cabeçalho do datagrama.*

22.12 Entrega de melhor esforço

Além de definir o formato do datagrama da Internet, o protocolo Internet define a semântica de comunicação e usa o termo *melhor esforço (best-effort)* para descrever o serviço que ele oferece. O IPv4 e o IPv6 usam o paradigma de melhor esforço. Em essência, o padrão especifica que, embora o IP faça um melhor esforço para entregar cada datagrama, ele não garante que o datagrama tratará todos os problemas. Especificamente, o padrão IP reconhece que os seguintes problemas podem ocorrer:

- Duplicação de datagrama
- Entrega atrasada ou fora de ordem
- Corrupção de dados
- Perda de datagrama

Pode parecer estranho o IP especificar quais erros podem ocorrer. No entanto, existe uma razão importante para isso: o IP foi projetado para rodar em qualquer tipo de rede. Como vimos nos capítulos anteriores, equipamentos de rede podem sofrer interferências de ruído, as quais podem acarretar corrupção ou perda. Em um sistema no qual as rotas podem mudar, pacotes que seguem um caminho podem levar mais tempo do que aqueles que seguiram outro caminho, o que pode resultar na entrega fora de ordem. Em síntese:

> Como o IP é projetado para operar sobre todos os tipos de hardware de rede, incluindo um hardware que enfrenta problemas, os datagramas IP podem ser perdidos, duplicados, atrasados, entregues fora de ordem ou entregues com dados corrompidos.

Felizmente, veremos que o conjunto de protocolos TCP/IP inclui protocolos adicionais que lidam com muitos dos problemas. Também vamos aprender que alguns aplicativos preferem usar um serviço de melhor esforço em vez de um que detecte e corrija problemas.

22.13 Encapsulamento IP

Como um datagrama pode ser transmitido através de uma rede física que não entende o formato dele? A resposta está em uma técnica conhecida como *encapsulamento*. Quando um datagrama IP é encapsulado em um quadro, todo o datagrama é colocado na área de dados (payload) de um quadro. O hardware de rede trata um quadro que contém um datagrama exatamente como qualquer outro quadro. Na verdade, o hardware não examina ou altera os conteúdos payload. A Figura 22.7 ilustra o conceito.

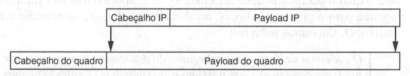

Figura 22.7 Ilustração de um datagrama IP encapsulado em um quadro.

Como um receptor sabe se o payload de um quadro de entrada contém um datagrama IP ou outros dados? O emissor e o receptor devem estar de acordo sobre o valor utilizado no campo tipo de quadro. Quando se coloca um datagrama em um quadro, o software no computador emissor atribui um valor ao campo "tipo de quadro"; quando o quadro chega, o receptor sabe que o payload contém um datagrama IP. Lembre-se do que vimos no Capítulo 15: o padrão Ethernet especifica um tipo de quadro de *0x0800* para um quadro que leva um datagrama IPv4 e de *0x08DD* para um quadro que leva um datagrama IPv6.

Um quadro que leva um datagrama IP também deve ter um endereço MAC de destino. Assim, além de colocar um datagrama na área payload de um quadro, o encapsulamento solicita ao emissor que forneça o endereço MAC do próximo computador para onde o datagrama deve ser enviado. Para calcular o endereço apropriado, o IP no computador emissor deve vincular o endereço IP do próximo salto a um endereço MAC equivalente, que é o destino no cabeçalho do quadro[2]. Podemos resumir:

> *Um datagrama é encapsulado em um quadro para transmissão através de uma rede física. O endereço de destino no quadro é o endereço MAC do próximo salto para o qual o datagrama está sendo enviado; o endereço é obtido mediante a conversão do endereço IP do próximo salto em um endereço MAC equivalente.*

22.14 Transmissão através de uma internet

O encapsulamento aplica-se a uma rede de cada vez. Após o emissor selecionar um próximo salto, ele encapsula o datagrama em um quadro e transmite o resultado através da rede física. Quando o quadro chega no próximo salto, o software do receptor remove o datagrama IP e descarta o quadro. Se o datagrama deve ser redirecionado para outra rede, um novo quadro é criado. A Figura 22.8 ilustra a forma como um datagrama é encapsulado e desencapsulado, uma vez que ele se desloca a partir de um host de origem para um host de destino através de três redes e dois roteadores. Cada rede pode utilizar uma tecnologia de hardware diferente da utilizada pelas outras, o que significa que os formatos de frame e os tamanhos de cabeçalho do quadro podem variar.

Como a figura mostra, hosts e roteadores armazenam um datagrama na memória sem cabeçalho adicional. Quando o datagrama passa através de uma rede física, é encapsulado num quadro apropriado para a rede. O tamanho do cabeçalho do quadro que aparece antes do datagrama depende da tecnologia de rede. Por exemplo, se a Rede *1* representa uma rede Ethernet, o cabeçalho no quadro 1 é um cabeçalho Ethernet. Da mesma forma, se a Rede *2* representa uma rede Wi-Fi, o cabeçalho do quadro *2* corresponde a um cabeçalho de Wi-Fi.

É importante observar que os cabeçalhos do quadro não se acumulam durante seu percurso através da Internet. Quando um datagrama chega, ele é removido do quadro de chegada antes de ser encapsulado em um quadro de saída. Assim, quando chega ao seu destino final, o único cabeçalho do quadro no datagrama é o cabeçalho da última

---

[2] O Capítulo 23 descreve como o endereço MAC é obtido.

rede que o datagrama atravessou. Uma vez que o cabeçalho é removido, o resultado é o datagrama original. Ou seja:

> Quando um datagrama chega no receptor final, o receptor extrai o datagrama a partir da área de payload do quadro e descarta o cabeçalho do quadro.

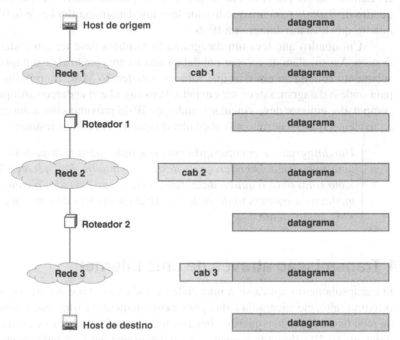

Figura 22.8 Como um datagrama IP trafega através da Internet.

22.15 MTU e fragmentação do datagrama

Cada tecnologia de hardware especifica a quantidade máxima de dados que um quadro pode transportar. O limite é conhecido como *unidade máxima de transmissão* (MTU, *Maximum Transmission Unit*). Não existe nenhuma exceção ao limite MTU – o hardware de rede não é projetado para transferir quadros que carregam mais dados do que o MTU permite. Assim, um datagrama deve ser menor ou igual à MTU da rede, ou ele não poderá ser encapsulado para transmissão.

Em uma internet que contém redes heterogêneas, as restrições MTU criam um problema. Em particular, como um roteador pode conectar redes com diferentes valores de MTU, um datagrama que um roteador recebe de uma rede pode ser muito grande para ser enviado para outra rede. Por exemplo, a Figura 22.9 ilustra um roteador que interliga duas redes com os valores de MTU de *1.500* e *1.000*.

Figura 22.9 Ilustração de um roteador que conecta duas redes com diferentes MTUs.

Na figura, o host H_1 se liga a uma rede com uma MTU de *1.500* e pode enviar um datagrama de até *1.500* bytes. O host H_2 se liga a uma rede que tem uma MTU de *1.000*, o que significa que não é possível enviar ou receber um datagrama maior do que *1.000* bytes. Se o host H_1 envia um datagrama de *1.500* bytes para o host H_2, o roteador R não será capaz de encapsular o datagrama para transmissão através da Rede *2*.

Tanto o IPv4 como o IPv6 utilizam uma técnica conhecida como *fragmentação* para resolver o problema de MTUs heterogêneos. O datagrama é dividido em partes menores chamadas *fragmentos,* e cada fragmento é transmitido num quadro separado. No entanto, o IPv6 mudou quando e como a fragmentação é realizada:

- O IPv4 permite que um roteador execute a fragmentação conforme necessário.
- O IPv6 solicita ao host emissor que execute a fragmentação.

Vamos considerar primeiro a fragmentação do IPv4. No IPv4, a fragmentação só é realizada quando necessário. Ou seja, nenhuma ação ocorre até que um roteador encontre um datagrama maior do que o MTU da rede através do qual ele deve ser enviado. Nesse ponto, o roteador divide o datagrama em fragmentos e envia cada fragmento de forma independente.

Surpreendentemente, um fragmento do IPv4 tem o mesmo formato de outros datagramas do IPv4 – um bit no campo *FLAGS* do cabeçalho indica se um datagrama é um fragmento ou um datagrama completo[3]. Aos outros campos do cabeçalho são atribuídas informações que o destino final utiliza para remontar os fragmentos e reproduzir o datagrama original. Em particular, o campo *FRAGMENT OFFSET* no cabeçalho de um fragmento especifica a que local do datagrama original o fragmento pertence.

Para fragmentar um datagrama a fim de transmiti-lo através de uma rede, um roteador utiliza a MTU da rede e o tamanho do cabeçalho para calcular a quantidade máxima de dados que podem ser enviados em cada fragmento e o número de fragmentos necessários. O roteador então cria os fragmentos. Ele utiliza os campos do cabeçalho original para criar o cabeçalho do fragmento. Por exemplo, copia os campos *IP SOURCE* e *IP DESTINATION* do datagrama para o cabeçalho do fragmento. Finalmente, copia os dados apropriados do datagrama original dentro do fragmento e transmite o resultado. A Figura 22.10 ilustra a divisão.

Para resumir:

> *Cada rede tem uma MTU que especifica a quantidade máxima de dados que um quadro pode carregar. Quando um roteador recebe um datagrama IPv4 que é maior do que a MTU da rede através da qual ele será enviado, divide o datagrama em partes menores, chamadas fragmentos. Cada fragmento usa o formato de datagrama IPv4, mas carrega apenas parte do payload original.*

---

[3] O formato do cabeçalho do datagrama IPv4 pode ser encontrado na Figura 22.2, na página 324.

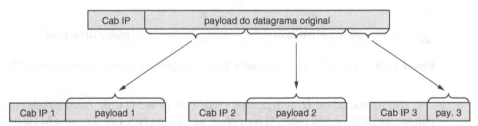

Figura 22.10 Um datagrama IPv4 dividido em três fragmentos com o fragmento final menor do que os outros.

22.16 Fragmentação de um datagrama IPv6

Embora a fragmentação do IPv6 seja parecida com a fragmentação do IPv4, os detalhes são diferentes. Como no caso do IPv4, um prefixo do datagrama original é copiado dentro de cada fragmento e o comprimento payload é modificado para ser o comprimento do fragmento. Diferentemente do IPv4, no entanto, o IPv6 não inclui os campos para informações de fragmentação no cabeçalho da base. Em vez disso, coloca as informações do fragmento em um cabeçalho de extensão do fragmento separado; a presença do cabeçalho de extensão identifica o datagrama como um fragmento. Curiosamente, o cabeçalho de extensão do fragmento IPv6 contém as mesmas informações do fragmento encontradas nos campos de um cabeçalho IPv4.

A fragmentação do IPv6 também difere da do IPv4 porque o IPv6 usa vários cabeçalhos de extensão. Alguns deles são usados pelos roteadores intermediários e outros não. Portanto, o IPv6 divide os cabeçalhos em dois grupos, chamados *fragmentável* e *não fragmentável*. Os cabeçalhos fragmentáveis são divididos em fragmentos, como o payload, e os cabeçalhos não fragmentáveis são copiados para cada fragmento. A Figura 22.11 ilustra a fragmentação IPv6.

Na figura, a *parte não fragmentável* denota o cabeçalho de base mais os cabeçalhos usados pelos roteadores intermediários. Para garantir que todos os fragmentos sejam redirecionados de forma idêntica, a parte não fragmentável é replicada em cada fragmento.

Tal como acontece com o IPv4, o tamanho do fragmento é escolhido para ser a *Maximum Transmission Unit* (MTU) da rede através da qual os fragmentos devem ser enviados. Assim, o fragmento final pode ser menor do que os outros porque contém o que restou após os pedaços do tamanho da MTU terem sido extraídos do datagrama original.

A fragmentação do IPv6 difere drasticamente da fragmentação do IPv4. No IPv4, um roteador executa a fragmentação quando o roteador recebe um datagrama demasiadamente grande para a rede através da qual o datagrama deve ser enviado. No IPv6, o emissor original é responsável pela fragmentação. Ou seja, os hosts esperam um tamanho de datagrama que não exija a fragmentação; um roteador que fica ao longo do caminho e recebe um datagrama maior do que a MTU da rede irá enviar uma mensagem de erro e descartar o datagrama.

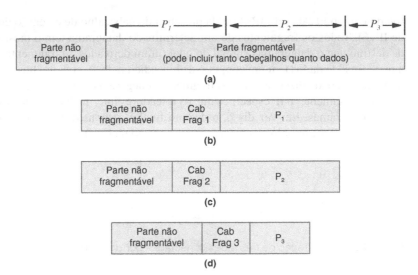

Figura 22.11 Ilustração da fragmentação do IPv6 com um datagrama – letra (a) – dividido em 3 fragmentos – letra (b) a (d).

Como um host pode escolher um tamanho de datagrama que não vai resultar em fragmentação? O host deve aprender a MTU de cada rede ao longo do trajeto até o destino e deve escolher um tamanho de datagrama adequado ao menor MTU. A mínima MTU ao longo de um caminho a partir de uma origem até um destino é conhecida como *caminho MTU (path MTU)*, e o processo para aprender o *caminho MTU* é conhecido como *descoberta de caminho MTU (path MTU discovery)*. Em geral, a *descoberta de caminho MTU* é um processo iterativo. Um host escolhe um tamanho do datagrama inicial que parece apropriado (por exemplo, a MTU da Ethernet de 1.500 é uma escolha comum) e começa o envio para o destino. Se um roteador precisa enviar um datagrama IPv6 para uma rede que tem um MTU menor que o datagrama, envia uma mensagem de erro para a fonte original e descarta o datagrama. A fonte fragmenta o datagrama em um tamanho menor e tenta novamente. Eventualmente, a fonte descobre o *caminho MTU* (isto é, a mínima MTU ao longo de um caminho a partir do emissor até o destino) e faz com que todos os datagramas posteriores sejam menores do que a MTU do percurso. Para resumir:

> *No IPv6, a fragmentação é realizada pelo host emissor, e não pelos roteadores. Se a fragmentação é necessária, o host emissor recebe uma mensagem de erro ICMP e reduz o tamanho do fragmento até que os fragmentos possam ser enviados para o destino.*

22.17 Remontagem de um datagrama IP a partir dos fragmentos

O processo de remontar uma cópia do datagrama original a partir dos fragmentos é chamado de *remontagem*. Um receptor sabe se um datagrama de entrada é um fragmento (ou do campo FLAGS do IPv4 ou da presença do cabeçalho de extensão do fragmento de IPv6). Todos os fragmentos de um determinado datagrama têm o mesmo endereço de destino que o datagrama original do qual foram derivados. O fragmento que carrega a parte final de dados tem um conjunto de bits adicionais. Assim, um host que executa a remontagem pode dizer se todos os fragmentos chegaram com sucesso.

Curiosamente, o IP especifica que os roteadores intermediários não devem remontar os datagramas. Em vez disso, o destino final é responsável pela remontagem dos fragmentos. Por exemplo, considere a configuração na Figura 22.12.

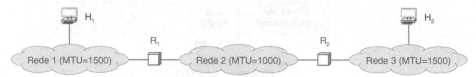

Figura 22.12 Ilustração de três redes conectadas por dois roteadores.

Na figura, se o host H_1 envia um datagrama IPv4 de *1.500* bytes para o host H_2, o roteador R_1 dividirá o datagrama em dois fragmentos, que enviará a R_2. Se o host envia um datagrama IPv6, ele fragmenta o datagrama e redireciona os fragmentos para R_2. O roteador R_2 não remonta os fragmentos. Em vez disso, usa o endereço de destino em um fragmento para redirecionar o fragmento como de costume. O host de destino final, H_2, recolhe os fragmentos e remonta-os para gerar o datagrama original.

Requerer o destino final para remontar os fragmentos tem duas vantagens.

- Primeiro, a redução da quantidade de informações de estado nos roteadores. Quando redireciona um datagrama, um roteador não precisa saber se ele é um fragmento.
- Segundo, a mudança dinâmica das rotas. Se um roteador intermediário for remontar os fragmentos, todos eles precisariam chegar ao roteador.

Ao protelar a remontagem até o destino final, o IP é livre para passar alguns fragmentos de um datagrama por rotas diferentes das utilizadas para outros fragmentos. Isto é, a Internet pode alterar as rotas a qualquer momento (por exemplo, rotear em torno de uma falha de hardware).

22.18 Coleta dos fragmentos de um datagrama

Lembre-se de que o IP não garante a entrega. Assim, os fragmentos individuais, que são redirecionados exatamente como os outros datagramas, podem ser perdidos ou chegar fora de ordem. Mais importante, se uma dada fonte envia vários datagramas para o mesmo destino, os fragmentos deles podem chegar em qualquer ordem.

Como o software IP remonta os fragmentos que chegam fora de ordem? Um emissor coloca um número de identificação único no campo *IDENTIFICATION* de cada datagrama de saída (no cabeçalho IPv4 ou no cabeçalho de extensão de fragmento do IPv6). Quando um datagrama é fragmentado, o número de identificação é copiado dentro de cada fragmento. Um receptor usa o número de identificação e o endereço IP de origem para determinar o datagrama ao qual o fragmento de entrada pertence. Além disso, o campo *FRAGMENT OFFSET* (no cabeçalho do datagrama IPv4 ou no cabeçalho de extensão de fragmento do IPv6) indica a um receptor a que local do datagrama original o payload no fragmento pertence.

22.19 A consequência da perda de fragmentos

Dissemos que o IP não garante a entrega de fragmentos – se uma rede descarta pacotes, um datagrama ou um fragmento encapsulado pode ser perdido. Um datagrama não pode ser remontado até que todos os fragmentos cheguem. Assim, surge um problema quando um ou mais fragmentos de um datagrama chegam e outros estão atrasados ou perdidos. Embora o datagrama não possa ser remontado, o receptor deve salvar os fragmentos que chegaram no caso de os faltantes estarem apenas atrasados.

Um receptor não consegue manter fragmentos por um tempo arbitrariamente longo, porque eles ocupam espaço na memória. Para evitar a falta de memória, o IP especifica um tempo máximo para manter fragmentos. Quando o primeiro fragmento chega a partir de um determinado datagrama, o receptor inicia um *timer de remontagem*. Se todos os fragmentos de um datagrama chegam antes de terminar o tempo, o receptor cancela o *timer* e remonta o datagrama. No entanto, se o temporizador expira antes de todos os fragmentos chegarem, o receptor descarta os fragmentos recebidos.

O resultado do *timer* de remontagem do IP é tudo ou nada: ou todos os fragmentos chegam e o IP remonta o datagrama, ou o IP descarta o datagrama incompleto. Em particular, não existe um mecanismo que possa ser usado por um receptor para dizer ao emissor quais fragmentos chegaram. A consequência é:

> *Em uma rede com perdas, como uma LAN sem fio que experimenta interferência, a probabilidade de perder um datagrama é maior se o datagrama é fragmentado. Portanto, como regra geral, a fragmentação deve ser evitada sempre que possível.*

22.20 Fragmentação de um fragmento IPv4

No IPv6, os fragmentos devem ser capazes de trafegar por todo o caminho, da fonte ao destino. No IPv4, contudo, um problema secundário pode surgir. Depois da fragmentação de um datagrama IPv4, um roteador redireciona cada fragmento para seu destino, mas o fragmento pode eventualmente chegar em uma rede que tem uma MTU menor. O esquema de fragmentação do IPv4 foi planejado cuidadosamente para possibilitar a fragmentação de um fragmento. Um roteador ao longo do caminho divide o fragmento em fragmentos menores. Se as redes estão organizadas em uma sequência decrescente de MTUs, cada roteador ao longo do caminho deve fragmentar ainda mais cada fragmento. É claro que os projetistas trabalham cuidadosamente para garantir que tais situações não ocorram na Internet.

O IPv4 não distingue entre os fragmentos originais e os subfragmentos. Em particular, um receptor não pode saber se um fragmento de entrada é o resultado da fragmentação de um datagrama por um roteador ou se é a fragmentação de vários roteadores. A vantagem de formar todos os fragmentos do mesmo modo é que um receptor pode executar a remontagem do datagrama original sem primeiro remontar os subfragmentos. Assim, poupa tempo de CPU e reduz a quantidade de informação necessária no cabeçalho de cada fragmento.

22.21 Resumo

O protocolo da Internet define um datagrama IP como a unidade básica que trafega através de uma internet TCP/IP. Cada datagrama parece um quadro de hardware, porque contém um cabeçalho seguido por uma área payload. Como um quadro de hardware, um cabeçalho de datagrama contém informações que serão usadas para transferir o datagrama para um destino específico. Ao contrário de um quadro de hardware, um cabeçalho de datagrama contém endereços IP em vez de endereços MAC.

O software IP na rota utiliza uma tabela de rotas para determinar o próximo salto (next-hop) para o qual um datagrama deve ser enviado. Cada entrada na tabela de redirecionamento corresponde a uma rede de destino, o que significa que o tamanho de uma tabela de redirecionamento é proporcional ao número de redes da internet. Ao selecionar uma rota, o IP compara o prefixo de rede de um endereço de destino com cada entrada na tabela. Para evitar ambiguidade, o IP especifica que, se uma tabela de redirecionamento contém duas entradas que correspondem a um determinado destino, o redirecionamento deve coincidir com o prefixo mais longo.

Embora o IP selecione um próximo salto para o qual um datagrama deve ser enviado, o endereço do próximo salto (next-hop) não aparece no cabeçalho do datagrama. Em vez disso, o cabeçalho sempre especifica o endereço do destino final.

Um datagrama IP é encapsulado em um quadro para a transmissão. Cada tecnologia de rede especifica uma MTU, o tamanho máximo do payload e o datagrama (quando um datagrama excede a rede MTU, os fragmentos IP). O IPv4 permite que os roteadores ao longo de um caminho realizem fragmentação; o IPv6 requer ao host emissor a execução da fragmentação. Um fragmento IPv4 pode ser ainda mais fragmentado, se necessário. O destino final remonta os fragmentos, utilizando um *timer* para descartar um datagrama se um ou mais fragmentos são perdidos.

Exercícios

22.1 Quais são os dois paradigmas de comunicação básicos que os projetistas consideram quando projetam uma internet?

22.2 Como o projeto da Internet acomoda redes heterogêneas, cada uma delas com seu próprio formato de pacote?

22.3 Escreva um aplicativo para extrair os endereços de origem e de destino do datagtrama IPv4 e imprima-os na notação decimal pontilhada.

22.4 Escreva um aplicativo para extrair os endereços de origem e de destino do datagrama IPv6 e imprima-os na notação hexadecimal com vírgula.

22.5 Escreva um aplicativo para extrair todos os campos de um cabeçalho do datagrama IPv4 ou IPv6. Imprima os valores em hexadecimal, decimal pontilhada ou notação hexadecimal com vírgula, como apropriado.

22.6 Qual é o comprimento máximo de um datagrama IPv4?

22.7 Escreva um aplicativo que receba como entrada uma tabela de redirecionamento similar à mostrada na Figura 22.6 (b) e uma sequência de endereços de destino. Para cada endereço de destino, pesquise sequencialmente na tabela para encontrar o próximo salto correto e imprima o resultado.

22.8 Se o payload de um datagrama IPv4 contém um valor de dados de 8 bits e nenhuma opção de cabeçalho, quais valores serão encontrados nos campos do cabeçalho *H. LEN* e *TOTAL LENGTH*?

22.9 Se dois prefixos na tabela de redirecionamento são iguais a um endereço de destino dado, qual deles o algoritmo de redirecionamento usará?

22.10 Um endereço de destino em um datagrama IP sempre se refere a um roteador intermediário? Explique.

22.11 Assuma que dois roteadores estão mal configurados para formar o circuito de roteamento, *D*. Explique por que o datagrama destinado para *D* não executará para sempre.

22.12 Que problemas podem ocorrer quando um datagrama IP trafega na Internet?

22.13 Em que local do quadro um datagrama IP viaja?

22.14 Se alguém captura um datagrama IP passando através de uma rede no meio da Internet, quantos cabeçalhos de quadro aparecerão antes do datagrama?

22.15 O que é o MTU de uma rede?

22.16 Se um datagrama IPv4 com um payload de 1.480 bytes deve ser enviado através de uma rede com um MTU de 500 bytes, quantos fragmentos serão enviados? Explique.

22.17 Se um datagrama IPv6 com um payload de 1.480 bytes e nenhum cabeçalho de extensão deve ser enviado através de uma rede com um MTU de 500 bytes, quantos fragmentos serão enviados? Explique.

22.18 Em que local da Internet os fragmentos são remontados?

22.19 Na remontagem dos fragmentos, como o software IP sabe se os fragmentos de entrada pertencem ao mesmo datagrama?

22.20 Se um fragmento é perdido, um receptor requer uma nova cópia? Explique.

22.21 Leia os RFCs 1.149 e 1.217. Eles são padrões de rede sérios? (Dica: considere as datas.)

CAPÍTULO 23

Protocolos e tecnologias de suporte

23.1 Introdução, 340
23.2 Resolução de endereços, 341
23.3 Um exemplo de endereços IPv4, 342
23.4 O protocolo ARP para IPv4, 342
23.5 Formato de mensagens ARP, 343
23.6 Encapsulamento ARP, 344
23.7 Cache ARP e processamento de mensagens, 345
23.8 A fronteira conceitual para endereços de hardware, 347
23.9 O protocolo ICMP, 348
23.10 Encapsulamento e cabeçalho do ICMP, 349
23.11 Associação de endereço IPv6 com descoberta de vizinhos, 349
23.12 Software de protocolos, parâmetros e configuração, 350
23.13 O protocolo DHCP, 351
23.14 Otimizações e operação do protocolo DHCP, 352
23.15 Formato de mensagem DHCP, 352
23.16 Acesso indireto ao servidor DHCP por meio relay, 354
23.17 Autoconfiguração IPv6, 354
23.18 O protocolo NAT, 355
23.19 Operação do NAT e endereços privados IPv4, 355
23.20 NAT em nível de transporte (NAPT), 357
23.21 NAT e servidores, 358
23.22 NAT e sistemas para uso residencial, 358
23.23 Resumo, 359

23.1 Introdução

Os capítulos desta parte do livro discutem as tecnologias de Internet e os protocolos associados. Os capítulos anteriores abordam os conceitos básicos, como endereçamento IP, formato e encaminhamento de datagramas IP, encapsulamento, fragmentação e remontagem.

Este capítulo continua a discussão sobre a interconectividade introduzindo quatro tecnologias de suporte: associação (*binding*) de endereço, relato de erros, inicialização (*bootstrapping*) e tradução de endereços. Cada tecnologia lida com um problema pequeno, porém, quando combinadas com outros protocolos, elas fazem uma grande contribuição para a funcionalidade da Internet como um todo. Capítulos posteriores estendem a discussão sobre a interconectividade focando em protocolos de camada de transporte e roteamento.

23.2 Resolução de endereços

Lembre-se do que vimos no Capítulo 22: conforme um datagrama viaja pela Internet, o transmissor e todos os roteadores ao longo do caminho utilizam o endereço IP de destino no datagrama para selecionar a melhor rota, encapsular o datagrama no quadro (nível 2) e transmitir esse quadro através da rede. Um passo fundamental do processo de encaminhamento necessita de uma tradução de endereços: o encaminhamento utiliza o IP, e o quadro enviado por uma rede física deve conter o endereço MAC do próximo salto (next-hop). Assim, o software IP deve traduzir o endereço IP do próximo salto em um endereço MAC equivalente. O princípio é:

> *Endereços IP são abstrações fornecidas pelo protocolo. Como o nível físico dos equipamentos de rede não entende o endereço IP, este deve ser traduzido no endereço MAC do próximo destino antes de o quadro ser transmitido.*

A tradução de um endereço IP em um endereço de hardware equivalente é conhecida como *resolução de endereços*. Depois de ela ser efetuada, diz-se que um endereço IP está *resolvido* para o endereço MAC correto. A resolução de endereços é sempre restrita a uma única rede, ou seja, um computador pode resolver o endereço de outro computador somente se ambos estiverem ligados na mesma rede física – um computador nunca precisa resolver endereços de computadores em redes remotas. Por exemplo, considere a internet simplificada na Figura 23.1.

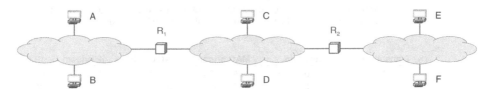

Figura 23.1 Uma internet com três redes e computadores conectados em cada uma delas.

Na figura, se o roteador R_1 encaminhar um datagrama para o roteador R_2, aquele deverá resolver o endereço IP deste para seu equivalente MAC. De modo similar, se uma aplicação na máquina *A* enviar dados para uma aplicação na máquina *B*, o software em *A* deve resolver o endereço IP de B para seu equivalente MAC e utilizar esse endereço para enviar o quadro diretamente. Isso acontece pois ambas estão na mesma rede física.

Entretanto, se uma aplicação na máquina A enviar uma mensagem para uma aplicação na máquina *F*, localizada numa rede remota, o software do protocolo em A não vai tentar resolver o endereço de *F*. Em vez disso, o software em A descobre que o pacote deve trafegar por meio do roteador R_1 e então resolve o endereço de R_1. Este, por sua vez, resolve o endereço para R_2, que resolve o endereço de *F*.

Para resumir:

> O mapeamento entre um endereço IP e um endereço de hardware é chamado resolução de endereços. Uma máquina ou um roteador utiliza a resolução de endereços quando precisa enviar um pacote para outro computador na mesma rede física. Um computador nunca tenta resolver o endereço de um computador que esteja conectado fisicamente a uma rede remota.

23.3 Um exemplo de endereços IPv4

O exemplo a seguir mostra como os endereços IP e MAC são utilizados na Internet e ajuda a entender a resolução de endereços. A Figura 23.2 mostra uma internet com três redes e dois computadores, além dos endereços MAC e IP atribuídos a cada equipamento. Para que a figura tenha um tamanho adequado, os endereços MAC são abreviados para seis dígitos hexadecimais e são utilizados endereços IPv4; IPv6 seguiria a mesma abordagem.

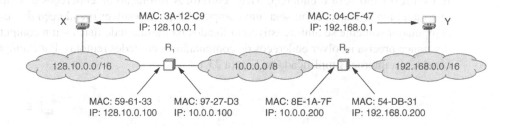

Transmissor	Next-hop	MAC origem	MAC destino	IP origem	IP destino
X	128.10.0.100	3A-12-C9	59-61-33	128.10.0.1	192.168.0.1
R_1	10.0.0.200	97-27-D3	8E-1A-7F	128.10.0.1	192.168.0.1
R_2	192.168.0.1	54-DB-31	04-CF-47	128.10.0.1	192.168.0.1

Figura 23.2 Uma internet mostrando os endereços MAC e IP de todos computadores e roteadores, bem como uma tabela com os endereços à medida que um datagrama trafega entre o computador X e o computador Y.

Na figura, a tabela lista três quadros, um trafegando de X para R_1, outro de R_1 para R_2, e o terceiro de R_2 para Y. Os endereços *next-hop* listados na tabela não fazem parte dos cabeçalhos dos pacotes, mas são utilizados pelo transmissor durante o encaminhamento.

23.4 O protocolo ARP para IPv4

Como o software faz para traduzir um endereço de alto nível em um endereço MAC? O IPv4 e o IPv6 têm abordagens diferentes para essa resolução. Vamos considerar ambas, começando pelo IPv4, que usa o *protocolo de resolução de endereços* (ARP, *Address Resolution Protocol*).

A ideia do ARP é simples. Suponha que os computadores X e Y estão ligados numa mesma rede física Ethernet e que X deve resolver o endereço IPv4 de Y. O computador

X transmite em broadcast um pedido que diz: "Eu estou procurando o endereço MAC de um computador que tenha o endereço IPv4 *Y*". A transmissão só viaja dentro da própria rede. Todos os computadores recebem o pedido, mas apenas o computador *Y* o responde. Isto é, quando recebe uma cópia do pedido, o computador *Y* envia esta resposta para *X*: "Eu sou o computador com endereço IP *Y*, e o meu endereço MAC é *M*". A Figura 23.3 ilustra a troca de mensagens.

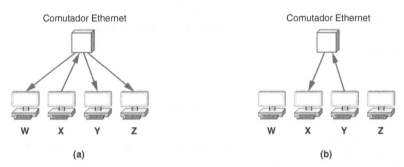

Figura 23.3 Ilustração de uma troca de mensagens ARP quando: a) computador X transmite uma requisição via broadcast e b) computador Y envia uma resposta.

23.5 Formato de mensagens ARP

Quando o protocolo ARP foi criado, existiam muitas tecnologias de LAN; portanto, em vez de restringir o ARP para endereços IPv4 e Ethernet, os projetistas criaram um protocolo genérico. Uma mensagem ARP tem campos de tamanho fixo no seu início para especificar o tamanho dos endereços de hardware e do protocolo a ser utilizado. Quando o ARP é usado com IPv4 e Ethernet, o tamanho do endereço de hardware é definido em 6 octetos, compatível com o Ethernet, que possui endereços de 48 bits, e o comprimento do endereço de protocolo é definido em 4 octetos, compatível com o IPv4, que possui endereços de 32 bits de comprimento. Ironicamente:

> *Embora o formato da mensagem ARP seja suficientemente genérico para permitir endereços de protocolo e de hardware arbitrários, o ARP é quase sempre utilizado para associar um endereço IP com um endereço Ethernet de 48 bits.*

A Figura 23.4 ilustra o formato do cabeçalho ARP para endereços IP versão 4 (4 octetos) e endereços de hardware Ethernet (6 octetos). Cada linha da figura corresponde a 32 bits (padrão para os protocolos de Internet), apesar de alguns campos abrangerem duas linhas. O cabeçalho contém os seguintes campos:

HARDWARE ADDRESS TYPE. Campo de 16 bits que especifica o tipo do endereço de hardware a ser utilizado; o valor é 1 para Ethernet.

PROTOCOL ADDRESS TYPE. Campo de 16 bits que especifica o tipo de endereço de protocolo a ser utilizado; o valor é *0x0800* para IPv4.

HADDR LEN. Número inteiro de 8 bits que especifica o tamanho do endereço de hardware em octetos.

0	8	16	24	31
HARDWARE ADDRESS TYPE		PROTOCOL ADDRESS TYPE		
HADDR LEN	PADDR LEN	OPERATION		
SENDER HADDR (primeiros 4 octetos)				
SENDER HADDR (últimos 2 octetos)		SENDER PADDR (primeiros 2 octetos)		
SENDER PADDR (últimos 2 octetos)		TARGET HADDR (primeiros 2 octetos)		
TARGET HADDR (últimos 4 octetos)				
TARGET PADDR (últimos 4 octetos)				

Figura 23.4 O cabeçalho de uma mensagem ARP associando um endereço IPv4 a um endereço Ethernet.

PADDR LEN. Número inteiro de 8 bits que especifica o tamanho do endereço de protocolo em octetos

OPERATION. Campo de 16 bits que especifica se a mensagem é um pedido (valor 1) ou uma resposta (valor 2).

SENDER HADDR. Campo de tamanho *HADDR LEN* octetos com o endereço de hardware do transmissor.

SENDER PADDR. Campo de tamanho *PADDR LEN* octetos com o endereço de protocolo do transmissor.

TARGET HADDR. Campo de tamanho *HADDR LEN* octetos com o endereço de hardware que se deseja obter.

TARGET PADDR. Campo de tamanho *PADDR LEN* octetos com o endereço de protocolo para o qual se quer descobrir o endereço de hardware.

Como mostra a figura, uma mensagem ARP contém campos para efetuar duas associações de endereços, uma para o transmissor e outra para o receptor desejado. Quando um pedido é enviado, o remetente não sabe o endereço de hardware desejado (esta é exatamente a informação sendo solicitada). Assim, o campo *TARGET HADDR* é preenchido com zeros, porque o conteúdo não é conhecido. Na resposta, os campos *TARGET HADDR* e *TARGET PADDR* contêm os endereços do computador inicial que enviou o pedido, ou seja, não servem para nada; esses campos foram mantidos por motivos históricos.

23.6 Encapsulamento ARP

Quando trafega na rede física, uma mensagem de ARP é encapsulada num quadro de hardware. Tal como acontece com o IP, uma mensagem de ARP é colocada na área útil do pacote – a rede não analisa a mensagem de ARP ou interpreta campos. A Figura 23.5 ilustra o encapsulamento ARP em um quadro Ethernet.

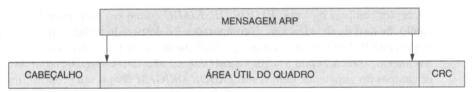

Figura 23.5 Ilustração do encapsulamento ARP no quadro Ethernet.

O *campo TYPE* no cabeçalho Ethernet especifica que o quadro contém uma mensagem de ARP. A Ethernet usa o tipo *0x806* para uma mensagem ARP. O transmissor deve atribuir esse valor para o campo *TYPE* antes de transmitir o quadro, e o receptor deve examinar esse campo em cada quadro de entrada. O mesmo valor é usado tanto para solicitações como para respostas, fazendo com que o receptor tenha que examinar o campo *OPERATION* na mensagem recebida para determinar se ela é um pedido ou uma resposta.

23.7 Cache ARP e processamento de mensagens

Embora o ARP seja utilizado para associar endereços, enviar uma solicitação ARP para transmitir cada datagrama seria ineficiente, pois exigiria a transmissão de três quadros para cada datagrama a transmitir (uma requisição ARP, uma resposta ARP e o datagrama em si). Além disso, como a maioria das comunicações envolve uma sequência de pacotes, esse tráfego ARP teria que ser repetido muitas vezes.

Para reduzir o tráfego de rede, o software ARP armazena as informações obtidas na resposta para utilizá-las nos pacotes subsequentes. O software não mantém essas informações por tempo indeterminado. Em vez disso, utiliza uma pequena tabela como cache – uma entrada é substituída quando a resposta chega, e a entrada mais antiga é removida se a tabela ficar sem espaço ou se uma entrada não tiver sido atualizada durante um longo período de tempo (por exemplo, 20 minutos). Quando é necessário associar um endereço, o ARP começa pesquisando no cache. Se o endereço está no cache, o ARP utiliza sua informação diretamente, sem gerar tráfego na rede. Se o endereço não está no cache, ele transmite uma solicitação, aguarda uma resposta, atualiza o cache e depois procede para utilizar o endereço.

Note que, ao contrário da maioria dos esquemas de cache, um cache ARP não é atualizado quando ocorre uma pesquisa (ou seja, quando um endereço é utilizado). O cache é atualizado somente se uma mensagem ARP chega através da rede (ou um pedido ou uma resposta). O Algoritmo 23.1 descreve o procedimento usado para lidar com uma mensagem ARP de entrada.

Como visto no algoritmo, o ARP executa dois passos básicos para processar uma mensagem. Em primeiro lugar, o receptor extrai o endereço do remetente associado e atualiza o cache se este já contém uma entrada para o remetente. Atualizar o cache resolve o caso no qual o endereço de hardware do remetente mudou. No segundo passo, o receptor examina o campo *OPERATION* da mensagem para determinar se ela é um pedido ou uma resposta. Se é uma resposta, o receptor já deve ter emitido um pedido anteriormente e está esperando a associação (ou seja, o cache contém uma entrada para o remetente que foi preenchida durante o primeiro passo). Se a mensagem é um pedido, o receptor compara o campo *PADDR DESEJADO* com o seu próprio endereço de protocolo. Se os dois são idênticos, o computador é o destino do pedido e deve enviar uma resposta ARP. Para formar a resposta, o ARP começa com a mensagem recebida, inverte o remetente (preenchendo os campos *HADDR DESEJADO* e *PADDR DESEJADO* com os campos do remetente, bem como *PADDR ORIGEM* com o seu próprio), insere seu endereço de hardware no campo *HADDR ORIGEM* e muda o campo *OPERAÇÃO* para 2, indicando uma resposta.

Algoritmo 23.1

Dado:
    Uma mensagem ARP recebida (requisição ou resposta)

Fazer:
    Processar a mensagem e atualizar o cache ARP

Método:
    Extrair o endereço IP do transmissor, I, e o endereço MAC, M
    If (endereço I já estiver no cache do ARP) {
        Substituir o endereço MAC no cache por M;
    }
    If (mensagem é uma requisição e o PADDR DESEJADO sou "eu") {
        Adicionar uma entrada para o transmissor
           na cache ARP caso não exista;
        Gerar e transmitir a resposta;
    }

Algoritmo 23.1 Passos que o ARP utiliza para processar uma mensagem entrante.

O ARP contém ainda uma otimização: quando encontra um pedido que deve responder, um computador extrai o endereço do remetente a partir da solicitação e adiciona-o ao seu próprio cache ARP para uso posterior. Para compreender a otimização, é necessário conhecer dois fatos:

- A maior parte da comunicação nos computadores envolve tráfego nos dois sentidos – se uma mensagem trafega de A para B, existe uma alta probabilidade de haver uma resposta de B para A.
- Como cada associação de endereços requer memória, um computador não pode armazenar um número qualquer de associações.

O primeiro fato explica por que o armazenamento local do endereço do remetente melhora o desempenho ARP. O computador *A* somente envia uma solicitação ARP para *B* quando possui um pacote para enviar para *B*. Assim, quando *B* descobre que há uma requisição ARP de *A*, assume que em seguida virá um pacote de *A* que deverá ser respondido. Armazenar antecipadamente a associação da máquina *A* elimina a necessidade de um pedido ARP posterior de *B* para *A*.

O segundo fato explica por que uma nova entrada de cache só é adicionada ao cache ARP do computador que é o alvo de um pedido de ARP, e não por todos os outros computadores que recebem o pedido: se todos os computadores inserissem as informações, seus caches rapidamente se encheriam, mesmo que a maioria deles nunca fosse se comunicar com muitos dos computadores da rede. Assim, o ARP registra apenas as associações de endereços que serão necessárias.

23.8 A fronteira conceitual para endereços de hardware

Lembre-se do que vimos no Capítulo 1: o TCP/IP utiliza um modelo de referência de cinco camadas. O ARP apresenta um problema interessante: ele deve ser classificado como camada 2 ou camada 3? Por um lado, o ARP lida com endereços MAC, que fazem parte da camada 2. Por outro, lida com endereços IP, que fazem parte da camada 3. Felizmente, o modelo TCP/IP oferece uma resposta: a camada 2 é uma camada de interface de rede entre o IP e o hardware. O ARP se encaixa muito bem na definição, pois executa a função de interface de endereço.

O ARP cria uma importante fronteira conceitual entre endereços MAC e endereços IP: ele esconde os detalhes dos endereços de hardware e permite que as camadas superiores utilizem somente endereços IP. Assim, existe um limite conceitual importante imposto entre a camada de rede e todas as camadas superiores: aplicações, bem como camadas mais elevadas de software são construídas para usar somente endereços de protocolo. A Figura 23.6 ilustra o limite de endereçamento.

A ideia mais importante é:

> *O ARP forma uma fronteira conceitual – protocolos acima do ARP utilizam endereços IP, e protocolos abaixo dele utilizam endereços MAC.*

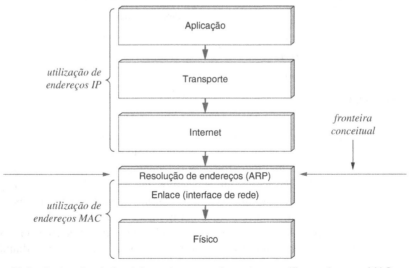

Figura 23.6 Ilustração da fronteira entre o uso de endereços IP e endereços MAC.

23.9 O protocolo ICMP

Já foi dito anteriormente que o IP define um serviço de comunicação de melhor esforço onde datagramas podem ser perdidos, duplicados, entregues atrasados ou fora de ordem. Pode parecer que um serviço de melhor esforço não precisa de detecção de erros; no entanto, o serviço de melhor esforço do IP tem esse cuidado, tentando evitar erros e relatando problemas quando eles ocorrem. De fato, já vimos um exemplo de detecção de erros em IP: o campo *TTL* (*TIME TO LIVE*) do IPv4, chamado *HOP LIMIT* no IPv6, é utilizado para evitar que um datagrama entre em um laço infinito[1].

O IP possui um protocolo usado para reportar erros de volta para o transmissor original (isto é, o computador que enviou o datagrama). Para o IPv4, o protocolo é o *ICMP* ou *ICMPv4* (*Internet Control Message Protocol*). Uma versão modificada conhecida como *ICMPv6* foi criada para o IPv6. Curiosamente, as versões do IP e do protocolo ICMP associados são co-dependentes – o IP depende do ICMP para relatar erros, e o ICMP usa o IP para transportar as mensagens de erro.

Pelo fato de muitas mensagens serem iguais ao ICMPv6, usaremos o ICMPv4 nos exemplos. Apesar de mais de 20 mensagens ICMPv4 terem sido definidas, apenas algumas são usadas. A Figura 23.7 lista as principais mensagens delas e o objetivo de cada uma. Como mostra a figura, o ICMP contém dois tipos de mensagens: as usadas para relatar erros e as usadas para obter informações. Por exemplo, as mensagens *time exceeded* e *destination unreachable* servem para relatar erros quando um datagrama não pôde ser entregue com sucesso.

Num.	Tipo	Objetivo
0	Echo reply	Utilizado pelo ping e traceroute
3	Destination unreachable	Datagrama não pôde ser entregue
5	Redirect	Computador deve trocar a rota
8	Echo request	Utilizado pelo ping e traceroute
11	Time exceeded	TTL expirado ou tempo excedido de fragmentos
12	Parameter problem	Cabeçalho do IP está incorreto
30	Traceroute	Utilizado pelo programa traceroute

Figura 23.7 Exemplos de mensagens ICMPv4 com número da mensagem e objetivo.

As mensagens *echo request* e *echo reply* são usadas pelas aplicações *ping* e *traceroute* para testar a conectividade e mapear a rota para um destino através da Internet. Quando um computador ou um roteador recebe uma mensagem *echo request*, o software retorna um ICMP *echo reply* com os mesmos dados do pedido. Assim, a aplicação *ping* envia uma solicitação para um computador remoto, espera por uma resposta e declara uma das seguintes alternativas: a) o computador é alcançável; b) o computador está inacessível (depois de um tempo limite). A aplicação *traceroute* envia uma série de mensagens *echo request* com o TTL definido como 1, 2, 3 e assim por diante. O TTL da

---

[1] Nós seguiremos a convenção dos profissionais de rede e utilizaremos a abreviação *TTL* tanto para IPv4 como para IPv6.

primeira mensagem expira depois de um salto, o TTL na segunda mensagem expira após dois saltos, o TTL na terceira mensagem depois de três saltos e assim sucessivamente. Utilizando essa metodologia, a aplicação *traceroute* recebe uma mensagem ICMP de *time exceeded* a partir de cada roteador intermediário ao longo do caminho e um *echo reply* do destino final.

23.10 Encapsulamento e cabeçalho do ICMP

O ICMP usa o IP para transportar cada mensagem de erro: quando um roteador tem uma mensagem ICMP para enviar, ele cria um datagrama IP e encapsula a mensagem ICMP no datagrama. Dessa forma, a mensagem ICMP é colocada na área útil do datagrama IP. O datagrama é então enviado como de costume, com o datagrama completo sendo encapsulado em um quadro para a transmissão. Mensagens ICMPv4 são sempre encapsuladas em IPv4, e mensagens ICMPv6 são sempre encapsuladas em IPv6. A Figura 23.8 ilustra os dois níveis de encapsulamento.

Datagramas que transportam mensagens ICMP não têm prioridade especial – eles são encaminhados como qualquer outro datagrama, com uma exceção. Se um datagrama que transporta uma mensagem de erro ICMP causa um erro, nenhuma mensagem de erro é enviada. A razão é clara: os projetistas quiseram evitar congestionamento na Internet causado por mensagens sobre mensagens de erro.

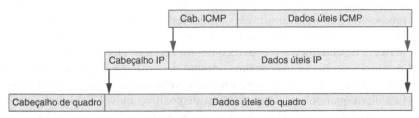

Figura 23.8 Os dois níveis de encapsulamento utilizados em mensagens ICMP.

Podemos resumir:

> O ICMP possui tanto mensagens de erros como mensagens informacionais. O ICMP encapsula mensagens em pacotes IP para transmissão, e o IP utiliza o ICMP para relatar problemas.

23.11 Associação de endereço IPv6 com descoberta de vizinhos

Dissemos que o IPv6 não usa o ARP para a associação de endereço. Em vez disso, ele usa um protocolo conhecido como *IPv6 Neighbor Discovery* (IPv6-ND), que se baseia em mensagens ICMPv6. A descoberta de vizinhos é uma parte essencial do IPv6 e oferece várias funções além da associação de endereços. No entanto, a associação de endereços é fundamental para a transmissão de datagramas, o que significa que a ND está fortemente integrada com o IPv6.

Lembre-se de que o IPv6 não tem transmissão em broadcast; então, como um nó IPv6 utiliza o ICMPv6 para encontrar vizinhos? O IPv6 define um endereço de multicast ao qual todos os nós em uma rede devem ouvir. Portanto, o IPv6-ND pode transmitir uma mensagem em multicast solicitando uma resposta aos vizinhos. As respostas contêm endereços MAC que o IPv6-ND armazena em uma tabela semelhante a um cache ARP. O IPv6-ND se comunica com cada vizinho periodicamente para verificar se ele ainda está ativo, mantendo a lista sempre atualizada.

23.12 Software de protocolos, parâmetros e configuração

Nossa discussão sobre protocolos da Internet descreveu o seu funcionamento após o computador ou o roteador ter sido ligado, o sistema operacional ter sido iniciado e o software do protocolo estar rodando. Surge a pergunta: como o software de protocolo em um computador ou em um roteador começa a operação? No caso de um roteador, a resposta é simples: o gerente deve especificar valores iniciais para itens como o endereço IP para cada interface de rede, o software de protocolo a ser executado e os valores iniciais para uma tabela de encaminhamento. A configuração é salva no disco rígido, e o roteador carrega os valores durante a inicialização.

A configuração de computadores é mais complexa e normalmente necessita de um processo de dois passos conhecido como *bootstrapping*[2] (inicialização). O primeiro passo ocorre quando o computador é inicializado. O sistema operacional preenche um conjunto básico de parâmetros de configuração que permitem ao software de protocolo se comunicar através de uma rede local. No segundo passo, o software de protocolo preenche informações adicionais, como o endereço IP do computador, sua máscara de endereço e o endereço de um servidor DNS. Em essência, o software de protocolo é construído com um conjunto de *parâmetros* que controlam a operação, e a inicialização preenche os valores dos parâmetros. A vantagem da parametrização fica clara quando consideramos um dispositivo móvel, tal como um tablet ou um computador portátil. O dispositivo pode executar o mesmo software de protocolo todas as vezes, não necessitando de qualquer mudança se houver troca de rede. Por exemplo, quando o dispositivo está dentro do alcance de um ponto de acesso Wi-Fi, o hardware detecta o sinal e o software de protocolo é configurado para usar essa rede. Dizemos que o software de protocolo pode ser *configurado* para uma situação particular. Resumindo:

> O software de protocolo é parametrizado para rodar em uma variedade de ambientes de rede, devendo ser configurado com valores para um conjunto de parâmetros que fornecem informações sobre o computador e a rede na qual ele está conectado.

---

[2] O termo é derivado da expressão "pulling oneself up by one's bootstraps". (N. de T.: A expressão significa "ter êxito sem depender de ajuda externa", mas literalmente ela se refere a uma ação impossível, que seria "levantar sozinho puxando as tiras das próprias botas".)

23.13 O protocolo DHCP

Vários mecanismos foram criados para permitir que um computador obtenha os parâmetros de configuração da rede. Um mecanismo inicial, conhecido como *protocolo ARP reverso* (RARP, *Reverse Address Resolution Protocol*), agora está sendo usado em data centers em nuvem. A versão original do ICMP incluía as mensagens de *address mask request* (*requisição de endereço de máscara*) e *router discovery* (*descoberta de roteador*) para obter a máscara de endereço utilizada em uma determinada rede e o endereço do roteador padrão. O *protocolo de bootstrap* (BOOTP, *Bootstrap Protocol*) permitia a um computador obter um endereço IPv4, uma máscara de endereço e o endereço do roteador padrão.

Como a maioria dos outros protocolos de configuração, o BOOTP transmitia uma requisição em broadcast. Ao contrário de outros protocolos de configuração, no entanto, ele utilizava o IPv4 para se comunicar com o servidor – um pedido era enviado para o *endereço de destino* broadcast (todos bits em "1"), e o *endereço IP de origem* tinha todos bits em 0. Um servidor BOOTP utilizava o endereço MAC do quadro de requisição para enviar a resposta via unicast. Assim, um computador que não sabia seu endereço IPv4 poderia usar o protocolo IPv4 para se comunicar com um servidor BOOTP.

A versão inicial do servidor BOOTP usava uma atribuição de endereço fixo na qual o servidor tinha um banco de dados do endereço IPv4 que deveria ser atribuído a cada host na rede. Dessa forma, o servidor BOOTP necessitava de administração manual – antes do computador poder usar o BOOTP para obter um endereço, o administrador de rede deveria configurar o servidor BOOTP para conhecer o endereço IP do computador.

A configuração manual do servidor significava que o BOOTP não podia lidar com situações como um ponto de acesso Wi-Fi em uma cafeteria oferecendo acesso a clientes arbitrários. Para melhorar esses aspectos, o IETF estendeu o protocolo BOOTP e mudou seu nome para protocolo de configuração dinâmica de host (DHCP, *Dynamic Host Configuration Protocol*). O DHCP permite que um computador arbitrário participe de uma nova rede e obtenha um endereço IP automaticamente sem a necessidade de configuração manual do servidor. O conceito é algumas vezes chamado de *plug-and-play networking* (rede onde o computador se conecta e sai rodando diretamente). Para resumir:

> *O DHCP permite que um computador possa ser deslocado para uma nova rede e obtenha informações de configuração sem necessitar que um administrador faça alterações manuais em um banco de dados do servidor.*

Da mesma forma que no BOOTP, no DHCP o computador transmite uma requisição e um servidor DHCP envia uma resposta[3]. Um administrador pode configurar um servidor DHCP para fornecer dois tipos de endereços: endereços atribuídos de forma permanente (o mesmo que BOOTP) ou um conjunto de endereços dinâmicos alocados sob demanda. A maioria dos servidores é configurada para usar um conjunto de endereços dinâmicos que são atribuídos a máquinas arbitrárias. Para evitar que um computador

---
[3] O DHCP utiliza o termo *offer* (oferta) para se referir à mensagem enviada pelo servidor.

obtenha um endereço e o mantenha para sempre, cada atribuição de endereço é limitada a um tempo fixo, e a alocação é conhecida como *lease*[4] (locação).

O uso de *lease* permite a um servidor DHCP recuperar endereços já atribuídos, caso necessário. Quando a concessão expirar, uma de duas ações ocorre. A máquina que estava usando o endereço pode optar por abandonar o endereço, ou pode renegociar com o DHCP para estender o tempo de *lease*. A negociação ocorre simultaneamente com as outras atividades, assim, os usuários permanecem sem saber que seu computador renovou um *lease*. Na verdade, a maioria dos servidores DHCP é configurada para aprovar todas as extensões de *lease*, o que significa que um computador pode continuar a funcionar durante um longo período de tempo, sem qualquer interrupção para a execução de programas de aplicação ou comunicações de rede. No entanto, um servidor pode ser configurado para negar uma extensão de *lease* por razões administrativas ou técnicas. Por exemplo, considere a rede da sala de aula de uma universidade. Nesse caso, um servidor pode ser configurado para que todas as concessões expirem no final da aula (para permitir que o conjunto de endereços seja transferido para a próxima aula). O DHCP garante controle absoluto de *leasing* ao servidor, ou seja, se um servidor negar um pedido de prorrogação, o computador deve parar de usar o endereço.

23.14 Otimizações e operação do protocolo DHCP

Embora o protocolo DHCP seja fácil de entender, ele inclui vários detalhes importantes que otimizam o seu desempenho. Os três mais relevantes são:

- Recuperação de perda ou duplicação de pacotes
- *Caching* do endereço do servidor
- Prevenção de inundação sincronizada

O primeiro item significa que o DHCP é projetado para assegurar que a falta ou a duplicação de pacotes não resulte em erros de configuração – se nenhuma resposta for recebida, a máquina retransmite sua requisição, e se uma resposta duplicada chega, a máquina ignora o pacote extra. O segundo item significa que, uma vez que uma máquina utiliza a mensagem *DHCP Discover* para encontrar um servidor DHCP, ela armazena em cache o endereço do servidor, tornando a renovação de *lease* mais eficiente.

O terceiro item significa que o DCHP toma medidas para evitar requisições sincronizadas. Por exemplo, requisições sincronizadas podem ocorrer se todos os computadores da rede reinicializam simultaneamente após uma interrupção de energia. Para evitar uma inundação de requisições simultâneas na rede, o DHCP especifica que cada máquina deve atrasar um tempo aleatório antes de transmitir (ou retransmitir) uma requisição.

23.15 Formato de mensagem DHCP

Embora o DHCPv6 tenha sido criado para permitir que os endereços IPv6 pudessem ser administrados centralmente, o IPv6 foi projetado para usar a configuração automática[5]

---

[4] Um administrador de rede especifica o tempo de *lease* quando estabelece o conjunto de endereços.

[5] Uma seção posterior vai descrever a autoconfiguração do IPv6.

em vez do DHCPv6, assim, vamos nos concentrar no DHCP para IPv4. Por ter sido criada como uma extensão do BOOTP, a versão IPv4 do DHCP definiu uma versão ligeiramente modificada do cabeçalho BOOTP. A Figura 23.9 ilustra o formato do cabeçalho DHCP.

0	8	16	24	31
OP	HTYPE	HLEN	HOPS	
TRANSACTION IDENTIFIER				
SECONDS ELAPSED		FLAGS		
CLIENT IP ADDRESS				
YOUR IP ADDRESS				
SERVER IP ADDRESS				
ROUTER IP ADDRESS				
CLIENT HARDWARE ADDRESS (16 OCTETOS)				
SERVER HOST NAME (64 OCTETOS)				
BOOT FILE NAME (128 OCTETOS)				
OPTIONS (VARIÁVEL)				

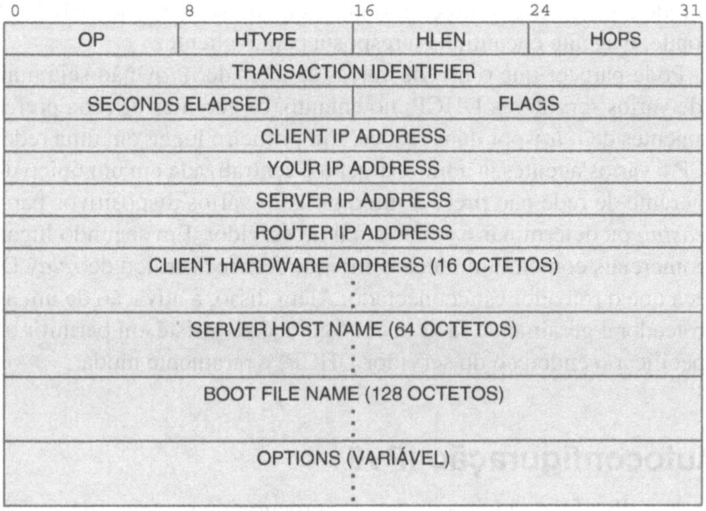

Figura 23.9 O formato do cabeçalho DHCP (todos endereços são IPv4).

Exceto por *OPTIONS*, cada campo em uma mensagem DHCP tem um tamanho fixo. Os primeiros sete campos contêm informações usadas para processar a mensagem. O campo *OP* especifica se a mensagem é uma *requisição* (trafega no sentido cliente-servidor) ou uma *resposta* (trafega no sentido servidor-cliente). O campo *OPTIONS* é utilizado para especificar o tipo exato entre as várias mensagens existentes. Por exemplo, o cliente possui mensagens para descobrir servidores ou solicitar um endereço, e o servidor possui mensagens para reconhecer ou negar um pedido.

Os campos *HTYPE* e *HLEN* especificam o tipo de rede e o comprimento do seu endereço de hardware. Um cliente usa o campo *FLAGS* para especificar se ele pode receber mensagens broadcast ou respostas dirigidas. O campo *HOPS* especifica quantos servidores encaminharam a requisição, e o campo *TRANSACTION IDENTIFIER* fornece um valor que um cliente pode usar para determinar se uma resposta corresponde ao seu pedido. O campo *SECONDS ELAPSED* especifica quantos segundos se passaram desde que uma máquina começou sua inicialização. Finalmente, se a máquina conhece o seu endereço IP (por exemplo, se o endereço foi obtido por meio de outro mecanismo em vez do DHCP), ela preenche o campo *CLIENT IP ADDRESS* na requisição.

Os próximos campos no cabeçalho são utilizados na resposta, para enviar as informações de volta para a máquina solicitante. Quando se concede uma *lease*, o servidor DHCP retorna um endereço IPv4 no campo *YOUR IP ADDRESS*. Curiosamente, o DHCP utiliza o campo *OPTIONS* para retornar a máscara de endereço e o endereço do roteador padrão.

23.16 Acesso indireto ao servidor DHCP por meio de relay

Embora a requisição DHCP para encontrar um servidor seja transmitida em broadcast na rede local, o DHCP não exige que cada rede individual tenha um servidor. Em vez disso, um *agente de relay* encaminha requisições e respostas entre um cliente e o servidor, caso este esteja em uma rede diferente. Pelo menos um agente de *relay* deve estar presente em cada rede e ser configurado com o endereço do servidor de DHCP. Quando o servidor responde, o agente encaminha a resposta para o cliente.

Pode parecer que o uso de vários agentes de *relay* não seja mais eficaz do que o uso de vários servidores DHCP; no entanto, os gerentes de rede preferem gerenciar vários agentes de *relay* por duas razões. Em primeiro lugar, em uma rede com um servidor DHCP e vários agentes, a administração é centralizada em um único dispositivo. Assim, um gerente de rede não precisa interagir com vários dispositivos para alterar a política de *leasing* ou determinar o status atual do servidor. Em segundo lugar, muitos roteadores comerciais contêm um mecanismo que fornece serviço de *relay* DHCP em todas as redes a que o roteador está conectado. Além disso, a ativação de um agente de *relay* em um roteador é geralmente fácil (a configuração consiste em permitir o encaminhamento e especificar o endereço do servidor DHCP) e raramente muda.

23.17 Autoconfiguração IPv6

Quando o IPv6 foi criado, os projetistas procuraram maneiras de automatizar sua funcionalidade. A configuração da rede foi um dos principais alvos. Em particular, o objetivo era possibilitar que dois nós IPv6 isolados se comunicassem em uma rede não administrada e sem quaisquer servidores. Assim, em vez de usar o DHCP, foi concebido um nó IPv6 capaz de gerar seu próprio endereço IP único. A abordagem é conhecida como *autoconfiguração IPv6*.

Como um nó pode gerar um endereço IP exclusivo? Existem duas etapas: gerar um prefixo e gerar um sufixo. A autoconfiguração especifica que, se a rede já tem um prefixo único global, este deve ser utilizado. Assim, o primeiro passo da autoconfiguração consiste em enviar uma mensagem multicast[6] para todos os nós a fim de descobrir o prefixo da rede. Se nenhum prefixo está disponível, o nó usa um valor que é reservado para comunicação local.

O segundo passo da autoconfiguração consiste em gerar um sufixo único. Na maioria dos casos, o grande comprimento do endereço IPv6 facilita a geração do sufixo. O IPv6 usa 64 bits de sufixo para identificar uma máquina. Como um endereço MAC típico consiste em 48 bits e tem a garantia de ser único na rede local, o nó utiliza seu endereço MAC como um sufixo exclusivo para o endereço IPv6. A norma IEEE *EUI-64* define exatamente como os 48 bits do endereço MAC são colocados no campo de 64 bits (surpreendentemente, o endereço MAC é dividido em duas partes e 16 bits são inseridos entre as partes).

---

[6] Lembre-se de que o IPv6 utiliza multicast em vez de broadcast.

23.18 O protocolo NAT

À medida que a Internet cresceu e que os endereços ficaram escassos, foram introduzidos mecanismos de subredes IPv4 e endereçamento *classless* para ajudar a conservar os endereços[7]. Um terceiro mecanismo foi criado para permitir que vários computadores em uma rede interna compartilhem um único IP globalmente válido. Conhecida como *tradução de endereços de rede* (NAT, *Network Address Translation*) essa tecnologia fornece comunicação *transparente*: uma máquina numa rede interna parece ter uma conexão normal de Internet, e uma máquina na Internet parece receber a comunicação a partir de um único computador daquela rede, embora haja muitos computadores lá. Dessa forma, máquinas na rede interna e máquinas na Internet podem executar aplicações TCP/IP convencionais, se comunicando como de costume.

A NAT é executada como um serviço situado entre a rede interna e a Internet. Embora ela seja conceitualmente separada de outros serviços, a maioria das implementações a incorpora em dispositivos como roteadores Wi-Fi. A Figura 23.10 ilustra uma topologia típica.

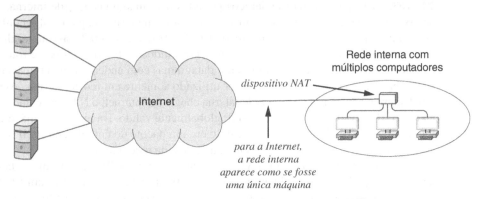

Figura 23.10 A arquitetura conceitual utilizada com a tecnologia NAT.

23.19 Operação do NAT e endereços privados IPv4

O objetivo do NAT é proporcionar uma ilusão. Quando vista a partir da Internet, a rede interna parece consistir em um único computador com um endereço IP válido – todos os datagramas enviados a partir da rede interna parecem ter origem nesse computador, e todos os datagramas enviados para a rede interna parecem ser enviados para um único computador. Quando vista a partir de uma máquina na rede interna, esta pode usar o DHCP para adquirir um endereço IPv4 e usá-lo para se comunicar através da Internet.

É claro que o NAT não atribui o mesmo endereço IPv4 para vários computadores – se dois ou mais utilizarem o mesmo endereço, surgem conflitos e a comunicação falha. Assim, para garantir a funcionalidade da rede interna, cada computador deve receber um endereço IP único. A NAT resolve o problema pela utilização de dois tipos de endereços. O disposi-

---

[7] Uma descrição de subredes e endereçamento classless pode ser vista no Capítulo 21.

tivo que roda o protocolo NAT utiliza o DHCP para obter um endereço IPv4 globalmente válido a partir do provedor de Internet. Quando um computador na rede interna inicializa e solicita uma requisição DHCP, o dispositivo NAT atende o pedido e atribui um *endereço privativo*, também conhecido como endereço *não roteável*. A Figura 23.11 lista os blocos de endereços que o IETF designou como privativos. Um bloco adicional em 169.254.0.0/16 também é privativo, mas é usado em outras atribuições em vez de NAT.

Bloco	Descrição
10.0.0.0/8	Bloco de endereços privativos Classe A
172.16.0.0/12	16 blocos contíguos de endereços privativos Classe B
192.168.0.0/16	256 blocos contíguos de endereços privativos Classe C

Figura 23.11 Blocos de endereços IPv4 privativos (não roteáveis) utilizados pelo NAT.

Como exemplo, suponha que um dispositivo NAT utilize o bloco de endereços 192.168.0.0/16 para atribuir endereços privados para máquinas na rede interna. A fim de assegurar que cada endereço dentro do local seja único (isto é, para evitar conflitos), as máquinas podem receber os endereços 192.168.0.1, 192.168.0.2 e assim por diante.

Infelizmente, endereços privados não são válidos na Internet global, e roteadores na Internet são configurados para rejeitar datagramas com endereços não roteáveis. Assim, o endereçamento privado pode ser utilizado somente em redes internas. Antes de um datagrama que parte de uma rede interna chegar na Internet, o NAT deve traduzir seu endereço IP privado em um endereço IP globalmente válido. Da mesma forma, ele deve traduzir o endereço IP globalmente válido em um pacote de entrada em um IP privado antes de transferir o datagrama para uma máquina da rede interna.

Para entender a tradução NAT, pense nos endereços IP. Quando um datagrama deixa o local, o NAT deve substituir o endereço IP privado de origem por um IP globalmente válido. Quando um datagrama chega da Internet, ele deve substituir o endereço IP de destino pelo endereço privado atribuído para aquela máquina interna específica. Por exemplo, suponha que um dispositivo NAT tenha o endereço IP globalmente válido 128.210.24.6 e considere as traduções que ocorrem se uma máquina com o endereço privado 192.168.0.1 envia um datagrama para um computador na Internet com o endereço 198.133.219.25 e recebe uma resposta. A Figura 23.12 ilustra as traduções NAT que ocorrem em cada direção.

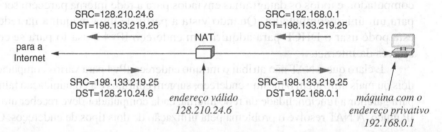

Figura 23.12 Ilustração da tradução básica NAT, que muda o endereço de origem de um datagrama que está saindo e muda o endereço de destino de um datagrama que está chegando.

Para resumir:

> A forma mais básica de NAT substitui o endereço IP de origem nos datagramas que passam da rede interna para a Internet e substitui o endereço IP de destino nos datagramas que passam da Internet para a rede interna.

A maioria das implementações de NAT utiliza uma *tabela de tradução* para armazenar as informações necessárias para reescrever os endereços. Quando um datagrama deixa a rede interna, o NAT grava o destino juntamente com o endereço privativo do transmissor. Quando um datagrama chega, o NAT consulta a tabela para determinar qual computador na rede interna deve receber a resposta. Por exemplo, a Figura 23.13 mostra a tabela de tradução correspondente ao mapeamento de endereços da Figura 23.12.

Direção	Campo	Valor antigo	Valor novo
Saída	IP origem	192.168.0.1	128.210.24.6
	IP destino	198.133.219.25	Não muda
Entrada	IP origem	198.133.219.25	Não muda
	IP destino	128.210.24.6	192.168.0.1

Figura 23.13 Exemplo de tabela de tradução para o mapeamento da Figura 23.12.

23.20 NAT em nível de transporte (NAPT)

A versão básica do NAT descrita anteriormente só lida com situações em que cada máquina da rede interna se comunica com um destino único na Internet. Se duas máquinas na rede interna tentam se comunicar com o mesmo destino na Internet, X, a tabela de tradução irá conter várias entradas para X, e o NAT não será capaz de encaminhar datagramas. O NAT básico também falha em situações em que dois ou mais aplicativos em execução numa mesma máquina da rede interna efetuam uma comunicação simultânea com diferentes destinos na Internet. As formas mais sofisticadas do NAT superam tais problemas.

A variação mais amplamente utilizada do NAT permite que uma rede interna tenha números arbitrários de aplicações rodando em máquinas arbitrárias, todas se comunicando simultaneamente com destinos arbitrários na Internet. Assim, dois computadores na rede interna podem se comunicar com o Google ao mesmo tempo. Embora seja tecnicamente conhecido como *tradução de porta e endereço de rede* (NAPT, *Network Address and Port Translation*), o mecanismo é tão popular que a maioria dos profissionais de redes assume que o termo *NAT* significa também *NAPT*.

A chave para entender a NAPT é saber que as aplicações usam *números de porta* para distinguir os serviços. Os Capítulos 24 e 25 explicam os detalhes e mostram como os protocolos de transporte, como UDP e TCP, usam números de porta. Por enquanto, é suficiente saber que a NAPT pode usar os números de porta para associar cada datagrama com uma conversa específica TCP ou UDP. Assim, em vez de parar na camada IP, a NAPT opera nos cabeçalhos da camada de transporte. Como consequência, as entradas na tabela de tradução usada pela NAPT contêm uma tupla de quatro posições: números de porta de origem e destino e endereços IP de origem e destino.

Por exemplo, considere a tabela de conversão que pode ocorrer se o navegador no computador 192.168.0.1 e o navegador no computador 192.168.0.2 utilizarem a porta local número 30000, cada um fazendo uma conexão TCP para um servidor Web na porta 80 por meio de um dispositivo NAPT que usa o endereço 128.10.24.6. Para evitar um conflito, a NAPT deve escolher uma porta de origem TCP alternativa para as conexões. A Figura 23.14 mostra uma possibilidade.

Direção	Campos	Valor antigo	Valor novo
Saída	IP SRC:TCP SRC	192.168.0.1 :30000	128.10.24.6 :40001
Saída	IP SRC:TCP SRC	192.168.0.2 :30000	128.10.24.6 :40002
Entrada	IP DEST:TCP DEST	128.10.24.6 :40001	192.168.0.1 :30000
Entrada	IP DEST:TCP DEST	128.10.24.6 :40002	192.168.0.2 :30000

Figura 23.14 Um exemplo de tabela de tradução NAPT para duas conexões TCP a partir de duas máquinas que utilizam a mesma porta de origem e se conectam no mesmo servidor Web externo.

Na figura, as aplicações nos dois computadores locais utilizam a mesma porta local, 30000. A NAPT lida com a situação sem confusão por meio da troca dos números de porta. No exemplo, ela utiliza a porta 40001 para uma conexão e a 40002 para a outra.

23.21 NAT e servidores

Dissemos que um sistema NAT constrói uma tabela de tradução automaticamente observando o tráfego de saída e inserindo um novo mapeamento na tabela sempre que uma aplicação na rede interna inicia a comunicação. Infelizmente, a construção automática da tabela não funciona bem em comunicações iniciadas a partir da Internet para a rede interna. Por exemplo, se múltiplos computadores em uma rede interna executam um servidor de banco de dados, o dispositivo NAT não tem como saber qual deles deve receber uma ligação de entrada. Uma variante do NAT chamada *Twice NAT* foi criada para permitir que uma rede interna rode servidores. A Twice NAT faz o dispositivo NAT interagir com o servidor DNS associado. Quando uma aplicação na Internet procura o nome de domínio de um computador na rede interna, o servidor DNS devolve o endereço de IP válido que foi atribuído ao dispositivo NAT e também cria uma nova entrada na tabela de tradução NAT. Assim, a tabela é inicializada antes de o primeiro pacote chegar. Embora não seja sofisticada, a Twice NAT funciona para a maioria dos casos. Ela falha, no entanto, se um aplicativo cliente usar o endereço IP diretamente, sem realizar uma pesquisa no DNS, ou se o cliente utilizar um proxy DNS para resolver nomes de domínio.

23.22 NAT e sistemas para uso residencial

A NAT é especialmente útil em residências ou empresas de pequeno porte que tenham uma conexão de banda larga, pois permite que um conjunto de computadores compartilhe a conexão sem a necessidade de o cliente adquirir endereços IP adicionais do seu provedor. Além de serem uma solução de software que permite a um PC atuar como um dispositivo de NAT para outros computadores, os sistemas NAT dedicados em hardware estão disponíveis a baixo custo. Eles são geralmente chamados *roteadores sem fio**, pois permitem que os computadores se conectem via Wi-Fi[8]. A Figura 23.15 ilustra algumas conexões em um roteador sem fio.

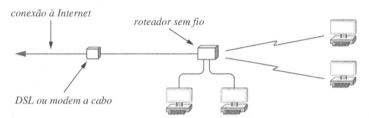

Figura 23.15   Ilustração de algumas conexões num roteador sem fio.

23.23 Resumo

O IPv4 utiliza o protocolo ARP (*Address Resolution Protocol*) para associar o endereço IPv4 do próximo destino físico com seu endereço MAC. O ARP define o formato do cabeçalho que os computadores trocam para resolver um endereço, bem como o encapsulamento no nível inferior e as regras para a manipulação de mensagens ARP. Como o endereço de hardware difere entre as redes, o protocolo ARP especifica um padrão geral para o formato do cabeçalho e permite que os detalhes sejam determinados pelo esquema de endereçamento MAC. O ARP especifica que um computador deve transmitir via broadcast uma mensagem de requisição, mas que a resposta deve ser enviada em unicast. Além disso, o ARP utiliza o cache para evitar o envio de uma requisição para cada pacote. O IPv6 usa um mecanismo alternativo de resolução de endereço conhecido como *IPv6 Neighbor Discovery* (IPv6-ND).

Tanto o IPv4 como o IPv6 definem um mecanismo de informação de erros conhecido como *Internet Control Message Protocol* (ICMP). Os roteadores usam o ICMP quando um datagrama chega com valores incorretos em campos de cabeçalho ou quando um datagrama não pôde ser entregue. Mensagens ICMP são sempre enviadas de volta para o transmissor original de um datagrama, nunca para roteadores intermediários. Além das mensagens que relatam erros, o ICMP inclui mensagens informativas como *echo request* e *echo reply*, ambas utilizadas pela aplicação *ping*. Cada tipo de mensagem ICMP tem um formato único; um campo de *tipo* no cabeçalho permite ao receptor dividir uma dada mensagem em campos apropriados. Uma mensagem ICMP é encapsulada em um datagrama IP para a transmissão.

Originalmente, protocolos distintos foram utilizados para obter cada um dos parâmetros de configuração necessários na inicialização. O *Dynamic Host Configuration Protocol* (DHCP), que estende o protocolo de inicialização BOOTP, permite que uma

---

* N. de T.: Esses dispositivos também são chamados *access points* ou *pontos de acesso*.

[8] A terminologia dá uma ideia levemente errada, pois tais roteadores usualmente oferecem também conexões com fio.

máquina obtenha todas as informações necessárias com uma única solicitação. A resposta DHCP pode fornecer o endereço IPv4, o endereço do roteador padrão e o endereço do servidor de nomes. Quando aloca um endereço IP automaticamente, o DHCP oferece ao solicitante um tempo de *lease,* durante o qual o endereço pode ser usado. Uma vez que o tempo expira, o solicitante deve estender a *lease* ou parar de usar o endereço. Quando o IPv6 foi desenvolvido, seus criadores escolheram um mecanismo de autoconfiguração que permite a uma máquina gerar um endereço IPv6 único; apesar disso, foi criado também o DHCPv6, para permitir que os administradores utilizem o DHCP para atribuir endereços IPv6.

Um mecanismo de NAT permite que uma rede interna com vários computadores compartilhe a Internet por meio de um único endereço IPv4. A NAT reescreve campos de cabeçalho em cada datagrama que é enviado para a Internet ou que chega na rede interna. Para aplicações clientes, traduções NAT podem ser estabelecidas automaticamente quando o dispositivo NAT encontra o primeiro pacote de saída da comunicação. Várias variantes do NAT existem, e a forma mais popular é conhecida como NAPT; esta opera também em cabeçalhos da camada de transporte, traduzindo números de porta e endereços IPv4. A NAPT permite que um número arbitrário de aplicações rodem em computadores arbitrários dentro de uma rede interna e se comuniquem simultaneamente com destinos arbitrários na Internet.

Exercícios

23.1 Quando um roteador usa uma tabela de encaminhamento para procurar um endereço next-hop, o resultado é um endereço IP. O que deve acontecer antes de o datagrama poder ser enviado?

23.2 Qual termo é utilizado usado para descrever o mapeamento entre um endereço de protocolo e um endereço de hardware?

23.3 O ARP pode ser usado em uma rede que não fornece transmissão broadcast? Por quê?

23.4 Quantas respostas um computador espera receber quando transmite via broadcast uma solicitação ARP? Explique.

23.5 Quantos octetos um cabeçalho ARP ocupa quando utiliza endereços IP e Ethernet?

23.6 Como um computador sabe se um quadro que chega contém um datagrama IP ou uma mensagem ARP?

23.7 Suponha que um computador receba duas respostas ARP para um único pedido. A primeira resposta afirma que o endereço MAC é M_1, e a segunda resposta afirma que o endereço MAC é M_2. Como o ARP lida com as respostas?

23.8 O ARP só permite a resolução de endereço na mesma rede. Faz sentido enviar um pedido ARP para um servidor remoto em um datagrama IP? Por quê?

23.9 Quando o Algoritmo 23.1 cria uma nova entrada no cache ARP?

23.10 Que tipos de endereços são usados em camadas abaixo do ARP?

23.11 Se um datagrama tem um valor incorreto em um dos campos de cabeçalho, que mensagem de erro ICMP será recebida?

23.12 Se existe um laço de roteamento, qual mensagem de erro ICMP será enviada? Explique o processo.

23.13 Suponha que um usuário tenha especificado um endereço de broadcast como um destino para o *ping*. Quais resultados são possíveis? Explique.

23.14 Algumas versões do programa *traceroute* enviam mensagens ICMP e outras enviam mensagens UDP. Teste a versão em seu computador para determinar qual tipo ela envia.

23.15 Quais campos de um quadro Ethernet um computador precisa examinar para determinar se ele contém uma mensagem ICMP?

23.16 Faça uma lista das principais informações de rede que podem ser configuradas quando um computador inicializa.

23.17 Qual é a principal diferença entre BOOTP e DHCP?

23.18 Algumas aplicações de rede adiam a configuração até que um serviço seja necessário. Por exemplo, um computador pode esperar até que um usuário tente imprimir um documento antes de o software procurar impressoras disponíveis. Qual é a principal vantagem desse modelo? E qual a principal desvantagem?

23.19 O DHCP permite que um servidor localizado em uma rede remota seja utilizado. Como o computador consegue enviar mensagens DHCP para um servidor em outra rede?

23.20 Como uma alternativa para o DHCP, crie um algoritmo distribuído que implemente um sistema de ofertas. Suponha que uma cópia do algoritmo seja executada em cada computador e faça o algoritmo atribuir a cada computador um endereço IP exclusivo.

23.21 Qual é o propósito principal da NAT?

23.22 Muitos dispositivos NAT escolhem o bloco de endereços 10.0.0.0/8 da Figura 23.11 porque ele fornece a maior generalidade. Explique.

23.23 Na Figura 23.12, o provedor atribuiu um endereço IP para o site. Qual é esse endereço?

23.24 Expanda a Figura 23.14 para mostrar os mapeamentos que serão usados se uma terceira aplicação também tentar alcançar o mesmo servidor Web.

23.25 Crie uma tabela de tradução NAPT para um caso em que três computadores da rede interna têm conexões TCP com três servidores Web diferentes na Internet.

23.26 Qual informação fundamental utilizada pelo NAPT não está disponível na maioria dos fragmentos IP?

23.27 Para otimizar a remontagem, algumas versões do sistema operacional Linux enviam o último fragmento de um datagrama IP em primeiro lugar e, em seguida, enviam os fragmentos restantes em ordem. Explique por que enviar o último fragmento primeiro não funciona bem com a NAPT.

23.28 Ao usar um roteador sem fio, quais são os possíveis endereços IP que podem ser atribuídos aos computadores?

23.29 Modifique a Figura 23.12 e a tabela da Figura 23.14 para usar um exemplo de endereço IPv6.

CAPÍTULO 24

UDP: serviço de transporte por datagramas

24.1 Introdução, 362
24.2 Protocolos de transporte e comunicação fim-a-fim, 362
24.3 User datagram protocol, 363
24.4 O paradigma sem conexão, 363
24.5 Interface orientada à mensagem, 364
24.6 A semântica da comunicação UDP, 365
24.7 Modos de interação e entrega via multicast, 365
24.8 Identificação de aplicação de destino por meio do uso de números de porta, 366
24.9 Formato do datagrama UDP, 366
24.10 O checksum UDP e o pseudocabeçalho, 367
24.11 Encapsulamento UDP, 368
24.12 Resumo, 368

24.1 Introdução

Os capítulos anteriores descrevem o serviço de entrega de pacotes sem conexão fornecido pelo IP e o protocolo usado para reportar erros (ICMP). Este capítulo apresenta o UDP, um dos dois principais protocolos da camada de transporte utilizados na Internet e o único serviço de transporte sem conexão. O capítulo discute o formato dos pacotes UDP e como eles podem ser usados. Veremos que, embora o UDP seja eficiente e flexível, ele utiliza, surpreendentemente, a semântica de entrega de melhor esforço. Além de discutir o UDP, o capítulo aborda o importante conceito de números de porta.

O próximo capítulo continua a discussão, centrando-se em outro grande protocolo da camada de transporte, o TCP. Capítulos posteriores discorrem sobre roteamento na Internet e gerenciamento de redes, serviços que utilizam protocolos de transporte.

24.2 Protocolos de transporte e comunicação fim-a-fim

Como capítulos anteriores mostram, tanto o IPv4 como o IPv6 fornecem um serviço de entrega de pacotes que abrange toda a Internet (ou seja, um datagrama pode sair do transmissor, ser redirecionado através de uma ou mais redes físicas e chegar no receptor). Apesar de sua capacidade de passar tráfego na Internet, falta ao IP uma característica essencial: ele não consegue distinguir entre vários programas aplicativos em execução em um determinado computador. Se um usuário executa um aplicativo de e-mail e um navegador Web ao mesmo tempo, ou se executa várias cópias de uma determinada aplicação, estas devem ser capazes de se comunicar de forma independente.

O IP é incapaz de suportar múltiplas aplicações pois os campos no cabeçalho identificam apenas os computadores, ou seja, do ponto de vista do IP, os campos de origem e de destino identificam somente os computadores, não contendo bits adicionais para identificar neles um programa de aplicação. Dizemos que o IP trata os computadores como *pontos terminais* (*endpoints*) de comunicação. Em contraste, os protocolos da camada de transporte são conhecidos como *protocolos fim-a-fim*, pois permitem que uma aplicação individual seja o ponto terminal da comunicação. Em vez de adicionar campos para que o IP identifique as aplicações, os projetistas do TCP/IP colocaram protocolos fim-a-fim em uma camada separada, a camada 4.

24.3 User datagram protocol

Como veremos, a família de protocolos TCP/IP contém dois principais protocolos de transporte, o *UDP* (*User Datagram Protocol*) e o *TCP* (*Transmission Control Protocol*), que diferem muito no serviço oferecido para as aplicações. O UDP é menos complexo e mais fácil de entender, e isso vem com um custo: ele não fornece o tipo de serviço que uma aplicação típica espera.

O UDP pode ser caracterizado como:

- *Fim-a-fim.* Ele é um protocolo de transporte que pode distinguir entre os vários programas de aplicação executados em um computador.
- *Sem conexão.* A interface que o UDP fornece para as aplicações segue um paradigma sem conexão.
- *Orientado à mensagem.* Uma aplicação que usa UDP envia e recebe mensagens individuais.
- *Melhor esforço.* O UDP oferece às aplicações a mesma entrega via melhor esforço que é oferecida pelo IP.
- *Interação arbitrária.* O UDP permite que um aplicativo envie mensagens para muitas outras aplicações, receba mensagens de muitas outras aplicações, ou se comunique com exatamente outra aplicação.
- *Independente de sistema operacional.* O UDP fornece um meio de identificar aplicações de forma independente do sistema operacional local.

A característica mais importante do UDP, sua semântica de melhor esforço, surge porque ele usa o IP a fim de transmitir sem qualquer outra medida para corrigir problemas. De fato, o UDP é por vezes caracterizado como uma camada de protocolos "magra" (*thin*) que permite às aplicações enviar e receber datagramas IP. Podemos resumir:

> *O UDP fornece um serviço fim-a-fim que permite a um programa de aplicação enviar e receber mensagens individuais, cada uma trafegando em um datagrama separado. Uma aplicação pode restringir a comunicação para somente uma outra aplicação, ou se comunicar com múltiplas aplicações.*

24.4 O paradigma sem conexão

O UDP utiliza o paradigma de comunicação *sem conexão*, ou seja, uma aplicação que utiliza UDP não precisa preestabelecer uma comunicação antes de enviar os dados nem precisa informar quando terminar a comunicação; assim, ela pode gerar e enviar dados a qualquer momento. Além disso, o UDP permite que um aplicativo insira um atraso arbitrariamente longo entre a transmissão de duas mensagens. Ele não mantém estado e não envia mensagens de controle extras; a comunicação consiste apenas nas próprias mensagens de dados. Em particular, se um par de aplicações parar de enviar dados, não haverá troca de qualquer mensagem de controle para informar isso. Como resultado, o UDP tem uma sobrecarga extremamente baixa.

Para resumir:

> *O UDP utiliza o paradigma sem conexão, o que significa que uma aplicação pode enviar dados a qualquer momento e ele não vai transmitir quaisquer pacotes além dos que levam os dados.*

24.5 Interface orientada à mensagem

O UDP oferece uma interface *orientada à mensagem*. Cada vez que um aplicativo solicita que o UDP envie um bloco de dados, este coloca os dados em uma única mensagem para a transmissão. O UDP não divide uma mensagem em vários pacotes nem as concatena – cada mensagem enviada pela aplicação é transportada através da Internet e entregue ao receptor.

A interface orientada à mensagem tem várias consequências importantes para os programadores. Um aspecto positivo é que os aplicativos que usam o UDP podem utilizar o protocolo para preservar as fronteiras dos dados – cada mensagem entregue será exatamente a mesma transmitida pelo remetente. Um negativo é que cada mensagem UDP deve caber em um único datagrama IP. Assim, o tamanho do datagrama IP define um limite absoluto sobre o tamanho da mensagem UDP. Mais importante, o tamanho da mensagem UDP pode levar ao uso ineficiente da rede. Se um aplicativo envia mensagens extremamente pequenas, os datagramas resultantes terão uma sobrecarga elevada de cabeçalho em relação aos dados. Se um aplicativo envia mensagens extremamente grandes, os datagramas resultantes podem ser maiores do que o MTU da rede e serão fragmentados pelo IP.

Permitir o uso de grandes mensagens UDP produz uma anomalia interessante. Normalmente, um programador de aplicação pode alcançar maior eficiência usando pacotes grandes nas transferências. Por exemplo, os programadores são incentivados a declarar grandes buffers de E/S e especificar transferências que correspondam ao tamanho do buffer. Com o UDP, no entanto, o envio de mensagens grandes gera menos eficiência, porque elas causam fragmentação. Ainda mais surpreendente, a fragmentação pode ocorrer no computador do transmissor – uma aplicação envia uma mensagem grande, o UDP coloca toda a mensagem em um datagrama do usuário e encapsula o datagrama do usuário em um datagrama Internet, levando o IP a fragmentar antes de o datagrama ser enviado. Ou seja:

> *Embora a intuição de um programador sugira que o uso de mensagens grandes aumenta a eficiência, se uma mensagem UDP é maior do que o MTU da rede, o IP irá fragmentar o datagrama resultante, reduzindo a eficiência.*

Como consequência, muitos programadores que usam o UDP escolhem um tamanho de mensagem que se encaixa em um MTU padrão. Em particular, como a maior parte da Internet agora suporta um MTU de 1.500 octetos, os programadores costumam escolher um tamanho de mensagem entre 1.400 e 1.450, a fim de deixar espaço para os cabeçalhos IP e UDP.

24.6 A semântica da comunicação UDP

O UDP usa o IP para todas as entregas. Além disso, ele fornece aos aplicativos exatamente a mesma semântica de entrega de melhor esforço do IP, o que significa que as mensagens podem ser:

- Perdidas
- Duplicadas
- Atrasadas
- Entregues fora de ordem
- Corrompidas

É claro que o UDP não irá introduzir problemas de entrega de forma proposital. Ele simplesmente usa o IP para enviar mensagens, não detectando ou corrigindo problemas de entrega. A semântica de entrega via melhor esforço tem consequências importantes para as aplicações. Ou a aplicação é imune aos problemas, ou o programador deve tomar medidas adicionais para detectá-los e corrigi-los. Como um exemplo de aplicação tolerante a erros de pacote, considere uma transmissão de áudio. Se o remetente colocar uma pequena quantidade de áudio em cada mensagem, a perda de um único pacote produz uma pequena interrupção na reprodução, que será ouvida como um pop ou clique. Embora não seja desejável, o ruído é apenas irritante. No extremo oposto, considere um aplicativo de compras online. Tais aplicativos não são escritos para usar UDP, porque erros de pacote podem ter consequências graves (por exemplo, a duplicação de uma mensagem que carrega uma ordem de compra pode resultar em duas ordens, com encargos duplos feitos no cartão de crédito do comprador).

Podemos resumir:

Pelo fato de o UDP oferecer a mesma semântica de entrega de melhor esforço do IP, uma mensagem UDP pode ser perdida, duplicada, atrasada, entregue fora de ordem ou corrompida em trânsito. O UDP só é adequado para aplicações como de voz ou vídeo, que podem tolerar erros de entrega.

24.7 Modos de interação e entrega via multicast

O UDP permite quatro estilos de interação:

- 1-para-1
- 1-para-muitos
- muitos-para-1
- muitos-para-muitos

Assim, uma aplicação que utiliza UDP tem escolha. Um aplicativo pode escolher uma interação 1-para-1, na qual a aplicação troca mensagens com exatamente outra aplicação; uma interação 1-para-muitos, em que a aplicação envia a mensagem para vários destinatários; ou uma interação muitos-para-1, na qual a aplicação recebe mensagens de vários remetentes. Finalmente, um conjunto de aplicações pode estabelecer uma interação muitos-para-muitos em que todos trocam mensagens entre si.

Embora uma interação 1-para-muitos possa ser obtida pelo envio de uma cópia individual da mensagem para cada receptor, o UDP permite uma troca mais eficiente.

Em vez de exigir que a aplicação envie repetidamente uma mensagem para vários destinatários, o UDP permite que a mensagem seja transmitida via IP multicast (ou broadcast de IPv4). Para isso, o remetente usa um endereço multicast ou um IP broadcast como endereço de destino. Por exemplo, a entrega para todos os nós da rede local pode ser efetuada pelo uso do endereço broadcast do IPv4, 255.255.255.255, ou, no IPv6, do endereço multicast correspondente a todos os nós da rede local. A entrega via broadcast ou multicast é especialmente útil nas redes Ethernet, porque o hardware suporta ambos os tipos de forma eficiente.

24.8 Identificação de aplicação de destino por meio do uso de números de porta

Como o UDP identifica um programa de aplicação na máquina dedestino? Pode parecer que ele usa o mesmo mecanismo utilizado pelo sistema operacional, mas, infelizmente, como o UDP deve funcionar em computadores heterogêneos, não existem mecanismos comuns. Por exemplo, alguns sistemas operacionais usam identificadores de processos, outros usam nomes de tarefas e outros usam identificadores de tarefas. Assim, um identificador que é significativo em um sistema pode não ser em outro.

Para evitar ambiguidade, o UDP define um conjunto abstrato de identificadores chamados *portas*, que são independentes do sistema operacional. Cada computador que implementa o UDP deve fornecer um mapeamento entre os números de porta e os identificadores de programas utilizados pelo sistema operacional. Por exemplo, o padrão UDP define a porta número 7 como a porta para o serviço de *echo*, e a porta número 37 como a porta do serviço *timeserver*. Todos os computadores que executam UDP devem reconhecer os números de porta padrão, independente do sistema operacional. Assim, quando uma mensagem UDP chega para a porta 7, o software UDP deve saber qual aplicativo no computador local implementa o serviço de *echo* e deve encaminhar a mensagem para esse aplicativo.

O modo de comunicação é determinado pela forma como uma aplicação preenche os endereços e números de porta no socket. Na comunicação 1-para-1, uma aplicação especifica o número de porta local, o endereço IP remoto e a porta remota; o UDP só vai encaminhar para a aplicação as mensagens que chegam do remetente especificado. Para estabelecer uma comunicação muitos-para-1, a aplicação especifica o número da porta local, mas informa ao UDP que o terminal remoto pode ser qualquer sistema. Dessa forma, o UDP passa para a aplicação todas as mensagens que chegam para a porta especificada[1], independente de remetente.

24.9 Formato do datagrama UDP

Cada mensagem UDP é chamada *datagrama de usuário* e consiste em duas partes: um cabeçalho que especifica os endereços de portas do transmissor e do receptor, e uma carga útil que carrega os dados enviados. A Figura 24.1 ilustra o formato dos datagramas UDP.

---

[1] Somente uma aplicação pode requisitar todas mensagens para uma dada porta.

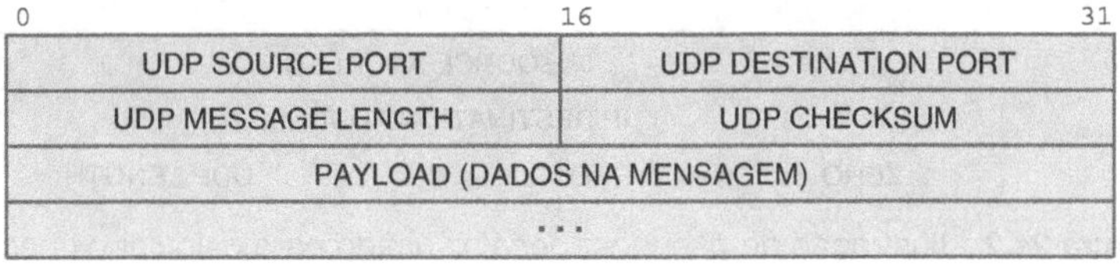

```
0                              16                              31
┌───────────────────────────────┬───────────────────────────────┐
│       UDP SOURCE PORT         │     UDP DESTINATION PORT      │
├───────────────────────────────┼───────────────────────────────┤
│     UDP MESSAGE LENGTH        │         UDP CHECKSUM          │
├───────────────────────────────┴───────────────────────────────┤
│              PAYLOAD (DADOS NA MENSAGEM)                      │
│                         ...                                   │
└───────────────────────────────────────────────────────────────┘
```

Figura 24.1   O formato do datagrama UDP com um cabeçalho de 8 octetos.

Os dois primeiros campos do cabeçalho UDP contêm os números de porta de 16 bits cada. O campo *UDP SOURCE PORT* contém a porta da aplicação transmissora, e o campo *UDP DESTINATION PORT* contém o número de porta da aplicação para a qual a mensagem está sendo enviada. O campo *UDP MESSAGE LENGTH* especifica o tamanho total da mensagem UDP, medido em bytes de 8 bits.

24.10 O checksum UDP e o pseudocabeçalho

Embora o cabeçalho UDP contenha um campo de 16 bits chamado *UDP CHECKSUM*, o uso deste é opcional. Um remetente pode optar por calcular o checksum, ou definir todos os bits do campo em zero. Quando uma mensagem chega ao destino, o UDP examina o campo checksum e só verifica-o se o valor for diferente de zero[2].

Note que o cabeçalho UDP não contém qualquer identificação do transmissor ou do receptor além dos números de porta, pois o UDP assume os endereços IP de origem e destino contidos no datagrama IP que transporta o UDP; assim, os endereços IP não precisam estar no cabeçalho UDP.

Omitir os endereços IP de origem e de destino torna o cabeçalho UDP menor e mais eficiente, mas introduz a possibilidade de erro. Em particular, se ocorrer uma disfunção e o protocolo IP entregar uma mensagem UDP para um destino incorreto, o UDP não vai saber que ocorreu um erro.

Para verificar se a mensagem chegou ao destino correto sem incorrer em sobrecarga de campos de cabeçalho, o UDP estende o checksum. Ao calcular o checksum, o software do UDP inclui um *pseudocabeçalho* que contém o IP de origem, o IP de destino e o campo *type* (i.e., *PROTO* ou *NEXT-HEADER*) do cabeçalho IP, bem como o campo *UDP LENGTH*. Assim, o remetente calcula o checksum como se o cabeçalho UDP contivesse campos extras. Da mesma forma, para verificar o checksum, o receptor deve obter o *UDP LENGTH*, bem como o IP de origem, o de destino e o tipo, a partir dos campos do cabeçalho IP; o receptor acrescenta essas informações à mensagem UDP antes de verificar o checksum. A Figura 24.2 ilustra os campos no pseudocabeçalho.

---

[2] Da mesma forma que o IP, o UDP utiliza um checksum de "complemento de um"; se o checksum computado tiver o valor 0, o transmissor envia todos os bits em 1.

0	16	31
IP SOURCE ADDRESS		
IP DESTINATION ADDRESS		
ZERO	PROTO	UDP LENGTH

Figura 24.2 Ilustração do pseudocabeçalho usado para calcular o checksum UDP.

24.11 Encapsulamento UDP

Da mesma forma que o ICMP, cada datagrama UDP é encapsulado em um datagrama IP para transmissão através da Internet. A Figura 24.3 ilustra o encapsulamento.

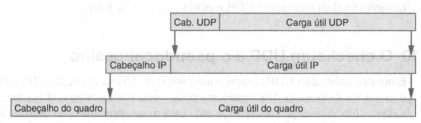

Figura 24.3 O encapsulamento de uma mensagem UDP em um datagrama IP.

24.12 Resumo

O UDP (*User Datagram Protocol*) possibilita o transporte de mensagens fim-a-fim sem conexão a partir de uma aplicação em execução em um computador para uma aplicação em execução em outro computador. O UDP oferece a mesma semântica de entrega de melhor esforço do IP, o que significa que as mensagens podem ser perdidas, duplicadas ou entregues fora de ordem. Uma vantagem da abordagem sem conexão é a possibilidade de haver interações 1-para-1, 1-para-muitos e muitos-para-1 entre as aplicações.

Para se manter independente dos sistemas operacionais, o UDP usa números de porta para identificar os programas de aplicação. O software UDP em cada computador deve mapear cada número de porta para o mecanismo adequado (por exemplo, identificação de processo) usado no computador.

O uso do checksum no UDP é opcional – se um remetente preencher o campo checksum com zeros, o receptor não verifica-o. Para verificar se o datagrama UDP chegou no destino correto, o checksum UDP é calculado sobre o datagrama mais um pseudocabeçalho.

O UDP requer dois níveis de encapsulamento. Cada mensagem UDP é encapsulada em um datagrama IP para ser transmitida através da Internet. O datagrama é encapsulado num quadro nível 2 para a transmissão através de uma rede individual.

Exercícios

24.1 Qual é a diferença conceitual entre IP e protocolos fim-a-fim?

24.2 Liste as características do UDP.

24.3 Aplicativos precisam trocar mensagens de controle UDP antes de trocar dados? Explique.

24.4 Calcule o tamanho da maior mensagem UDP possível quando se utiliza IPv4 e IPv6. (Dica: toda a mensagem UDP deve caber em um datagrama IP.)

24.5 O que acontece se uma mensagem UDP contendo uma carga útil de 1.500 bytes for enviada através de uma rede Ethernet?

24.6 Se um aplicativo usa UDP para enviar uma mensagem de 8 Kbytes através de uma rede Ethernet, quantos quadros serão transmitidos na rede?

24.7 Quando uma mensagem UDP chega a um computador, o software IP pode descartar completamente o cabeçalho do quadro e o cabeçalho IP antes de passar a mensagem para o software UDP? Explique.

24.8 Quais são as semânticas do UDP?

24.9 Que valores devem ser especificados no cabeçalho por um aplicativo que se envolve em uma comunicação 1-para-1? E numa 1-para-muitos? E numa muitos-para-1?

24.10 O que é um pseudocabeçalho e quando é utilizado?

24.11 Dado um quadro Ethernet, quais campos devem ser examinados para determinar se o quadro contém um datagrama IPv4 que carrega uma mensagem UDP?

24.12 Responda a pergunta anterior considerando um datagrama IPv6.

CAPÍTULO 25

TCP: serviço de transporte confiável

25.1 Introdução, 370
25.2 O protocolo TCP, 370
25.3 O serviço fornecido pelo TCP, 371
25.4 Serviço fim-a-fim e conexões virtuais, 372
25.5 Técnicas utilizadas pelos protocolos de transporte, 372
25.6 Técnicas para evitar congestionamento, 377
25.7 A arte do projeto de protocolos, 378
25.8 Técnicas utilizadas no TCP para lidar com perda de pacotes, 378
25.9 Retransmissão adaptativa, 380
25.10 Comparação de timeouts de retransmissão, 380
25.11 Buffers, controle de fluxo e janelas, 381
25.12 O 3-way handshake do TCP, 382
25.13 O controle de congestionamento do TCP, 384
25.14 Versões do controle de congestionamento do TCP, 385
25.15 Outras variações: SACK e ECN, 385
25.16 O formato do segmento do TCP, 386
25.17 Resumo, 387

25.1 Introdução

Os capítulos anteriores descrevem os serviços de entrega de pacotes sem conexão fornecidos pelo IP e pelo UDP (que é executado sobre IP). Este capítulo considera os protocolos de transporte em geral e examina o TCP, principal protocolo de transporte utilizado na Internet. O capítulo explica como o TCP fornece entrega confiável.

O TCP executa uma tarefa aparentemente impossível: usa o serviço de datagramas não confiável oferecido pelo IP, mas oferece um serviço de entrega de dados confiável para programas de aplicação. Ele deve compensar a perda, o atraso, a duplicação e a entrega de pacotes fora de ordem, e deve fazê-lo sem sobrecarregar a rede e os roteadores. Depois de analisar o serviço que o TCP fornece aos aplicativos, o capítulo examina as técnicas que ele usa para alcançar a confiabilidade.

25.2 O protocolo TCP

Os programadores são treinados para acreditar que a confiabilidade está presente em um sistema de computador. Por exemplo, ao escrever um aplicativo que envia dados para um dispositivo de E/S como uma impressora, o programador assume que os dados vão chegar corretamente ou que o sistema operacional irá avisar à aplicação que um erro aconteceu. Assim, ele assume que o sistema vai garantir a entrega dos dados de forma confiável.

Para permitir que os programadores sigam técnicas convencionais ao criarem aplicativos que se comuniquem através da Internet, o software do protocolo deve fornecer a mesma semântica de um sistema de computador convencional: deve garantir comunicação confiável e imediata. Os dados devem ser entregues exatamente na mesma ordem em que foram enviados, e não deve haver perda ou duplicação.

Na suíte de protocolos TCP/IP, o TCP (*Transmission Control Protocol*) fornece um serviço de transporte confiável. Ele é notável porque resolve eficazmente um problema difícil – embora outros protocolos tenham sido criados, nenhum protocolo de transporte de uso geral funcionou melhor. Consequentemente, a maioria das aplicações da Internet são construídas para usar TCP.

Em síntese:

> *Na Internet, o TCP é um protocolo de camada de transporte que oferece confiabilidade.*

25.3 O serviço fornecido pelo TCP

O serviço oferecido pelo TCP às aplicações tem sete características principais:

- *Orientado à conexão.* O TCP fornece um serviço orientado à conexão no qual um aplicativo deve primeiro solicitar uma conexão com o destino e, em seguida, usá-la para transferir dados.
- *Comunicação ponto-a-ponto.* Cada conexão TCP tem exatamente dois pontos finais.
- *Confiabilidade completa.* O TCP garante que os dados enviados através de uma conexão serão entregues exatamente como enviados, completos e em ordem.
- *Comunicação nos dois sentidos (full-duplex).* Uma conexão TCP permite que os dados fluam em qualquer direção e que ambos os programas de aplicação enviem dados a qualquer momento.
- *Interface de fluxo (stream).* O TCP fornece uma interface de fluxo na qual um aplicativo envia uma sequência contínua de octetos através de uma conexão. O TCP não agrupa dados em registros ou mensagens e não garante a entrega dos dados nos mesmos tamanhos que foram utilizados pelo aplicativo transmissor.
- *Início de conexão confiável.* O TCP permite que as duas aplicações iniciem a conexão de forma confiável.
- *Finalização de conexão suave.* Antes do término da conexão, o TCP garante que todos os dados tenham sido entregues e que ambos os lados concordaram em encerrar a conexão.

Para resumir:

> *O TCP fornece um serviço de transporte orientado à conexão, full-duplex e confiável, que permite a dois programas de aplicação criarem uma conexão, enviarem dados em qualquer direção e, em seguida, terminarem a conexão. Cada conexão TCP é iniciada de forma confiável e finalizada suavemente.*

25.4 Serviço fim-a-fim e conexões virtuais

Da mesma forma que o UDP, o TCP é classificado como um protocolo *fim-a-fim*, porque permite a comunicação entre um aplicativo em um computador e um aplicativo em outro computador. O TCP é *orientado à conexão* porque as aplicações devem solicitar que ele estabeleça uma conexão antes que possam transferir dados e devem encerrar a conexão quando a transferência estiver completa.

As conexões fornecidas pelo TCP são chamadas *conexões virtuais*, pois são efetuadas por software. De fato, a Internet não fornece hardware ou qualquer suporte de software para as conexões. Em vez disso, os módulos de software TCP nas duas máquinas trocam mensagens para obter a ilusão de uma conexão.

Cada mensagem TCP é encapsulada em um datagrama IP e enviada através da Internet. Quando o datagrama chega ao computador de destino, o IP passa o conteúdo para o TCP. Observe que, embora o TCP use o IP para levar as mensagens, este não as lê ou as interpreta. Na verdade, o IP trata cada mensagem TCP como dados a serem transferidos. Por outro lado, o TCP trata o IP como um sistema de comunicação orientado a pacotes que fornece a comunicação entre os módulos TCP em cada extremidade de uma conexão. A Figura 25.1 ilustra a forma como o TCP vê a Internet.

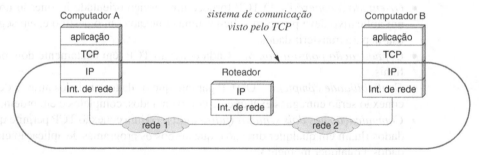

Figura 25.1 Ilustração de como o TCP vê a Internet.

Como a figura mostra, o software TCP é necessário em cada ponto terminal de uma conexão virtual, porém não nos roteadores intermediários. Do ponto de vista do TCP, a Internet inteira é um sistema de comunicação que transmite e recebe mensagens sem interpretar seu conteúdo.

25.5 Técnicas utilizadas pelos protocolos de transporte

Um protocolo de transporte fim-a-fim deve ser cuidadosamente projetado para alcançar uma transferência de dados eficiente e confiável. Os principais problemas são os seguintes:

- *Comunicação não confiável.* As mensagens enviadas através da Internet podem ser perdidas, duplicadas, corrompidas, entregues com atraso ou fora de ordem.
- *Reinicialização de um ponto envolvido.* Em qualquer momento, durante a comunicação, um dos dois pontos envolvidos pode travar e reiniciar. Não deve haver confusão entre as sessões, mesmo no caso de alguns sistemas embarcados que podem reiniciar em menos tempo do que o que um pacote leva para atravessar a Internet.

- *Máquinas heterogêneas.* Um aplicativo em execução em um processador potente pode gerar dados tão rapidamente que transborda uma aplicação rodando em um processador lento.
- *Congestionamento na Internet.* Se máquinas de origem transmitirem dados de forma muito agressiva, comutadores e roteadores intermediários podem ser inundados de pacotes, uma situação análoga à de uma uma rodovia congestionada.

Já vimos exemplos de técnicas básicas que sistemas de comunicação de dados usam para superar alguns dos problemas. Por exemplo, para compensar erros de bits durante a transmissão, um protocolo pode incluir *bits de paridade*, *checksum* ou *CRC* (*Cyclic Redundancy Check*). Os protocolos de transporte mais sofisticados fazem mais do que detectar erros – eles empregam técnicas que podem reparar ou superar problemas. Em particular, os protocolos de transporte usam uma variedade de ferramentas para lidar com alguns dos problemas de comunicação mais complicados. As próximas seções discutem os mecanismos básicos.

25.5.1 Sequenciamento para lidar com duplicatas e entregas fora de ordem

Para lidar com pacotes duplicados e entregas fora de ordem, os protocolos de transporte usam *sequenciamento*: o transmissor adiciona um número sequencial a cada pacote, e o receptor armazena tanto o número de sequência do último pacote recebido em ordem como uma lista dos pacotes que chegaram fora de ordem. Quando chega um pacote, o receptor examina o número de sequência para determinar como o pacote deve ser manipulado. Se o pacote é o próximo esperado (ou seja, chegou na ordem correta), o software do protocolo entrega o pacote para a próxima camada mais alta e verifica a sua lista para ver se algum pacote adicional também pode ser entregue. Se o pacote chegou fora de ordem, o software do protocolo acrescenta o pacote na lista. A sequenciação também resolve o problema de duplicação – um receptor verifica a existência de duplicatas quando analisa o número de sequência de um pacote que chega. Se o pacote já foi entregue ou se o número de sequência corresponde a um dos pacotes esperando na lista, o software descarta a nova cópia.

25.5.2 Retransmissão para lidar com pacotes perdidos

Para lidar com a perda de pacotes, os protocolos de transporte usam *reconhecimento positivo com retransmissão*. Sempre que um quadro chega intacto, o software envia uma pequena *mensagem de confirmação* (*ACK* ou *acknowledgement*) que informa a recepção bem-sucedida. O transmissor tem a responsabilidade de garantir que cada pacote seja transferido com sucesso. Sempre que envia um pacote, o software de envio inicia um temporizador. Se um ACK chega antes de terminar o tempo, o software cancela o temporizador; se o temporizador expira antes da chegada do ACK (caso de timeout), o software envia outra cópia do pacote e reinicia o temporizador. A cópia é comumente chamada de *retransmissão*.

É claro que a retransmissão não terá sucesso se uma falha de hardware interromper de modo permanente a rede, ou se o computador receptor travar; por esse motivo, os protocolos normalmente limitam o número máximo de retransmissões. Quando o limite for atingido, o protocolo deixa de retransmitir e declara que a comunicação é impossível.

Observe que, se os pacotes estão atrasados, as retransmissões podem introduzir pacotes duplicados. Assim, os protocolos de transporte que incorporam a retransmissão são normalmente projetados para tratar também o problema de pacotes duplicados.

25.5.3 Técnicas para evitar repetição

Atrasos extraordinariamente longos podem levar a *erros de repetição*, em que um pacote atrasado afeta a comunicação posteriormente. Por exemplo, considere a seguinte sequência de eventos.

- Dois computadores concordam em iniciar a comunicação às 13h.
- Um computador envia uma sequência de 10 pacotes para o outro.
- Um problema de hardware faz o pacote número *3* chegar atrasado.
- As rotas mudam para evitar o problema de hardware.
- O software do protocolo no computador transmissor retransmite o pacote *3* e envia os pacotes restantes sem erros.
- Às 13h05, os dois computadores concordam em se comunicar novamente.
- Após o segundo pacote chegar, a cópia tardia do pacote *3* da conversa anterior chega.
- O pacote *3* da segunda conversa chega.

A menos que o protocolo de transporte seja projetado cuidadosamente para evitar tais problemas, um pacote de uma conversa anterior poderia ser aceito em uma conversa posterior, e o pacote correto poderia ser descartado como se fosse duplicado.

A repetição também pode ocorrer com pacotes de controle (ou seja, pacotes que estabelecem ou terminam a comunicação). Para compreender o alcance do problema, considere uma situação em que dois programas de aplicação estabelecem uma conexão TCP, se comunicam, terminam a conexão e, em seguida, estabelecem uma nova conexão. A mensagem que especifica o término da conexão pode ser duplicada, e sua cópia pode estar atrasada tempo suficiente para que a segunda conexão esteja estabelecida. Um protocolo deve ser projetado de modo que a mensagem duplicada não termine a segunda conexão.

Para evitar repetição, protocolos marcam cada sessão com uma identificação única (por exemplo, o horário no qual a sessão foi estabelecida) e requerem que essa identificação única esteja presente em cada pacote. O software do protocolo descarta qualquer pacote que chega com uma identificação incorreta. Para evitar repetição, uma identificação não deve ser reutilizada até ter passado um tempo razoável (por exemplo, horas).

25.5.4 Controle de fluxo para evitar inundação de dados

Várias técnicas estão disponíveis para impedir que um computador mais rápido envie uma taxa muito elevada de dados inundando um receptor lento. Nós usamos o termo *controle de fluxo* para referenciar as técnicas que lidam com esse problema. A forma mais simples de controle de fluxo é o *stop-and-go (pare e siga)*, na qual um transmissor espera após a transmissão de cada pacote. Quando o receptor estiver pronto para receber outro pacote, ele envia uma mensagem de controle, geralmente uma variação do ACK.

Apesar de os protocolos *stop-and-go* evitarem inundação, eles resultam em uma taxa de transferência baixíssima. Para entender o porquê, considere o que acontece em uma rede que tem um pacote de 1.000 octetos, uma taxa de transmissão de 2 Mbit/s e um atraso de 50 milissegundos. O hardware de rede pode transportar 2 Mbit/s de um computador para outro; entretanto, após a transmissão de um pacote, o remetente deve esperar 100 ms antes de enviar outro pacote (isto é, 50 ms para o pacote chegar ao receptor e 50 ms para o ACK voltar). Assim, a taxa máxima na qual os dados podem ser enviados utilizando *stop-and-go* é de um pacote a cada 100 milissegundos. Quando expresso como uma taxa de bits, o valor máximo que pode ser alcançado é de 80 kbit/s, que significa apenas 4% da capacidade da rede.

Para obter altas taxas de transferência, os protocolos de transporte usam uma técnica de controle de fluxo conhecida como *janela deslizante*. O transmissor e o receptor são programados para usar um *tamanho de janela* fixo, que é a quantidade máxima de dados que podem ser enviados sem necessidade de ACK. Por exemplo, o transmissor e o receptor podem concordar com uma janela de quatro pacotes. O transmissor extrai os dados para preencher quatro pacotes (ou seja, a primeira janela) e transmite uma cópia de cada pacote. Na maioria dos protocolos de transporte, o transmissor guarda uma cópia para o caso de retransmissão. O receptor deve ter prealocado espaço de buffer para toda a janela. Se um pacote chega em sequência, o receptor passa-o para a aplicação e transmite uma confirmação para o transmissor. Quando uma confirmação chega, o transmissor descarta sua cópia do pacote e transmite o pacote seguinte, *deslizando* a janela em uma posição. A Figura 25.2 ilustra por que esse mecanismo é conhecido como *janela deslizante*.

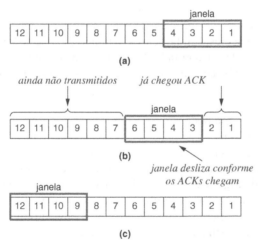

Figura 25.2 Ilustração de uma janela deslizante na posição (a) inicial, (b) intermediária e (c) final.

A técnica da janela deslizante pode aumentar a taxa de transmissão dramaticamente. Para entender o motivo, compare a sequência de transmissões com o esquema *stop-and-go* e com o esquema da janela deslizante. A Figura 25.3 contém uma comparação para uma janela de quatro pacotes.

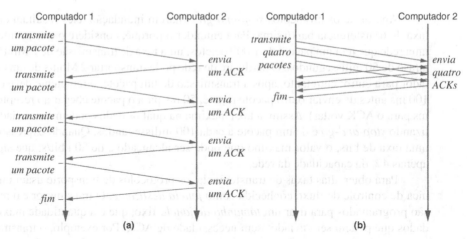

Figura 25.3 Comparação entre taxas de transmissão utilizando (a) *stop-and-go* e (b) janela deslizante.

Na Figura 25.3 (a), um transmissor envia quatro pacotes, mas espera por um ACK antes de enviar cada pacote subsequente. Se o atraso para enviar um único pacote em cada sentido através da rede é *N*, o tempo total necessário para enviar quatro pacotes é *8N*. Na Figura 25.3 (b), um transmissor envia todos os pacotes da janela antes de aguardar ACKs. A figura mostra um pequeno atraso entre transmissões sucessivas de cada pacote, pois um curto período de tempo (normalmente poucos microssegundos) é necessário para o hardware completar a transmissão de um pacote e começar a transmitir o pacote seguinte. Assim, o tempo total necessário para enviar os quatro pacotes é *2N + ε*, onde *ε* denota o pequeno atraso.

Para entender o significado da janela deslizante, imagine uma comunicação envolvendo muitos pacotes. Em tais casos, o tempo total necessário para a transmissão é tão grande que *ε* pode ser ignorado. Para tais situações, um protocolo de janela deslizante pode aumentar substancialmente o desempenho. A melhoria potencial é:

$$T_w = T_g \times W \qquad (26.1)$$

onde T_w é a taxa que pode ser conseguida com um protocolo de janela deslizante, T_g é a taxa de transferência que pode ser conseguida com um protocolo de *stop-and-go* e *W* é o tamanho da janela. A equação explica por que o protocolo de janela deslizante ilustrado na Figura 25.3 (b) tem cerca de quatro vezes a taxa de transferência do protocolo *stop-and-go* da Figura 25.3 (a). É claro que a taxa de transmissão não pode ser elevada simplesmente aumentando arbitrariamente o tamanho da janela. A capacidade da rede impõe um limite superior – bits não podem ser enviados mais rapidamente do que a rede pode transmitir. Assim, a equação pode ser reescrita:

$$T_w = min\,(C,\,Tg \times W) \qquad (26.2)$$

onde *C* é a capacidade da rede[1].

---

[1] Os profissionais de rede normalmente utilizam o termo *largura de banda* (*bandwidth*) em vez do termo capacidade da rede, mas a rigor o termo não é correto, porque protocolos podem tornar a taxa de dados efetiva da rede muito menor do que a largura de banda do canal.

25.6 Técnicas para evitar congestionamento

Para entender como é fácil ocorrer congestionamento, considere quatro computadores conectados por dois comutadores, como ilustra a Figura 25.4.

Figura 25.4 Quatro computadores conectados por dois comutadores.

Suponha que cada conexão na figura opere a 1 Gbit/s e considere o que acontece se os dois computadores conectados no Comutador 1 tentam enviar dados para um computador conectado no Comutador 2. O Comutador 1 recebe os dados em uma taxa agregada de 2 Gbit/s, mas só pode encaminhar 1 Gbit/s para o Comutador 2. A situação é conhecida como *congestionamento*. Mesmo que um comutador armazene temporariamente os pacotes na memória, o congestionamento vai ocorrer após um atraso. Se o congestionamento persistir, o comutador ficará sem memória e começará a descartar pacotes. Embora a retransmissão possa ser utilizada para recuperar pacotes perdidos, ela envia mais pacotes para a rede. Assim, se a situação persistir, uma rede inteira pode se tornar inutilizável; essa condição é conhecida como *colapso de congestionamento*. Na Internet, o congestionamento geralmente ocorre nos roteadores. Protocolos de transporte tentam evitar colapsos de congestionamento por meio do monitoramento da rede e da reação rápida ao detectar o congestionamento. Há duas abordagens básicas:

- Utilizar os sistemas intermediários (isto é, os roteadores) para informar aos transmissores quando ocorrer congestionamento.
- Utilizar o aumento no atraso dos ACKs ou a perda de pacotes como uma estimativa de congestionamento.

A primeira abordagem é implementada de duas formas: ou os roteadores enviam uma mensagem especial para o transmissor avisando quando ocorre congestionamento, ou eles ligam um bit no cabeçalho de cada pacote que experienciar congestionamento. Quando este segundo método é utilizado, o computador que recebe o pacote deve incluir a informação de congestionamento no ACK para avisar o transmissor que o pacote transmitido enfrentou congestionamento no caminho[2].

Utilizar atraso e perda de pacotes para estimar o congestionamento é razoável na Internet, porque:

> Redes modernas funcionam bem; a maior parte dos atrasos e das perdas resultam de congestionamento, e não de falha na rede.

---

[2] Um atraso significativo pode acontecer entre o momento que ocorre o congestionamento e o momento que o transmissor é informado pelo pacote de ACK.

O tratamento adequado para o congestionamento consiste em reduzir a taxa de transmissão de pacotes. Protocolos de janela deslizante podem diminuir a taxa reduzindo temporariamente o tamanho da janela.

25.7 A arte do projeto de protocolos

Embora as técnicas necessárias para resolver problemas específicos sejam bastante conhecidas, o projeto de protocolos não é trivial por duas razões. Em primeiro lugar, para fazer uma comunicação eficiente, detalhes devem ser escolhidos cuidadosamente – pequenos erros de projeto podem resultar em operação incorreta, pacotes desnecessários ou atrasos. Por exemplo, se números de sequência são usados, cada pacote deve conter um número de sequência no seu cabeçalho. O campo deve ser grande o suficiente para que os números de sequência não sejam reutilizados com frequência, mas pequeno o suficiente para evitar desperdício de banda. Em segundo lugar, os mecanismos do protocolo podem interagir de maneiras inesperadas. Por exemplo, considere a interação entre os mecanismos de controle de fluxo e controle de congestionamento. Um esquema de janela deslizante agressivo usa mais a rede para melhorar o rendimento. Um mecanismo de controle de congestionamento faz o oposto, reduzindo o número de pacotes inseridos para evitar colapsos na rede; o equilíbrio entre a janela deslizante e um controle de congestionamento pode ser complicado, e um projeto que faça ambos bem é complexo, ou seja, um controle de fluxo agressivo pode causar congestionamento, e um controle de congestionamento conservador pode reduzir a taxa de transmissão mais do que o necessário. Projetos que tentam mudar de comportamento agressivo para conservador quando ocorre congestionamento tendem a oscilar – eles aumentam lentamente a sua taxa de transmissão até que a rede comece a ficar congestionada, então diminuem a taxa de transmissão até que ela volte a se tornar estável, e, em seguida, começam a aumentar novamente.

A reinicialização do computador gera outro desafio sério para o projeto do protocolo de transporte. Imagine uma situação em que dois programas aplicativos estabelecem uma conexão, iniciam o envio de dados e, em seguida, o computador receptor trava e reinicializa. Embora o software do protocolo no computador reinicializado não tenha mais conhecimento da ligação, o software no transmissor considera a conexão válida. Se o protocolo não é projetado cuidadosamente, um pacote duplicado pode causar a criação de uma conexão com outro computador incorretamente, e este pode começar a receber dados no meio do caminho.

25.8 Técnicas utilizadas no TCP para lidar com perda de pacotes

Quais das técnicas acima mencionadas são utilizadas pelo TCP para conseguir comunicação confiável? A resposta é complexa, porque o TCP usa uma variedade de esquemas que são combinados em novas formas. Como esperado, ele utiliza *retransmissão* para recuperar pacotes perdidos. Como o TCP é bidirecional, os dois lados utilizam a retransmissão. Quando o TCP recebe dados, ele envia um ACK de volta ao transmissor. Quando transmite dados, ele inicia um temporizador e retransmite os dados se o temporizador expirar. Assim, a retransmissão básica do TCP funciona como ilustra a Figura 25.5.

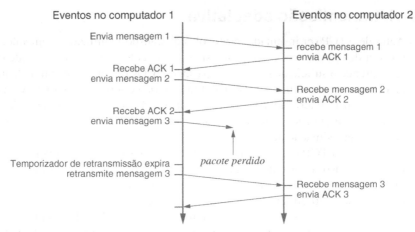

Figura 25.5 Ilustração da retransmissão do TCP após uma perda de pacotes.

O esquema de retransmissão do TCP* é a chave para seu sucesso, porque lida com a comunicação em um caminho arbitrário através da Internet. Por exemplo, um aplicativo pode enviar dados através de um canal de satélite para um computador em outro país, enquanto outro aplicativo envia dados através de uma rede local para um computador na sala ao lado. O TCP deve estar pronto para retransmitir qualquer mensagem perdida em qualquer conexão. A questão é: quanto tempo o TCP deve esperar antes de retransmitir? Os ACKs enviados por um receptor em uma rede local devem atrasar somente alguns milésimos de segundo, mas, em uma conexão via satélite, demoram centenas de milissegundos. Por um lado, esperar muito tempo pelo ACK deixa a rede ociosa no caso de perda de pacotes e não maximiza a taxa de transmissão; assim, em uma rede local, o TCP não deve demorar muito para retransmitir. Por outro lado, retransmitir rapidamente não funciona bem em uma conexão via satélite, porque o tráfego desnecessário devido à duplicação de pacotes vai consumir a largura de banda e diminuir a taxa de transferência útil.

O TCP enfrenta um desafio mais difícil do que a distinção entre destinos locais e remotos: rajadas de datagramas podem causar congestionamento, o que provoca mudanças repentinas nos atrasos de transmissão ao longo de um determinado caminho. De fato, o tempo total necessário para enviar uma mensagem e receber uma confirmação pode aumentar ou diminuir por uma ordem de grandeza de alguns milissegundos. Para resumir:

> *O atraso requerido para os dados chegarem a um destino e um ACK voltar depende do tráfego na Internet e também da distância entre origem e destino. Como permite que múltiplas aplicações se comuniquem com múltiplos destinos simultaneamente, e como as condições de tráfego afetam o atraso, o TCP deve lidar com uma variedade de atrasos que podem mudar rapidamente.*

---

* N. de T.: Neste caso, o autor trata do mecanismo utilizado pelo TCP para determinar o timeout de retransmissão.

25.9 Retransmissão adaptativa

Antes de o TCP ser inventado, protocolos de transporte utilizavam um valor fixo para o timeout de retransmissão – o projetista do protocolo ou o gerente de rede escolhia um valor grande o suficiente para o atraso esperado. Os projetistas que trabalharam no TCP perceberam que um timeout fixo não funcionaria bem para a Internet. Assim, eles definiram que o TCP teria um *timeout de retransmissão adaptativo*, ou seja, o TCP monitora o atraso atual em cada conexão e adapta (isto é, define) o timeout de retransmissão de acordo com a situação do momento.

Como o TCP consegue monitorar atrasos na Internet? Na verdade, ele não conhece os atrasos exatos de todas as partes da Internet em todos os momentos. Em vez disso, estima o *atraso de ida e volta* (*round-trip delay*) para cada conexão ativa por meio da medição do tempo necessário para receber uma resposta. Sempre que envia uma mensagem, o TCP registra o momento em que ela foi enviada. Quando chega uma resposta, o TCP subtrai o tempo em que a mensagem foi enviada do tempo atual, produzindo uma nova estimativa do atraso de ida e volta para essa conexão. À medida que envia pacotes e recebe ACKs, ele gera uma sequência de estimativas de atrasos de ida e volta e usa uma função estatística para produzir uma média ponderada. Além da média ponderada, ele mantém uma estimativa da variância e usa uma combinação linear da média estimada e da variância para o cálculo do timeout de retransmissão.

A experiência tem mostrado que o timeout de retransmissão adaptativo do TCP funciona bem. O uso da variância ajuda o TCP a reagir rapidamente quando o atraso aumenta após uma rajada de pacotes. Usar uma média ponderada ajuda o TCP a redefinir o timeout de retransmissão se o atraso voltar para um valor mais baixo após um aumento temporário. Quando o atraso permanece constante, o TCP ajusta o timeout de retransmissão para um valor que é ligeiramente maior do que o do atraso médio de ida e volta. Quando o atraso começa a variar, o TCP ajusta o tempo limite de retransmissão para um valor maior do que a média, a fim de acomodar picos.

25.10 Comparação de timeouts de retransmissão

Para entender como o timeout adaptativo para retransmissão ajuda a maximizar a taxa de transferência nas conexões TCP, considere, por exemplo, um caso de perda de pacotes em duas conexões que possuem diferentes atrasos de ida e volta. A Figura 25.6 ilustra o tráfego nessas duas conexões.

Como mostra a figura, o TCP define um timeout de retransmissão ligeiramente mais longo do que o atraso médio de ida e volta. Se o atraso for grande, o TCP utiliza um timeout de retransmissão maior; se o atraso é pequeno, ele utiliza um timeout de retransmissão menor. O objetivo é que o timeout tenha tempo suficiente para determinar que um pacote foi perdido, sem ter que esperar mais tempo do que o necessário.

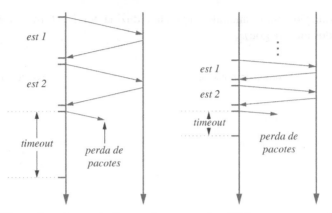

Figura 25.6 Timeout e retransmissão em duas conexões TCP que possuem diferentes atrasos de ida e volta.

25.11 Buffers, controle de fluxo e janelas

O TCP utiliza o mecanismo de *janela* para controlar o fluxo de dados. Diferente do que ocorre no esquema simplista de janela baseada em pacotes descrito anteriormente, uma janela do TCP é medida em bytes. Quando a conexão é estabelecida, os dois pontos da conexão alocam um buffer para armazenar os dados de entrada e enviam o tamanho do seu buffer para a outra extremidade. À medida que os dados chegam, o receptor envia ACKs que especificam o tamanho do buffer restante. O TCP utiliza o termo *janela* para se referir à quantidade de buffer disponível a qualquer momento; uma notificação que especifica o tamanho da janela é conhecida como *anúncio de janela (window advertisement)*. O receptor envia um anúncio de janela em todos os ACKs.

Se o aplicativo receptor consegue ler os dados tão rapidamente quanto eles chegam, ele envia um anúncio positivo de janela em cada ACK. No entanto, se o transmissor opera mais rapidamente do que o receptor (por exemplo, porque o processador é mais rápido), dados de entrada eventualmente irão preencher o buffer do receptor, fazendo com que ele envie um *anúncio de janela zero*. Um transmissor que recebe um anúncio de janela zero deve parar de transmitir até que o receptor efetue um anúncio positivo de janela. A Figura 25.7 ilustra o funcionamento de anúncios de janela.

Na figura, o transmissor utiliza um tamanho máximo de segmento de *1.000* bytes. A transferência começa quando o receptor anuncia um tamanho inicial de janela de *2.500* bytes. O remetente transmite imediatamente três segmentos, dois com *1.000* bytes e um com *500* bytes. À medida que os segmentos chegam, o receptor gera um ACK anunciando o tamanho da janela reduzido pela quantidade de dados que chegaram.

No exemplo, os três primeiros segmentos vão encher o buffer do receptor mais rapidamente do que a aplicação receptora consegue consumir dados. Assim, o tamanho da janela anunciado chega a zero, e o transmissor não pode enviar mais dados. Após a aplicação no receptor consumir *2.000* bytes, este envia uma ACK adicional anunciando um tamanho de janela de *2.000* bytes. O tamanho da janela é sempre medido após a sequência de confirmação enviada no ACK; portanto, o receptor está anunciando que pode receber *2.000* bytes após os *2.500* que já recebeu. O transmissor responde enviando dois segmentos adicionais. À medida que cada segmento chega, o receptor envia uma confirmação com o tamanho da janela reduzida por *1.000* bytes (ou seja, a quantidade de dados que chegou).

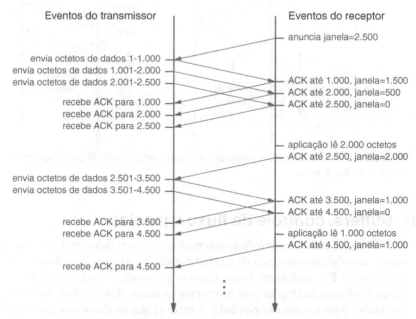

Figura 25.7 Uma sequência de mensagens que ilustram o anúncio de janelas do TCP para um tamanho de segmento máximo de *1.000* bytes.

Mais uma vez, o tamanho da janela chega a zero, fazendo com que o transmissor tenha que parar a transmissão. Eventualmente, a aplicação no receptor consome mais alguns dados, e o receptor do TCP envia um ACK anunciando um tamanho positivo de janela. Se o transmissor tem mais dados esperando para serem enviados, ele pode prosseguir para transmitir outro segmento.

25.12 O 3-way handshake do TCP

Para garantir que as conexões sejam estabelecidas ou finalizadas de forma confiável, o TCP usa o *3-way handshake* (*confirmação em três vias*), em que três mensagens são trocadas. Durante o 3-way handshake utilizado para iniciar uma conexão, cada lado envia uma mensagem de controle que especifica um tamanho inicial de buffer (para controle de fluxo) e um número de sequência. Os cientistas demonstraram que essa troca em três vias do TCP é necessária e suficiente para garantir a conexão sem ambiguidades, mesmo na ocorrência de perda de pacotes, duplicação, atrasos e eventos de repetição[3]. Além disso, o handshake garante que o TCP não irá abrir ou fechar uma conexão até que ambos os lados concordem.

---

[3] Da mesma forma que nos outros pacotes TCP, as mensagens do 3-way handshake podem ser retransmitidas.

Para entender o 3-way handshake, imagine dois aplicativos que desejam se comunicar em um ambiente onde os pacotes podem ser perdidos, duplicados e atrasados. Os dois lados precisam concordar para iniciar uma conversa, e ambos precisam saber que o outro lado concordou. Se o lado *A* envia um pedido de conexão e *B* responde (um 2-way handshake), então *A* vai saber que *B* respondeu, mas *B* não vai saber que *A* recebeu a resposta. Podemos pensar da seguinte forma: cada transmissão necessita de um ACK. A resposta de *B* confirma o pedido da *A*; no entanto, *A* também deve confirmar a resposta de *B* (isto é, três mensagens são trocadas).

O TCP usa o termo *segmento de sincronização* (SYN, *synchronization segment*) a fim de descrever as mensagens de controle utilizadas em um 3-way handshake para criar uma conexão, e o termo *segmento de finalização* (FIN, *finish segment*) para descrever as mensagens de controle utilizadas em um 3-way handshake para finalizar uma conexão. A Figura 25.8 ilustra o 3-way handshake utilizado para criar uma conexão.

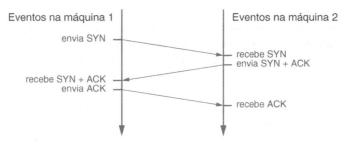

Figura 25.8 O 3-way handshake usado para criar uma conexão TCP.

A qualquer momento durante o handshake, qualquer lado pode travar e reiniciar, ou um pacote atrasado de outra conexão pode chegar. Os cientistas da computação trabalharam os detalhes de todos os possíveis problemas e adicionaram regras para garantir que o TCP estabeleça conexões corretamente em todos os casos. Por exemplo, um aspecto-chave do 3-way handshake usado para criar uma conexão envolve a seleção de números de sequência. O TCP exige que cada extremidade gere um número de sequência randômico de 32 bits que se torna a sequência inicial para dados transmitidos. Se um aplicativo tenta estabelecer uma nova conexão TCP após uma reinicialização do computador, o TCP escolhe um novo número aleatório. Como há a probabilidade de selecionar um valor aleatório similar à sequência utilizada numa ligação anterior, o TCP evita problemas de repetição. Assim, se um par de programas de aplicação utilizar o TCP para se comunicar, finalizar a conexão e, em seguida, estabelecer uma nova conexão, os números de sequência da nova ligação serão diferentes dos números de sequência utilizados na ligação anterior, o que permite que o TCP rejeite todos os pacotes que chegarem atrasados.

O 3-way handshake usado para finalizar uma conexão usa segmentos *FIN*. Uma confirmação é enviada em cada direção, juntamente com um segmento FIN, para garantir que todos os dados chegaram antes que a conexão seja encerrada. A Figura 25.9 ilustra a troca.

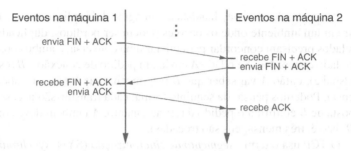

Figura 25.9 O 3-way handshake utilizado para finalizar uma conexão.

25.13 O controle de congestionamento do TCP

Um dos aspectos mais interessantes do TCP é o mecanismo de *controle de congestionamento*. Lembre-se de que, na Internet, o atraso ou a perda de pacotes ocorre mais pelo congestionamento do que por uma falha na rede, e que a retransmissão pode agravar o problema do congestionamento, pois insere cópias adicionais de um pacote. Para evitar colapsos de congestionamento, o TCP utiliza as variações no atraso como uma medida de congestionamento e responde ao congestionamento reduzindo a taxa de retransmissão de dados.

Embora nós pensemos em redução na taxa de transmissão, o TCP não calcula uma taxa de transmissão de dados. Em vez disso, ele baseia a transmissão no tamanho do buffer. Isto é, o receptor anuncia um tamanho de janela, e o transmissor pode enviar dados para preencher a janela do receptor antes que um ACK seja recebido. Para controlar a taxa de transmissão de dados, o TCP impõe uma restrição no tamanho da janela – reduzindo temporariamente o tamanho da janela, o transmissor TCP efetivamente reduz a taxa de transmissão de dados. O mais importante é:

> *Conceitualmente, um protocolo de transporte deve reduzir a taxa de transmissão quando ocorrer congestionamento. Como o TCP usa uma janela de tamanho variável, ele pode obter uma redução da taxa de transmissão de dados reduzindo temporariamente o tamanho da janela. No caso extremo em que ocorrem perdas de pacotes, o TCP reduz temporariamente a janela para a metade do seu valor atual.*

O TCP usa um mecanismo de controle de congestionamento especial quando inicia uma nova conexão ou quando uma mensagem é perdida. Em vez de transmitir dados suficientes para preencher o buffer do receptor (isto é, o tamanho da janela do receptor), o TCP começa pelo envio de uma única mensagem contendo dados. Se um ACK chega sem perda, ele dobra a quantidade de dados e envia duas mensagens adicionais. Se ambos os ACKs chegarem, ele envia quatro mensagens e assim por diante. O aumento exponencial continua até o TCP enviar metade da janela anunciada pelo receptor. Quando metade do tamanho original da janela do receptor é atingida, o TCP diminui a taxa de aumento e aumenta o tamanho da janela linearmente, desde que não ocorra congestionamento. A abordagem é conhecida como *slow start* (*início lento*).

Apesar do nome, a inicialização do TCP não é realmente lenta. O aumento exponencial faz com que a taxa de transmissão aumente rapidamente em poucas trocas de pacotes. Na Internet atual, os tempos de ida e volta são baixos (muitas vezes menores que 100 milissegundos), o que significa que, em menos de um segundo do início da conexão TCP, a taxa de transmissão se aproxima do máximo que a rede e os computadores conseguem manipular. No entanto, o mecanismo de *slow start* funciona bem nos casos em que a Internet está muito congestionada, evitando o envio de pacotes que piorariam o congestionamento.

Depois que uma conexão TCP está em execução, os mecanismos de controle respondem bem ao congestionamento iminente. Diminuindo a taxa de transmissão rapidamente, o TCP é realmente capaz de aliviar o congestionamento. Em essência, o TCP evita aumento de retransmissões quando a Internet se torna congestionada. Mais importante, se todas as implementações do TCP seguirem o padrão, todos os transmissores diminuirão a taxa quando ocorrer congestionamento.

A ideia principal é que o TCP controla muito mais do que uma única conexão – o protocolo é projetado de modo que, se todas as implementações TCP seguirem as regras, elas vão atuar em conjunto para evitar um colapso de congestionamento global.

25.14 Versões do controle de congestionamento do TCP

Pequenas mudanças no algoritmo de controle de congestionamento do TCP foram feitas ao longo de muitos anos, especialmente na década de 1990. Por tradição, cada versão principal utiliza o nome de uma cidade em Nevada. Uma das primeiras versões principais, conhecida como *Tahoe*, trabalha como descrito anteriormente. Em 1990, uma versão conhecida como *Reno* introduziu o *fast recovery* (também chamado *fast retransmit*) para melhorar a eficiência quando as perdas forem ocasionais. A versão de pesquisa seguinte foi denominada *Vegas*. Uma versão conhecida como *NewReno* refinou as heurísticas e fez novas melhorias. Os fornecedores de sistemas operacionais que incluem os protocolos TCP/IP nos seus produtos tendem a esperar os novos algoritmos serem validados antes de adotar uma mudança; no entanto, a maioria dos sistemas operacionais funciona atualmente com NewReno, que lida com a transmissão nas redes típicas e evita o congestionamento de forma eficaz.

25.15 Outras variações: SACK e ECN

Como vimos, o TCP mede o atraso de ida e volta e usa a variância como uma indicação de congestionamento, ou seja, ele trata a rede como uma caixa preta e usa medidas externas para deduzir se ocorreu congestionamento. De modo similar, quando ocorrem perdas, o transmissor TCP assume que um pacote foi perdido.

Os pesquisadores se perguntaram: podemos melhorar a eficiência do TCP caso a rede forneça informações mais precisas? Para responder à questão, eles desenvolveram duas técnicas: *confirmação seletiva* (SACK, *Selective Acknowledgement*) e *notificação explícita de congestionamento* (ECN, *Explicit Congestion Notification*).

O mecanismo SACK muda o esquema de ACKs e permite a um receptor especificar exatamente quais partes dos dados estão faltando. O transmissor pode retransmitir apenas as partes que faltam e evitar a retransmissão de dados que chegaram corretamente. O SACK não funcionou tão bem como esperado, pois na maioria dos casos as perdas não envolvem um conjunto aleatório de pacotes. O esquema original do TCP, conhecido como *cumulative acknowledgement* (confirmação cumulativa) funciona bem quando um bloco contíguo de pacotes é perdido.

O esquema de ECN foi proposto como uma forma mais eficiente para lidar com o congestionamento. Com a ECN, roteadores ao longo do caminho da origem para o destino monitoram o congestionamento e identificam cada segmento TCP que enfrenta congestionamento. Quando um pacote chega ao seu destino, o receptor saberá se o caminho está congestionado. Quando o receptor devolve um ACK, ele avisa ao transmissor se o pacote enfrentou algum congestionamento. Uma das desvantagens da abordagem ECN é o atraso – um transmissor deve aguardar um ACK para saber se houve congestionamento no caminho (e os congestionamentos podem diminuir durante esse tempo). A ECN não revelou-se tão útil como esperado e não é amplamente adotada na Internet.

25.16 O formato do segmento do TCP

O TCP usa um formato único para todas as mensagens, sejam as que carregam dados, os ACKs ou as que fazem parte do 3-way handshake e são utilizadas para criar ou finalizar uma conexão (SYN e FIN). O TCP usa o termo *segmento* para se referir à mensagem. A Figura 25.10 ilustra o formato do segmento TCP.

Para compreendê-lo, é necessário lembrar que uma conexão TCP contém dois fluxos de dados, um fluindo em cada direção. Se as aplicações em ambas as extremidades enviam dados simultaneamente, o TCP pode enviar em um único segmento os dados de saída, o ACK para os dados de entrada e o anúncio de janela, que especifica a quantidade de espaço em buffer disponível para novos dados de entrada. Assim, alguns dos campos no segmento referem-se ao fluxo de dados do transmissor para o receptor, enquanto outros referem-se ao fluxo de dados viajando na direção inversa.

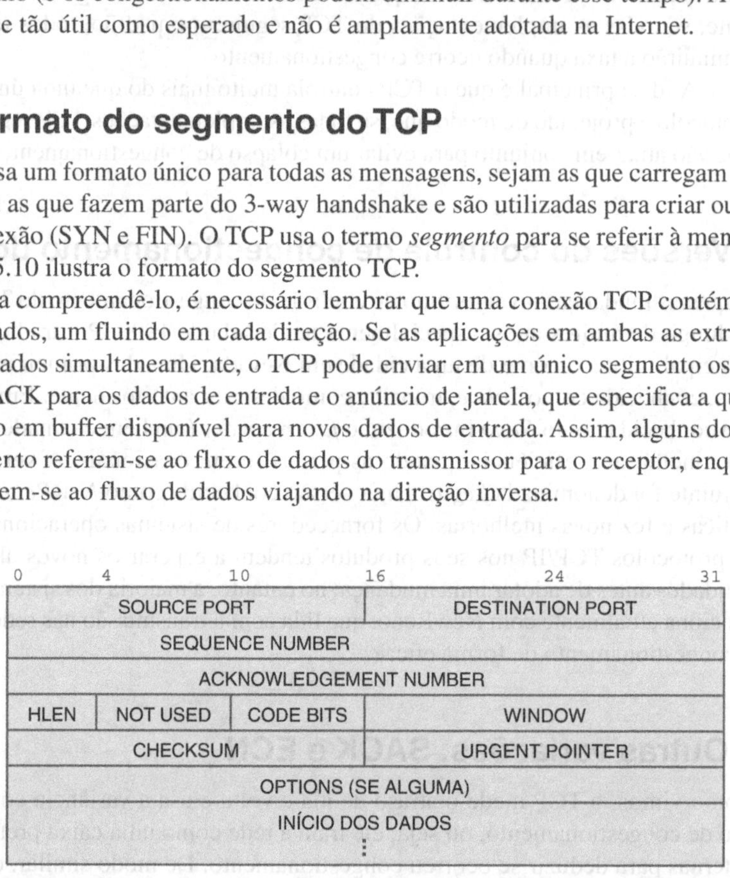

```
0            4        10            16              24              31
+---------------------+-----------------------------------------------+
|     SOURCE PORT     |              DESTINATION PORT                 |
+---------------------+-----------------------------------------------+
|                        SEQUENCE NUMBER                              |
+---------------------------------------------------------------------+
|                     ACKNOWLEDGEMENT NUMBER                          |
+------+---------+-------------+--------------------------------------+
| HLEN | NOT USED| CODE BITS   |              WINDOW                  |
+------+---------+-------------+--------------------------------------+
|       CHECKSUM              |            URGENT POINTER              |
+-----------------------------+----------------------------------------+
|                     OPTIONS (SE ALGUMA)                             |
+---------------------------------------------------------------------+
|                       INÍCIO DOS DADOS                              |
|                              ⋮                                       |
+---------------------------------------------------------------------+
```

Figura 25.10 O formato do segmento TCP usado para mensagens de dados e de controle.

Quando um computador envia um segmento, os campos *ACKNOWLEDGEMENT NUMBER* e *WINDOW* referem-se aos dados de entrada: o *ACKNOWLEDGEMENT NUMBER* especifica o número de sequência dos dados que são esperados a seguir e o *WINDOW* especifica quanto espaço em buffer ainda resta no receptor. O ACK sempre se refere à primeira posição para a qual os dados estão faltando; se segmentos chegarem fora de ordem, o TCP gera o mesmo ACK múltiplas vezes até que os dados faltantes cheguem. O campo *SEQUENCE NUMBER* refere-se aos dados de saída. Ele informa o número de sequência do primeiro byte de dados do segmento transmitido. O receptor utiliza o número de sequência para reordenar segmentos que chegaram fora de ordem e para calcular o ACK. O campo *DESTINATION PORT* identifica qual aplicação no receptor deve receber os dados, enquanto o campo *SOURCE PORT* identifica a aplicação que enviou os dados. Finalmente, o campo *CHECKSUM* contém um checksum que inclui o cabeçalho do segmento TCP e a área de dados.

As ideias fundamentais relacionadas aos números de sequência e confirmação são:

> *O campo SEQUENCE NUMBER em um segmento TCP informa o número de sequência para o primeiro byte do dado transmitido no segmento na direção transmissor-receptor; um ACKNOWLEDGEMENT NUMBER informa o número de sequência para o primeiro byte que está faltando no receptor.*

25.17 Resumo

O TCP é o principal protocolo de transporte na suíte de protocolos TCP/IP. Ele fornece aos programas de aplicação um serviço de transporte confiável, com controle de fluxo, full-duplex e orientado a fluxo. Depois de solicitar ao TCP o estabelecimento de uma conexão, um programa de aplicação pode usar a conexão para enviar ou receber dados; o TCP garante a entrega dos dados em ordem e sem duplicação. Finalmente, quando os dois aplicativos terminam de usar a conexão, eles solicitam que ela seja encerrada.

O TCP em um computador se comunica com o TCP em outro computador por meio da troca de mensagens. Todas as mensagens TCP enviadas de um computador para outro usam o formato de segmento TCP, inclusive mensagens que carregam dados, ACKs e anúncios de janela, bem como mensagens utilizadas para estabelecer e terminar uma conexão. Cada segmento TCP é transmitido na área de dados de um datagrama IP.

Em geral, os protocolos de transporte usam uma variedade de mecanismos para garantir um serviço confiável. O TCP usa uma combinação particularmente complexa de técnicas que têm provado ser extremamente bem-sucedida. Além de efetuar checksum em cada segmento, o TCP retransmite qualquer mensagem perdida. Para ser útil na Internet, onde atrasos variam ao longo do tempo, o timeout para retransmissão de pacotes no TCP é adaptativo – o TCP mede o atraso atual de ida e volta separadamente para cada conexão e usa uma média ponderada dos tempos de ida e volta para escolher um timeout de retransmissão.

Exercícios

25.1 Suponha que as mensagens enviadas entre dois programas possam ser perdidas, duplicadas, entregues com atraso ou entregues fora de ordem. Projete um protocolo que permita que dois programas concordem em se comunicar com garantia de confiabilidade. Mostre seu projeto para alguém e descubra se essa pessoa consegue encontrar uma sequência de perda, duplicação e atraso que faça seu protocolo falhar.

25.2 Liste as características do TCP.

25.3 Quais camadas da pilha de protocolos são usadas em um roteador? E num computador?

25.4 Quais são os principais problemas que um protocolo de transporte deve resolver para conseguir uma transmissão confiável?

25.5 Quais são as técnicas que um protocolo de transporte usa?

25.6 Quando se utiliza uma janela deslizante de tamanho N, quantos pacotes podem ser enviados sem exigir que um único ACK seja recebido?

25.7 Por que um protocolo *stop-and-go* tem um rendimento especialmente baixo quando utiliza um satélite GEO que opera em 2 megabits por segundo?

25.8 Estenda os diagramas da Figura 25.3 para mostrar a interação que ocorre quando 16 pacotes sucessivos forem enviados.

25.9 Qual é a principal causa de atraso e perda de pacotes na Internet?

25.10 Como o TCP lida com a perda de pacotes?

25.11 O que acontece à taxa de transmissão se um protocolo espera por tempo demais para retransmitir? E se um protocolo não espera por tempo suficiente para retransmitir?

25.12 Como o TCP calcula o timeout da retransmissão?

25.13 O que controla o tamanho da janela TCP?

25.14 O que é *SYN*? E *FIN*?

25.15 Suponha que dois programas usam TCP para estabelecer uma conexão, se comunicar, finalizar a conexão e depois abrir uma nova conexão. Suponha ainda que a mensagem de *FIN* enviada para finalizar a primeira conexão tenha sido duplicada e atrasada até que a segunda conexão tenha sido estabelecida. Se uma cópia do *FIN* antigo é entregue, será que o TCP vai terminar a nova conexão? Por quê?

25.16 Qual problema em uma rede faz o TCP reduzir seu tamanho de janela temporariamente?

25.17 Escreva um programa de computador para extrair e imprimir os campos de cabeçalho TCP.

25.18 O checksum do TCP é necessário ou ele pode utilizar o checksum do IP para garantir a integridade? Explique.

CAPÍTULO 26
Roteamento na Internet e protocolos de roteamento

26.1 Introdução, 389
26.2 Roteamento estático versus roteamento dinâmico, 389
26.3 O roteamento estático nos computadores e a rota default, 390
26.4 Roteamento dinâmico e roteadores, 391
26.5 Roteamento e Internet global, 392
26.6 Conceito de sistemas autônomos, 392
26.7 Os dois tipos de protocolos de roteamento na Internet, 393
26.8 Rotas e tráfego de dados, 395
26.9 O protocolo BGP, 396
26.10 O protocolo RIP, 397
26.11 O formato do pacote RIP, 398
26.12 O protocolo OSPF, 399
26.13 Um exemplo de grafo OSPF, 400
26.14 Áreas OSPF, 400
26.15 IS-IS, 401
26.16 Roteamento multicast, 402
26.17 Resumo, 405

26.1 Introdução

Os capítulos anteriores descrevem os conceitos fundamentais de encaminhamento de datagramas e explicam como o IP utiliza uma tabela de encaminhamento para selecionar o próximo salto (next-hop) de cada datagrama. Este capítulo explora um aspecto importante da tecnologia de redes: a propagação das informações de roteamento que são usadas para criar e atualizar as tabelas de encaminhamento. O capítulo discute como as tabelas de encaminhamento são construídas e explica como o software de roteamento atualiza as tabelas, caso necessário.

O capítulo se concentra na propagação de informações de roteamento na Internet, descrevendo vários protocolos atuais, e explica a distinção entre protocolos de roteamento internos e externos.

26.2 Roteamento estático versus roteamento dinâmico

O roteamento IP pode ser dividido em duas grandes categorias:

- Roteamento estático
- Roteamento dinâmico

O termo *roteamento estático* caracteriza uma abordagem que cria uma tabela de encaminhamento quando o sistema é iniciado e não altera mais as rotas, a menos que um administrador faça isso manualmente. Em contraste, o termo *roteamento dinâmico* caracteriza uma abordagem em que o *software de propagação de rotas* continuamente atualiza a tabela de encaminhamento buscando garantir que cada datagrama siga uma rota ótima. Para isso, o software se comunica com os outros sistemas a fim de aprender as rotas ideais para cada destino e continuamente verifica falhas de rede que podem mudar as rotas. Ironicamente, o roteamento dinâmico começa exatamente como o roteamento estático: carregando um conjunto inicial de rotas em uma tabela de encaminhamento quando o sistema é inicializado.

26.3 O roteamento estático nos computadores e a rota default

O roteamento estático é simples, fácil de especificar e não precisa de software de roteamento adicional. Ele não gera tráfego nas redes, e nenhum ciclo de CPU é necessário para propagar as informações de roteamento. No entanto, o roteamento estático é relativamente inflexível; ele não se adapta em função de falhas de rede ou mudanças na topologia.

Onde o roteamento estático é utilizado? A maioria dos computadores usa roteamento estático, especialmente nos casos em que o computador tem uma única conexão de rede e um único roteador conectando a rede com o resto da Internet. Por exemplo, considere a arquitetura ilustrada na Figura 26.1. Quatro máquinas que usam IPv4 estão ligadas a uma rede Ethernet, que se conecta à Internet por meio do Roteador R_1.

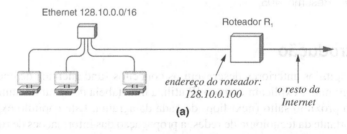

Rede	Máscara	Next-hop
128.10.0.0	255.255.0.0	Direta
Default	0.0.0.0	128.10.0.100

(b)

Figura 26.1 (a) Uma conexão típica com a Internet e (b) a tabela de roteamento estático utilizada pelo IPv4 em cada computador.

Como mostra a figura, uma tabela de roteamento estático com duas entradas é suficiente para um computador típico. Uma entrada especifica o endereço da rede diretamente conectada, e a outra entrada especifica que o Roteador R_1 fornece a *rota default* para todos os outros destinos. Quando uma aplicação gera um datagrama para um computador na rede local (por exemplo, uma impressora local), a primeira entrada na tabela indica que o datagrama deve ser entregue diretamente ao seu destino. Quando um datagrama é destinado a qualquer outro local na Internet, fora da rede local, a segunda entrada da tabela indica que ele deve ser enviado por meio do Roteador R_1.

Para resumir:

> A maioria dos computadores da Internet usa o roteamento estático, e sua tabela de encaminhamento contém duas entradas: uma para a rede local e outra entrada default, que direciona todo o tráfego para um roteador específico.

26.4 Roteamento dinâmico e roteadores

Um roteador na Internet poderia utilizar um roteamento estático da mesma forma que um computador faz? Embora existam casos em que um roteador usa o roteamento estático, a maioria dos roteadores usa o roteamento dinâmico. Para compreender um caso excepcional em que o roteamento estático é suficiente para um roteador, observe a Figura 26.1 novamente. Podemos imaginar que a figura corresponde a uma pequena empresa que é cliente de um provedor de Internet (ISP, *Internet Service Provider*). Todo o tráfego que parte do site do cliente por meio do Roteador R_1 vai chegar ao seu ISP (por exemplo, através de uma conexão DSL). Como as rotas nunca mudam, a tabela de encaminhamento no Roteador R_1 pode ser estática. Além disso, ela pode usar uma rota default, da mesma forma que é feito nos computadores.

Apesar de algumas exceções, o uso de roteamento estático e de rotas default não é suficiente para a maioria dos roteadores; a utilização é limitada a configurações especiais, tal como a descrita. Quando dois ISPs se comunicam, ambos necessitam trocar informações de roteamento dinamicamente. Para entender o porquê, considere três redes interconectadas por dois roteadores, como ilustra a Figura 26.2.

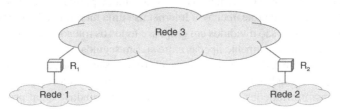

Figura 26.2 Ilustração de uma arquitetura que necessita de roteamento dinâmico.

Cada roteador identifica as redes conectadas diretamente a ele. Assim, o Roteador R_1 identifica as Redes 1 e 3, e R_2 identifica as Redes 2 e 3. No entanto, o Roteador R_1 não identifica a Rede 2, e R_2 não identifica a Rede 1, porque não há nenhuma conexão direta entre elas. Para um caso trivial, poderia parecer que o roteamento estático seria suficiente; no entanto, a abordagem estática não escala para lidar com milhares de redes. Em particular, cada vez que um ISP acrescentar uma nova rede de cliente, a informação deve ser passada pela Internet. Mais importante ainda, um processo manual é muito lento para lidar com falhas de rede e congestionamento na Internet. Consequentemente, para assegurar que todos os roteadores tenham as informações sobre como chegar a cada destino possível, cada roteador executa um software que utiliza um protocolo de propagação de rotas para trocar informações com outros roteadores. Quando aprende sobre uma determinada alteração de rota, o software de roteamento atualiza sua tabela de encaminhamento. Como os roteadores trocam informações periodicamente, a tabela de encaminhamento local é atualizada continuamente.

Na Figura 26.2, por exemplo, os Roteadores R_1 e R_2 vão trocar informações de roteamento através da Rede 3. Como resultado, o software de roteamento em R_2 irá criar uma rota para a Rede 1, e o software de R_1 irá criar uma rota para a Rede 2. Se o Roteador R_2 travar, o software de propagação de rotas em R_1 detectará que a Rede 2 não é mais alcançável e removerá de sua tabela de encaminhamento. Mais tarde, quando R_2 estiver operacional novamente, o software de roteamento em R_1 vai detectar que a Rede 2 está acessível e recriará a rota.

Para resumir:

> Cada roteador executa o software de roteamento que aprende sobre os destinos que os outros roteadores podem alcançar e informa aos outros roteadores sobre os destinos que ele pode alcançar. O software de roteamento usa essas informações para atualizar a tabela de encaminhamento local continuamente.

26.5 Roteamento e Internet global

Até agora, descrevemos o uso do roteamento para conectividade trivial (isto é, situações que envolvem apenas alguns roteadores). Esta seção examina a questão com uma abrangência maior: o roteamento na Internet global. A seção considera os princípios gerais; seções posteriores explicam os protocolos específicos de propagação de rotas.

Dissemos que um protocolo de propagação de rotas permite a um roteador trocar informações de roteamento com outros; no entanto, tal esquema não escala para toda a Internet – se um roteador na Internet tentar trocar informações de roteamento com todos os outros roteadores existentes, o tráfego resultante prejudicaria o núcleo da Internet. Para limitar o tráfego de roteamento, a Internet usa uma hierarquia de roteamento. Roteadores e redes na Internet são divididos em grupos, e todos os roteadores dentro de um grupo trocam informações de roteamento apenas entre si. Em seguida, pelo menos um roteador (possivelmente mais) em cada grupo resume as informações antes de passá-las para os outros grupos.

Quão grande é um grupo? Qual protocolo os roteadores usam dentro de um grupo? Como as informações de roteamento são representadas? Qual protocolo os roteadores usam entre os grupos? Os projetistas do sistema de roteamento da Internet não definiram um tamanho exato de grupo nem especificaram uma representação de dados exata ou definiram um único protocolo. Em vez disso, eles propositadamente mantiveram a arquitetura flexível o suficiente para lidar com uma ampla variedade de organizações. Por exemplo, para se adaptar a organizações de vários tamanhos, eles evitaram especificar um tamanho mínimo ou máximo de grupo. Para acomodar diferentes protocolos de roteamento, decidiram permitir que cada organização escolhesse um protocolo de roteamento de forma independente.

26.6 Conceito de sistemas autônomos

Para entender o conceito de grupos de roteadores, usamos o termo *sistema autônomo* (AS, *Autonomous System*). Intuitivamente, pode-se pensar em um sistema autônomo como um conjunto de redes e roteadores sob o controle de uma única autoridade administrativa. Não há um significado exato para *autoridade administrativa* – o termo é suficientemente flexível para acomodar muitas possibilidades. Por exemplo, um sistema autônomo pode corresponder a um ISP, a uma corporação inteira ou a uma grande universidade. Alternativamente, uma grande organização com várias filiais pode optar por definir um sistema autônomo separado para cada filial. Em particular, cada ISP é geralmente um único sistema autônomo, mas é possível que um grande ISP seja dividido em vários.

A escolha do tamanho do sistema autônomo pode ser feita por razões econômicas, técnicas ou administrativas. Por exemplo, considere uma empresa multinacional. Pode ser mais econômico para ela dividir-se em vários sistemas autônomos, cada um deles com uma conexão ao ISP do país onde a empresa se encontra, do que agir como um único sistema autônomo com uma conexão à Internet. Outra razão que define o tamanho do sistema autônomo está relacionada com o protocolo de roteamento utilizado – um protocolo pode gerar tráfego de roteamento excessivo quando usado em muitos roteadores (ou seja, o tráfego de roteamento pode crescer com o quadrado do número de roteadores).

Para resumir:

> *A Internet é dividida em um conjunto de sistemas autônomos; roteadores dentro de um sistema autônomo trocam informações de roteamento, que são resumidas antes de serem passadas para outros grupos.*

26.7 Os dois tipos de protocolos de roteamento na Internet

Agora que entendemos o conceito de sistema autônomo, o roteamento da Internet pode ser definido com maior precisão. Todos os protocolos de roteamento da Internet se enquadram em uma das duas categorias a seguir:

- *Interior Gateway Protocols* (IGPs)
- *Exterior Gateway Protocols* (EGPs)

Após a definição das duas categorias, vamos examinar alguns exemplos de protocolos de roteamento para cada uma delas.

26.7.1 Interior Gateway Protocols (IGPs)

Os roteadores dentro de um sistema autônomo usam *protocolos de roteamento interno* (IGPs, *Interior Gateway Protocols*) para trocar informações de roteamento. Vários IGPs estão disponíveis; cada sistema autônomo é livre para escolher o seu próprio IGP. Geralmente, um IGP é fácil de instalar e operar, mas pode limitar o tamanho ou a complexidade de roteamento do sistema autônomo.

26.7.2 Exterior Gateway Protocols (EGPs)

Um roteador em um sistema autônomo usa um *protocolo de roteamento externo* (EGP, *Exterior Gateway Protocol*) para trocar informações de roteamento com um roteador em outro sistema autônomo. EGPs são geralmente mais complexos de se instalar e operar do que os IGPs, mas oferecem maior flexibilidade e menor sobrecarga (ou seja, menos tráfego). Para minimizar o tráfego, um EGP resume as informações de roteamento de todo o sistema autônomo antes de passá-las para outro sistema autônomo. Mais importante, ele implementa uma *política de restrições* que permite a um gerente de sistema determinar exatamente quais informações serão liberadas fora da organização.

26.7.3 Como IGPs e EGPs são usados

A Figura 26.3 ilustra a hierarquia de roteamento de dois níveis utilizados na Internet, mostrando roteadores em dois sistemas autônomos.

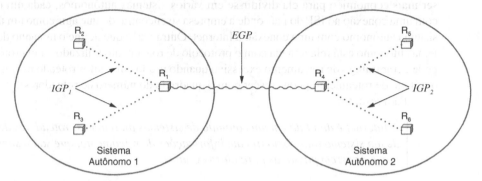

Figura 26.3 Ilustração do roteamento na Internet com um IGP utilizado em cada sistema autônomo e um EGP utilizado entre os sistemas autônomos.

Na figura, o Sistema Autônomo 1 (AS_1) escolheu o IGP_1 para uso interno, e o Sistema Autônomo 2 (AS_2) escolheu o IGP_2. Todos os roteadores no AS_1 se comunicam usando IGP_1, e todos os roteadores no AS_2 se comunicam usando IGP_2. Os roteadores R_1 e R_4 usam um EGP para a comunicação entre os dois sistemas autônomos. Assim, R_1 deve resumir as informações de seu sistema autônomo e enviar o resumo para R_4. Além disso, R_1 deve aceitar o resumo de R_4, utilizando o IGP_1 para propagar essas informações aos roteadores no AS_1. R_4 efetua o mesmo no AS_2.

26.7.4 Rotas ideais, métricas de roteamento e IGPs

Pode parecer que, em vez de simplesmente descobrir um caminho para cada destino, o software de roteamento deva encontrar todos os caminhos possíveis e então escolher um que seja o ideal. Embora a Internet geralmente tenha múltiplos caminhos entre qualquer origem e destino, não existe um acordo universal sobre qual caminho é o ideal. Para entender o porquê, considere os requisitos de várias aplicações. Para um aplicativo de desktop remoto, um caminho com menos atraso é o ideal. Para um navegador efetuando o download de um grande arquivo de gráficos, um caminho com maior taxa de transferência é o ideal. Para uma aplicação webcast de áudio que recebe áudio em tempo real, um caminho com menos jitter é o ideal.

Usamos o termo *métrica de roteamento* para nos referirmos a uma medida de custo do caminho que o software de roteamento usa ao escolher uma rota. Embora seja possível utilizar taxa de transferência, atraso ou jitter como métrica de roteamento, a maioria dos softwares não utiliza essas métricas individualmente. Em vez disso, o roteamento típico da Internet utiliza uma combinação de duas métricas: *custo administrativo* e *número de saltos* (*hop count*). Nos protocolos de roteamento da Internet, um *hop* corresponde a uma rede intermediária (ou roteador). Assim, a contagem de saltos (hops) fornece o número de redes intermediárias no caminho até o destino. Os custos administrativos são atribuídos manualmente, muitas vezes para controlar quais caminhos devem ser utilizados preferencialmente. Por exemplo, suponha que, em uma corporação, dois caminhos conectam o departamento de contabilidade e o departamento de folha de pagamento: um caminho de dois saltos, que inclui uma rede com tráfego de clientes, e um caminho de três saltos, que inclui somente redes com tráfego corporativo interno. O caminho mais curto (de dois saltos) viola a política da empresa, pois teria tráfego interno percorrendo uma rede utilizada para servir aos clientes. Em tais casos, um administrador de rede poderia substituir o custo do caminho de dois saltos, atribuindo a ele um custo administrativo de quatro saltos (ou seja, o custo real é adicionado a um custo administrativo para obter o efeito desejado). O software de roteamento escolherá o caminho com o custo mais baixo (isto é, aquele com uma métrica de três saltos), fazendo o tráfego interno seguir a política corporativa. Ou seja:

> *Embora a maioria dos protocolos de roteamento da Internet seja projetada para usar uma métrica de número de saltos, é possível para um administrador de rede substituir essa métrica a fim de impor uma política.*

IGPs e EGPs diferem bastante em relação às métricas de roteamento: IGPs usam métricas de roteamento, mas EGPs não. Ou seja, cada sistema autônomo escolhe uma métrica de roteamento, e o software de roteamento interno compara essa métrica com cada rota, de modo que ele possa escolher caminhos ideais. Fora de um sistema autônomo, no entanto, um EGP não tenta escolher um caminho ideal. Em vez disso, ele apenas encontra um caminho. A razão é simples: como cada sistema autônomo é livre para escolher uma métrica de roteamento, um EGP não consegue fazer comparações significativas. Por exemplo, suponha que um sistema autônomo relate o número de saltos ao longo de um caminho para o destino *D*, e outro sistema autônomo relate a taxa de transferência ao longo de um caminho diferente para *D*. Um EGP que recebe os dois relatórios não pode escolher qual dos dois caminhos tem menos custo, porque não há nenhuma maneira de converter saltos em taxa de transferência. Assim, um EGP pode relatar somente a existência do caminho, e não o seu custo. Podemos resumir:

> *Dentro de um sistema autônomo, o software IGP usa uma métrica de roteamento para escolher o caminho ideal para cada destino. O software EGP encontra um caminho para cada destino, mas não consegue encontrar um caminho ideal, pois não é possível comparar métricas de roteamento de múltiplos sistemas autônomos.*

26.8 Rotas e tráfego de dados

Um aforismo em redes sugere que após um anúncio de roteamento chegarão dados para a rota anunciada: "Se você me enviar uma rota, eu vou enviar-lhe dados". O conceito é simples: o tráfego de dados para um determinado destino flui exatamente na direção oposta do tráfego de roteamento. Por exemplo, suponha que um sistema autônomo de propriedade do ISP_1 contenha a Rede N. Antes de o tráfego poder chegar em N, o ISP_1 deve anunciar uma rota para N. Dessa forma, quando o anúncio de roteamento flui para fora, os dados começarão a chegar. A Figura 26.4 ilustra o fluxo de dados em resposta ao anúncio da rota.

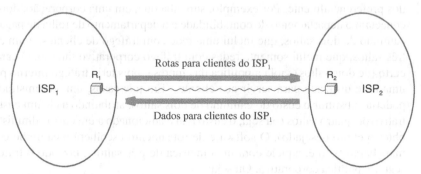

Figura 26.4 O fluxo de dados após o roteador no ISP anunciar suas rotas.

26.9 O protocolo BGP

Um protocolo de EGP específico tornou-se o mais utilizado na Internet. Conhecido como *protocolo de roteamento de borda* (BGP, *Border Gateway Protocol*), ele passou por três grandes revisões. A versão atual é a de número 4, e o protocolo é oficialmente abreviado como *BGP-4*. Na prática, o número da versão manteve-se inalterado durante tanto tempo que os profissionais de rede usam o termo BGP para se referirem à versão 4.

O BGP tem as seguintes características:

- *Roteamento entre sistemas autônomos.* Como é um EGP, o BGP fornece informações de roteamento no nível do sistema autônomo, isto é, todas as rotas são dadas como um caminho de sistemas autônomos. Por exemplo, o caminho para determinado destino pode consistir nos sistemas autônomos *17, 2, 56* e *12*. Não há uso de métricas de roteamento e não há maneira de o BGP fornecer detalhes sobre os roteadores dentro de cada sistema autônomo no caminho.
- *Provisão para as políticas.* O BGP permite que o emissor e o receptor imponham políticas. Em particular, um gerente pode configurar o BGP para restringir quais rotas BGP anuncia externamente.
- *Capacidade de roteamento trânsito.* O BGP classifica um sistema autônomo como *sistema trânsito* se o tráfego puder passar através dele para outro sistema autônomo, ou como um sistema *stub* se isso não for permitido. Da mesma forma, o tráfego que está somente passando num determinado AS, utilizando este como rota intermediária, é chamado de *tráfego trânsito*. A classificação permite ao BGP distinguir entre ISPs e outros sistemas autônomos. Mais importante, o BGP permite que uma empresa classifique a si mesma como um *stub*, mesmo que tenha *diversas bases* (ou seja, uma empresa com múltiplas conexões externas pode recusar-se a aceitar o tráfego trânsito).

- *Transporte confiável.* O BGP usa o TCP para todas as comunicações; dessa forma, um programa BGP em um roteador de um sistema autônomo estabelece uma conexão TCP para um programa BGP em um roteador em outro sistema autônomo. O TCP garante que os dados chegarão na ordem correta e que não haverá dados faltando.

O BGP fornece a cola que mantém o roteamento da Internet funcionando de forma integrada – no centro da Internet, ISPs de nível hierárquico 1 usam o BGP para trocar informações de roteamento e para que cada um aprenda sobre os clientes dos outros. Para resumir:

> *O* Border Gateway Protocol *(BGP) é o* exterior gateway protocol *que ISPs de nível 1 usam para trocar informações de roteamento entre sistemas autônomos no centro da Internet; a versão atual é a BGP-4.*

26.10 O protocolo RIP

O *protocolo de informações de roteamento* (RIP, *Routing Information Protocol*) foi um dos primeiros IGPs utilizados na Internet. Ele tem as seguintes características:

- *Roteamento interno a um sistema autônomo.* O RIP é projetado como um *interior gateway protocol* usado para trocar informações com outros roteadores dentro de um sistema autônomo.
- *Métrica de contagem de saltos.* O RIP mede a distância em saltos (hops), e cada rede entre a origem e o destino conta como um único salto; para ele, uma rede diretamente conectada está a um salto de distância.
- *Transporte inseguro.* O RIP usa o UDP para transferir mensagens entre roteadores.
- *Envio em multicast ou broadcast.* O RIP é destinado ao uso em redes locais que suportam multicast ou broadcast (por exemplo, Ethernet). A versão 1 do RIP utiliza broadcast IPv4; a versão 2 permite a entrega via multicast.
- *Suporte para CIDR do IPv4 e subredes.* O RIP versão 2 inclui uma máscara junto com cada endereço de destino.
- *Suporte à propagação de rota default.* Além de especificar destinos explícitos, o RIP permite que um roteador anuncie a *rota default*.
- *Algoritmo de vetor de distância.* O RIP usa a abordagem de vetor de distância para o roteamento, conforme definida no Algoritmo em 18.3[1].
- *Versão passiva para computadores.* Embora somente roteadores possam propagar informações de roteamento, o RIP permite que um host ouça passivamente e atualize sua tabela de encaminhamento. O RIP passivo é útil nas redes em que um computador seleciona entre vários roteadores.
- *Extensão para IPv6.* Embora originalmente definida para IPv4, uma versão conhecida como *RIPng* (*RIP next generation*) está disponível para IPv6.

Para entender como o RIP propaga rotas, relembre como o roteamento de vetor de distância funciona. Cada mensagem de saída contém um anúncio que lista as redes que o

---
[1] O Algoritmo 18.3 pode ser encontrado na página 278.

transmissor pode atingir, juntamente com a métrica de distância para cada uma. Quando recebe um anúncio, o software do RIP utiliza a lista de redes para atualizar a tabela de encaminhamento local. Cada entrada em um anúncio RIP consiste no par:

(rede de destino, distância)

onde *distância* é o número de saltos até o destino. Quando uma mensagem é recebida, se o receptor não tem uma rota para o destino anunciado, ou se uma distância anunciada é mais curta do que a distância na tabela atual, o receptor atualiza a tabela.

A principal vantagem do RIP é a simplicidade. Ele requer pouca configuração – um gerente somente inicializa o RIP nos roteadores da organização, permitindo a estes efetuarem broadcast de mensagens entre si. Depois de um curto período de tempo, todos os roteadores da organização terão rotas para todos os destinos.

O RIP também efetua a propagação de uma rota default. A organização configura apenas um de seus roteadores para ter uma rota default (normalmente, é escolhido o roteador que se conecta no ISP). O RIP propaga a rota default para todos os outros, fazendo com que qualquer datagrama enviado para um destino fora da organização seja encaminhado para o ISP.

26.11 O formato do pacote RIP

O formato da mensagem RIP ajuda a explicar como um protocolo de roteamento de vetor de distância opera. A Figura 26.5 ilustra uma mensagem de atualização RIP com IPv4.

0	8	16	24	31
COMANDO (1-5)	VERSÃO (2)	DEVE SER ZERO		
FAMÍLIA DA REDE 1		IDENTIF. DE ROTA PARA REDE 1		
ENDEREÇO IP DA REDE 1				
MÁSCARA DE ENDEREÇOS PARA REDE 1				
PRÓXIMO SALTO (NEXT HOP) PARA REDE 1				
DISTÂNCIA PARA REDE 1				
FAMÍLIA DA REDE 2		IDENTIF. DE ROTA PARA REDE 2		
ENDEREÇO IP DA REDE 2				
MÁSCARA DE ENDEREÇOS PARA REDE 2				
PRÓXIMO SALTO (NEXT HOP) PARA REDE 2				
DISTÂNCIA PARA REDE 2				
...				

Figura 26.5 O formato de uma mensagem de atualização RIP versão 2 usado com IPv4.

Como mostra a figura, cada entrada contém o endereço IPv4 de um destino e uma distância para esse destino. Além disso, para permitir que o RIP possa ser utilizado com CIDR ou subredes, um dos campos contém a máscara de rede com 32 bits. Cada entrada tem também um endereço next-hop e dois campos de 16 bits que identificam a família do endereço (normalmente IP) e fornecem uma tag usada para agrupar as entradas. Ao todo, cada entrada contém 20 octetos. Podemos resumir:

> *O RIP é um protocolo do tipo IGP que usa um algoritmo de vetor de distância para propagar as informações de roteamento.*

26.12 O protocolo OSPF

O formato da mensagem RIP mostra uma desvantagem dos protocolos de vetor de distância: o tamanho de uma mensagem é proporcional ao número de redes que podem ser alcançadas. O envio de mensagens RIP introduz atraso, e o processamento das mensagens RIP consome muitos ciclos de CPU. O atraso significa que mudanças de rota se propagam lentamente, um roteador de cada vez. Assim, embora o RIP funcione bem com alguns roteadores, ele não escala bem.

Para satisfazer a demanda de um protocolo de roteamento que escale para grandes organizações, o IETF concebeu um IGP conhecido como *OSPF (Open Shortest Path First Protocol*)*. O nome deriva do uso do algoritmo de Dijkstra, que calcula os caminhos mais curtos. O OSPF tem as seguintes características:

- *Roteamento dentro de um sistema autônomo.* O OSPF é um *interior gateway protocol* usado dentro de um sistema autônomo.
- *Suporte a CIDR.* Para acomodar endereçamento CIDR do IPv4, o OSPF inclui uma máscara de endereço de 32 bits junto a cada endereço IPv4.
- *Troca de mensagens autenticadas.* Um par de roteadores usando OSPF pode autenticar cada mensagem.
- *Rotas importadas.* O OSPF permite que um roteador utilize rotas aprendidas de outro meio (por exemplo, a partir do BGP).
- *Algoritmo de estado de enlace (link-state).* O OSPF utiliza roteamento por *estado de enlace*, como descrito no Capítulo 18.
- *Suporte a métricas.* O OSPF permite que um administrador atribua um custo para cada rota.
- *Extensão para IPv6.* A versão 3 do OSPF (*OSPFv3*) pode propagar rotas para destinos IPv6.
- *Suporte para redes de acesso múltiplo.* O roteamento de estado de enlace tradicional é ineficiente através de uma rede de acesso múltiplo, como a Ethernet, pois todos os roteadores conectados à rede efetuam broadcast do estado de enlace. O OSPF otimiza o processo designando um único roteador para transmitir em broadcast na rede.

Para resumir:

> *O OSPF é um* interior gateway protocol *que usa um algoritmo de estado de enlace para propagar informações de roteamento. Os roteadores usam o algoritmo de Dijkstra para calcular os caminhos mais curtos.*

---

* N. de T.: O termo *open* pode ser compreendido de duas formas: por um lado, pode ser lido como "abra primeiro o caminho mais curto". Por outro lado, a norma OSPF é aberta, e o termo também pode fazer referência a isso, como em *OpenOffice*.

26.13 Um exemplo de grafo OSPF

Lembre-se do que vimos no Capítulo 18: o roteamento de estado de enlace usa uma abstração grafo-teórica. Embora o OSPF permita uma relação complexa entre redes e grafos, um simples exemplo ajudará a explicar o conceito básico[2]. Considere a rede e o grafo associado na Figura 26.6.

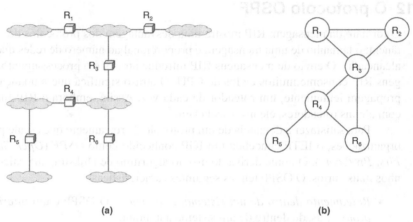

Figura 26.6 (a) Uma topologia exemplo e (b) um grafo correspondente OSPF.

A figura mostra um grafo típico OSPF, em que cada nó corresponde a um roteador. Uma aresta no grafo corresponde a uma ligação entre um par de roteadores (isto é, uma rede). Para seguir o algoritmo de estado de enlace, cada par de roteadores conectados por uma rede sonda periodicamente um ao outro e, em seguida, cada um deles transmite via broadcast uma mensagem de estado de enlace para todos os outros roteadores. Todos os roteadores recebem a mensagem de broadcast; cada um usa a mensagem para atualizar sua cópia local do grafo e recalcula caminhos mais curtos quando o status muda.

26.14 Áreas OSPF

Uma característica especial que torna o OSPF mais complexo do que outros protocolos de roteamento também o torna mais poderoso: o roteamento hierárquico. Para conseguir uma hierarquia, o OSPF permite a um sistema autônomo ser dividido para fins de roteamento; assim, um gerente pode dividir roteadores e redes de um sistema autônomo em subconjuntos que o OSPF chama de *áreas*. Cada roteador está configurado para saber o limite de sua área (ou seja, quais roteadores exatamente estão em sua área). Quando o OSPF é executado, os roteadores dentro de uma determinada área trocam mensagens de estado de enlace periodicamente.

Além da troca de informações dentro de uma área, o OSPF permite a comunicação entre as áreas. Um roteador em cada área é configurado para se comunicar com um

---
[2] Na prática, grafos OSPF são mais complexos.

roteador em uma ou mais área(s). Os dois roteadores resumem as informações de roteamento que aprenderam com os roteadores de sua respectiva área e depois trocam o resumo. Assim, em vez de efetuar broadcast para todos os roteadores no sistema autônomo, o OSPF limita as transmissões broadcast de estado de enlace a roteadores dentro de uma área. Como um resultado da hierarquia, o OSPF pode escalar para lidar com sistemas autônomos muito maiores do que os suportados por outros protocolos de roteamento.

Ou seja:

> *Como permite que um gerente divida os roteadores e as redes de um sistema autônomo em múltiplas áreas, o OSPF escala, podendo lidar com um maior número de roteadores que outros IGPs.*

26.15 IS-IS

Originalmente concebido pela Digital Equipment Corporation para ser parte de DEC-NET V, o *sistema intermediário para sistema intermediário* (IS-IS, *Intermediate System to Intermediate System*[3]) é um IGP. Ele foi criado na mesma época que o OSPF, e os dois protocolos são semelhantes em muitos aspectos. Ambos utilizam a abordagem de estado de enlace e empregam o algoritmo de Dijkstra para calcular os caminhos mais curtos. Além disso, os dois protocolos exigem dois roteadores adjacentes periodicamente testando o enlace entre eles e transmitindo via broadcast uma mensagem de status.

As principais diferenças entre o OSPF e o IS-IS original são resumidas a seguir:

- O IS-IS foi inicialmente proprietário (de propriedade da Digital) e o OSPF foi criado como padrão *aberto*, disponível para todos os fornecedores.
- O OSPF foi projetado para rodar sobre IP; o IS-IS foi projetado para rodar sobre CLNS (parte da malfadada pilha de protocolos OSI).
- O OSPF foi concebido para propagar rotas IPv4 (endereços e máscaras IPv4); o IS-IS foi projetado para propagar rotas de protocolos OSI.
- Com o tempo, o OSPF ganhou muitos recursos. Como resultado, o IS-IS tem agora menos sobrecarga.

Quando os protocolos foram desenvolvidos, o fato de o OSPF ser aberto e dedicado a IP tornou-o muito mais popular do que o IS-IS. Na verdade, o IS-IS foi quase completamente esquecido. Como o passar dos anos, a popularidade do OSPF encorajou o IETF a adicionar novas características. Ironicamente, no início dos anos 2000, 10 anos após os protocolos terem sido concebidos, várias coisas mudaram para dar ao IS-IS uma segunda chance. A empresa Digital Equipment Corporation tinha sido dissolvida, e o IS-IS já não era considerado proprietário. Uma nova versão dele foi definida para integrá-lo com o IP e com a Internet. Como o OSPF foi construído para IPv4, uma versão completamente nova teve que ser desenvolvida para lidar com os grandes endereços IPv6. Os maiores ISPs cresceram tanto que a sobrecarga extra do OSPF tornou o IS-IS mais atraente; como resultado, ele começou a ser utilizado novamente.

---

[3] O nome segue a terminologia da Digital: um roteador era chamado *sistema intermediário* e um computador, *sistema final*.

26.16 Roteamento multicast

26.16.1 Semântica do IP multicast

Até agora, discutimos roteamento unicast, ou seja, consideramos protocolos de roteamento que propagam informações sobre destinos com endereços estáticos em locais que não mudam. Um dos objetivos do projeto para a propagação de rotas unicast é a *estabilidade* – mudanças contínuas nas rotas são indesejáveis, porque levam a maior jitter e a datagramas chegando fora de ordem. Assim, uma vez que um protocolo de roteamento unicast encontra um caminho mais curto, ele normalmente mantém a rota até que uma falha torna o caminho inutilizável.

A propagação de informação de *roteamento multicast* difere drasticamente da propagação de rotas unicast. A diferença é que o multicast permite entrada dinâmica no grupo e transmissores anônimos. Entrada dinâmica no grupo significa que um aplicativo pode optar por participar de um grupo multicast a qualquer momento e continuar a ser um participante pelo tempo que achar conveniente. Dessa forma, a abstração do IP multicast permite a uma aplicação num determinado computador:

- Ingressar em um grupo multicast a qualquer momento e começar a receber uma cópia de todos os pacotes enviados para o grupo. Para ingressar num grupo, um computador envia uma mensagem *join* para o roteador local. Se vários aplicativos no mesmo computador decidirem ingressar num grupo, o computador recebe uma cópia de cada datagrama enviado para o grupo e faz uma cópia local para cada aplicação.
- Deixar um grupo multicast a qualquer momento. Um computador envia periodicamente mensagens de membro de grupo para o roteador local. Uma vez que a última aplicação do computador deixa o grupo, o computador informa ao roteador local que não quer mais participar do grupo, por meio de uma mensagem *leave*.

Um grupo IP multicast é anônimo de duas formas. Em primeiro lugar, nem o transmissor nem o receptor sabem (nem podem descobrir) a identidade ou o número de membros no grupo. Em segundo lugar, roteadores e computadores não sabem quais aplicativos vão enviar datagrama para um grupo, pois uma aplicação arbitrária pode enviar um datagrama para qualquer grupo multicast a qualquer momento. Assim, a participação em um grupo multicast só define um conjunto de receptores – um transmissor não precisa pertencer a um grupo multicast para poder enviar uma mensagem para ele.

Para resumir:

> *A participação em um grupo multicast IP é dinâmica: um computador pode ingressar (*join*) ou sair (*leave*) de um grupo a qualquer momento. A participação no grupo define um conjunto de receptores; uma aplicação arbitrária pode enviar um datagrama para o grupo, mesmo que o aplicativo não seja membro dele.*

26.16.2 IGMP

Como um computador entra ou sai de um grupo multicast? Um protocolo padrão permite ao computador informar ao roteador local quando ele quer entrar (*join*) ou sair (*leave*) de um grupo multicast particular. Conhecido como *protocolo de grupos multicast da internet* (IGMP, *Internet Group Multicast Protocol*), o protocolo é usado apenas na rede local, entre um computador e um roteador. Além disso, o protocolo define o computador, e não a aplicação, como um membro do grupo, e não especifica nada a respeito das aplicações. Se vários aplicativos em um determinado computador participarem de um grupo multicast, o computador deve fazer cópias de cada datagrama recebido para as aplicações locais. Quando a última aplicação no computador deixar o grupo, ele utiliza o IGMP para informar ao roteador local que quer deixar o grupo (efetuar *leave*).

26.16.3 Técnicas de descoberta e encaminhamento

Quando um roteador descobre que um computador em uma de suas redes ingressou em um grupo multicast, ele deve estabelecer um caminho com o transmissor desse grupo e encaminhar ao computador todos os datagramas que recebe para esse determinado grupo. Assim, são os roteadores, e não os computadores, que têm a responsabilidade de propagar as informações de roteamento multicast.

O ingresso no grupo de forma dinâmica e o suporte para remetentes anônimos tornam extremamente difícil tornar corriqueiro o uso do roteamento multicast. Além disso, o tamanho e a topologia de grupos variam consideravelmente entre os aplicativos. Por exemplo, teleconferências normalmente criam pequenos grupos (por exemplo, entre dois e cinco membros) que podem estar geograficamente distantes ou na mesma organização. Uma aplicação webcast pode potencialmente criar um grupo com milhões de membros que abrangem todo o globo.

Para acomodar o ingresso no grupo de forma dinâmica, os protocolos de roteamento multicast devem ser capazes de alterar as rotas rápida e continuamente. Por exemplo, se um usuário na França ingressa em um grupo multicast que tem membros nos EUA e no Japão, o software de roteamento multicast deve primeiro encontrar os membros do grupo e, em seguida, criar uma estrutura de encaminhamento ideal. Mais importante, como um usuário qualquer pode enviar um datagrama para o grupo, as informações sobre as rotas devem ultrapassar os membros do grupo. Na prática, os protocolos multicast seguiram três abordagens diferentes para o encaminhamento de datagramas:

- *Flood-and-prune* (inundação e poda)
- *Configuration-and-tunneling* (configuração e tunelamento)
- *Core-based discovery* (descoberta baseada em núcleo)

Flood-and-prune. É ideal em uma situação em que o grupo é pequeno e todos os membros estão ligados em redes locais contíguas (por exemplo, um grupo dentro de uma corporação). Inicialmente, os roteadores encaminham cada datagrama para todas as redes, isto é, quando um datagrama multicast chega, um roteador transmite-o em todas as redes locais conectadas diretamente a ele. Para evitar laços de roteamento, protocolos de inundação e poda usam uma técnica conhecida como *broadcast via caminho reverso* (RPB, *Reverse Path Broadcasting*), que quebra ciclos. Enquanto o estágio de inundação prossegue, os roteadores trocam informações sobre membros do grupo. Se um roteador aprende que nenhum computador em uma determinada rede é membro do grupo, ele interrompe o encaminhamento multicast para aquela rede (ou seja, efetua uma "poda" naquele caminho da rede).

Configuration-and-tunneling. É ideal em uma situação em que o grupo está geograficamente disperso (ou seja, tem alguns membros em cada local, e os locais são separados por longas distâncias). Um roteador em cada local está configurado para saber sobre os outros locais. Quando um datagrama multicast chega, o roteador em um local transmite-o em todas as redes locais conectadas diretamente a ele. O roteador então consulta sua tabela de configuração para determinar quais locais remotos devem receber uma cópia e usa tunelamento IP-IP para transferir uma cópia do datagrama multicast a cada um dos locais remotos.

Core-based discovery. Embora *flood-and-prune* e *configuration-and-tunneling* funcionem bem em casos extremos, outra técnica é necessária para permitir ao multicast escalar suavemente de um pequeno grupo em uma área para um grande grupo com membros em localizações arbitrárias. Para proporcionar crescimento suave, alguns protocolos de roteamento multicast designam um endereço unicast de *núcleo* para cada grupo multicast. Sempre que um roteador R_1 receber um datagrama multicast que deva ser transmitido para um grupo, ele encapsula o datagrama multicast em um datagrama unicast e encaminha-o para o endereço unicast do núcleo referente àquele grupo. À medida que o datagrama unicast percorre a Internet, cada roteador examina seu conteúdo. Quando o datagrama atinge o roteador R_2, que participa do grupo, R_2 remove e processa a mensagem multicast e usa o roteamento multicast para encaminhar o datagrama para os membros do grupo. Pedidos para ingressar no grupo seguem o mesmo padrão – se receber um pedido para participar de um grupo, R_2 adiciona uma nova rota para a sua tabela de encaminhamento multicast e começa a encaminhar uma cópia de cada datagrama multicast para R_1. Assim, o conjunto de roteadores que recebem um determinado grupo multicast cresce a partir do núcleo. Em termos de teoria de grafos, os roteadores formam uma *árvore*.

26.16.4 Protocolos multicast

Embora muitos protocolos de roteamento multicast tenham sido propostos, não existe atualmente roteamento multicast por toda a Internet. Alguns dos protocolos propostos são:

Protocolo de roteamento multicast baseado em vetor de distância (DVMRP, *Distance Vector Multicast Routing Protocol*). É um protocolo baseado no programa UNIX *mrouted* e forma o *MBONE* (*Multicast backBONE*). O DVMRP realiza multicast local e usa encapsulamento IP-IP para enviar datagramas multicast via unicast de um local da Internet para outro. Mais informações sobre o MBONE podem ser encontradas em:

http://www.lbl.gov/ITSD/MBONE

Árvores baseadas em núcleo (CBT, *Core Based Trees*). É um protocolo no qual os roteadores constroem uma árvore de entrega a partir de um ponto central para cada grupo. O CBT utiliza roteamento unicast para chegar no ponto central.

Protocolo independente de multicast – modo esparso (PIM-SM, *Protocol independent multicast – sparse Mode*). Utiliza a mesma abordagem que o CBT para formar uma árvore de roteamento multicast. Os projetistas escolheram o termo *independente de protocolo* para enfatizar que, embora datagramas unicast sejam usados para comunicação com destinos remotos ao estabelecer o encaminhamento multicast, o PIM-SM não depende de qualquer protocolo de roteamento em particular.

Protocolo independente de multicast – modo denso (PIM-DM, *Protocol independent multicast – dense mode*). É um protocolo projetado para uso dentro de uma organização. Os roteadores que usam PIM-DM efetuam broadcast (ou seja, inundação) de pacotes multicast para todos os locais dentro da organização. Cada roteador que não tem nenhum membro de um determinado grupo envia de volta uma mensagem *prune* para *podar* a árvore de roteamento multicast (ou seja, um pedido para parar o fluxo de pacotes). O esquema funciona bem para sessões multicast de curta duração (por exemplo, alguns minutos), porque não requer qualquer configuração antes do início da transmissão.

Extensões multicast ao OSPF (MOSPF, Multicast Extensions To The Open Shortest Path First Protocol). Em vez de ser um protocolo de roteamento multicast de propósito geral, o MOSPF é projetado para passar rotas multicast entre roteadores dentro de uma organização. Assim, em vez de usar uma abordagem multicast própria, ele trabalha sobre OSPF e usa a abordagem de roteamento por estado de enlace.

A Figura 26.7 resume os protocolos de roteamento multicast descritos.

Protocolo	Tipo
DVMRP	Configuration-And-Tunneling
CBT	Core-Based-Discovery
PIM-SM	Core-Based-Discovery
PIM-DM	Flood-And-Prune
MOSPF	Estado de enlace (dentro de uma organização)

Figura 26.7 Os protocolos de roteamento multicast e a abordagem utilizada por cada um deles.

Apesar de 20 anos de pesquisa e muitas experiências, o multicast de uso geral em toda a Internet não foi bem-sucedido. Mesmo aplicações de teleconferência não forneceram incentivo suficiente, e podemos resumir os resultados da seguinte forma:

> *As características dinâmicas do multicast na Internet tornaram o problema da propagação de rotas multicast bastante complexo. Embora muitos protocolos tenham sido propostos, a Internet não tem atualmente um uso generalizado de roteamento multicast.*

26.17 Resumo

A maioria dos computadores usa roteamento estático, com a tabela de encaminhamento sendo configurada na inicialização do sistema; roteadores usam roteamento dinâmico, na qual um software de propagação de rotas atualiza continuamente a tabela de encaminhamento. Em termos de roteamento, a Internet é dividida em um conjunto de sistemas autônomos. Protocolos usados para passar rotas entre sistemas autônomos são conhecidos como *Exterior Gateway Protocols* (EGPs); protocolos usados para passar informações de roteamento dentro de um sistema autônomo são conhecidos como *Interior Gateway Protocols* (IGPs).

O *Border Gateway Protocol* (BGP) é o principal EGP da Internet; ISPs de nível 1 utilizam o BGP para trocar informações sobre os seus clientes. IGPs incluem RIP, OSPF e IS-IS.

Como o multicast na Internet permite o ingresso dinâmico em grupos e como qualquer computador pode transmitir a um grupo multicast sem ser membro dele, o problema da propagação de rotas multicast é complexo. Apesar de vários protocolos de roteamento multicast terem sido propostos, não existe uma tecnologia multicast que abranja toda a Internet.

Exercícios

26.1 Liste as duas grandes categorias de roteamento da Internet e explique cada uma.

26.2 Quais são as duas entradas necessárias na tabela de encaminhamento de um computador típico?

26.3 Suponha que todos os roteadores na Internet contenham uma rota default; mostre que deve existir um laço de roteamento.

26.4 O que é um sistema autônomo?

26.5 Liste e explique os dois tipos de protocolos de roteamento da Internet.

26.6 Suponha que um roteador em uma organização usa um protocolo de roteamento que declara que um determinado destino está a 10 saltos de distância quando o destino está a apenas 3 saltos de distância. Essa declaração é necessariamente um erro? Explique.

26.7 Qual é a consequência esperada quando um roteador anuncia rotas para um determinado destino?

26.8 Liste e explique as características do BGP.

26.9 Onde o BGP é utilizado?

26.10 Que tipo de algoritmo de roteamento o RIP emprega e onde ele é usado?

26.11 Liste as características do RIP.

26.12 Quando um roteador recebe uma mensagem RIP, como ele divide cada endereço IP em um prefixo e um sufixo?

26.13 Escreva um programa de computador que lê uma mensagem de atualização RIP e imprime os conteúdos de cada campo.

26.14 O RIP limita valores de distância até um máximo de 16 saltos. Conceba um exemplo de intranet corporativa que tenha mais de 16 roteadores e mais de 16 redes, mas ainda possa usar RIP.

26.15 Liste as características do OSPF.

26.16 Qual é o significado de *open* no OSPF?

26.17 Por que OSPF tem múltiplas áreas?

26.18 Qual protocolo tem menor sobrecarga, OSPF ou IS-IS? Qual tem mais funcionalidades?

26.19 Qual é o principal objetivo de IGMP e onde é usado?

26.20 Quais são as três principais abordagens utilizadas para enviar datagramas multicast?

26.21 Suponha que você e dois amigos de faculdades distantes querem participar de uma teleconferência de três vias usando IP multicast. Quais protocolos de roteamento multicast você escolheria? Por quê?

26.22 Embora cada grupo de IP multicast precise de um endereço de IP multicast único, usar um servidor central para criar endereços únicos cria um gargalo central. Elabore um esquema que permita que um conjunto de computadores escolha um endereço multicast aleatoriamente e resolva um conflito, caso surja algum.

26.23 O tráfego gerado por flood-and-prune (inundação e poda) limita o tamanho da região da rede na qual pode ser usada. Estime o tráfego total em uma rede se cada grupo G multicast gerar tráfego a uma taxa de P pacotes por segundo, cada pacote contendo B bits, N redes constituindo a intranet e cada rede contendo no mínimo um ouvinte por grupo.

26.24 Multicast é amplamente implementado na Internet? Explique.

26.25 Quais protocolos multicast permitem que uma mensagem multicast seja enviada antes que o protocolo estabeleça as rotas?

26.26 Apesar das evidências de que o multicast na Internet era ineficiente, os projetistas de IPv6 escolheram especificar que IPv6 deveria depender pesadamente de multicast. Leia sobre o efeito da política sobre os órgãos de padronização e escreva um breve relatório.

PARTE V
Outros aspectos das redes de computadores

Desempenho de rede, QoS, segurança, gerenciamento e tecnologias emergentes

CAPÍTULOS

27	Desempenho de rede (QoS e Diffserv)	411
28	Multimídia e telefonia IP (VoIP)	429
29	Segurança em redes	444
30	Gerenciamento de redes (SNMP)	468
31	Redes definidas por software (SDN)	479
32	A Internet das Coisas	498
33	Tendências em tecnologias e usos das redes	509

CAPÍTULO 27

Desempenho de rede (QoS e Diffserv)

27.1 Introdução, 411
27.2 Medidas de desempenho, 411
27.3 Latência ou atraso, 412
27.4 Capacidade, taxa de transferência (throughput) e goodput, 413
27.5 Entendendo a taxa de transferência e o atraso, 414
27.6 Jitter, 415
27.7 Relação entre o atraso e a taxa de transferência, 416
27.8 Medindo atraso, taxa de transferência e jitter, 418
27.9 Medição passiva, pacotes pequenos e NetFlow, 419
27.10 Qualidade de Serviço (QoS), 420
27.11 QoS de granularidade fina e grossa, 421
27.12 Implementação de QoS, 423
27.13 Internet QoS Technologies, 425
27.14 Resumo, 426

27.1 Introdução

Os capítulos anteriores consideram as propriedades fundamentais dos sistemas de comunicação de dados e discutem as relações entre sinais, frequências, largura de banda, codificação de canal e transmissão de dados. Eles explicam as medidas de sistemas de transmissão de dados, discutem o tamanho da rede e esclarecem que cada tecnologia de rede é classificada em PAN, LAN, MAN, ou WAN.

Este capítulo continua a discussão, considerando o tema do desempenho da rede. O capítulo discute medidas quantitativas e explica como protocolos e tecnologias de encaminhamento de pacotes podem implementar mecanismos que priorizam alguns tipos de tráfego.

27.2 Medidas de desempenho

Informalmente, usamos o termo *velocidade* para descrever o desempenho da rede e nos referimos a redes de *baixa velocidade* ou *alta velocidade*. No entanto, tais definições são inadequadas, porque tecnologias de rede mudam tão rapidamente que uma rede classificada como de alta velocidade pode tornar-se uma rede de média ou de baixa velocidade em menos de três ou quatro anos. Assim, em vez de descrições qualitativas, cientistas e engenheiros usam medidas formais quantitativas para especificar o desempenho da rede com precisão. Depois de revisar as medidas básicas, vamos explicar como elas são usados para implementar serviços hierárquicos. Embora iniciantes prefiram muitas vezes descrições informais, medidas quantitativas são importantes, porque permitem comparar as características exatas de duas redes e construir mecanismos que priorizam algum tráfego. A Figura 27.1 lista as principais medidas de desempenho da rede, e as seções posteriores explicam cada uma delas.

Medida	Descrição
Latência (atraso)	Tempo requerido para transferir os dados através da rede
Taxa de transferência ou *throughput* (capacidade)	Quantidade de dados que podem ser transferidos por unidade de tempo
Jitter (variabilidade)	Variações no atraso e a duração dessas variações

Figura 27.1 Medidas-chave do desempenho de redes.

27.3 Latência ou atraso

A primeira propriedade das redes que pode ser medida quantitativamente é a *latência* ou *atraso*. A latência especifica quanto tempo leva para os dados viajarem através da rede de um computador para outro; ela é medida em frações de segundo. Atrasos na Internet dependem da infraestrutura de redes, bem como da localização dos dois computadores que estão se comunicando. Embora os usuários se preocupem com o atraso total de uma rede, os engenheiros precisam de medidas mais exatas, com relatos de atrasos máximos e médios e divisão do atraso em vários tipos. A Figura 27.2 lista os vários tipos de atraso.

Tipo	Definição
Atraso de propagação	Tempo necessário para se deslocar no meio físico
Atraso de acesso	Tempo necessário para obter acesso ao meio físico (por exemplo, o cabo de rede)
Atraso de comutação	Tempo necessário para processar o encaminhamento de um pacote
Atraso de enfileiramento	Tempo necessário que um pacote gasta na memória de um comutador ou de um roteador esperando a transmissão
Atraso do servidor	Tempo necessário para um servidor enviar uma resposta a uma requisição

Figura 27.2 Vários tipos de atraso e a definição de cada um deles.

Atraso de propagação. Alguns atrasos em uma rede ocorrem porque um sinal requer uma pequena quantidade de tempo para viajar através de um meio de transmissão. Em geral, o atraso de propagação é proporcional à distância percorrida. Mesmo com cabos longos, uma rede local típica usada dentro de um único edifício tem um atraso de propagação abaixo de um milissegundo. Embora um atraso como esse pareça irrelevante para um ser humano, um computador moderno pode executar mais de 100 mil instruções em um milissegundo. Assim, um atraso de um milissegundo é significativo quando é necessário coordenar um conjunto de computadores (por exemplo, no setor financeiro, em que o tempo exato de uma ordem de compra ou venda de ações determina se ela foi aceita). Uma rede que utiliza um satélite GEO tem um atraso muito maior – mesmo à velocidade da luz, demora centenas de milissegundos para um bit viajar até o satélite e de volta à Terra.

Atraso de acesso. Muitas redes usam meios físicos compartilhados, e os computadores que compartilham um meio devem disputar seu acesso. Por exemplo, uma rede sem fio Wi-Fi utiliza a abordagem CSMA/CA para acesso ao meio. Tais atrasos são conhecidos como *atrasos de acesso.* Eles dependem do número de estações que disputam o acesso e da quantidade de tráfego que cada estação envia. Atrasos de acesso são pequenos e fixos, a menos que o meio esteja sobrecarregado.

Atraso de comutação. Um dispositivo eletrônico em uma rede (por exemplo, um comutador de nível 2 ou um roteador) deve calcular um próximo salto (next-hop) para cada pacote antes de transmiti-lo pela interface de saída. O cálculo muitas vezes envolve pesquisa na tabela de encaminhamento, o que significa acesso à memória. Em alguns dispositivos, é necessário tempo adicional para enviar o pacote por meio de um mecanismo de comunicação interno, como um barramento ou um circuito interno. O tempo necessário para calcular o próximo salto e iniciar a transmissão é conhecido como *atraso de comutação.* CPUs rápidas e hardwares dedicados fizeram os atrasos de comutação figurarem entre os menos significativos numa rede de computadores.

Atraso de enfileiramento. O paradigma *store and forward* (armazenar e encaminhar) utilizado na comutação de pacotes faz com que um dispositivo, tal como um roteador inicialmente receba todos os bits de um pacote, coloque todos eles na memória, escolha o próximo salto e aguarde até que o pacote possa ser enviado antes de começar efetivamente a transmissão. Esses atrasos são conhecidos como *atrasos de enfileiramento.* No caso mais simples, o pacote é colocado numa fila de saída FIFO e precisa esperar apenas até que os pacotes que chegaram mais cedo sejam enviados; sistemas mais complexos implementam um algoritmo de seleção que dá prioridade a alguns pacotes. Atrasos de enfileiramento são variáveis – o tamanho da fila depende inteiramente da quantidade de tráfego que chegou recentemente. Atrasos de enfileiramento são a causa da maioria dos atrasos na Internet e, quando esses atrasos se tornam grandes, dizemos que a rede está congestionada.

Atraso do servidor. Embora não sejam parte da rede, os servidores são essenciais para a maioria das comunicações. O tempo necessário para um servidor examinar um pacote de requisição, computar e enviar uma resposta constitui uma parte significativa do atraso total. Servidores enfileiram requisições entrantes, o que significa que o atraso do servidor é variável e depende da sua carga atual. Em muitos casos, a percepção que um usuário tem do atraso na Internet decorre do atraso do servidor, e não de atrasos na rede.

27.4 Capacidade, taxa de transferência (throughput) e goodput

Uma segunda propriedade fundamental das redes que pode ser medida quantitativamente é a sua *capacidade*, muitas vezes expressa como a *taxa de transferência máxima* que a rede pode sustentar. A taxa de transferência (throughput) é uma medida da velocidade na qual os dados podem ser enviados através da rede, em *bits por segundo (bit/s)*. A maioria das redes de comunicação de dados oferece uma taxa de transferência de mais de 1 Mbit/s, e as redes de maior velocidade operam mais rápido do que 1 Gbit/s. Como vimos, no entanto, casos especiais surgem quando uma rede tem uma taxa de transferência inferior a 1 kbit/s.

Como a taxa de transferência pode ser medida de várias maneiras, deve-se ter o cuidado de especificar exatamente o que está sendo medido. Existem várias possibilidades:

- Capacidade de um único ou de vários canais
- Capacidade teórica ou taxa de transmissão efetiva
- Taxa de transmissão de dados alcançada por um aplicativo (goodput)

As operadoras frequentemente anunciam a capacidade teórica de seus equipamentos e o throughput sob condições ótimas. A capacidade do hardware da rede fornece um limite superior de desempenho – é impossível para um usuário enviar dados mais rapidamente do que a taxa na qual o hardware pode transferir os bits.

Os usuários não se preocupam com a capacidade do hardware – eles estão interessados apenas na velocidade com que seus dados podem ser transferidos. Os usuários tipicamente avaliam a *taxa efetiva de transmissão* que uma aplicação atinge medindo a quantidade de dados transferidos por unidade de tempo; o termo *goodput* é utilizado para descrever a taxa que uma aplicação alcança. A taxa de goodput é menor do que a capacidade da rede, porque os protocolos adicionam sobrecarga – parte da capacidade da rede não está disponível para os dados do usuário, pois os protocolos:

- Enviam cabeçalhos e finalizadores nos pacotes, além de transmitirem informações de controle.
- Impõem um limite para o tamanho da janela (buffer de recepção).
- Geram atraso ao resolverem nomes e endereços.
- Usam handshake para iniciar e terminar a comunicação.
- Reduzem a taxa de transmissão quando o congestionamento é detectado.
- Retransmitem pacotes perdidos.

A desvantagem do uso de goodput como medida é que a quantidade de sobrecarga depende da pilha do protocolo utilizado. Além dos protocolos das camadas de transporte, de rede e de enlace, o goodput depende do protocolo de aplicação. Por exemplo, considere o uso do FTP (*File Transfer Protocol*) para medir o goodput por meio da Ethernet. O FTP usa o TCP, que usa o IP. Além disso, o FTP não comprime os dados antes da transmissão, e coloca os dados do usuário em segmentos do TCP, que, por sua vez, encapsula cada segmento em um datagrama IP, que encapsula cada datagrama em um quadro Ethernet. Assim, cada quadro tem um cabeçalho Ethernet com um finalizador de CRC, um cabeçalho IP e um cabeçalho TCP. Se um usuário escolhe uma aplicação diferente para transferência de arquivos ou uma pilha de protocolo alternativa, o goodput pode mudar. Ou seja:

> Embora forneça uma medida da taxa efetiva na qual dados podem ser transferidos através de uma rede, o goodput depende da aplicação.

27.5 Entendendo a taxa de transferência e o atraso

Na prática, a terminologia que profissionais de rede usam para descrever a throughput ou a capacidade da rede pode ser confusa. Por exemplo, capítulos sobre comunicação de dados definem a largura de banda de um canal e explicam a relação entre a largura de banda do hardware e a taxa máxima de transmissão de dados. Infelizmente, os profissionais da rede frequentemente usam os termos *largura de banda* e *velocidade* como sinônimos de throughput. Assim, pode-se ouvir alguém dizer que uma rede tem uma "velocidade de 1 Gbit/s." Por outro lado, alguns anúncios usam a frase "largura de banda de 1 Gbit/s." Em uma tentativa de distinguir entre os dois usos de *largura de banda*, engenheiros usam *largura de banda* se referindo à *largura de banda analógica*, e usam o termo *largura de banda digital* como um sinônimo de *throughput*. Embora tais usos sejam comuns, eles podem gerar confusão, porque throughput, atraso e largura de banda são propriedades diferentes.

Na verdade, a taxa de transferência (throughput) é uma medida de capacidade, e não de velocidade. Para entender a relação, imagine que a rede seja uma estrada entre dois locais e que os pacotes que viajam através da rede sejam carros que trafegam pela estrada. A taxa de transferência determina quantos carros podem entrar na estrada a cada segundo, e o atraso de propagação determina quanto tempo leva para um único carro percorrer o caminho de um ponto a outro. Por exemplo, uma estrada que pode aceitar um carro a cada cinco segundos tem uma taxa de transferência de *0,2* carros por segundo. Se um carro requer 30 segundos para percorrer toda a estrada, esta tem um atraso de propagação de *30* segundos. Agora, considere o que acontece se uma segunda pista é aberta na estrada (ou seja, se a capacidade dobra). Dois carros poderão entrar a cada cinco segundos, de modo que a taxa de transferência dobra para *0,4* carros por segundo. É claro que o atraso de *30* segundos permanece inalterado, pois cada carro ainda deve percorrer toda a distância. Assim, quando pensar em medidas de redes, lembre-se de que:

> *O atraso de propagação especifica o tempo que um único bit permanece em trânsito na rede. A throughput, que especifica quantos bits podem entrar na rede por unidade de tempo, mede a capacidade da rede.*

Profissionais de rede utilizam um aforismo interessante:

> *Você sempre pode comprar mais taxa de transferência, mas você não pode comprar menor atraso.*

A analogia com a estrada ajuda a explicar o aforismo: a adição de mais faixas aumentará o número de automóveis que podem entrar na estrada por unidade de tempo, mas não diminuirá o tempo total necessário para passar por ela. Redes seguem o mesmo padrão: a adição de mais caminhos paralelos de transmissão aumentará a taxa de transferência da rede, mas o atraso de propagação, que depende da distância, não diminuirá.

27.6 Jitter

Uma terceira medida de redes está se tornando cada vez mais importante conforme as redes são utilizadas para a transmissão de voz e vídeo em tempo real. A medida, conhecida como *jitter* da rede, avalia a variação no atraso. Duas redes podem ter o mesmo atraso médio, mas diferentes valores de jitter. Em particular, se todos os pacotes que percorrem uma determinada rede têm exatamente o mesmo atraso, D, a rede não tem jitter. No entanto, se os pacotes alternam entre um atraso de $D + \varepsilon$ e um de $D - \varepsilon$, a rede tem a mesma média de atraso, mas tem um jitter diferente de zero.

Para entender por que o jitter é importante, considere o envio de voz através de uma rede. No lado do transmissor, o sinal analógico é amostrado e digitalizado, e um valor digital de 8 bits é transmitido a cada 125 μsegundos. As amostras são agrupadas em pacotes, que são transferidos através da rede. No lado do receptor, os valores digitais são extraídos e convertidos de volta para uma saída analógica. Se a rede tem jitter zero (isto é, se cada pacote leva exatamente o mesmo tempo para atravessar a rede), a saída de áudio vai coincidir exatamente com a entrada original; caso contrário, a saída será falha. Existem duas abordagens gerais para a manipulação do jitter:

- Projetar uma rede isócrona sem jitter.
- Usar um protocolo que compensa jitter.

Redes telefônicas tradicionais utilizam a primeira abordagem: o sistema telefônico implementa *redes isócronas* que garantem atraso constante por múltiplos caminhos. Assim, se os dados digitalizados a partir de uma chamada telefônica forem transmitidos através de dois caminhos, o hardware é configurado para que os dois caminhos tenham exatamente o mesmo atraso.

As transmissões de voz ou vídeo através da Internet utilizam a segunda abordagem: embora a rede possa ter um jitter substancial, as aplicações de voz e vídeo utilizam *protocolos de tempo real* para compensá-lo[1]. Como o uso de protocolos em tempo real é muito mais econômico do que a construção de uma rede isócrona, as empresas de telefonia estão atenuando os requisitos rigorosos de redes isócronas. Evidentemente, um protocolo não pode compensar qualquer valor de jitter – se a variância no atraso torna-se excessiva, a saída é afetada. Assim, mesmo quando utilizam a segunda abordagem, os prestadores de serviços tentam minimizar a instabilidade nas suas redes.

27.7 Relação entre o atraso e a taxa de transferência

Teoricamente, o atraso e a taxa de transferência de uma rede são independentes. Na prática, no entanto, eles podem estar relacionados. Para entender o porquê, pense na analogia da estrada discutida anteriormente. Se os carros entram na estrada em intervalos de tempo constantes, aqueles que viajam a uma velocidade uniforme são espaçados em intervalos uniformes. Se um carro diminui a velocidade por qualquer razão (por exemplo, em um cruzamento), outros atrás dele devem diminuir também, causando congestionamento temporário. Carros que entram na estrada quando o congestionamento está ocorrendo vão experimentar maiores atrasos do que os que viajam em uma estrada não congestionada. Uma situação semelhante pode ocorrer nas redes. Se um roteador tem uma fila de pacotes quando um novo pacote chega, este será colocado no final da fila e terá que esperar enquanto o roteador encaminha os pacotes anteriores. Nesses casos de congestionamento, os pacotes vão experimentar atrasos maiores do que quando entram em uma rede ociosa.

27.7.1 Utilização como uma estimativa de atraso

Os cientistas da computação têm estudado a relação entre atraso e congestionamento e descobriram que, em muitos casos, o atraso esperado pode ser estimado a partir da percentagem atual da capacidade da rede sendo usada. Se D_0 indica o atraso quando a rede

---

[1] O Capítulo 28 discute a transmissão de dados em tempo real através da Internet.

está ociosa e U é um valor entre 0 e 1 que denota a *utilização* atual, o atraso eficaz, D, é determinado por uma fórmula simples:

$$D = \frac{D_0}{(1 - U)} \qquad (28.1)$$

Quando uma rede está completamente inativa, U é zero e o atraso eficaz é D_0. Quando uma rede opera em 1/2 da sua capacidade, o atraso efetivo dobra. À medida que o tráfego se aproxima da capacidade máxima da rede (isto é, U chega perto de 1), o atraso se aproxima do infinito. Embora a fórmula forneça apenas uma estimativa do atraso efetivo, podemos concluir:

> *Throughput e atraso não são completamente independentes. À medida que o tráfego em uma rede aumenta, o congestionamento faz com que o atraso aumente; uma rede que opera próxima a 100% de sua capacidade sofre com grandes atrasos.*

Na prática, os gerentes de rede entendem que uma utilização extremamente alta pode produzir atrasos desastrosos. Assim, a maioria deles trabalha para manter uma baixa utilização e mede o tráfego em cada rede constantemente. Quando a utilização média ou de pico começa a subir acima de um limiar predefinido, o gerente aumenta a capacidade da rede. Por exemplo, se a utilização torna-se alta em uma Ethernet de um 1 Gbit/s, ele pode optar por substituí-la por uma Ethernet de 10 Gbit/s. Alternativamente, o gerente pode optar por dividir a rede em dois, colocando metade dos computadores em uma rede e metade na outra (tal divisão é fácil com um comutador que suporta VLANs).

Qual deveria ser o limite de utilização? Não há uma resposta simples; muitos gerentes escolhem um valor conservador. Por exemplo, um grande ISP responsável por um grande backbone mantém a utilização em todos os seus circuitos digitais com menos de 50%. Outros estabelecem limiares de 80% para economizar dinheiro. Em qualquer caso, os gerentes em geral concordam que uma rede não deve operar acima de 90% da sua capacidade.

27.7.2 Produto delay-throughput

Depois que o atraso e a taxa de transferência da rede são conhecidos, é possível calcular outra medida interessante, o produto *delay-throughput*[2]. Para entender o significado dele, pense na analogia da estrada: se os carros entram nela a uma taxa fixa de T carros por segundo e se são necessários D segundos para um carro atravessá-la, então $T \times D$ carros terão entrado na estrada quando o primeiro deles tiver terminado a jornada. Assim, um total de $T \times D$ carros podem estar na estrada em um determinado momento. Em termos de redes, o número de bits que passam pela rede em um determinado momento é dado por:

$$\text{Bits presentes na rede} = T \times D \qquad (28.2)$$

---

[2] Quando usado como uma medida do hardware da rede, o produto delay-throughput (atraso-taxa de transferência) é muitas vezes chamado de *produto delay-bandwidth* (*atraso-largura de banda*).

onde D é o atraso medido em segundos e T é o throughput medido em bits por segundo. Para resumir:

> *O produto de atraso e throughput mede o volume de dados que podem estar presentes na rede. Uma rede com throughput T e atraso D pode ter um total de $T \times D$ bits em trânsito a qualquer momento.*

O produto delay-throughput é importante para qualquer rede com atrasos longos ou grandes throughputs, pois ele afeta a transmissão – um aplicativo de envio pode transmitir um grande volume de dados antes de o destino ter recebido o primeiro bit.

27.8 Medindo atraso, taxa de transferência e jitter

As técnicas utilizadas para medir a taxa de transferência (throughput) e o jitter são relativamente simples. Para avaliar a taxa de transferência, um emissor transfere um grande volume de dados. Um receptor registra o tempo, desde o início da recepção do primeiro bit até que todos os dados tenham chegado, e calcula o throughput como a quantidade de dados enviados por unidade de tempo. A técnica para medir o jitter é conhecida como *trem de pacotes*: um transmissor envia uma série de pacotes com um atraso pequeno e fixo entre eles. Um receptor registra o momento em que cada pacote chega e usa a sequência de tempos para calcular as diferenças de atraso entre eles.

Ao contrário de medições de throughput ou jitter, uma medição precisa do atraso em um caminho de A para B requer que os dois computadores tenham relógios sincronizados. Além disso, para medir o atraso em uma distância curta (por exemplo, uma LAN), os relógios devem ser extremamente precisos. Em vez de usar relógios sincronizados, muitas ferramentas de monitoramento de redes escolhem uma abordagem mais fácil: medir o tempo de ida e volta e dividir por dois. Nesse caso, o próprio *ping* pode ser utilizado.

Medir o desempenho da rede pode ser surpreendentemente difícil por quatro motivos:

- As rotas podem ser assimétricas.
- As condições podem mudar rapidamente.
- A própria medição pode afetar o desempenho.
- O tráfego é em rajadas.

O primeiro motivo explica por que pode não ser possível utilizar metade do tempo de ida e volta para aproximar o valor do atraso. Roteamento assimétrico significa que o atraso de B para A pode diferir consideravelmente do atraso de A para B. Desse modo, a metade do tempo de ida e volta pode não fornecer uma medida precisa.

O segundo motivo explica por que uma medida precisa do desempenho da rede pode ser difícil de obter: as condições mudam rapidamente. Por exemplo, considere uma rede compartilhada. Se apenas um computador envia dados, ele vai desfrutar de baixo atraso, alto rendimento e baixo jitter. À medida que outros computadores começam a usar a rede, aumenta a utilização, o que eleva atraso e jitter e diminui a taxa de transferência. Além disso, como as condições mudam rapidamente, atrasos podem variar amplamente em menos de um segundo. Assim, mesmo que as medições sejam efetuadas a cada 10 segundos, uma medição pode perder uma grande variação instantânea.

O terceiro motivo sugere que o envio de tráfego de teste para medir a rede pode afetar o desempenho dela. No ambiente de pesquisa PlanetLab, por exemplo, tantos pesquisadores usaram *ping* para medir desempenho que o tráfego de *ping* dominou completamente o uso da rede. A situação tornou-se tão grave que os administradores estabeleceram uma política de desencorajar o uso do *ping*.

O quarto motivo é fundamental: as redes de dados possuem um comportamento de *rajadas de tráfego*, o que significa que o tráfego é desigual. Se considerarmos o tráfego enviado por um determinado computador, o padrão de rajada é óbvio: a maioria dos computadores permanece em silêncio até que um usuário executa um aplicativo que se comunica através da Internet. Quando um usuário digita uma URL em um navegador Web, o navegador busca todas as partes da página e, em seguida, interrompe a comunicação até o usuário solicitar outra página. Da mesma forma, se um usuário vai ler seus e-mails, o computador se comunica com o servidor de e-mail, baixa uma cópia das mensagens não lidas da caixa postal do usuário e volta a aguardar comandos.

Curiosamente, o tráfego de dados agregado também ocorre em rajadas. É de se esperar que as rajadas sejam um fenômeno local, e que, quando o tráfego de milhões de usuários da Internet for combinado, o resultado seja um padrão suave de utilização. Afinal de contas, os usuários não fazem leituras de e-mail exatamente ao mesmo tempo; assim, enquanto um usuário está baixando e-mails, outro pode estar lendo os e-mails baixados anteriormente. Com efeito, medições de voz na rede telefônica mostram que o tráfego telefônico de milhões de usuários resulta em um agregado suave. Quando o tráfego de um milhão de utilizadores da Internet é combinado, no entanto, o resultado não é um agregado suave. Em vez disso, o agregado é em rajada, ou seja, o tráfego total tem picos e vales. Na verdade, os estatísticos dizem que o tráfego de dados é *autossemelhante*, o que significa que ele é análogo a um *fractal*, no qual o mesmo perfil estatístico aparece em qualquer granularidade. Assim, se uma empresa examina a LAN, o tráfego dos computadores locais será em rajadas. Se um ISP intermediário mede o tráfego de mil usuários ou se um grande ISP mede o tráfego de 10 milhões de usuários, o tráfego terá grandes quantidades absolutas, mas apresentará o mesmo padrão estatístico global que o tráfego em uma LAN.

Podemos resumir:

> *Ao contrário do tráfego telefônico de voz, o tráfego de dados ocorre em rajadas. Além disso, ele é autossemelhante, pois o tráfego de dados agregados tem o mesmo padrão de rajadas visto numa rede local.*

27.9 Medição passiva, pacotes pequenos e NetFlow

Existem dois tipos de medição de redes:

- Medição ativa
- Medição passiva

Nós discutimos as desvantagens das técnicas *ativas* de medição: o tráfego de medição injetado na rede pode mudar o desempenho dela e alterar o resultado da medição. A alternativa é a medição *passiva*, que monitora a rede e conta pacotes, mas não injeta tráfego adicional. Por exemplo, um ISP pode contar os bytes que são transferidos através de um enlace em um determinado período de tempo para produzir uma estimativa da utilização do mesmo. Para isso, o ISP providencia uma estação de monitoramento passivo que observa a rede durante um intervalo de tempo e acumula o total de bytes em todos os pacotes.

Curiosamente, um ISP pode escolher medir o número de pacotes enviados junto ao número de bytes de dados. Para entender o porquê, observe que, como a utilização do enlace é medida como uma percentagem da capacidade e a capacidade é medida em bits por segundo, um ISP precisa medir a quantidade de bits por unidade de tempo. Entretanto, a capacidade de comutadores e roteadores é medida em pacotes por segundo. A medida surge porque um roteador ou um comutador realiza a computação do encaminhamento de próximo salto uma vez por pacote, independentemente do tamanho do pacote. Por conseguinte, o esforço computacional dispendido para encaminhar pacotes é proporcional ao número de pacotes processados, e não ao número de bits em um pacote. Quando um fluxo de dados chega a 1 Gbit/s, um comutador ou um roteador executa menos trabalho se o fluxo é dividido em alguns pacotes grandes do que se ele é disperso em vários pacotes pequenos. Fornecedores de equipamentos de rede entendem que o desempenho depende de pacotes. Se o equipamento de um determinado fornecedor não consegue lidar com muitos pacotes por segundo, o departamento de marketing do fornecedor pode chamar a atenção para a taxa de transmissão de dados em vez de para a taxa de pacotes (ou seja, o relatório de desempenho de seus produtos quando eles lidam com grandes pacotes). O ponto é:

> Para avaliar o uso do enlace, um ISP mede o total de dados transferidos por um enlace por unidade de tempo; para avaliar o impacto em um roteador ou em um comutador, um ISP mede o número de pacotes transferidos por unidade de tempo.

A *NetFlow*, uma das técnicas de medição passiva mais utilizadas, foi criada pela Cisco e é agora um padrão IETF. Um roteador que implementa NetFlow amostra estatisticamente pacotes de acordo com parâmetros estabelecidos pelo administrador de rede (por exemplo, amostra um pacote a cada mil). A informação é extraída a partir do cabeçalho de cada pacote amostrado, então é resumida, e o resumo é enviado para um sistema de gerenciamento de rede, onde é processado (muitas vezes, os dados são salvos no disco para análise posterior). Normalmente, a NetFlow extrai o endereço IP de origem e destino, o tipo do datagrama e os números de porta. Para assegurar que a medição é passiva, um roteador rodando NetFlow deve enviar os resumos através de uma porta especial de controle, em vez de encaminhá-los através de uma das redes que lidam com dados de usuário.

27.10 Qualidade de Serviço (QoS)

O objetivo da medição de redes é o *provisionamento da rede*: projetar uma rede para fornecer um nível específico de serviço. O restante deste capítulo considera mecanismos que podem ser utilizados para implementar garantias de serviço. Em termos gerais, o tema é conhecido como *qualidade de serviço* (*QoS, Quality of Service*)[3].

Para entender a QoS, considere o contrato entre um provedor de serviços e um cliente. Em sua forma mais básica, o contrato define um serviço especificando a taxa de transferência de dados que o provedor garante. Por exemplo, um provedor que oferece

---
[3] Em vez de soletrar a sigla, profissionais de redes muitas vezes pronunciam "kwass".

uma conexão DSL para a Internet pode garantir uma taxa de 2,2 Mbit/s de dados. Contratos mais complexos definem *serviços hierárquicos*, em que o nível do serviço recebido depende do valor pago. Por exemplo, um fornecedor pode escolher uma abordagem de *prioridade* que garante que os pacotes dos clientes do nível de serviço *platina* terão prioridade sobre os pacotes dos clientes que assinaram o nível de serviço *prata*.

Grandes clientes corporativos muitas vezes exigem *garantias de serviço* mais rigorosas. A indústria financeira normalmente cria contratos de serviço com limites de atraso entre locais específicos. Por exemplo, uma empresa de corretagem pode precisar de um contrato de serviço que garanta que os pacotes devam ser transferidos da sede da empresa para a bolsa de Nova Iorque em menos de 10 milissegundos; uma empresa que faz backup de todo o seu datacenter a cada noite pode precisar de um contrato de serviço que garanta uma taxa de transferência maior que 1 Gbit/s nas conexões TCP usadas para backup.

Um contrato entre um ISP e um cliente que especifica os detalhes do serviço oferecido é conhecido como *acordo de nível de serviço* (SLA, *Service Level Agreement*). Um SLA contém linguagem jurídica e pode ser difícil de interpretar. Por exemplo, ele pode começar com uma descrição de um circuito alugado que oferece uma taxa de transferência efetiva de 155 Mbit/s (taxa OC-3). Mais adiante, no entanto, o termo *taxa de informação comprometida* (CIR, *Committed Information Rate*) pode aparecer com o valor zero. Legalmente, esse contrato significa que o provedor só garante 0 bits por segundo em vez de 155 Mbit/s.

27.11 QoS de granularidade fina e grossa

Como um provedor especifica garantias de QoS e quais tecnologias ele utiliza para impor QoS? A Figura 27.3 lista as duas abordagens gerais que têm sido propostas para a especificação do serviço. Como a figura indica, as abordagens diferem na sua granularidade e na possibilidade de um fornecedor ou um cliente selecionar parâmetros.

Abordagem	Descrição
Granularidade fina	Um provedor permite que o cliente indique requisitos específicos de QoS para uma determinada instância de comunicação; um cliente faz um pedido cada vez que um fluxo é criado (por exemplo, para cada ligação TCP)
Granularidade grossa	Um provedor especifica algumas grandes classes de serviço, cada uma delas é adequada para um tipo de tráfego; um cliente deve mapear todo o seu tráfego nessas classes

Figura 27.3 Duas abordagens que têm sido propostas para a especificação de serviços de QoS.

27.11.1 QoS de granularidade fina e fluxos

Grande parte do trabalho inicial relacionado ao QoS foi desenvolvida pelas empresas de telefonia. Os projetistas criaram uma rede de dados orientada à conexão e modelada com base no sistema de telefonia: quando um cliente necessitasse se comunicar com um local remoto (por exemplo, um servidor Web), ele criaria uma conexão. Além disso, os projetistas assumiram que o cliente iria informar os requisitos de QoS para cada conexão, e que o provedor iria efetuar a cobrança de acordo com a distância e o QoS utilizados.

As empresas de telefonia incorporaram muitos recursos de QoS no projeto das redes *ATM* (*Asynchronous Transmission Mode*). Embora o ATM não tenha sobrevivido e os provedores não efetuem a cobrança por ligação, algumas das terminologias que ele criou para a QoS de granularidade fina ainda são usadas com pequenas modificações. Em vez de especificar a QoS em uma ligação, utiliza-se o termo *fluxo*. Um fluxo geralmente se refere à comunicação na camada de transporte, como uma conexão TCP, um conjunto de pacotes UDP transitando entre um par de aplicações ou uma chamada de telefone VoIP. A Figura 27.4 enumera quatro principais categorias de serviço que estavam presentes no ATM e explica como elas se relacionam aos fluxos.

Sigla	Expansão da sigla	Significado
CBR	*Constant Bit Rate* (taxa de bits constante)	Dados entram no fluxo a uma taxa fixa, tal como dados de uma chamada de voz digitalizada entrando a exatamente 64 kbit/s
VBR	*Variable Bit Rate* (taxa de bits variável)	Dados entram no fluxo a uma taxa variável dentro de limites estatísticos especificados
ABR	*Available Bit Rate* (taxa de bits disponível)	O fluxo concorda em usar qualquer taxa de dados disponível em um dado tempo
UBR	*Unspecified Bit Rate* (taxa de bits não especificada)	Nenhuma taxa de bits é especificada para o fluxo; o aplicativo está satisfeito com o serviço de melhor esforço

Figura 27.4 Quatro principais categorias de serviço de QoS.

Como a figura indica, o serviço CBR é apropriado para fluxos que transferem dados a uma taxa fixa, com voz digitalizada sendo o exemplo canônico. Serviços VBR são apropriados para fluxos que utilizam uma codificação de taxa variável. Por exemplo, alguns codecs de vídeo enviam codificações diferenciais, nas quais a quantidade de dados enviados em um quadro é proporcional à diferença entre o quadro anterior e o quadro atual. Em tais casos, um cliente pode especificar a taxa média de dados, a taxa máxima de dados e também a duração da taxa máxima. A VBR pede que os usuários especifiquem:

- taxa de bits sustentada (SBR, *Sustained Bit Rate*)
- taxa de bits de pico (PBR, *Peak Bit Rate*)
- tamanho da rajada sustentada (SBS, *Sustained Burst Size*)
- tamanho da rajada de pico (PBS, *Peak Burst Size*)

O serviço ABR implica compartilhamento: um cliente está disposto a pagar por qualquer quantidade de serviço disponível. Se outros clientes enviarem dados, o montante disponível será menor (e, presumivelmente, o provedor irá cobrar menos). Finalmente, o serviço UBR significa que o cliente não quer pagar taxas mais elevadas e está satisfeito com o serviço de melhor esforço.

Quando o uso de QoS na Internet foi inicialmente considerado, as empresas de telefonia argumentaram que os serviços de granularidade fina seriam necessários antes que a qualidade das chamadas telefônicas de voz sobre uma rede de pacotes fosse aceitável. Consequentemente, além de trabalhar no ATM, a comunidade de pesquisa começou a explorar a QoS de granularidade fina na Internet. A pesquisa ficou conhecida como *Serviços Integrados* (IntServ, *Integrated Services*).

Depois de muitos anos de pesquisa em Serviços Integrados e da criação de vários protocolos, a comunidade de pesquisa e o IETF concluíram que uma abordagem de granularidade fina era impraticável e desnecessária. Por um lado, um usuário mediano não tem uma compreensão suficiente de QoS para escolher os parâmetros. Afinal, qual taxa de transferência deveria ser especificada para uma conexão com um típico site Web? Por outro lado, os roteadores de núcleo têm poder de processamento insuficiente para implementar a QoS por fluxo. Assim, o foco do trabalho sobre a QoS consistiu em definir algumas grandes classes de serviço, em vez de tentar fornecer uma QoS fim-a-fim para cada fluxo individual. Podemos resumir:

> *Apesar de muitos anos de pesquisa e desenvolvimento de padrões, a abordagem de granularidade fina para QoS tem sido relegada para alguns poucos casos especiais.*

27.11.2 QoS de granularidade grossa e classes de serviço

A alternativa à granularidade fina de QoS é uma abordagem de granularidade grossa em que o tráfego é dividido em *classes* e os parâmetros de QoS são atribuídos à classe, e não a fluxos individuais. Para compreender a motivação para a abordagem de granularidade grossa, é necessário considerar a implementação de QoS em um roteador de núcleo. Cada conexão com os roteadores pode operar a 10 Gbit/s, o que significa que os pacotes chegam a uma taxa extremamente alta; um hardware especial é necessário para realizar o encaminhamento, porque os processadores convencionais são muito lentos. Além disso, como carrega tráfego entre os principais ISPs, um roteador de núcleo deve lidar com milhões de fluxos simultâneos. A QoS de granularidade fina requer muitos recursos adicionais, pois o roteador deve manter o estado de milhões de fluxos e deve realizar um cálculo complexo para cada pacote. Além disso, um roteador deve alocar recursos quando um fluxo começa e desalocá-los quando um fluxo termina.

27.12 Implementação de QoS

A Figura 27.5 ilustra as quatro etapas que um comutador ou um roteador usa para implementar a sQoS.

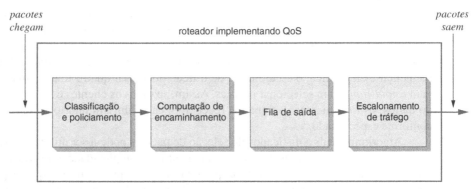

Figura 27.5 Os quatro passos principais usados para implementar a QoS.

Classificação e policiamento. Quando um pacote chega, um roteador *classifica--o* atribuindo a ele um identificador de fluxo. Para um sistema de granularidade fina, o identificador especifica uma conexão individual; para um sistema de granularidade grossa, especifica uma classe de tráfego. Uma vez que o identificador tenha sido atribuído, o roteador executa o policiamento, o que significa que ele verifica se o pacote não viola os parâmetros para o fluxo. Em particular, se um cliente envia dados mais rápido do que a velocidade máxima pela qual está pagando, um sistema de controle de políticas começa a descartar pacotes. Uma técnica utilizada para o policiamento é *descartar pacotes randomicamente antes de a fila estar cheia* (RED, *Random Early Discard*), por meio da qual os pacotes em um determinado fluxo são descartados probabilisticamente. A fila é estabelecida para o fluxo, e o tamanho atual da fila é usado para determinar a probabilidade de descarte. Quando a fila está a menos de metade, a probabilidade é definida para zero. Quando a fila está completamente cheia, a probabilidade é definida para um. Em tamanhos de fila intermediários, a probabilidade é linearmente proporcional ao número de pacotes na fila. O uso de RED ajuda a evitar um problema cíclico causado pela política de fila *tail drop* (descarta o fim da fila), em que todos os pacotes que chegam são descartados quando a fila está cheia. Nesse caso, como há descarte em rajadas, muitas sessões TCP entram em estado de timeout e recomeçam o *slow start*, fazendo o tráfego aumentar até a fila crescer de novo e o ciclo se repetir.

Computação de encaminhamento. Ao calcular o próximo salto, um roteador ou um comutador pode usar o identificador de fluxo. Em alguns casos, o identificador do fluxo determina o caminho a ser seguido (por exemplo, todo o tráfego de voz é enviado pela porta 54 para um comutador de voz). Em outros casos, o identificador de fluxo é ignorado, e o endereço de destino em cada pacote é usado para selecionar o próximo salto. Os detalhes exatos do encaminhamento dependem da finalidade do comutador ou do roteador e das políticas de QoS.

Fila de saída. A maioria das implementações de QoS criam um conjunto de filas para cada porta de saída. Uma vez que o encaminhamento seleciona uma porta de saída para o pacote, o mecanismo de enfileiramento de saída utiliza o identificador de fluxo para colocar o pacote em uma das filas associadas com a porta. Um sistema de granularidade grossa utiliza geralmente uma fila por classe; assim, se um gerente estabelece oito classes de QoS, cada porta de saída terá oito filas. Um sistema de granularidade fina muitas vezes tem uma fila por conexão, com filas dispostas numa hierarquia. Por exemplo, um chip processador de rede fornece 256 mil filas dispostas numa hierarquia de múltiplos níveis.

Escalonamento de tráfego. Um escalonador de tráfego implementa as políticas de QoS, selecionando um pacote para enviar sempre que uma porta está ociosa. Por exemplo, um gerente pode especificar que três clientes devem receber individualmente 25% da capacidade e todos os outros clientes devem compartilhar o restante. Para implementar essa política, o escalonador de tráfego pode usar quatro filas e uma abordagem *round-robin* para selecionar pacotes. Assim, se todos os clientes estiverem enviando dados, os três clientes designados receberão, cada um, um quarto da capacidade, conforme especificado.

Algoritmos mais sofisticados de seleção de pacotes podem ser utilizados para implementar formas complexas de compartilhamento. A complexidade é utilizada porque um escalonador de tráfego deve manter políticas de longo prazo, mesmo que os pacotes cheguem em rajadas. Assim, um escalonador de tráfego deve adaptar-se a situações em que uma determinada fila excede temporariamente a sua taxa de dados, desde que a média de longo prazo atenda aos limites especificados. Da mesma forma, o escalonador deve adaptar-se a uma situação em que uma ou mais filas estão temporariamente vazias, dividindo a capacidade não utilizada entre as outras filas.

Muitos algoritmos de escalonamento de tráfego têm sido propostos e analisados. Não é possível criar um algoritmo prático que atinja a perfeição; é preciso existir um equilíbrio entre justiça e sobrecarga computacional. A Figura 27.6 lista alguns algoritmos de gerenciamento de tráfego que têm sido propostos e estudados.

Algoritmo	Descrição
Leaky bucket (balde furado)	Permite a uma fila enviar pacotes a uma taxa fixa, incrementando periodicamente um contador de pacotes e usando-o para controlar a transmissão
Token bucket (balde de token)	Permite a uma fila enviar dados a uma taxa fixa, incrementando periodicamente um contador de bytes e usando-o para controlar a transmissão
Weighted round-robin (round-robin ponderado)	Seleciona pacotes de um conjunto de filas de acordo com seus respectivos pesos, que dividem a capacidade em percentagens fixas assumindo um tamanho de pacote uniforme
Deficit round-robin (round-robin de déficit)	Uma variante da round-robin que conta bytes enviados em vez de pacotes e permite um déficit temporário causado por um grande pacote

Figura 27.6 Exemplo de algoritmos de escalonamento de tráfego.

27.13 Internet QoS Technologies

O IETF criou uma série de tecnologias e protocolos relacionados com a QoS. Os três mais significativos são:

- RSVP e COPS
- DiffServ
- MPLS

RSVP e COPS. Enquanto explorou IntServ, o IETF desenvolveu dois protocolos para fornecer QoS: o *protocolo de reserva de recursos* (RSVP, *Resource ReSerVation Protocol*) e os *serviços abertos de políticas comuns* (COPS, *Common Open Policies Services*). O RSVP é uma versão de QoS de granularidade fina, portanto, a reserva de recursos é necessária para cada sessão TCP ou UDP. Para usar o RSVP, um aplicativo envia uma solicitação que especifica a QoS desejada. Cada roteador ao longo do caminho da origem até o destino reserva os recursos solicitados e passa a solicitação para o próximo roteador. Eventualmente, o computador de destino deve concordar com o pedido. Quando cada salto ao longo do caminho concordou em atender ao pedido, um identificador de fluxo é gerado e devolvido. O tráfego pode em seguida ser enviado ao longo do caminho, já com a garantia da reserva dos recursos. O COPS é um protocolo usado conjuntamente com o RSVP para especificar e aplicar políticas. Um roteador que implementa policiamento usa o COPS para se comunicar com um servidor de políticas e obter informações sobre os parâmetros do fluxo. Como foi projetado para fornecer a QoS de granularidade fina para cada fluxo individualmente, o RSVP é raramente usado.

DiffServ. Uma vez abandonados os IntServ e a QoS de granularidade fina, o IETF criou os *serviços diferenciados* (DiffServ, *Differentiated Services*) para definir um mecanismo de QoS de granularidade grossa. O esforço relacionado ao DiffServ produziu uma definição de como as classes podem ser especificadas e de como o campo TYPE OF SERVICE do cabeçalho IPv4 ou IPv6 pode ser usado para especificar a classe de um datagrama. Embora vários ISPs tenham experimentado DiffServ, a tecnologia não obteve aceitação generalizada.

MPLS. O Capítulo 19 descreve o *MPLS (Multiprotocol Label Switching)* como um mecanismo de comunicação orientado à conexão construído em cima do IP. Para usar o MPLS, um gerente configura caminhos de encaminhamento através de um conjunto de roteadores com o MPLS habilitado. Na extremidade transmissora, cada datagrama é encapsulado em um cabeçalho o MPLS e injetado no caminho MPLS; na outra extremidade, cada datagrama é extraído, o cabeçalho MPLS é removido e o datagrama é encaminhado para o seu destino. Em muitos casos, uma política de escalonamento de tráfego é atribuída a um caminho MPLS, o que significa que, quando um datagrama é inserido num determinado caminho, parâmetros de QoS são definidos para ele. Assim, um ISP pode configurar um caminho MPLS para os dados de voz separado do caminho MPLS utilizado para outros dados.

27.14 Resumo

As duas medidas primárias de desempenho da rede são o atraso, que é o tempo requerido para enviar um bit de um computador para outro, e a taxa de transferência (throughput), que representa o número de bits por segundo que pode ser transmitido através da rede. Apesar de a taxa de transferência ser comumente chamada de velocidade, ela é uma medida da capacidade da rede. O produto *delay-throughput* mede a quantidade de dados que podem estar em trânsito num determinado instante. Atraso e throughput não são independentes – à medida que a throughput se aproxima de 100% da capacidade, atrasos aumentam rapidamente.

O jitter, uma medida da variância do atraso, é cada vez mais importante em redes de dados. Um jitter baixo pode ser conseguido com uma rede isócrona ou com um protocolo que lida com a transmissão de áudio e de vídeo em tempo real; a Internet utiliza a abordagem de protocolo.

A medição do desempenho da rede pode ser complicada. Rotas assimétricas tornam necessários relógios sincronizados para medir atraso; o tráfego em rajadas faz com que o desempenho mude rapidamente. Como o tráfego adicional de medição pode alterar as condições da rede, muitos gerentes preferem tecnologias de medição passivas, como o NetFlow.

Tanto a QoS de granularidade fina como a de granularidade grossa foram estudadas; os esforços para obter a QoS de granularidade fina foram abandonados. O protocolo ATM definiu categorias de serviço, e as siglas ainda são usadas: taxa de transmissão constante, variável, disponível e não especificada (CBR, VBR, ABR e UBR).

Para implementar a QoS, um comutador ou um roteador classifica e policia os dados de entrada, encaminha e posiciona cada pacote em uma fila de saída, usando um escalonador de tráfego para selecionar qual pacote deve enviar quando a porta de saída está livre. Vários algoritmos de escalonamento de tráfego têm sido propostos e analisados; cada um possui um compromisso com o equilíbrio entre a justiça ideal e a sobrecarga computacional.

O IETF definiu o RSVP e o COPS como parte do esforço IntServ; quando a ênfase se afastou da abordagem de QoS de granularidade fina, o IETF definiu DiffServ. Ele também definiu o MPLS como uma tecnologia de engenharia de tráfego. Parâmetros de QoS podem ser associados com cada túnel MPLS; assim, uma vez que um datagrama tenha sido classificado, o MPLS vai definir seus parâmetros de QoS.

Exercícios

27.1 Liste e descreva as três principais medidas de desempenho de rede.

27.2 Cite cinco tipos de atraso e explique cada um.

27.3 Você espera que os atrasos de acesso sejam maiores em uma LAN ou em uma WAN? E o atraso de enfileiramento? Por quê?

27.4 Como a taxa de transferência (throughput) pode ser medida?

27.5 Qual nome é usado para a forma de throughput que é mais significativa para um usuário?

27.6 Cite exemplos de motivos que fazem o goodput ser menor do que a capacidade do canal.

27.7 Forneça uma explicação de atraso e throughput em termos de bits transmitidos.

27.8 Entre atraso e throughput, qual provoca o principal limite no desempenho? Por quê?

27.9 Use *ping* para medir a latência da rede para sites locais e distantes. Qual o atraso mínimo e máximo medido?

27.10 Fazer *ping* para o endereço IP 127.0.0.1 gera uma latência extremamente baixa. Explique.

27.11 Baixe uma cópia do programa *ttcp* e use-o para medir a taxa de transferência em uma Ethernet local. Qual é o goodput? Estime a utilização do enlace.

27.12 Compare o throughput de uma rede de 100 Mbit/s com o de uma rede de 1 Gbit/s.

27.13 O que é jitter e quais são as duas abordagens utilizadas para lidar com ele?

27.14 Profissionais algumas vezes se referem a um "joelho" na curva de atraso. Para entender o que isso significa, plote o atraso eficaz para valores de utilização entre *0* e *0,95*. Você consegue encontrar algum valor de utilização para o qual a curva pareça aumentar acentuadamente?

27.15 Que quantidade de dados pode estar "em trânsito" entre uma estação emissora, um satélite e uma estação receptora? Para descobrir isso, calcule o produto delay-throughput para um satélite GEO que opera a 3 Mbit/s. Suponha a órbita do satélite em 20 mil quilômetros acima da superfície da Terra e assuma que as transmissões de rádio se propagam à velocidade da luz.

27.16 Por que a medição do desempenho da rede é difícil?

27.17 Como o tráfego de dados se difere do tráfego de voz?

27.18 Explique o motivo pelo qual os ISPs contam o número de pacotes recebidos por unidade de tempo, em vez do número de bytes recebidos por unidade de tempo.

27.19 Quais são os dois tipos de QoS?

27.20 Estime o poder computacional necessário para implementar a QoS de granularidade fina no núcleo da Internet: assuma um enlace de 10 Gbit/s enviando pacotes de 1.000 bytes e N operações aritméticas por pacote e calcule o número de operações que um processador precisa executar por segundo.

27.21 Liste as quatro principais categorias de QoS que são derivadas de ATM e explique cada uma.

27.22 Considere um navegador Web. Que tipo de QoS seria adequado para um fluxo típico em que o navegador baixa uma página Web? Por quê?

27.23 Se dois usuários criam uma sessão de chat na Internet, qual categoria de QoS eles estarão utilizando?

27.24 Quais são os quatro parâmetros usados para caracterizar um fluxo VBR?

27.25 Explique os quatro passos utilizados para implementar QoS.

27.26 Se o seu ISP utiliza *leaky bucket* (balde furado) para agendar transmissões de pacotes, sua taxa de transferência será maior com pacotes grandes ou pequenos? Explique.

27.27 O que é DiffServ?

27.28 Qual a diferença entre o encaminhamento MPLS e o encaminhamento convencional IP?

27.29 Por que uma empresa escolheria atribuir todo o tráfego VoIP a uma única classe DiffServ?

CAPÍTULO 28
Multimídia e telefonia IP (VoIP)

28.1 Introdução, 429
28.2 Transmissão de dados em tempo real e entrega de melhor esforço, 429
28.3 Reprodução retardada e buffers de jitter, 430
28.4 Real-Time Transport Protocol (RTP), 431
28.5 Encapsulamento RTP, 432
28.6 Telefonia IP, 433
28.7 Sinalização e padrões de sinalização para VoIP, 433
28.8 Componentes de um sistema de telefonia IP, 434
28.9 Resumo dos protocolos e das camadas, 438
28.10 Características H.323, 438
28.11 Camadas H.323, 438
28.12 Características e métodos SIP, 439
28.13 Exemplo de sessão SIP, 440
28.14 Mapeamento do número de telefone e roteamento, 441
28.15 Resumo, 442

28.1 Introdução

Os capítulos desta parte do livro consideram uma variedade de tecnologias de rede e seus respectivos usos. O capítulo anterior discute o desempenho da rede e a QoS, apontando as duas formas básicas em que as redes podem ser projetadas para fornecer serviços voltados para aplicações em tempo real, como voz: uma infraestrutura isócrona ou o uso de protocolos que compensam jitter.

Este capítulo continua a discussão analisando a transmissão multimídia na Internet. Ele examina como dados multimídia podem ser enviados através de um mecanismo de comunicação de melhor esforço, descreve um protocolo de propósito geral para o tráfego em tempo real e considera a transmissão de chamadas de voz em detalhes.

28.2 Transmissão de dados em tempo real e entrega de melhor esforço

Usamos o termo multimídia em referência a dados que contenham áudio ou vídeo e que podem incluir texto. A frase *multimídia em tempo real* refere-se a dados multimídia que devem ser reproduzidos exatamente na mesma taxa em que foram capturados (por exemplo, um programa de notícias na televisão que inclui áudio e vídeo).

A pergunta que surge é: como a Internet pode ser usada para a transmissão de multimídia em tempo real? Para entender a dificuldade, lembre-se de que a Internet oferece um serviço de entrega de melhor esforço, ou seja, os pacotes podem ser perdidos, atrasados ou entregues fora de ordem – se áudio ou vídeo forem digitalizados, enviados pela Internet sem tratamento especial e, em seguida, exibidos exatamente como chegam, a saída resultante será inaceitável. Os primeiros sistemas multimídia resolveram o problema criando um sistema de comunicação projetado especificamente para lidar com áudio ou vídeo. A rede telefônica analógica usa uma rede isócrona para fornecer reprodução de áudio de alta qualidade, e sistemas de televisão analógica a cabo são projetados para oferecer múltiplos canais de transmissão de vídeo sem interrupções ou perdas.

Em vez de exigir que as redes lidem com transmissão em tempo real, a Internet utiliza suporte de protocolos adicionais. Curiosamente, o problema mais significativo a ser tratado é o jitter, e não a perda de pacotes. Para entender o porquê, considere um webcast ao vivo. Se um protocolo utiliza timeout e retransmissão para reenviar o pacote, o pacote retransmitido poderá chegar tarde demais para ser útil – nesse caso, o receptor já terá exibido o vídeo e o áudio de pacotes posteriores e não fará mais sentido inserir um trecho do webcast que deveria ser exibido antes.

O mais importante é:

> Ao contrário dos protocolos de transporte convencionais, um protocolo que transfere dados em tempo real lida apenas com o problema da instabilidade e não retransmite pacotes perdidos.

28.3 Reprodução retardada e buffers de jitter

Para lidar com o jitter e obter uma reprodução suave de dados em tempo real, são empregadas duas técnicas principais:

- *Timestamps*. Um transmissor gera um timestamp para cada fatia dos dados. Um receptor utiliza essa informação para lidar com os pacotes fora de ordem e exibir os dados na sequência correta de tempo.
- *Buffer de jitter*. Para acomodar o jitter (ou seja, pequenas variações de atraso), um receptor bufferiza os dados e retarda a reprodução.

A implementação de um buffer de jitter é simples. Um receptor mantém uma lista de itens de dados e usa timestamps para ordená-la. Antes de começar a reprodução, o receptor gera um retardo de d unidades de tempo, ou seja, os dados serão reproduzidos d unidades de tempo após os dados que estão chegando. Assim, se um determinado pacote atrasa na rede menos do que o tempo relativo a d, o seu conteúdo será colocado no buffer antes de ser necessário para a reprodução. Em outras palavras, itens são inseridos em um buffer de jitter com alguma variação na taxa, mas o processo de reprodução extrai dados do jitter de buffer a uma taxa fixa. A Figura 28.1 ilustra a organização de um sistema de reprodução em tempo real.

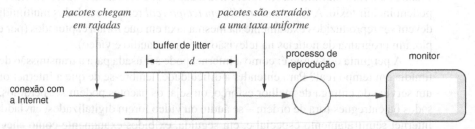

Figura 28.1 Ilustração de um buffer de jitter com retardo d.

28.4 Real-Time Transport Protocol (RTP)

No conjunto de protocolos da Internet, o *protocolo de transporte em tempo real* (RTP, *Real-time Transport Protocol*) fornece o mecanismo utilizado para transmitir dados em tempo real através da Internet. O termo *transporte* é um equívoco, porque o RTP fica acima da camada de transporte. Assim, apesar do nome, deve-se pensar no RTP como um protocolo de transferência.

O RTP não garante a entrega temporalmente espaçada dos dados e não inclui um buffer de jitter ou qualquer mecanismo de reprodução. Em vez disso, ele oferece três itens em cada pacote que permitem ao receptor implementar um buffer de jitter:

- Um *número de sequência* que permite a um receptor ordenar corretamente os pacotes e detectar pacotes perdidos.
- Um *timestamp* que permite a um receptor reproduzir os dados do pacote no momento correto.
- Uma série de *identificadores da origem* dos dados que permitem ao receptor saber a origem dos dados.

A Figura 28.2 ilustra como os campos de número de sequência, timestamp e identificador de origem aparecem em um cabeçalho do pacote RTP.

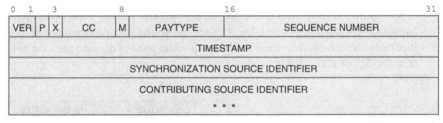

Figura 28.2 O cabeçalho básico que aparece no início de cada pacote RTP.

O campo *VER* fornece o número da versão RTP, que é atualmente 2. O campo *P* especifica se a carga útil do pacote possui preenchimento de zeros (algumas codificações exigem um bloco de tamanho fixo). O campo *X* especifica se uma extensão do cabeçalho está presente, e *CC* fornece uma contagem das origens que foram combinadas para produzir o fluxo, conforme descrito a seguir. *M* é um bit de marcação que pode ser utilizado para marcar alguns quadros. Em particular, algumas codificações de vídeo enviam um quadro completo seguido por uma série de mudanças incrementais; o bit *M* é ligado quando o pacote RTP carrega um quadro completo. O campo *PAYTYPE* especifica o tipo do codec utilizado; um receptor utiliza o valor de *PAYTYPE* para interpretar o restante do pacote.

Cada pacote inclui um campo de número de sequência chamado *SEQUENCE NUMBER*; o valor é incrementado por uma unidade a cada pacote. Tal como acontece com o TCP, um transmissor escolhe uma sequência aleatória no início para ajudar a evitar problemas de repetição. O campo *TIMESTAMP*, independente da sequência, fornece ao receptor as informações de sincronismo necessárias para a reprodução. Manter o timestamp independente da sequência é importante nos casos em que o tempo não é linearmente relacionado com a sequência do pacote (por exemplo, uma codificação de vídeo de tamanho variável que envia menos pacotes quando a imagem não muda rapidamente).

Um *TIMESTAMP* RTP não codifica data e hora. Em vez disso, o RTP escolhe um timestamp inicial aleatório e, em seguida, faz cada timestamp sucessivo relativo ao valor inicial. Além disso, o RTP não especifica se o tempo é medido em segundos, milissegundos ou outras unidades – o tipo de carga determina a granularidade do timestamp. O transmissor deve incrementar o tempo continuamente independente da granularidade de tempo utilizada, mesmo quando não há pacotes sendo enviados (por exemplo, se um codec suprime a transmissão durante períodos de silêncio em um fluxo de áudio).

Os dois campos *SYNCHRONIZATION SOURCE IDENTIFIER* (identificador da origem da sincronização) e *CONTRIBUTING SOURCE IDENTIFIER* (identificador das origens contribuintes) identificam os transmissores dos dados. Uma origem deve ser identificada devido ao mecanismo de entrega do multicast: um computador pode receber dados a partir de múltiplas fontes e pode receber várias cópias de um determinado pacote. A razão pela qual as múltiplas fontes são identificadas decorre de uma técnica conhecida como *mixagem*, em que um sistema intermediário combina dados de vários fluxos em tempo real para produzir um novo fluxo. Por exemplo, um mixer pode combinar fluxos separados de vídeo e áudio de um filme e, em seguida, transmitir via multicast o fluxo integrado.

28.5 Encapsulamento RTP

O RTP utiliza o UDP para transporte de mensagens. Assim, cada mensagem RTP é encapsulada em um datagrama UDP para ser transmitida através da Internet. A Figura 28.3 ilustra os três níveis de encapsulamento que são usados quando uma mensagem RTP é transferida por meio de uma rede.

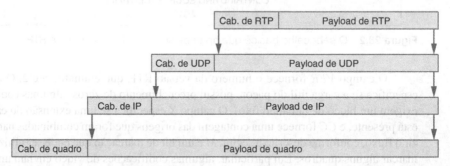

Figura 28.3 Os três níveis de encapsulamento usados com o RTP.

Como o RTP usa encapsulamento UDP, as mensagens resultantes podem ser enviadas via broadcast ou multicast. O multicast é especialmente útil para a transmissão de programação de entretenimento para um grande público. Por exemplo, se uma operadora de TV a cabo oferece um programa de televisão ou um evento esportivo, vários clientes podem assistir simultaneamente. Nesses casos, em vez de enviar uma cópia de uma mensagem para cada assinante, o RTP permite ao provedor o envio de uma mensagem RTP em multicast. Se um pacote multicast atingir uma média de N clientes, a quantidade de tráfego será reduzida por um fator de N.

28.6 Telefonia IP

O termo *telefonia IP (IP telephony*[1]*)* ou *voz sobre IP* (VoIP, *Voice over IP*) é utilizado para descrever uma das aplicações multimídia mais difundidas atualmente. As empresas de telefonia em todo o mundo estão substituindo centrais telefônicas tradicionais por roteadores IP. A motivação é econômica: roteadores custam muito menos do que centrais telefônicas tradicionais. As empresas também começaram a usar telefones IP por razões econômicas: o envio de dados e voz em datagramas IP reduz o custo, pois a infraestrutura de rede é compartilhada – um único conjunto de equipamentos, fiação e conexões de rede é suficiente para todas as comunicações, incluindo chamadas telefônicas.

A ideia básica por trás da telefonia IP é simples: amostrar continuamente o áudio, converter cada amostra no formato digital, enviar o fluxo digitalizado agrupado em pacotes através de uma rede IP e converter o fluxo novamente em analógico na reprodução. No entanto, muitos detalhes complicam a tarefa. Um transmissor não pode esperar para preencher um pacote grande, pois isso atrasa a transmissão. O sistema deve lidar com a sinalização da chamada: quando um chamador disca, o sistema deve traduzir o número de telefone para um endereço IP e localizar o interlocutor. Quando uma chamada começa, a pessoa chamada deve aceitá-la e atendê-la. Da mesma forma, quando a chamada termina, as duas partes devem concordar sobre como encerrar a comunicação.

As complicações mais significativas surgem porque a telefonia IP se esforça para ser compatível com a telefonia tradicional da *rede pública de telefonia comutada* (PSTN, *Public Switched Telephone Network*); assim, em vez de restringir as chamadas para telefones IP, existem mecanismos que permitem a um chamador ou receptor usar seu telefone em qualquer lugar na PSTN, incluindo um local internacional ou uma conexão de celular. Assim, um sistema de telefonia IP deve estar preparado para lidar com as chamadas originadas na PSTN e destinadas a um telefone IP, ou vice-versa. Os usuários também esperam que um sistema de telefonia IP forneça serviços de telefonia existentes, tais como *encaminhamento de chamadas, chamadas em espera, correio de voz, conferência* e *identificador de chamadas*. Além disso, as empresas que atualmente operam uma *central telefônica privada* (PBX, *Private Branch Exchange*) podem exigir que um sistema de telefonia IP ofereça serviços equivalentes.

28.7 Sinalização e padrões de sinalização para VoIP

Dois grupos criaram normas para a telefonia IP: a *União Internacional de Telecomunicações* (ITU, *International Telecommunications Union*), que controla os padrões de telefonia, e a *Força de Trabalho de Engenharia para a Internet* (IETF, *Internet Engineering Task Force*), que controla os padrões TCP/IP. Depois de considerar os componentes conceituais de um sistema de telefonia IP, vamos ver os protocolos que cada grupo escolheu.

Felizmente, ambos os grupos concordaram sobre os conceitos básicos para a codificação e a transmissão de áudio:

- O áudio é codificado por meio da modulação por *código de pulso* (PCM, *Pulse Code Modulation*).
- O RTP é usado para transferir o áudio digitalizado.

---

[1] Pronunciado *I-P te-lef'-oh-nee*.

A principal causa da complexidade dos serviços de telefonia IP e a razão pela qual várias normas foram propostas residem na inicialização das chamadas (*call setup*) e no gerenciamento das chamadas (*call management*). Na terminologia do telefone, o processo de criação e finalização de uma chamada é conhecido como *sinalização* e inclui mapear um número de telefone para um destino IP, encontrar uma rota para a parte chamada e administrar os detalhes, como o encaminhamento da chamada. O mecanismo utilizado no sistema de telefonia tradicional para lidar com o gerenciamento de chamadas é conhecido como *SS7* (*Sistema de Sinalização 7*).

Uma das questões fundamentais que surgem em centros de telefonia IP em relação à abordagem a ser utilizada para a sinalização é: o sistema de sinalização deve ser centralizado como o sistema de telefonia atual ou deve ser distribuído como o mapeamento atual de nomes de domínio para endereços IP? Os proponentes de uma abordagem distribuída argumentam que deve ser possível para dois telefones IP, em pontos quaisquer na Internet, encontrarem um ao outro e se comunicarem exatamente da mesma forma que as aplicações atuais da Internet (isto é, um telefone IP age como um servidor para aceitar as chamadas e como um cliente para efetuar as chamadas). Na abordagem distribuída, nenhuma infraestrutura adicional é necessária além do DNS e dos serviços de encaminhamento IP, que já estão disponíveis atualmente para comunicação na Internet. A abordagem distribuída é particularmente pertinente para um sistema de telefonia IP local (por exemplo, um sistema que permite chamadas entre dois telefones IP dentro de uma mesma empresa). Os proponentes de uma abordagem centralizada argumentam que o modelo de telefonia convencional funciona melhor porque com ele as operadoras possuem controle da sinalização de início de chamadas, o que permite a elas fornecer garantias de serviço.

Para ser compatível com os telefones existentes, os novos protocolos devem ser capazes de interagir com SS7, tanto para fazer chamadas como para aceitar as chamadas recebidas. À medida que o debate sobre a melhor abordagem foi amadurecendo, foram propostos quatro conjuntos de protocolos de sinalização para uso com a telefonia IP: o IETF propôs o *protocolo de inicialização de sessão* (SIP, *Session Initiation Protocol*) e o *protocolo de controle de gateways de mídia* (MGCP, *Media Gateway Control Protocol*), o ITU propôs um grande e abrangente conjunto de protocolos sob o guarda-chuva do *H.323* e os dois grupos em conjunto propuseram o *Megaco* (*H.248*). Em suma:

> Os processos de início e término de chamadas são conhecidos como sinalização; vários protocolos de sinalização foram propostos para uso em telefonia IP.

28.8 Componentes de um sistema de telefonia IP

A Figura 28.4 lista os quatro principais componentes de um sistema de telefonia IP, e a Figura 28.5 ilustra como eles são usados para interconectar as redes.

Um *telefone IP* se conecta à rede, utiliza IP para todas as comunicações e oferece uma interface de telefone tradicional que permite a um usuário fazer ou receber chamadas telefônicas. Um telefone IP pode ser uma unidade de hardware (ou seja, um telefone convencional), ou pode consistir em um computador com um microfone, um alto-falante e um software de telefonia IP. A conexão entre um telefone IP e o resto do mundo pode consistir em uma rede com fio ou sem fio (por exemplo, Ethernet[2] ou 802.11b).

Componente	Descrição
Telefone IP	Funciona como um telefone convencional, mas usa IP para enviar voz digitalizada
Controlador do gateway de mídia	Oferece controle e coordenação entre telefones IP para serviços tais como início, término e encaminhamento de chamadas
Gateway de mídia	Fornece uma conexão entre duas redes que usam codificações diferentes e compatibiliza os codecs à medida que uma chamada passa entre elas
Gateway de sinalização	Conecta-se a duas redes que usam diferentes mecanismos de sinalização e traduz requisições e respostas de gerenciamento de chamadas

Figura 28.4 Os quatro principais blocos de um sistema de telefonia IP.

O *controlador de gateway de mídia*, também conhecido como *gatekeeper* ou *softswitch*, fornece controle e coordenação global entre um par de telefones IP, permitindo a um chamador localizar o número chamado ou acessar serviços como encaminhamento de chamadas.

O *gateway de mídia* fornece tradução de áudio à medida que uma chamada passa entre uma rede IP e a PSTN, ou entre duas redes IP que usam diferentes codificações. Por exemplo, um gateway de mídia na borda entre a rede PSTN e a Internet traduz áudio digitalizado entre a codificação TDM utilizada num circuito de voz convencional e a codificação do pacote usado na Internet.

O *gateway de sinalização* também expande a fronteira entre um par de redes diferentes e fornece a tradução de operações de sinalização, permitindo que ambos os lados iniciem uma chamada (por exemplo, permitindo que um telefone IP na Internet faça uma chamada para um telefone na PSTN). Um controlador de gateway de mídia coordena a operação dos gateways de mídia e sinalização. A Figura 28.5 ilustra a forma como os componentes são utilizados para interligar a Internet e a PSTN.

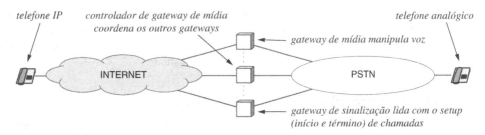

Figura 28.5 Conexões entre os componentes da telefonia IP.

---

[2] O padrão *alimentação elétrica via cabo Ethernet* (PoE, *Power over Ethernet*) pode ser usado para fornecer energia para um telefone IP por meio do cabo Ethernet.

Os conceitos e a terminologia definidos acima apresentam uma visão didática e um tanto simplificada da telefonia IP que deriva do trabalho do IETF e do ITU nos protocolos *Megaco* e *MGCP*. Implementações práticas do serviço de telefonia IP são mais complexas. As próximas seções apresentam exemplos.

28.8.1 Terminologia e conceitos SIP

O *protocolo de inicialização de sessão* (SIP, *Session Initiation Protocol*) minimiza a necessidade de protocolos adicionais ao usar protocolos existentes sempre que possível. Por exemplo, o SIP utiliza o DNS (*Domain Naming System*) para mapear um número de telefone para um endereço IP. Como resultado, define três novos elementos que constituem um sistema de sinalização:

- Agente de usuário
- Servidor de localização
- Servidores de apoio (proxy, redirecionamento, registro)

Agente de usuário. Os documentos do SIP referem-se a um *agente de usuário* como um dispositivo que faz ou termina chamadas telefônicas. Um agente de usuário SIP pode ser implementado em um telefone IP, um computador portátil ou um gateway PSTN que permite a um telefone IP fazer chamadas para o PSTN. Um agente de usuário contém duas partes: um *agente de usuário cliente*, que efetua as chamadas de saída, e um *agente de usuário servidor*, que trata as chamadas recebidas.

Servidor de localização. Um servidor de localização SIP gerencia um banco de dados de informações sobre cada usuário, como um conjunto de endereços IP, os serviços aos quais o usuário está vinculado e as suas preferências. O servidor de localização é contatado durante a inicialização da chamada para obter informações sobre o local ou os locais que aceitarão a chamada.

Servidor proxy. O SIP inclui o conceito de um proxy que pode encaminhar pedidos de agentes de usuário para outro local. Proxies lidam com roteamento e aplicam políticas (por exemplo, garantir que o interlocutor esteja autorizado a fazer a chamada).

Servidor de redirecionamento. O SIP utiliza um servidor de redirecionamento para lidar com tarefas como encaminhamento de chamadas e ligações ao número 800. O servidor de redirecionamento recebe um pedido de um agente de usuário e retorna um local alternativo para o agente de usuário contatar.

Servidor de registro. O SIP utiliza um servidor de registro para receber os pedidos de registro e atualizar o banco de dados que os servidores de localização consultam. Um servidor de registro é responsável pela autenticação de pedidos de registro e por assegurar que o banco de dados permaneça consistente.

28.8.2 Terminologia e conceitos H.323

O padrão H.323 do ITU, que define outra terminologia e outros conceitos, centra-se na interação PSTN. Embora seja extremamente amplo e abranja diversos detalhes, o H.323 pode ser resumido como segue:

- *Terminal.* Um terminal H.323 desempenha a função de telefone IP e pode também incluir funções de transmissão de vídeo e dados.

- *Gatekeeper*. Um gatekeeper H.323 fornece funções de localização e sinalização e coordena a operação do gateway que fornece a conexão com o PSTN.
- *Gateway*. O H.323 usa uma única porta de entrada para interligar o sistema de telefonia IP com o PSTN; o gateway lida com tradução de sinalização e mídia.
- *Unidade de controle multiponto* (MCU, *Multipoint Control Unit*). Uma MCU fornece serviços tais como conferência multiponto.

28.8.3 Terminologia e conceitos ISC

Como o ITU e o IETF geraram diversas variações de terminologia e conceitos, os vendedores formaram o *Internacional Softswitch Consortium* (ISC) para criar um modelo funcional, compreensivo e uniforme, que incorpora todos os modelos de telefonia IP em um único *framework*. Para desenvolvê-lo, o ISC definiu as funcionalidades que poderiam ser necessárias, incluindo a sinalização entre vários tipos de sistemas, a tradução de codificações, o suporte a serviços como encaminhamento de chamadas e as funções de gestão, tais como contabilidade e faturamento. O ISC, em seguida, definiu uma lista de funções que são suficientes para todas as situações:

- *Media Gateway Controller Function (MGC-F)*. A MGC-F mantém o estado das informações nos pontos finais; ela fornece lógica de chamadas e controle de chamadas.
- *Call Agent Function (CA-F)*. A CA-F é um subconjunto da MGC-F que mantém o estado de chamada. Exemplos de CA-F são SIP, H.323 e Q.931.
- *InterWorking Function (IW-F)*. A IW-F é um subconjunto da MGC-F que lida com a sinalização entre redes heterogêneas, como SS7 e SIP.
- *Routing Function* e *Accounting Function (R-F/A-F)*. A R-F lida com roteamento de chamadas para a MGC-F, e a A-F coleta informações utilizadas em contabilidade e faturamento.
- *Signaling Gateway Function (SG-F)*. ASG-F manipula a sinalização entre uma rede IP e a PSTN.
- *Access Gateway Signaling Function (AGS-F)*. A AGS-F processa a sinalização entre uma rede IP e uma rede de acesso de comutação de circuitos, tal como a PSTN.
- *Application Server Function (AS-F)*. A AS-F lida com um conjunto de serviços de aplicação, tais como correio de voz.
- *Service Control Function (SC-F)*. A SC-F é chamada quando um AS-F deve controlar (ou seja, mudar) a lógica de um serviço (por exemplo, instalar um novo mapeamento).
- *Media Gateway Function (MG-F)*. A MG-F trata da conversão de áudio digitalizado entre duas formas e também pode incluir a detecção de eventos, por exemplo, se um telefone está fora do gancho, e o reconhecimento de sinais *Dual Tone MultiFrequency* (DTMF), padrão de sinalização de áudio conhecido como codificação *touch tone*.
- *Media Server Function (MS-F)*. A MS-F manipula um fluxo de pacotes de mídia em nome de uma aplicação AS-F.

28.9 Resumo dos protocolos e das camadas

Como vários grupos propuseram protocolos para a telefonia IP, existem protocolos concorrentes na maioria das camadas da pilha de protocolos. A Figura 28.6 lista algumas das propostas e as suas posições no modelo de referência de 5 camadas da Internet.

Camada	Processo de chamada	Multimídia de usuário	Dados de usuário	Suporte	Roteamento	Transporte
5	H.323 Megaco MGCP SIP	RTP	T.120	RTCP RTSP NTP SDP	ENUM TRIP	SIGTRAN[3]
4	TCP UDP	UDP	TCP		TCP UDP	SCTP
3	IP, RSVP e IGMP					

Figura 28.6 Um resumo dos protocolos de telefonia IP.

28.10 Características H.323

Em vez de ser um único protocolo, o padrão *H.323*, criado pelo ITU, consiste em um conjunto de protocolos que trabalham associados para lidar com todos os aspectos da comunicação telefônica. As principais características do H.323 são:

- Lida com todos os aspectos de uma chamada telefônica digital.
- Inclui sinalização para inicializar e gerenciar a chamada.
- Permite a transmissão de vídeo e dados enquanto a chamada está em andamento.
- Envia mensagens binárias que são definidas pelo *ASN.1* e codificadas por meio de *regras de codificação básicas* (BER, *Basic Encoding Rules*).
- Incorpora protocolos para segurança.
- Usa uma unidade de hardware especial conhecida como *MCU* para suportar chamadas em conferência.
- Define servidores para lidar com tarefas tais como *resolução de endereços* (isto é, mapear o número de telefone do interlocutor chamado em um endereço IP), *autenticação, autorização* (ou seja, determinar se um usuário tem permissão para acessar um determinado serviço), *contabilidade* e outras, como o encaminhamento de chamadas.

28.11 Camadas H.323

Os protocolos H.323 usam tanto o TCP como o UDP para o transporte – áudio pode ser transmitido via UDP, enquanto a transferência de dados é feita sobre o TCP. A Figura 28.7 ilustra os protocolos do padrão H.323 relacionados às camadas do modelo de referência.

---

[3] O *SIGTRAN* permite a transferência de sinais PSTN (por exemplo, SS7 e DTMF) através de uma rede IP; o SCTP multiplexa múltiplos fluxos de entrada através de um único fluxo de camada de transporte.

Camada	Sinalização	Registro	Áudio	Vídeo	Dados	Segurança
5	H.225.0-Q.931 H.250-Annex G H.245 H.250	H.225.9-RAS	G.711 H.263 G.722 G.723 G.728	H.261 H.323	T.120	H.235
			RTP, RTCP			
4	TCP, UDP		UDP		TCP	TCP, UDP
3	IP, RSVP e IGMP					

Figura 28.7 As camadas dos principais protocolos do padrão H.323.

28.12 Características e métodos SIP

As principais características do *SIP*, padronizado pelo IETF, são:

- Opera na camada de aplicação.
- Engloba todos os aspectos de sinalização, incluindo localização do interlocutor, notificação e inicialização (ou seja, tocar um telefone), determinação de disponibilidade (ou seja, se o interlocutor aceita a chamada) e finalização de sessão.
- Oferece serviços como encaminhamento de chamadas.
- Depende de multicast para chamadas em conferência.
- Permite que os dois lados negociem capacidades e escolham os codificadores e os parâmetros a serem utilizados.[4]

A URI SIP contém o nome do usuário e o nome do domínio em que ele pode ser encontrado. Por exemplo, um utilizador chamado *Smith* que trabalha em *Somecompany, Inc.* pode ter a seguinte URI SIP:

SIP: smith@somecompany.com

O SIP define seis tipos básicos de mensagens e sete extensões. Os tipos básicos de mensagens são conhecidos como *métodos*. A Figura 28.8 lista os métodos SIP básicos.

Método	Objetivo
INVITE	Criação da sessão: um terminal é convidado a participar da sessão
ACK	Reconhecimento em resposta ao INVITE
BYE	Término de sessão: a chamada é terminada
CANCEL	Cancelamento de solicitação pendente (sem efeito se o pedido foi completado)
REGISTER	Registro da localização do usuário (ou seja, uma URL em que o usuário possa ser alcançado)
OPTIONS	Consulta para determinar capacidades do interlocutor

Figura 28.8 Os seis métodos básicos do SIP.

---

[4] SIP usa o SDP (Session Description Protocol ou Protocolo de Descrição de Sessão) para descrever as capacidades e parâmetros.

28.13 Exemplo de sessão SIP

Um exemplo das mensagens enviadas durante uma sessão SIP irá esclarecer alguns dos detalhes e ajudar a explicar a ideia geral por trás da telefonia IP. A Figura 28.9 lista uma sequência de mensagens enviadas quando um *agente de usuário A* contata um servidor de DNS e então se comunica com um servidor de proxy, que invoca um servidor de localização.[5] Uma vez que a chamada tenha sido estabelecida, os dois telefones IP se comunicam diretamente. Finalmente, o SIP é usado para terminar a chamada.

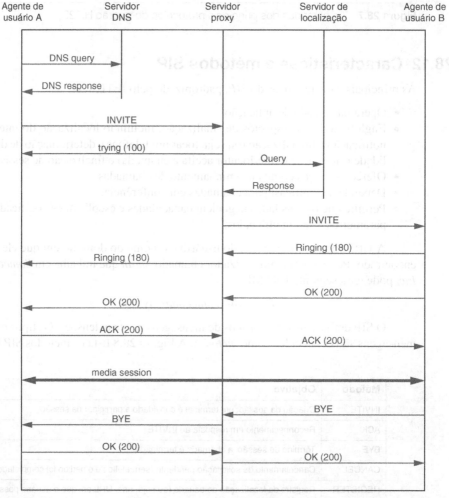

Figura 28.9 Um exemplo das mensagens trocadas pelo SIP para gerenciar uma chamada telefônica.

---

[5] Na prática, SIP suporta *bifurcação de chamada* (*call forking*), que permite a um servidor de localização retornar vários locais para um usuário (por exemplo, casa e escritório), permitindo ao agente de usuário tentar contato com ambos locais simultaneamente.

Normalmente, um agente de usuário é configurado com o endereço IP de um ou mais servidores DNS (usado a fim de mapear o nome de domínio na URI SIP para um endereço IP) e de um ou mais servidores proxy. Da mesma forma, cada servidor proxy é configurado com um ou mais servidores de localização. Assim, se um determinado servidor não estiver disponível, o SIP pode encontrar uma alternativa rapidamente.

28.14 Mapeamento do número de telefone e roteamento

Como os usuários de telefones IP devem ser nomeados e localizados? O PSTN segue o padrão E.164, do ITU, para números de telefone, e o SIP usa endereços IP. Localizar os usuários é complicado porque múltiplos tipos de redes podem estar envolvidos. Por exemplo, considere uma rede heterogênea composta de duas redes PSTN interligadas por uma rede IP. Os projetistas definem dois subproblemas: localizar um usuário em qualquer ponto na rede e encontrar uma rota eficiente para ele. O IETF propôs dois protocolos que correspondem aos mapeamentos necessários para os dois subproblemas:

- ENUM – converte um número de telefone em um URI.
- TRIP – encontra um usuário em uma rede.

ENUM. O protocolo *ENUM* (abreviação de *E.164 NUMbers*), do IETF, resolve o problema de conversão de um número de telefone E.164 em um *identificador uniforme de recursos* (URI, *Uniform Resource Identifier*). Essencialmente, o ENUM usa o DNS para armazenar o mapeamento. Um número de telefone é convertido num nome de domínio especial por meio do domínio:

e164.arpa

A conversão consiste em tratar o número de telefone como uma string, revertendo-a, e escrever os dígitos individuais como segmentos de um nome de domínio. Por exemplo, o número de telefone 1-800-555-1234 produz o nome de domínio:

4.3.2.1.5.5.5.0.0.8.1.e164.arpa

Um mapeamento ENUM pode ser 1-para-1, como no esquema convencional de numeração telefônica, ou pode ser 1-para-muitos, o que significa que o telefone fixo de um usuário e seu telefone celular podem receber o mesmo número. Quando um número corresponde a múltiplos computadores, um servidor DNS retorna uma lista dos computadores, junto ao protocolo usado para chegar a cada um deles; um agente de usuário passa a entrar em contato com cada computador na lista até um deles responder.

TRIP. O protocolo do IETF chamado *roteamento de telefone sobre IP* (TRIP, *Telefone Routing over IP*) resolve o problema de encontrar um usuário em uma rede heterogênea. Um servidor local ou outro elemento de rede pode usar o TRIP para anunciar rotas. Assim, dois servidores de localização usam-no para informar-se mutuamente sobre as rotas externas que cada um conhece. Como é independente de protocolo de sinalização, o TRIP pode ser usado com o SIP ou com outros mecanismos de sinalização.

O TRIP divide o mundo em um conjunto de *domínios administrativos de telefones IP* (ITADs, *IP Telephone Administrative Domains*). Em essência, um anúncio TRIP identifica um ponto de saída – um servidor de localização informa outro servidor de localização sobre um caminho para um gateway de sinalização, que se conecta a outro ITAD. Como a telefonia IP é nova e informações de roteamento podem mudar no futuro, o TRIP é projetado para ser extensível.

28.15 Resumo

O *real-time transport protocol* facilita a transferência de multimídia em tempo real através da Internet. Uma mensagem RTP inclui um número de sequência e um timestamp, bem como um identificador da(s) origem(ns) dos dados. Um receptor utiliza o timestamp para colocar os dados num buffer de jitter antes da reprodução. O RTP é encapsulado em UDP para transmissão, o que permite multicast e broadcast. Nenhuma retransmissão é utilizada, pois os pacotes recebidos após o momento de reprodução são inúteis.

Os termos telefonia IP e VoIP referem-se a chamadas telefônicas de voz digitalizada transmitidas através da Internet. Um dos maiores desafios na construção de um sistema de telefonia IP decorre da compatibilidade com versões anteriores – gateways foram desenvolvidos para conectar um sistema de telefonia IP ao PSTN tradicional. Os gateways devem fornecer tanto tradução da mídia (ou seja, a tradução entre codificações de voz digital) como da sinalização (ou seja, a tradução de inicialização e término de chamadas).

O ITU e o IETF criaram padrões distintos para a telefonia IP. O padrão H.323 do ITU inclui muitos protocolos que fornecem inicialização e gerenciamento de chamadas, autorização, contabilidade e serviços para o usuário, como encaminhamento de chamadas, além de transmissão de voz, vídeo e dados sobre uma chamada telefônica. O padrão SIP do IETF é capaz de localizar um usuário, estabelecer uma chamada e negociar recursos para cada interlocutor. O SIP utiliza um conjunto de servidores que lidam com diversos aspectos da sinalização: servidor de nomes de domínio, servidores proxy e servidores de localização. O Internet Softswitch Consortium (ISC) definiu um framework adicional que se destina a abranger todos os modelos de telefonia IP.

Dois protocolos adicionais do IETF fornecem funções de apoio. O ENUM utiliza o DSN para mapear um número de telefone E.164 em um *Uniform Resource Identifier* (geralmente um URI SIP). O TRIP fornece roteamento entre domínios administrativos de telefonia IP; um servidor de localização SIP pode usar o TRIP para informar outros servidores de localização sobre gateways que formam pontos de saída de rede.

Exercícios

28.1 Defina dados multimídia. Quais são as duas técnicas utilizadas para lidar com jitter?

28.2 Explique como um buffer de jitter permite a reprodução de um fluxo de áudio, mesmo se a Internet introduzir jitter.

28.3 Se uma mensagem RTP for interceptada enquanto trafega na Internet, o campo timestamp pode ser interpretado? Se sim, como? Se não, por quê?

28.4 Como trafega sobre UDP, uma mensagem RTP pode ser duplicada. Será que um receptor precisa manter uma cópia de todas as mensagens recebidas anteriormente para determinar se uma mensagem recebida é uma duplicata? Por quê?

28.5 O RTP contém um protocolo de controle conhecido como *protocolo de controle do RTP* (RTCP, *Real-Time Control Protocol*), que permite a um receptor relatar a qualidade das mensagens recebidas pelo transmissor. Como a codificação de vídeo adaptativa utiliza o status das mensagens recebidas?

28.6 Se a voz é convertida no formato digital por meio do PCM, quantos bits de dados serão produzido em meio segundo?

28.7 Estenda o exercício anterior. Estime o tamanho (em octetos) de um datagrama IP que transporta um quarto de segundo de áudio codificado em PCM, colocado em um pacote RTP e encapsulado em UDP. (Dica: a RFC 1889 define o tamanho de um cabeçalho RTP.)

28.8 Com quais aspectos da telefonia IP o H.323 lida?

28.9 Quando o H.323 é usado para enviar dados com áudio ou vídeo, que protocolo de transporte é usado?

28.10 Quais são os seis métodos básicos usados no SIP?

28.11 Leia a RFC sobre o SIP e modifique a Figura 28.9 para mostrar as mensagens trocadas quando ocorre encaminhamento de chamada. (Dica: observe as mensagens *redirection* do SIP.)

28.12 Quais são os propósitos dos protocolos ENUM e TRIP?

28.13 Considere a operação de um telefone IP e a de um telefone analógico. Qual delas seria melhor durante uma guerra? Por quê?

28.14 Procure o domínio e164.arpa. Qual é a organização responsável por ele?

CAPÍTULO 29
Segurança em redes

29.1 Introdução, 444
29.2 Exploits criminosos e ataques, 444
29.3 Política de segurança, 448
29.4 Responsabilidade e controle, 449
29.5 Tecnologias de segurança, 449
29.6 Hashing: um mecanismo de integridade e autenticação, 449
29.7 Controle de acesso e senhas, 450
29.8 Criptografia: uma técnica fundamental de segurança, 451
29.9 Criptografia de chave privada, 452
29.10 Criptografia de chave pública, 452
29.11 Autenticação com assinaturas digitais, 453
29.12 Autoridades de chaves e certificados digitais, 454
29.13 Firewalls, 455
29.14 Implementação de firewall com filtro de pacotes, 456
29.15 Sistemas de detecção de intrusão, 458
29.16 Varredura de conteúdo e inspeção detalhada de pacotes, 458
29.17 Redes privadas virtuais (VPNs), 460
29.18 O uso da tecnologia VPN para o teletrabalho, 461
29.19 Tunelamento versus criptografia de pacotes, 462
29.20 Tecnologias de segurança, 464
29.21 Resumo, 465

29.1 Introdução

Os capítulos anteriores descrevem os sistemas de hardware e software que constituem a Internet e explicam como aplicações cliente e servidor usam os protocolos para se comunicar. Este capítulo considera o importante aspecto da segurança em redes. Ele descreve os tipos de crimes que têm sido cometidos por meio da Internet, discute aspectos-chave de segurança e explica as tecnologias utilizadas para aumentar a proteção em redes.

29.2 Exploits criminosos e ataques

Sempre que uma nova tecnologia aparece, os criminosos analisam como podem explorá-la para cometer crimes. A Internet não é exceção – como a maioria dos usuários estão cientes, criminosos agora usam-na diariamente. Apesar de alguns crimes na Internet, como fraudes e roubo de identidade, poderem afetar os indivíduos, os crimes mais significativos são os que representam uma ameaça para as empresas. Além de atentarem no roubo descarado de bens ou serviços, as empresas estão especialmente preocupadas com ameaças à sua viabilidade no longo prazo. Assim, danos à reputação, perda de confiança dos clientes, propriedade intelectual roubada e impedimento de acesso do cliente são importantes para uma empresa.

Várias questões relativas à segurança surgem:

- Quais são os principais problemas de segurança e as principais ameaças na Internet?
- Quais os aspectos técnicos de protocolos que os criminosos exploram?
- Quais são os aspectos-chave de segurança?
- Quais tecnologias estão disponíveis para ajudar a aumentar a segurança?

A Figura 29.1 resume alguns dos principais problemas de segurança que existem na Internet.

Problema	Descrição
Phishing	Disfarçar-se como um site bem conhecido, como o de um banco, para obter informações pessoais de um usuário, como número de conta e código de acesso
Misrepresentation (falsificação)	Fazer afirmações falsas ou exageradas sobre produtos ou serviços, ou entregar produtos falsos ou de qualidade inferior
Scams (golpes)	Várias formas de trapaça destinadas a enganar usuários ingênuos para fazê-los investir dinheiro ou cometer algum crime
Denial of service (negação de serviço)	Bloquear intencionalmente um determinado site da Internet para impedir ou dificultar atividades de negócios e comércio
Perda do controle	Um intruso ganha o controle do computador de um usuário e usa o computador para cometer um crime
Perda de dados	Perda de propriedade intelectual ou outra informação valiosa da empresa

Figura 29.1 Principais problemas de segurança existentes na Internet.

Ao considerar a segurança, é importante distinguir entre um crime convencional que é cometido de forma incidental por meio da Internet e um crime que é realizado especificamente por meio dela. Por exemplo, considere um criminoso que usa um telefone VoIP para se comunicar com um comparsa, ou um incidente no qual um dos criminosos utiliza a Internet para encomendar ferramentas que serão usadas para cometer um crime. Embora os agentes de polícia devam lidar com tais problemas, esses crimes têm pouco a ver com as tecnologias de rede – pode-se facilmente encontrar mecanismos de comunicação alternativos à Internet. Dois dos crimes mais comuns existentes na Internet são crimes convencionais que acontecem na rede: falsificar produtos colocados à venda (por exemplo, em um leilão online) é uma forma de propaganda enganosa, e não entregar os bens adquiridos por meio de um leilão é análogo à fraude tradicional via correio.

Nossa discussão incidirá sobre dois aspectos do crime na Internet. Em primeiro lugar, vamos examinar as maneiras pelas quais os criminosos exploram as tecnologias de rede. Em segundo lugar, vamos considerar as técnicas e tecnologias que foram criadas para tornar o crime mais difícil ou mais caro. A Figura 29.2 lista algumas técnicas específicas utilizadas pelos infratores.

Técnica	Descrição
Escutas telefônicas	Fazer uma cópia dos pacotes à medida que eles passam pela rede a fim de obter informações
Repetição	Enviar pacotes capturados de uma sessão anterior (por exemplo, um pacote de senha obtido de um login anterior)
Buffer overflow	Enviar mais dados do que um receptor espera para forçá-lo a armazenar os valores em variáveis fora do buffer
Spoofing de endereço	Falsificar o endereço IP de origem em um pacote fingindo ser o transmissor para enganar um receptor no processamento do pacote
Spoofing de nome	Usar uma URL muito similar a de algum site bem conhecido, porém com um pequeno erro de ortografia, para receber o direcionamento de DNS quando o usuário digitar o nome errado sem querer. Outra forma é atacar o servidor DNS para ele efetuar uma tradução incorreta de nome para IP
DoS e DDoS	Inundar um site com pacotes para impedir que ele opere normalmente
SYN Flood	Enviar um fluxo de segmentos TCP do tipo SYN buscando exaurir o total de conexões TCP possíveis em um receptor
Quebra de senha	Criar sistemas automatizados que quebrem a senha ou a chave de criptografia visando obter acesso não autorizado
Varredura de portas (*port scanning*)	Tentar conexão com cada porta possível buscando encontrar uma vulnerabilidade
Intercepção de pacotes	Remover um pacote da Internet a fim de substituí-lo num ataque do tipo *man-in-the-middle*

Figura 29.2 Técnicas usadas em ataques.

Técnicas de *escutas telefônicas* e *repetição* são comuns. Um caso especial de repetição não está relacionado com redes – um invasor instala um software ou um dispositivo físico para efetuar log das teclas pressionadas. Quando um usuário digita sua senha ou PIN, o logger registra cada tecla pressionada, e o atacante pode utilizar a mesma sequência de teclas para conseguir acesso posteriormente.

Curiosamente, o *buffer overflow* está entre os pontos fracos mais explorados em um sistema de computador. É um sintoma de má engenharia: um programador não consegue verificar o tamanho do buffer ao executar uma operação de entrada. Um atacante típico envia um pacote jumbo (maior do que permitido no padrão) ou uma sequência consecutiva de pacotes que fazem o buffer de entrada transbordar. Apenas o programador que criou o software pode corrigir o problema.

Ataques de *spoofing* são usados para fazer um endereço ou um nome parecer um host confiável. A forma mais simples de *spoofing* de endereço usa o ARP: um atacante transmite via broadcast uma resposta ARP que associa um determinado endereço IP, A, com o endereço MAC do atacante. Quando qualquer máquina da rede envia um pacote para A, o pacote será encaminhado para o atacante, e não para o endereço correto. Outras formas de *spoofing* envolvem o uso de um protocolo de roteamento para enviar rotas incorretas, o que é feito por meio do envio de uma mensagem DNS que armazena uma associação incorreta em um servidor de DNS e do uso de um leve erro de ortografia de um nome de domínio bem conhecido, para dar a um usuário a impressão de que ele chegou no site correto. Por exemplo, um ataque de spoofing utilizou *banksofamerica.com* para enviar um e-mail aos clientes do banco (*banks* no plural em vez do nome correto, *bank*, no singular).

Um ataque de *negação de serviço* (DoS, *Denial of Service*) inunda um host (normalmente um servidor Web) com um fluxo de pacotes. Embora o servidor continue a funcionar, o ataque consome efetivamente todos os seus recursos, o que significa que a maioria dos usuários que tentar acessar esse servidor vai perceber longos atrasos ou ter suas conexões rejeitadas. Como um gerente pode detectar e desativar um fluxo de pacotes proveniente de uma única fonte, a *negação de serviço de forma distribuída* (DDoS, *Distributed Denial of Service*) organiza um grande conjunto de computadores na Internet para enviar individualmente um fluxo de pacotes ao servidor, como ilustra a Figura 29.3. Normalmente, um atacante primeiro assume o controle de computadores distribuídos na Internet, carrega neles o software malicioso e, então, os usa para atacar um servidor; assim, nenhum dos pacotes enviados por um DDoS vêm diretamente do computador do invasor.

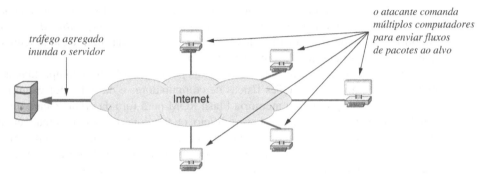

Figura 29.3 Ilustração de um ataque de negação de serviço de forma distribuída.

A *SYN flooding* (inundação de pacotes do tipo SYN) é uma técnica utilizada para bloquear o serviço TCP de um determinado host – cada pacote enviado a ele contém uma mensagem TCP *SYN*, que solicita uma nova conexão TCP. O receptor aloca um bloco de controle TCP para a conexão, envia *SYN + ACK* e espera por uma resposta (que não vem). Eventualmente, todos os blocos de controle ficam alocados e nenhuma nova conexão pode ser aberta.

A *interceptação de pacotes* torna possível lançar o ataque *man-in-the-middle*, em que uma máquina maliciosa intermediária pode modificar os pacotes à medida que eles passam da origem para o destino. Embora esteja entre os ataques mais difíceis de se executar, a interceptação de pacotes tem o maior potencial de danos, como ilustra a Figura 29.4.

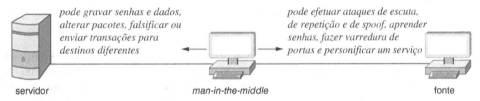

Figura 29.4 Uma configuração man-in-the-middle e os ataques que ela possibilita.

29.3 Política de segurança

O que é uma rede segura? Embora o conceito de uma rede segura seja atraente para a maioria dos usuários, as redes não podem ser classificadas simplesmente como seguras ou não seguras, pois o termo não é absoluto – cada organização define o nível de acesso que é permitido ou negado. Por exemplo, uma organização que mantém segredos comerciais valiosos pode impedir todos os acessos externos aos seus computadores. Uma organização que tem um site Web no qual são disponibilizadas informações pode definir uma rede segura, como a que libera o acesso aos dados para todos, mas possui mecanismos que impedem os visitantes de alterar os dados. Outras organizações se concentram em manter a comunicação confidencial: elas definem uma rede segura na qual ninguém além do transmissor e do receptor legítimos pode interceptar e ler uma mensagem. Finalmente, uma grande organização pode precisar de uma definição complexa de segurança que permite o acesso a dados ou serviços selecionados e impede o acesso ou a modificação de dados relacionados a serviços sensíveis ou confidenciais.

Como não há definição absoluta de *rede segura*, o primeiro passo que uma organização deve dar para desenvolver um sistema seguro é definir a sua *política de segurança*. A política não especifica a forma de alcançar a proteção, mas define claramente e inequivocamente os itens que devem ser protegidos.

As políticas de segurança são complexas porque envolvem o comportamento humano, bem como as instalações físicas de computadores e da rede (por exemplo, um visitante que transporta uma memória Flash ROM para fora da organização, uma rede sem fio que pode ser detectada fora do edifício, ou funcionários que trabalham em casa). A avaliação dos custos e benefícios das várias políticas de segurança também acrescenta complexidade. Em particular, uma política de segurança não pode ser definida a menos que a organização entenda o valor de suas informações. Em muitos casos, o valor da informação é difícil de avaliar. Considere, por exemplo, uma base de dados simples que contém a folha de pagamento e um registro para cada empregado, com as horas trabalhadas e o valor da remuneração. Se os funcionários forem capazes de acessar as informações, alguns podem ficar chateados e exigir salários mais elevados, ou ameaçar sair da empresa. Se os concorrentes obtiverem essa informação, eles podem usá-la para seduzir os funcionários. Mais importante, um concorrente pode ser capaz de utilizar as informações de maneiras inesperadas (por exemplo, para avaliar o esforço gasto em um determinado projeto). Para resumir:

> *A concepção de uma política de segurança de redes pode ser complexa, porque uma política racional exige que uma organização relacione redes e segurança com o comportamento humano e que avalie o valor da informação.*

Definir uma política de segurança também é complicado porque cada organização deve decidir quais aspectos de proteção são mais importantes e, muitas vezes, criar um compromisso entre segurança e facilidade de uso. Por exemplo, uma organização pode considerar:

- *Integridade dos dados.* A integridade refere-se à proteção contra a mudança: os dados que chegam a um receptor são idênticos aos dados que foram enviados?
- *Disponibilidade dos dados.* A disponibilidade refere-se à proteção contra a interrupção do serviço: os dados estão acessíveis para usuários legítimos?

- *Confidencialidade dos dados.* A confidencialidade refere-se à proteção contra o acesso não autorizado (por exemplo, por meio de espionagem ou de escutas telefônicas): os dados estão protegidos contra o acesso não autorizado?
- *Privacidade.* A privacidade refere-se à capacidade de um remetente permanecer anônimo: a identidade do remetente é revelada?

29.4 Responsabilidade e controle

Além dos itens acima, uma organização deve especificar exatamente como a responsabilidade pelas informações é atribuída e controlada. A questão da responsabilidade pela informação tem dois aspectos:

- *Prestação de contas (accountability).* A prestação de contas refere-se a como uma trilha de auditoria é mantida: qual grupo é responsável por cada item de dados? Como o grupo mantém registros de acesso e de mudanças?
- *Autorização.* A autorização refere-se à responsabilidade por cada item de informação e à maneira como tal responsabilidade é delegada a outros: quem é responsável por onde a informação é armazenada, e como a pessoa responsável aprova acessos e efetua mudanças?

A questão crítica tanto na prestação de contas como na autorização é o *controle* – uma organização deve controlar o acesso à informação assim como controla o acesso a recursos físicos, tais como escritórios, equipamentos e suprimentos. Um aspecto-chave do controle refere-se à *autenticação* ou validação de identidade. Por exemplo, suponha que uma organização especifica uma política de autorização que dá aos funcionários maiores privilégios do que aos visitantes. A política de autorização não tem sentido a menos que a organização tenha um mecanismo de autenticação que distingue um visitante de um funcionário. A autenticação não é feita apenas com seres humanos, mas inclui computadores, dispositivos e programas de aplicação. Em síntese:

> *Políticas de autorização não têm sentido sem um mecanismo de autenticação que possa verificar inequivocamente a identidade de um requerente.*

29.5 Tecnologias de segurança

Muitos produtos de segurança atualmente executam uma série de procedimentos tanto para computadores individuais como para o conjunto de computadores de uma organização. A Figura 29.5 resume as técnicas que esses produtos usam. As próximas seções explicam cada uma das tecnologias.

29.6 Hashing: um mecanismo de integridade e autenticação

Os capítulos anteriores discutem técnicas como *bits de paridade*, *checksums* e *CRCs* (*Cyclic Redundancy Checks*), que protegem os dados contra alterações acidentais. Tais técnicas não fornecem integridade aos dados por duas razões. Em primeiro lu-

Técnica	Objetivo
Hashing	Integridade dos dados
Criptografia	Privacidade
Assinatura digital	Autenticação de mensagens
Certificados digitais	Autenticação do transmissor
Firewalls	Integridade do site
Sistemas de detecção de intrusão	Integridade do site
Varredura de conteúdo & Inspeção detalhada de pacotes	Integridade do site
VPNs (Virtual Private Networks ou Redes Privadas Virtuais)	Confidencialidade dos dados

Figura 29.5 Técnicas principais utilizadas para aplicar políticas de segurança.

gar, um mau funcionamento pode alterar tanto o checksum como o valor dos dados, o que significa que o checksum alterado pode ser válido para os dados alterados. Em segundo lugar, se as alterações de dados resultarem de um ataque planejado, o atacante pode criar um checksum válido para os dados alterados. Portanto, mecanismos adicionais foram criados para garantir a integridade das mensagens contra mudança intencional.

Um método usado pelos padrões *MD5* e *SHA-1* fornece um *código de autenticação de mensagens* (MAC, *Message Authentication Code*) que um atacante não pode quebrar ou falsificar. Esquemas de codificação típicos utilizam mecanismos de *hashing criptográfico*. Um esquema de hashing confia em uma *chave secreta* conhecida apenas pelo emissor e pelo receptor. O emissor recebe a mensagem para transmitir, utiliza a chave para calcular um hash, H, e transmite H juntamente com a mensagem. H é uma sequência curta de bits, e o comprimento de H é independente do tamanho da mensagem. O receptor usa a chave para calcular um hash da mensagem e compara o hash com H. Se os dois forem iguais, a mensagem chegou intacta. Um atacante, que não tem a chave secreta, não conseguirá modificar a mensagem sem a introdução de um erro. Assim, H fornece a autenticação da mensagem porque um receptor sabe que uma mensagem com um hash válido é autêntica.

29.7 Controle de acesso e senhas

Um mecanismo de *controle de acesso* regulamenta quais usuários ou programas podem acessar os dados. Por exemplo, alguns sistemas operacionais implementam uma *lista de controle de acesso* (ACL, *Access Control List*) para cada objeto, especificando quem tem permissão para acessá-lo. Em outros sistemas, cada usuário possui uma *senha* de cada recurso protegido. Quando um usuário precisa acessar um recurso protegido, deve digitar a senha.

Ao espalhar listas de controle de acesso e senhas em uma rede, alguns cuidados devem ser tomados para evitar a divulgação não intencional. Por exemplo, se um usuário em um local envia uma senha não criptografada através da rede a um computador em outro local, qualquer um que grampeie a rede pode obter uma cópia da senha. Escutas são especialmente fáceis de se fazer quando os pacotes passam através de uma LAN sem fio, pois não é necessária uma conexão física – qualquer um dentro do alcance da transmissão pode capturar uma cópia de cada pacote. Além disso, medidas também devem ser tomadas para assegurar que as senhas não sejam fáceis de adivinhar, porque uma rede permite que um atacante automatize tentativas de quebrá-las. Assim, os gerentes criam regras para a escolha das senhas, como um comprimento mínimo e uma proibição de usar palavras comuns (ou seja, as palavras encontradas em um dicionário).

29.8 Criptografia: uma técnica fundamental de segurança

A *criptografia* é uma ferramenta fundamental na segurança, pois pode garantir confidencialidade de dados (às vezes chamada de *privacidade*), autenticação de mensagens integridade de dados, além de evitar ataques de repetição. Em essência, um remetente aplica criptografia para embaralhar os bits da mensagem de tal maneira que apenas o destinatário possa decodificá-los. Alguém que intercepte uma cópia da mensagem criptografada não será capaz de extrair a informação. Além disso, uma mensagem criptografada pode incluir informações como o tamanho da mensagem; assim, um atacante não pode truncar a mensagem sem ser descoberto.

A terminologia utilizada com a criptografia define quatro itens:

- Texto aberto – uma mensagem original antes de ter sido criptografada.
- Texto cifrado – uma mensagem após ter sido criptografada.
- Chave de criptografia – uma conjunto curto de bits usado para criptografar uma mensagem.
- Chave de descriptografia – um conjunto curto de bits usado para descriptografar uma mensagem.

Como veremos, em algumas tecnologias, a chave de criptografia e a de descriptografia são idênticas; em outras, elas diferem.

Matematicamente, pensamos em criptografia como uma função, *encrypt*, que recebe dois argumentos: a chave, K_1, e uma mensagem de texto aberto a ser criptografada, M. A função produz uma versão criptografada da mensagem, o texto cifrado C:

$$C = encrypt(K_1, M)$$

Uma função *decrypt* reverte o mapeamento para produzir a mensagem original[1]:

$$M = decrypt(K_2, C)$$

Matematicamente, *decrypt* é o inverso de *encrypt*:

$$M = decrypt(K_2, encrypt(K_1, M))$$

Existem muitas tecnologias de criptografia e elas podem ser divididas em duas grandes categorias, definidas pela forma como as chaves são usadas:

- Chave privada
- Chave pública

---

[1] A função *decrypt* pode ou não usar a mesma chave de *encrypt*.

29.9 Criptografia de chave privada

Em um sistema de *chave privada*, como o padrão DES, cada par de entidades partilha uma única chave, que serve tanto como *chave de criptografia* como de *descriptografia*. O nome surge porque a chave deve ser mantida em segredo – se um terceiro obtiver uma cópia dela, será capaz de decifrar as mensagens que passam entre o par. Sistemas de chave privada são *simétricos*, ou seja, cada lado pode enviar ou receber mensagens. No envio de uma mensagem, a chave é utilizada para produzir texto cifrado, que é então enviado através da rede. Quando a mensagem chega, o receptor usa a chave secreta para decodificar o texto cifrado e extrair a mensagem original (texto aberto). Assim, em um sistema de chave privada, tanto o transmissor como o receptor utilizam a mesma chave, K, o que significa que:

$$M = decrypt\,(K, encrypt\,(K, M))$$

29.10 Criptografia de chave pública

A principal alternativa à criptografia de chave privada é conhecida como *criptografia de chave pública*, utilizada pelo padrão *RSA*. Um sistema de chave pública atribui a cada entidade um par de chaves. Didaticamente, vamos supor que cada entidade é um único usuário. Uma das chaves do usuário, chamada de *chave privada*, é mantida em segredo, enquanto a outra, chamada de *chave pública*, é publicada junto ao nome do usuário, para que todos saibam o seu valor. A função de criptografia tem a seguinte propriedade matemática: uma mensagem de texto aberto criptografada com a chave pública não pode ser descriptografada, exceto com a chave privada, e uma mensagem em texto aberto criptografada com a chave privada não pode ser descriptografada, exceto com a chave pública.

A relação entre a criptografia e a descriptografia com as duas chaves pode ser expressa matematicamente. Seja M uma mensagem de texto aberto, *public_u1* a chave pública do usuário 1 e *private_u1* a chave privada do usuário 1, as funções de criptografia podem ser expressas como:

$$M = decrypt\,(public\_u1, encrypt\,(private\_u1, M))$$

e

$$M = decrypt\,(private\_u1, encrypt\,(public\_u1, M))$$

A Figura 29.6 ilustra o motivo pelo qual um sistema de chave pública é chamado também de *assimétrico*, mostrando as chaves usadas para criptografar as mensagens enviadas em cada direção.

Revelar uma chave pública é seguro, pois as funções usadas para criptografia e descriptografia têm uma *propriedade de sentido único*, ou seja, dizer a alguém a chave pública não permite que a pessoa falsifique uma mensagem criptografada com a chave privada.

A criptografia de chave pública pode ser usada para garantir a confidencialidade. Um remetente que deseja comunicação confidencial utiliza a chave pública do destinatário para criptografar a mensagem. Não adianta interceptar a mensagem, a menos que o atacante saiba a chave privada relacionada; caso contrário, não vai conseguir descriptografá-la. Assim, o esquema garante que os dados permaneçam confidenciais, porque somente o receptor pode decifrar a mensagem.

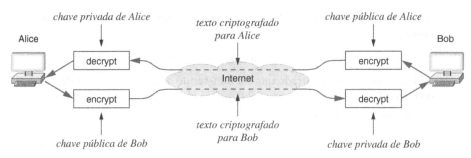

Figura 29.6 Ilustração de assimetria em um sistema de criptografia de chave pública.

29.11 Autenticação com assinaturas digitais

Um mecanismo de criptografia também pode ser utilizado para autenticar o remetente de uma mensagem. A técnica é conhecida como *assinatura digital*. Para assinar uma mensagem, o remetente a criptografa usando uma chave conhecida apenas por ele[2]. O destinatário usa a função inversa para descriptografar a mensagem. Ele sabe quem enviou a mensagem, pois somente o remetente tem a chave necessária para efetuar a criptografia. Para assegurar que as mensagens criptografadas não sejam copiadas e depois reenviadas, a mensagem original pode conter a hora e a data em que foi criada.

Veremos agora de que forma um sistema de chave pública pode ser usado para fornecer uma assinatura digital. Para assinar uma mensagem, o remetente criptografa a mensagem usando sua chave privada. Para verificar a assinatura, o destinatário olha para a chave pública do remetente e a utiliza para descriptografar a mensagem. Como só o remetente conhece a chave privada, apenas ele pode criptografar uma mensagem que pode ser descriptografada com sua chave pública.

Curiosamente, uma mensagem pode ser criptografada duas vezes para garantir a autenticação e a confidencialidade. Em primeiro lugar, a mensagem é assinada usando a *chave privada do remetente* para criptografá-la (garantindo autenticação). Em segundo lugar, a mensagem encriptada é encriptada novamente, agora com a *chave pública do destinatário* (garantindo confidencialidade). Matematicamente, os dois passos de encriptação podem ser expressos como:

$$X = encrypt\,(public\_u2,\, encrypt\,(private\_u1,\, M))$$

onde M denota uma mensagem de texto aberto a ser enviada, X denota a sequência cifrada que surge como resultado da criptografia dupla, *private_u1* denota a chave privada do remetente e *public_u2* denota a chave pública do destinatário.

Na extremidade receptora, o processo de descriptografia é o inverso do processo de criptografia. Em primeiro lugar, o destinatário usa sua chave privada para descriptografar a mensagem, removendo um nível da criptografia, mas ainda deixando a mensagem assinada digitalmente. Em segundo lugar, ele usa a chave pública do

---

[2] Se a confidencialidade não for necessária, a mensagem não precisa ser criptografada. Em vez disso, uma forma mais eficiente de assinatura digital pode ser utilizada; por meio dela, somente um hash da mensagem é criptografado.

remetente para descriptografar a mensagem novamente. O processo pode ser expresso como:

$$M = decrypt\ (public\_u1,\ decrypt\ (private\_u2,\ X))$$

onde X denota o texto cifrado que foi transferido através da rede, M denota a mensagem de texto aberto original, *private_u2* denota a chave privada do destinatário e *public_u1* é a chave pública do remetente.

Se uma mensagem significativa resulta das duas etapas, deve ser verdade que a mensagem é confidencial e autêntica. A mensagem deve ter alcançado seu destinatário, pois somente ele tem a chave privada correta necessária para remover a criptografia exterior. Além disso, deve ser autêntica, porque só o remetente tem a chave privada necessária para criptografá-la de tal forma que a chave pública do remetente consiga descriptografá-la corretamente.

29.12 Autoridades de chaves e certificados digitais

Uma das questões fundamentais da tecnologia de chave pública é a forma pela qual uma chave pública é obtida. Embora seja possível utilizar uma publicação convencional (análoga a um catálogo telefônico), isso é complicado e sujeito a erros, porque os seres humanos teriam de inserir as chaves manualmente em seus computadores. Surge a pergunta: um sistema automatizado pode ser concebido para distribuir chaves públicas? Evidentemente, o sistema de distribuição deve ser seguro – se a chave pública dada a um usuário estiver incorreta, a segurança estará quebrada, e a criptografia não será mais confiável. O problema é conhecido como *problema da distribuição de chaves*, e a criação de um sistema de distribuição de chaves viável tem sido um obstáculo à adoção generalizada de sistemas de chave pública.

Vários mecanismos de distribuição de chaves foram propostos, incluindo um que usa o DNS. Em cada caso, um simples princípio rege o esquema: conhecendo uma chave – a chave pública de uma autoridade de chaves –, é possível obter outras chaves públicas de forma segura. Assim, um administrador precisa apenas configurar uma chave pública. A Figura 29.7 ilustra a troca de mensagens que ocorre quando um usuário decide interagir com um novo web site, *W*.

Na figura, um site precisa realizar uma transação segura com um web site, *W*. Todas as quatro mensagens são confidenciais. A mensagem 1 só pode ser lida pela autoridade de chaves, porque foi criptografada com a chave pública dela. A mensagem 2 deve ter sido gerada pela autoridade de chaves, porque somente ela tem a chave privada que corresponde à sua chave pública. Uma vez que o usuário tenha obtido a chave pública para o site W, ele pode enviar uma requisição confidencial e saber que somente o web site especificado pode gerar uma resposta (porque só ele tem a chave privada).

Embora muitas variações sejam possíveis, o princípio fundamental é:

> *É possível criar um sistema seguro de distribuição de chaves que só requer a configuração manual de uma chave pública.*

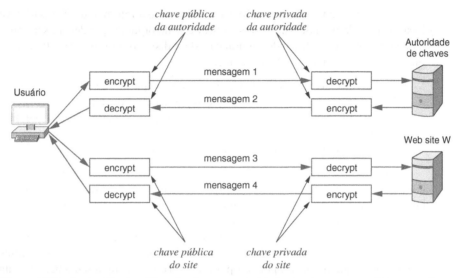

Figura 29.7 Ilustração da utilização de uma autoridade de chaves para obter uma chave pública.

29.13 Firewalls

Embora a criptografia ajude a resolver muitos problemas de segurança, uma segunda tecnologia é necessária. Conhecida como *firewall de Internet*[3], essa tecnologia ajuda a proteger a rede e os computadores da organização de tráfego indesejado. Da mesma forma que uma parede corta-fogo (firewall) convencional, um firewall de Internet é projetado para evitar que os problemas da Internet atinjam os computadores de uma organização.

Um firewall é colocado entre uma organização e o resto da Internet, e todos os pacotes que entram ou saem da organização passam por ele. A Figura 29.8 ilustra a arquitetura.

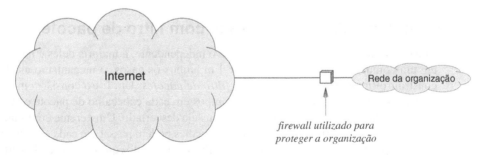

Figura 29.8 Ilustração de um firewall no caminho entre a Internet e uma intranet da organização.

---

[3] O termo é derivado do conceito de parede corta-fogo, que se constitui num obstáculo físico à prova de fogo entre duas partes de uma estrutura e visa impedir que o fogo passe para o outro lado.

Se uma organização tiver várias conexões com a Internet, um firewall deve ser colocado em cada uma delas, e todos os firewalls da organização devem ser configurados para cumprir a sua política de segurança. Além disso, o próprio firewall deve ser protegido contra a falsificação. Para resumir:

- Todo o tráfego que entra na organização passa pelo firewall.
- Todo o tráfego que sai da organização passa pelo firewall.
- O firewall implementa a política de segurança e descarta pacotes que não aderem a ela.
- O firewall em si é imune a ataques de segurança.

O firewall é a ferramenta de segurança mais importante usada para manipular a conexão entre duas organizações que não confiam uma na outra. Ao colocar um firewall em cada conexão de rede externa, uma organização pode definir um *perímetro de segurança* que impede que pessoas de fora interfiram nos computadores internos a esse perímetro. Em particular, um firewall pode impedir que pessoas externas descubram os endereços dos computadores da organização, inundem as suas redes com tráfego indesejado, ou ataquem um computador por meio do envio de uma sequência de datagramas IP que visam uma falha. Além disso, um firewall pode impedir a exportação de dados indesejados (por exemplo, um usuário na organização inadvertidamente importa um vírus que envia uma cópia do seu disco para alguém de fora da organização).

Do ponto de vista de um gerente, um firewall tem uma importante vantagem sobre outros esquemas de segurança: ele centraliza o controle e, assim, melhora a segurança de forma dramática. Para garantir a segurança sem um firewall, uma organização deve tornar cada um dos seus computadores seguro. Além disso, cada computador tem de aplicar as mesmas políticas. O custo de contratação de pessoal para administrar muitos computadores é alto, e uma organização não pode depender de usuários individuais para configurar seus computadores corretamente. Com um firewall, um gerente pode restringir todo o tráfego de Internet a um pequeno conjunto de computadores e usar a equipe para configurar e monitorar esse conjunto. No caso extremo, todo acesso externo pode ser restrito a um único computador. Assim, um firewall permite a uma organização economizar dinheiro e garantir mais segurança.

29.14 Implementação de firewall com filtro de pacotes

Embora o firewall possa ser um dispositivo independente, a maioria deles é incorporada em um comutador ou em um roteador. Em ambos os casos, o mecanismo usado para construir o firewall é conhecido como *filtro de pacotes*. Um filtro consiste em um mecanismo configurável que examina os campos em cada cabeçalho de pacote e decide se deve permitir que ele passe pelo roteador ou seja descartado. Um gerente configura o filtro de pacotes especificando quais tipos de pacotes podem passar em cada sentido (é mais seguro especificar os tipos de pacotes permitidos em vez dos que devem ser descartados).

Para o TCP/IP, uma especificação de filtro de pacotes geralmente inclui um tipo de quadro (0x0800 para o IPv4 e 0x08DD para o IPv6), um *endereço de origem* ou um *endereço de destino* IP (ou ambos), um tipo de datagrama e um número de porta. Por exemplo, para permitir que pessoas de fora acessem o servidor Web da organização, um filtro de pacotes pode permitir todos os quadros de entrada que contenham um datagrama IP carregando TCP a partir de qualquer endereço e porta de origem com destino à porta 80 e um endereço IP de destino igual ao endereço IP do servidor Web.

Como permite a um gerente especificar combinações de endereços e serviços de origem e destino, o filtro de pacotes em um firewall possibilita que ele controle o acesso a serviços específicos em computadores específicos. Por exemplo, um gerente pode optar por permitir que o tráfego de entrada acesse um servidor Web em um computador, um servidor de e-mail em outro e um servidor DNS em um terceiro. É claro que um gerente também deve instalar regras de firewall para permitir o tráfego dos pacotes de resposta a partir do site. A Figura 29.9 ilustra uma configuração de firewall para tal site.

A habilidade de seletivamente permitir pacotes para um determinado serviço permite ao gerente controlar de modo cuidadoso os serviços que são visíveis externamente. Assim, mesmo se um usuário inadvertidamente (ou intencionalmente) inicia um servidor de e-mail em seu computador, pessoas externas à rede não serão capazes de entrar em contato com esse servidor.

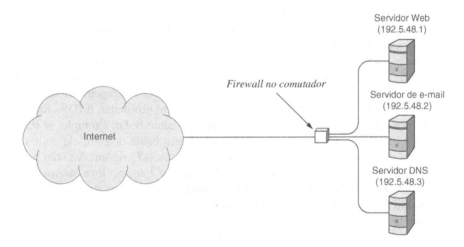

Dir	Tipo de quadro	IP de origem	IP de destino	Tipo	Porta de origem	Porta de destino
In	0x0800	*	192.5.48.1	TCP	*	80
In	0x0800	*	192.5.48.2	TCP	*	25
In	0x0800	*	192.5.48.3	TCP	*	53
In	0x0800	*	192.5.48.3	UDP	*	53
Out	0x0800	192.5.48.1	*	TCP	80	*
Out	0x0800	192.5.48.2	*	TCP	25	*
Out	0x0800	192.5.48.3	*	TCP	53	*
Out	0x0800	192.5.48.3	*	UDP	53	*

Figura 29.9 Exemplo de configuração de firewall para um site com três servidores que executam o IPv4. Os asteriscos são usados para denotar entradas que aceitam qualquer valor.

Podemos resumir:

> Um firewall utiliza o filtro de pacotes para impedir a comunicação indesejada. Cada especificação do filtro gera uma combinação de campos de cabeçalho, incluindo endereços IP de origem e destino, números de porta, bem como o tipo do protocolo de transporte.

29.15 Sistemas de detecção de intrusão

Um *sistema de detecção de intrusão* (IDS, *Intrusion Detection System*) monitora todos os pacotes que chegam a um site e notifica o administrador do site se uma violação de segurança é detectada. Um IDS fornece uma camada extra de segurança – mesmo que um firewall impeça um ataque, um IDS pode notificar o administrador do site que o problema está ocorrendo.

A maioria dos IDSs pode ser configurada para observar tipos específicos de ataques. Por exemplo, um IDS pode ser configurado para detectar ataques de *varredura de portas* (*port scanning*) em que um atacante envia datagramas UDP ou tenta abrir uma conexão TCP em sucessivas portas do servidor. Da mesma forma, um IDS pode ser configurado para detectar um potencial ataque de *inundação de SYN* (*SYN flooding*), observando se acontecem repetidos pacotes SYN de uma determinada fonte. Em alguns casos, o IDS e o firewall são interligados para fornecer filtragem automática: em vez de apenas notificar o administrador do site sobre um problema, o IDS cria uma regra de firewall que bloqueia os pacotes que estão causando-o. Por exemplo, se o IDS detectar uma inundação SYN proveniente de uma determinada origem, ele pode instalar uma regra de firewall que bloqueia pacotes a partir dessa origem. A razão para usar uma abordagem automatizada é a velocidade – um ser humano leva muitos segundos para responder após ter sido notificado sobre um problema e, em uma rede gigabit, mais de 50 mil pacotes podem chegar por segundo. Assim, uma resposta rápida é necessária para minimizar o impacto de um problema.

A principal diferença entre um IDS e um firewall é que aquele inclui *informações de estado*, ao contrário deste, que aplica as regras para um único pacote de cada vez. Assim, um IDS pode manter um histórico de pacotes. Por exemplo, apesar de um firewall determinar se pode ou não admitir um determinado pacote SYN, um IDS pode observar que muitos SYNs estão chegando de uma única fonte. É claro que o IDS exige mais cálculos e acesso à memória do que um firewall, não conseguindo lidar com tantos pacotes por segundo.

29.16 Varredura de conteúdo e inspeção detalhada de pacotes

Embora possa lidar com muitos problemas de segurança, um firewall tem uma limitação grave: só examina campos no cabeçalho do pacote, não tendo condições de verificar os dados úteis dele. Para entender por que o conteúdo dos pacotes pode ser importante, considere um vírus de computador. Uma das formas mais comuns de vírus é introduzida numa organização por meio de um anexo de e-mail; o invasor envia uma mensagem de e-mail com um programa de computador como um anexo. Se um usuário desavisado abre o anexo, o programa pode instalar um software malicioso no computador dele, incluindo *malwares*[4], tais como um vírus.

De que forma um site pode evitar problemas como a instalação de um vírus? A resposta reside na *análise do conteúdo* dos pacotes. Existem dois tipos de análise de conteúdo:

- Varredura de arquivo (*file scanning*)
- Inspeção detalhada de pacotes (DPI, *Deep Packet Inspection*)

Varredura de arquivo (file scanning). A abordagem mais simples para analisar o conteúdo trabalha com arquivos inteiros. A varredura de arquivos é uma técnica bastante conhecida usada pelo software de segurança instalado em um PC típico. Em essência, um scanner de arquivo recebe o arquivo como entrada e procura padrões de bytes que indicam um problema. Por exemplo, muitos scanners de vírus procuram sequências de bytes conhecidas como *impressões digitais* (*fingerprints*). Assim, uma empresa que vende um antivírus recolhe cópias de vírus, coloca cada uma em um arquivo, encontra sequências de bytes que são incomuns e cria uma lista de todas as sequências. Quando um usuário executa o software antivírus, este varre os arquivos do disco do usuário procurando algum que contenha as sequências de bytes que correspondem aos vírus da lista. A varredura de arquivos funciona bem para identificar os problemas mais comuns. É claro que a varredura pode produzir *falsos positivos* se um arquivo legítimo contiver uma sequência da lista, e pode produzir *falsos negativos* se existir um novo vírus cuja sequência não está na lista.

Inspeção detalhada de pacotes (DPI, Deep Packet Inspection). A segunda forma de análise de conteúdo opera em pacotes, e não em arquivos. Isto é, em vez de meramente examinar os cabeçalhos de pacotes que passam para o local, um mecanismo de DPI também examina os dados da carga útil do pacote. Note que a DPI não exclui o exame do cabeçalho – em muitos casos, o conteúdo dos dados não pode ser interpretado sem que se examinem os campos no cabeçalho do pacote.

Como um exemplo de DPI, considere um ataque em que um pequeno erro de ortografia de um nome de domínio é usado para enganar o usuário. Uma organização que quer impedir tais ataques pode criar uma *lista negra*, ou seja, um conjunto de URLs que são conhecidas por apresentarem riscos à segurança. Para acessar a lista, cada usuário do site deve configurar seu navegador para utilizar um *proxy Web* (ou seja, um sistema Web intermediário que verifica a URL antes de buscar a página solicitada). Como alternativa, um filtro de DPI pode ser configurado para inspecionar cada pacote de saída e observar se há alguma solicitação HTTP para qualquer um dos sites na lista negra.

A principal desvantagem da DPI é a sobrecarga computacional. Como a carga útil do pacote em um quadro Ethernet pode ser mais de vinte vezes maior do que o cabeçalho, a DPI pode exigir vinte vezes mais processamento do que a simples inspeção do cabeçalho. Além disso, o payload do pacote não é dividido em campos fixos como o cabeçalho, o que significa que os mecanismos de DPI devem analisar dinamicamente os conteúdos durante uma inspeção. Assim:

> *Como examinam os dados úteis dos pacotes, que são muito maiores do que os seus cabeçalhos e não são organizados em campos fixos, mecanismos de DPI estão limitados a redes de baixa velocidade.*

---

[4] Softwares maliciosos.

29.17 Redes privadas virtuais (VPNs)

Uma das tecnologias mais importantes e amplamente utilizadas em segurança usa criptografia para fornecer acesso seguro à intranet da organização a partir de um local remoto, usando protocolos padrão sobre a Internet não segura. Conhecida como *redes privadas virtuais* (VPNs, *Virtual Private Networks*), a tecnologia foi originalmente concebida para proporcionar uma interligação de baixo custo entre os vários locais geográficos de uma organização. Para entender a motivação, considere as seguintes alternativas de interconexão:

- *Conexões em redes privadas.* Uma organização aluga circuitos de dados para ligar os seus sites. Cada conexão interliga um roteador em um dos locais da organização com um roteador em outro local; dados passam diretamente de um roteador para o outro.
- *Conexões na Internet pública.* Cada site contrata com um ISP local para o serviço de Internet. Os dados enviados de um site corporativo para outro passam através da Internet.

A Figura 29.10 ilustra as duas possibilidades aplicadas a uma organização com três sites.

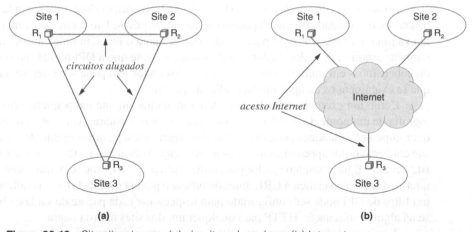

Figura 29.10 Sites ligados por (a) circuitos alugados e (b) Internet.

A principal vantagem do uso de circuitos privados para interligar os locais é que a rede resultante fornece mais garantias de que os dados permaneçam confidenciais[5]. As empresas de telefonia garantem que nenhuma outra organização tenha acesso a um circuito alugado, o que significa que nenhuma outra organização pode ler os dados que passam de um site para outro. A principal vantagem do uso de conexões de Internet é o baixo custo – em vez de pagar por circuitos dedicados para conectar sites, a organização só precisa pagar pelo serviço de Internet em cada local. Infelizmente, a

---

[5] A rigor, o termo *privado* é um equívoco; no entanto, os profissionais de redes costumam usar a palavra *privado* com o sentido de *confidencial*.

Internet não pode garantir a confidencialidade. Como viaja da origem para o destino, um datagrama passa através de redes intermediárias que podem ser compartilhadas; como consequência, outras empresas poderão obter cópias do datagrama e examinar seu conteúdo.

Uma VPN combina o melhor de ambas as abordagens, usando a Internet para transferir dados entre os locais e tomando medidas adicionais para garantir que os dados não possam ser acessados por pessoas externas. Assim, em substituição a um circuito alugado caro, uma VPN usa criptografia – todos os pacotes enviados entre os sites de uma organização são criptografados antes de serem enviados.

Para tornar a VPN ainda mais protegida dos ataques, uma organização pode dedicar roteadores à função VPN e usar um firewall para proibir os roteadores VPN de aceitar quaisquer pacotes não autorizados. Por exemplo, suponha que cada um dos roteadores na Figura 29.10 (b) são dedicados à função VPN (ou seja, suponha que o site tenha roteadores adicionais que lidam com o tráfego normal da Internet). Um firewall que protege o roteador VPN no Site 1 pode restringir todos os pacotes de entrada para ter um endereço IP de origem do roteador VPN no Site 2 ou o roteador VPN no Site 3. Da mesma forma, um firewall em cada um dos outros dois locais restringe os pacotes de entrada nesse site. As restrições ajudam a tornar o sistema resultante mais imune à falsificação de endereço e a ataques DoS.

29.18 O uso da tecnologia VPN para o teletrabalho

Embora originalmente concebida para interligar sites, a tecnologia VPN tornou-se extremamente popular entre os funcionários que fazem *teletrabalho* (ou seja, que trabalham a partir de um local remoto). Há duas formas de VPN:

- Dispositivo autônomo
- Software de VPN

Dispositivo autônomo. A organização disponibiliza para o funcionário um dispositivo físico que às vezes é chamado de *roteador VPN*. O dispositivo se conecta à Internet e estabelece automaticamente uma comunicação segura para um servidor VPN no site da organização, fornecendo conexões de rede local para o usuário conectar computadores e telefones IP. Logicamente, o dispositivo VPN estende a rede da organização para o site do usuário, permitindo que os computadores conectados ao dispositivo VPN operem como se estivessem conectados à rede corporativa. Assim, quando o computador do usuário inicializa e obtém um endereço IP, o endereço é emitido pelo servidor DHCP da organização. Da mesma forma, a tabela de encaminhamento no computador do usuário é configurada como se o computador estivesse localizado no site da organização – sempre que o computador envia um pacote, o dispositivo VPN criptografa-o e envia a versão criptografada através da Internet para a organização. Sempre que um pacote chega da organização, o dispositivo VPN descriptografa-o e transmite o resultado para o computador do usuário.

Software de VPN. Embora um dispositivo autônomo funcione bem para um funcionário que trabalha em casa ou em um escritório remoto, adequado para funcionários que viajam. Para lidar com esses casos, uma organização usa um *software de VPN* que é executado no computador pessoal do usuário. Um usuário conecta-se à Internet e, em seguida, inicia o aplicativo VPN. Quando inicializa, a aplicação VPN insere-se como intermediária na comunicação com a Internet; assim, o software VPN criptografa cada pacote de saída, envia o pacote criptografado para o servidor VPN corporativo e descriptografa cada pacote de entrada.

29.19 Tunelamento versus criptografia de pacotes

A discussão a respeito de VPNs levanta uma questão interessante: como os dados devem ser criptografados para serem transmitidos através da Internet? Existem três opções principais:

- Criptografia da carga útil (payload)
- Tunelamento IP-em-IP
- Tunelamento IP-em-TCP

Criptografia da carga útil (payload). Para manter o conteúdo de um datagrama confidencial, a *criptografia de payload* criptografa os dados úteis de um datagrama, mas deixa o cabeçalho intacto. Como os campos de cabeçalho não são criptografados, alguém que interceptar o pacote será capaz de aprender os endereços de origem e de destino utilizados, bem como os números de porta. Por exemplo, suponha que o diretor financeiro (CFO, *Chief Financial Officer*) está em um local e o presidente da empresa em outro. Suponha ainda que o CFO envia uma pequena mensagem de e-mail para o presidente sempre que o noticiário financeiro é bom, mas uma longa explicação sempre que as notícias financeiras não são boas. Uma pessoa de fora pode observar que, logo depois que flui uma mensagem curta entre dois computadores específicos, os preços das ações sobem.

Tunelamento IP-em-IP. Algumas VPNs usam a tecnologia de *tunelamento IP--em-IP* para criptografar o datagrama inteiro, incluindo o cabeçalho, quando ele passa através da Internet. O software VPN criptografa todo o datagrama, incluindo o cabeçalho, e coloca o resultado dentro de outro datagrama para a transmissão. Por exemplo, considere as conexões na Figura 29.10 (b). Suponha que o *Computador X* no *Site 1* tenha enviado um datagrama para o *Computador Y* no *Site 2*. O datagrama é encaminhado pelo Site 1 para o roteador R_1 (ou seja, o roteador que conecta o Site 1 com a Internet). A instalação da VPN em R_1 criptografa o datagrama original e o encapsula em um novo datagrama para a transmissão ao roteador R_2, que é o roteador do Site 2. Quando o datagrama encapsulado chega, o software VPN em R_2 descriptografa o payload para extrair o datagrama original e encaminha-o para o Computador Y. A Figura 29.11 ilustra o encapsulamento.

Na Figura 29.11, (a) mostra o datagrama original, (b) mostra o resultado da encriptação e (c) mostra o datagrama que é transmitido de R_1 a R_2. Note que os endereços internos estão ocultos porque todos os datagramas que viajam através da Internet entre os Sites 1 e 2 possuem os roteadores R_1 e R_2 como endereços de origem e de destino.

Para resumir:

> *Quando uma VPN usa encapsulamento IP-em-IP, todos os campos do datagrama original são criptografados, incluindo o cabeçalho original.*

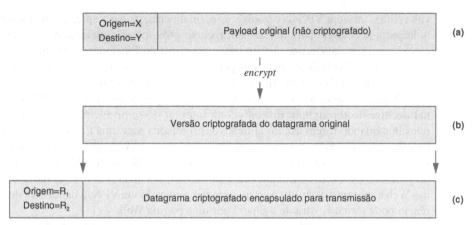

Figura 29.11 Ilustração de encapsulamento IP-em-IP usado com uma VPN.

Tunelamento IP-em-TCP. A terceira alternativa usada para manter dados confidenciais envolve a utilização de um túnel TCP, ou seja, duas partes estabelecem uma conexão TCP e depois usam-na para enviar datagramas criptografados. Quando um datagrama deve ser enviado, todo ele é criptografado, um pequeno cabeçalho é adicionado para marcar o limite entre datagramas, e o resultado é enviado através da conexão TCP. Tipicamente, o cabeçalho consiste em um número inteiro de 2 bytes que especifica o comprimento do datagrama. Na outra extremidade da ligação TCP, o software VPN receptor lê o cabeçalho e, em seguida, lê o número especificado de bytes adicionais para obter o datagrama. Uma vez que todo o texto criptografado para um datagrama tenha sido recebido, o receptor o descriptografa, obtendo o datagrama original.

A principal vantagem do uso de IP-em-TCP em vez de IP-em-IP é a garantia de entrega: o TCP garante que todos os datagramas enviados entre dois sites cheguem de forma confiável e em ordem. A principal desvantagem do uso de IP-em-TCP é o bloqueio temporário no caso de perda de pacotes: como todos os datagramas devem ser entregues em ordem, se um segmento TCP é perdido ou atrasado, o TCP não pode entregar dados de segmentos sucessivos, mesmo que eles tenham chegado corretamente. Se pensarmos que uma VPN é a transferência de uma fila de pacotes, toda a fila permanece bloqueada até que o primeiro datagrama tenha sido entregue.

Existe uma última questão relacionada ao tunelamento VPN: desempenho. Há três aspectos:

- Latência
- Taxa de transferência (throughput)
- Sobrecarga (overhead) e fragmentação

Latência. Para entender a questão da latência, considere uma organização na Costa Oeste dos Estados Unidos e assuma que um funcionário viaja para a Costa Leste, a cerca de 5 mil quilômetros de distância. Lembre-se de que o software de VPN transfere datagramas apenas até o roteador de entrada da organização – uma vez que atinge a organização, um datagrama deve ser roteado para o seu destino. Por exemplo, se o funcionário navega em uma página Web, cada requisição deve trafegar a partir da localização atual do funcionário até o servidor VPN da organização e, de lá para o servidor Web. A resposta deve trafegar de volta para o servidor VPN da organização e, finalmente, para o empregado no local remoto. A latência necessária para acessar um recurso próximo ao funcionário é especialmente elevada, porque datagramas devem trafegar a partir do funcionário em toda a VPN até a organização na Costa Oeste e de volta para o recurso na Costa Leste. Como resultado, essas viagens de ida e volta exigem que um datagrama faça quatro travessias do continente.

Taxa de transferência (throughput). Outro problema com uma VPN convencional decorre do throughput disponível na Internet. Esse problema pode tornar-se mais relevante quando forem usados aplicativos projetados para uma LAN de alta velocidade. Em algumas organizações, por exemplo, as páginas da Web que os funcionários usam para o trabalho interno da empresa contêm muitos gráficos. A LAN no ambiente local proporciona uma taxa de transferência suficiente para fazer o download rápido das páginas Web entretanto, para um usuário remoto conectado via VPN, a baixa taxa de transferência pode tornar frustrante a espera por uma página Web.

Sobrecarga (overhead) e fragmentação. Um terceiro aspecto do desempenho surge porque o encapsulamento adiciona sobrecarga no datagrama. Para entender o problema, suponha que um site utiliza Ethernet e que o aplicativo criou um datagrama de 1.500 bytes (ou seja, o datagrama é tão grande quanto o MTU da rede). Quando um roteador VPN encapsula o datagrama criptografado em outro datagrama IP, pelo menos 20 bytes são adicionados no cabeçalho, o que faz com que o datagrama resultante exceda o MTU da rede e com que seja gerada fragmentação antes da transmissão. Como ambos os fragmentos devem chegar antes do datagrama pode ser descriptografado, a probabilidade de perda ou atraso é maior.

29.20 Tecnologias de segurança

Várias tecnologias de segurança foram criadas para serem usadas na Internet. Os destaques incluem:

- *PGP (Pretty Good Privacy).* Um sistema de criptografia que os aplicativos podem usar para criptografar dados antes da transmissão. O PGP foi desenvolvido no MIT e é especialmente popular entre os cientistas da computação.
- *SSH (Secure Shell).* Um protocolo de camada de aplicação para o login remoto que garante a confidencialidade, criptografando os dados antes da transmissão através da Internet.
- *SSL (Secure Socket Layer).* Uma tecnologia originalmente concebida pela Netscape Communications que usa criptografia para fornecer autenticação e confidencialidade. O software SSL fica entre a aplicação e a API de sockets e criptografa os dados antes de transmiti-los através da Internet. O SSL é usado em uma conexão Web para permitir que os usuários realizem transações financeiras com segurança (por exemplo, enviem um número de cartão de crédito para um servidor Web).
- *TLS (Transport Layer Security).* Projetado pelo IETF no final dos anos 1990 como um sucessor para o SSL, o TLS baseia-se na versão 3 do SSL. Tanto o SSL como o TLS estão disponíveis para uso com HTTPS.
- *HTTPS (HTTP Security).* Não é efetivamente uma tecnologia distinta, pois combina HTTP com SSL ou TLS e um mecanismo de certificação para fornecer aos usuários comunicação autenticada e confidencial através da Web. A HTTPS utiliza a porta TCP 443 em vez da porta 80.

- *IPsec (IP security)*. É o padrão de segurança usado com datagramas IP. Ele utiliza técnicas de criptografia e permite ao remetente utilizar autenticação (ou seja, validar o remetente e o destinatário do datagrama) ou confidencialidade (ou seja, criptografar o payload do datagrama).
- *RADIUS (Remote Authentication Dial-In User Service)*. Um protocolo usado para fornecer autenticação centralizada, autorização e prestação de contas (accounting). O RADIUS é popular entre os ISPs, que têm usuários de conexão discada, e os sistemas de VPN, que fornecem acesso a usuários remotos.
- *WEP e WPA (Wired Equivalent Privacy e Wi-Fi Protected Access)*. O WEP foi originalmente parte do padrão de rede local sem fio Wi-Fi[6] e foi usado para manter as transmissões confidenciais. Pesquisadores da U.C. Berkeley encontraram vários pontos fracos no padrão WEP, fazendo com que o WPA (mais tarde *WPA2*) fosse desenvolvido em substituição a ele.

29.21 Resumo

As redes de computadores e a Internet podem ser utilizadas para atividades criminosas; as maiores ameaças incluem *phishing*, falsificação, golpes, negação de serviço, perda de controle e perda de dados. As técnicas utilizadas em ataques incluem: escutas telefônicas, repetição, *buffer overflow*, *spoofing* de endereço e nome, DoS com pacotes, *SYN flood*, quebra de senha, *port scanning* e interceptação de pacotes.

Cada organização precisa definir uma política de segurança que especifica aspectos como a integridade dos dados (proteção contra alterações), a disponibilidade de dados (proteção contra a interrupção do serviço), a confidencialidade de dados e a privacidade (proteção contra intromissão). Além disso, a organização deve considerar a prestação de contas (ou seja, como manter relatórios para auditoria) e a autorização (ou seja, como a responsabilidade pela informação é transmitida de uma pessoa para outra).

Um conjunto de tecnologias foi criado para fornecer diversos aspectos da segurança. O conjunto inclui: criptografia, *hashing*, assinaturas e certificados digitais, firewalls, sistemas de detecção de intrusão, inspeção detalhada de pacotes, verificação de conteúdo e redes privadas virtuais. A criptografia é uma das tecnologias mais fundamentais entre as utilizadas nos mecanismos de segurança.

A criptografia de chave privada usa uma única chave para cifrar e decifrar mensagens; o remetente e o destinatário devem manter a chave em segredo. Sistemas de criptografia de chave pública usam um par de chaves; uma chave é mantida em segredo e outra (a chave pública) é amplamente anunciada. As assinaturas digitais são obtidas pela utilização de criptografia para autenticar as mensagens. Uma autoridade de chaves pode emitir certificados para validar as chaves públicas.

Um firewall protege um site contra ataques limitando os pacotes que podem entrar ou sair. Para configurar um firewall, um gerente elabora um conjunto de regras que identificam os pacotes por meio de uma associação de valores específicos nos campos do cabeçalho. Sistemas de detecção de intrusão mantêm informações de estado e podem identificar ataques como inundação de SYNs.

---

[6] O WEP aplica-se a uma variedade de protocolos IEEE 802.11.

Redes privadas virtuais (VPNs) fornecem os benefícios de confidencialidade e também de baixo custo. A tecnologia VPN permite que um funcionário efetue teletrabalho, ou seja, trabalhe remotamente. Para manter as informações confidenciais, um remetente pode criptografar somente a carga útil do pacote (payload), usar tunelamento IP-em-IP, ou usar tunelamento IP-em-TCP. O tunelamento tem a vantagem de criptografar os cabeçalhos dos pacotes, bem como a carga útil deles. Alguns aplicativos não funcionam bem por meio de VPN, porque ela gera mais atraso, menor throughput e maior sobrecarga do que uma conexão direta.

Existem muitas tecnologias de segurança, como: PGP, SSH, SSL, TLS, HTTPS, IPsec, RADIUS e WPA.

Exercícios

29.1 Liste os principais problemas de segurança na Internet e faça uma breve descrição de cada um.

29.2 Cite uma técnica utilizada em ataques de segurança.

29.3 Suponha que um atacante encontre uma maneira de armazenar uma associação falsa no seu servidor DNS local. Como ele pode usar essa fraqueza para obter informações de sua conta bancária?

29.4 Ataques DoS costumam enviar segmentos TCP SYN. Um atacante poderia criar também um ataque de negação de serviço por meio do envio de segmentos de dados TCP? Explique.

29.5 Se uma senha contém oito letras maiúsculas e minúsculas, quantas senhas um invasor precisaria tentar para obter acesso?

29.6 Por que é difícil obter uma política de segurança de redes?

29.7 Suponha que uma empresa crie uma política de segurança especificando que somente o pessoal do RH está autorizado a ver os arquivos da folha de pagamento. Que tipo de mecanismo é necessário para implementar essa política? Explique.

29.8 Liste e descreva as oito técnicas básicas de segurança.

29.9 O que é uma lista de controle de acesso (ACL) e como é usada?

29.10 O termo *criptografia* se refere a quê?

29.11 Leia sobre o *padrão de criptografia DES (Data Encryption Standard)*. Que tamanho de chave deve ser usado para dados extremamente importantes?

29.12 Suponha que seu amigo tenha uma chave pública e privada para uso com criptografia de chave pública. Ele poderia lhe enviar uma mensagem confidencial (ou seja, uma mensagem que só você pode ler)? Por quê?

29.13 Se você e seu amigo possuem um par de chaves públicas e privadas para um sistema de criptografia de chave pública, como é possível efetuar uma comunicação diária sem serem enganados por um ataque de repetição?

29.14 Como duas entidades podem usar a criptografia de chave pública para assinar um contrato que é então enviado para um terceiro?

29.15 O que é um certificado digital?

29.16 O que é um firewall e onde é instalado?

29.17 Muitos produtos de firewall comerciais permitem a um gerente especificar pacotes para *negar* e pacotes para *aceitar*. Qual é a desvantagem de uma configuração que só permite a negação?

29.18 Reescreva a configuração de firewall da Figura 29.9 para permitir a alguém externo efetuar *ping* em cada um dos três servidores.

29.19 Reescreva a configuração de firewall na Figura 29.9 para mover o servidor de e-mail para o computador que executa o servidor Web.

29.20 Leia sobre sistemas IDS comerciais e faça uma lista de ataques que tais sistemas podem detectar.

29.21 Considere um sistema de DPI que procura por uma sequência de K bytes em cada pacote. Se um pacote contém 1.486 bytes de carga útil, no pior caso, quantas comparações devem ser feitas para examinar o pacote, assumindo um algoritmo de comparação simples?

29.22 Por que a inspeção detalhada de pacotes não é utilizada em redes de maior velocidade?

29.23 Quais são os dois objetivos de um sistema VPN?

29.24 Quais são as três maneiras de uma VPN transferir dados através da Internet?

29.25 Quando uma VPN usa o tunelamento IP-em-IP, o que impede que um invasor leia o cabeçalho do datagrama original?

29.26 Em alguns sistemas de VPN, um remetente acrescenta um número aleatório de bits zero no datagrama antes de criptografar, e o receptor utiliza o campo de comprimento do datagrama para descartar os bits extras após o datagrama ter sido descriptografado. Assim, o único efeito do enchimento é tornar o comprimento do datagrama criptografado independente do comprimento da versão não criptografada. Por que o comprimento é importante?

29.27 Liste oito tecnologias de segurança utilizadas na Internet e descreva a finalidade de cada uma.

29.28 Leia sobre as vulnerabilidades do protocolo WEP. Como o protocolo WPA evita os problemas?

CAPÍTULO 30

Gerenciamento de redes (SNMP)

30.1 Introdução, 468
30.2 Gerenciando uma intranet, 468
30.3 FCAPS: o modelo padrão da indústria, 469
30.4 Exemplo de elementos de rede, 470
30.5 Ferramentas de gerenciamento de redes, 471
30.6 Aplicações de gerenciamento de redes, 473
30.7 Simple Network Management Protocol, 473
30.8 O paradigma fetch-store do SNMP, 474
30.9 A MIB SNMP e os nomes de objetos, 475
30.10 A diversidade de variáveis MIB, 475
30.11 Variáveis MIB que correspondem a matrizes, 476
30.12 Resumo, 477

30.1 Introdução

Capítulos anteriores descrevem uma variedade de aplicações convencionais que utilizam a Internet. Este capítulo expande nosso estudo sobre aplicações considerando o gerenciamento de redes. O capítulo apresenta um modelo conceitual usado na indústria e utiliza-o para explicar a abrangência das atividades de gerenciamento. Depois de explicar por que a gestão da rede é importante e complexa, descreve as tecnologias de gerenciamento de redes. Ele examina ferramentas disponíveis, incluindo aplicativos de software que os gerentes usam para medir ou controlar comutadores, roteadores e outros dispositivos que constituem uma intranet. Além disso, explica o paradigma geral utilizado pelos sistemas de gerenciamento, e descreve a funcionalidade que tais sistemas proporcionam. Finalmente, o capítulo considera um exemplo específico de protocolo de gerenciamento de rede e explica como funciona o software desse protocolo.

30.2 Gerenciando uma intranet

Um *gerente de rede*, às vezes chamado de *administrador de rede*, é a pessoa responsável pelo planejamento, pela instalação, pela operação, pelo monitoramento e pelo controle dos sistemas de hardware e software que constituem uma rede de computadores interna ou intranet. O gerente planeja uma rede que atenda aos requisitos de desempenho, monitora as operações, detecta e corrige problemas que tornam a comunicação ineficiente ou impossível e trabalha para evitar condições que podem gerar um problema novo. Como falhas de hardware e de software podem causar problemas, um gerente de rede deve monitorar ambas.

O gerenciamento da rede pode ser difícil por três motivos. Primeiro, a maioria das intranets são heterogêneas – uma intranet contém componentes de hardware e software fabricados por várias empresas. Em segundo lugar, a tecnologia muda, o que significa que novos dispositivos e serviços aparecem constantemente. Em terceiro lugar, a maioria das intranets é fisicamente grande, com uma boa distância entre os dispositivos. Diagnosticar problemas em um dispositivo remoto pode ser especialmente difícil.

A gestão da rede também é difícil porque muitos mecanismos de rede são concebidos para superar os problemas automaticamente. Os protocolos de roteamento ignoram falhas, e uma perda de pacotes intermitente pode passar despercebida porque o TCP retransmite automaticamente. Infelizmente, a recuperação automática de erros tem consequências. A retransmissão de pacotes utiliza uma largura de banda da rede que poderia ser utilizada para enviar dados novos. Da mesma forma, uma falha de hardware que não é detectada pode se tornar crítica se o caminho de backup também falhar.

Para resumir:

> *Apesar de o hardware de rede e de os protocolos de software terem mecanismos para superar automaticamente falhas ou retransmitir pacotes perdidos, os gerentes de rede precisam detectar e corrigir problemas reais e potenciais.*

30.3 FCAPS: o modelo padrão da indústria

A indústria de redes utiliza o *modelo FCAPS* para caracterizar o escopo do gerenciamento de redes. A sigla é derivada da recomendação M.3400 publicada pelo *ITU*[1]. O FCAPS é expandido em uma lista de cinco aspectos do gerenciamento. A Figura 30.1 resume o modelo.

Sigla	Significado
F	Detecção e correção de falhas
C	Configuração e operação
A	Contabilidade e faturamento
P	Avaliação de desempenho e otimização
S	Garantia de segurança e proteção

Figura 30.1 O modelo FCAPS de gerenciamento de redes.

Detecção e correção de falhas. A detecção de falhas é responsável pela maior parte dos aspectos operacionais do gerenciamento de redes. Um gerente monitora os equipamentos de rede para detectar problemas e toma as medidas necessárias para corrigi-los. Possíveis falhas incluem as de software (por exemplo, uma falha do sistema operacional em um servidor), as de link (por exemplo, alguém corta acidentalmente uma fibra óptica) e as de equipamento (por exemplo, o fornecimento de energia falha em um roteador).

Muitas vezes, os usuários relatam falhas descrevendo um sintoma de alto nível, tal como "eu perdi o acesso a um disco compartilhado." O gerente deve investigar para determinar se o problema está relacionado ao software, à segurança (por exemplo, uma nova senha), a um servidor ou a um link. Dizemos que o gerente realiza a *análise da causa raiz*. Muitas vezes, o gerente pode determinar a causa correlacionando diferentes

---

[1] A M.3400 é parte de uma série de normas que especificam como uma *rede de telecomunicações* (TMN, *Telecommunications Management Network*) deve ser configurada e operada.

relatórios. Por exemplo, se muitos usuários em um site de repente começam a se queixar que vários serviços não estão disponíveis, o gerente pode suspeitar que o problema esteja em uma conexão compartilhada que todos os serviços usam.

Configuração e operação. A configuração pode parecer um aspecto trivial do gerenciamento de redes, pois só precisa ser feita uma vez – depois de criada, ela pode ser salva, de forma que o dispositivo a instala automaticamente durante uma reinicialização. Na verdade, a configuração é complexa por três razões. Em primeiro lugar, uma rede contém muitos dispositivos e serviços, e as configurações devem ser consistentes em todos eles. Em segundo lugar, à medida que novos equipamentos e serviços são adicionados ou que as políticas mudam, um gerente de rede deve considerar todas as configurações para garantir que a rede inteira efetue as mudanças corretamente. Em terceiro lugar, as ferramentas atuais permitem que um gerente configure dispositivos e protocolos individuais; não há uma maneira fácil de configurar um conjunto de dispositivos heterogêneos.

Contabilidade e faturamento. Em muitas intranets corporativas, contabilidade e faturamento são triviais. A empresa repassa o custo de funcionamento da rede para uma conta central, bem como o custo da energia elétrica ou do serviço telefônico. Nas redes ISP, no entanto, a contabilidade e o faturamento podem consumir mais tempo de um gerente do que qualquer outro aspecto da gestão. Por exemplo, se um provedor oferece serviços diferenciados com limitações diferenciadas no tráfego que pode ser enviado, um sistema deve levar em conta o tráfego de cada cliente separadamente. Muitas vezes, os acordos de serviço especificam que o cliente paga um valor conforme uma medida, como o total de bytes que envia por dia. Assim, é importante medir todo o tráfego de um cliente e manter registros detalhados que podem ser utilizados para gerar uma fatura.

Avaliação de desempenho e otimização. Um gerente realiza dois tipos de avaliação de desempenho: *avaliação de diagnóstico*, para detectar problemas e ineficiências, e *avaliação de tendências*, que permite a ele antecipar a necessidade de aumento de capacidade. A avaliação diagnóstica procura maneiras de maximizar a utilização de uma rede existente. Por exemplo, se um gerente encontra um caminho com baixa utilização, ele pode pensar em maneiras de transferir o tráfego para esse caminho. A avaliação de tendências procura formas de aumentar o desempenho da rede visando atender às necessidades futuras. Por exemplo, a maioria dos gerentes monitora a utilização do link entre a sua organização e a Internet e faz planos para aumentar a capacidade dele quando a utilização média subir acima de 50%.

Garantia de segurança e proteção. Como permeia várias camadas da pilha de protocolos e se estende por vários dispositivos, a segurança é um dos aspectos mais difíceis do gerenciamento de redes. Em particular, a segurança segue a analogia do *elo mais fraco*: a segurança de um site pode ser comprometida se a configuração está incorreta em um único dispositivo. Além disso, como os atacantes concebem continuamente novas maneiras de quebrar a segurança, uma rede que está segura em determinado momento pode ficar comprometida no futuro, a menos que o gerente faça alterações.

30.4 Exemplo de elementos de rede

Sistemas de gerenciamento de redes usam o termo genérico *elemento de rede* para se referirem a qualquer dispositivo de rede, sistema ou mecanismo que pode ser gerenciado. Embora muitos elementos de rede consistam em um dispositivo físico, a definição abrange serviços como o DNS. A Figura 30.2 lista alguns elementos de rede.

Elementos gerenciáveis de redes	
Comutador nível 2	Roteador IP
Comutador VLAN	Firewall
Ponto de acesso wireless	Circuito digital (CSU/DSU)
Modem DSL	DSLAM
Servidor DHCP	Servidor DNS
Servidor Web	Balanceador de carga

Figura 30.2 Exemplos de elementos de rede que devem ser gerenciados.

A indústria usa o termo *gerenciamento de elemento* para se referir à configuração e à operação de um elemento de rede individual. Infelizmente, a maioria das ferramentas disponíveis fornece apenas gerenciamento de elemento[2]; assim, para criar um serviço fim-a-fim, um gerente deve configurar cada elemento de rede ao longo do caminho. Por exemplo, para criar um túnel MPLS através de vários roteadores, um gerente deve configurar cada roteador de forma independente. Da mesma forma, para implementar uma política em toda a rede, ele deve configurar cada elemento.

É claro que um ser humano pode cometer um erro ao configurar vários dispositivos, o que torna o gerenciamento de elemento suscetível a erros. Mais importante: para diagnosticar um erro, um gerente deve examinar um elemento por vez. Ou seja:

> Como só permite configurar, monitorar ou controlar um elemento de rede por vez, um sistema de gerenciamento de elemento é trabalhoso e propenso a erros.

30.5 Ferramentas de gerenciamento de redes

As ferramentas de gerenciamento de redes podem ser classificadas em 12 categorias que caracterizam a sua finalidade geral:

- Teste da camada física
- Acesso e conectividade
- Análise de pacotes
- Descoberta de redes
- Consulta de dispositivo
- Monitoramento de eventos
- Monitoramento de desempenho
- Análise de fluxo
- Engenharia de tráfego e roteamento
- Configuração

---

[2] Embora existam algumas ferramentas para carregar uma configuração em vários elementos, poucas conseguem configurar os serviços através de uma rede de forma significativa.

- Aplicação das políticas de segurança
- Planejamento da rede

O teste da camada física inclui testes com sensores de portadora, encontrados em muitas placas de rede, e medidores de intensidade de sinal sem fio, usados para medir a potência do sinal de RF. *Ping* é o melhor exemplo de uma ferramenta de acesso e é muito utilizado pelos gerentes de rede. Um *analisador de pacotes*, também chamado de *analisador de protocolo*, captura e exibe pacotes ou estatísticas sobre os pacotes; o analisador *Wireshark* está disponível gratuitamente para download.

Uma ferramenta de descoberta de redes produz um mapa da rede obtido por meio de dispositivos de sondagem. Muitas vezes, um gerente usa esse mapa para encontrar os elementos da rede e, em seguida, usa uma ferramenta de consulta de dispositivo para acessar cada elemento. As ferramentas de monitoramento de eventos produzem alertas – tipicamente, um gerente configura um dispositivo para enviar um alerta quando certos limiares são atingidos (por exemplo, se a utilização de um link chegar a 80%), e uma ferramenta de monitoramento exibe o alerta na estação de trabalho do gerente. Ferramentas de monitoramento de desempenho geram gráficos de desempenho ao longo do tempo para ajudar a detectar tendências.

Ferramentas de análise de fluxo, tais como o analisador NetFlow, ajudam um gerente a detectar tendências. Em vez de simplesmente informá-lo sobre o tráfego em geral, o analisador de fluxo pode ajudar um gerente a visualizar mudanças pontuais em tipos específicos de tráfego (por exemplo, um aumento no tráfego VoIP).

Roteamento, engenharia de tráfego e ferramentas de configuração estão relacionados. As ferramentas de roteamento auxiliam na detecção de problemas de configuração dos protocolos de roteamento e monitoram a atualização das tabelas de encaminhamento. As ferramentas de engenharia de tráfego concentram-se na configuração e no monitoramento de túneis MPLS e parâmetros de QoS relacionados. Ferramentas de configuração de uso geral permitem que um gerente instale ou altere a configuração nos elementos. Em particular, algumas ferramentas de configuração automatizam a tarefa repetitiva de fazer uma mudança em um conjunto de elementos (geralmente idênticos). Por exemplo, se uma regra do firewall muda e um site tem vários firewalls, uma ferramenta de configuração automatizada (muitas vezes um script Perl) pode instalar a mesma mudança em todos eles.

Existem muitas ferramentas de segurança, e algumas facilitam ao gerente especificar uma política e configurá-la nos dispositivos, ou medi-los para assegurar que a política está ativa. Um gerente pode usar outras ferramentas de segurança para testar a segurança – a ferramenta tenta atacar dispositivos ou serviços e apresenta relatórios para o gerente dizendo se o ataque foi bem-sucedido.

Como envolve previsão, o planejamento de rede é complexo. As ferramentas de planejamento estão entre as mais sofisticadas. Por exemplo, existem ferramentas que rodam algoritmos de programação linear para ajudar o gerente a aperfeiçoar a arquitetura da rede ou a planejar o gerenciamento de tráfego. Também existem ferramentas que ajudam um gerente a avaliar os pontos fracos (por exemplo, identificar locais na rede onde duas ou mais falhas de hardware irão desconectar os usuários da Internet).

Para resumir:

> *Existe uma grande variedade de ferramentas que ajudam o gerente a configurar, medir, diagnosticar e analisar as redes.*

30.6 Aplicações de gerenciamento de redes

A maioria das ferramentas descritas opera remotamente, isto é, o gerente mantém-se em um único local e usa a tecnologia para se comunicar com um determinado elemento de rede. Surpreendentemente, o gerenciamento da rede não é definido como uma parte das camadas de baixo da pilha de protocolos. Em vez disso, os protocolos utilizados para monitorar e controlar os dispositivos de rede operam no nível de aplicação. Quando um gerente precisa interagir com um dispositivo de hardware específico, ele executa um programa de aplicação que age como um cliente, e outro programa de aplicação no dispositivo desejado age como um servidor. Ambos usam protocolos de transporte convencionais para interagir, tais como UDP ou TCP, além disso, em vez de criar uma rede separada, a maioria dos gerentes envia tráfego de gerenciamento através da rede de produção.

Para evitar confusão entre os aplicativos dos usuários e os aplicativos da gerência de redes, os sistemas de gerenciamento de redes evitam os termos *cliente* e *servidor*. Em vez disso, o aplicativo cliente que é executado no computador do gerente é chamado de *gerente*, e um servidor que roda em um dispositivo de rede é chamado de *agente*[3].

O uso de protocolos de transporte convencionais para transmitir o tráfego de gerenciamento pode parecer ineficaz, porque problemas no software do protocolo, rotas mal configuradas ou falhas do hardware podem impedir que os pacotes sejam enviados, o que torna impossível controlar um dispositivo enquanto as falhas ocorrem. Alguns operadores de rede instalam um hardware redundante para lidar com o gerenciamento de dispositivos altamente críticos (por exemplo, um modem dial-up funcionando como um backup em um roteador crítico de alta velocidade para o caso de a rede principal ficar intransitável). Na prática, esses sistemas raramente são necessários. O uso de um protocolo de aplicação para gerenciamento de redes funciona bem por três razões. Em primeiro lugar, os sistemas de rede modernos são extremamente confiáveis. Em segundo lugar, nos casos em que uma falha de hardware impede a comunicação, um gerente pode normalmente se comunicar com outros dispositivos que permanecem funcionais e usar o sucesso ou a falha para ajudar a localizar o problema. Em terceiro lugar, usar protocolos de transporte convencionais significa que os pacotes de gerenciamento estarão sujeitos às mesmas condições que o tráfego normal; assim, se os atrasos forem elevados, o gerente vai descobrir imediatamente.

30.7 Simple Network Management Protocol

O protocolo padrão usado para gerenciamento de redes é conhecido como *protocolo simples de gerenciamento de redes* (SNMP, *Simple Network Management Protocol*); o padrão atual está na versão 3 e é escrito *SNMPv3*. O protocolo SNMP define exatamente como um gerente se comunica com um agente. Por exemplo, define o formato de solicitações que um gerente envia a um agente e o formato de respostas que um agente retorna. Além disso, o SNMP define o significado exato de cada solicitação e resposta

---

[3] Embora utilizemos os termos *gerente* e *agente*, o leitor deve ter em mente que eles operam exatamente da mesma forma que outras aplicações cliente e servidor.

possível. Em particular, ele especifica que uma mensagem SNMP é codificada usando um padrão conhecido como *ASN.1 (Abstract Syntax Notation.1)*[4].

Embora os detalhes completos da codificação ASN.1 estejam fora do escopo deste livro, um exemplo simples ajudará a explicar a codificação: considere o envio de um número inteiro entre um agente e um gerente. Para acomodar grandes valores sem desperdiçar espaço em cada transferência, a ASN.1 usa uma combinação de comprimento e valor para cada objeto transferido. Por exemplo, um número inteiro entre *0* e *255* pode ser transferido num único octeto. Números inteiros na faixa de *256* a *65.535* necessitam de dois octetos, enquanto os inteiros maiores requerem três ou mais octetos. Para codificar um número inteiro, a ASN.1 envia um par de valores: um comprimento, *L*, seguido por *L* octetos que contêm o número inteiro. Para permitir que as mensagens incluam números inteiros de qualquer tamanho, a ASN.1 permite que o comprimento ocupe mais do que um octeto; comprimentos estendidos normalmente não são necessários para os inteiros usados com sistemas típicos de rede. A Figura 30.3 ilustra a codificação.

Inteiro decimal	Equivalente hexa	Comprimento do byte	Bytes do valor (em hexa)
27	1B	01	1B
792	318	02	03 18
24.567	5FF7	02	5F F7
190.345	2E789	03	02 E7 89

Figura 30.3 Exemplos da codificação ASN.1 para inteiros.

30.8 O paradigma fetch-store do SNMP

O protocolo SNMP não define um grande conjunto de comandos. Em vez disso, usa o *paradigma fetch-store*, no qual existem duas operações básicas: *fetch (buscar)*, utilizado para obter um valor a partir de um dispositivo, e *store (armazenar)*, utilizado para configurar um valor no dispositivo. Cada objeto que pode ser buscado ou armazenado possui um nome exclusivo; um comando que especifica uma operação de *fetch* ou de *store* deve especificar o nome do objeto.

O modo como operações de *fetch* podem ser usadas para monitorar um dispositivo ou obter seu status deve ficar claro: um conjunto de objetos de status deve ser definido. Para obter informações de status, um gerente obtém o valor associado a um determinado objeto. Por exemplo, pode-se definir um objeto que conta o número de quadros que um dispositivo descarta porque o checksum falhou. O dispositivo deve ser concebido para incrementar o contador toda vez que detectar erro de checksum. Um gerente pode utilizar o SNMP para efetuar *fetch* no valor associado ao contador a fim de determinar a quantidade de erros de checksum que estão ocorrendo.

Usar o paradigma fetch-store para controlar um dispositivo pode não parecer tão óbvio; operações de controle são definidas para causar efeitos secundários no objeto.

---
[4] O nome é pronunciado *abstract syntax notation dot one*, e a abreviatura é pronunciada pela leitura dos caracteres, *A S N dot one*.

Por exemplo, o SNMP não inclui comandos separados para *zerar* o contador de erros de checksum ou *reinicializar* o dispositivo. No caso do contador de erros de checksum, pode-se usar uma operação de *store* a fim de armazenar um zero para o objeto, reinicializando o contador. Para operações como reinicialização do dispositivo, no entanto, um agente SNMP deve ser programado para interpretar a requisição de *store* e executar a sequência correta de operações a fim de conseguir o efeito desejado. Assim, o software SNMP pode definir um objeto que faça o sistema reiniciar, especificando, por exemplo, que a operação *store* com valor zero para o objeto fará com que o sistema seja reinicializado. É claro que os objetos SNMP são virtuais, ou seja, o dispositivo não os implementa diretamente; em vez disso, um agente recebe solicitações e realiza ações que correspondem a cada operação de *fetch* ou de *store*. Para resumir:

> O SNMP utiliza o paradigma fetch-store para a interação entre um gerente e um agente. Um gerente efetua a operação de fetch para determinar o status do dispositivo; operações de store, que controlam o dispositivo, são definidas para utilizar objetos que causam efeitos secundários nos dispositivos.

30.9 A MIB SNMP e os nomes de objetos

Cada objeto ao qual o SNMP tem acesso deve ser definido e receber um nome único. Além disso, tanto o gerente como o agente devem concordar com os nomes e os significados das operações de *fetch* e *store*. Coletivamente, o conjunto de todos os objetos que o SNMP pode acessar é conhecido como *base de informações de gerenciamento* (MIB, *Management Information Base*).

De fato, a definição de uma MIB não está diretamente ligada ao SNMP, pois o padrão SNMP só especifica o formato da mensagem e descreve como as mensagens são codificadas; um padrão separado especifica variáveis MIB junto ao significado das operações de *fetch* e *store* em cada variável. Na verdade, padrões distintos especificam variáveis MIB para cada tipo de dispositivo.

Os objetos em uma MIB são definidos com o esquema ASN.1, que atribui a cada objeto um prefixo longo capaz de garantir que o nome será único. Por exemplo, um número inteiro que conta o número de datagramas IPv4 recebidos por um dispositivo é chamado:

iso.org.dod.internet.mgmt.mib.ip.ipInReceives

Além disso, quando o nome do objeto é representado em uma mensagem SNMP, cada parte dele recebe um número inteiro. Assim, em uma mensagem SNMP, o nome do *ipInReceives* é:

1.3.6.1.2.1.4.3

30.10 A diversidade de variáveis MIB

Como o SNMP não especifica um conjunto de variáveis MIB, o projeto é flexível. Novas variáveis MIB podem ser definidas e padronizadas conforme for necessário, sem alterar o protocolo base. Mais importante, a separação do protocolo de comunicação da definição dos objetos permite que qualquer grupo defina variáveis MIB conforme necessário. Por exemplo, quando um novo protocolo é projetado, o grupo que cria-o pode definir variáveis MIB que são usadas para monitorá-lo e controlá-lo. Da mesma forma, quando um fornecedor cria um novo dispositivo de hardware, ele pode especificar variáveis MIB para monitorá-lo e controlá-lo.

Conforme a intenção dos projetistas originais, muitos conjuntos de variáveis MIB foram criados. Por exemplo, existem variáveis MIB que correspondem a protocolos como UDP, TCP, IP e ARP, bem como variáveis MIB para hardware de rede, como Ethernet. Além disso, os grupos definiram MIBs genéricas para dispositivos de hardware, como roteadores, comutadores, modems e impressoras[5].

30.11 Variáveis MIB que correspondem a matrizes

Além das variáveis simples, tais como números inteiros que correspondem aos contadores, uma MIB pode incluir variáveis que definem tabelas ou matrizes. Tais definições são úteis porque permitem uma melhor associação com algumas informações nos sistemas. Por exemplo, considere uma tabela de encaminhamento IP. Na maioria das implementações, a tabela de encaminhamento pode ser vista como uma matriz, em que cada entrada contém um endereço de destino e um next-hop (próximo salto) usado para alcançar esse endereço.

Diferente de uma linguagem de programação convencional, a ASN.1 não suporta indexação. Em vez disso, as referências indexadas estão implícitas – o remetente deve saber que o objeto a ser referenciado é uma tabela e deve anexar as informações de indexação para o nome do objeto. Por exemplo, a variável MIB

standard MIB prefix.ip.ipRoutingTable

corresponde a uma tabela de encaminhamento IP[6], e cada entrada contém vários campos. Conceitualmente, a tabela é indexada pelo endereço IP de um destino. Para obter o valor de um determinado campo de uma entrada, um gerente especifica um nome da seguinte forma:

standard MIB prefix.ip.ipRoutingTable.ipRouteEntry.field.IPdestaddr

onde *field* corresponde a um dos campos válidos de uma entrada e *IPdestaddr* é um endereço IPv4 de 4 octetos usado como um índice. Por exemplo, o campo *ipRouteNextHop* corresponde ao próximo salto em uma entrada. Quando convertido para a representação de número inteiro, o pedido de um próximo salto torna-se:

1.3.6.1.2.1.4.21.1.7.destination

onde *1.3.6.1.2.1* é o prefixo padrão MIB, *4* é o código para *ip*, *21* é o código para *ipRoutingTable*, *1* é o código para *ipRouteEntry*, *7* é o código para o campo *ipRouteNextHop* e *destination* é o valor numérico para o endereço IPv4 de destino. Para resumir:

---

[5] Além de variáveis MIB genéricas que funcionam com um dispositivo qualquer, muitos fabricantes definiram variáveis MIB específicas para seu hardware e software.

[6] Lembre-se de que a tabela de encaminhamento foi originalmente conhecida como *tabela de roteamento*; a alteração de terminologia ocorreu na década de 2000.

> *Embora a ASN.1 não forneça um mecanismo para indexação, variáveis MIB podem corresponder a tabelas ou a matrizes. Para emular uma tabela ou uma matriz com uma variável ASN.1, o índice para uma entrada é codificado ao ser anexado ao nome da variável; quando o software agente encontra um nome que corresponde a uma tabela, extrai ele e utiliza as informações de índice para selecionar a entrada correta nela.*

30.12 Resumo

Um gerente de rede é uma pessoa que monitora e controla os sistemas de hardware e software que constituem uma intranet. O modelo FCAPS define os cinco aspectos básicos de gerenciamento de rede como: detecção de falhas, configuração, contabilidade, análise de desempenho e segurança. Existe uma variedade de ferramentas para ajudar um gerente no exercício das suas funções, porém a maioria delas só fornece gerenciamento de elemento. Como resultado, um gerente de rede deve lidar com tarefas que envolvem consultar e controlar manualmente cada dispositivo individualmente.

Como o software de gerenciamento de redes utiliza o modelo cliente-servidor, ele requer dois componentes. O componente que é executado no computador do gerente e atua como um cliente é chamado *gerente*; o componente que é executado em um dispositivo na rede e atua como um servidor é chamado *agente*.

O *Simple Network Management Protocol* (*SNMP*) é o protocolo padrão de gerenciamento de redes utilizado na Internet. Ele define o formato e o significado das mensagens trocadas entre gerente e agente. Em vez de definir muitas operações, o SNMP usa o paradigma *fetch-store*, em que um gerente envia operações de *fetch* para buscar valores de variáveis no dispositivo, ou operações de *store* para armazenar valores em variáveis do dispositivo. Todas as operações de controle nos dispositivos são definidas para serem efeitos secundários de operações do tipo *store*.

O SNMP não define o conjunto de variáveis que podem ser usadas. Em vez disso, as variáveis e seus significados são definidos em normas distintas, o que possibilita que grupos definam um conjunto diferente de variáveis MIB para cada dispositivo de hardware ou protocolo. Os nomes de variáveis MIB são criados por meio do padrão ASN.1; todas as variáveis MIB tem nomes ASN.1 hierárquicos longos, que são traduzidos em uma representação numérica mais compacta na transmissão. O ASN.1 não inclui tipos de dados agregados, como tabelas ou matrizes, nem inclui um operador de indexação. Em vez disso, para fazer uma variável MIB emular uma tabela ou uma matriz, a ASN.1 estende o nome da variável, acrescentando a informação de índice.

Exercícios

30.1 Cite um exemplo de um mecanismo de protocolo que esconde um erro (ou seja, o erro não é percebido externamente).

30.2 Se um usuário reclama que não pode acessar determinado serviço, quais os aspectos de FCAPS que a reclamação potencialmente envolve?

30.3 Se ocorre um mau funcionamento num firewall, em qual aspecto da FCAPS a situação se enquadra? Por quê?

30.4 Encontre dois exemplos de elementos gerenciáveis diferentes daqueles listados na Figura 30.2.

30.5 O que é um analisador de protocolo?

30.6 O que uma ferramenta de análise de fluxo ajuda um gerente a entender?

30.7 Quais termos os softwares de gerenciamento de redes usam em vez de *cliente* e *servidor*?

30.8 A ASN.1 define o formato exato de um inteiro. Por que o padrão ASN.1 simplesmente não define cada inteiro como um valor de 32 bits?

30.9 Existem argumentos que condenam o uso da mesma rede para produção e depuração de problemas. Por que o SNMP usa a mesma rede?

30.10 Escreva um programa que lê um inteiro arbitrariamente grande em decimal, codifica o número inteiro no formato ilustrado na Figura 30.3 e imprime o resultado.

30.11 Quais são as duas operações básicas que o SNMP usa?

30.12 Faça download de um software livre de gerenciamento SNMP e tente contatar um dispositivo, como uma impressora.

30.13 O SNMP define um nome para cada variável possível na MIB? Explique.

30.14 Qual é a principal vantagem de anexar informações de índice para um nome em vez de usar uma matriz convencional que é indexada por inteiros?

30.15 Leia sobre como a ASN.1 codifica nomes e valores. Escreva um programa de computador para codificar e decodificar nomes ASN.1, como o nome atribuído a *ipInReceives*.

CAPÍTULO 31
Redes definidas por software (SDN)

31.1 Introdução, 479
31.2 Exageros de marketing e realidade, 479
31.3 Motivação para a nova abordagem, 480
31.4 Organização conceitual de um dispositivo de rede, 482
31.5 Módulos do plano de controle e interface de hardware, 483
31.6 Um novo paradigma: redes definidas por software, 483
31.7 Questões ainda não respondidas, 485
31.8 Controladores compartilhados e conexões de rede, 485
31.9 Comunicação SDN, 487
31.10 OpenFlow: um protocolo de comunicação controlador-para-dispositivo, 488
31.11 Mecanismos de classificação em comutadores, 488
31.12 TCAM e classificação em alta velocidade, 489
31.13 Classificação através de múltiplas camadas do protocolo, 490
31.14 O tamanho da memória TCAM e a necessidade de múltiplos padrões, 491
31.15 Itens que o OpenFlow pode especificar, 492
31.16 Encaminhamento IP tradicional e estendido, 492
31.17 Caminhos fim-a-fim com MPLS usando a camada 2, 493
31.18 Criação dinâmica de regras e controle de fluxos, 494
31.19 Um modelo pipeline para tabelas de fluxo, 495
31.20 Efeito potencial do SDN em fabricantes de equipamentos de rede, 496
31.21 Resumo, 496

31.1 Introdução

O capítulo anterior introduz o tópico de gerenciamento de redes e apresenta o modelo FCAPS de gerenciamento. Além disso, descreve a ideia geral de gerenciamento dos dispositivos de rede, explicando o paradigma utilizado pelo SNMP (*Simple Network Management Protocol*). Este capítulo conclui a discussão sobre gerenciamento de redes focando em uma nova tecnologia que tem criado bastante entusiasmo. O capítulo apresenta a motivação, avalia a abordagem e explica os fundamentos dessa tecnologia.

31.2 Exageros de marketing e realidade

Na divulgação de muitas tecnologias novas, técnicas de marketing são utilizadas para causar entusiasmo. Infelizmente, os exageros de marketing criam altas expectativas totalmente injustificadas. Por exemplo, o autor ouviu palestrantes garantirem que a nova abordagem iria eliminar todo erro humano, garantir segurança completa na intranet da companhia, assegurar que as senhas dos usuários fossem uniformes em todos dispositivos, melhorar a eficiência de roteamento de forma geral e reduzir o custo de operar a rede por um fator de três a cinco. Se existisse uma tecnologia de gerenciamento de redes que pudesse conseguir tudo isso, seria realmente um milagre. Claro que tal tecnologia não existe, especialmente uma que gera diversas grandes melhorias reduzindo os custos operacionais de 66% a 80%.

Nós utilizaremos uma abordagem balanceada. Por um lado, consideraremos as motivações, examinaremos a nova tecnologia e avaliaremos as suas vantagens potenciais. Por outro lado, consideraremos a relação entre custo e benefício e as desvantagens.

31.3 Motivação para a nova abordagem

Qual o motivo de mudar o paradigma de rede? Há muitas respostas. Algumas focam os erros que os humanos introduzem quando configuram sistemas de rede. Outras focam as limitações da tecnologia atual. As próximas seções explicam as seguintes motivações:

- Generalizar o gerenciamento de dispositivo para o gerenciamento de redes.
- Migrar de padrões proprietários para abertos.
- Automatizar e unificar a configuração de toda a rede.
- Mudar o controle de "intracamada" para "intercamada".
- Acomodar a virtualização usada nos data centers.

31.3.1 Generalização do gerenciamento de elemento de rede

Uma das limitações primárias do atual sistema de gerenciamento de redes reside na sua abordagem fundamental. Um gerente configura os dispositivos de rede individualmente. Dessa forma, ele pode configurar um roteador, medir um circuito contratado ou detectar uma falha em um comutador.

Críticos argumentam que o gerenciamento dos dispositivos individuais da rede é uma ideia de baixo nível e deve ser substituída por um sistema que permite ao gerente enviar comandos que controlam a rede inteira (ou seja, todos os roteadores, todos os enlaces e todos os comutadores). A ideia não é meramente fazer todos dispositivos trabalharem exatamente da mesma forma, mas fazer com que trabalhem juntos para obter uma política de gerenciamento de alto nível.

31.3.2 Migração de padrões proprietários para abertos

Dispositivos de rede atuais incluem uma interface de gerenciamento específica de cada fabricante – o fabricante controla o conjunto de comandos que um gerente deve efetuar, bem como a sintaxe utilizada para executá-los. Mesmo quando o fabricante implementa um padrão, tal como SNMP, ele frequentemente inclui extensões especiais que se aplicam somente ao seu hardware.

Críticos argumentam que, embora sistemas de gerenciamento proprietários possam ser convenientes, permitir que eles ofereçam características únicas perpetua uma abordagem em que o gerenciamento é feito de forma individual. Eles salientam que, se todos os fabricantes concordassem em implementar um padrão aberto, o sistema de gerenciamento poderia ser desenvolvido para coordenar a operação de múltiplos dispositivos produzidos por múltiplos fabricantes.

31.3.3 Automação e unificação da configuração

Um dos maiores problemas do método atual de gerenciamento de redes é o erro humano. Como as pessoas têm que configurar cada dispositivo de rede e como essa configuração envolve muitos detalhes, erros são comuns. Mais importante que isso, a configuração de um dispositivo de fora da organização pode diferir da utilizada no dispositivo interno, o que exige que um gerente customize a configuração para a localização, a função e o tipo do dispositivo.

Críticos argumentam que um sistema automatizado estaria apto a analisar a política geral e a gerar uma configuração apropriada para cada dispositivo de rede, resultando numa homogeneização em toda a rede. À medida que o tamanho da intranet aumenta, tal homogeneização se torna difícil (quase impossível) para gerentes humanos, que realizam a configuração manual dos dispositivos de rede. É interessante notar que a intranet aumenta de tamanho pelo fato de as redes terem muitos dispositivos além de máquinas e roteadores (por exemplo, pontos de acesso Wi-Fi, comutadores, firewalls, VPNs e servidores).

31.3.4 Mudança para controle intercamada

O gerenciamento de redes tradicional divide as responsabilidades de acordo com a camada do protocolo. Um gerente fica responsável pelos serviços da camada 2: conexões ao comutador, VLANs e redes em bridge. Outro gerente foca os serviços da camada 3: atribuição de endereços IP, subredes, roteamento IP e MPLS.

Críticos argumentam que dividir o gerenciamento por camada impede certas oportunidades. Por exemplo, se um sistema gerenciasse as camadas 2 e 3 conjuntamente, poderia ser possível criar VLANs separadas para certos tipos de tráfego IP ou mapear um túnel MPLS em um caminho da camada 2.

31.3.5 Acomodação da virtualização de data centers

Um data center consiste em um conjunto de máquinas físicas conectadas em rede. Diferentemente dos computadores tradicionais, que executam individualmente um sistema operacional e recebem um endereço IP (IPv4 ou IPv6), a maioria dos data centers usa tecnologia de *virtualização*, tal como VMWare. Com virtualização, uma máquina física emula várias *máquinas virtuais* (VMs, *Virtual Machines*). Cada VM roda uma cópia do sistema operacional (tal como MS Windows, Mac OS-X ou Linux) e necessita de um endereço IP único (ou, talvez, de um único endereço IPv4 e de um único IPv6). O problema surge porque uma VM pode *migrar* (ou seja, mover-se) de um computador físico para outro.

Quando uma VM muda de localização, dispositivos de rede devem ser reconfigurados para entregar os pacotes para a nova localização. Como a migração da VM é controlada por software, mudanças podem ocorrer frequentemente, e uma dada migração pode ocorrer em dezenas de milissegundos. Críticos salientam que as ferramentas tradicionais de gerenciamento de redes não são equipadas para lidar com mudanças de rotas frequentes e rápidas. Eles afirmam que novas tecnologias são necessárias para reconfigurar rapidamente a rede quando uma migração de VM ocorre.

31.4 Organização conceitual de um dispositivo de rede

Como pano de fundo, considere produtos de rede comerciais. Os engenheiros projetistas desses dispositivos dividiram a arquitetura interna deles em duas partes conceituais:

- Plano de controle
- Plano de dados

Plano de controle. O plano de controle em um dispositivo de rede fornece funcionalidades que possibilitam a um gerente de rede que tenha a devida permissão configurar, monitorar, desligar, reinicializar, ou efetuar outras tarefas de gerenciamento no dispositivo. Mesmo em dispositivos de alta tecnologia, as funções do plano de controle são implementadas em software e rodam em processadores separados que são relativamente lentos se comparados ao hardware que processa os pacotes. A baixa velocidade não é um problema, porque funções de controle são executadas com baixa frequência, e muitas delas envolvem interação humana.

Plano de dados. O plano de dados em um sistema de rede fornece a funcionalidade necessária para processar pacotes e inclui o hardware da interface de rede, a entrada e a saída de pacotes, bem como os mecanismos de encaminhamento dos mesmos. Como é necessário tratar os pacotes em tempo real, os módulos do plano de dados são normalmente implementados em hardware e altamente otimizados[1]. Por exemplo, o plano de dados de um comutador Gigabit Ethernet de 48 portas deve estar apto a manipular um pacote chegando e saindo de cada porta simultaneamente, o que significa que o plano de dados do comutador necessita de uma capacidade total de 96 Gbit/s.

É claro que o plano de dados e o plano de controle devem ser desenvolvidos para trabalhar conjuntamente. O plano de dados é configurado para enviar os pacotes de gerenciamento de redes ao módulo do plano de controle para processamento. Quando um comando é recebido do gerente de rede, o software do plano de controle interpreta o comando, executa a nova configuração para o dispositivo e carrega essa nova configuração no hardware do plano de dados. Dependendo do comando, o software do plano de controle pode demorar vários segundos para processar a nova configuração. Enquanto isso, o plano de dados continua a operar de microssegundo a microssegundo encaminhando pacotes. O hardware é organizado de tal forma que, uma vez que o plano de controle decida fazer a mudança, a configuração pode ser carregada quase instantaneamente. A Figura 31.1 ilustra essa organização.

Como a figura indica, o plano de dados determina a taxa na qual o dispositivo pode processar os pacotes. Assim, quando planeja um produto de alta velocidade, um fabricante deve focar o plano de dados – a maior parte do plano de controle não muda, porque a criação de uma tabela de encaminhamento de pacotes não depende da velocidade da interface de rede. Dessa forma, uma tabela de encaminhamento para uso com uma rede de 1 Gbit/s é criada da mesma forma que uma rede de 10 Gbit/s.

---

[1] Os menores dispositivos, como roteadores sem fio de uso residencial, são uma exceção – tais dispositivos têm um único processador que executa tanto o plano de dados como o de controle.

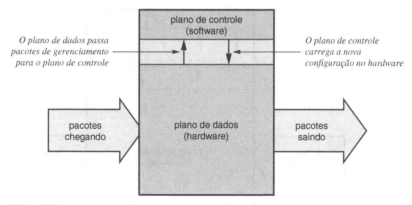

Figura 31.1 Divisão conceitual de um sistema de redes em planos de controle e dados, sendo que o plano de dados efetua todo o processamento de pacotes.

31.5 Módulos do plano de controle e interface de hardware

Na maioria dos dispositivos de rede, o plano de controle inclui múltiplos módulos de software, cada um deles provê um mecanismo que o gerente pode utilizar para acessar o sistema. Três interfaces de gerenciamento são bastante populares. Em um típico sistema de redes, o gerente pode escolher entre:

- Interface de linha de comando (CLI, *Command Line Interface*) acessada remotamente via ssh
- Interface Web (gráfica) acessada por meio de um navegador (HTTP)
- Agente SNMP acessado por aplicações de gerenciamento SNMP

Embora todos os módulos do plano de controle ofereçam um conjunto de funções básicas, um fabricante pode fornecer características em algumas interfaces e não em outras. A fim de diferenciar seus produtos dos concorrentes, fabricantes frequentemente incluem comandos CLI que permitem funcionalidades adicionais ao gerente, ou projetam com o intuito de facilitar a coordenação de múltiplos produtos do mesmo fabricante.

A fim de fornecer suporte para múltiplos módulos, os engenheiros usualmente criam um mecanismo interno comum que fornece uma interface para acessar o núcleo do hardware. Cada módulo do plano de controle invoca a interface comum a fim de executar operações, tais como mudanças na tabela de encaminhamento. A interface é interna (ou seja, não visível fora do dispositivo) e pode ser acessada somente pelos módulos do plano de controle que o fabricante vende. A Figura 31.2 ilustra essa arquitetura.

31.6 Um novo paradigma: redes definidas por software

Conhecido como *redes definidas por software* (SDN, *Software Defined Networks*), o novo paradigma move a maioria das funções do plano de controle para fora do dispositivo, num software conhecido como *controlador* associado. Embora muitas implementações de controlador sejam possíveis, a mais comum consiste em um PC rodando Linux.

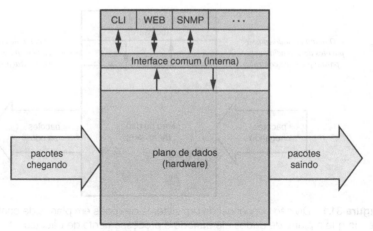

Figura 31.2 Estrutura interna de um dispositivo de rede com vários módulos do plano de controle e uma única interface interna comum a todos.

Para permitir que um controlador externo modifique e monitore o dispositivo de rede, um novo módulo de controle é adicionado. Ele é bastante simples – em vez de fornecer uma interface externa para gerentes humanos, aceita somente comandos de baixo nível e os repassa para o hardware. Essencialmente, a ideia é permitir que um software de gerenciamento rodando em um controlador externo tenha condições de configurar tabelas de encaminhamento no plano de dados. Para usar o novo paradigma, os outros módulos do plano de controle não são utilizados. A Figura 31.3 ilustra o uso do controlador externo.

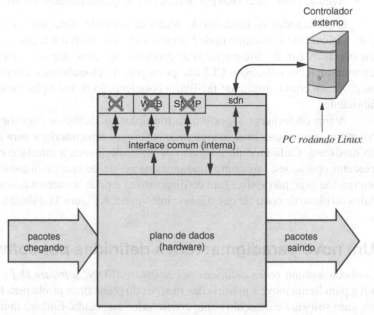

Figura 31.3 O paradigma SDN com um controlador externo que configura o dispositivo de rede.

Na figura, a caixa utilizada para ilustrar o módulo SDN é mais fina do que as caixas usadas para ilustrar os outros módulos. Isso foi feito para indicar que a funcionalidade de SDN num dispositivo de rede é significantemente menor do que a funcionalidade encontrada em tradicionais softwares de plano de controle. Na verdade, o módulo SDN é trivial – ele simplesmente recebe configurações do controlador externo para o plano de dados e usa a interface interna para configurar o hardware.

Podemos resumir:

> *No paradigma de redes definidas por software (SDN), o gerenciamento das aplicações (também conhecidas como funções do plano de controle) é movido para fora de cada dispositivo de rede e colocado em um controlador externo. Tipicamente, o controlador externo consiste em um PC rodando Linux.*

31.7 Questões ainda não respondidas

Nossa breve descrição levanta muitas questões sobre o SDN. Qual é a conexão física entre o controlador externo e o dispositivo de rede? Qual protocolo é usado para efetuar a comunicação entre o controlador externo e o dispositivo de rede controlado?

Além das questões técnicas, outras mais abrangentes surgem. Qual software de gerenciamento é usado no controlador externo, e onde se obtém tal software? Adicionar um controlador externo para cada dispositivo de rede aumenta o custo total da rede? Caso a resposta seja positiva, uma intranet baseada em SDN custaria mais para ser implantada do que uma tradicional? Como o SDN vai afetar a indústria de redes e seus fabricantes? O restante do capítulo considera cada uma dessas questões.

31.8 Controladores compartilhados e conexões de rede

Nós dissemos que cada elemento de rede possui um controlador externo. Numa rede real, entretanto, usar um controlador externo separado para cada dispositivo é caro e desnecessário. Para entender a situação, considere a intranet de uma empresa (por exemplo, uma grande corporação).

Adicionar um controlador separado para cada dispositivo de rede resulta num custo extremamente alto, visto que a intranet corporativa não consiste em poucos comutadores de grande porte interconectados por poucos roteadores de grande porte. Na verdade, a maioria das intranets contém muitos dispositivos de rede de pequeno porte, tais como firewalls, access points sem fio e comutadores. Mesmo telefones IP são incluídos como dispositivos de intranet. Os proponentes do SDN sugerem que controladores externos podem ser PCs de baixo custo. Entretanto, mesmo PCs de baixo custo aumentam muito o custo total da rede, pois cada controlador externo teria aproximadamente o mesmo preço que um pequeno dispositivo de rede.

Felizmente, utilizar um controlador separado para cada dispositivo é desnecessário, visto que o mesmo controlador físico pode coordenar múltiplos dispositivos. Diferentemente do processamento do plano de dados, que deve acontecer de microssegundo a microssegundo, as aplicações de gerenciamento são executadas apenas esporadicamente (por exemplo, quando algo muda ou quando um gerente precisa reconfigurar a rede). Mesmo protocolos de roteamento enviam atualizações apenas periodicamente.

Portanto, a maioria das aplicações de gerenciamento de redes não impõe uma carga pesada na CPU. A carga de processamento é especialmente baixa se múltiplas cópias físicas de um dispositivo devem ser configuradas e controladas. Por exemplo, considere mudar a configuração em um conjunto de access points sem fio. Uma vez que a configuração foi alterada, a mesma configuração pode ser carregada em todos os access points.

De quantos controladores externos uma intranet necessita? Muitos fatores influenciam gerentes quando eles escolhem como implantar controladores externos:

- O conjunto de aplicações de gerenciamento que será utilizado e a carga de processamento esperada no controlador.
- A diversidade da rede, medida pela variedade de dispositivos de rede que ela contém.
- O tamanho da rede, medido tanto pelo número de dispositivos de rede como pela abrangência geográfica.
- O fator de replicação, medido pelo número de cópias idênticas de um determinado dispositivo.
- O agrupamento dos dispositivos de rede (por exemplo, múltiplos dispositivos próximos em um data center versus dispositivos individuais localizados em vários andares de um prédio comercial).

A fim de lidar com todos os casos possíveis, o SDN deve permitir a um controlador externo gerenciar múltiplos dispositivos de rede. Além disso, o software de gerenciamento no controlador externo precisa coordenar a configuração de todos dispositivos de rede para que fiquem consistentes. Com isso em mente, os projetistas criaram um sistema no qual uma camada de controladores se comunica entre si, e cada controlador gerencia um ou vários dispositivos de rede. Na terminologia SDN, cada controlador gerencia um *domínio SDN*[2]. A Figura 31.4 ilustra a arquitetura.

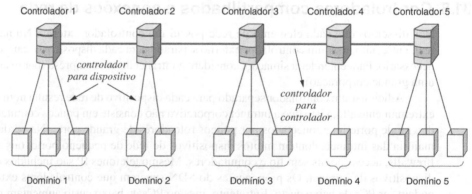

Figura 31.4 Disposição de controladores SDN em uma grande intranet. Cada controlador gerencia um domínio de um ou mais dispositivos de rede.

Embora a figura utilize o mesmo diagrama genérico para todos os dispositivos de rede, a maioria das redes possui múltiplos tipos e tamanhos de elementos. Por exemplo, o dispositivo no Domínio 4 pode ser um roteador de grande porte, os dispositivos no

---
[2] Domínios SDN não são relacionados com os domínios do protocolo DNS.

Domínio 3 podem ser access points, e os dispositivos no Domínio 1 podem ser comutadores Ethernet.

A figura ilustra uma ideia muito importante: além de gerenciar dispositivos de rede, os controladores se comunicam entre si. Assim, o software no controlador não age sozinho. Ao contrário, os softwares em todos os controladores se comunicam para garantir que um conjunto de políticas de gerenciamento seja compartilhado e que as configurações em todos os elementos sejam consistentes com as políticas. Posteriormente neste capítulo nós aprenderemos que permitir ao software estabelecer configurações consistentes por toda a intranet torna possível a criação de caminhos de encaminhamento que não seriam obtidos com os protocolos tradicionais.

31.9 Comunicação SDN

Conforme a Figura 31.4 mostra, um sistema SDN necessita de dois novos protocolos de comunicação para funcionar:

- Comunicação controlador para dispositivo de rede
- Comunicação controlador para controlador

O SDN segue o mesmo paradigma do SNMP. No SDN, os protocolos de gerenciamento operam no nível de aplicação. Assim, ele assume que cada controlador externo e cada dispositivo de rede tem uma pilha TCP/IP convencional que o software de gerenciamento pode utilizar para se comunicar com os dispositivos de rede no domínio SDN, e também com os outros controladores. O SDN também segue a abordagem de conexão física do SNMP: em vez de usar uma *rede de controle* separada para transportar o tráfego de gerenciamento, ele envia esse tráfego através da mesma rede de produção que transporta o tráfego de dados.

Da mesma forma que no SNMP, existe um perigo de usar a rede de produção para o tráfego de gerenciamento: um problema na rede de produção pode impedir um controlador SDN de corrigi-lo. Entretanto, os proponentes do SDN dizem que os problemas potenciais não são tão sérios como no caso do SNMP – um controlador SDN que foi desligado da rede pode ainda operar autonomamente, mesmo que não seja possível gerenciar os dispositivos de rede. Teoricamente, um software em um controlador SDN isolado pode avaliar a situação e tentar estabelecer caminhos alternativos. Além disso, os proponentes argumentam que um software rodando nos controladores pode operar muitas vezes mais rápido que um gerente humano.

Na prática, o sonho de um software SDN que se recupera automaticamente permanece não realizado. Embora a pesquisa nessa área continue sendo feita, nenhum sistema prático foi desenvolvido[3]. Em suma:

> *Embora os proponentes do SDN afirmem que o software rodando nos controladores será apto a lidar com problemas de rede melhor e mais rápido que gerentes humanos, sistemas de gerenciamento automatizados permanecem no campo da pesquisa.*

---

[3] O projeto Ambiente Global para Inovações de Rede (GENI, *Global Environment for Network Innovations*), da National Science Foundation, criou uma infraestrutura global para uso em pesquisa.

31.10 OpenFlow: um protocolo de comunicação controlador-para-dispositivo

Qual protocolo ou quais protocolos deveriam ser utilizados entre um controlador e um dispositivo de rede? Um único protocolo surgiu como resposta. Conhecido como *OpenFlow*, ele é uma das poucas tecnologias SDN que receberam larga aceitação da indústria.

Originalmente criado por pesquisadores na Universidade de Stanford, o OpenFlow é agora controlado pela Open Network Foundation (www.opennetworking.org). A versão atual é a 1.3 e especifica:

- O paradigma de comunicação
- A definição e a classificação de item
- O formato da mensagem

Paradigma de comunicação. O OpenFlow usa um paradigma de comunicação orientado à conexão. Tipicamente, o software no controlador abre uma conexão TCP com o software SDN no dispositivo de rede. O OpenFlow efetua a comunicação através de um canal seguro. Embora o padrão não restrinja o mecanismo de segurança, o SSL é recomendado. Utilizando TCP sobre SSL[4], um controlador pode abrir múltiplas conexões, uma para cada dispositivo de rede gerenciado.

Definição e classificação de item. O OpenFlow não segue a abordagem do SNMP de definir uma MIB extensa. Em vez disso, seu foco é o encaminhamento de pacotes, e para isso utiliza o modelo de *tabela de fluxo*. Uma seção posterior descreve tabelas de fluxo e classificação. Por enquanto, é suficiente entender que uma tabela de fluxo fornece um conjunto de padrões e uma ação para cada padrão. Quando um pacote chega, o hardware do plano de dados efetua o casamento de padrões e aplica a ação associada com o padrão encontrado. Um dos possíveis padrões é o *curinga*, que serve para qualquer pacote. Dessa forma, uma tabela de fluxo pode ser construída para que cada pacote tenha pelo menos uma correspondência na tabela.

Formato da mensagem. Uma seção posterior detalha as mensagens do Open-Flow. Agora é suficiente saber que são especificados tanto o formato da mensagem como o significado de cada campo. Particularmente, para assegurar a interoperabilidade entre uma variedade de arquiteturas, o OpenFlow especifica que todos os valores inteiros são representados na ordem *big endian*.

31.11 Mecanismos de classificação em comutadores

O OpenFlow foi especificamente projetado para comutadores Ethernet. Assim, para entender a noção de tabela de fluxo OpenFlow, é preciso entender o hardware de um comutador. O plano de dados de um comutador de alta tecnologia consiste em uma parte do hardware conhecida como *mecanismo de classificação*. Quando o pacote chega, o hardware encaminha-o ao mecanismo de classificação, que examina-o (usualmente somente o cabeçalho) e decide como vai encaminhá-lo. Usuários e gerentes de rede nunca interagem diretamente com o mecanismo de classificação, pois ele está escondido no hardware do plano de dados. Quando um gerente configura o comutador, um módulo

---

[4] O SSL é descrito no Capítulo 29.

de software no plano de controle troca as regras de classificação adequadamente. O OpenFlow expõe a classificação para o software de gerenciamento de rede e permite a um controlador externo mudar as regras de classificação diretamente, como mostrado na Figura 31.3[5].

Nós podemos descrever a classificação como um sistema de casamento de padrões implementado em hardware. Internamente, o mecanismo de classificação contém um conjunto de padrões e uma ação para cada padrão, como ilustrado na Figura 31.5. Antes que o classificador possa ser utilizado, os padrões e as ações devem ser carregados. Quando o pacote chega, ele (usualmente somente o cabeçalho) é carregado na memória do classificador, que pesquisa os padrões, localiza o que combina e executa a ação correspondente.

Uma característica interessante torna a classificação extremamente poderosa: padrões podem conter *don't care* para alguns bits. Essencialmente, o padrão pode examinar somente alguns campos do cabeçalho e ignorar outros. Por exemplo, para descobrir todos os pacotes Ethernet contendo IPv4, um padrão pode definir que o campo de 16 bits chamado *Tipo** é igual a 0x0800 e especificar *don't care* para todos os outros campos.

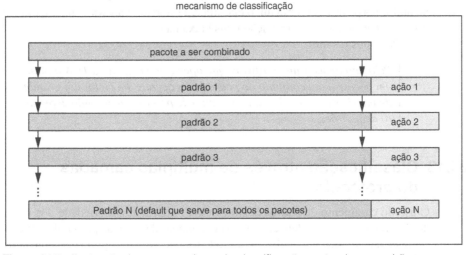

Figura 31.5 Ilustração de um mecanismo de classificação contendo um padrão que serve para todos os pacotes que não combinaram com os outros padrões e que é utilizado para fornecer a ação default.

31.12 TCAM e classificação em alta velocidade

Se a classificação é implementada em software, somente um padrão pode ser conferido por vez. Dessa forma, se um gerente especifica *N padrões*, um classificador baseado em software deve efetuar diversas iterações, uma para cada padrão, o que implica N passos. Surpreendentemente, um classificador baseado em hardware pode efetuar todas as comparações em um único passo.

---

[5] A Figura 31.3 está na página 484.
* N. de T.: Este campo indica o tipo do protocolo de nível superior; no caso, nível 3.

A chave para entender como um classificador baseado em hardware funciona é uma tecnologia conhecida como *memória endereçável por conteúdo ternário* (TCAM, *Ternary Content Addressable Memory*). Diferentemente de uma memória convencional, a TCAM faz mais do que somente armazenar valores. Cada célula da memória contém uma lógica que pode efetuar comparações bit-a-bit. O nome *ternário* é usado porque cada item no padrão tem um de três valores: 1, 0 ou *don't care*.

Na TCAM, todas as células trabalham em paralelo para efetuar um casamento de padrões. Ao observar a Figura 31.5, por exemplo, podemos imaginar que o bloco do pacote e todos blocos do padrão são diferentes partes do hardware. Nós também podemos imaginar que um conjunto de fios saem do hardware e seguram o pacote simultaneamente para todos os padrões (na figura, flechas indicam onde os fios estariam). Cada fio passa o valor de um bit no pacote para o combinador de padrões.

Uma vez que o pacote é copiado no hardware da TCAM, todos os combinadores de padrão recebem uma cópia dos bits do pacote e agem ao mesmo tempo. Cada combinador de padrão compara se houve combinação ou não (ignorando os bits *don't care* do padrão). Se uma combinação ocorre, o combinador de padrão seleciona a ação associada (um valor inteiro), e o classificador retorna o inteiro como resultado da procura. Se múltiplos padrões combinam, o classificador tem um hardware que escolhe um deles (tipicamente, aquele com a posição mais baixa na fila).

Podemos resumir:

> *Pelo fato de usar um hardware que opera em paralelo, a TCAM pode comparar um pacote a um conjunto de padrões em apenas um ciclo; um grande conjunto de padrões é possível porque o tempo de processamento não depende do número de padrões.*

31.13 Classificação através de múltiplas camadas do protocolo

O uso do casamento de padrões explica uma importante propriedade dos mecanismos de classificação: eles podem cruzar várias camadas da pilha de protocolos. Por exemplo, suponha que um gerente queira enviar todo tráfego Web pela porta de saída 34 do comutador. A ação é "enviar o pacote pela porta 34". Mas qual padrão deve ser utilizado? Há três itens-chave que determinam se um pacote contém tráfego Web:

- O campo *tipo* do quadro (nível 2) especifica IP.
- O campo *protocolo* do cabeçalho IP (nível 3) especifica TCP.
- A porta de destino do cabeçalho TCP (nível 4) é *80*.

A ideia mais importante é que, embora atravessem três camadas da pilha de protocolos, os itens listados podem ser combinados em um único padrão. Os proponentes do SDN afirmam que a habilidade de um classificador de atravessar múltiplas camadas com um único padrão torna o SDN mais poderoso que os mecanismos tradicionais de encaminhamento de pacotes. A classificação pode ser utilizada para lidar com encaminhamento de nível 2, VLANs de nível 2 e encaminhamento de pacotes tradicionais IP, bem como com formas mais complexas de encaminhamento. Por exemplo, o classificador pode enviar todo tráfego VoIP através de uma porta específica do comutador, independentemente do endereço de destino, e também pode encaminhar todos os pacotes de um endereço IP de origem específico para um túnel MPLS.

Ou seja:

> Um padrão de classificação único pode combinar itens de múltiplas camadas da pilha de protocolos ao mesmo tempo.

31.14 O tamanho da memória TCAM e a necessidade de múltiplos padrões

É claro que a classificação tem algumas desvantagens quando comparada com a abordagem usada nas pilhas de protocolo convencionais. O hardware TCAM que faz a classificação rápida é caro. Além disso, a TCAM utiliza uma quantia significativa de energia e gera uma quantia também significativa de calor. Como resultado, projetistas que querem minimizar a quantidade de energia utilizada por um comutador e o calor que ele gera devem minimizar a quantidade de TCAM que o mecanismo de classificação utiliza.

Para entender por que uma quantidade limitada de TCAM pode ser um problema, considere as regras de classificação necessárias para implementar o exemplo do tráfego Web mencionado anteriormente. No mínimo duas regras são necessárias para lidar com o IPv4 e o IPv6. A regra IPv4 iria especificar que:

- O campo *tipo* do quadro Ethernet contém 0x0800 (IPv4).
- O campo *protocolo* no cabeçalho IPv4 contém *6* (TCP).
- O campo referente à porta de destino do cabeçalho TCP contém *80* (Web).

e a regra para IPv6 iria especificar que:

- O campo *tipo* do quadro Ethernet contém 0x08DD (IPv6).
- O campo *next header* no cabeçalho base do IPv6 contém *6* (TCP).
- O campo referente à porta de destino do cabeçalho TCP contém *80* (Web).

Embora as duas regras cubram a maior parte dos casos, elas não cobrem todas as possibilidades. Por exemplo, um datagrama IPv6 pode conter o cabeçalho de extensão *route header* entre o cabeçalho base e o cabeçalho TCP. Como o padrão de classificação deve especificar a localização exata dos bits no pacote, um padrão adicional é necessário para combinar um pacote IPv6 que tenha a extensão *route header*:

- O campo *tipo* do quadro Ethernet contém 0x08DD (IPv6).
- O campo *next header* no cabeçalho base do IPv6 contém *43* (*route header*).
- O campo *next header* no *route header* contém *6* (TCP).
- O campo referente à porta de destino do cabeçalho TCP contém *80* (Web).

Infelizmente, um datagrama IPv6 pode conter cabeçalhos de extensão adicionais, e isso significa que são necessários mais padrões para cobrir todas as possibilidades. Para resumir:

> Como o padrão de classificação especifica posições exatas de bit, múltiplos padrões são necessários para acomodar combinações de cabeçalhos opcionais. Se o gerente especificar regras para muitos tipos de fluxos, o conjunto de padrões pode se tornar bastante grande.

31.15 Itens que o OpenFlow pode especificar

O OpenFlow define um conjunto de campos de cabeçalho que podem ser utilizados em padrões de classificação. Quando um controlador externo envia uma mensagem OpenFlow com valores para campos específicos, o comutador cria um padrão de classificação. A Figura 31.6 lista exemplos de campos que podem ser utilizados. Para entender os itens de VLAN, lembre-se de que a maioria dos comutadores usa internamente o formato 802.1Q (ou seja, o comutador insere uma VLAN tag no cabeçalho de cada pacote que chega, antes de colocá-lo na memória interna). Assim, padrões de classificação podem examinar a VLAN tag junto com outros campos do cabeçalho.

Campo	Significado
Campos nível 2	
Ingress port	porta do comutador pela qual o pacote chegou
Metadata	campo de 64 bits de metadados utilizado no pipeline
Ether src	endereço de origem Ethernet, com 48 bits
Ether dst	endereço de destino Ethernet, com 48 bits
Ether type	campo tipo de 16 bits do cabeçalho Ethernet
VLAN id	VLAN tag no pacote, com 12 bits
VLAN priority	prioridade da VLAN, com 3 bits
ARP opcode	campo ARP de 8 bits
Campos nível 3	
MPLS label	campo MPLS de 20 bits
MPLS class	classe de tráfego do MPLS, com 3 bits
IPv4 src	endereço de origem do IPv4, com 32 bits
IPv4 dst	endereço de destino do IPv4, com 32 bits
IPv6 src	endereço de origem do IPv6, com 128 bits
IPv6 dst	endereço de destino do IPv6, com 128 bits
IPv4 Proto	campo que indica protocolo IPv4, com 8 bits
IPv6 Next Header	campo que indica o próximo protocolo no IPv6, com 8 bits
TOS	campo *tipo de serviço* (para QoS) no IPv4 e IPv6, ambos com 8 bits
Campos nível 4	
TCP/UDP/SCTP src	porta de origem TCP/UDP/SCTP, com 16 bits
TCP/UDP/SCTP dst	porta de destino TCP/UDP/SCTP, com 16 bits
ICMP type	campo de tipo do ICMP, com 8 bits
ICMP code	campo de código do ICMP, com 8 bits

Figura 31.6 Exemplos de campos de cabeçalho que podem ser testados com OpenFlow.

31.16 Encaminhamento IP tradicional e estendido

Os endereços IP listados na Figura 31.6 podem ser os endereços completos ou apenas um prefixo. A habilidade de testar um prefixo IP permite ao OpenFlow configurar todas as formas de encaminhamento encontradas na pilha tradicional do protocolo IP, incluindo rotas específicas a host, rotas específicas a redes e rotas específicas a subredes. O OpenFlow consegue lidar também com IP multicast e endereços broadcast do IPv4. Finalmente, como um padrão de configuração pode ter todos os bits configurados para *don't care*, o OpenFlow consegue configurar uma rota default.

Surpreendentemente, o OpenFlow permite novas formas de encaminhamento de pacotes IP que não são possíveis com a pilha de protocolos tradicional. Por exemplo, ele pode usar o endereço IP de origem no pacote quando escolhe o caminho, o que permite que os datagramas IP da origem A sejam enviados através de um caminho diferente que os da origem B, mesmo que todos estejam trafegando para o mesmo destino. Mais importante, regras de classificação podem ser criadas onde o próximo salto depende do conteúdo do datagrama, incluindo nos campos de cabeçalho nível 4. Podemos resumir:

> *Como usa classificação, o OpenFlow pode definir novas formas de encaminhamento IP nas quais a escolha do próximo salto (next-hop) depende de campos diferentes do endereço IP de destino; o OpenFlow pode usar o endereço IP de origem ou os campos no cabeçalho do nível 4, tal como os endereços de porta do TCP.*

31.17 Caminhos fim-a-fim com MPLS usando a camada 2

Quais outras capacidades o SDN e o OpenFlow oferecem? O Capítulo 19 descreve o MPLS e a ideia de enviar tráfego através de um caminho MPLS. Nas redes atuais, caminhos MPLS são *provisionados* (isto é, configurados manualmente). O OpenFlow torna possível para software de gerenciamento criar caminhos MPLS dinamicamente. O uso da classificação permite que campos arbitrários dos cabeçalhos dos pacotes possam ser utilizados para decidir se o dispositivo deve transferir o pacote sobre MPLS ou usar encaminhamento IP convencional. Além disso, como o software no controlador externo pode coordenar, podemos imaginar um conjunto de controladores interagindo entre si para construir um túnel MPLS *fim-a-fim* que atravessa múltiplos comutadores em múltiplos domínios SDN. Cada comutador é configurado com regras de encaminhamento que direcionam os pacotes ao longo do caminho.

Adicionalmente à configuração de caminhos MPLS, o OpenFlow pode ser utilizado para configurar novas formas de encaminhamento. Por exemplo, suponha que, por razões de segurança, um gerente queira controlar *todo* tráfego que se origina do computador X. Tabelas de encaminhamento tradicionais usam o endereço de destino para determinar a porta de saída do pacote. Mesmo se o gerente configurar uma regra de classificação que utiliza o IP de origem, o IPv6 introduz um problema com renumeração automática – se um atacante dispara renumeração de IP, os pacotes não seguem mais aquela regra de classificação. O OpenFlow possibilita especificar uma regra de classificação que não depende de o endereço IP permanecer constante: a regra usa o endereço MAC do pacote. Mais importante, como a tecnologia SDN permite aos controladores coordenar, eles podem trabalhar juntos para estabelecer um caminho fim-a-fim que examina apenas o endereço MAC em um pacote. Nós dizemos que os controladores podem estabelecer um *caminho nível 2 fim-a-fim*.

A habilidade de usar a informação nível 2 é significativa? Pode ser. Além de estabelecer um caminho nível 2 fim-a-fim, a tecnologia SDN permite ao gerente construir redes nível 2 maiores[6]. Por exemplo, considere uma organização com escritórios em Nova Iorque, Chicago e São Francisco. Um gerente pode usar o SDN para configurar um conjunto de VLANs nível 2 que abranja as três localidades. Computadores utilizados por representantes de venda em cada uma das três localidades podem compartilhar uma única VLAN, e computadores utilizados por executivos podem compartilhar outra VLAN. Uma das vantagens de utilizar o nível 2 é sua independência de protocolo. Se

---

[6] No Capítulo 33, veremos que VLANs de nível 2 podem ser consideradas uma forma especial de redes *overlay*.

o IP é utilizado, um gerente deve garantir que o encaminhamento IPv4 é coerente com o encaminhamento IPv6. Mantê-los coerentes pode ser difícil, porque o IPv4 oferece endereços de rede broadcast, e o IPv6 não. Uma VLAN nível 2 coloca computadores das múltiplas localidades na mesma subrede lógica, eliminando assim a necessidade de roteadores e coordenação de rota. Ou seja:

> *Tecnologias SDN, como o OpenFlow, tornam possível configurar caminhos nível 2 e VLANs nível 2 que atravessam múltiplos comutadores e múltiplas localidades.*

Usar o SDN para configurar uma rede nível 2 tem uma vantagem em termos de segurança. Para entender o motivo, observe que uma intranet convencional possui muitos componentes que controlam se está tudo correto. Protocolos de roteamento são necessários tanto para IPv4 como para IPv6. O IPv4 depende de ARP, e o IPv6 depende da descoberta dos vizinhos. Cada protocolo pode ser vulnerável ao ataque. Em comparação, uma rede nível 2 pode ser configurada uma vez e não necessita de protocolos de roteamento dinâmico. Assim, há poucas formas de atacá-la.

31.18 Criação dinâmica de regras e controle de fluxos

Até agora, pressupomos que todas as regras de classificação devem estar instaladas no plano de dados antes que qualquer pacote chegue. Entretanto, o OpenFlow permite que o software executado no controlador instale ou remova regras de classificação dinamicamente. Mais importante, regras podem depender do pacote que chega. O mecanismo é fácil de entender: instala-se um padrão default associado a uma ação que envia o pacote para o controlador SDN. Sempre que um pacote chegar e não combinar com qualquer regra de classificação existente, ele é enviado ao software SDN do controlador. O software pode usar o conteúdo do pacote para decidir como ele será processado. O software no controlador usa o OpenFlow para instalar uma nova regra de classificação e então encaminha o pacote de volta ao comutador para processamento.

A criação dinâmica de regras permite ao SDN esperar o tráfego aparecer e então instalar uma regra de classificação para lidar com ele. A consequência é um sistema de roteamento por fluxo. Como exemplo, considere o roteamento entre dois edifícios. Suponha que existam dois caminhos físicos (é normal empresas possuírem múltiplos caminhos para uso como backup). O encaminhamento tradicional de pacotes IP seleciona um caminho primário para cada endereço IP de destino e usa o caminho alternativo apenas quando ocorre uma falha. Com o SDN, o balanceamento de carga pode ser efetuado quando uma nova conexão TCP é encontrada – o primeiro pacote do novo fluxo é encaminhado para o controlador SDN, e ele verifica a carga das duas conexões físicas, configurando uma regra de classificação para que o novo fluxo utilize a conexão com menor carga. Em síntese:

> *A habilidade de adicionar regras de classificação dinamicamente permite ao SDN fazer balanceamento de carga a cada vez que um novo fluxo TCP aparece.*

31.19 Um modelo pipeline para tabelas de fluxo

A descrição que fizemos do SDN e do OpenFlow cobre somente as ideias básicas; a tecnologia contém muitos detalhes e características adicionais. Além do mecanismo de classificação baseado em hardware, as últimas versões do OpenFlow incluem funções que podem ser utilizadas com o mecanismo de classificação baseado em software. É claro que a utilização de software para executar o plano de dados de um dispositivo de rede torna o processamento de pacotes muito mais lento. Entretanto, o software consegue adicionar muito mais funcionalidades.

Um exemplo particular de aumento de funcionalidade é o modelo *pipeline*: em vez de um único mecanismo de classificação, ele tem uma série de mecanismos de classificação chamados *tabelas de fluxo*, dispostos em série conforme ilustra a Figura 31.7.

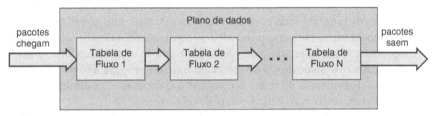

Figura 31.7 Modelo pipeline do OpenFlow para o plano de dados. Conceitualmente, pacotes passam através de um pipeline de tabelas de fluxo.

Cada tabela de fluxo no pipeline especifica um conjunto de regras de classificação e ações para cada regra. As ações incluem tanto modificação como encaminhamento do pacote. Por exemplo, uma tabela de fluxo pode especificar o encapsulamento de um datagrama IP em MPLS ou em outro (mais externo) datagrama IP. Ou uma regra pode especificar a extração de um pacote mais interno de um encapsulamento prévio. Uma vez que o pacote tenha sido processado por uma tabela de fluxo, ele pode ser encaminhado ou passar para a próxima tabela de fluxo no pipeline. Passar um pacote por múltiplos estágios de tabelas de fluxo permite um processamento mais complexo de pacotes, que inclui inspeção, encapsulamento e criptografia. Mais importante, o OpenFlow permite transferir *metadados* junto com cada pacote, o que torna possível para um estágio anterior receber dados do pacote, analisar a informação e repassá-la nos estágios sucessivos. Dessa forma, o primeiro estágio pode escolher um próximo salto para o pacote, o segundo estágio pode criptografá-lo, e o terceiro estágio pode encaminhá-lo criptografado, para o próximo salto, sem descriptografá-lo a fim de descobrir o próximo salto.

O modelo de pipeline do OpenFlow tem sido implementado em software utilizando Linux. Assim, um PC rodando Linux age como um dispositivo de rede. Um controlador utiliza o OpenFlow para configurar um pipeline de tabelas de fluxo no dispositivo. Embora essa forma de operação seja muito mais lenta do que se fosse feita via hardware, o sistema baseado em software demonstra a funcionalidade do OpenFlow e está sendo utilizado para mostrar aos fabricantes a vantagem potencial de um pipeline.

31.20 Efeito potencial do SDN em fabricantes de equipamentos de rede

Agora que estamos familiarizados com os conceitos básicos do SDN, podemos considerar a questão econômica. De uma forma ampla, o SDN remove a funcionalidade do plano de controle dos dispositivos de rede, mantendo somente a tecnologia do plano de dados. Para fabricantes, a mudança é significativa, pois eles utilizam a funcionalidade do plano de controle como um diferencial competitivo. Em resumo, todos os dispositivos de rede devem encaminhar pacotes e aderir aos mesmos padrões de formato dos pacotes. Entretanto, o software do plano de controle não é padronizado, e cada fabricante pode produzir o seu próprio conjunto de comandos. Um argumento típico de venda é que uma rede homogênea – construída com todos os equipamentos do mesmo fabricante – será mais eficiente, mais confiável, fácil de gerenciar e fácil de expandir.

Se uma intranet em particular adota o SDN, as motivações mudam. O software do plano de controle roda em controladores externos, não nos dispositivos de rede. Assim, não há razão para comprar todos os equipamentos de um mesmo fabricante. Mais importante, o hardware do plano de dados torna-se uma mercadoria, e gerentes de rede vão escolher os dispositivos de rede com base no preço, e não no software do plano de controle. Fabricantes de redes acostumados a demandas contínuas e altas margens de lucro podem achar mais difícil competir no mercado.

É claro que será necessário construir ou comprar o software SDN que roda no controlador externo; inicialmente, a maioria dos gerentes terá sua equipe criando o próprio software. Entretanto, a disponibilidade do padrão OpenFlow sugere que uma nova indústria vai surgir para construir e vender softwares de controle de rede independentes de fabricantes. Alguns proponentes do SDN acreditam que a própria comunidade de pesquisa produzirá padrões abertos. Em qualquer um dos casos, a adoção do SDN vai significar uma migração do esquema de gerenciamento baseada em software proprietário e integração vertical dos equipamentos utilizado hoje pelos fabricantes.

O aspecto fundamental é que o SDN tem potencial para mudar a economia dos sistemas de rede de uma forma muito radical.

> *Se adotado largamente, o SDN tem o potencial de diminuir o lucro dos fabricantes de rede atuais e criar uma nova indústria para venda de softwares de gerenciamento de rede.*

31.21 Resumo

O termo SDN (*Software Defined Networking*) é usado para caracterizar uma abordagem ao gerenciamento de rede na qual a funcionalidade do plano de controle é removida dos dispositivos de rede e localizada em controladores externos. Além de configurar e controlar um conjunto de dispositivos de rede, o software de gerenciamento que roda no controlador interage com o software de outros controladores a fim de fornecer coordenação de forma ampla, por toda a rede gerenciada.

Uma parte do paradigma SDN foi definida: o protocolo OpenFlow é utilizado para a comunicação entre o controlador e o dispositivo de rede. Ele define uma tabela de fluxo como um conjunto de padrões, e ações para cada padrão. As definições do OpenFlow são mapeadas diretamente no hardware de classificação encontrado em comutadores típicos. Um paradigma mais avançado foi proposto; ele utiliza pipeline de tabelas de fluxo, mas, até agora, só foi implementado em software.

Para lidar com pacotes em alta velocidade, o plano de dados de um comutador utiliza um mecanismo de hardware desenvolvido especificamente para esse fim. Conhecido como TCAM, o hardware emprega paralelismo para comparar um pacote com vários padrões em um único passo. Embora seja caro e produza quantidades significativas de calor, o TCAM efetua comparações tão rapidamente para um grande número de padrões quanto para um único padrão.

Os padrões especificam valores para alguns campos do cabeçalho e *don't care* para outros. Como os padrões podem atravessar várias camadas da pilha de protocolos, um comutador controlado por SDN permite novos paradigmas de encaminhamento, tais como caminhos nível 2, que não são possíveis com pilhas de protocolo tradicionais.

O SDN tem o potencial de introduzir mudanças significativas na indústria de redes. Quando as facilidades de gerenciamento forem removidas dos dispositivos, o hardware do comutador vai se tornar uma mercadoria, e gerentes de rede não terão tantos motivos para comprar todos os equipamentos de rede de um único fabricante.

Exercícios

31.1 Como o SDN faz para transformar o "gerenciamento por dispositivo" no "gerenciamento por rede"?

31.2 Quais as duas partes conceituais de um dispositivo de rede?

31.3 Liste três interfaces de gerenciamento de redes encontradas nos dispositivos de rede tradicionais.

31.4 Quando o SDN é utilizado, o SNMP ainda é necessário? Explique.

31.5 Liste cinco fatores que um gerente de redes pode usar para decidir quantos controladores SDN devem ser utilizados e onde localizá-los.

31.6 Quais são as três principais propriedades que o padrão OpenFlow especifica?

31.7 Suponha que um classificador queira confirmar se um quadro Ethernet no formato 802.1Q contém um datagrama IPv4 com um segmento TCP destinado a um servidor Web. A quais distâncias de bit estão os itens do cabeçalho que o classificador deve olhar?

31.8 Qual a vantagem principal de usar o mecanismo de classificação baseado em TCAM?

31.9 Pesquise na Internet e elabore uma lista de fabricantes que vendem comutadores compatíveis com o OpenFlow.

31.10 Cite um encaminhamento possível com SDN que não pode ser especificado com software IP convencional.

31.11 Explique como um controlador SDN configura dinamicamente uma regra de classificação para um novo fluxo TCP.

31.12 Descubra se a organização em que você trabalha ou estuda utiliza SDN na sua intranet.

31.13 Leia sobre o consórcio SDN criado por fabricantes de equipamentos de rede. Por que os fabricantes estão envolvidos e o que eles esperam obter com isso?

31.14 Qual será o custo dos controladores SDN para uma organização? A fim de obter uma aproximação, estime o número de controladores que serão necessários para a intranet da sua organização e descubra o preço de compra de um conjunto de PCs que satisfaça a quantidade de controladores definida na sua estimativa.

CAPÍTULO 32

A Internet das Coisas

32.1 Introdução, 498
32.2 Sistemas embarcados, 498
32.3 Como escolher uma tecnologia de rede, 500
32.4 Coleta de energia, 501
32.5 Comunicação sem fio com baixa potência, 501
32.6 Topologia em malha (mesh), 502
32.7 A aliança ZigBee, 502
32.8 Redes em malha sem fio e rádios 802.15.4, 503
32.9 Roteamento em malha e conectividade da Internet, 504
32.10 IPv6 e redes em malha ZigBee, 505
32.11 O paradigma de encaminhamento de pacotes do ZigBee, 505
32.12 Outros protocolos na pilha ZigBee, 507
32.13 Resumo, 507

32.1 Introdução

Durante mais de 30 anos, a Internet esteve focada em fornecer comunicações para humanos. Aplicações como e-mail, chat e VoIP necessitam de duas pessoas interagindo. Aplicações como navegação Web, pesquisa e transferência de arquivos são criadas para uma pessoa acessar um serviço.

Este capítulo explora um novo uso da Internet: a comunicação entre máquinas. Pesquisadores e profissionais de rede utilizam os termos *máquina para máquina* (M2M, *Machine to Machine*) e *Internet das Coisas* (IoT, *Internet of Things*)[1] para descrever o conceito.

32.2 Sistemas embarcados

Diferentemente das aplicações anteriores, que funcionam em computadores convencionais, a IoT tem seu foco em *sistemas embarcados*. Isso significa que os serviços de computação e comunicação ficam integrados em um equipamento, tal como um interruptor de luz, um eletrodoméstico, um aquecedor, um ar condicionado ou um sistema de segurança. De acordo com Farnam Jahanian, da National Science Foundation (NSF), "hoje, o número de dispositivos em rede iguala o número de pessoas na Terra. Em três anos, haverá três vezes mais dispositivos na Internet que pessoas na Terra."

Por que um eletrodoméstico precisa se comunicar pela Internet? Uma das razões envolve automação residencial – se todos os dispositivos elétricos na casa tivessem conectividade, o proprietário poderia contatá-los para determinar sua situação e controlá-

---

[1] Embora falhe de muitas formas em capturar a ideia, o termo *Internet das Coisas* parece ter ganho maior aceitação.

-los. Sem retornar para casa, ele poderia responder uma questão como esta: "Será que eu deixei o ferro de passar roupa ligado?"

Mais importante, o proprietário poderia desligar o ferro de passar roupa e as luzes, ou poderia ligar o forno, pré-aquecendo-o enquanto vai para casa.

32.2.1 Sistemas embarcados nas redes elétricas inteligentes (smart grids)

Os exemplos acima envolvem humanos controlando dispositivos. A comunicação de máquina para máquina também faz sentido? Sim. Um exemplo em que a comunicação máquina para máquina é importante vem do conceito de *redes elétricas inteligentes*. Numa rede elétrica inteligente, um dispositivo elétrico possui um controlador embarcado e conectividade de rede. Esse dispositivo pode enviar um consulta para descobrir o custo da eletricidade em determinados momentos e ajustar seu cronograma de ações conforme o valor obtido. Por exemplo, uma máquina lava-louça pode ser configurada para atrasar o ciclo de lavagem para depois das horas de pico, quando o custo da eletricidade diminui. De forma similar, um sistema de ar condicionado pode aumentar a temperatura levemente durante as horas de pico e esfriar a casa nos outros horários.

A comunicação entre um dispositivo elétrico e a companhia de energia elétrica não necessita de humanos em nenhum lado – o sistema embarcado no dispositivo age autonomamente para contatar o servidor da companhia de energia e obter informações sobre horários e preços. O inverso também se aplica, ou seja, os sistemas da companhia de energia podem ser configurados para enviar os horários e os preços para os sistemas residenciais toda vez que uma mudança ocorrer.

32.2.2 Sistemas embarcados para segurança em tempo real

Sistemas de automação residencial permitem ao proprietário monitorar ou controlar dispositivos elétricos. Sistemas de segurança inteligentes vão um passo adiante na automação residencial sendo proativos, ou seja, informando a ocorrência de eventos inesperados. Por exemplo, se um sensor de movimento é ativado, o sistema pode enviar uma mensagem de alerta ao celular configurado, ligar as luzes e fornecer vídeo da câmera de segurança. Após isso, pode aceitar comandos para ignorar o evento, reinicializar o sensor ou tomar outra ação preventiva.

Uma vantagem significativa dos sistemas de segurança inteligentes é a habilidade de ter uma lista de contingências, na qual as ações dependem do tipo de evento que ocorre, da hora do dia e das ações configuradas. Por exemplo, o sistema pode ser configurado para enviar mensagens para dois ou mais telefones celulares em determinado evento. Além disso, se o proprietário não responde dentro de um tempo especificado, o sistema pode escolher informar a polícia local.

32.2.3 Sistemas embarcados no varejo

A Internet das Coisas inclui muito mais que dispositivos residenciais. Um uso interessante de sistemas embarcados envolve localizações típicas de varejo. Por exemplo, alguns shoppings possuem monitores com sistemas embarcados bastante sofisticados. Quando um possível comprador navega pelo monitor, o sistema utiliza uma câmera e um software associado para capturar e analisar a imagem. O software identifica cada face, analisa e estima seus traços característicos, tal como idade e sexo. O software então seleciona e apresenta propagandas específicas voltadas para aquele perfil de consumidor.

Monitores eletrônicos em shoppings fazem muito mais do que meramente apresentar propagandas: eles enviam dados em ambas as direções. De um lado, o sistema analisa cada consumidor, calcula por quanto tempo a pessoa continua olhando o monitor e relata estatísticas para o servidor na nuvem. Do outro lado, o servidor na nuvem recebe informações dos monitores e também de outras fontes, executando algoritmos para combiná-los. Assim que novas decisões são tomadas, o servidor envia essa informação de volta para o monitor. Por exemplo, um servidor na nuvem pode verificar o tempo em cada localidade e decidir fazer propagandas de guarda-chuvas durante uma tempestade, ou de condicionadores de ar durante uma onda de calor.

Uma tecnologia similar está sendo desenvolvida em supermercados. Câmeras localizadas nas prateleiras capturam as imagens dos consumidores. Elas são analisadas para determinar quanto tempo cada consumidor fica num determinado ponto e a localização aproximada dos itens que o estão interessando. O dado é então enviado para um servidor na nuvem que combina a informação de muitas lojas e recomenda a localização dos produtos para maximizar as vendas em cada loja.

Em suma:

> *Novas e emocionantes aplicações estão sendo criadas por meio do embarque de um processador e de protocolos de comunicação em dispositivos elétricos e eletrônicos. Muitos dos novos sistemas embarcados comunicam-se com computadores automaticamente e não requerem um humano para iniciar ou controlar a comunicação.*

32.3 Como escolher uma tecnologia de rede

Qual tecnologia de rede é ótima para dispositivos IoT? Não há uma única tecnologia que resolve sozinha todos os problemas. Algumas aplicações requerem grandes volumes de dados (por exemplo, múltiplos fluxos de vídeo em alta definição). Outras transferem somente pequenas quantidades de dados (por exemplo, uma requisição para o custo da energia em determinado horário e a resposta que consiste em um único número). Tomando emprestada a terminologia dos planos de controle e os dados dos dispositivos de rede, os profissionais classificam aplicações embarcadas como *orientadas a dados* ou *orientadas a controle*. Para dar suporte a uma aplicação orientada a dados, a rede deve oferecer alta vazão.

Outra escolha em tecnologia de redes surge da necessidade de mobilidade. Uma rede com fio funciona bem em instalações permanentes, tais como um sistema de aquecimento ou um forno de parede; entretanto, muitos dispositivos residenciais são portáteis, tornando uma conexão com fios complicada e inconveniente.

Uma limitação final em muitos sistemas embarcados está relacionada à energia consumida pelos processadores embarcados. Para dispositivos alimentados à bateria, o consumo de energia determina o tempo de vida da bateria; para outros dispositivos, o consumo de energia está relacionado ao custo.

A durabilidade da bateria é importante, especialmente para aplicações nas quais os sensores estão em locais inacessíveis ou espalhados por uma grande área geográfica. Por exemplo, para medir a tensão em uma ponte ou outra estrutura, engenheiros civis fixam sensores alimentados por bateria em vários pontos dela. Os sensores medem mudanças de carga e transmitem as medidas para o servidor central. De modo similar, uma pessoa pode colocar um detector de água alimentado por bateria próximo a cada cano sob a sua casa, visando detectar vazamentos. Em tais casos, levar energia e conexões de rede até a localização dos sensores é inviável. Ou seja:

> *Não existe uma só tecnologia de rede que seja a melhor para todas as comunicações de máquina para máquina. Além do volume de tráfego e da mobilidade, o consumo de energia pode ser um fator importante.*

32.4 Coleta de energia

O uso de baterias tem uma desvantagem: eventualmente, os processos químicos terminam a produção de energia e a bateria precisa ser substituída. Tecnologias de bateria, tais como baterias de lítio, têm sido desenvolvidas para ter uma vida excepcionalmente longa (por exemplo, vários anos) sob carga leve. Entretanto, o custo de substituição da bateria ainda pode ser extremamente alto (por exemplo, para sensores em grandes pontes). Portanto, pesquisadores e engenheiros estão buscando alternativas.

Uma das abordagens mais interessantes envolve *coleta de energia*, em que um dispositivo embarcado é alimentado por meio da extração de energia do ambiente ao redor. Por exemplo, considere uma pessoa girando a maçaneta de uma porta ou ligando/desligando um interruptor de luz. A energia colocada nessas ações é pequena; entretanto, se um dispositivo embarcado consumir poucos microwatts, ações mecânicas simples geram energia suficiente para manter o dispositivo por um curto espaço de tempo. Se o sistema é feito para coletar energia de ações que se repetem, ele pode funcionar sem baterias.

32.5 Comunicação sem fio com baixa potência

Como descrito, baixo consumo de energia e comunicação sem fio são importantes para dispositivos na Internet das Coisas. Muitas tecnologias sem fio, incluindo Wi-Fi, foram projetadas para maximizar a vazão em vez de minimizar o consumo de energia. Portanto, pesquisadores e engenheiros têm investigado projetos alternativos com ênfase em consumo de energia extremamente baixo.

Lembre-se do que vimos na primeira parte do livro: há compromissos fundamentais envolvidos na diminuição do consumo de energia. Um rádio que usa menos potência não consegue transmitir na mesma distância de outro que utiliza mais potência. Rádios de potência extremamente baixa só conseguem transmitir por alguns metros, que não abrangem a área de uma residência típica. Além disso, à medida que a potência diminui, a relação sinal-ruído diminui, e isso torna a comunicação mais suscetível a interferências (ou seja, haverão mais perdas de pacotes na transmissão). Note que uma maior perda de pacotes resulta em mais retransmissões, que resultam em maior gasto de energia. Assim, os detalhes de uma tecnologia sem fio de baixo consumo de energia devem ser projetados com muito cuidado, ou o sistema como um todo pode consumir mais energia que o esperado.

32.6 Topologia em malha (mesh)

Para entender a comunicação em rede sem fio com baixo consumo de energia, ignore limitações práticas, tais como obstruções e interferência eletromagnética. Em vez disso, considere um modelo simplista no qual a transmissão de um rádio de baixa potência tem alcance d. Dessa forma, receptores que estão numa distância d ou menor podem receber as transmissões, mas receptores mais distantes que d não podem. A Figura 32.1 ilustra o conceito. Na figura, transmissões do nó A atingem o nó B, mas não alcançam o nó C.

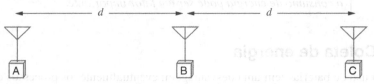

Figura 32.1 Três rádios de baixa potência localizados à distância d, onde d é o alcance da transmissão dos rádios.

A questão que surge é: dado um alcance limitado, como cada conjunto de nós utilizando rádios de baixa potência pode ser disposto para cobrir todos os dispositivos de uma residência ou um conjunto de sensores em uma loja de departamentos? A resposta está no uso de topologia em *malha* (*mesh*), na qual cada nó na rede age como um roteador em miniatura, retransmitindo pacotes quando necessário.

Redes em malha se formam automaticamente. No início, um nó transmite uma requisição em broadcast para encontrar vizinhos. Aqueles que estão dentro do seu alcance de rádio recebem a requisição e enviam respostas que permitem ao nó criar uma lista de vizinhos alcançáveis diretamente. Uma vez que os vizinhos são identificados, os nós começam um protocolo de roteamento em malha que encontra caminhos e cria tabelas de encaminhamento. Se não existirem *órfãos* ou *ilhas* (ou seja, conjuntos de nós que não estão ao alcance dos outros), o algoritmo de roteamento em malha formará uma rede funcional. Por exemplo, na Figura 32.1, a tabela de encaminhamento no nó B terá as entradas para A e C. Se um pacote chegar de A destinado a C, B utilizará essa informação para retransmitir o pacote para C.

32.7 A aliança ZigBee

Um consórcio de fabricantes de equipamentos de redes conhecido como *Aliança ZigBee* elaborou um conjunto de especificações para criar redes em malha de baixo consumo de energia e baixo custo. Particularmente, as especificações ZigBee focam dispositivos associados com aplicações em redes elétricas inteligentes (smart grids), tais como dispositivos residenciais. Mais informações podem ser encontradas neste endereço Web:

www.zigbee.org

Em vez de criar novos padrões de rede, a Aliança ZigBee recomenda padrões existentes quando possível. Por exemplo, ela especifica o uso do padrão IPv6 do IETF para a camada 3, e do padrão 802.15.4 do IEEE para redes sem fio na camada 2. O uso de padrões como o IPv6 permite às redes ZigBee interoperarem com as redes existentes.

32.8 Redes em malha sem fio e rádios 802.15.4

O IEEE padronizou várias tecnologias sem fio de baixo consumo de energia, incluindo *bluetooth**. Várias versões da 802.1.5.4 foram criadas; elas diferem na faixa de frequência utilizada e na técnica de modulação empregada. Esses aspectos da padronização do rádio são irrelevantes para nossa discussão – estamos preocupados somente com as propriedades gerais da 802.15.4.

Conforme esperado, a norma 802.15.4 tem como objetivo a regulamentação da transferência de pacotes; entretanto, a maior parte das características são inesperadas. A Figura 32.2 resume as propriedades-chave da norma.

Propriedade	Valor
Paradigma de rede	Comutação de pacotes
Taxa de transferência máxima	250 kbit/s
Tamanho do payload** (MTU)	127 octetos
Distância máxima	10 metros

Figura 32.2 Propriedades-chave de um enlace de rede sem fio padrão IEEE 802.15.4.

Como a figura mostra, o projeto do 802.15.4 difere das tecnologias de redes sem fio convencionais em vários aspectos. Diferente de uma rede com vazão acima de 10 Mbit/s, o 802.15.4 tem uma taxa de transferência de dados incrivelmente baixa. Diferente de pacotes grandes, um pacote 802.15.4 tem um payload extremamente pequeno. Em vez de ter um alcance suficiente para cobrir completamente uma residência, um rádio 802.15.4 alimentado à bateria não alcança mais do que 10 metros. Na prática, a distância efetiva será ainda menor se o caminho contiver obstruções ou se houver interferência eletromagnética.

Para entender o motivo de a norma ter escolhido tais parâmetros, observe duas coisas:

- O critério-chave do projeto é baixo consumo.
- A quantidade de dados a serem transferidos é pequena.

As limitações no tamanho do pacote, na taxa de transferência de dados e na distância derivam do objetivo de ter baixo consumo e pequeno volume de dados para transferir. O baixo consumo é especialmente importante para dispositivos operados por bateria: embora um rádio 802.15.4 possa não estar apto a transmitir muitos dados nem a transmitir continuamente, ele pode ser executado em uma bateria padrão por um ano ou mais. Em termos de distância, os projetistas escolheram uma abordagem malha em vez de um rádio de alta potência.

---

* N. de T.: O bluetooth tem sua base na norma IEEE 802.15.1, enquanto o ZigBee tem sua base na norma IEEE 802.15.4.

** N. de T.: Antigamente, alguns protocolos diferenciavam "dados de cabeçalho" de "dados de usuário", pois em alguns casos a legislação obrigava a operadora a cobrar do usuário somente os dados úteis. Isso originou o termo payload (carga paga) justamente pelo fato de esses dados serem os cobrados na fatura do cliente. Atualmente o termo está mais associado ao MTU, pois a forma de cobrar pela Internet mudou.

32.9 Roteamento em malha e conectividade da Internet

Para tornar-se parte da Internet das Coisas, uma rede em malha deve conectar-se à Internet global. Para isso, uma rede sem fio típica contém um ou mais nós que possuem uma conexão permanente à Internet. Especificações ZigBee usam o termo *roteador de borda* para se referirem ao dispositivo que possui conexão à Internet. Como a maioria dos nós em uma rede de sensores não possui capacidade computacional ou de armazenamento, o sistema é configurado de forma que os nós usem a nuvem para processamento e armazenamento. A dependência da nuvem significa que o roteamento em malha deve focar a comunicação com a Internet. Dessa forma, em vez de buscar uma rota entre cada nó na malha, os protocolos de roteamento devem ser projetados para buscar um caminho de cada nó através do roteador de borda para a Internet.

Caminhos através da malha são criados por meio de etapas. Um roteador de borda avisa para todos que possui conexão com a Internet. Os nós ao alcance do roteador recebem a mensagem e configuram suas tabelas de roteamento refletindo esse alcance. Então, cada nó que possui um enlace direto com o roteador de borda envia uma mensagem que é recebida pelos seus vizinhos. Os vizinhos atualizam suas tabelas de roteamento e, por sua vez, enviam uma mensagem para o próximo conjunto de vizinhos. Dessa forma, todos nós da rede em malha tornam-se aptos a estabelecer um caminho com a Internet.

O que acontece se um nó recebe múltiplas mensagens que informam rotas para a Internet? Diferente dos protocolos de roteamento tradicional que encontram o menor caminho, o objetivo do roteamento em malha é selecionar o *melhor* caminho, e a definição de *melhor* depende tanto da qualidade do enlace quanto do número de saltos.

É interessante notar que um nó transmissor não conhece o melhor caminho pelo qual deve transmitir. Para entender o motivo, considere a Figura 32.3, que mostra dois roteadores de borda e um nó sem fio.

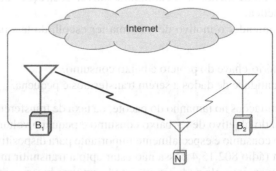

Figura 32.3 Uma configuração assimétrica de dois roteadores de borda e um nó sem fio, N, que está mais perto do roteador B_2, mas pode receber transmissões de ambos os roteadores.

Na figura, o roteador de borda B_1 está mais longe do nó N que o roteador de borda B_2, mas B_1 tem um transmissor mais potente. Dessa forma, se o nó N medir as transmissões recebidas, B_1 terá o sinal mais forte. Quando N transmite, entretanto, B_2 (que está mais perto) pode receber um sinal muito mais forte que B_1. Na verdade, B_1 pode nem estar apto a receber transmissões do nó N. Ou seja:

> *Como as transmissões podem ser assimétricas, a medição da potência do sinal associado com os pacotes recebidos não informa a força do sinal na direção inversa.*

Para tratar transmissões assimétricas, a ZigBee inclui o protocolo *estabelecimento de enlace para redes em malha* (MLE, *Mesh Link Establishment*). Um nó A envia mensagens MLE para os vizinhos, e cada vizinho responde com um valor que indica a força do sinal recebido de *A*. Dessa forma, um transmissor pode aprender a potência que cada vizinho recebe de seu sinal. Quando forma um caminho para a Internet, é importante selecionar um vizinho que receba suas transmissões com boa qualidade.

32.10 IPv6 e redes em malha ZigBee

Nós dissemos que os protocolos ZigBee são baseados em IPv6. Entretanto, o padrão IPv6 exige que o MTU da rede seja, no mínimo, 1.280 octetos. Como o IPv6 pode ser utilizado com o padrão 802.15.4, que tem um MTU de 127 octetos? O IETF assumiu um compromisso: adicionar uma camada extra de protocolos entre o IPv6 e o nível MAC. Conhecida como *adaptação 6LoWPAN*, a camada extra esconde da camada IP os detalhes do 802.15.4. O nome *6LoWPAN* significa *IPv6 over Low power Wireless Personal Area Networks* (*IPv6 sobre redes pessoais sem fio de baixo consumo de energia*). Essencialmente, a camada de adaptação, também conhecida como *shim layer* (camada de enchimento), aceita um datagrama, divide-o em pedaços e envia cada pedaço individualmente através do enlace sem fio. Diferentemente do conceito de fragmentação, que é fim-a-fim, o protocolo de adaptação de camada do próximo salto recebe as peças, agrupa-as, e passa o resultado para o IPv6. Todas peças devem chegar em ordem, ou o datagrama é descartado.

Além da camada de adaptação, uma versão especial do protocolo de descoberta de vizinhos do IPv6 foi criada para ser usada com redes em malha ZigBee. Denominado *6LoWPAN-ND*, o protocolo é necessário porque o IPv6 assume que é possível alcançar todos os nós de uma dada rede com uma única transmissão, porém as redes em malha não possuem a propriedade de conectividade universal. Em particular, o IPv6-ND efetua detecção de endereço duplicado perguntando se outro nó possui um dado endereço. O 6LoWPAN-ND usa um paradigma de registro: cada nó na malha registra seu endereço com o roteador de borda. Se um novo nó tenta registrar um endereço duplicado, o roteador de borda envia uma resposta 6LoWPAN-ND negando a requisição. O 6LoWPAN--ND também inclui um estado de dormência que permite a um nó conservar a energia até chegar o momento de renovar o endereço registrado.

32.11 O paradigma de encaminhamento de pacotes do ZigBee

A Aliança ZigBee escolheu usar o IPv6 para o encaminhamento de pacotes. Assim, cada nó na malha 802.15.4 age como um roteador IPv6. Infelizmente, o IPv6 e os protocolos de roteamento convencionais não foram projetados para tais ambientes, o que significa que um suporte adicional é necessário. O IETF utilizou uma abordagem interessante para resolver o problema: separar as duas direções de encaminhamento (isto é, de um nó na malha para a Internet e da Internet para um nó na malha). O encaminhamento para a

Internet é fácil. Quando a malha é formada, cada nó encontra o caminho para o roteador de borda e instala uma rota default que aponta para o próximo salto do caminho.

O encaminhamento da Internet para um nó na malha depende do roteador de borda. Nós na malha rodam um protocolo de roteamento conhecido como *protocolo de roteamento para redes de baixa potência e com alta probabilidade de perdas de pacotes* (RPL, *Routing Protocol for Low power and lossy networks*). O projeto do RPL segue dois princípios:

- A topologia em malha é semipermanente, ou seja, mudanças são raras.
- Limitações de memória impedem que nós individuais mantenham a tabela de roteamento completa.

Semipermanência. Diferentemente do roteamento em um sistema celular, o RPL não é projetado para suportar movimentação rápida. A ideia geral é que, embora um nó possa se mover, a maioria dos nós tende a permanecer estável durante um período relativamente longo de tempo. Sistemas de iluminação e utensílios permanentes, como fornos, lava-louças e aquecedores, não se movem. Utensílios portáteis, tais como ferros de passar roupa, podem se mover, porém tendem a ficar na mesma região por horas ou dias. Assim, o RPL não investe muita energia fazendo atualizações com frequência ou convergindo rotas rapidamente.

Limitações de memória. Em vez de computar tabelas individuais de encaminhamento em nós, o RPL solicita que os nós informem a topologia em malha (ou seja, as conexões diretas entre os nós) ao roteador de borda. Assume-se que o roteador de borda tenha mais poder computacional e memória que os nós individuais, e assim ele usa essa topologia para construir uma *árvore de encaminhamento* para toda a malha. Quando um datagrama IPv6 chega da Internet destinado a um nó na malha, o roteador de borda utilizar a árvore de encaminhamento para encontrar o caminho até o destino. Ele encapsula o datagrama original dentro de outro datagrama IPv6 e adiciona um cabeçalho de roteamento na origem que especifica o caminho hop-a-hop (salto-a--salto) através da malha. À medida que o datagrama encapsulado trafega através da malha, cada nó ao longo do caminho extrai o endereço do próximo salto do cabeçalho de roteamento na origem e encaminha o datagrama adequadamente. Um endereço no cabeçalho de roteamento na origem é obrigatoriamente o endereço de um vizinho alcançável diretamente, o que significa que nós na malha só necessitam enviar para vizinhos alcançáveis diretamente.

A Figura 32.4 ilustra o grafo que um roteador de borda efetua para uma malha. Cada nó no grafo representa um nó na malha, e cada enlace no grafo fornece o nó *pai* (isto é, o vizinho no caminho para o roteador de borda). O RPL define o termo *grafo acíclico orientado a destino* (DODAG, *Destination Oriented Directed Acyclic Graph*) para se referir ao grafo.

Embora a figura mostre nós espaçados em uma área bidimensional, o roteador de borda não aprende localizações físicas. Na prática, o DODAG permite ao roteador de borda apenas computar os caminhos. Por exemplo, quando envia um datagrama para o nó 9, o roteador especifica o caminho *3-4-9* e, quando envia para o nó 5, o caminho é *2-5*.

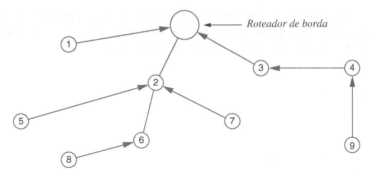

Figura 32.4 Um exemplo de DODAG para uma malha de nove nós e um roteador de borda.

32.12 Outros protocolos na pilha ZigBee

A especificação ZigBee inclui protocolos adicionais para segurança (por exemplo, *PANA* e *TLS*), protocolos para acessar *DNS* (*mDNS* e *DNS-SD*) e protocolos de camada de aplicação. A Figura 32.5 mostra a disposição dos protocolos mais comuns da pilha ZigBee.

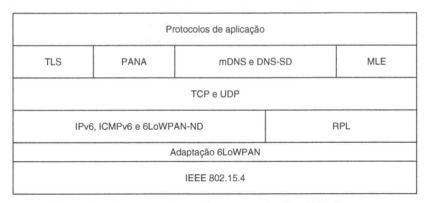

Figura 32.5 Disposição dos protocolos mais comuns da pilha IP ZigBee.

32.13 Resumo

O termo *Internet das Coisas* é usado para descrever sistemas embarcados conectados que usam comunicação máquina para máquina. Aplicações incluem automação residencial, redes elétricas inteligentes, segurança e sistemas para varejo.

Embora não exista uma única tecnologia que seja a melhor para todas as aplicações embarcadas, muitas delas necessitam de comunicação sem fio com baixo consumo de energia. Para minimizar a utilização de energia, uma rede sem fio pode utilizar uma abordagem em malha: em vez de utilizar um rádio transmissor potente que alcança grandes distâncias, nós de baixa potência concordam em encaminhar pacotes entre si.

A Aliança ZigBee tem definido especificações para redes sem fio de baixo consumo de energia que enviam datagramas IPv6 através de enlaces de rádio IEEE 802.15.4. Protocolos adicionais, tais como o 6LoWPAN, são necessários para permitir o uso do

IPv6 em uma rede com um MTU extremamente baixo. A pilha ZigBee inclui um protocolo especial de roteamento que permite ao roteador de borda criar um grafo da rede em malha e enviar datagramas com roteamento na origem.

Exercícios

32.1 O que é um sistema embarcado?

32.2 Cite três exemplos de sistemas embarcados conectados à Internet.

32.3 Qual tecnologia de rede é a melhor para a Internet das Coisas? Explique.

32.4 Um fabricante vende luminárias com um rádio e um controlador 802.15.4 embutidos. Pesquise na Web e faça uma lista de outros itens que podem ser usados na Internet das Coisas.

32.5 O que é coleta de energia?

32.6 O que é uma *rede em malha* e como ela opera?

32.7 Liste as características do padrão 802.15.4 para redes sem fio.

32.8 Se um nó sem fio recebe um sinal mais forte do Roteador 1 e não do Roteador 2, esse nó deve utilizar o Roteador 1 como caminho para a Internet? Explique.

32.9 Qual é a ideia básica por trás do protocolo MLE?

32.10 Cada nó de uma rede em malha ZigBee precisa da tabela de roteamento completa? Explique.

32.11 Quando um roteador de borda utilizar o RPL, qual informação ele coleta?

32.12 Suponha que um nó de uma rede em malha ZigBee envie um datagrama IPv6 para outro nó da mesma rede. Qual caminho o datagrama percorre? (Dica: considere a informação que um nó individual mantém.)

CAPÍTULO 33

Tendências em tecnologias e usos das redes

33.1 Introdução, 509
33.2 A necessidade de serviços de Internet escaláveis, 509
33.3 Conteúdo em cache (Akamai), 510
33.4 Balanceadores de carga Web, 510
33.5 Virtualização do servidor, 511
33.6 Comunicação peer-to-peer, 511
33.7 Centros de dados distribuídos e replicação, 512
33.8 Representação universal (XML), 512
33.9 Redes sociais, 512
33.10 A mobilidade e a rede wireless, 513
33.11 Video digital, 513
33.12 Acesso de alta velocidade e comutação, 513
33.13 Computação em nuvem, 514
33.14 Overlay networks, 514
33.15 Middleware, 516
33.16 Implementação generalizada do IPv6, 516
33.17 Resumo, 517

33.1 Introdução

Um dos aspectos mais intrigantes das redes de computadores é que elas recebem continuamente novas aplicações e tecnologias. A maioria das aplicações que levam em conta os pacotes na Internet foi criada na década passada. Muitas aplicações populares atualmente não eram viáveis quando a Internet foi criada, porque precisavam de comunicação mais rápida e confiável.

Este capítulo resume algumas das tendências em tecnologias de rede, aplicações e serviços. O capítulo considera tanto os desenvolvimentos recentes quanto as pesquisas em curso há mais tempo.

33.2 A necessidade de serviços de Internet escaláveis

Em sentido restrito, o modelo cliente-servidor de comunicação inicia primeiro uma aplicação (o servidor) e espera o contato de outra aplicação (o cliente). Em um sentido amplo, a indústria de redes usa o termo *cliente-servidor* para caracterizar uma arquitetura na qual os clientes potenciais se conectam a um único servidor centralizado. Por exemplo, uma empresa que roda um servidor Web pode esperar contato de quaisquer usuários. A desvantagem de um servidor centralizado surge do desempenho resultante: quando o número de clientes cresce, o servidor (ou a rede de acesso a ele) se torna rapidamente congestionada, em especial se cada cliente baixa muitos bytes de conteúdo.

O problema do engarrafamento do servidor é considerado uma das mais importantes limitações dos serviços de Internet. Consequentemente, a comunidade de pesquisa em redes e a indústria de redes têm investigado maneiras de fornecer arquiteturas e tecnologias que permitam que os serviços de Internet avancem em escala e incorporem novas tendências; uma variedade de abordagens está sendo usada. As próximas seções descrevem várias delas. Para resumir:

> Diversas tecnologias têm sido desenvolvidas para permitir que os serviços de Internet avancem em escala; embora as abordagens sejam muito diferentes, cada uma delas é útil em alguns casos.

33.3 Conteúdo em cache (Akamai)

Uma das primeiras tecnologias de escala focou no conteúdo Web em cache. Por exemplo, os ISPs frequentemente têm uma cache que mantém uma cópia da página Web estática (ou seja, uma página para a qual o conteúdo não muda rapidamente). Se N usuários do ISP buscam a mesma página, somente uma requisição precisa ser enviada para o servidor de origem, $N-1$ requisições podem ser satisfeitas pelo cache.

Companhias como a Akamai têm estendido a ideia de cache, oferecendo um serviço de cache distribuído. A Akamai tem um conjunto de servidores localizados na Internet, e uma organização pode contratá-la para precarregar os caches Akamai com conteúdo. Para assegurar que os caches permaneçam atualizados, uma organização cliente pode atualizar os caches Akamai periodicamente. Os visitantes do site da organização obtêm a maioria do conteúdo de um cache Akamai mais próximo, e não do servidor central da organização. Como resultado, a carga do servidor central é reduzida.

33.4 Balanceadores de carga Web

Como a utilização é alta e muitas lojas dependem da Web para as vendas diretas, a otimização do servidor Web tem recebido muita atenção. Um dos mecanismos mais interessantes usados para construir um site Web de larga escala é conhecido como *balanceador de carga*. Um *balanceador de carga* permite a uma companhia substituir um servidor único por um centro de dados que contém vários computadores, cada um deles rodando uma cópia do servidor Web. O balanceador de carga distribui as requisições que chegam entre os servidores físicos. A Figura 33.1 ilustra a arquitetura.

Um balanceador de carga examina cada requisição HTTP que chega e a envia para um dos servidores. Ele relembra as requisições recentes e direciona todas as requisições de uma dada fonte para o mesmo servidor físico. Para garantir que todos os servidores retornem a mesma resposta para uma requisição, os servidores usam um sistema de banco de dados comum e compartilhado. Assim, se o cliente faz um pedido, todas as cópias do servidor Web serão capazes de acessá-lo.

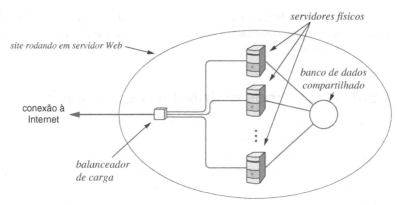

Figura 33.1 Ilustração de um balanceador de carga usado por sites Web de larga escala.

33.5 Virtualização do servidor

Outra manobra na escalabilidade surge da *virtualização do servidor*. Esse conceito deriva de uma observação: muitos sites rodam vários servidores (ou seja, servidor de e-mail, servidor Web e servidor de banco de dados). Na arquitetura convencional, cada servidor deve ser colocado em um computador físico separado. Um problema de desempenho pode ocorrer porque os servidores que rodam no computador A estão todos ocupados, mas os servidores que rodam no computador B estão ociosos.

Os sistemas de virtualização resolvem o problema permitindo que um site tenha um centro de dados com vários computadores físicos e um software que permite a um gerente mover um dado servidor de um computador para outro a qualquer momento. A tecnologia é complexa e deve manipular muitos detalhes técnicos, tais como as mudanças no encaminhamento de pacotes. Contudo, a ideia é simples: o servidor roda num sistema de *máquina virtual* (VM, *Virtual Machine*) que suporta a migração de VM. Se um dado computador físico fica sobrecarregado, um gerente migra uma ou mais VMs para outros computadores físicos.

33.6 Comunicação peer-to-peer

Nos anos 1990, vários grupos experimentaram, com uma técnica geral, aumentar a velocidade da carga de arquivos. Em vez de buscar o arquivo completo em um servidor central ou em um cache preestabelecido, um cliente busca pedaços individuais dele em vários servidores espalhados na Internet. Sempre que um cliente precisa de um pedaço do arquivo, ele escolhe o servidor mais próximo que tem uma cópia. Para aumentar o número de locais onde um pedaço pode ser encontrado, cada cliente que obtém um pedaço concorda em agir como um servidor e fornecê-lo para outros clientes. A abordagem é conhecida como *peer-to-peer* (*p2p*) *architecture*.

Alguns dos mais conhecidos sistemas p2p têm sido criados para permitir o compartilhamento de arquivos de música. Por exemplo, o Napster e o Kazaa, adotaram a abordagem p2p, e cada um deles se tornou popular entre os adolescentes. É claro que um usuário típico não se preocupa com a tecnologia utilizada – ele está interessado apenas na possibilidade de obter cópias de arquivos de música. Muitos usuários não estão conscientes de que quando usam um sistema p2p seus computadores concordam em repassar arquivos para outros.

33.7 Centros de dados distribuídos e replicação

Embora caches de conteúdo, balanceadores de carga, virtualização de servidores e arquitetura p2p possam aumentar a escalabilidade do servidor, alguns sites têm tanto tráfego que outra solução é necessária: a replicação de um site inteiro. Usamos o termo *centro de dados distribuído* (*distributed data center*) para caracterizar a abordagem.

Como um exemplo, considere o motor de buscas do Google. O Google recebe milhões de contatos diariamente. Para manipular a carga, ele criou vários centros de dados em diversos locais geográficos. Quando um usuário entra com o nome do domínio *www.google.com*, ele é dirigido para o centro de dados do Google mais próximo; a abordagem pode ser considerada uma forma de balanceamento de carga entre os sites. É claro que, para fornecer um serviço consistente, o Google deve assegurar que um determinado centro de dados retorne exatamente o mesmo resultado que seus outros centros de dados.

33.8 Representação universal (XML)

Outra tendência na rede é a adoção muito difundida da *Extensible Markup Language (XML)*. Inicialmente, o XML foi projetado para incorporar a estrutura dentro dos documentos Web, assim o documento poderia ser entendido por muitas aplicações. Em vez de fixar as tags, o XML permite a um programador escolher tags arbitrárias, o que possibilita dar a cada campo um nome intuitivo. Por exemplo, é possível assumir que um documento que contém as tags *<name>*, *<street>*, *<city>*, *<country>* e *<postal_code>* inclui o registro do endereço de uma pessoa. Uma das ideias-chave por trás do XML é a habilidade de codificar documentos autodescritivos. Isto é, o documento inclui um *style sheet* que especifica uma estrutura legítima dele.

O XML tem se tornado um padrão de fato de representação e está sendo usado de diversas novas maneiras que não foram previstas nos primeiros projetos. Por exemplo, ele está sendo usado na interface entre o servidor Web e o banco de dados, e têm sido criados alguns balanceadores de carga que podem processá-lo sintaticamente. Além disso, o XML está sendo usado para controlar a baixa de arquivos em aparelhos móveis e para representar especificações usadas pelos sistemas de gerenciamento de redes.

33.9 Redes sociais

No início dos anos 2000, o uso da Internet mudou de um modelo de consumidor para um de interação social entre pares. Inicialmente, a maioria das informações na Internet era fornecida por *produtores*, organizações como companhias de mídia. Um usuário individual consumia informações, mas não produzia. Por volta do ano 2000, sites como

Myspace, Facebook e YouTube determinaram que qualquer usuário poderia criar conteúdo, e um usuário típico passou a carregar mais dados.

A mudança na interação é mais notável entre os usuários jovens. Muitos adolescentes têm criado blogs ou se inscrito em um dos sites mencionados. Nos Estados Unidos, uma percentagem significante de récem-casados conheceram seu companheiro por meio de um serviço online. Além disso, o uso de chats online e de outras formas de comunicação interpessoal tem crescido.

33.10 A mobilidade e a rede wireless

A comunicação móvel está entre as tendências mais significativas, e os usuários esperam estar conectados à Internet de forma contínua. A maioria dos hotéis oferece conexão online aos seus hóspedes, e as companhias aéreas agora disponibilizam serviços de Internet em muitos de seus aviões. O autor fez um cruzeiro e foi delicioso descobrir que a conexão a bordo do navio funcionava tão bem que poderia ser usada para chamadas de telefone VOIP.

A demanda por comunicação móvel tem despertado interesse pelas tecnologias wireless, e muitos padrões wireless foram criados. Uma série de padrões continua a aumentar o desempenho do Wi-Fi. A mudança mais significativa, contudo, ocorre na indústria de telefonia celular: telefones celulares estão usando IP. Agora que os fornecedores de celulares mudaram para LTE, o sistema inteiro está movendo para IP, o que significa que o serviço de celular e a Internet estão convergendo.

33.11 Video digital

Muitos fornecedores de cabos têm substituído as facilidades da transmissão analógica pela digital, e hoje a entrega de conteúdo é feita digitalmente através das redes de pacotes. De fato, muitos fornecedores estão usando IP como protocolo de pacotes, o que facilita aos fornecedores de cabos a oferta de serviço ISP aos clientes.

O uso do IP para vídeo cria oportunidades interessantes. Em primeiro lugar, a televisão e a Internet convergem, tornando fácil assistir aos programas de televisão em um computador, ou usar a televisão digital como uma tela de computador. Em segundo lugar, o IP facilita a oferta de vídeos *sob demanda*, por meio da qual um usuário pode acessar o conteúdo quando desejar, controlar as funções de reprodução, pause e retorno e capturar o conteúdo ao vivo para assistir mais tarde.

33.12 Acesso de alta velocidade e comutação

Na borda da Internet, tecnologias de acesso, tais como DSL e modems a cabo, tornaram-se padrão. Quando essas tecnologias apareceram pela primeira vez, com taxas de dados de 2 a 6 Mbit/s – ou seja, duas vezes mais rápidas do que uma conexão discada de telefone –, era surpreendente. No entanto, os primeiros modems DSL e cabo estão sendo substituídos por outras tecnologias. As operadoras de telefonia celular estão começando a oferecer tecnologias que podem fornecer até 50 Mbit/s para dispositivos móveis. Em algumas partes dos Estados Unidos, ISPs oferecem conexões ópticas para clientes residenciais que operam em velocidade de gigabit, três vezes mais rápido do que os modems DSL e a cabo.

Os comutadores Ethernet usados em centros de dados empresariais também estão se tornando mais rápidos. A Ethernet Gigabit, uma vez utilizada como uma tecnologia backbone de campus, é agora considerada a velocidade de conexão do desktop padrão. As redes backbone usam 10 Gbit/s e parece provável que a velocidade aumente para 40 Gbit/s ou mais. Maiores taxas de dados são suficientes para suportar *streaming* de vídeo de alta definição e outras novas aplicações.

33.13 Computação em nuvem

As grandes empresas confiam nas redes de computadores para todos os tipos de negócio. No entanto, a disponibilidade de acesso à Internet confiável e de alta velocidade está possibilitando que as empresas mudem seu modelo de negócio de forma significativa: em vez de contratarem uma grande equipe para a manutenção dos sistemas de hardware e software, as empresas estão terceirizando suas operações de TI para os *fornecedores de computação em nuvem*, como a Amazon. O provedor de computação em nuvem mantém um conjunto de centros de dados que incluem serviços de computação e armazenamento, além da atualização do software (por exemplo, garantindo que as atualizações sejam instaladas em todos os computadores) e do backup (que garante que as cópias dos arquivos de dados sejam arquivadas de forma segura).

Em termos de redução de custos, a principal vantagem de um serviço de computação em nuvem é sua flexibilidade. Se uma empresa mantém a sua própria unidade de TI, a instalação deve ter capacidade suficiente para as necessidades de pico. Infelizmente, o uso varia ao longo do tempo. Por exemplo, uma empresa de contabilidade pode precisar de mais recursos no fim do ano fiscal, quando as declarações fiscais são processadas e arquivadas, mas de menos recursos em outros momentos. Com um serviço de computação em nuvem, o cliente paga por recursos de computação e de armazenamento apenas quando eles são necessários. Em vez de computadores complexos, os funcionários só precisam de dispositivos básicos (por exemplo, tablets) para acessar os serviços de computação em nuvem.

33.14 Overlay networks

Uma tecnologia geral conhecida como *overlay networking* emergiu para fornecer acesso restrito, melhoria da segurança e comunicação fora do padrão. A ideia é simples: ela anexa um conjunto de computadores à Internet, mas, em vez de fazer o encaminhamento de IP convencional, define um conjunto de *túneis* entre os computadores e restringe todo o encaminhamento de pacotes a eles. O conceito é semelhante ao do MPLS, exceto que requer roteadores ao longo do caminho para compreender o encapsulamento de pacotes MPLS; como usa IP, a tecnologia de *overlay* não requer roteadores para compreender a funcionalidade de *overlay*.

Do ponto de vista das aplicações em execução nos computadores, os túneis definem suas conectividades – o mecanismo de *overlay* dá a ilusão de conexões dedicadas mesmo que o pacote viaje através da Internet. Por exemplo, a Figura 33.2 ilustra um conjunto de computadores conectados à Internet e uma *overlay network* que pode ser formada entre os computadores.

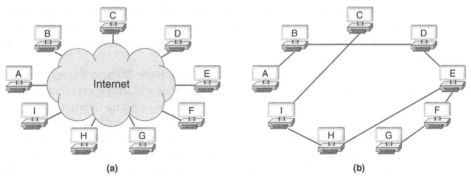

Figura 33.2 Illustração de (a) um conjunto de computadores conectados à Internet e (b) uma possível *overlay network* imposta aos computadores.

Por que uma empresa estaria interessada em utilizar a tecnologia de *overlay*? O *overlay* oferece dois benefícios que são pertinentes a uma intranet de produção:

- Confidencialidade
- Controle de acesso

Confidencialidade. Quando transmite um pacote de um computador para outro, a tecnologia de *overlay* encapsula-o em um datagrama de saída. O datagrama interior não é inspecionado por saltos (hops) intermediários ao longo do caminho. Portanto, para manter todas as transferências confidenciais, o computador emissor criptografa o datagrama interior antes da transmissão, e o computador receptor decifra-o. Durante a transmissão entre os dois computadores, o datagrama pode atravessar várias redes ou até mesmo vários ISPs, mas nenhum dos saltos intermediários será capaz de acessar o seu conteúdo. Na verdade, já conhecemos um exemplo específico de tecnologia de *overlay* usada para garantir a confidencialidade: a VPN.

Controle de acesso. A tecnologia de *overlay* permite que um gerente divida uma intranet física em várias intranets lógicas. Ele pode optar por manter as intranets lógicas completamente isoladas (ou seja, para evitar que as informações acidentalmente vazem de uma para outra), ou pode optar por ligá-las em pontos específicos. A interconexão significa que um gerente pode instalar salvaguardas nos pontos de interconexão (por exemplo, no software DPI que analisa o conteúdo do pacote). Na Figura 33.2 (b), por exemplo, toda a comunicação entre o computador *C* e *H* deve passar através do computador *I*.

Embora nossos exemplos discutam a colocação de um software de *overlay* em computadores individuais, o *overlay* também pode ser usado com roteadores ou comutadores. Ou seja, um comutador ou um roteador pode definir túneis e, em seguida, usá-los para transferir datagramas para outros roteadores na *overlay network*.

33.15 Middleware

O termo *middleware* refere-se ao software usado para permitir que os aplicativos rodem em vários computadores a fim de coordenar e trabalhar em conjunto. Normalmente, o *middleware* está localizado entre um aplicativo e o sistema operacional. Ele pode ser usado por aplicativos de gerenciamento de redes, bem como por aplicativos que os usuários executam. O *middleware* para gerenciamento de redes tem se tornado particularmente interessante nos últimos anos, e novos sistemas de *middleware* comerciais estão sendo desenvolvidos.

Como um exemplo do que o *middleware* pode fazer, considere o *middleware* Shibboleth desenvolvido pela Internet2. O Shibboleth fornece gerenciamento e validação de senhas para um conjunto de organizações. No caso da Internet2, as organizações são membros, tais como as universidades. Do ponto de vista de um usuário, o Shibboleth permite que um único login e uma única senha sejam usados em várias instituições (em computadores e redes). Uma organização que implanta o Shibboleth concorda em mapear a partir de um único login Shibboleth para um login local automaticamente. Do ponto de vista de um gerente de rede, o Shibboleth permite administração local de computadores e redes e só requer um mapeamento. Assim, dizemos que ele oferece *single sign-on* para uma *federação de organizações*.

33.16 Implementação generalizada do IPv6

Nenhuma lista de tendências de redes seria completa sem uma menção ao IPv6. O trabalho original relacionado a ele começou em 1993, e o projeto está sendo colocado em prática há muitos anos. Nos primeiros, os proponentes argumentaram que o IPv6 era necessário porque o IPv4 não poderia lidar com áudio ou vídeo, não era seguro e ficaria sem capacidade de endereçamento. Todos os anos desde a criação do IPv6, vários grupos de universidades e indústrias preveem o fim do IPv4 e a ascensão do IPv6. Enquanto isso, o IPv4 tem se adaptado, rodado aplicativos multimídia e se tornado tão seguro quanto o IPv6. O NAT e o CIDR estenderam a capacidade de endereçamento do IPv4 e, na maior parte da Internet, o IPv4 continua como o protocolo fundamental.

Atualmente, não há nenhuma razão técnica para adotar o IPv6. Na verdade, como o processamento de pacotes no IPv6 é mais pesado, adotá-lo integralmente pode limitar a velocidade com que os pacotes são enviados. Assim, a motivação para o IPv6 se torna um conflito econômico: é possível remover o NAT da Internet e ter endereços de ponta a ponta, mas isso vai implicar a substituição de todos os equipamentos e softwares de rede.

Apesar do custo, a tendência de adoção do IPv6 já começou. Empresas como o Google favorecem o IPv6, porque sua significará que cada dispositivo terá um endereço único e global. Atualmente, o uso do NAT significa que muitos usuários compartilham um endereço global (por exemplo, uma família na qual os pais e as crianças usam um roteador sem fios). Se cada dispositivo possuísse um único endereço, o Google seria capaz de controlar as solicitações de busca de cada indivíduo e de gerar mais receita publicitária por fazer anúncios mais dirigidos.

Operadoras de celulares, especialmente na Ásia, têm decidido usar o IPv6 em telefones celulares. A fim de mudar para um sistema baseado em IP, os fornecedores de celulares terão de substituir todos os equipamentos. Elas calculam que, se mudarem diretamente para o IPv6, economizarão uma transição mais tarde. Em todo caso, a mudança para o IPv6 já começou e a tendência vai continuar.

33.17 Resumo

A Internet continua a evoluir. Novos aplicativos e novas tecnologias são inventadas constantemente. As tendências atuais incluem tecnologias usadas para aumentar a velocidade, maior mobilidade e maior escalabilidade. Em termos de aplicativos de Internet, a tendência é no sentido social do trabalho em rede. Além disso, as novas tecnologias têm permitido que os usuários produzam conteúdo. A *overlay networking* oferece vantagens para as empresas, e o *middleware* pode oferecer um único login para uma federação de organizações. A mudança do IPv4 para o IPv6 já começou, e a expectativa é que continue.

Exercícios

33.1 Explique como o conteúdo em cache possibilita que a Internet seja escalável.

33.2 Onde um balanceador de carga é usado?

33.3 Um site Web com *N* servidores físicos pode não ser capaz de processar *N* vezes tantas quantas forem as solicitações por segundo, porque os recursos compartilhados podem impor um gargalo. Nomeie dois recursos que são compartilhados.

33.4 Além de possibilitar o dimensionamento em escala, a virtualização de servidores também pode permitir que um site economize energia durante os momentos em que a carga é baixa (por exemplo, em um fim de semana). Explique.

33.5 Com o que o uso geral da computação *peer-to-peer* é frequentemente associado?

33.6 A abordagem de centros de dados distribuídos faz sentido para uma empresa em que cada requisição Web exige acesso a um banco de dados central? Por quê?

33.7 Nomeie três exemplos de aplicativos em redes sociais.

33.8 Como estão convergindo a Internet e os sistemas de telefonia celular?

33.9 O que os vídeos digitais oferecem aos usuários?

33.10 Se a fibra óptica é usada para fornecer dados a uma residência ou a uma empresa, quão mais rápido os dados podem ser enviados do que com DSL ou modem a cabo?

33.11 Cite exemplos de novas tendências de redes para negócios.

33.12 Que tecnologias estão sendo usadas para fornecer acesso remoto a lugares isolados?

33.13 Nomeie duas tecnologias utilizadas para aumentar a velocidade de roteadores e comutadores.

33.14 Um único login para várias organizações é mais ou menos seguro? Explique.

33.15 Compare a *overlay networking* ao MPLS e determine qual dos dois tem menos custo com capital inicial.

33.16 Por que fornecedores de telefonia celular estão especialmente interessados em IPv6?

APÊNDICE 1
Uma interface simplificada para programas de aplicação

Introdução

O Capítulo 3 descreve a API de sockets, utilizada pelos programadores para criar aplicações cliente-servidor. Este apêndice apresenta uma alternativa: uma API simplificada que permite a um programador construir aplicações de rede sem dominar os detalhes da interface de sockets. O apêndice é autocontido e não requer uma compreensão da Internet ou do TCP/IP; assim, pode ser lido e compreendido antes do estudo do restante do livro.

Os exemplos apresentados nele demonstram uma ideia importante:

> *Um programador pode criar aplicações para a Internet sem necessariamente entender os protocolos de comunicação ou as tecnologias de rede.*

Para isso, nós introduzimos uma biblioteca composta de poucas funções que lidam com a comunicação e podem ser usadas para escrever aplicativos de rede. O código exemplo do capítulo está disponível no site, e os leitores são encorajados a modificar os exemplos ou escrever aplicações adicionais. Para manter a biblioteca simples, vamos nos concentrar apenas em IPv4. A construção de uma biblioteca para o IPv6 é um exercício para o leitor.

Um modelo de comunicação em rede

Toda transferência de dados na Internet é feita por programas de aplicação. Quando os aplicativos usam a Internet, eles fazem isso em pares. Por exemplo, quando um usuário navega em uma página Web, uma aplicação de navegador Web em execução no seu computador se comunica com uma aplicação de servidor Web executada em um computador remoto. O navegador envia uma solicitação para que o servidor Web responda. Apenas os dois aplicativos entendem o formato e o significado da mensagem.

O modelo cliente-servidor

Para se comunicar através da Internet, um par de aplicações usa um mecanismo simples: primeiro um aplicativo é iniciado e aguarda o outro aplicativo entrar em contato com ele. A segunda aplicação deve conhecer o local onde a primeira está esperando. O arranjo é conhecido como interação *cliente-servidor*. O programa que aguarda contato é o *servidor*, e o programa que inicia o contato é o *cliente*. Para iniciar o contato, um cliente deve saber como contatar o servidor. Na Internet, a localização de um servidor é dada por um par de identificadores:

(computador, aplicação)

onde *computador* identifica o computador no qual o servidor está executando e *aplicação* identifica um determinado programa naquele computador*. Embora o software represente os dois valores como números binários, os seres humanos nunca precisam lidar com a representação binária diretamente. Em vez disso, os valores são associados a nomes que os seres humanos usam; o software traduz automaticamente cada nome no seu valor binário correspondente.

Paradigma de comunicação

A maioria das aplicações da Internet segue o mesmo paradigma básico. Duas aplicações estabelecem a comunicação, trocam mensagens entre si e terminam a comunicação. As etapas são as seguintes:

- O aplicativo servidor começa e aguarda contato de um cliente.
- O cliente especifica a localização do servidor e solicita uma conexão.
- Depois que a conexão está estabelecida, o cliente e o servidor usam-na para trocar mensagens.
- Depois que terminam o envio de dados, o cliente e o servidor enviam uma mensagem de *fim-de-arquivo*, e a conexão é encerrada.

Um exemplo de interface de programa de aplicação

Até aqui, discutimos a interação entre duas aplicações em um nível conceitual. Vamos agora considerar uma implementação detalhada. Os cientistas da computação definem uma *interface de programa de aplicação* (API, *Application Program Interface*) como um conjunto de funções disponíveis para o programador. A API especifica um conjunto de funções, os argumentos para cada uma delas e a semântica de chamada.

A fim de demonstrar a programação em redes, desenvolvemos uma API simples para comunicação. Depois de descrever a API, vamos detalhar algumas aplicações que usam-na. A Figura A1.1 lista as sete funções que um aplicativo pode chamar.

Nota: nosso exemplo de código utiliza uma oitava função, chamada *recvln*. Entretanto, *recvln* não é listada como uma função separada, pois consiste somente em um laço que chama *recv* até um *fim-de-linha* ser encontrado.

Uma visão intuitiva da API

Um servidor começa chamando *await_contact* a fim de se colocar no estado de espera por contato de clientes. O cliente começa chamando *make_contact* a fim de criar a conexão e estabelecer contato. Logo após o cliente conectar-se ao servidor, os dois podem trocar mensagens via *send* e *recv* – se ambos tentarem receber sem enviar nada, ficarão bloqueados para sempre.

Depois de terminar o envio de dados, a aplicação chama *send_eof* para finalizar a conexão. No outro lado, a função *recv* retorna o valor zero para indicar que a mensagem

---

* N. de T.: A aplicação é identificada por um número mais conhecido como número de porta.

Apêndice 1 Uma interface simplificada para programas de aplicação

Função	Significado
await_contact	Usada pelo servidor para esperar contato de um cliente
make_contact	Usada pelo cliente para se conectar com o servidor
appname_to_appnum	Usada para traduzir um nome de aplicação em um valor binário equivalente*
cname_to_comp	Usada para traduzir um nome de computador em um valor binário equivalente**
send	Usada tanto pelo cliente como pelo servidor para enviar dados
recv	Usada tanto pelo cliente como pelo servidor para receber dados
send_eof	Usada tanto pelo cliente como pelo servidor após eles terminarem de enviar todos os dados

Figura A1.1 Um exemplo de API com sete funções, suficientes para a maioria das aplicações de rede[1].

de fim-de-arquivo foi recebida. Uma vez que ambos os lados invocaram *send_eof*, a comunicação é encerrada.

Um exemplo trivial vai ajudar a explicar a API exemplo. Considere uma aplicação na qual o cliente contata um servidor, envia um único pedido e recebe uma única resposta. A Figura A1.2 ilustra a sequência de chamadas de API que o cliente e o servidor devem executar para tal interação.

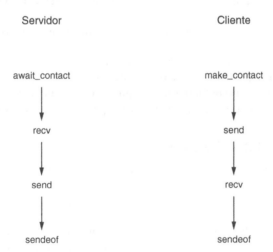

Figura A1.2 Ilustração das chamadas de API quando um cliente envia uma requisição e recebe uma resposta do servidor.

---

* N. de T.: A função recebe um nome de aplicação (como "www" ou "echo") e devolve o número de porta padrão dessa aplicação.

** N. de T.: A função recebe um nome de computador (como www.xyz.com) e devolve o número IP equivalente.

[1] As funções *send* e *recv* são fornecidas diretamente pelo sistema operacional; as outras funções da API constituem a nossa biblioteca.

Definição da API

Além dos tipos de dados padrão da linguagem C, nós definimos três tipos que são usados pelo código; o uso de tipos mantém nossa API independente de qualquer sistema operacional ou equipamento de rede específico. A Figura A1.3 lista os tipos e seus significados.

Tipo	Significado
appnum	Um valor binário usado para identificar a aplicação
computer	Um valor binário usado para identificar o computador
connection	Um valor usado para identificar a conexão entre cliente e servidor

Figura A1.3 Os três tipos usados na nossa API exemplo*.

Usando os três tipos mostrados na Figura A1.3, nós podemos definir precisamente a API exemplo. Para cada função, as seguintes declarações (semelhantes à linguagem C) listam o tipo de cada argumento e o tipo retornado por elas.

A função Await_Contact

Um servidor chama a função *await_contact* para esperar o contato dos clientes.

connection await_contact (appnum a)

A chamada recebe um argumento do tipo *appnum* e retorna um valor do tipo *connection*. O argumento especifica o número que identifica a aplicação no servidor[2]. O cliente deve especificar o mesmo número quando quiser se conectar ao servidor. O servidor utiliza o valor de retorno, que é do tipo *connection*, para transferir dados.

A função Make_Contact

Um cliente chama a função *make_contact* para estabelecer uma conexão com o servidor.

connection make_contact (computer c, appnum a)

A chamada recebe dois argumentos que identificam o computador remoto e o número da aplicação que o servidor está utilizando naquele computador. O cliente usa o valor de retorno, que é do tipo *connection*, para transferir dados.

---

* N. de T.: O Capítulo 3 detalha esses tipos. Na verdade, *appnum* é o número da porta onde a aplicação no servidor está aguardando conexão. *Computer* é o número IP do computador e *connection* é o socket da conexão. O autor quis abstrair os conceitos de rede da API.

[2] O número que identifica a aplicação é conhecido como número de porta.

A função Appname_To_Appnum

Clientes e servidores utilizam a função *appname_to_appnum* para traduzir um nome legível para um ser humano em um valor binário para o serviço*. Os nomes de serviço são padronizados na Internet (por exemplo, www denota World Wide Web).

> appnum appname_to_appnum (char *a)

A chamada recebe um argumento do tipo string (a linguagem C utiliza a declaração *char** para endereçar uma string) e retorna um valor binário referente ao *appnum*.

A função Cname_To_Comp

Clientes chamam *cname_to_comp* para converter de um nome de computador legível para o ser humano em um valor binário.

> computer cname_to_comp (char *c)

A chamada recebe um argumento do tipo string (*char **) e retorna o equivalente binário do tipo *computer*.

A função Send

Clientes e servidores chamam a função *send* para transferir dados pela rede.

> int send (connection con, char *buffer, int length, int flags)

A chamada recebe quatro argumentos. O primeiro especifica a conexão previamente estabelecida com *await_contact* ou *make_contact*; o segundo é o endereço do buffer contendo dados a enviar; o terceiro fornece o tamanho dos dados em bytes (octetos); o quarto argumento é zero para transferências normais. *Send* retorna o número de bytes transferidos ou um valor negativo, caso tenha ocorrido algum erro. Veja também a função auxiliar *send_eof*, listada a seguir, utilizada para enviar um comando de *fim-de--arquivo* após todos dados terem sido transmitidos.

As funções Recv e RecvIn

Clientes e servidores utilizam *recv* para receber dados que chegam pela rede. A definição é:

> int recv (connection con, char *buffer, int length, int flags)

A chamada recebe quatro argumentos. O primeiro especifica a conexão previamente estabelecida com *await_contact* ou *make_contact*; o segundo é o endereço do buffer onde os dados recebidos devem ser colocados; o terceiro fornece o tamanho dos dados

---

* N. de T.: A função recebe um nome de aplicação (como "www" ou "echo") e devolve o número de porta padrão dessa aplicação.

em bytes (octetos); o quarto argumento é zero para transferências normais. *Recv* retorna o número de bytes colocados no buffer, zero para indicar que o comando *fim-de-arquivo* foi recebido, ou um valor negativo caso tenha ocorrido algum erro. O exemplo também utiliza a função *recvln* que chama repetidamente *recv* até uma linha inteira de texto ter sido recebida. A definição de *recvln* é:

> int recvln (connection con, char *buffer, int length)

A função Send_Eof

Clientes e servidores devem utilizar *send_eof* (*fim-de-arquivo*) para informar ao outro lado que não há mais nada para transmitir. No outro lado, a função *recv* retorna zero quando recebe o comando fim-de-arquivo.

> int send_eof (connection con)

A chamada recebe um argumento que especifica uma conexão previamente estabelecida com *await_contact* ou *make_contact*. A função retorna um valor negativo para indicar que um erro ocorreu, e zero caso contrário.

Sumário dos tipos de argumentos na API

A Figura A1.4 resume os argumentos usados para cada função na API exemplo. A tabela mostra o tipo de cada argumento, bem como o tipo de retorno da função. A última coluna da figura especifica o tipo de argumentos além dos dois primeiros. Embora *send* e *recv* tenham quatro argumentos, a função *recvln* tem apenas três.

Função	Tipo de retorno	Tipo do arg1	Tipo do arg2	Tipo dos args 3 e 4
await_contact	connection	appnum	–	–
make_contact	connection	computer	appnum	–
appname_to_appnum	appnum	char *	–	–
cname_to_comp	computer	char *	–	–
send	int	connection	char *	int
recv	int	connection	char *	int
recvln	int	connection	char *	int
send_eof	int	connection	–	–

Figura A1.4 Resumo dos argumentos e tipos de retorno para a API exemplo.

As próximas seções contêm exemplos de programas de aplicação que ilustram como o software cliente e o servidor utilizam nossa API para se comunicar. A fim de reduzir o tamanho e tornar o código mais legível, os programas neste capítulo utilizam argumentos de linha de comando sem conferir sua validade. Um dos exercícios no final do capítulo sugere reescrever os programas para conferir os argumentos e informar erros ao usuário.

Código para a aplicação echo

A primeira aplicação que vamos detalhar é trivial: um cliente envia dados e o servidor apenas ecoa os dados que recebe. A aplicação do cliente repetidamente solicita ao usuário uma linha de entrada, envia a linha para o servidor e, em seguida, exibe tudo o que o servidor enviar de volta. Embora não sejam úteis para um usuário típico, aplicações de eco são muitas vezes utilizadas para testar a conectividade de rede.

Como todas as aplicações descritas neste apêndice, a aplicação de eco usa protocolos padrão da Internet; assim, os programas cliente e servidor podem ser executados em quaisquer computadores conectados à Internet, como ilustra a Figura A1.5.

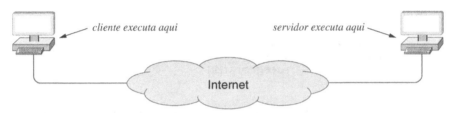

Figura A1.5 O cliente e o servidor da aplicação de eco rodam em computadores comuns.

Para chamar o servidor, o usuário deve escolher um número entre 1 e 32767 que não esteja sendo usado por outros aplicativos e especificar o número como um argumento de linha de comando. Por exemplo, suponha que alguém usando o computador *arthur.cs.purdue.edu* escolha o número 20000. O servidor é invocado pelo comando:

echoserver 20000

Se algum outro aplicativo estiver usando o número 20000, o servidor emite uma mensagem de erro e termina a execução; o usuário deve então escolher outro número.

Uma vez que o servidor tenha sido inicializado, ele fica aguardando contato dos clientes. O cliente é chamado especificando o nome do computador no qual o servidor está sendo executado e o número no qual ele está aguardando. Por exemplo, para entrar em contato com o servidor descrito, um usuário em um computador arbitrário na Internet pode digitar o comando:

echoclient arthur.cs.purdue.edu 20000

Exemplo de código de servidor echo

O arquivo *echoserver.c* contém o código para o servidor de eco. Por incrível que pareça, mesmo com comentários e linhas em branco inseridas para facilitar a leitura, todo o programa se encaixa em uma única página de texto. Na verdade, após a verificação de que foi invocado corretamente, seu corpo principal consiste em apenas sete linhas de código:

Apêndice 1 Uma interface simplificada para programas de aplicação

```c
/* echoserver.c */

#include <stdlib.h>
#include <stdio.h>
#include <cnaiapi.h>

#define BUFFSIZE                256

/*------------------------------------------------------------------
 *
 * Programa: echoserver
 * Objetivo: esperar pela conexão do cliente e ecoar dados
 * Uso:      echoserver <appnum>
 *
 *------------------------------------------------------------------
 */
int
main(int argc, char *argv[])
{
        connection      conn;
        int             len;
        char            buff[BUFFSIZE];

        if (argc != 2) {
                (void) fprintf(stderr, "usage: %s <appnum>\n", argv[0]);
                exit(1);
        }

        /* espera pela conexão do cliente */

        conn = await_contact((appnum) atoi(argv[1]));
        if (conn < 0)
                exit(1);

        /* Interação que ecoa todos de dados recebidos até o final do arquivo */

        while((len = recv(conn, buff, BUFFSIZE, 0)) > 0)
                (void) send(conn, buff, len, 0);
        send_eof(conn);
        return 0;
}
```

Como vimos, o servidor tem um único argumento de linha de comando que especifica o número da porta que será utilizada. Em C, os argumentos de linha de comando são passados para o programa como um *array* de vetores, *argv*, juntamente com um contador inteiro de argumentos, *argc*. O código extrai o argumento de linha de comando do vetor *argv[1]* e chama a função padrão do C, denominada *atoi*, para converter o valor de uma sequência de caracteres ASCII em um número binário. Em seguida, passa o resultado como um argumento para *await_contact*. Uma vez que a chamada para *await_contact* retorna, indicando a existência de uma conexão, o servidor chama *recv* repetidamente para receber dados do cliente e *send* para enviá--los de volta. A interação termina quando *recv* encontra um final de arquivo e retorna zero. Nesse momento, o servidor envia um comando de fim-de-arquivo e termina a execução.

Exemplo de código de cliente echo

O arquivo *echoclient.c* contém código-fonte para uma aplicação cliente de eco. Embora não tão pequeno como o código do servidor de eco, o cliente ocupa somente algumas linhas de código.

```c
/* echoclient.c */

#include <stdlib.h>
#include <stdio.h>
#include <cnaiapi.h>

#define BUFFSIZE            256
#define INPUT_PROMPT        "Input   > "
#define RECEIVED_PROMPT     "Received> "

int readln(char *, int);

/*------------------------------------------------------------------
 *
 * Programa: echoclient
 * Objetivo: conectar com o servidor de eco, enviar as linhas
 *           digitadas pelo usuário e exibir a resposta do servidor
 * Uso:      echoclient <compname> [appnum]
 * Nota:     Appnum é opcional. Se não for especificado, o programa
 *           utiliza a porta padrão de número 7
 *
 *------------------------------------------------------------------
 */
int
main(int argc, char *argv[])
{
        computer         comp;
        appnum           app;
        connection       conn;
        char             buff[BUFFSIZE];
        int              expect, received, len;
        if (argc < 2 || argc > 3) {
                (void) fprintf(stderr, "usage: %s <compname> [appnum]\n",
                        argv[0]);
                exit(1);
        }

        /* converte para binário os argumentos de linha de comando chamados comp
           e appnum */

        comp = cname_to_comp(argv[1]);
        if (comp == -1)
```

```c
                exit(1);

        if (argc == 3)
                app = (appnum) atoi(argv[2]);
        else
                if ((app = appname_to_appnum("echo")) == -1)
                        exit(1);

        /* cria a conexão com o servidor de eco */

        conn = make_contact(comp, app);
        if (conn < 0)
                exit(1);

        (void) printf(INPUT_PROMPT);
        (void) fflush(stdout);

        /* interação: lê a entrada do usuário e a envia ao servidor */
        /* recebe a resposta do servidor e a exibe para o usuário */

        while((len = readln(buff, BUFFSIZE)) > 0) {

                /* envia a entrada para o servidor de eco */

                (void) send(conn, buff, len, 0);
                (void) printf(RECEIVED_PROMPT);
                (void) fflush(stdout);

                /* lê e exibe o mesmo número de bytes recebidos do servidor
                   de eco */

                expect = len;
                for (received = 0; received < expect;) {
                    len = recv(conn, buff, (expect - received) < BUFFSIZE ?
                                (expect - received) : BUFFSIZE, 0);
                        if (len < 0) {
                                send_eof(conn);
                                return 1;
                        }
                        (void) write(STDOUT_FILENO, buff, len);
                        received += len;
                }
                (void) printf("\n");
                (void) printf(INPUT_PROMPT);
                (void) fflush(stdout);
        }

        /* a interação termina quando recebe EOF */

        (void) send_eof(conn);
        (void) printf("\n");
        return 0;

}
```

O programa cliente recebe um ou dois argumentos. O primeiro especifica o nome do computador no qual o servidor está executando. Se estiver presente, o segundo argumento especifica o número da porta da aplicação onde o servidor está esperando a conexão. Se o segundo argumento não for digitado, o cliente chama a função *appname_to appnum* com o argumento *echo**.

Depois de converter os argumentos em binário, o cliente os utiliza como argumentos da função *make_contact*, que efetua a conexão com o servidor. Uma vez que a conexão tenha sido estabelecida, o cliente exibe um *prompt* para o usuário e entra em um laço que lê a linha de entrada, envia para o servidor, lê a resposta do servidor e a exibe para o usuário seguida por um novo *prompt*. Quando o usuário não quiser mais ecoar linhas e enviar uma linha vazia (isto é, a função *readln* retornar zero), o cliente chama a função *send_eof* para informar isso ao servidor e termina a execução.

Vários detalhes complicam o código para o cliente de eco. Em primeiro lugar, o cliente chama a função *readln* para ler uma linha de entrada. Em segundo lugar, ele testa o valor de retorno de cada chamada de função e termina a execução quando o valor indicar que um erro ocorreu. Em terceiro lugar, o cliente chama *fflush* para garantir que a saída seja exibida imediatamente, em vez de ficar acumulada em um buffer. Em quarto lugar, e mais importante, o cliente não se limita a emitir uma chamada para *recv* cada vez que recebe dados do servidor. Em vez disso, ele entra em um laço que chama repetidamente a função *recv* até ter recebido o mesmo número de bytes que foram enviados.

O uso de múltiplas chamadas à função *recv* levanta uma questão importante na nossa API:

> Um receptor não pode assumir que os dados vão chegar com o mesmo tamanho de blocos que foram enviados; uma chamada à recv *pode retornar um bloco de tamanho menor que o enviado na chamada à função* send.

O texto explica como *recv* funciona: mesmo que os dados sejam divididos em vários pequenos pacotes para transmissão, a aplicação pode recebê-los de volta em um único pacote. Surpreendentemente, o oposto também é verdadeiro: mesmo que um transmissor chame *send* repetidamente, o receptor pode receber dados de vários pacotes antes que a aplicação chame a função *recv*. Nesse caso, *recv* vai retornar todos os dados aglomerados de uma só vez.

Exemplo de código de servidor de chat

A segunda aplicação que vamos considerar é uma forma simplificada de *chat* (bate-papo). Programas de bate-papo na Internet permitem que um grupo de usuários se comunique por meio de mensagens de texto que são exibidas em todas as telas. Nosso software fornece uma versão simplificada de bate-papo, que funciona entre um único par de usuários - quando um usuário digita um texto, este é exibido na tela do outro usuário, e vice-versa. Além disso, da mesma forma que a aplicação de eco descrita anteriormente, o nosso software de bate-papo pode ser usado entre qualquer par de computadores conectados à Internet. Um usuário começa escolhendo um número de porta e executando

---

* N. de T.: A porta do protocolo echo é a porta de número 7 e está especificada na pilha de protocolos TCP/IP, RFC 862.

o servidor. Por exemplo, suponha que um usuário no computador *guenevere.cs.purdue.edu* execute o seguinte comando:

chatserver 25000

Um usuário em outro computador pode invocar o cliente, que se conecta ao servidor:

chatclient guenevere.cs.purdue.edu 25000

Para manter o código tão pequeno quanto possível, optamos por um esquema que exige que os usuários se revezem para inserir texto. Tanto o cliente como o servidor exibem um *prompt* que informa quando o usuário pode digitar seu texto. O usuário no lado do cliente é solicitado a entrar texto primeiro. Quando ele termina de digitar a linha, esta é enviada para o servidor, e os papéis se invertem. Usuários alternam a entrada de texto até que um deles envia um comando de fim-de-arquivo.

O código em si é simples. O servidor começa aguardando o contato do cliente. Em seguida, ele entra em um laço no qual obtém e exibe uma linha de texto do cliente, exibe um *prompt* para o usuário digitar texto, lê a linha digitada a partir do teclado e a envia ao cliente. Dessa forma, até receber um comando de fim-de-arquivo, o servidor alterna entre exibir a linha recebida do cliente e enviar a linha digitada pelo teclado de volta para ele.

O cliente começa fazendo a conexão com o servidor. Uma vez que a comunicação for estabelecida, o cliente também entra em um laço. Durante cada iteração, o cliente solicita que o usuário insira uma linha de texto, a lê a partir do teclado e a envia para o servidor. Em seguida, recebe e exibe uma linha de texto a partir do servidor. Assim, o cliente alterna entre enviar uma linha de texto que o usuário digita para o servidor e exibir a linha de texto recebida a partir do servidor.

O arquivo *chatserver.c* contém o código para o servidor de bate-papo.

```
/* chatserver.c */

#include <stdlib.h>
#include <stdio.h>
#include <cnaiapi.h>

#define BUFFSIZE            256
#define INPUT_PROMPT        "Input   > "
#define RECEIVED_PROMPT     "Received> "

int recvln(connection, char *, int);
int readln(char *, int);

/*------------------------------------------------------------------
 *
 * Programa: chatserver
 *
 * Objetivo: esperar uma conexão do cliente e permitir o bate-papo
 *           entre ambos
 *
 * Uso: chatserver <appnum>
 *
 *------------------------------------------------------------------
 */
int
```

```
main(int argc, char *argv[])
{
        connection      conn;
        int             len;
        char            buff[BUFFSIZE];

        if (argc != 2) {
                (void) fprintf(stderr, "usage: %s <appnum>\n", argv[0]);
                exit(1);
        }

        (void) printf("Chat Server Waiting For Connection.\n");

        /* espera uma conexão do chatclient */

        conn = await_contact((appnum) atoi(argv[1]));
        if (conn < 0)
                exit(1);

        (void) printf("Chat Connection Established.\n");

        /*interação: lê do cliente e do usuário local */

        while((len = recvln(conn, buff, BUFFSIZE)) > 0) {
                (void) printf(RECEIVED_PROMPT);
                (void) fflush(stdout);
                (void) write(STDOUT_FILENO, buff, len);

                /* envia a linha digitada para o chatclient */

                (void) printf(INPUT_PROMPT);
                (void) fflush(stdout);
                if ((len = readln(buff, BUFFSIZE)) < 1)
                        break;
                buff[len - 1] = '\n';
                (void) send(conn, buff, len, 0);
        }

        /* a interação termina quando encontra EOF na linha digitada ou
           na linha recebida */

        (void) send_eof(conn);
        (void) printf("\nChat Connection Closed.\n\n");
        return 0;
}
```

As funções *recvln* e *readln* simplificam o código – elas consistem em um código que interage até que uma linha inteira ou um comando de fim-de-arquivo seja encontrado. *Recvln* chama *recv* para receber dados a partir de uma conexão de rede, e *readln* chama *read* para ler caracteres do teclado.

A estrutura geral do servidor de bate-papo é semelhante à do servidor de eco visto anteriormente. Da mesma forma que o servidor de eco, o servidor de bate-papo espera um único argumento de linha de comando que especifica o número de porta.

Uma vez que o contato chega a partir do cliente, o servidor de bate-papo exibe uma mensagem para o usuário local e entra em um laço. Em cada iteração, o servidor recebe uma linha de texto a partir da conexão de rede, exibe-a na tela do usuário, lê uma linha de entrada a partir do teclado e a envia através da rede. Quando detecta um comando de fim-de-arquivo, o servidor envia também um comando de fim-de-arquivo e termina a execução.

Exemplo de código de cliente de chat

O arquivo *chatclient.c* contém o código do cliente de bate-papo. Como esperado, o cliente é levemente maior que o servidor.

```
/* chatclient.c */

#include <stdlib.h>
#include <stdio.h>
#include <cnaiapi.h>

#define BUFFSIZE                256
#define INPUT_PROMPT            "Input   > "
#define RECEIVED_PROMPT         "Received> "

int recvln(connection, char *, int);
int readln(char *, int);

/*------------------------------------------------------------------
 *
 * Programa: chatclient
 * Objetivo: estabelecer conexão com o servidor de bate-papo e
 *   permitir o bate-papo entre ambos
 * Uso: chatclient <compname> <appnum>
 *
 *------------------------------------------------------------------
 */
int
main(int argc, char *argv[])
{
        computer        comp;
        connection      conn;
        char            buff[BUFFSIZE];
        int             len;

        if (argc != 3) {
                (void) fprintf(stderr, "usage: %s <compname> <appnum>\n",
                                argv[0]);
                exit(1);
        }

        /* converte o argumento de entrada compname na forma binária
           colocando na variável comp */
        comp = cname_to_comp(argv[1]);
```

```
        if (comp == -1)
                exit(1);

        /* faz a conexão com o chatserver */

        conn = make_contact(comp, (appnum) atoi(argv[2]));
        if (conn < 0)
                exit(1);

        (void) printf("Chat Connection Established.\n");
        (void) printf(INPUT_PROMPT);
        (void) fflush(stdout);
        /*interação: lê do usuário local e depois do chatserver */

        while((len = readln(buff, BUFFSIZE)) > 0) {
                buff[len - 1] = '\n';
                (void) send(conn, buff, len, 0);

                /* recebe e exibe a linha recebida do chatserver */
                if ((len = recvln(conn, buff, BUFFSIZE)) < 1)
                        break;
                (void) printf(RECEIVED_PROMPT);
                (void) fflush(stdout);
                (void) write(STDOUT_FILENO, buff, len);

                (void) printf(INPUT_PROMPT);
                (void) fflush(stdout);
        }

        /* a interação termina quando encontra EOF na linha digitada ou
        na linha recebida */

        (void) printf("\nChat Connection Closed.\n");
        (void) send_eof(conn);
        exit(0);
```

O cliente começa criando uma conexão com o servidor. Uma vez que a comunicação tenha sido estabelecida, o cliente entra num laço que lê a partir do teclado, envia os dados para o servidor, recebe uma linha a partir do servidor e exibe a linha na tela do usuário. A iteração continua até que o cliente recebe um comando de fim-de-arquivo do servidor ou do teclado (um valor de retorno igual a zero). Nesse momento, o cliente envia um comando de fim-de-arquivo e termina a execução.

Uma aplicação Web

A última aplicação que vamos analisar consiste na interação cliente-servidor para a World Wide Web. Para executar o servidor, um usuário escolhe um número de porta e executa o programa. O número padrão de porta para um servidor Web é 80, mas apenas aplicações privilegiadas podem especificar a porta 80. Optamos por utilizar 27000 no exemplo a seguir. No entanto, se a porta 27000 não estiver disponível, outro número pode ser utilizado, desde que tanto o cliente como o servidor utilizem o mesmo valor.

Como exemplo, suponhamos que um usuário em *mycomputer.edu* queira executar o servidor e utilize a porta 27000. O servidor pode ser chamado com o comando:

webserver 27000

O programa cliente, *webclient*, pode ser executado em um computador arbitrário, mas precisa conhecer a localização do servidor. O cliente espera três argumentos de linha de comando que especificam o computador do servidor, um nome de caminho e a porta do servidor. No nosso exemplo, um usuário pode invocar:

webclient mycomputer.edu /index.html 27000

Embora extremamente pequeno, o nosso servidor Web segue os protocolos padrão. Assim, ele pode ser acessado com um navegador Web convencional (isto é, disponível comercialmente). Para utilizar um navegador comercial em vez do nosso cliente Web no exemplo acima, deve-se digitar a seguinte URL:

http://mycomputer.edu:27000/index.html

Para manter nosso código num tamanho mínimo, fazemos algumas simplificações. Por exemplo, o servidor fornece apenas três páginas da Web, e as páginas só contêm texto. Além disso, cada página está incluída no código, ou seja, ela só pode ser alterada recompilando o servidor (os exercícios no final do apêndice sugerem a extensão desse código para superar algumas dessas limitações).

A limitação mais significativa de nossa aplicação Web reside no cliente. Ao contrário de um navegador convencional, o nosso código de cliente não é feito para formatar e visualizar páginas Web. Em vez disso, o cliente exibe apenas a origem da página. Apesar da limitação, o cliente pode interoperar com um servidor Web comercial - ele pode ser usado para exibir a origem de qualquer página disponível na Web.

Exemplo de código de cliente Web

O arquivo *webclient.c* contém o código do cliente Web.

```
/* webclient.c */

#include <stdlib.h>
#include <stdio.h>
#include <cnaiapi.h>

#define BUFFSIZE        256

/*------------------------------------------------------------------------
 *
 * Programa: webclient
 * Objetivo: buscar uma página no servidor web e a exibir na saída
 *           com os cabeçalhos
 * Uso:      webclient <compname> <path> [appnum]
 * Nota:     Appnum é opcional. Se não for especificado, a porta
 *           padrão para www (porta 80) será utilizada.
```

```c
 *
 *------------------------------------------------------------------------
 */
int
main(int argc, char *argv[])
{
        computer        comp;
        appnum          app;
        connection      conn;
        char            buff[BUFFSIZE];
        int             len;

        if (argc < 3 || argc > 4) {
                (void) fprintf(stderr, "%s%s%s", "usage: ", argv[0],
                                " <compane> <path> [appnum]\n");
                exit(1);
        }

        /* converte os argumentos computer e appnum em binário */

        comp = cname_to_comp(argv[1]);
        if (comp == -1)
                exit(1);

        if (argc == 4)
                app = (appnum) atoi(argv[3]);
        else
                if ((app = appname_to_appnum("www")) == -1)
                        exit(1);



        /* Conecta com o servidor web */

        conn = make_contact(comp, app);
        if (conn < 0)
                exit(1);

        /* envia uma requisição HTTP/1.0 para o servidor web */

        len = sprintf(buff, "GET %s HTTP/1.0\r\n\r\n", argv[2]);
        (void) send(conn, buff, len, 0);

        /* envia todos os dados recebidos do servidor para a saída */

        while((len = recv(conn, buff, BUFFSIZE, 0)) > 0)
                (void) write(STDOUT_FILENO, buff, len);

        return 0;
}
```

O código do cliente é extremamente simples – após estabelecer a comunicação com o servidor Web, envia uma requisição que tem o seguinte formato:

GET */path* HTTP/1.0 *CRLF CRLF*

onde *path* representa o nome de um item, tal como *index.html*, e CRLF representa os dois caracteres de retorno de carro (*carriage return*) e nova linha (*line feed*). Após enviar a requisição, o cliente recebe e exibe na saída os dados recebidos do servidor.

Exemplo de código de servidor Web

O arquivo *webserver.c* contém o código para um servidor Web miniatura. O programa contém três páginas Web e o código necessário para responder a uma requisição.

```
/* webserver.c */

#include <stdio.h>
#include <stdlib.h>
#include <time.h>
#include <cnaiapi.h>

#if defined(LINUX) || defined(SOLARIS)
#include <sys/time.h>
#endif

#define BUFFSIZE        256
#define SERVER_NAME     "CNAI Demo Web Server"

#define ERROR_400       "<html><head></head><body><h1>Error 400</h1><p>Th\
e server couldn't understand your request.</body></html>\n"

#define ERROR_404       "<html><head></head><body><h1>Error 404</h1><p>Do\
cument not found.</body></html>\n"

#define HOME_PAGE       "<html><head></head><body><h1>Welcome to the CNAI\
 Demo Server</h1><p>Why not visit: <ul><li><a href=\"http://netbook.cs.pu\
rdue.edu\">Netbook Home Page</a><li><a href=\"http://www.comerbooks.com\"\
>Comer Books Home Page</a></ul></body></html>\n"

#define TIME_PAGE       "<html><head></head><body><h1>The current date is\
: %s</h1></body></html>\n"

int     recvln(connection, char *, int);
void    send_head(connection, int, int);

/*------------------------------------------------------------------
 *
 * Programa: webserver
 * Objetivo: servir páginas web embutidas no código para os
 *           clientes web
 * Uso:      webserver <appnum>
```

```c
 *
 *------------------------------------------------------------------------
 */
int
main(int argc, char *argv[])
{
        connection      conn;
        int             n;
        char            buff[BUFFSIZE], cmd[16], path[64], vers[16];
        char            *timestr;
#if defined(LINUX) || defined(SOLARIS)
        struct timeval  tv;
#elif defined(WIN32)
        time_t          tv;
#endif

        if (argc != 2) {
                (void) fprintf(stderr, "usage: %s <appnum>\n", argv[0]);
                exit(1);
        }

        while(1) {

                /* espera conexão do cliente na porta appnum especificada */

                conn = await_contact((appnum) atoi(argv[1]));
                if (conn < 0)
                        exit(1);

                /* lê e formata a linha de requisição */

                n = recvln(conn, buff, BUFFSIZE);
                sscanf(buff, "%s %s %s", cmd, path, vers);

                /* pula todos os cabeçalhos - lê até receber um pacote com
                   somente \r\n (CRLF) */

                while((n = recvln(conn, buff, BUFFSIZE)) > 0) {
                        if (n == 2 && buff[0] == '\r' && buff[1] == '\n')
                                break;
                }

                /* confere por comando de fim-de-arquivo não esperado */

                if (n < 1) {
                        (void) send_eof(conn);
                        continue;
                }

                /* confere por uma requisição que não pôde ser entendida */

                if (strcmp(cmd, "GET") || (strcmp(vers, "HTTP/1.0") &&
```

```c
                                        strcmp(vers, "HTTP/1.1"))) {
                        send_head(conn, 400, strlen(ERROR_400));
                        (void) send(conn, ERROR_400, strlen(ERROR_400),0);
                        (void) send_eof(conn);
                        continue;
                }
                /* envia a página web requisitada ou um erro de "not found"
                   (página não encontrada) */
                if ( (strcmp(path, "/") == 0) ||
                     (strcmp(path, "/index.html") == 0)) {
                        send_head(conn, 200, strlen(HOME_PAGE));
                        (void) send(conn, HOME_PAGE, strlen(HOME_PAGE),0);
                } else if (strcmp(path, "/time") == 0) {
#if defined(LINUX) || defined(SOLARIS)
                        gettimeofday(&tv, NULL);
                        timestr = ctime(&tv.tv_sec);
#elif defined(WIN32)
                        time(&tv);
                        timestr = ctime(&tv);
#endif
                        (void) sprintf(buff, TIME_PAGE, timestr);
                        send_head(conn, 200, strlen(buff));
                        (void) send(conn, buff, strlen(buff), 0);
                } else { /* not found */
                        send_head(conn, 404, strlen(ERROR_404));
                        (void) send(conn, ERROR_404, strlen(ERROR_404),0);
                }
                (void) send_eof(conn);
        }
}

/*------------------------------------------------------------------------
 * send_head - envia um cabeçalho HTTP 1.0 com o código de status
   e o tamanho do conteúdo */
 *------------------------------------------------------------------------
 */
void
send_head(connection conn, int stat, int len)
{
        char    *statstr, buff[BUFFSIZE];

        /* converte o código de status para uma string */

        switch(stat) {
        case 200:
                statstr = "OK";
                break;
        case 400:
                statstr = "Bad Request";
                break;
        case 404:
                statstr = "Not Found";
```

```
            break;
    default:
            statstr = "Unknown";
            break;
    }

    /*
     * send an HTTP/1.0 response with Server, Content-Length,
     * and Content-Type headers.
     */

    (void) sprintf(buff, "HTTP/1.0 %d %s\r\n", stat, statstr);
    (void) send(conn, buff, strlen(buff), 0);

    (void) sprintf(buff, "Server: %s\r\n", SERVER_NAME);
    (void) send(conn, buff, strlen(buff), 0);

    (void) sprintf(buff, "Content-Length: %d\r\n", len);
    (void) send(conn, buff, strlen(buff), 0);

    (void) sprintf(buff, "Content-Type: text/html\r\n");
    (void) send(conn, buff, strlen(buff), 0);

    (void) sprintf(buff, "\r\n");
    (void) send(conn, buff, strlen(buff), 0);
}
```

Embora o servidor Web possa parecer mais complexo do que os exemplos anteriores, a maior parte da complexidade está relacionada com detalhes da Web, e não com detalhes de rede. Além de leitura e análise de um pedido, o servidor deve enviar um cabeçalho e dados na resposta. O cabeçalho é composto de várias linhas de texto que são terminadas pelos caracteres CR (*carriage return*) e LF (*line feed*). As linhas de cabeçalho assumem a forma mostrada a seguir (onde *datasize* representa o número de bytes de dados que serão enviados):

> HTTP/1.0 status *status_string* CRLF
> Server: CNAI Demo Server CRLF
> Content-Length: *datasize* CRLF
> Content-Type: text/html CRLF
> CRLF

A função *send_head* tem por objetivo gerar um cabeçalho. Quando *send_head* é chamado, o argumento *stat* contém um valor inteiro representando o código de estado, e o argumento *len* especifica o tamanho do conteúdo. A expressão *switch* utiliza o código para escolher uma mensagem de texto apropriada, o que é atribuída para a variável *statstr*. *Send_head* utiliza a função da linguagem C chamada *sprintf* para gerar o cabeçalho completo em um buffer e, em seguida, chama *send* para transmitir o cabeçalho ao cliente.

O código fica mais complexo devido ao tratamento de erros – mensagens de erro devem ser enviadas em um formato que o navegador consiga entender. Se um pedido for formatado incorretamente, o servidor gera a mensagem de erro *400 (bad request)*; se o item especificado no pedido não pôde ser encontrado (ou seja, o caminho ou *path* informado está incorreto), o servidor gera a mensagem *404 (not found)*.

O nosso servidor Web difere dos exemplos anteriores de forma significativa: o programa servidor não finaliza a execução após atender um pedido. Em vez disso, o servidor permanece em execução, pronto para aceitar pedidos adicionais. Assim, o programa servidor consiste em um laço infinito que chama *await_contact* para esperar conexão de um cliente. Quando a conexão é efetuada, o servidor chama *recvln* para receber uma solicitação e *send* para enviar uma resposta. Após esse ciclo, ele retorna ao topo do laço para aguardar a próxima conexão. Dessa forma, uma vez que é iniciado, o servidor é executado para sempre, da mesma forma que um servidor Web comercial.

Gerenciando múltiplas conexões com a função Select

Apesar da nossa API exemplo suportar a interação 1-para-1 entre clientes e servidores, ela não suporta interação 1-para-muitos. Para entender por que, considere várias conexões. Para criar essas conexões, um único programa aplicativo deve chamar *make_contact* várias vezes, especificando um *computador* e um *número de porta* para cada chamada. Uma vez que as ligações tenham sido estabelecidas, no entanto, a aplicação pode não saber qual delas receberá a primeira mensagem de resposta. O aplicativo não pode usar *recv* porque a chamada será bloqueada até que os dados cheguem.

Muitos sistemas operacionais incluem uma função chamada *select* que resolve o problema de gerenciar múltiplas conexões. Conceitualmente, a função *select* lida com várias conexões. A chamada fica bloqueada até que pelo menos uma dessas conexões receba dados, retornando um valor que indica qual delas pode receber os dados (ou seja, qual das conexões não está bloqueada e pode utilizar *recv*).

Como exemplo, considere um aplicativo que deva receber pedidos e enviar respostas para duas conexões. Esse aplicativo pode ter a seguinte forma:

Chama *make-contact* para formar conexão 1;
Chama *make-contact* para formar conexão 2;
Repete para sempre {
    Chama *select* para determinar qual conexão está pronta
    Se (conexão 1 está pronta) {
        Chama *recv* para ler solicitação de conexão 1;
        Computa resposta para solicitação;
        Chama *send* para enviar resposta para conexão 1;
    } se (conexão 2 está pronta) {
        Chama *recv* para ler solicitação de conexão 2;
        Computa resposta para solicitação;
        Chama *send* para enviar resposta para conexão 2;
    }
}

Resumo

Um programador pode criar aplicações de rede que funcionem na Internet mesmo sem entender como a tecnologia ou a infraestrutura de redes funcionam. O programador deve receber um conjunto de funções de alto nível que formam uma interface de programas de aplicação (API, *Application Program Interface*). Este apêndice apresentou uma API de rede com apenas sete primitivas e exemplificou seu uso por meio de aplicações que mostraram que ela é suficiente para criar um software capaz de interoperar corretamente com softwares comerciais.

Exercícios

A1.1 Os exemplos de código neste apêndice falham no sentido de conferir se os argumentos de linha de comando chegaram corretamente. Modifique o código para adicionar checagem de erro.

A1.2 O serviço de *eco* é padrão na Internet, tendo sido atribuído à porta número 7. Faça download, compile e use o cliente de eco para determinar se os computadores da sua instituição possuem um servidor de eco padrão.

A1.3 Modifique o servidor de eco para que, em vez de terminar a execução após interagir com um cliente, ele espere por outro cliente. (Dica: observe o código do servidor Web.)

A1.4 Faça download, compile e teste o aplicativo de chat, executando-o em dois computadores.

A1.5 Nosso software de chat requer que os usuários se intercalem para entrar texto. Reescreva-o para permitir que qualquer usuário digite quantas linhas quiser. (Dica: use *threads*.)

A1.6 Modifique o cliente de chat para enviar o nome do usuário com cada mensagem e modifique o servidor para identificar (mostrar seu nome) o usuário quando exibir a linha que ele digitou.

A1.7 Estenda o exercício anterior de forma que, em vez de enviar o nome de usuário a cada mensagem, o cliente e o servidor de chat troquem nomes de usuário no primeiro contato, lembrando os nomes e exibindo-os a cada linha recebida.

A1.8 Por que os códigos exemplificados neste apêndice utilizam uma mistura de chamadas à *write* e várias formas de *printf*? (Dica: o Windows trata *sockets*, *arquivos* e *pipes* de forma idêntica?)

A1.9 Crie uma aplicação que permita uma sessão de chat para *n* destinatários que, por sua vez, permita a um usuário entrar e sair da sessão a qualquer momento.

A1.10 Use *telnet* para se conectar a um servidor Web, envie uma requisição *GET* e receba uma resposta.

A1.11 Tente fazer o nosso cliente Web interagir com um servidor Web da Internet. Para isso, forneça o nome do servidor e um caminho para *index.html* ou *index.htm* e utilize a porta número *80*.

A1.12 Adicione outra página Web no nosso servidor Web.

A1.13 Modifique o servidor Web para que ele utilize o conteúdo das páginas a partir de arquivos em vez de tê-los compilados junto ao código.

A1.14 Estenda o exercício anterior para que o servidor reconheça nomes de arquivo que terminem em *.gif* e os envie utilizando um tipo de cabeçalho com o valor *image/gif* em vez de *text/html*.

A1.15 (avançado) Construa um servidor e um cliente para o protocolo FTP (*File Transfer Protocol*).

A1.16 (avançado) Implemente o padrão CGI (*Common Gateway Interface*) utilizando a especificação na RFC 3875:

http://www.ietf.org/rfc/rfc3875

A1.17 (avançado) Estenda o servidor Web de forma que ele lide com múltiplas conexões concorrentemente. (Dica: utilize *fork* ou *pthread_create*.)

A1.18 (avançado) Crie um cliente que se conecte a um servidor de e-mail (protocolo SMTP) e envie uma mensagem de e-mail.

Índice

Constantes e itens numéricos
1-para-1 e 1-para-muitos 365-366, 539-540
1000BaseT 225-227
100BaseT 225-227
10Base2 223
10Base5 221-222
10BaseT 225-227
125 μ segundos 185-186
endereço 312-313
128 Kbps 174
16 bits, checksum 127
16QAM 149-150
1G, 2G, 2,5G, 3G e 4G 244-245
1s, checksum em complemento de 127
1xRTT 245-246
2-PSK 149-150
2430 bytes 185-186
2B + D 174
3-way handshake 381-383
4-PSK 149-150
4G 244-246
modelo de referência de cinco camadas 11-12, 297-299
64 Kbps 174
6LoWPAN, adaptação 504-505
6LoWPAN-ND 504-505
modelo de referência de sete camadas 14-15
801.1d-2004 257-258
802.11-2007 232-233
802.15 239
802.1d 257-258
802.1q 257-258
802.1q-2003 257-258
802.1w 257-258
Ethernet 802.3 221

A
Abstract Syntax Notation.1 473-474
accept, função 39
Access Gateway 437-438
acesso
  atraso de, 412-413
  lista de controle de, 450-451
  pontos de, 233-234
  tecnologias de, 171-172
acesso com contenção 235-236
acesso múltiplo por divisão de código 157, 167-168
acesso múltiplo por divisão de frequência (*Frequency Division Multiple Access*) 208-209
acesso múltiplo por divisão de tempo (*Time Division Multiple Access*) 209-210
acesso remoto 54
acesso sem contenção 235-236
ACK (*acknowledgement*) 373-374, 378-379
ACL 450-451
acordo de nível de serviço (*Service Level Agreement*) 420-421
adaptive bridge 254-255
  retransmissão adaptativa 379-380
Add/Drop Multiplexor 186-187, 283-284
ADSL 175
AF_INET 35, 38
AF_INET6 35, 38
Agência de Projetos de Pesquisa Avançada (Advanced Research Projects Agency) 17-18, 285-286
agente 472-473
agente de usuário cliente e servidor 435-436
agentes de *relay* 353-354
AGS-F 437-438
a-law, codificação PCM 98
alcance (do endereço IPv6) 316-317
algoritmo de Dijkstra 278-279
aliança ZigBee 502
alimentação elétrica via cabo Ethernet (*Power over Ethernet*) 434-435
alocação de subcanal 160
alocação estática de canal 207-208
ALOHAnet 212-213
alta velocidade 411
altas taxas de dados DSL 175
American National Standards Institute 105-106
amostra 96
amplitude 85
análise da causa raiz 469-470
âncora, marca 49-50
anel
  rede em, 186-187
  topologia em, 198-199
  veja IBM Token Ring
anônimo, login 55-56

ANSI 105-106
antena parabólica (satélite) 246-247
antenas omnidirecionais 241-242
anulação de colisão 216
apagão 119-121
aperiódico 84
API 33-34, 520
API de sockets 33-34
API simplificada 518
aplicação
   Application Server Function 437-438
   interface de programas de, 33-34, 520
aplicação echo 524-525
aplicações orientadas a controle 500
aplicativo de e-mail 58-59
áreas OSPF 400
argc e argv 526-527
ARP
   cache 345
   protocolo 342-343
ARPA 17-18, 285-286
ARPANET 17-18, 285-286
ARQ 120-121
arquitetura *peer-to-peer* 32-33, 511
array deployment 114-115
árvore geradora mínima distribuída (*Distributed Spanning Tree*) 256-257
árvores baseadas em núcleo (*Core Based Trees*) 403-404
AS 392-393
AS-F 437-438
ASK 146-148
ASN.1 438-439, 473-474
assimetria do uso da rede 171-172
assinante 171-172
assíncrona
   multiplexagem por divisão de tempo 165-166
   transmissão 136-137
associação (sem fio) 234-235
Asymmetric Digital Subscriber Line 175
Asynchronous Transfer Mode 288
ATM 288
atraso 394-395, 412
atraso de comutação 412-413
atraso de enfileiramento 412-413
atraso de ida e volta (*round-trip delay*) 379-380
atraso de propagação 115-116, 412-413
AUI 221-222
autenticação 438-439, 448-450
autoconfiguração IPv6 353-354
autodetecção 225-227
automatic repeat request 120-121

autorização 438-439, 448-449
avaliação de diagnóstico 469-470
avaliação de tendências 469-470

B
backhaul 236-238
baixa velocidade 411
balanceador de carga 510
banda de guarda 158-159
base de informações de gerenciamento (*Management Information Base*) 474-475
Base64, codificação 62-63
BER (*Basic Encoding Rules*) 438-439
Berkeley broadcast 313-314
Berkeley Software Distribution 313-314
BGP 395-396
big-endian 135-136
Binary Phase Shift Keying 149-150
bind, função 37
bit de paridade 122-123
bit mais significativo (*Most Significant Bit*) 135-136
bit menos significativo (*Least Significant Bit*) 135-136
bit stuffing 182-183, 203-204
(bit/s) 413-414
bits por segundo 413-414
bluetooth 194-195, 230, 239
bobinas de carga 181
bonded (combinados) 174
BOOTP 350-351
bootstrap 350-351
bootstrap, protocolo de 350-351
BPSK 149-150
bridge 253-254
   adaptive, 254-255
   learning, 254-255
   torneiras-ponte 181
broadcast limitado 312-313
broadcast via caminho reverso (*Reverse Path Broadcasting*) 403-404
BSD UNIX 313-314
BSS 235-236
buffer 268-269
buffer overflow 446
buffers de jitter 429-430
byte 122-123

C
cabeçalho de base 325
cabeçalho não fragmentável 334-335
cabeçalhos de extensão 325

Índice **545**

cabeçalhos fragmentáveis 334-335
Cable Modem Termination System 180
cabo
   cable modem 178-179, 283-284
   televisão a, 178-179
cabo coaxial 103-105
cabo Ethernet grosso 221-222
cache (Akamai) 510
CA-F 436-437
caixa postal 58-59
camada 10-11
   física 11-12
   interface de rede 11-12
   transporte 362-363
camada de protocolos "magra" (UDP) 362-363
camada MAC 11-12
camadas 346-347
caminho mais curto 278-279
caminho MTU 334-336
caminho principal 279-280
CAN 194-195
canal 157-158, 176
   capacidade do, 115-116
   codificação de, (*coding*) 120-121
canal B 174
canal D 174
canal de enquadramento (*framing channel*) 163-164
capacidade 413-414
Carrier Sense Multi-Access with Collision Avoidance 216, 235-236
Carrier Sense Multi-Access with Collision Detection 214-215
CATV 178-179
CBT 403-404
CCITT 14-15, 285-286
CDDI 284-285
CDM 167-168
CDMA 167-168, 209-210
CDMA 2000 245-246
CDMA de banda larga (Wideband CDMA ou WCDMA) 245-246
célula pessoal 242-243
centro de comutação móvel 240-241
chamada
   call agent 436-437
   encaminhamento da chamada 433-434
   forking 440
character stuffing 203-204
chat 529-530
chatclient.c 531
chatclient em *chatclient.c* 531-532

chave 450-452
chave de descriptografia 450-452
chave secreta 449-450
chaveamento por deslocamento 146-148
chaveamento por deslocamento de amplitude 146-148
chaveamento por deslocamento de frequência (*Frequency Shift Keying*) 146-148
chaveamento por deslocamento de fase 146-148
checksum (soma de verificação) 127, 372-373, 449-450
CIDR, notação 309-310
CIR 420-421
circuito
   comutação de, 191-192
   digital 181-182
   virtual 191-192
circuito comutado 191-192
circuito (*fabric*) 258-259
circuito permanente 191-192
circuito ponto-a-ponto 181-182
classe de tráfego (*traffic class*) 326, 423
classe do endereço 304-305
classificação (QoS) 424-425
Clear To Send 236-237
CLI 483
cliente-servidor 518-519
close 37, 41-42
closesocket 37
cluster
   comunicação celular 242-243
   endereçamento 317
   satélites 114-115
CMTS 180
CNAME 69-70
CO 174
codebook (livro de códigos) 123-126
codeword (palavras-código) 123-124
codificação em linha 93
codificação Manchester (*Manchester Encoding*) 95
codificação Manchester diferencial (*Differential Manchester Encoding*) 95
codificação PCM µ-law 98
codificação *touch tone* 437-438
código de autenticação de mensagens (*message authentication code*) 449-450
Código de redundância cíclica 128
código linha e coluna (*Row And Column*) 125-126
código RAC 125-126
colapso de congestionamento 377-378

coleta de energia 501
colisão 213-214
colunas (SONET) 185-186
Community Antenna TeleVision 178-179
compressão 98
compressão com perdas (*lossy*) 98
compressão sem perdas (*lossless*) 98
computação em nuvem 3, 22, 513-514
comunicação
   paradigma de, 26, 518-519
   protocolo de, 9-10
comunicação ponto-a-ponto 109-110, 191-192
comutação 257-258
comutação de rótulo (*label switching*) 288
comutador de camada 2 257-258
concatenada 185
Conditional DePhase Encoding 95
conector RJ41-42 225-227
conexão de controle (FTP) 54-55
conferência 433-434
confidencialidade 448-451
configuração 350-351
configuração (FCAPS) 469-470
confirmação seletiva (*Selective Acknowledgement*) 385-386
connect 37
Consultative Committee for International Telephone and Telegraph 14-15, 285-286
contabilidade (modelo FCAPS) 469-470
contador de anel de rotação 186-187
contagem de referência 41-42
conteúdo
   análise de, 458-459
   em cache 510
controle de acesso ao meio físico (*Media Access Control*) 196-197
controle de congestionamento 384-385
controle lógico do enlace (*Logical Link Control*) 196-197, 221
convergência de rotas 279-280
Copper Distributed Data Interconnect 284-285
COPS 425
cores na WDM 162
correio de voz 433-434
CRC 128, 372-373
criptografia 449-451
   chave de 450-452
   da carga útil (payload) 462
criptografia de chave pública 451-452
criptografia de payload 462
criptografia DES 451-452
criptografia simétrica 451-452

CRLF 50-51, 536
CSMA/CA 216, 235-236
CSMA/CD 214-215
CSU 182-183
CTS 236-237
Cyclic Redundancy Check 372-373, 449-450

D

dados
   aplicações orientadas a, 500
   centro de, 22, 511-512
   conexões de, (FTP) 54-55
   confidencialidade dos, 448-449
   disponibilidade dos, 448-449
   equipamento de terminal de, 141-142
   equipamentos de comunicação de, 141-142
   integridade dos, 448-449
   plano de, 482
   stuffing 203-204
   taxa de, 115-116
   unidade de serviço de, 182-183
DARPA 17-18
Data Over Cable System Interface Specifications 181
datagrama de usuário 366-367
dataword (palavra-dado) 123-124
dB 116-117
DCE 141-142
DCF 235-236
DDoS 446-447
decibéis 116-117
Defense Advanced Research Projects Agency 17-18
delay-throughput, produto 417-418
demodulador 151
Dense Wavelength Division Multiplexing 162
descartar pacotes randomicamente antes de a fila estar cheia (*Random Early Discard*) 424-425
descritores 33-34
desejado (ARP) 343-344
desempenho (FCAPS) 469-470
destination unreachable 347-348
destino
   endereço de, 220, 304, 325
   grafo acíclico orientado a, 505-506
detecção de falhas (FCAPS) 468-469
detecção e correção de erros 120-121
DHCP 350-351
DHCP, agente de *relay* 353-354
DHCPv6 352-353
diagrama de constelação 148
dicionário 98-99

DiffServ 426
DIFS 236-237
digital
   assinatura 449-450, 452-453
   certificado 449-450
   circuito 181-182
   largura de banda 414-415
digital signal level standards 184
Digital Subscriber Line 174, 283-284
Discrete Multi Tone modulation 176
dispersão (fibra óptica) 107-108
distância de Hamming 123-124
distância de Hamming mínima 125-126
distorção 119-121
distribuído (a)
   cálculo de rotas 275-276
   centro de dados 511-512
   função com coordenação 235-236
   negação de serviço 446-447
divisor (*splitter*) 177
DMT 176
DNS 63
DOCSIS 181
DODAG 505-506
Domain Name System 63
domínio broadcast 260
domínio de nível superior (*Top-Level Domain*) 63
domínio do tempo 87-88
domínio SDN 486-487
DoS 446-447
download (baixar) 54-55
downstream 172-173
DS standards 184
DSL 174, 283-284
DST 256-257
DSU/CSU 182-183
DTE 141-142
DTMF 437-438
Dual Tone Multi-Frequency 437-438
duplicação de pacotes 372-373
DVMRP 403-404
DVR 277
DWDM 162

E
E.164 441
E1, E2 e E3 184
echo request e *echo reply* 348-349
echoclient.c 526-527
echoserver.c 526
ECN 385-386

EDGE e EDGE Evolution 244-246
EGP 392-394
EGPRS 244-246
Electronic Industries Alliance (EIA) 105-106, 136-137
encaminhamento 327-328
   (QoS) 424-425
   árvore de, (ZigBee) 505-506
   tabela de, 270-271, 327
encaminhamento de próximo salto (*next-hop forwarding*) 270-271
encapsulamento 330-331
End Of Transmission 202-203
endereçamento classful 304-305
endereçamento classless 306-307
endereçamento hierárquico 268-269
endereço 200-201
   associação de, 349-350
   classful 304-305
   classless 306-307
   com tudo-0 311-313
   com tudo-1 311-313
   de loopback(127) 312-313
   máscaras de, 308-309, 350-351
   prefixo de rede 311-312
   privados 355-356
   resolução de, 341-342, 438-439
   spoofing de, 446
   sub-rede 306-307
endereço de broadcast direcionado 311-312
endereço de *endpoint* 37
endereço de loopback 312-313
endereço de origem 220, 304, 325
endereço deste computador 312-313
endereço e máscara de sub-rede 306-309
endereço e sufixo com tudo-0 311-313
endereço e sufixo com tudo-1 311-313
endereço não roteável 355-356
endereços reservados (IP) 311-312
enfileiramento para QoS 424-425
Enhanced
   Data rates for GSM Evolution 244-245
   GPRS 244-245
enquadramento (*framing*) 138-139
entregas fora de ordem 372-373
ENUM 437-438, 441
EOT 202-203
erro em um único bit 120-121
escalabilidade 266
escalonamento de tráfego (QoS) 424-425
escritório central (*Central Office*) 174
escutas telefônicas 446

espaço curto entre quadros (*Short Inter-Frame Space*)
estabelecimento de enlace para redes em malha (*Mesh Link Establishment*)   504-505
estabilidade   401-402
estação-base   233-234
Ethernet   213-214
   10Base5   221-222
   AUI   221-222
   cabeamento com coaxial fino   223
   cabo grosso   221-222
   comutador   257-258
   endereço   200-201
   formato de quadro   220
   repetidor   253-254
Ethernet com cabo coaxial fino (*Thinwire Ethernet*)   223
Ethernet de par trançado   223-224
etiqueta RFID   240-241
EVDO   245-246
EVDV   245-246
Evolution
   Data Only   245-246
   Data Optimized   245-246
Extensible Markup Language   71-72, 511-512
Extensões multicast ao OSPF (*Multicast Extensions To The OSPF Protocol*)   404-405
Exterior Gateway Protocol   392-394

F

falso positivo   459-460
fase   85
fast retransmit/recovery   385-386
FCAPS, modelo   468-469
FCC   158-159
FDDI   284-285
FDMA   208-209
FEC   120-121
Federal Communications Commission   158-159
feeder circuit   179
femtocélula   242-243
Fiber Distributed Data Interconnect   284-285
Fiber To TheX   180
fibra de índice degrau   107-108
fibra de índice graduado   107-108
fibra de modo único   107-108
fibra multimodo   107-108
fibras ópticas   106-108
fila de saída para QoS   424-425
File Transfer Protocol   54-55, 413-414
filmes sob demanda   512-513

filtro   456-457
fim-a-fim   362-363, 371-372
fim-de-arquivo   46, 518-519
firewall   449-450, 455-456
FLOW LABEL   326
fluxo
   controle de,   374-375
   tabelas de,   495
footprint   247-248
forward error correction   120-121
fractal   419-420
fragmentação   331-333
Frame Relay   286-287
frequência de rádio (*Radio Frequency*)   110
frequência   85
   modulação de,   145
   multiplexação por divisão de,   157, 176
FSK   146-148
FTP   54-55, 413-414
FTTB, FTTC, FTTH, e FTTP   180
full-duplex   139-141
função com coordenação central (*Point Coordinated Function*),   235-236
funções seno   85

G

garantias de serviço   420-421
gatekeeper   434-437
gateway (H.323)   436-437
gateway de sinalização   435-436
GEO   112-113
Geostationary Earth Orbit (GEO)   112-113
gerenciamento de elemento   470-471
gerente   472-473
GET (HTTP)   536
gethostbyaddr   40-41
gethostbyname   40-41, 65-66
gethostname   40-41
getpeername   40-41
getsockopt   40-41
Gig-E   225-227
Global
   Positioning System   247-248
   sistema para comunicações móveis (*Global System for Mobile Communications*)   244-245
goodput   413-414
GPRS   245-246
GPS   247-248
granularidade do QoS   421-422
Graphics Image Format   52-53
GSM   244-246

Índice   **549**

H
H.323   289, 433-434, 436-439
half-duplex   139-141
hashing   449-450
hashing criptográfico   449-450
HDSL   175
HFC   179
hierarquia digital síncrona (*Synchronous Digital Hierarchy*)   185-186, 283-284
hiperlink   47-48
hipermídia   47-48
hipertexto   47-48
host   299-300
HSCSD   245-246
HSDPA   245-246
HTC Evo 4G   245-246
HTML   47-48
HTTP security   463-464
HTTPS   463-464
hub (concentrador)   198-199
Hybrid Fiber Coax   179
HyperText Markup Language (HTML)   47-48

I
IBM Token Ring   284-285
ICANN   63, 306-307
ICMP   347-351
ICMPv4   347-348
ICMPv6   347-348
iDEN   244-246
identificador
identificador de chamadas   433-434
identificador uniforme de recursos (*Uniform Resource Identifier*)   441
IDNA   70-71
IDS   458-459
IEEE   194-195
   801.1d-2004   257-258
   802.11   231
   802.16   236-238
   802.1d   257-258
   802.1q   257-258
   802.1q-2003   257-258
   802.1w   257-258
IETF   433-434
IGMP   402-403
IGP   392-393
ILD   108-109
imagem GIF   52-53
IMT-Advanced   245-246
INADDR_ANY   38
independência de origem   272-273

índice de modulação   145-146
industrial, científico e médico   231
informações de estado   458-459
infraestrutura   233-234
infravermelho
   (IR)   106-107, 109-110
   Associação de Dados de,   239-240
inspeção detalhada de pacotes   449-450
Institute for Electrical and Electronics Engineers   194-195
integridade   448-449
intercepção de pacotes   446
interferência   119-121
Interior Gateway Protocol   392-393
International
   Mobile Telecommunications Advanced   245-246
   Organization for Standardization   14-15
   Softswitch Consortium   436-437
   Telecommunications Union   14-15, 285-286, 433-434, 468-469
Internet   296-297
   assinante   171-172
   checksum   127
   Control Message Protocol   347-348
   Corporation for Assigned Names and Numbers   63, 306-307
   endereço,   304
   endereço do protocolo da,   30-31, 304
   Engineering Task Force   433-434
   firewall de,   455-456
   núcleo da,   181
   paradigma da,   26
   protocolo da,   297-299, 301-302
   protocolo de grupos multicast da, (*Group Multicast Protocol*)   402-403
   provedor de serviços de,   7-8, 171-172
   roteador   295
   roteamento na,   389
   tecnologia de acesso à,   171-172
Internet (definição)   295
Internet global   296-297
interoperabilidade   9-10, 46
InterWorking Function   437-438
intranet   296-297
IntServ   422
IP
   datagrama   322-323
   domínios administrativos de telefones (*Telephone Administrative Domain*)   441-442
   endereço   30-31, 304
   options   324-325
   security   463-464

telefone 434-435
telefonia 429, 432-433
tunelamento 462
IP-em-IP 403-404, 462
IP-em-TCP 463
ipInReceives 474-475
IPPROTO_TCP 35-36
IPPROTO_UDP 35-36
ipRouteNextHop 475-476
IPsec 463-464
IPv6
   autoconfiguração 353-354
   Neighbor Discovery 349-350
IPv6-ND 349-350
IR *veja* infravermelho
IrDA 239-240
IS-95A 244-246
IS-95B 245-246
ISC 436-437
ISDN 174
IS-IS 400-401
ISM sem fio 231
ISO 14-15
ISP 7-8, 171-172
ITAD 441-442
ITU 14-15, 285-286, 433-434, 468-469
IW-F 437-438

J
janela 381-382
janela deslizante 374-375
janela zero 381-382
jitter 139-140, 394-395, 415-416
Joint Photographic Experts Group 52-53
JPEG 52-53

L
LAN 194-195
largura de banda 88-89, 172-173, 414-415
largura de banda analógica 88-89
laser 106-107
latência 412
learning bridge 254-255
lease (locação) 351-352
LED 108-109
Lei de Shannon-Hartley 115-116
LEO 112, 114-115
ligação inter-redes 6-7, 295
linefeed 51-52
linguagem declarativa (HTML) 47-48
linha (SONET) 185-186
link 47-48, 272-273

lista negra 459-460
listen 39
little-endian 135-136
LLC / SNAP 221
LLC 196-197
login anônimo (FTP) 55-56
Long Term Evolution 245-246
loopback 182-183
LOS 238
Low Earth Orbit (LEO) 114-115
LSB 135-136
LTE Advanced 245-246
LTE 245-246

M
M.3400 468-469
MAC 196-197, 449-450
malware 458-459
MAN 194-195
Manchester, codificação 95
man-in-the-middle 446-447
máquinas virtuais (*Virtual Machines*) 481, 511
markup language 47-48
máscara 308-309
MBONE 403-404
MCU (H.323) 436-437
MCU 438-439
MD5 449-450
Media Server Function 437-438
medição ativa 419-420
medição passiva 419-420
medidas de distância (peso) 277
Medium Earth Orbit (MEO) 112
Megaco 433-436
melhor esforço (*best-effort*) 329-330
memória endereçável por conteúdo ternário
   (*Ternary Content Addressable Memory*) 489-490
mensagem
   aplicação de interface de, 58-59
   servidor de, 58-59
mensagem opaca 202-203
MEO 112
Metropolitan Area Network 194-195
MGC-F 436-437
MGCP 433-436
MG-F 437-438
MIB 474-475
microcélulas 242-243
middleware 515-516
mídia
   controlador do gateway de, 434-437
   gateway de, 434-435, 437-438

Índice **551**

MIME 62-63
MIMO 248-249
MISTP 257-258
mixagem 431-432
MLE 504-505
modelo de ampulheta 302-303
modelo de referência de cinco camadas 11-12, 297-299
modelo em camadas 10-11
modelo pipeline de tabelas de fluxo 495
modem 151
    de fibra 253
    de radiofrequência (RF) 151
    discado 152
    óptico 151
modem externo 152
modem *head-end* 180
modem interno 152
modem RF 151
modem Tail-End 180
modems de radiofrequência 151
modo de transmissão 133
modo promíscuo 253-254
modulação por código de pulso (*Pulse Code Modulation*) 96, 433-434
modulação por deslocamento de fase 145-146
modulação 144, 151, 176
modulador 151
MOSPF 404-405
mrouted 403-404
MSB 135-136
MS-F 437-438
MSTP 257-258
MTU 331-336
muitos-para-1 365-366
muitos-para-muitos 193-194
Multicast backBONE 403-404
multihomed 315-316, 396-397
multimídia em tempo real 429
multimídia 429
Multiple
    Instance Spanning Tree Protocol 257-258
    Spanning Tree Protocol 257-258
Multiple-Input Multiple-Output 248-249
multiplexação 157, 248-249
multiplexação espacial 248-249
multiplexação estatística 165-166
multiplexação inversa 176
multiplexação por divisão de código (*Code Division Multi-Access*) 167-168
multiplexador (*add-drop*) 186-187
Multi-purpose Internet Mail Extensions 62-63

N
não carregam informações (*memoryless*) 121-122
não periódicos 84
não terrestre 112
NAPT 357-358
NAT 56-57
negação de serviço (*denial of service*), 446-447
Neighbor Discovery (descoberta de vizinhos) 349-350
NetFlow 420-421
Network Address Translation 56-57, 354-355
    controlador de interface de rede (*Network Interface Controller*) 200-201, 221-222
    placa de interface de rede (*Network Interface Card*) 200-201
    tradução de porta e endereço de rede (*Network Address and Port Translation*), 357-358
    unidade de interface de rede (*Network Interface Unit*) 182-183
NewReno TCP 385-386
NEXT HEADER 326
NIC 200-201, 221-222
NIU 182-183
NLOS 238
nó 272-273
nomes de domínio internacionais (*internationalized domain names*) 70-71
notação hexadecimal com separação através de ";" 317
notação decimal pontilhada 305-306
notificação explícita de congestionamento (*Explicit Congestion Notification*) 385-386
NTP 437-438
núcleo da Internet 181
Nyquist 115-116

O
OC 185, 283-284
offer (DHCP) 351-352
opções no IPv4 324-325
Open Shortest Path First Protocol 399
Open Systems Interconnection 14-15
OpenFlow 290, 487-488
óptico (a)
    fibra 106-107
    modem 151
organizacional único de 3 bytes (*Organizationally Unique ID*) 200-201
orientado à conexão 26-27, 321-322, 371-372
orientado a fluxo 26
orientado à mensagem 26, 363-364
OSI 14-15

OSPF 399, 400
OSPFv3 399
ou exclusivo (*exclusive or*) 124-125, 130-131
OUI 200-201
overlay network 513-514
oversampling 97

P
p2p 32-33, 511
pacote universal 322-323
pacotes
  analisador de, 471-472
  armazenamento de, 268-269
  comutação de, 17-18, 192-193
  duplicação de, 372-373
  filtro de, 456-457
  intercepção de, 446
  ordem de, 372-373
  perda de, 373-374
  trem de, 417-418
padrão curinga 488-489
PAN 194-195, 230
par trançado 103
par trançado blindado (*Shielded Twisted Pair*) 103, 105-106
par trançado não blindado (*Unshielded Twisted Pair*) 103, 105-106
paradigma cliente-servidor 27-28, 518-519
paradigma de mensagens 26-27
paradigma fetch-store 473-474
paridade 122-123, 372-373
passagem de token 211-212
payload 322-323
PAYLOAD LENGTH 326
PBR 422
PBS 422
PCF 235-236
PCM 96, 433-434
PDC 244-246
pequenos escritórios/escritórios domésticos (*Small Office/Home Office*) 8-9, 181
perda 373-374
perímetro de segurança 455-456
periódico 84
período e frequência 86
Per-VLAN Spanning Tree 257-258
peso de enlaces 278-279
PGP 463-464
picocélula 242-243
pilha 10-11
PIM-DM 404-405

PIM-SM 404-405
ping 348-349
Plain Old Telephone Service 175
plano de controle 482
plug-and-play networking 351-352
PoE 434-435
policiamento (QoS) 424-425
política de restrições 393-394
política de segurança 447-448
polling 209-210
ponto de conexão da sub-rede (*Sub-Network Attachment Point*) 221
pontos terminais (*endpoints*) 362-363
porta 257-258
  em um hub 223-224
  varredura de, 446, 458-459
porta echo 366-367
portadora 143
portadoras ópticas (*Optical Carrier*) 185, 283-284
POTS 175
Power Line Communication 284-285
preâmbulo 136-137
prestação de contas (*accountability*) 448-449
Pretty Good Privacy 463-464
princípio da referência de localidade 67-68
privacidade 448-449
privado (a)
  chave 451-452
  endereço 355-356
  rede 7-9
problema da distribuição de chaves 454-455
problema da estação oculta 216, 235-236
processo 31-32
propagação eletromagnética 111
propriedade 7-8
propriedade de sentido único 452-453
protocolo 9-10
  analisador de, 471-472
  conjuntos de, 10-11
  da camada de aplicação 46
  de acesso controlado 207-208
  de acesso randômico 207-208
  de canalização 207-208
  de transporte 362-363
  família de, 10-11
  fim-a-fim 362-363
  independente de multicast 404-405
  número da porta do, 30-31, 366-367
protocolo ARP reverso (*Reverse Address Resolution Protocol*) 350-351

protocolo DAYTIME 46
protocolo de acesso controlado 207-208
protocolo de configuração dinâmica de host (*Dynamic Host Configuration Protocol*) 350-351
protocolo de controle de gateways de mídia (*Media Gateway Control Protocol*) 433-436
protocolo de informações de roteamento (*Routing Information Protocol*) 397-398
protocolo de reserva de recursos (*Resource ReSerVation Protocol*) 425
protocolo de resolução de endereços 342-343
protocolo de roteamento de borda (*Border Gateway Protocol*) 395-396
protocolo de roteamento para redes de baixa potência e com alta probabilidade de perdas de pacotes (*Routing Protocol for Low power and lossy networks*) 505-506
protocolo simples de gerenciamento de redes (*Simple Network Management Protocol*) 473-474
protocolos da camada de aplicação 46
protocolos de acesso randômico 207-208, 211-212
protocolos de canalização 207-208
protocolos de tempo real 415-416
protocolos Web 47
provedor de serviço 7-8
provisionamento 420-421, 492-493
proxy 459-460
proxy Web 459-460
prune 404-405
pseudocabeçalho 367-368
PSTN 432-433
Puny (algoritmo ou código) 70-71
PVST 257-258

Q

Q.931 436-437
QAM 149-150
QoS 420-421
Quadrature Amplitude Modulation 149-150
quadro 138-139, 202-203
 filtragem de, 254-255
 formato de, 220
 tipo de, 345
qualidade de serviço (*Quality of Service*) 420-421
quantificada 96
quebra de senha 446

R

rádio programável 248-249
RADIUS 463-464
rajada 418-419
 erro em, 120-121
 tamanho da, 120-121
RARP 350-351
read 35-36
Ready To Send 236-237
reconhecimento positivo com retransmissão 373-374
recuo (*backoff*) 214-215
recuo binário exponencial 214-215
recuo exponencial 214-215
recv 35-36
recvfrom 40-41
recvmsg 40-41
RED 424-425
rede
 camada de interface de, 11-12, 346-347
 elemento de, 470-471
 endereços de, 311-312
 gerente de, 468
 largura de banda da, 172-173
 nó de, 272-273
 número de, 304
 programação de, 518
 protocolo de, 9-10
 provisionamento da, 420-421
 renumeração de, 315-316
rede comutada 257-258
rede de acesso múltiplo 196-197
rede de área de chip (*Chip Area Network*) 194-195
rede de área local (*Local Area Network*) 194-195
rede de área pessoal (*Personal Area Network*) 194-195, 230
rede de grande empresa 8-9
rede de telecomunicações (*Telecommunications Management Network*) 468-469
rede digital de serviços integrados (*Integrated Services Digital Network*) 174
rede óptica síncrona (*Synchronous Optical NETwork*) 185-186, 283-284
rede pública de telefonia comutada (*Public Switched Telephone Network*) 432-433
rede pública 7-8
redes *ad hoc* 233-234
redes de longa distância (*long-haul networks*) 266 *veja* WAN
redes elétricas inteligentes (*smart grids*) 499-500
referência de localidade 67-68
registradores para ICANN 306-307
registro de recursos (DNS) 68-69
registros de domínio para DNS 63

regras de codificação básicas (*Basic Encoding Rules*) 438-439
reinicializar 474-475
remontagem 334-336
Remote Authentication Dial-In User Service 463-464
Reno (TCP) 385-386
renumeração de redes 315-316
repetição 373-374, 446
repetidor 181, 253-254
Request For Comments 62-63
reserva 210-211
resolução de nome 65-66
resolvido 341-342
retorno de carro (*carriage return*) 51-52
retransmissão 373-374, 378-379
retransmitir 213-214
RF 110
RFC 62-63
RIP passivo 397-398
RIP 397-398
RIPng 397-398
rota 274-275
rota de host específico (*host especific route*) 328-329
rota padrão (*default route*) 274-275, 390, 397-398
roteador 295
roteador de borda (ZigBee) 504
roteamento 389
  loop de, 279-280
  métrica de, 394-395
  tabelas de, 270-271
roteamento de telefone sobre IP (*Telefone Routing over IP*) 441
roteamento dinâmico 274-275, 389, 391
roteamento estático 274-275, 389, 390
roteamento multicast 401-402
roteamento por estado de enlace (*Link-State Routing* ou *Link-Status Routing*) 275-276, 399
round-robin 163
router discovery (descoberta de roteador) 350-351
RPB 403-404
RPL 505-506
RS-449 136-137, 182-183
RSA 451-452
RSVP 425
RTS 236-237
ruído 115-116, 119-121

S
sa_family 38
sa_len 38
SACK 385-386
saltos (hops) 270-271, 397-398
  HOP LIMIT 326
  número de, 394-395
satélite 246-247
  de baixa órbita (LEO) 114-115
  de média órbita (MEO) 112
  geoestacionários (GEO) 112-113
SBR 422
SBS 422
SC-F 437-438
SDH 185-186, 283-284
SDN 290
SDP 437-440
SDR 248-249
SDSL 175
Secure Shell 463-464
Secure Socket Layer 463-464
segmento 386-387
segmento de sincronização (*synchronization segment*) 381-383
segmento FIN 381-383
segurança (FCAPS) 469-470
select 539-540
sem fio 110, 229
  1G, 2G, 2.5G, 3G e 4G 244-245
  estação 233-234
  roteador 358-359
sem visada direta (*Non-Line-Of-Sight*) 238
sem-conexão 321-322, 363-364
send 35-36
senha 450-451
sensoriamento de portadora (*carrier sense*) 213-214, 216
sequence number (RTP) 431-432
sequência de chips 167-168
sequência especial (*idle sequence*) 138-139
sequenciamento 372-373
Service Control Function 437-438
serviço de granularidade grossa 421-422
serviço na rede interna 354-355
serviço universal 294
serviços abertos de políticas comuns (*Common Open Policy Services*) 425
serviços de granularidade fina 421-422
serviços diferenciados (*differentiated services*) 426

Serviços Integrados (*Integrated Services*) 422
servidor 518-519
   atraso do, 412-413
   concorrente 31-32
   de e-mail 58-59
   virtualização do, 511
servidor concorrente 31-32
servidor de localização 435-436
servidor de origem 510
servidor de redirecionamento 436-437
servidor de registro 436-437
servidor raiz DNS 65-66
Session Initiation Protocol 289, 433-434, 439-440
setsockopt 40-41
seven-layer reference model 14-15
SG-F 437-438
SHA-1 449-450
shim layer (camada de enchimento) 504-505
Shortest Path First 275-276
SIFS 236-237
Signaling Gateway Function 437-438
SIGTRAN 437-438
Simple Mail Transfer Protocol 58-59
simplex 139-140
sinal composto 86-87
sinal simples 86-87
sinalização 433-434
sincronização 91-93
SIP 289, 433-437, 439-440
   agente de usuário 435-436
   método 439-440
   proxy 436-437
   URI 439-440
sistema autônomo 392-393
sistema de detecção de intrusão (*Intrusion Detection System*) 449-450, 458-459
Sistema de Sinalização 7 433-434
sistema embarcado 498
sistema intermediário 400-401
SLA 420-421
SMDS 286-287
SMTP 58-59
SNAP 221
SNMP 473-474
SNMPv3 473-474
sob demanda 181
SOCK_DGRAM 35
SOCK_STREAM 35
sockaddr 38

sockaddr_in 38
socket 33-35
softswitch 434-435
software
   rádio definido por, (*Software Defined Radio*) 248-249
   redes definidas por, (*Defined Networking*) 290
software de propagação de rotas 390
software de VPN 461-462
SOH 202-203
SOHO 8-9, 181
solicitação ou resposta de DNS 65-66
SONET 185-187, 283-284
Spanning Tree Protocol 256-257
SPC 122-123
SPF 275-276
spoofing 446
spoofing de nome 446
spread spectrum (espalhamento espectral) 232
SS7 433-434
SSH 463-464
SSL 463-464
start bit 136-137
Start Of Header 202-203
stop bit 137-138
stop-and-go (pare e siga) 374-375
store and forward (armazenar e encaminhar) 268-269
STP 103, 105-106, 256-257
STS 184
stub 396-397
stuffing de byte e bit 203-204
subcamada (IEEE) 195-196
subcanais 176
sub-rede (IPv6) 316-317
suíte 10-11
supergrupo 160-161
Switched Multimegabit Data Service 286-287
Symmetric DSL 175
SYN flood 446, 458-459
Synchronous Transport Signal 184

T

T1, T2 e T3 176, 182-184
T1 fracionários 184
tabela de tradução 356-357
Tahoe (TCP) 385-386
tail drop (descarta o fim da fila) 424-425
tamanho (802.3) 221
tamanho da rajada de pico (*Peak Burst Size*) 422

tamanho da rajada sustentada (*Sustained Burst Size*) 422
tamanho de janela 374-375
taxa de bits de pico (*Peak Bit Rate*) 422
taxa de bits sustentada (*Sustained Bit Rate*) 422
taxa de informação comprometida (*Committed Information Rate*) 420-421
taxa de transferência 374-375, 394-395, 413-414
taxa efetiva de transmissão 413-414
TCAM 489-490
TCP 362-363, 371
TCP/IP 6-7, 297-299
TDM estatística 165-166
TDM síncrono 163
TDM 162
TDMA 209-210
tecnologias do núcleo 181
Telecommunications Industry Association 105-106
telefones de rádio móvel celular 244-245
telefonia 429
tempo entre pacotes (*interpacket gap*) 214-215
tensão 136-137
Teorema de Nyquist 97
Teorema de Shannon 115-116
Terminal (H.323) 436-437
terminal de abertura muito pequena (*Very Small Aperture Terminal*) 246-247
terrestre 112
texto aberto 450-451
texto cifrado 450-451
Thicknet 221-222
Thinnet 223
thread de execução 31-32
TIA (Telecommunications Industry Association) 105-106
Time Division Multiplexing 157, 162
time exceeded 347-348
timer de remontagem 337
timeserver (porta) 366-367
timestamp 248-249
tipo de registro de DNS 68-69
tipo Ethernet 220, 345
tipos de registros DNS A, AAAA e MX 68-69
TLD 63
TLS 463-464
TMN 468-469
Token Ring (IBM) 284-285
topologia 198
topologia em barramento 198
topologia em estrela 198-199
topologia em malha (*mesh*) 198-199, 502
topologia semipermanente 505-506

traceroute 348-349
tráfego autossemelhante 419-420
transceptor 221-222
trânsito 396-397
transmissão guiada 102
transmissão isócrona 139-140, 415-416
transmissão não guiada 102
transmissão paralela 134
transmissão serial 134-135
transmissão síncrona 137-138
Transmission Control Protocol 362-363, 371
Transport Layer Security 463-464
TRIP 441
trunk 179, 184
T-series standards 182-183
TTL 347-348
túnel 403-404, 462
Twice NAT 358-359

U

UART 134-135
UDP 362-363
   checksum 367-368
   destination port 366-367
   message length 366-367
   source port 366-367
ultra banda larga (*Ultra WideBand*) 239-240
UMTS 245-246
undersampling 97
Unicode 70-71
unidade de conexão de interface (*Attachment Unit Interface*) 221-222
unidade de controle multiponto (*Multipoint Control Unit*) 436-439
unidade de serviço de canal (*Channel Service Unit*) 182-183
unidade máxima de transmissão (*maximum transmission unit*) 331-333
Uniform Resource Locator 49-50
Universal
   Asynchronous Receiver and Transmitter 134-135
   Synchronous-Asynchronous Receiver and Transmitter 134-135
upstream 172-173
URI 439-441
URL 49-50
USART 134-135
User Datagram Protocol 362-363
utilização 416-417
UTP 103, 105-106
UWB 239

V

V.32   153
V.35   182-183
VDSL   175
velocidade   414-415
verificação de paridade única (*Single Parity Checking*)   122-123
Very-high bit rate DSL   175
vetor de distância   277, 397-398
virtual
   circuito   191-192
   conexão   371-372
   pacote   322-323
   Private Networks (Redes Privadas Virtuais)   449-450
   rede   296-297
Virtual Local Area Network switch (comutador VLAN)   260
virtualização   481
visada direta (*Line-Of-Sight*)   238
VLAN
   comutador   260
   tag (etiqueta VLAN)   260-261
VM   481, 511
VoIP   432-433
voz sobre IP (*Voice over IP*)   432-433
VPN   449-450
VSAT   246-247

W

WAN   194-195
Wavelength Division Multiplexing   157, 162
WCDMA   245-246
WDM   162
webclient.c   535
webserver.c   536
WEP   463-464
Wide Area Network (rede de longo alcance)   194-195
Wi-Fi   283-284, 463-464
Wi-Fi Protected Access   463-464
WiMAX   236-238, 245-246, 283-284
   Advanced   245-246
   Fórum   236-238
WiMAX fixa   236-238
WiMAX móvel   236-238
Windows Sockets   37
Wired Equivalent Privacy   463-464
Wireshark   471-472
World Wide Web   47
World-wide Interoperability for Microwave Access (interoperabilidade mundial para acesso via micro-ondas)   236-238
WPA   463-464
write   35-36

X

X.21   141-142
xDSL   174
XML   71-72, 511-512
xor   124-125, 130-131

Z

zerar   474-475
zero compression   318
ZigBee   230
zona morta   234-235